Biographien in Bewegung

Andreas Oskar Kempf

Biographien in Bewegung

Transnationale Migrationsverläufe
aus dem ländlichen Raum
von Ost- nach Westeuropa

Mit einem Geleitwort von Prof. Dr. Roswitha Breckner

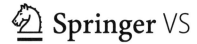

Andreas Oskar Kempf
Köln, Deutschland

Zgl. Dissertation an der Johann Wolfgang Goethe-Universität Frankfurt/Main, 2011

D 30

Gedruckt mit freundlicher Unterstützung von
GESIS – Leibniz-Institut für Sozialwissenschaften

ISBN 978-3-531-19655-8   ISBN 978-3-531-19656-5 (eBook)
DOI 10.1007/978-3-531-19656-5

Die Deutsche Nationalbibliothek verzeichnet diese Publikation in der Deutschen National-
bibliografie; detaillierte bibliografische Daten sind im Internet über http://dnb.d-nb.de
abrufbar.

Springer VS
© Springer Fachmedien Wiesbaden 2013
Das Werk einschließlich aller seiner Teile ist urheberrechtlich geschützt. Jede Verwertung,
die nicht ausdrücklich vom Urheberrechtsgesetz zugelassen ist, bedarf der vorherigen Zustimmung des Verlags. Das gilt insbesondere für Vervielfältigungen, Bearbeitungen, Über-
setzungen, Mikroverfilmungen und die Einspeicherung und Verarbeitung in elektronischen
Systemen.

Die Wiedergabe von Gebrauchsnamen, Handelsnamen, Warenbezeichnungen usw. in diesem
Werk berechtigt auch ohne besondere Kennzeichnung nicht zu der Annahme, dass solche
Namen im Sinne der Warenzeichen- und Markenschutz-Gesetzgebung als frei zu
betrachten wären und daher von jedermann benutzt werden dürften.

Gedruckt auf säurefreiem und chlorfrei gebleichtem Papier

Springer VS ist eine Marke von Springer DE. Springer DE ist Teil der Fachverlagsgruppe
Springer Science+Business Media
www.springer-vs.de

Geleitwort

Nach der sukzessiven Aufhebung der Teilung Europas nach 1989 sind transnationale Arbeitsmigrationsprozesse von Ost nach West in Gang gekommen, die nicht nur die jeweiligen Herkunfts- und Ankunftsgesellschaften, sondern auch die Biographien der Beteiligten, ihre Familien und lokalen Zusammenhänge, verändert haben. Diese Prozesse finden nach wie vor statt, entwickeln sich immer weiter und gehören zu den derzeit relevantesten Themen sowohl der öffentlichen wie auch der sozialwissenschaftlichen Diskussion. Die Migrationsforschung hat insgesamt, und zum Teil auch schon auf Ost-West-Europa bezogen, detailliertes Wissen etwa über Wanderwege, Netzwerkbildung, Wanderungsmotive, Transferleistungen und konkrete Lebenssituationen in den verschiedenen Lebensorten hervorgebracht. Wenig bekannt ist allerdings nach wie vor, wie die migrationsspezifischen Erfahrungen derjenigen, die sich unter jeweils gegebenen Rahmenbedingungen auf den Weg in eine andere Gesellschaft gemacht haben, in ihre Biographien eingebettet sind und diese mitgestalten. Genau darüber gibt diese Forschungsarbeit Auskunft.

Ihre Besonderheit besteht darin, dass sie eine ausgedehnte ethnographische Feldforschung im Herkunfts- wie Ankunftskontext als ‚multi-sited ethnography' mit einem biographieanalytischen Ansatz verknüpft. Die biographischen Fallanalysen sind dadurch in ein breites Wissensfeld zu den lokalen, regionalen, staatlichen und migrationsspezifischen Gegebenheiten und ihre historischen Hintergründe eingebettet. Umgekehrt zeigen die Biographieanalysen, in welcher Weise diese Kontexte in den Lebens- und mehrgenerationellen Familiengeschichten konkret wirksam geworden und wie die Betreffenden damit ‚typischerweise' umgegangen sind. Die Komplexität dieser Zusammenhänge wird mit dem Fokus auf ein konkretes Migrationsfeld in den Blick genommen: eine ländliche Region im Osten Rumäniens mit einem Dorf als Bezugspunkt, aus dem sich in den 1990er Jahren eine transnationale Arbeitsmigration vorwiegend in eine Kleinstadt Italiens entwickelt hat und bis heute anhält, wiewohl sich seitdem die Rahmenbedingungen, etwa durch den EU-Beitritt Rumäniens 2007 und die Möglichkeit der Legalisierung der Erwerbstätigkeit in Italien, geändert haben. Damit gelingt es Andreas Oskar Kempf, typische und komplexe Dynamiken im Verhältnis von Migration und Biographie im untersuchten Migrationsfeld materialreich und zugleich analytisch klar herauszuarbeiten.

Insgesamt ermöglichen die komplexe Anlage der vorliegenden Untersuchung und ihre Ergebnisse einen präzisen Einblick in die Differenziertheit von Migrationsprozessen, wie sie sich auf der Ebene alltäglichen Handelns sowie in biographischen, familialen, mehrgenerationellen und lokalen Zusammenhängen im Rahmen (national)staatlicher, ökonomischer und rechtlicher Bedingungen vollziehen. Ich wünsche ihr, dass sie von vielen Fachkolleginnen und Kollegen, aber auch von interessierten Leserinnen und Lesern wahrgenommen und geschätzt wird.

Wien, im Juli 2012   Roswitha Breckner

Dank

Diese Arbeit behandelt ein soziales Feld, das in vielfältiger Weise permanent in Bewegung ist. Für einen tiefen Einblick in diesen Forschungsgegenstand und die Möglichkeit, diese Feldstudie vorlegen zu können, bin ich vielen Menschen zu Dank verpflichtet. In besonderer Weise gilt mein Dank den BewohnerInnen des Dorfes Satuleşti, die mir ermöglichten, in dieses konkrete soziale Feld einzutauchen. Ohne ihre Offenheit und Bereitschaft, mir ihre Lebensgeschichten zu erzählen und mich an ihrem Leben teilhaben zu lassen, hätte ich diese Arbeit nicht schreiben können. Die Erfahrungen im Feld und die Einblicke in die verschiedenen, zumeist sehr persönlichen Lebenssituationen der Menschen, zu denen ich im Rahmen meiner Feldaufenthalte Kontakt hatte, bilden für mich eine große Bereicherung.

Bedanken möchte ich mich auch bei meinen beiden Betreuerinnen. Bei Ursula Apitzsch für den kontinuierlichen Dialog über den gesamten Zeitraum der Dissertation und die Möglichkeit, den jeweiligen Stand sowie verschiedene Aspekte meiner Forschung im Rahmen von Fachtagungen und internationalen Konferenzen sowie weiteren Forschungszusammenhängen vorzustellen. Ihr verdanke ich darüber hinaus die Anregung, meine InterviewpartnerInnen vom Herkunfts- in den Ankunftskontext der Migration zu begleiten. Roswitha Breckner möchte ich für die Gelegenheit zu regelmäßigen Konsultationen und zur gemeinsamen Interpretationsarbeit danken. Aus der räumlichen Distanz ging eine besondere Intensität in der Betreuung hervor.

Daneben möchte ich mich bei Lena Inowlocki, Catherine Delcroix, Daniel Bertaux und den TeilnehmerInnen des binationalen Forschungskolloquiums der Universitäten Frankfurt am Main und Strasbourg sowie den TeilnehmerInnen des Forschungskolloquiums 'Biographieforschung und Kulturanalyse' für ihre Anregungen und die weiterführenden Diskussionen bedanken. Ein ganz herzlicher Dank gilt auch meiner Interpretationsgruppe, der DocAG Interpretative Sozialforschung der Frankfurter Graduiertenschule für Geistes- und Sozialwissenschaften (FGS). Die kontinuierliche gemeinsame Analyse des Interviewmaterials und der offene Erfahrungsaustausch auch darüber hinaus waren mir eine große Hilfe.

Des Weiteren möchte ich mich bei den MitarbeiterInnen der *Internationalen Organisation für Migration* (IOM) in Bukarest bedanken, die mir vor Ort einen intensiven mehrmonatigen Einblick in das weiter gefasste Migrationsfeld ermöglicht haben. Ferner gilt mein Dank dem *Deutschen Akademischen Austauschdienst* (DAAD) und der *Frankfurt Graduate School for the Humanities and Social Sciences* (FGS), die mich jeweils durch ein Stipendium gefördert haben. Bei der FGS und dem *Internationalen Promotions-Colleg* (IPC) möchte ich mich darüber hinaus für die zahlreichen Seminarangebote und die anregenden Interpretationswerkstätten bedanken. Aus den Workshops mit Bettina Dausien, Gerhard Riemann und Fritz Schütze gingen wichtige Impulse für die Interpretation des Fallmaterials hervor.

Schließlich gilt mein Dank meiner Familie und meinen Freunden, die mich über den gesamten Forschungsprozess hinweg in so vielerlei Hinsicht unterstützt und mir und meiner Arbeit Vertrauen entgegengebracht haben. Bei der Korrektur des Manuskripts haben mir Inna Hartwich, Marianne Kempf, Natalia Matter, Elise Pape und Bettina Zacharias geholfen – danke. Timo Obergöker danke ich neben so vielem anderen vor allem für die Geduld und Unterstützung, die nötige Ablenkung und die Ermutigung zu dieser Arbeit.

Köln, im Juli 2012   Andreas Oskar Kempf

Inhalt

Einleitung 15

Teil I   Migrations- und biographietheoretische Grundlagen   27

1   Theoretische Ansätze einer transnationalen Forschungsrichtung   28
   1.1   Perspektiven im Rahmen einer transnationalen
        Forschungsrichtung.   29
   1.2   Theoretische Konzepte innerhalb der Transnationalismus-
        Forschung   33
   1.3   Formen transnationaler Migration   35
   1.4   Zu staatlich-politischen und sozialen Strukturierungen
        transnationaler Migrationsprozesse   39
   1.5   Transnationale Forschungsansätze im Kontext der Migration
        von Ost- nach Westeuropa   48

2   Theoretische Konzepte zur Analyse biographischer Bedeutungen
    von Migration   53
   2.1   Zu Entstehung und Fragestellungen der soziologischen
        Biographieforschung.   53
   2.2   Theoretische Konzepte innerhalb der Biographieforschung   57
       2.2.1   Die Konzeption der Prozessstrukturen   60
       2.2.2   Biographische Präskripte und die Figur des konjunktiven
             Erfahrungsraums   63
       2.2.3   Biographisches Wissen und biographische Ressourcen   65
   2.3   Theoretische Verknüpfungen von Biographie und Migration   67
       2.3.1   Migration als Gegenstand der Biographieforschung   68
       2.3.2   Migration als spezifischer lebensgeschichtlicher
             Erfahrungszusammenhang   74

Teil II	**Methodologie und Methoden**	81
3	Erzähl- und gestalttheoretische Grundlagen des narrativen Interviews	82
	3.1 Figuren der autobiographischen Stegreiferzählung	84
	3.2 Zum Verhältnis von erzählter und erlebter Lebensgeschichte	90
4	Der Forschungsprozess	95
	4.1 Die Entwicklung der Fragestellung im Feld	95
	4.2 Die Untersuchungsanlage	96
	4.3 Das methodische Vorgehen im Feld	100
	4.3.1 Die Anwendung ethnographischer Forschungsmethoden	101
	4.3.2 Die Erhebung und Auswertung narrativ-biographischer Interviews	112
	4.4 Zur Bedeutung der Sprache im Feld	122
	4.5 Der Zugang zum Feld	124
	4.6 Die Bildung des Samples und die Auswahl der dargestellten Fälle	127
Teil III	**Das Migrationsfeld**	133
5	Der Herkunftskontext der Migration	134
	5.1 Rumänien: Formen von Migration vor und nach 1989	134
	5.2 Das Herkunftsdorf	137
	5.2.1 Milieuspezifische wirtschaftliche und soziale Strukturen des Herkunftskontextes	137
	5.2.2 Lebensgeschichtlich relevante Mobilitätsprozesse bis 1989	144
	5.2.3 Neue Dynamiken nach 1989	155
6	Der Ankunftskontext der Migration	160
	6.1 Italien: Vom Auswanderungs- zum Einwanderungsland	160
	6.2 Migrationsbewegungen aus dem Dorf nach Italien	165
	6.2.1 Die erste Phase (bis Ende 2001)	166
	6.2.2 Die zweite Phase (2002-2006)	177
	6.2.3 Die dritte Phase (seit 2007)	191

Inhalt 11

Teil IV   Die Fallanalysen 199

7   Falldarstellungen und Typologie............................. 200
    7.1   „Ich bin nach Hause gekommen und habe die Dinge mit anderen Augen gesehen": Falldarstellung Ana Moşeanu................ 201
        7.1.1   Kontaktaufnahme und Kontexte der Interviews.......... 201
        7.1.2   Biographische Kurzbeschreibung.................... 202
        7.1.3   Rekonstruktion der Fallstruktur 204
        7.1.4   Migrationsspezifische Kontexte 238
        7.1.5   Zusammenfassung 243
        7.1.6   Varianzen im Feld................................ 245
    7.2   Typus I: Die Migration als Auslöser eines biographischen Wendepunktes... 247
    7.3   „Ich wusste, dass es nicht einfach sein würde, aber harte Arbeit kannte ich bereits": Falldarstellung Mihail Cioban 249
        7.3.1   Kontaktaufnahme und Kontexte der Interviews.......... 249
        7.3.2   Biographische Kurzbeschreibung.................... 250
        7.3.3   Thematische Feldanalyse der Eingangserzählung 251
        7.3.4   Lebensgeschichtlich relevante Kontexte 258
        7.3.5   Migrationsspezifische Kontexte 263
        7.3.6   Zusammenfassung 275
        7.3.7   Varianzen im Feld 278
    7.4   Typus II: Die Migration als Kontinuierung biographischer sowie Generationen übergreifender Orientierungen und Projekte 286
    7.5   „Es wäre sehr viel besser gewesen, ich wäre nicht gegangen": Falldarstellung Constantin Mutu 289
        7.5.1   Kontaktaufnahme und Kontexte der Interviews.......... 289
        7.5.2   Biographische Kurzbeschreibung.................... 290
        7.5.3   Thematische Feldanalyse der Eingangserzählung 291
        7.5.4   Lebensgeschichtlich relevante Kontexte 296
        7.5.5   Migrationsspezifische Kontexte 303
        7.5.6   Zusammenfassung 326
        7.5.7   Varianzen im Feld................................ 331

7.6 Typus III: Die Migration als Resonanz-Horizont
lebensgeschichtlich relevanter Entwicklungen und Ereignisse 334
7.7 Anmerkungen zu einem weiteren Falltypus im vorliegenden
Migrationsfeld. 335
7.8 Die konstruierten Typen im Vergleich 339

Teil V   Zusammenfassende Darstellung der Ergebnisse 343

8 Zum Verhältnis von Migration und Biographie im Feld
europäischer Ost-West-Migration aus dem ländlichen Raum. 344
8.1 Zur Struktur der Migrationsverläufe. 344
8.2 Zu feldspezifischen Dimensionen im biographischen Umgang
mit Migration 346
    8.2.1 Zu (familien)biographischen Ressourcen 347
    8.2.2 Zu Erfahrungen von Differenz und Fragen von
Zugehörigkeit im Verlauf der Migration. 354
    8.2.3 Zu bedeutungsrelevanten Dynamiken im Verhältnis von
Migration und Biographie. 359
8.3 Reflexion der transnationalen Forschungsperspektive 361
8.4 Ausblick 366

Literaturverzeichnis 371
Anhang 403

Satuleşti este una dintre comunele din Vrancea.
In urmă cu 15-20 de ani, viaţa sătenilor din Satuleşti era total schimbată faţă de viaţa pe care o are orice ţăran in prezent.
Sătenii, ducând o viaţă foarte grea, muncind în agricultură, au inceput să plece în Italia, o ţară mult mai bogată decât ţară lor – Romania.
Odată cu plecarea lor, satul a rămas ca un loc pe care nu l-ar cunoaste decât un ţăran mai în vârstă, mai concis bătrânii care sunt singurii oameni care au rămas in acest sat, pentru că ei nu ar putea duce viaţa cea din Italia, deoarece munca este grea, toti cei plecati de aici muncesc fiecare in domeniul pe care-l găseste. Unii muncesc în agricultură, altii în constructie, altii pe post de îngrijior la un azil de bătrâni.
Odată cu trecerea anilor, cei plecaţi în Italia au devenit bogati prin munca şi efortul depus acolo, astfel modernizând comuna prin construierea caselor care majoritatea au aspect de vile.
In ziua de azi şi copiii care scapă de clasa aVIII-a, pleacă si ei în Italia la muncă, pentru a avansa şi a moderniza satul.
Intr-un final, satul Satuleşti a devenit o comuna modernă din toate punctele de vedere, iar toate acestea nu ar fi fost realizate dacă oamenii din sat nu ar fi plecat în Italia.

Satuleşti[1] ist eine Gemeinde in Vrancea[2].
Vor 15 bis 20 Jahren war das Leben der Bewohner aus Satuleşti ganz anders als das Leben irgendeines Bauern heute.
Die Dorfbewohner, die in der Landwirtschaft gearbeitet und ein sehr schweres Leben geführt haben, haben angefangen, nach Italien aufzubrechen, ein sehr viel reicheres Land als ihr eigenes – Rumänien.
Irgendwann ist das Dorf durch die Ausreisen zu einem Ort geworden, das nur noch die älteren Bauern kennen, genauer, die Alten, die die Einzigen sind, die in diesem Dorf geblieben sind, weil sie nicht das Leben derjenigen in Italien führen können, denn die Arbeit [dort] ist hart, alle, die von hier gegangen sind, arbeiten in einem Bereich, den sie gefunden haben.
Einige arbeiten in der Landwirtschaft, andere auf dem Bau, andere als Altenpfleger in einem Altenheim.

---

1 Der Name des Dorfes und sämtliche Personennamen der DorfbewohnerInnen wurden pseudonymisiert.
2 Vrancea ist der Name des Bezirks. Insgesamt teilt sich Rumänien in 41 Bezirke auf.

Und irgendwann, wie die Jahre so vergingen, sind diejenigen, die nach Italien gegangen sind, reich geworden durch ihre Arbeit und ihre Mühen dort, auf diese Weise haben sie durch den Bau von Häusern, die in der Mehrzahl wie Villen aussehen, die Gemeinde modernisiert.
Heute gehen auch die Kinder, die die achte Klasse beendet haben, nach Italien, um dort zu arbeiten und um das Dorf voranzubringen und zu modernisieren.
Schließlich wurde das Dorf Satuleşti eine moderne Gemeinde, in jeglicher Hinsicht, aber all das wäre nicht möglich gewesen, wenn die Leute aus dem Dorf nicht nach Italien gegangen wären.

(Hausaufgabe eines 14 Jahre alten Jungen, in der dieser sein Herkunftsdorf beschreibt.)

Einleitung

Wanderungsbewegungen in Europa haben eine lange Geschichte und viele Gesichter. Nachdem der Strom von europäischen MigrantInnen nach Übersee versiegte, verliefen Migrationsbewegungen seit den 1960er Jahren vor allem innereuropäisch (vgl. Bade et al. 2007). Insbesondere aus dem Süden Europas und der Türkei wurden ArbeitsmigrantInnen von Ländern Nord- und Westeuropas als sogenannte GastarbeiterInnen angeworben.[3] Bereits zehn Jahre später wurden die Emigrationsländer des Südens ihrerseits zu Aufnahmeländern von MigrantInnen (vgl. King/Black 1997).

Mit dem Fall des Eisernen Vorhangs, der die Migrationsbewegungen zuvor deutlich beeinflusst hatte, kam die Migration in Europa aus einer neuen Richtung. Eine „Westerweiterung des Ostens" (Schlögel 2006: 464) setzte ein. MigrationsforscherInnen begannen, von einem „neuen Migrationsraum" (Morokvasic/de Tinguy 1993: 245, Übersetzung A.K.) zwischen Ost- und Westeuropa zu sprechen, und wiesen auf die hohe Dynamik in den Migrationsverläufen hin.[4] Binnen weniger Jahre wurden die Länder Osteuropas zu den bedeutendsten Herkunftsländern von ArbeitsmigrantInnen in Europa und schließlich ihrerseits zu Ankunftsländern vornehmlich für MigrantInnen aus den östlichen Nachbarländern und Asien (vgl. Iordache 2006b, Wundrak 2010).

Im Zuge dieser Ost-West-Migrationen traten Veränderungen in den Abläufen von Migration hervor. Die Migrationsbewegungen innerhalb Europas begannen zuzunehmen, und neue Migrationsmuster zeichneten sich ab. Forschungsarbeiten, die sich mit jüngeren Migrationsverläufen von Ost- nach Westeuropa beschäftigen, lehnen sich häufig an eine transnationale Forschungsrichtung an (vgl. Favell 2008, Anghel 2009). An die Stelle vormals häufig einmaliger, mitunter gezwungenermaßen dauerhafter Ortswechsel traten zunehmend temporäre, zuweilen auch pendelartig verlaufende Wanderungsbewegungen. Für Migrationen aus dem ländlichen Raum wurde die Kettenmigration kennzeichnend. Es

---

3   Für einzelne Länder Europas setzte die Migration aus anderen europäischen Ländern auch schon früher ein. Ein Beispiel bildet die Migration von Belgien nach Frankreich seit Ende des 19. Jahrhunderts.
4   Insbesondere in Grenzgebieten, so etwa zwischen Deutschland und Polen (vgl. exemplarisch Morokvasic/de Tinguy 1993, Morokvasic 2003), wurde die hohe Dynamik in den Wanderungsbewegungen sichtbar.

wurde deutlich, dass MigrantInnen mitunter sehr enge Verbindungen zu ihrem Herkunftskontext unterhielten. Soziale Netzwerke zu anderen MigrantInnen im Ankunftsland und zu weiteren Personen aus dem unmittelbaren Herkunftskontext erleichterten die Organisation der Migration und die Situation am Ankunftsort entscheidend. Die Mobilität innerhalb der Migrationen nahm zu. Gleichzeitig bildeten sich neuartige politisch-rechtliche Rahmenbedingungen heraus, die die Zirkulation von MigrantInnen in unterschiedlicher Weise beeinflussten. Zwar änderten sich die politischen Regulierungsformen für die Wanderungsbewegungen von Ost- nach Westeuropa, doch war die Reisefreiheit lange Zeit erneut deutlichen Beschränkungen ausgesetzt. So waren in den Ländern Osteuropas sowohl die Migrationswege sehr unterschiedlich (vgl. Weber 2003) als auch die Möglichkeiten der Mobilität ungleich verteilt (vgl. Morokvasic 2003).[5]

Vor diesem Hintergrund behandelt die vorliegende Arbeit Erfahrungen von Migration innerhalb eines spezifischen Migrationsfeldes. Im Mittelpunkt der Untersuchung stehen Prozesse von Migration aus dem ländlichen Raum Rumäniens nach Italien. Rumänien reiht sich ein in die Länder des östlichen Europas, für die der Wegfall der Reisebeschränkungen nach der Aufhebung der innereuropäischen Teilung eine der ersten neu gewonnenen Freiheiten bedeutete. Seit dem Sturz des sozialistischen Regimes stellt Rumänien eines der stärksten Entsendeländer von MigrantInnen nach Westeuropa dar, insbesondere nach Italien und Spanien. Schätzungen gehen von zwei bis drei Millionen MigrantInnen aus Rumänien im Ausland aus; das sind etwa zehn Prozent der gesamten Bevölkerung (vgl. Verseck 2008, Horváth 2008).[6]

Als eine soziologisch-anthropologische Feldstudie zum biographischen Umgang mit Migrationserfahrungen behandelt die vorliegende Untersuchung ein ganz konkretes Migrationsfeld. Im Zentrum stehen Erfahrungen von Migration aus dem peripheren moldauischen Dorf Satuleşti, in den östlichen Ausläufern

---

5   Während für MigrantInnen aus Polen etwa bereits im April 1991 die Visumspflicht aufgehoben wurde (vgl. Morokvasic 2003), genügte ein Touristenvisum für MigrantInnen aus Rumänien, die nach Westeuropa ausreisten, erst seit Beginn des Jahres 2002. Aus diesem einfachen Vergleich wird deutlich, dass weder von einem homogenen Migrationsraum (Süd-)Osteuropa noch von homogenen Mobilitätspraktiken gesprochen werden kann (vgl. Weber 2003, der Autor betont die Verschiedenartigkeit von Migrationswegen [*parcours*] von Ost- nach Westeuropa).

6   Konkreter als die Anzahl der MigrantInnen aus Rumänien lassen sich ihre Geldüberweisungen aus dem Ausland beziffern. Sie erreichten mit rund 6,8 Mrd. US-Dollar knapp fünf Prozent des rumänischen Bruttoinlandsproduktes des Jahres 2006 (vgl. Roßbach 2007). Aufgrund der Wirtschaftskrise gingen die Überweisungen aus dem Ausland allerdings deutlich zurück. So fielen sie im Jahr 2009 um 35 Prozent im Vergleich zum Vorjahr auf 3,1 Mrd. Euro (vgl. Brüggmann 2010).

Einleitung 17

der Karpaten, nach Italien.⁷ In diesem ländlichen Teil der Moldau ist die Zahl von MigrantInnen sehr hoch. Dabei entscheiden sich die meisten MigrantInnen in dieser Region für eine Migration nach Italien (vgl. Sandu 2005). Die Arbeit ist bewusst in Form einer Miniatur angelegt (vgl. Schiffauer 1991). Anhand einzelner Fälle werden die Prozesse im biographischen Umgang mit den Migrationsefahrungen, die unter einer transnationalen Forschungsperspektive häufig nur eingeschränkt berücksichtigt werden, in ihrer Tiefe herausgearbeitet und in ihrer Typizität schließlich auf das weiter gefasste Feld europäischer Ost-West-Migration aus dem ländlichen Raum bezogen. In diesem Sinne wird für eine biographieanalytische Erweiterung innerhalb der transnationalen Migrationsforschung argumentiert. Dabei schließt die vorliegende Untersuchung in Anlehnung an eine *multi-sited ethnography* (vgl. Clifford 1992, Marcus 1995) sowohl Feldforschungen im Ankunfts- als auch im Herkunftskontext der Migration mit ein. Darüber hinaus ist sie über einen längeren Untersuchungszeitraum angelegt. Erst im Rahmen einer explizit bi-kontextuell und über einen längeren Zeitraum angelegten Forschungsarbeit, so die Annahme, geraten die Prozesse der biographischen Bedeutungsbildung in ihren spezifischen Dynamiken und innerhalb ihrer transnationalen Verweisungszusammenhänge zwischen Herkunfts- und Ankunftskontext in den Blick.

Nach einem Abriss zur Forschungslage wird im Folgenden auf zentrale Spezifika des vorliegenden Migrationsfeldes eingegangen, wie sie bereits nach kurzer Zeit im Untersuchungskontext deutlich wurden. Im Anschluss an die Forschungsfrage wird schließlich der Aufbau der Arbeit vorgestellt.

Abriss zur Forschungslage

Ein solcher prozessanalytischer Forschungsansatz, der im Rahmen von länger angelegten Feldaufenthalten sowohl im Herkunfts- als auch im Ankunftskontext der Migration eine Verknüpfung von biographieanalytischen und ethnographischen Verfahren vorsieht, um auch über einen Einblick in die Lebenspraxis der MigrantInnen die spezifische Relevanz der Migrationserfahrungen für die Bio-

---

7 Die Feldaufenthalte erfolgten in den Jahren 2005, 2007 und 2008 und betrugen insgesamt sechseinhalb Monate. Die beiden letzten je dreimonatigen Feldaufenthalte fanden jeweils zur Hälfte sowohl im Herkunfts- als auch im Ankunftskontext der Migration statt. An die Aufenthalte im Herkunftskontext schlossen sich dabei jeweils gemeinsame Überfahrten mit einigen MigrantInnen aus dem Dorf von Rumänien nach Italien an. Während der gesamten Zeit im Feld erfolgte die Unterbringung in Familien von MigrantInnen aus dem Dorf (siehe ausführlicher zur Konzeption der Untersuchung Kap. 4).

graphien herauszuarbeiten, stellt sowohl in der Biographie- als auch in der Migrationsforschung ein Forschungsdesiderat dar. Zwar ist im deutschsprachigen Raum ein biographieanalytischer Zugang im Bereich der Migrationsforschung durchaus verbreitet (vgl. u. a. Apitzsch 1990a, Philipper 1997, Gültekin 2003, Juhasz/Mey 2003, Breckner 2005). Doch bildet die konsequente und über einen längeren Forschungszeitraum angelegte Einbeziehung des Herkunftskontextes unter Berücksichtigung struktureller sowie gesellschaftshistorischer Bedingungen – wie sie etwa im US-amerikanischen Forschungskontext betrieben wird (vgl. u. a. Levitt 2001, Parreñas 2001, 2005) – in der Beschäftigung mit Migrationsverläufen, die sich durch eine deutliche Einbindung sowohl im Herkunfts- als auch im Ankunftskontext der Migration auszeichnen, eher die Ausnahme (vgl. Schiffauer 1987, 1991, Can 2006).

In Forschungsarbeiten zur Migration aus Osteuropa nach 1989 überwiegt dabei die Beschäftigung mit Arbeits- und Aufenthaltsbedingungen der MigrantInnen (vgl. exemplarisch Cyrus 2003, 2010, Glorius 2007, Morokvasic 1994, 2003). Studien, die sich aus einer biographischen Perspektive mit der Situation von Arbeitsmigrantinnen in Privathaushalten beschäftigen, sind dabei in besonderer Weise in den Forschungsfokus gerückt (vgl. Lutz 2002, 2008[2], Münst 2007, Karakayali 2010). Aus naheliegenden Gründen handelte es sich dabei fast ausschließlich um Verläufe von Arbeitsmigration nach Deutschland.

Für das rumänisch-italienische Migrationsfeld, wie es sich als Untersuchungsgegenstand aus einer konsequenten Annäherung an Verläufe europäischer Ost-West-Migration vom *Herkunfts*kontext aus ergab, hat sich ein biographieanalytischer Zugang hingegen bislang nicht durchgesetzt. Zu Rumänien als Herkunftsland von MigrantInnen nach 1989 finden sich zum einen überblicksartige Darstellungen zu unterschiedlichen Migrationsmustern (vgl. Muntele 2003), die externe Migrationsverläufe teilweise als Kontinuierung vormals interner Mobilitätsformen, wie dem erwerbsbedingten Pendeln vom Land in die Stadt, beschreiben (vgl. Diminescu 2003). Hierzu gehören auch Publikationen, die vor dem Hintergrund der EU-Beitrittsverhandlungen auf Muster zirkulärer Arbeitsmigration aus Rumänien eingehen (vgl. Lăzăroiu 2002, 2003).

Zum anderen liegen Untersuchungen zu unterschiedlichen städtischen und ländlichen Herkunftskontexten von MigrantInnen vor (vgl. u. a. Radu 2001, 2003). Die umfangreichste Studie bildet eine landesweite quantitative Untersuchung zu Verläufen temporärer Migration aus dem ländlichen Raum (vgl. Sandu 2005). Daraus geht etwa hervor, dass die ländlichen Herkunftsregionen temporärer MigrantInnen in Rumänien relativ ungleich verteilt sind. Aus einem Fünftel sämtlicher Gemeinden im Land – in Anlehnung an Peggy Levitt (2001) werden sie als 'wahrscheinliche transnationale Dörfer' [*probable transnational villages*] bezeichnet – kommen etwa drei Viertel der MigrantInnen. Dies wird unter anderem darauf zurückgeführt, dass sich diese Gemeinden nach 1989 durch einen hohen Anteil an Rückkehrwanderungen von der Stadt aufs Land auszeichneten, was (ebenso) auf einen Zusammenhang zwischen internen Mobilitätsformen und externen Migrationsverläufen verweist. Zudem zeigt sich, dass sich unterschiedliche Landesteile aufgrund spezifischer Netzwerkstrukturen bestimmten Zielländern zuordnen lassen.

Daneben finden sich qualitative Fallstudien, die sich durch Feldaufenthalte sowohl im Herkunfts- als auch im Ankunftskontext der Migration auszeichnen. Zu den zentralen Forschungsthemen gehören dabei die Netzwerke der MigrantInnen und die konkreten Migrationspraktiken (vgl. Weber 2003, Şerban/Grigoraş 2000, Şerban 2003). Besonderes Augenmerk wird darauf gerichtet, inwiefern sich die Formen und Funktionen der Netzwerke, die zumeist auf Kontakten aus dem unmittelbaren Herkunftskontext beruhen, angesichts der wechselnden politischen und rechtlichen Rahmenbedingungen im Schengen-Raum für MigrantInnen aus Rumänien veränderten. So stellt etwa Swanie Potot (2003) für Migrationsnetzwerke zwischen Rumänien und Frankreich sowie Rumänien und Spanien heraus, wie soziale Netzwerke aus dem Herkunftskontext es ermöglichten, besonders restriktiv gefasste Migrationspolitiken zu umgehen. Vor dem Hintergrund des Beitritts Rumäniens in die EU konstatiert hingegen Remus Gabriel Anghel (2009), der sich über mehrere Jahre mit Netzwerken von MigrantInnen zwischen Rumänien und Deutschland sowie zwischen Rumänien und Italien beschäftigte, dass sich die Netzwerkkontakte unter den MigrantInnen deutlich veränderten. Mit dem EU-Beitritt im Jahr 2007 sei die externe Migration zu einem Massenphänomen geworden, wodurch die Konkurrenz unter den MigrantInnen deutlich zugenommen habe.

Weitere Untersuchungen beschäftigen sich mit den Auswirkungen der externen Migration auf den rumänischen Herkunftskontext. Neben Fallstudien zu wirtschaftlichen Folgen der Migration, die etwa der Frage nachgehen, inwiefern sich RückkehrmigrantInnen als UnternehmerInnen selbständig machten und damit einen Beitrag zur Entwicklung des ländlichen Herkunftskontextes leisteten (Umbreş 2006), untersuchen andere Forschungsarbeiten die Auswirkungen der Migration aus dem ländlichen Raum auf die Migrationsbereitschaft von Jugendlichen (vgl. Călin 2006). István Horváth (2008) spricht in diesem Zusammenhang von einer 'Kultur der Migration' unter Jugendlichen aus dem ländlichen Raum. Der Grund für die hohe Bereitschaft zur Migration, wie sie in Studien wiederholt nachgewiesen worden sei, so Horváth, liege darin, dass der Übergang von der Adoleszenz zum Erwachsensein vor dem Hintergrund unsicherer Erwerbsmöglichkeiten von den Jugendlichen als problematisch gewertet werde.

Die Migration werde als eine Alternative gesehen, um gesellschaftliche Erwartungen, wie die eines sicheren Einkommens, erfüllen zu können.

Beziehen sich die meisten der angeführten Forschungsarbeiten zu Rumänien als Herkunftskontext auf Ansätze einer transnationalen Forschungsrichtung (vgl. ebenso Ban 2005, u. a. zu informellen Rekrutierungsstrategien von Unternehmen zwischen Rumänien und Italien), werden diese auch in Studien zu Italien als Ankunftskontext zunehmend prominenter (vgl. Riccio 2002, Ceschi 2005 sowie Caselli 2009 nach Caponio 2010). Auch hier ist das Arbeitsfeld Privathaushalt in den Fokus einer transnationalen Migrationsforschung gerückt (Salih 2003, Baldisserri 2005). Fragen nach Statusveränderungen der ArbeitsmigrantInnen im Herkunftskontext und der transnationalen Organisation von Versorgungsleistungen zwischen Herkunfts- und Ankunftskontext der Migration stehen dabei im Vordergrund. Bezogen auf rumänische MigrantInnen in Italien bilden ebenso transnationale Migrationspraktiken den Untersuchungsgegenstand. So kommt Pietro Cingolani (2009 nach Caponio 2010) etwa zu der Einschätzung, dass diese im Fall von MigrantInnen, die in Italien als UnternehmerInnen tätig seien, eine „erfolgreiche Integration" (ebd.: 223, Übersetzung A.K.) unterstützten.

Aus diesem Forschungsabriss zur Thematisierung von Migrationsprozessen innerhalb des rumänisch-italienischen Migrationsfeldes geht hervor, dass die konkreten biographisch relevanten Prozesse im Zusammenhang mit Erfahrungen von Migration bislang unzureichend analysiert worden sind. Vielmehr überwiegt eine relativ einseitige Perspektive auf die Migrationspraktiken und -netzwerke. Längerfristige Prozesse der Erfahrungsbildung und Sinnkonstitution hingegen sind bislang nicht thematisiert worden.

Aus einer biographieanalytischen Perspektive wurde bereits nach kurzer Zeit im Feld deutlich, dass weitere lebensgeschichtlich relevante Wanderungsbewegungen in den konkreten Herkunftskontext eingelagert waren.[8] So schließt das vorliegende Migrationsfeld sowohl externe als auch *interne* Wanderungsverläufe unterschiedlicher Dauer mit ein. Dazu gehören seit den 1960er Jahren vielfach saisonale milieu- und berufsspezifische Binnenwanderungen sowie nach 1989 erste externe gleichwohl ebenfalls saisonale Ost-Ost-Migrationen. Eine besondere Form der Binnenmigration ergab sich aus der Beschäftigung als Schäfer.[9] Hinzu traten ausbildungs- und berufsbedingte Abwanderungen vom

---

8   Zentrale Charakteristika dieser unterschiedlichen Wanderungsbewegungen werden konkreter in Teil III sowie bezogen auf einzelne Fallbeispiele in Teil IV behandelt. Für eine Annäherung an den konkreten Untersuchungsgegenstand werden sie an dieser Stelle lediglich in verkürzter Form dargestellt.

9   In der vorliegenden Arbeit wird Wert auf eine Gender gerechte Sprache gelegt. Dennoch wird zum Teil ausschließlich die weibliche oder männliche Form verwendet. Zum einen, um damit genauer den spezifischen (Sprach)Kontext abzubilden. Obgleich

Land in die Stadt. Seit Beginn und verstärkt ab Mitte der 1990er Jahre vollzogen sich erstmalig Migrationsbewegungen von Ost- nach Westeuropa, bevorzugt nach Italien. Vor diesem Hintergrund unterschiedlicher Wanderungsbewegungen zeigte sich zum einen, dass die individuell-biographischen Erfahrungen von Migration vielfach in familienbiographische sowie milieuspezifische und gesellschaftsgeschichtlich konturierte Mobilitätsprozesse eingebettet waren. Im Zusammenhang mit dem agrarisch-ländlichen Herkunftskontext im Allgemeinen und dem berufsbezogenen Herkunftsmilieu als Schäfer im Besonderen wurden sehr bald milieuspezifische präformierte Muster in den Lebensverläufen deutlich, die die Erfahrungen der Migration und ihre Bearbeitung beeinflussten. So zeigten sich in den Schäferfamilien tradierte Formen im Umgang mit Mobilitätsprozessen. In diesem Zusammenhang stellte sich die Frage, inwiefern vorhandene milieuspezifisch geprägte biographische Präskripte, in denen bereits eine deutliche Mobilitätsbereitschaft angelegt war, den Umgang mit den Erfahrungen der externen Migration nach Italien beeinflussten. Zum anderen ging daraus hervor, dass sich die Wanderungsbewegungen zumeist innerhalb enger Netzwerkstrukturen aus dem Herkunftskontext vollzogen, die sich im Prozess der häufig kettenförmig verlaufenden Migrationen auch auf den Ankunftskontext ausweiteten. Es handelte sich daher weniger um Individualwanderungen (vgl. Treibel 1990), als vielmehr um Migrationsprozesse, die in enge familiäre und verwandtschaftliche sowie weitere Beziehungen aus dem unmittelbaren Herkunftskontext eingebunden waren. Diesbezüglich wurde die Frage aufgeworfen, inwiefern sich die Einbettung der MigrantInnen in Sozialbeziehungen aus dem Dorf mit Blick auf mögliche Prozesse der Neu- bzw. Reorientierung im Verlauf der Migration in spezifischer Weise als biographisch relevant erweisen konnte.

In Bezug auf die Motivation der Wanderungsbewegungen standen vielfach ökonomische Beweggründe im Vordergrund. Dies galt sowohl für die internen als auch für die ersten externen Migrationsformen. Für die internen Wanderungsbewegungen als Schäfer waren vor allem direkte monetäre Einkommensmöglichkeiten sowie zusätzliche erwerbsspezifische Vergünstigungen bedeutsam. In diesem Zusammenhang galt es, gesellschaftshistorische Bezüge in Form der Kollektivierung der Landwirtschaft und daraus resultierende Anreize für

---

auch Ehefrauen zum Teil gemeinsam mit ihren Ehemännern Schafe hüteten, wurde etwa die Bezeichnung 'Schäferin' im vorliegenden konkreten Feld nicht verwendet. Zum anderen, wenn aus dem erhobenen Gesamtmaterial entweder ausschließlich oder nahezu ausnahmslos, im Sinne eines typischen Musters, Fälle von MigrantInnen eines Geschlechts hervorgingen. Ferner wird mitunter bei expliziten Verweisen auf bestimmte Konzepte und Begriffe in Form von Zitaten (z. B. „Biographieträger") auf eine Gender gerechte Sprache verzichtet.

bestimmte Formen der Binnenmigration zu berücksichtigen. Nach dem Sturz des sozialistischen Regimes gingen die internen Wanderungsbewegungen teilweise in interne Abwanderungsbewegungen aus dem Dorf über. Hierbei traten die besseren landwirtschaftlichen Anbaumöglichkeiten und Infrastrukturbedingungen in anderen Landesteilen als zentrale Motive für einen Weggang aus dem Herkunftsdorf hinzu. Neben den temporären internen sowie ersten externen Wanderungsbewegungen wurde vielfach auch die Migration nach Italien ökonomisch begründet. Im Verlauf der Migrationen nach Italien zeigten sich zum Teil allerdings deutliche Dynamiken in den Wanderungsmotiven. Die Gründe für die Migration erwiesen sich mitunter als bedeutend vielschichtiger und verschoben sich im Verlauf der Migration. Hinzu trat ein sukzessive steigender Migrationsdruck im unmittelbaren Herkunftskontext.

Die Dauer der externen Migrationsverläufe nach Italien erwies sich für die Fälle, die in die Erhebung einflossen, als sehr unterschiedlich. In der Mehrzahl der Fälle wurde allerdings der temporäre Charakter der Migration betont. Einige MigrantInnen waren bereits in ihren Herkunftskontext zurückgekehrt. Dabei ließ sich nicht immer von einer definitiven Rückkehr sprechen. Obgleich konkrete Aussagen sowohl zur Dauer als auch zur Motivation der Migrationen nach Italien erst in den Fallrekonstruktionen erfolgen können, lassen sich die externen Wanderungsverläufe derjenigen MigrantInnen, die sich bewusst für eine Ausreise nach Italien entschieden, einem heuristischen Verständnis nach als zumeist temporäre, zum Teil pendelartige Arbeitswanderungen bezeichnen, die häufig, nach Art von Kettenmigration, in Netzwerkstrukturen aus dem unmittelbaren Herkunftskontext eingebunden waren. Vor allem in Folge eines Familiennachzugs konnten sich die Gründe der Migration allerdings deutlich diversifizieren.

Des Weiteren zeigte sich bereits in den ersten Interviews, dass die Migrationen nach Italien nach wiederkehrenden Mustern abliefen. So ließen sich die Verläufe der Überfahrten, die konkreten Migrationspraktiken sowie die erste Zeit am Ankunftsort relativ deutlich entsprechend der jeweils zum Zeitpunkt der Migration geltenden Ausreise- und Aufenthaltsbestimmungen unterscheiden. Im Verlauf der Forschung wurde ferner deutlich, dass sich auch die Wahrnehmung der Einwanderung aus Rumänien nach Italien mit der Lockerung der ausreiserechtlichen Bestimmungen veränderte. Entsprechend beeinflussten die rechtlichen Rahmenbedingungen nicht allein die Ausgestaltung der sozialen Beziehungen der MigrantInnen und ihrer Familien *zwischen* dem Ankunfts- und dem Herkunftskontext. Auch die Beziehungen zwischen den MigrantInnen und der Mehrheitsgesellschaft im Ankunftskontext sowie zwischen MigrantInnen und Nicht-MigrantInnen im Herkunftskontext veränderten sich mit zunehmender Durchlässigkeit der Grenzen. Hierauf wird ebenfalls in der Arbeit eingegangen.

Fragestellung der Arbeit

Den Gegenstand der Untersuchung bilden Erfahrungen europäischer Ost-West-Migration nach 1989 aus einem peripheren ländlichen Herkunftskontext. Das zentrale Erkenntnisinteresse liegt dabei darin, anhand von Fallrekonstruktionen das wechselseitige Verhältnis zwischen dem Erfahrungszusammenhang der Migration einerseits und dem biographischen Gesamtverlauf andererseits in seinen für das Migrationsfeld 'typischen' Ausprägungen herauszuarbeiten.[10]

Dieses Forschungsinteresse erfordert einen Blick auf die strukturellen Bedingungen innerhalb des Migrationsfeldes. In Bezug auf den biograpischen Gesamtzusammenhang gilt es, Muster gruppen- bzw. milieuspezifischer biographischer Konstruktion herauszuarbeiten, aus denen „explizite und vor allem implizite Präskripte für die Konstitution und Zusammenhangsordnung verschiedener Lebenserfahrungen" (Breckner 2005: 420), wie etwa Erwerbs- und Familienleben, hervorgehen. Diese können für das Feld spezifische Entwürfe im Sinne von „biographischen Schemata" (Luckmann 1986) zur Bearbeitung migrationsbezogener Erfahrungszusammenhänge bereitstellen.[11]

Auf den Erfahrungszusammenhang der Migration bezogen geht es bei der Analyse der strukturellen Bedingungen des Migrationsfeldes darum, inwiefern sich die wechselnden politisch-rechtlichen Rahmungen der Migration sowohl auf die Gesamtstruktur der Migrationsprozesse als auch auf die Erfahrungen der Grenzübertritte und die Situation im Zielland auswirken. Hierbei schließt die Analyse in besonderer Weise den Einfluss der politisch-rechtlichen Rahmenbedingungen auf die Netzwerkstrukturen und sozialen Beziehungen zwischen Herkunfts- und Ankunftskontext mit ein. Rekonstruiert werden für das spezifische Migrationsfeld 'typische' Verläufe von Migration.

Vor diesem Hintergrund wird anhand des empirischen Materials der Frage nachgegangen, inwiefern die Migrationserfahrungen – eingebettet in das spezifische Migrationsfeld – eine bestimmte biographische Relevanz gewinnen. Die spezifische Struktur des Migrationsfeldes und die Prozesse der Bedeutungsbildung stehen dabei, so die Annahme, in einer permanenten Wechselbeziehung. Folgende zentrale Fragestellungen lassen sich somit ableiten:

---

10 Zur ausführlichen Beschreibung der einzelnen Analyseschritte im Rahmen von Fallrekonstruktionen nach Rosenthal (1995) siehe Kap. 4.3.2.
11 Durch eine solche Einbeziehung wird schließlich auch einer konsequenten Einbettung der einzelnen Biographie in ihren gesellschaftlichen Kontext, wie sie in Theoriedebatten zum Verhältnis von Biographieforschung und sozialwissenschaftlicher Theoriebildung gefordert wird (vgl. u. a. Rosenthal 2009^2), Rechnung getragen.

- Welche Formen des biographischen Umgangs mit den Migrationserfahrungen lassen sich für das konkrete Migrationsfeld herausarbeiten? Wie werden die Migrationserfahrungen zu anderen biographischen Erfahrungen ins Verhältnis gesetzt: Inwieweit knüpfen sie an bestimmte biographische Erfahrungen an oder leiten sie gewisse biographische (Neu)Orientierungen ein?
- Welche Relevanz für die Prozesse der biographischen Bedeutungsbildung weisen strukturelle Rahmenbedingungen des Migrationsfeldes auf – sowohl bezogen auf den gesamtbiographischen als auch auf den migrationsspezifischen Erfahrungszusammenhang?

Diesen Fragen wird auf der Grundlage von narrativ-biographischen Interviews sowie teilnehmender Beobachtung nachgegangen. Einzelne Fälle von Migration, die auf der Basis eines theoretischen Samples (Glaser/Strauss 1967) ausgewählt wurden, werden nach dem Verfahren der Fallrekonstruktion (Rosenthal 1995) analysiert. Hieraus wird eine Typologie zum biographischen Umgang mit Erfahrungen von Migration in Bezug auf das vorliegende Migrationsfeld gebildet. Am konkreten Einzelfall wird somit herausgearbeitet, welche biographische Bedeutung den Migrationserfahrungen zukommt. Darin liegt das besondere Anliegen der Untersuchung. Hierbei geben die biographischen Erzählungen der MigrantInnen in erster Linie bestimmte Interpretationen der eigenen Migrationserfahrungen wieder, wie sie sich für die BiographInnen zum jeweiligen Zeitpunkt der Befragung darstellten. Vor dem Hintergrund, dass sich die Feldphase der vorliegenden Untersuchung über mehrere Jahre erstreckte, wird in besonderer Weise versucht, die Prozesshaftigkeit der Bedeutungsbildung herauszuarbeiten.

Die Annäherung an das Forschungsfeld war dabei nicht frei von Vorannahmen. So wurde in Bezug auf die Verläufe der Migration vermutet, dass sich diese zeitlich ausdehnten. Ähnlich anderen innereuropäischen Migrationsbewegungen wurde angenommen, dass sich die Migrationen entlang der verschiedenen Generationen fortsetzten. Hinsichtlich der biographischen Einbettung wurde davon ausgegangen, dass die unterschiedlichen Wanderungsbewegungen im Vorfeld der externen Migration einen deutlichen Bezugsrahmen für den Umgang mit den Migrationserfahrungen in Italien darstellten. Angenommen wurde die Thematisierung und Präsentation der Migration als einen Erfahrungszusammenhang biographischer Kontinuität.

Aufbau der Arbeit

Die Arbeit ist in fünf Teile untergliedert. Teil I führt in die migrations- und biographietheoretischen Grundlagen der Arbeit ein. Hierzu werden im ersten Kapitel zentrale theoretische Ansätze einer transnationalen Forschungsperspektive vorgestellt, auf die in zahlreichen Untersuchungen zur Migration aus dem ländlichen Raum Rumäniens verwiesen wird. Dabei steht die Frage im Vordergrund, wie sich Verflechtungszusammenhänge zwischen Herkunfts- und Ankunftsort differenzieren und in bestimmter Weise systematisieren lassen. Abschließend wird die transnationale Forschungsperspektive unter besonderer Berücksichtigung mobiler, nicht sesshafter Migrationsverläufe auf den Kontext von Migrationsbewegungen von Ost- nach Westeuropa bezogen.

Im zweiten Kapitel werden die biographietheoretischen Grundlagen der Arbeit vorgestellt. Nach einer Einführung in die soziologische Biographieforschung werden biographietheoretische Konzepte ausgewählt, die nicht nur das Wechselverhältnis zwischen übergeordneten sozialen Strukturierungen und individuellen Orientierungs- und Handlungsmustern, sondern auch die Prozesshaftigkeit von Erfahrungs- und Handlungsverläufen sowie die Dynamik ihrer (Re)Interpretation berücksichtigen. Im Anschluss wird auf die Erfahrung von Migration als einen spezifischen Gegenstand der soziologischen Biographieforschung eingegangen. Hierzu wird eine Auswahl an qualitativ-biographischen Arbeiten der Migrationsforschung präsentiert, die für die Arbeit relevante Perspektiven auf die biographische Erfahrungsdimension von Migration aufweisen. Darauf aufbauend wird in allgemein-theoretischer Form auf Migration als einen spezifischen lebensgeschichtlichen Erfahrungszusammenhang eingegangen.

Teil II umfasst zentrale methodisch-theoretische Annahmen sowie die Dokumentation des Forschungsprozesses. Im Anschluss an Vorüberlegungen zur rekonstruktiven Methodologie der Arbeit wird im dritten Kapitel auf die erzähl- und gestalttheoretischen Ausführungen zu narrativen Interviews sowie zum Verhältnis von erlebter und erzählter Lebensgeschichte eingegangen. Hieran folgt im vierten Kapitel die Beschreibung des Forschungsprozesses. Nachdem zunächst die Entwicklung der Untersuchungsperspektive nachgezeichnet worden ist, werden dabei in Verbindung mit dem Vorgehen im Feld die verschiedenen Erhebungsmethoden reflektiert und miteinander ins Verhältnis gesetzt. Im Anschluss an Bemerkungen zur Bedeutung der Sprache bei der Erhebung wird schließlich auf den konkreten Zugang zum Feld sowie die Sample-Bildung und Auswahl der Fälle eingegangen.

In Teil III wird das konkrete Migrationsfeld der vorliegenden Arbeit beschrieben. Kapitel fünf beleuchtet dazu zunächst spezifische Merkmale und

Charakteristika des Herkunftskontextes. Im Anschluss an die Darstellung zu Formen von Migration vor und nach dem Umsturz des sozialistischen Regimes in Rumänien erfolgt eine Einführung in milieuspezifische wirtschaftliche und soziale Strukturen des konkreten Herkunftsdorfes sowie darin eingelagerte Formen von Mobilität vor und nach 1989. Für den Verlauf von Prozessen geographisch-räumlicher und sozialer Mobilität bildet der Umsturz des sozialistischen Regimes sowohl innerhalb des konkreten als auch des weiter gefassten Herkunftskontextes eine deutliche Zäsur.

Im sechsten Kapitel, das den Ankunftskontext der Migration behandelt, wird zunächst nachgezeichnet, wie sich Italien von einem bedeutenden Herkunfts- zu einem beliebten Ankunftsland von MigrantInnen entwickelte. Da aus dem erhobenen Gesamtmaterial hervorging, dass die Dynamik der Migrationsverläufe sehr stark von den wechselnden politisch-rechtlichen Rahmenbedingungen der Migration bestimmt war, werden im Anschluss entsprechend der zentralen Veränderungen drei verschiedene Phasen der Migrationsbewegungen aus dem Dorf unterschieden. Entlang dieser Phasen wurden bestimmte wiederkehrende Verlaufsmuster deutlich, nach denen die Migrationsprozesse strukturiert waren.

Teil IV, der gleichzeitig das siebte Kapitel bildet, umfasst die Darstellung von drei Fällen des Samples auf der Grundlage von Fallrekonstruktionen. An ihnen entlang erfolgt die Bildung von Typen zu Prozessen der biographischen Bedeutungsbildung von Erfahrungen der Migration. Bevor die typusspezifischen strukturbildenden Prozesse der biographischen Bedeutungsbildung im Anschluss an jede Falldarstellung zusammengefasst werden, wird dabei zunächst anhand von anderen Fallbeispielen aus dem Sample auf die Varianz innerhalb jedes Typus hingewiesen. Es folgt der Hinweis auf Residua im Feld, bevor die verschiedenen Typen abschließend miteinander verglichen werden.

In Teil V, dem achten Kapitel der Arbeit, werden die Ergebnisse zum Verhältnis von Migration und Biographie auf das weiter gefasste Feld europäischer Ost-West-Migration aus dem ländlichen Raum bezogen. Hierbei wird analytisch zwischen der Struktur der Migrationsverläufe und zentralen Dimensionen ihrer biographischen Bedeutungsbildung unterschieden. Im Anschluss an eine Reflexion der transnationalen Forschungsperspektive in einem biographieanalytischen Kontext folgt als Ausblick der Hinweis auf weiterführende forschungsleitende Fragestellungen.

Teil I Migrations- und biographietheoretische Grundlagen

Das vorliegende Theoriekapitel bildet das Ergebnis eines fortlaufenden Forschungsprozesses. Am Anfang der Arbeit platziert, gibt es den Schlussstand einer permanenten gegenseitigen Sättigung aus theoretischen Konzepten einerseits und dem empirischen Material andererseits wieder.[12]

Da sich eine bi-kontextuelle Betrachtung der Migrationsprozesse als notwendig erwies, wird als Perspektive auf die Migrationsverläufe an neuere, vor allem transnationale Ansätze in der Migrationsforschung angeknüpft (Kap. 1). Sie thematisieren die plurilokalen Bezüge im Verlauf der Migrationsprozesse und bieten einen Zugang zu wesentlichen strukturellen Rahmungen, in die die Migrationsverläufe eingebettet sind. In den Ausführungen wird dabei hervorgehoben, inwieweit sich die Verflechtungszusammenhänge zwischen Herkunfts- und Ankunftskontext entlang bestimmter Dimensionen differenzieren und systematisieren lassen.

Um den Blick allerdings stärker auf die konkreten Prozesse zu lenken, die sich im Rahmen einer plurilokalen Einbettung vollziehen, und um zu berücksichtigen, was die Erfahrungen von Migration für diejenigen, die sowohl im Ankunfts- als auch im Herkunftskontext an der Migration beteiligt sind, bedeuten, erscheint im Anschluss eine biographietheoretische Ausrichtung der Arbeit naheliegend (Kap. 2). So vollziehen sich die Migrationsverläufe nicht allein entlang struktureller Rahmungen, sondern sie sind ebenso durch Wahrnehmungs-, Denk- und Handlungsmuster der MigrantInnen geprägt, aus denen bestimmte Strategien hervorgehen und die wesentlich die biographischen Prozesse der Bedeutungsbildung von Migrationserfahrungen beeinflussen.[13]

---

12 Es handelt sich hierbei um ein abduktives Forschungsverfahren (vgl. Kap. 4). Theorie und Empirie stehen in einem Verhältnis wechselseitiger Anregung und Kritik zueinander. Dabei steht zu Beginn des Forschungsprozesses durchaus ein bestimmtes Vorwissen (vgl. hierzu auch das Prinzip der *Grounded Theory* nach Glaser/Strauss 1967 als ein kontrolliertes methodisches Verfahren zu einer gegenstandsbezogenen Theorie).

13 Es geht hierbei um eine gegenseitige Verschränkung von strukturellen Einrahmungen auf der einen Seite und lebenspraktischen Erfahrungen sowie daraus hervorgehenden Wissensvorräten und Handlungspraktiken auf der anderen Seite. Den Hintergrund dieser Ansetzung bildet die von Alfred Schütz entwickelte phänomenologische Lebensweltanalyse (vgl. Schütz/Luckmann 1979, 1984).

1 Theoretische Ansätze einer transnationalen Forschungsrichtung

In der Darstellung zentraler Ansätze einer transnationalen Forschungsrichtung geht es darum, aufzuzeigen, wie die gegenseitigen Verweisungen zwischen Herkunfts- und Ankunftskontext der Migration konzeptualisiert werden. Eine umfassende Rezeption kann aufgrund der Fülle von Arbeiten nicht erfolgen.[14] Von besonderem Interesse sind Konzeptionen, die empirisch auf ähnlichen Migrationsfeldern wie dem vorliegenden beruhen.

Als Einstieg in das Kapitel wird aufgezeigt, vor welchem Hintergrund eine transnationale Forschungsrichtung aufkam. Dabei wird angerissen, in welcher Form zuvor Migrationsphänomene unter Verweis auf die Lebensrealität der MigrantInnen untersucht wurden. Nach einem Verweis auf klassische Migrationsansätze, die vor allem ihren Blick auf den Ankunftskontext der Migration richteten, werden mit dem 'Netzwerk'-Begriff und der Theorie der 'kumulativen Verursachung' Ansätze der Migrationsforschung vorgestellt, die explizit den Herkunftskontext der Migration einbeziehen (Kap. 1.1). Im darauffolgenden Unterkapitel werden Konzepte einer transnationalen Forschungsrichtung präsentiert, auf die sich viele Forschungsarbeiten zu transnationaler Migration im Allgemeinen sowie zu jüngeren Migrationsbewegungen von Ost- nach Westeuropa im Besonderen beziehen (Kap. 1.2). Den Einstieg bildet die programmatische Einführung des Transnationalismus-Begriffs durch Glick Schiller et al. (1992). Dabei wird der Frage nachgegangen, inwiefern es sich bei den von ihnen beobachteten Phänomenen um etwas genuin Neuartiges handelte, oder sich lediglich die Perspektive auf Migrationsphänomene änderte. Darauf folgt die Konzeption sogenannter transnationaler (vgl. Pries u. a. 1996, 2008) und transstaatlicher sozialer Räume (vgl. Faist u. a. 2000a, b) (Kap. 1.3). Hieran schließen sich Anmerkungen zur Unterscheidung unterschiedlicher Dimensionen von Verflechtungszusammenhängen an (Kap. 1.4). Dabei wird angenommen, dass die hier in den verschiedenen Ansätzen systematisierten Dimensionen in einem deutlichen Verweisungszusammenhang stehen. Abschließend folgen Überlegungen zur Kontextualisierung der transnationalen Ansätze auf den europäischen Migrationsraum (Kap. 1.5).

---

14 Für einen Überblick siehe Pries (2008). Darin wird u. a. auf die unterschiedlichen Wissenschaftsdisziplinen hingewiesen, aus denen sich ForscherInnen mit nationale Grenzen überschreitenden Phänomenen beschäftigen.

1.1 Perspektiven im Rahmen einer transnationalen Forschungsrichtung

Den Hintergrund transnationaler Migrationsansätze, wie sie seit den 1990er Jahren immer prominenter wurden, bildeten Beobachtungen, wonach sich Migrationen zunehmend nicht mehr als dauerhafte einmalige Ortswechsel vom Herkunfts- in das Ankunftsland vollziehen, sondern häufig zirkulär und unter Beibehaltung starker sozialer Bindungen zum Herkunftskontext verlaufen. Diese Erkenntnis, die den Auslöser für die Begriffsbildung des Transnationalismus darstellte, basierte im Wesentlichen auf Beobachtungen von Migrationsbewegungen zwischen den USA und Ländern Südostasiens sowie Mittelamerikas.[15] Transnationale Migration wurde zu einem Sammelbegriff für grenzüberschreitende Praktiken von MigrantInnen, die sich nicht mehr in Taxonomien von Ein- bzw. Auswanderung, Integration und Remigration fassen ließen.[16]

Eine Reihe von Gründen wird für diese Dynamik in den Migrationsverläufen angeführt. Zum einen werden die Ausbreitung der kapitalistischen Produktionsweise und die Zunahme globaler wirtschaftlicher Transaktionen genannt. Im Zuge der internationalen Arbeitsteilung und der Transformation der Beschäftigungsstruktur, die dazu führte, dass Arbeitsplätze in der Industrie abgebaut und durch Beschäftigungen im Dienstleistungsbereich ersetzt wurden, kam es neben internen Migrationsbewegungen der Landbevölkerung zu starken externen Migrationsströmen von Arbeitskräften (vgl. Han 2006, Pries 1996). Zum anderen werden Entwicklung und Verbreitung von Transport- und Kommunikationstechnologien angeführt, die sowohl zur Expansion des kapitalistischen Systems als auch zur Intensivierung bzw. einer neuen Qualität des grenzüberschreitenden Austauschs beitrugen. So sehen Portes/Guarnizo/Landolt (1999), die den Möglichkeiten der physischen Mobilität eine besondere Bedeutung beimessen, vor allem in der hohen Intensität des Austauschs, in den neuen Arten der Transaktion und in der Zunahme von Aktivitäten, die grenzüberschreitende Reisen und Kontakte erforderten, wesentliche Ursachen für einen Anstieg transnationaler Migrationsverläufe. Neuartige Infrastrukturbedingungen sorgten für einen vielfältigen Austausch zwischen Herkunfts- und Ankunftsland in Form von Telefon-

---

15 Hierzu lässt sich allgemein kritisch anmerken, dass sich durch eine transnationale Forschungsrichtung zwar die Perspektive auf Migrationsverläufe änderte, allerdings nur selten neben dem Ankunfts- auch der Herkunftskontext der MigrantInnen explizit einbezogen wurde.

16 Zur Problematik von Differenzierungen in der Migrationsforschung entlang der Unterscheidung zwischen erzwungener und freiwilliger Migration, zwischen Sesshaftigkeit und Mobilität sowie entlang politischer, zeitlicher und geographischer Einrahmungen siehe Lucassen/Lucassen 1997.

gesprächen und E-Mails, (il)legalen Grenzüberschreitungen und Besuchen über Flugzeug-, Bus- und PKW-Verbindungen sowie die Verschickung von Waren, Paketen und Rimessen.

Klassische Migrationsansätze, die Migration häufig als dauerhaften unidirektionalen Ortswechsel betrachteten, wurden neueren Entwicklungen in den Migrationsbewegungen nicht mehr gerecht (vgl. Han 2006, Apitzsch/Siouti 2008). Zu ihnen zählten etwa makroökonomische Ansätze, die sich mit den Ursachen der Migrationen beschäftigten und als Beweggründe neben Lohndifferenzen die ungleiche Nachfrage nach Arbeitskräften anführten, sowie Konzeptionen, die Migrationsverläufe relativ schematisch als lineare Eingliederungsprozesse in die Ankunftsgesellschaft betrachteten. Danach gliederte sich der Migrationsverlauf in eine Migrationsentscheidung, die eigentliche Wanderung aus dem Herkunftsland und schließlich einen langwierigen Integrations- bzw. Assimilationsprozess. Hinter dieser Auffassung von Migration stand die Vorstellung einer Wanderung von einem Nationalstaat, gleich einem abgeschlossenen Container, in einen anderen. In theoretischen Konzepten zu Migrationsverläufen, die häufig normative Vorstellungen von mehr oder weniger gelungenen Eingliederungsprozessen beinhalteten und von Migrant*en* ausgingen, überwog deutlich die Perspektive der Ankunftsgesellschaft (vgl. ebd.).[17] Die Eingliederung der Migrierenden stand im Fokus der Migrationsforschung.[18] So zielte die konventionelle Migrationsforschung auf eine Assimilation der MigrantInnen im Ankunftsland und befasste

---

17 Konzepte der Migrationsforschung schlossen die Herkunftsregionen von MigrantInnen lange Zeit hauptsächlich über die Analyse sogenannter *push*-Faktoren ein. Den *pull*-Faktoren in den Ankunftsregionen der Migration entgegengesetzt, fanden sie Eingang in neoklassische Migrationstheorien (vgl. Han 2006). Ein weiterer Grund, weswegen sich die Migrationsforschung lange Zeit auf die Ankunftsregion konzentrierte, lag in der Asymmetrie der Forschungsinfrastruktur und -ressourcen (vgl. Pries 1996).

18 Als deutschsprachige Migrationsforscher lassen sich etwa für eine eher makrostrukturell angelegte Forschung bezogen auf den Ankunftskontext Hoffmann-Nowotny (1970) und für eine eher mikrostrukturell angelegte Forschung Esser (1980) anführen. Hervorzuheben sind allerdings Essers Ausführungen zu Entscheidungsprozessen. In ihnen wird zwar nicht explizit der Erfahrungshintergrund von MigrantInnen miteinbezogen, gleichwohl weist Esser unter einer mikrosoziologischen Perspektive auf MigrantInnen als handelnde AkteurInnen auf einen Zusammenhang hin zwischen der Entscheidung zur Migration (im Herkunftskontext) und dem Integrationsprozess in der Ankunftsgesellschaft. Auch könne sich der Zeithorizont der Migration auf den Entscheidungsprozess auswirken. Roswitha Breckner (2005) weist in diesem Zusammenhang darauf hin, dass allerdings offen blieb, unter welchen Bedingungen sich das Verhältnis zwischen der Migrationsentscheidung und dem Eingliederungsprozess angesichts neuer Erfahrungen und der Entwicklung neuer Erwartungen im Verlauf der Migration verändern konnte.

sich (später) mit den „sozialen Folgeproblemen" (Pries 1996: 464) der Einwanderung. Im Wesentlichen wurde davon ausgegangen, dass ein 'tatsächliches Ankommen' und ein wirtschaftlicher Erfolg im Zielland einzig über eine kulturelle Anpassung gelingen konnten (vgl. Glick Schiller et al. 1997a, Goeke 2007).[19]

Die Beobachtung, dass MigrantInnen vielfach starke Bindungen zum Herkunftskontext unterhielten, sorgten für eine Erweiterung der Forschungsperspektive. Der Fokus der neueren Migrationsforschung verlagerte sich auf die Einbindung von MigrantInnen in Strukturen und Netzwerke sowohl im Ankunfts- als auch im *Herkunfts*land der Migration (vgl. Boyd 1989, Fawcett 1989). Die Forschungsperspektive wurde somit deutlicher auf beide Kontexte der Migration gelenkt. Einen zentralen Stellenwert kam der Einbindung von MigrantInnen in familiäre sowie lokal verankerte Bindungen zu, die sich oftmals durch ein hohes Maß an Vertrauen auszeichneten und denen im Verlauf der Migration daher zahlreiche Funktionen zukommen konnten. So richtete sich der Blick bevorzugt auf den Einfluss dieser Beziehungen auf Entscheidungs- und Kommunikationsprozesse zwischen Herkunfts- und Ankunftsland.[20] Dadurch, dass sie potentielle MigrantInnen mit zusätzlichen Ressourcen ausstatteten, konnten sie sowohl die Kosten als auch das Risiko der Migration mindern und so die Entscheidung zur Migration begünstigen. Der Austausch von Informationen konnte vor der Migration Wissen über Lebens- und Arbeitsbedingungen im Aufnahmeland bereitstellen und Unterstützungsleistungen bei der Ankunft am Zielort in Aussicht stellen. So erwiesen sich diese Netzwerke etwa als besonders wichtig, wenn ein offizieller Zugang zum Arbeitsmarkt des Ziellandes nicht vorhanden war (vgl. Morokvasic/Rudolph 1994). Alejandro Portes (1996) begründete für ein derartiges Beziehungsgeflecht später den Begriff des 'transnationalen Netzwerks'.

---

19 Die Forderung nach einer nicht nur wirtschaftlichen und sozialen, sondern auch nach einer kulturellen Assimilation erwies sich als sozial blind. Während die kulturelle Anpassung insbesondere von MigrantInnen verlangt wurde, die unteren sozialen Schichten angehörten, wurde deutlich, dass dies gerade nicht von sogenannten *expatriates* aus bildungsstarken Schichten eingefordert wurde.

20 Mit intermediären sozialen Strukturen beschäftigen sich auch Migrationstheorien, die vornehmlich auf wirtschaftliche Prozesse ausgerichtet sind. So richtet der Ansatz der „Neuen Migrationsökonomie" [*new economics of migration*] das Augenmerk auf die Einheit des Haushaltes zur Erklärung von Migrationsentscheidungen. Migration wird unter wirtschaftlichen Gesichtspunkten als eine Strategie zur Minimierung von Risiken und Marktzwängen betrachtet. Über die Verteilung von Familienmitgliedern gelänge eine Diversifikation von Einkommensquellen. Gleichzeitig wird betont, dass der Nutzen einer Einkommenssteigerung vom sozioökonomischen Kontext des Haushaltes, d. h. von den Relationen zum Lebensstandard anderer Haushalte des sozialen Umfeldes, abhängig sei (vgl. Massey et al. 1998).

Andere Forschungsarbeiten thematisierten die Dynamiken innerhalb der Migrationsprozesse sowie die Verkettung von Migrationsverläufen untereinander (vgl. Massey 1990). Zum einen wurde deutlich, dass Migrationsprozesse häufig komplexe und zum Teil zirkuläre Verläufe nehmen konnten, die nicht vorhergesehen worden waren. Zum anderen zeichnete sich ab, dass sich Migrationsprozesse in ihrer Dynamik untereinander sehr stark beeinflussen konnten. Im Zuge einer stärkeren Berücksichtigung von Netzwerkstrukturen für die Entscheidung und Durchführung von Migrationsvorhaben wurde deutlich, wie sehr diese die Migrationsbewegungen regulieren konnten. Meist wirkten die Netzwerkstrukturen – wie vor allem in ländlichen Herkunftskontexten beobachtet wurde – in Form einer positiven Verstärkung der Migrationsbewegungen auf den Herkunftskontext zurück. Kurzurlaube im Herkunftskontext, Berichte über Erfahrungen im Ankunftskontext und Geldüberweisungen an Familienmitglieder im Herkunftsort konnten die Wahrscheinlichkeit weiterer Migrationsentscheidungen erhöhen. Diese Prozesse wurden in der Theorie der 'kumulativen Verursachung', die von Migrationsbewegungen als einem potentiell sich selbst verstärkenden Prozess ausgeht, und dem Begriff der Kettenmigration zusammengefasst (vgl. ebd., ders. et al. 1993).

Eine Migration im Rahmen familiärer bzw. verwandtschaftlicher Netzwerkstrukturen wird in diesem Zusammenhang vielfach als eine ökonomisch motivierte Strategie zur Verbesserung der eigenen sowie der Lebenssituation der Familienmitglieder, die häufig auf verschiedene Haushalte im Herkunfts- und im Ankunftsland der Migration verteilt sind, diskutiert (vgl. Faist 2000b). Zahlreiche Forschungsarbeiten, die sich mit Migrationsbewegungen zwischen Ost- und Westeuropa beschäftigen und auf die hohe Mobilität in den Migrationsverläufen hinweisen, knüpfen an diese Diskussion von Migration als Teil einer (Über-)Lebensstrategie an (vgl. exemplarisch Sandu 2000a, 2005). Nach Auffassung von Mirjana Morokvasic (2003), die ebenfalls Migrationsverläufe von Ost- nach Westeuropa untersucht, geht es bei der Migration vielfach darum, Risiken für die Einzelnen oder den Haushalt abzuwenden. Sie spricht unter Verweis auf Autorinnen wie Diminescu/Lagrave (1999) sowie Potot (2002), die sich mit Migrationsbewegungen aus Rumänien nach 1989 beschäftigten, von einer Ausweitung bisheriger (Einkommens)Strategien. Diese würden von den Einzelnen entwickelt, um damit auf die Veränderungen der sozialen (Über-)Lebensbedingungen im Herkunftsland zu reagieren. Sie könnten sich mitunter zu einer Sesshaftigkeit in der Mobilität entwickeln: „[r]ather than trying to immigrate and settle in the target country, they tend to 'settle within mobility', staying mobile 'as long as they can' in order to improve or maintain the quality of life at home (...) [m]igration thus becomes their lifestyle, their *leaving home* and going away, paradoxically, a strategy of *staying at home*, and, thus an alternative to emigration (...) [t]heir transnational mobility, or, rather their know-how-to-move (...) and capacity to stay mobile is their resource (...) an important dimension of their social capital" (Morokvasic 2003: 102, Anführungsstriche und Hervorhebungen im Original).[21]

1.2 Theoretische Konzepte innerhalb der Transnationalismus-Forschung

Eine erste viel beachtete Zusammenfassung zum Transnationalismus-Begriff legten die Wissenschaftlerinnen Glick Schiller, Basch und Szanton-Blanc (1992) vor. Zum Gegenstand der Forschung erklärten sie jene Prozesse, über die MigrantInnen durch ihre alltägliche Lebenspraxis sowie auf der Grundlage sozialer, wirtschaftlicher sowie politischer Beziehungen sogenannte „soziale Felder" [*social fields*] in und zwischen Herkunfts- und Ankunftsland errichteten (vgl. ebd.: 1). Damit richtete sich die Forschungsperspektive auf die alltägliche Lebensweise von MigrantInnen und auf die Bewegungen und Sozialräume zwischen Herkunfts- und Ankunftskontext (vgl. ebd.). Das Verständnis von Migration wandelte sich von der Vorstellung einer einmaligen Bewegung hin zu einem Prozess. Die Zunahme in der Dynamik von Migrationsverläufen stellten sie in einen Zusammenhang mit den sich verändernden Beziehungen zwischen Kapital und Arbeit. Sowohl die globale Ausbreitung des Kapitalismus als auch makrostrukturelle wirtschaftliche Voraussetzungen führten ihrer Meinung nach zu einer Zunahme von Grenzüberschreitungen.[22] Dieser Ansatz, der für zahl-

---

21 Daneben weist Morokvasic (2003) auch auf die geänderten Bedingungen insgesamt für Migrationen aus Osteuropa nach dem Fall des Eisernen Vorhangs hin. Das Weggehen impliziere nicht mehr wie noch zuvor, für immer zu gehen, und schließe eine Rückkehr nicht mehr aus (vgl. ebd.: 107). Vor diesem Hintergrund ist davon auszugehen, dass die spezifischen Dynamiken, die sich in den jüngeren Migrationsverläufen abzeichnen, auch mit Veränderungen in den Motivationen für eine Migration in Zusammenhang stehen. Weniger geht es um die Flucht vor Zwang, Gewalt und Unterdrückung als um die Verbesserung der materiellen Versorgung (siehe hierzu Kap. 6.1).

22 Darüber hinaus formulierten die Autorinnen, dass sich sozialwissenschaftliche Annäherungen an diese Formen von Migration über Konzepte von Ethnie, Rasse und Nation als zu eingeschränkt erwiesen hätten, wenngleich sich MigrantInnen den Konzepten von Nation mehrerer Staaten gegenübersähen. Hieraus entwickelte sich später die Kritik, dass die Existenz von Nationalstaaten in den Sozialwissenschaften naturalisiert werde (vgl. Wimmer/Glick Schiller 2002 zum Begriff des 'methodologischen Nationalismus').

reiche weitere Forschungen wegweisend wurde, rief auch Kritik hervor. Zum einen wurden die Autorinnen für ihre Äußerungen kritisiert, bei den von ihnen beobachteten Migrationsverläufen, die sich durch enge Beziehungen zum Herkunftsort auszeichneten, handele es sich um eine historisch neuartige Form von Migration. Zum anderen wurde in diesem Zusammenhang darauf hingewiesen, dass ihr theoretischer Ansatz zu unpräzise sei (siehe hierzu weiter unten).

Weitere zentrale Ansätze in der Transnationalismus-Forschung bilden die Konzepte zu transnationalen sozialen (Pries u. a. 1996, 1997, 2008) sowie transstaatlichen sozialen Räumen (Faist u. a. 2000a, b).[23] Transnationale soziale Räume stehen für „relativ dauerhafte, auf mehrere Orte verteilte bzw. zwischen mehreren Flächenräumen sich aufspannende verdichtete Konfigurationen von sozialen Alltagspraktiken, Symbolsystemen und Artefakten" (Pries 2001: 150). Den Kern dieser Konzeption von Pries bildet die Annahme, dass auf der Grundlage der Eingebundenheit in die Ankunftsgesellschaft und durch den gleichzeitigen dauerhaften und engen Kontakt zur Herkunftsregion diese neuen Verflechtungszusammenhänge weder den Herkunftskontext in Form einer genauen Reproduktion kultureller und sozialer Handlungspraktiken kopierten, noch eine reine Abbildung der Ankunftsgesellschaft in Folge eines bestimmten Assimilationsprozesses darstellten. Vielmehr entstehe ein Geflecht von unterschiedlichen migrationsspezifischen Prozessen, aus dem sich ein neuartiger relativ dauerhafter sozialer Raum herausbilde. Nach Pries lassen sich die derart konzipierten transnationalen sozialen Räumen, die noch einmal je nach mikro-, meso- sowie makrosoziologischer Betrachtungsebene differenziert werden, in Bezug auf den politisch-rechtlichen Rahmen, die Infrastrukturen zwischen Herkunfts- und Ankunftsland, die sozialen Strukturen und Institutionen sowie die Identitäten und Lebensprojekte der MigrantInnen analysieren. In den nachfolgenden Ausführungen zu theoretischen Ansätzen transnationaler Migration werden diese Analyseebenen zum Teil aufgegriffen (vgl. Kap. 1.4).

Transstaatliche soziale Räume indes werden von Thomas Faist, der sich mit Migrationsprozessen zwischen Deutschland und der Türkei beschäftigte, definiert als gesellschaftliche und symbolische Verbindungen und Netzwerke sowie deren Bedeutungen, die nationalstaatliche Grenzen überschritten. Mit diesem Ansatz thematisiert Faist die verschiedenen Formen sozialer Bindungen und Ressourcen im Verlauf von Migrationen und entfaltet ein Verständnis von

---

23 Die Beobachtung, dass MigrantInnen mitunter sehr intensive Bindungen zu ihren Herkunftsregionen unterhalten, hat zu unterschiedlichen konzeptionellen Ansätzen geführt, die häufig um bestimmte Begriffe und implizite semantische und metaphorische Vorstellungen kreisen. Zentrale Konzeptionen lehnen sich an den Raum-Begriff an.

Migration als Strategie. In ihrer Bedeutung als ständig sich bewegende dynamische Prozesse (vgl. Faist 2000b: 199 f.) geht diese Konzeption dabei deutlicher als Pries über territorial verankerte Vorstellungen entsprechender Sozialräume hinaus.[24]

Hiermit ist das Spektrum theoretischer Auseinandersetzungen zu Konzepten transnationaler Migration lediglich angerissen. Hinzu tritt die Fülle an unterschiedlichen Migrationsfeldern, auf die sich diese Ansätze beziehen (vgl. Kap. 1.5). Im Folgenden werden Aspekte theoretisch-konzeptioneller Ansätze in den Fokus gerückt, die für die Untersuchung der vorliegenden Migrationsverläufe als relevant erachtet werden. Dabei werden zentrale Fragen in der Diskussion um transnationale Forschungsansätze angedeutet.

1.3 Formen transnationaler Migration

Eine Frage, die in zahlreichen Arbeiten zu transnationaler Migration angerissen wird, betrifft die Neuartigkeit der beobachteten Phänomene (vgl. Koser/Lutz 1998, Apitzsch 2003, Lutz 2004). Zum einen verdeutlichen Arbeiten der historischen Migrationsforschung (vgl. Foner 1997) sowie Untersuchungen, die bis zu Beginn des vorigen Jahrhunderts zurückreichen, wie Migration bereits zu dieser Zeit sowohl auf den Herkunfts- als auch auf den Ankunftskontext ausstrahlen konnte (vgl. Thomas/Znaniecki ([1918-22] 1958). Zum anderen weisen aktuelle empirische Arbeiten auf Analogien in den Migrationsverläufen zu früheren Wanderungsbewegungen hin (vgl. u. a. Barbič/Miklavčič-Brezigar 1999).[25]

---

24 Pries bezieht sich stärker als Faist auf einen räumlich-geographischen Flächenraum. So bezeichnet er transnationale soziale Räume als „weder de-lokalisiert noch de-territorialisiert" (Pries 2001: 53). Diese Verknüpfung von Sozialraum und geographischem Raum zeigt sich in der wiederholt gewählten Formulierung der „'Aufstapelung' unterschiedlicher Sozialräume im gleichen Flächenraum" (Pries 2008: 117, Anführungsstriche im Original), die zu Kritik an dieser Vorstellung von transnationalen sozialen Räumen geführt hat, da sie eine geographische Lokalisierbarkeit derartiger Räume evoziere sowie die Vorstellung bestimmter Grenzziehungen impliziere (vgl. Apitzsch 2003).

25 Auch Pascal Goeke (2007) führt an, dass bestimmte Phänomene, die nun im Rahmen einer transnationalen Forschungsperspektive exponiert untersucht würden, bereits Jahrzehnte zuvor beobachtet worden seien. Eine „Teilhabe in zwei ökonomischen Systemen und damit auch die Selbstverortung in zwei Referenzsystemen" sei ebenso bekannt gewesen wie Begriffe für Pendel- und RemigrantInnen [*ritornati* sowie *pečalbari*] (ebd.: 48 f.). In den Migrationsbewegungen der sogenannten 'GastarbeiterInnen' zeigten sich grenzüberschreitende Verflechtungen etwa in Form von Erziehungsarrangements. Ähnlich diskutieren Morokvasic/Rudolph (1994) und Morok-

Zahlreiche Nachweise deuten darauf hin, dass transnationale Migration nicht per se etwas Neuartiges darstellt.[26] Positionierungen zu dieser Frage fallen allerdings nicht einmütig aus. Hieran lässt sich verdeutlichen, wie unterschiedlich Vorstellungen zu bestimmten Merkmalen transnationaler Migration ausfallen können. In überblicksartigen Zusammenfassungen (vgl. Kivisto 2001) zeigen sich unterschiedliche Kriterien transnationaler Migration im Sinne konkurrierender Definitionen. Insbesondere aus frühen programmatischen Äußerungen geht eine vereinfachende Unterscheidung zwischen früheren nicht-transnationalen und gegenwärtigen transnationalen Migrationsverläufen hervor. Es wird eine allgemeine Neuartigkeit der beobachteten Phänomene proklamiert und sich dafür ausgesprochen, bisherige Kategorisierungen von Remigration sowie permanenter Einwanderung abzulegen (vgl. Glick Schiller/Basch/Szanton-Blanc 1997a). Andere Autoren grenzen die Verwendung transnationaler Migration stärker ein. Für Portes/Guarnizo/Landolt (1999) zeichnen sich transnationale Migrationen dadurch aus, dass eine steigende Anzahl von Personen zwei Leben führten: „speaking two languages, having homes in two countries, making a li-

---

vasic (2003) Ähnlichkeiten aktueller Migrationen mit Wanderungsbewegungen von GastarbeiterInnen vor 1918 sowie in den 1960er und 1970er Jahren. Morokvasic/Rudolph betonen in diesem Zusammenhang, dass es aktuell „keine große Anwerbung" (ebd.: 22) gebe. „Einstellungen resultieren aus Initiativen von (potentiellen) Beschäftigten und Arbeitssuchenden unter Nutzung formeller und informeller Ressourcen" (ebd.). Ist den Autorinnen bezogen auf das Ausmaß damaliger Anwerbungen sicherlich zuzustimmen, gibt es aktuell gleichwohl, etwa im Rahmen von Arbeitsmigrationen von Ost- nach Westeuropa, zwischenstaatlich ausgehandelte Vereinbarungen zur Arbeitsmigration in bestimmten Tätigkeitsfeldern und innerhalb gewisser Kontingente. Beispielhaft lässt sich die Vermittlung von Beschäftigten für Tätigkeiten in der Landwirtschaft nennen, die häufig aus osteuropäischen Ländern kommen, so etwa im Fall der sogenannten „Erdbeerpflücker" aus Rumänien (vgl. Verseck 2008).

26 Eine Diskussion allein um die Frage, ob es sich um die Herausbildung neuartiger Migrationsmuster handelt, geht, so scheint es, allerdings am Kern der Sache vorbei. Die zentrale Frage lautet vielmehr, ob auf der Grundlage neuartiger Perspektiven auf Migrationsbewegungen bestimmte Ansätze und Instrumentarien geschaffen werden, um die zentralen Phänomene, die sich bei den vorliegenden Migrationsprozessen abspielen, in den Blick zu bekommen. Möglicherweise unterscheiden sich im Einzelfall daher die aktuellen Migrationsverläufe und ihre Bedingungen nicht so sehr von früheren. Doch könnten mit einer neuartigen Perspektive auf die Migrationsverläufe im Rahmen transnationaler Ansätze möglicherweise bestimmte Zusammenhänge stärker in den Blick geraten, wodurch insgesamt ein besseres Verständnis der Phänomene erreicht werden könnte. Darüber hinaus gilt es, die Frage nach der Neuartigkeit von bestimmten Migrationsverläufen kontextsensibel zu diskutieren. So entwickelten sich etwa spezifische Formen von Netzwerk- und Kettenmigration in Migrationsprozessen von Ost- nach Westeuropa in jüngerer Zeit vor allem politisch bedingt erst nach 1989.

ving through continuous regular contact across national borders" (ebd.: 217). Von transnationaler Migration wird im Wesentlichen für den Fall einer dauerhaften Einbindung in beide Kontexte gesprochen: „the cultivation of strong networks with the country of origin and the implementation of economic and political initiatives based on these networks may help immigrants to solidify their position in the receiving society and cope more effectively with its barriers" (Portes 2001: 189). Diese Position führte zu der Kritik, dass Migration erneut und lediglich unter anderen Vorzeichen als eine Form der Assimilation und weniger als eine Alternative dazu betrachtet würde (vgl. Kivisto 2001). Vorstellungen von Integration im Ankunftsland würden als Grundlage einer gelungenen transnationalen Migration betrachtet (vgl. Hess 2005) (siehe hierzu ausführlicher Kap. 1.5).

Daneben entwickelten sich Ansätze, die die Bedeutsamkeit der physischen Präsenz bzw. eines regelmäßigen Pendelns zwischen Herkunfts- und Ankunftsort als Voraussetzung transnationaler Migration relativieren. So bezieht sich Luis E. Guarnizos (2003) Begriff einer 'transnationalen Lebensweise' etwa auf grenzüberschreitende soziale, kulturelle, politische und wirtschaftliche Beziehungen, die als dynamischer Prozess dadurch entstünden, dass MigrantInnen versuchten, ihre sozialen Milieus aus dem Herkunftskontext aufrecht zu erhalten.[27] Dabei seien an diesen Beziehungen neben MigrantInnen auch Nicht-MigrantInnen sowohl als einzelne AkteurInnen als auch in einem institutionellen Rahmen beteiligt. Ein regelmäßiges Hin- und Herwandern der MigrantInnen, so geht aus zahlreichen Forschungsarbeiten vor allem zu 'transnationaler Mutter- bzw. Elternschaft' (vgl. Kap. 1.4) hervor, stellt keine Voraussetzung für enge soziale Beziehungen im Herkunftskontext dar (vgl. Mahler 1999). Zum einen ist die Mobilität der Migrierenden ohnehin zumeist an einen legalen Aufenthaltsstatus geknüpft, über den viele MigrantInnen aufgrund restriktiver Migrationsbestimmungen nicht verfügen. Zum anderen sind MigrantInnen häufig nicht dazu in der Lage, die hohen Reisekosten zu tragen oder beabsichtigen andere Investitionen mit den Einkommen aus der Migration. Trotz dieser Einschränkungen in der Mobilität lassen sich in zahlreichen Fällen enge Beziehungen zwischen MigrantInnen und Nicht-MigrantInnen nachweisen. Zusätzlich können zahlreiche Aktivitäten und Koordinierungsaufgaben, so etwa der Bau eines Hauses im Herkunftsdorf oder die Verschickung von Rimessen, grenzüberschreitend organisiert sein und zu einem Fortbestehen enger Beziehungen auch ohne direkten Kontakt beitragen. Steven Vertovec (2004) verweist in diesem Zusammenhang

---

27 „Transnational living refers to a wide panoply of social, cultural, political, and economic cross-border relations that emerge, both wittingly and unwittingly, from migrants' drive to maintain and reproduce their social milieu from afar" (Guarnizo 2003: 667).

ebenso wie Faist (2000a) auf die Möglichkeiten der vermittelten Kommunikation, Trennungen zu kompensieren.

Schließlich bildeten sich Ansätze heraus, die von transnationalen Beziehungen auch in Fällen ausgehen, in denen keinerlei sichtbare Austauschprozesse existieren. Eine entsprechende prominente Erweiterung des Migrationsbegriffs im Rahmen einer transnationalen Forschungsperspektive liefert Arjun Appadurai (2003[6]). Er konstatiert eine gestiegene „imaginierte" Mobilität von Personen zwischen verschiedenen Vorstellungswelten und Erlebnishorizonten für das eigene Leben: „there is a peculiar new force to the imagination in social life today. More persons in more parts of the world consider a wider set of possible lives than they ever did before" (ebd.: 53). Diese Möglichkeit, das eigene Leben in einer imaginierten Vorstellungswelt zu führen, könne durchaus Auswirkungen auf der Handlungsebene nach sich ziehen. Pessar/Mahler (2003) sprechen von einem „transnationalen kognitiven Raum" (ebd.: 818, Übersetzung A.K.). Als Beispiel führen sie an, wie Jugendliche im Herkunftskontext, angesteckt von der Migrationseuphorie bereits Migrierter, unter Umständen die Schule abbrächen, da sie beabsichtigten, so bald wie möglich selbst ihren Herkunftsort zu verlassen. In diesen Fällen gingen bereits allein mit der Vorstellung zu migrieren weitreichende Konsequenzen einher, selbst wenn die Ausreise schließlich doch nicht umgesetzt werden könne. Ähnliche Auswirkungen von Migrationsbewegungen auf Bildungsverläufe, insbesondere von männlichen Jugendlichen, konnten aufgrund eines zum Teil einem Mythos ähnlichen Migrationsdiskurses auch im vorliegenden konkreten Migrationsfeld beobachtet werden (vgl. Teil III).

Auf der Grundlage dieser unterschiedlichen Ansätze wird für das konkrete vorliegende Feld der Migration aus dem ländlichen Raum Rumänien nach Italien für ein Verständnis transnationaler Migration als potentiell vielfältige und sich verändernde Form der Ein- und Anbindung sowie Orientierung an unterschiedlichen sozialen sowie geographisch verorteten Kontexten plädiert – bedingt durch eine eigene direkte oder eine indirekte bzw. vermittelte Beteiligung an Prozessen der Migration.

1.4 Zu staatlich-politischen und sozialen Strukturierungen transnationaler Migrationsprozesse

Staatlich-politische Strukturierungen transnationaler Migrationsprozesse

In zahlreichen Arbeiten wird auf den strukturierenden Einfluss von Migrationspolitiken bzw. Migrationsregimes auf die Wanderungsverläufe und die alltäglichen Erfahrungen in der Migration hingewiesen.[28] Diese Migrationspolitiken können aus uni- oder bilateral geschlossenen Abkommen sowie aus Beitritten zu multilateralen Verträgen bestehen und sowohl vonseiten des Ziel- als auch des Herkunftslandes der Migration die Wanderungsverläufe beeinflussen. Während sich Zielländer einerseits von bestimmten Zuwanderungsgruppen abschotten können, wodurch sie zumeist zu einer Illegalisierung der Migration beitragen, können sie andere MigrantInnengruppen andererseits privilegieren. Vonseiten der Herkunftsländer hingegen kann die Migration einerseits begünstigt werden, da die Rücküberweisungen eine wichtige Devisenquelle darstellen. Andererseits kann versucht werden, die Rückkehrmigration zu verstärken, etwa wenn Arbeitskräfte in bestimmten Erwerbszweigen fehlen.[29]

Der Einfluss von Nationalstaaten und Staatenbünden auf Migrationsverläufe sowie grenzüberschreitende Beziehungen und Lebensweisen wird von MigrationsforscherInnen unterschiedlich bewertet. Auf der einen Seite werden zusätzliche Ressourcen der MigrantInnen in den Vordergrund gerückt. Hier sticht der Ansatz eines 'Transnationalismus von unten' [transnationalism from below] besonders hervor (vgl. Smith/Guarnizo 1999²). Die Autoren Michael P. Smith und Luis E. Guarnizo verstehen darunter politische, kulturelle und soziale Praktiken, über die sich MigrantInnen im Rahmen netzwerkartiger Zusammenschlüsse ei-

---

28 Eine Definition des Begriffs Migrationsregime legen Karakayali/Tsianos (2002) vor. Sie verstehen darunter „die Gesamtheit aller staatlichen sowie nichtstaatlichen Praktiken (...), die grenzüberschreitende Migration strukturieren und kontrollieren" (ebd.: 246).

29 Bezogen auf das rumänisch-italienische Migrationsfeld fanden sich beispielsweise zahlreiche Artikel in der rumänischsprachigen Wochenzeitschrift *Gazeta Românească* zu Jobbörsen, die vom rumänischen Arbeitsministerium in Italien organisiert wurden, um ArbeitsmigrantInnen anzuwerben und damit zu einer Rückkehr nach Rumänien zu animieren (exemplarisch ebd.: *Bursă de locuri de muncă la Torino* [dt.: Arbeitsplatzbörse in Turin A.K.], 13.-19. Juni 2007: 3). Vor dem Hintergrund der Wirtschaftskrise gingen diese Bemühungen allerdings zurück. So sorgten Äußerungen des rumänischen Präsidenten Traian Băsescu für Aufsehen, rumänische MigrantInnen sollten im Ausland bleiben, um nicht das rumänische Sozialsystem zu belasten (vgl. Brüggmann 2010).

nem 'Transnationalismus von oben' in Form des globalen Kapitalismus sowie der Kontrolle durch Nationalstaaten widersetzten.

Auf der anderen Seite führen MigrationsforscherInnen die wachsende Bedeutung von Nationalstaaten an. Mirjana Morokvasic (2003), die transnationale Forschungsansätze für Migrationsbewegungen zwischen Ost- und Westeuropa seit dem Fall des Eisernen Vorhangs diskutiert, warnt vor der Annahme, der Einfluss von Nationalstaaten auf die Migrationsbewegungen würde aufgrund der häufig engen Beziehungen der MigrantInnen zu ihrem Herkunftsland zurückgedrängt. Das Gegenteil sei der Fall. Die Zentralstellung von Nationalstaaten, die Mobilität von Personen kontrollieren zu können, werde „revitalisiert" (ebd.: 119, Übersetzung A.K.). Der rechtliche Status sowie der Herkunftsstaat seien Instrumentarien, mit denen der (Ankunfts-)Staat Personen dadurch diskriminiere, dass er darüber entscheiden könne, wer reisen und einen Zugang zum Arbeitsmarkt erhalte, wer eine Arbeitsgenehmigung benötige oder ausschließlich ein illegales Beschäftigungsverhältnis aufnehmen könne: „[t]herefore state policies remain central to the understanding of the formation of migrants' transnational circuits and their social practices" (ebd.: 120, in ähnlicher Form werden die politisch-rechtlich bedingten Handlungsbegrenzungen von MigrantInnen auch von Anderson u. a. 2001, Levitt 2001 sowie Phizacklea 2003 thematisiert). Für den europäischen Migrationskontext bemerkt Morokvasic (2003) hierzu, dass die Reisefreiheit innerhalb der EU die Grenzen zwar tatsächlich weniger wichtig erscheinen lasse, doch dies allerdings nur für diejenigen gelte, die eine entsprechende Staatsbürgerschaft bzw. einen legalen Status besäßen, der ihnen eine freie Zirkulation ermögliche. Für StaatsbürgerInnen aus Nicht-EU-Ländern – im Fall von Rumänien bis zu Beginn des Jahres 2007 – seien die Kontrollen teilweise strenger geworden. Unter Verweis auf Swanie Potot (2003, 2004) merkt sie an, dass diese Kontrollen mitunter durch illegale Praktiken oder alternative Kreisläufe überwunden würden.

Transnationale Beziehungen zwischen verschiedenen sozialen Räumen entwickelten sich oft über den Besitz eines legalen und damit gesicherten Aufenthaltsstatus. Herkunfts- und Ankunftsstaat beeinflussten von beiden Seiten das Phänomen transnationaler Migration dadurch, dass sie Weggehen und Ankommen mehr oder weniger attraktiv gestalten könnten. Zu den staatlichen Instrumentarien gehörten die Anhebung oder Senkung von Steuern und Ausreisekosten ebenso wie die Lockerung oder Verschärfung von Visumsbeschränkungen. Auch könne der Staat durch die nachlässige Kontrolle und Ahndung informeller Praktiken transnationale Netzwerke und illegale Beschäftigungsverhältnisse unterstützen, um im eigenen Interesse unattraktive Segmente des Arbeitsmarktes mit kostengünstigen und flexiblen Arbeitskräften zu versorgen (vgl. ebd.: 118 ff.

unter Bezug auf Potot 2002). Morokvasic resümiert mit dem Hinweis darauf, dass staatliche Eingriffe, die auf der einen Seite die Mobilität bestimmter MigrantInnengruppen kontrollierten und restriktiver gestalteten, auf der anderen Seite transnationale Netzwerke auch verstärkten und damit indirekt die grenzenüberschreitende Zirkulation erleichtern könnten (ebd.). Hiermit verweist die Autorin darauf, wie ambivalent der Einfluss staatlich-politischer Rahmenbedingungen auf transnationale Phänomene ausfallen kann.

Schließlich tragen die politisch-rechtlichen Rahmenbedingungen zur Herausbildung spezifischer Migrationsdiskurse bei, die ihrerseits auf die konkrete Migrationspraxis und die Eigen- und Fremdwahrnehmung der Migration bzw. MigrantInnen zurückwirken (vgl. hierzu auch Kap. 2.3.2 sowie auf das konkrete Migrationsfeld bezogen Teil III). In diesem Zusammenhang lässt sich auf die Konstruktion von Minderheiten auf der Grundlage von Ethnisierungsprozessen im Ankunftsland verweisen (vgl. Goldring 1997). Diesen zum Teil deutlich widersprüchlichen Ethnisierungsprozessen kann die Funktion zukommen, gleichberechtigte Ansprüche von MigrantInnen zurückzuweisen (vgl. Breckner 2005). So ließen sich Ethnisierungsprozesse, wie sie gegenüber MigrantInnen aus Rumänien in den vergangenen Jahren in Italien beobachtet werden konnten, etwa als Versuch interpretieren, den Anspruch auf gleiche Rechte, wie sie auf der Grundlage des EU-Beitritts in besonderer Weise eingefordert werden konnten, zurückzuweisen (siehe hierzu auch die Ausführungen zu Auswirkungen von Fremdheitserfahrungen auf biographische Prozesse von Migrationserfahrungen in Kap. 2.3.2).

Dieses komplexe Wechselverhältnis zwischen politisch-rechtlichen Strukturen und der jeweils spezifischen Wahrnehmung der Migration – sowohl im Ankunfts- als auch im Herkunftsland bzw. in den Beziehungen beider Migrationskontexte zueinander – kann auf die konkreten Erfahrungen während des Migrationsprozesses deutlichen Einfluss haben. Nicht nur können makrostrukturelle diskursive Zusammenhänge unmittelbar bestimmen, welche Art von Erfahrungen gemacht werden, sie tragen auch dazu bei, wie die Migrationserfahrungen aus der Sicht der AkteurInnen beurteilt und (re)interpretiert werden.

Soziale Strukturierungen transnationaler Migrationsprozesse

Soziale Strukturierungen transnationaler Migrationsprozesse verweisen zunächst sehr allgemein auf die verschiedenen sozialen Beziehungen, in die MigrantInnen und die an den Migrationsprozessen Beteiligten eingebunden sein können. Einen Ansatz zur Untersuchung plurilokaler Bindungen, der ein dynamisch-prozesshaftes Verständnis von Beziehungen einschließt, legte Thomas Faist (2000b) vor. Demnach lassen sich verschiedene in diesen Bindungen inhärente Ressourcen und soziale Mechanismen unterscheiden. Während sich Kontakte auf der Grundlage von Gemeinschaftsstrukturen, wie sie für dörfliche Gemeinden gelten, durch deutlich formalisierte symbolische Bindungen auszeichneten, basierten grenzüberschreitende familiäre bzw. verwandtschaftliche Netzwerkstrukturen – Faist bezeichnet sie als transstaatliche Kleingruppen – auf einer besonderen Reziprozität und Loyalität. Diese äußerten sich etwa in unterschiedlichen Unterstützungsleistungen von Verwandtschaftsmitgliedern untereinander, die wesentliche Gründe für eine Migration darstellen könnten.[30] So rekurrierten MigrantInnen etwa bei ihrer Ausreise sowie bei der Wohnungs- und Arbeitssuche auf Netzwerke aus Kontakten zu Familie und Verwandten, Freunden und Bekannten (vgl. ebd. sowie Potot 2000).[31]

Gleichzeitig verweist Faist darauf, dass die Handlungsspielräume innerhalb derartiger Beziehungsstrukturen eingeschränkt sein könnten. Wie andere Autoren (vgl. Pries 1996, Portes 1998) knüpft Faist dabei an Bourdieus (u. a. 1992) kapitaltheoretische Konzeptionen an, um die Charakteristiken und Wirkungsweisen von Prozessen, die auf Verflechtungsbeziehungen im Rahmen transnationaler Migrationen beruhen, zu beschreiben. Über Netzwerke, die sich im Zuge von Migrationsprozessen, etwa in Form von Kettenmigration, entwickelten, bildeten sich bestimmte „Übertragungsbahnen" [*transmission belts*] (Faist 2000b: 201) zur Gewinnung von Kapitalsorten aus, die Verpflichtungen in Form von Reziprozitäts- und Solidaritätserwartungen implizierten.

Aus den unterschiedlichen sozialen Beziehungsformen leitet Faist (2000b) Aussagen über Migrationsmuster ab. Er betont die Möglichkeit einer wiederkehrenden Migration bzw. 'Transmigration' aufgrund verwandtschaftlicher Verpflichtungen und Reziprozitäten, die zur Aufrechterhaltung der Zirkulation sowohl von Personen als auch von Informationen und Gütern beitragen könnten (vgl. ebd.). Migrationsprozesse könnten sich durch die Reproduktion von Netzwerken zu einem permanenten grenzüberschreitenden Austausch entwickeln, wodurch

---

30   In diesem Zusammenhang stellte sich im Rahmen der vorliegenden Arbeit die Frage, inwiefern die Einbindung in Netzwerkstrukturen aus dem Herkunftskontext die Prozesse der (Neu)Orientierung im Zuge der Migration beeinflusste bzw. möglicherweise eine relative Kontinuität bisheriger Relevanzrahmen aus dem Herkunftskontext bewirkte. Dieser Aspekt wurde in die Analyse der Falldarstellungen (Teil IV) miteinbezogen.

31   Als eine prominente frühere Untersuchung zu Funktionsweisen von Netzwerkstrukturen vgl. Granovetter (1973). Er unterscheidet zwischen '*strong ties*', die vor allem auf verwandtschaftlichen Bindungen gründeten, und sogenannten '*weak ties*'. Letztere seien für die Einbindung in Gemeinschaften unentbehrlich: „weak ties (...) are here seen as indispensable to individuals´ opportunities and to their integration into communities" (ebd.: 1378).

Migrationsflüsse in Kettenmigrationen und auf weitere Generationen übergehen könnten. Ähnliche Prozesse wurden bereits von Massey (1990) in seinem Ansatz der 'kumulativen Verursachung' (siehe hierzu Kap. 1.1) beschrieben. Während Migrationen auf der Basis kommunaler Netzwerke relativ dauerhaft seien, gelte dies weniger für solche auf der Grundlage familiärer bzw. verwandtschaftlicher Beziehungen. Dabei bleibt vor dem konkreten empirischen Hintergrund dieser Arbeit unklar, wie sich derart eindeutig zwischen familiären bzw. verwandtschaftlichen und Beziehungen auf der Grundlage sogenannter transnationaler Gemeinschaften [*transnational communities*], zu denen Faist (2000b: 208) in besonderer Weise Dorfgemeinschaften zählt, unterscheiden lässt. So erscheint es vielmehr naheliegend, von einer gleichsam doppelten Zugehörigkeit von MigrantInnen auszugehen, nämlich sowohl zu bestimmten familiären und verwandtschaftlichen als auch zu dorfgemeinschaftlichen Beziehungen. Migrationen auf der Grundlage familiärer und verwandtschaftlicher Beziehungen sind nach Faist generell von relativ kurzer Dauer. Dabei beinhalteten sie zumeist neben saisonalen sowohl wiederholte Migrationen als auch endgültige Rückkehrmigrationen: „[c]ontinued obligations and reciprocal relations that result in return migration are most easily observed in kinship systems, particularly in families" (ebd.: 206). Gleichwohl schließen sich nach Faist die Niederlassung im Ankunftsland und die Rückkehr in den Herkunftskontext nicht gegenseitig aus (vgl. ebd., zum Begriff der 'transnationalen Community' siehe ebenso Portes 1996).

Zahlreiche Studien untersuchen die Wechselbeziehungen zwischen Familie und Migration. Häufig beschäftigen sie sich mit den unterschiedlichen Auswirkungen der Migration auf die familiären Beziehungen. Ein wichtiger Ausgangspunkt für die stärkere Beschäftigung mit Familienbeziehungen und -strukturen in der Migrationsforschung liegt darin, dass in den vergangenen Jahrzehnten der Anteil von Frauen an den Migrierenden weltweit deutlich gestiegen ist. Im Zuge dieser Feminisierung der Migration kam der familiären Situation der MigrantInnen eine erhöhte Aufmerksamkeit zu. Ein zentrales Forschungsinteresse bildet die Organisation der verschiedenen Versorgungsleistungen unter den häufig auf mehrere Länder verteilten Familienmitgliedern. Den Hintergrund hierfür bildet der Umstand, dass reproduktive Aufgaben in den Familien sowohl in den Herkunfts- als auch in den Ankunftsländern zu einem überwiegenden Teil von Frauen ausgeführt werden (vgl. Parreñas 2005). Die abnehmende Geburtenzahl, die steigende Lebenserwartung und die Zunahme der Erwerbstätigkeit von Frauen in den Ankunftsländern führt zum einen zu einer deutlichen Nachfrage nach weiblichen Beschäftigten, die die reproduktiven Versorgungsleistungen übernehmen. Infolge des häufig illegalen Aufenthaltsstatus, der meist zu einer relativ geringen Bezahlung führt, werden für diese Tätigkeiten bevorzugt Migrantinnen eingestellt. So bildet Haushaltsarbeit neben der Gastronomie sowie der Unterhaltungsindustrie bzw. Prostitution ein wesentliches Beschäftigungsfeld von Migrantinnen (vgl. Lutz 2008²). Zum anderen bedeutet es in den Familien der Migrantinnen vielfach, dass eine Versorgungslücke aufgrund der Migration bzw. ein sogenannter *care-drain* entstehen kann und eine Umverteilung der reproduktiven Tätigkeiten erforderlich wird. Hierfür mitverantwortlich sind die restriktiven Migrationsbestimmungen sowie die Bevorzugung sogenannter *live-in* Arbeitsbedingungen in den Ankunftsländern, die häufig erforderlich machen, dass die Kinder der Migrantinnen im Herkunftsland verbleiben (vgl. Phizacklea 1998, Anderson 2000, Kofman et al. 2000, Zlotnik 2000 sowie Andall 2003).[32] Dabei deutet sich an, dass in den Familien der Migrantinnen diese Versorgungsaufgaben ebenfalls an Frauen, bevorzugt an weibliche Familienangehörige, weitergegeben werden (vgl. Levitt 2001, Parreñas 2005, Dreby 2006). In einigen Forschungsarbeiten wurde in diesem Zusammenhang der Begriff der globalen Versorgungsketten [*global care chains*] eingeführt (vgl. Hochschild 2001, Ehrenreich/Hochschild 2003). Hierbei wird davon ausgegangen, dass Migrantinnen ihrerseits auf Migrantinnen aus wirtschaftlich ärmeren Ländern als bezahlte Betreuungs- oder Pflegekräfte zurückgriffen, sofern sich in ihrem eigenen sozialen und familiären Umfeld keine alternativen Betreuungsmöglichkeiten ergeben.[33] Für die neuartigen Versorgungs- und Erziehungsformen zwischen den migrierten Eltern bzw. vor allem Müttern und ihren Kindern im Herkunftsland wurde der Begriff der transnationalen Mutterschaft (vgl. Hondagneu-Sotelo/Avila 1997, Parreñas 2001, 2005) bzw. der transnationalen Elternschaft (vgl. Shinozaki 2003) geprägt.[34]

Die konkreten Auswirkungen dieser neuartigen Familiensituationen werden unterschiedlich beurteilt. Dabei sind die langfristigen Folgen dieser Mut-

---

32 *Live-in* bedeutet, dass die Haushaltskräft in den Haushalten ihrer ArbeitgeberInnen mitwohnen. Vorteil ist der Verzicht auf die Wohnungssuche und bei illegal Beschäftigten die relativ sichere Unterbringung. Als nachteilig wirkt sich hingegen häufig die permanente Verfügbarkeit aus. Im Gegensatz dazu bezeichnet *live-out* separate Wohn- und Arbeitsverhältnisse. Von Vorteil sind für die Haushaltskräfte die geringere Verfügbarkeit und eine häufig insgesamt geringere Abhängigkeit von den ArbeitgeberInnen. Im Fall von *live-out* bestehen oftmals mehrere Arbeitsverhältnisse parallel (vgl. Anderson 2000).

33 Empirische Nachweise hierzu für osteuropäische Herkunfts- bzw. Ankunftsländer scheinen bisher sehr begrenzt. Dies ging etwa im Rahmen der Konferenz *Care and Migration*, April 2009, hervor (vgl. Apitzsch/Schmidbaur 2010).

34 Hondagneu-Sotelo/Avila (1997) weisen dabei in ihrer Untersuchung über die familiäre Situation von Arbeitsmigrantinnen, die als Haushaltshilfen in Los Angeles arbeiten, auf das Dilemma der Haushaltshälterinnen hin, hegemonialen Konzepten von Mutterschaft nicht zu entsprechen. Durch ihre transnationale Mutterschaft würden

ter- bzw. Eltern-Kind-Beziehungen noch nicht ermittelt. Die oben genannten Studien belegen zumeist, dass Frauen dennoch sehr stark in die Betreuung und Erziehung ihrer Kinder einbezogen sind. Die Frauen würden allgemein immer noch sowohl von den Kindern als auch vom engeren familiären Umfeld im Herkunftsland als Hauptbezugspersonen angesehen. Dies könne zu schweren Vorwürfen und Selbstzweifeln unter den Frauen führen. Häufig wird dies durch gesellschaftlich verankerte normative Vorstellungen von Mutterschaft und entsprechende Migrationsdiskurse zusätzlich verstärkt (vgl. Zlotnik 2000, sie führt Äußerungen von LehrerInnen in Sri Lanka an, die die migrierten Mütter für die schlechten Schulleistungen der Kinder verantwortlich machten). So trägt in einigen osteuropäischen Herkunftsländern der Diskurs um sogenannte EU-Waisen, wie er sehr stark auch in Rumänien und in rumänischsprachigen Medien im Ausland geführt wird, zu einem erhöhten gesellschaftlichen Druck insbesondere auf die MigrantInnen bei (exemplarisch: „350.00 de copii, abandonaţi de părinţii plecaţi în străinătate" [350.000 Kinder von ihren Eltern, die ins Ausland gegangen sind, im Stich gelassen"] *Gazeta Românească* 2008, 17: 31, sowie „Românii din străinătate şi-au lăsat copiii la voia întâmplării" [„Die Rumänen im Ausland überlassen ihre Kinder ihrem Schicksal"] *Gazeta Românească* 2008, 18: 33).

Ebenso kann vereinzelt festgestellt werden, dass sich Kinder von ihren migrierten Elternteilen entfremden und anderen Bezugspersonen stärker verbunden fühlen (vgl. Kofman et al. 2000, Levitt 2001). Diese Entwicklung könne dadurch verstärkt werden, dass den Migrierten häufig vor allem die materielle Versorgung bzw. im Zuge einer besseren wirtschaftlichen Ausstattung der Familien die Sorge um die Bildung und Ausbildung der Kinder zukommt. Versuche der Mütter, die eigene Abwesenheit durch materielle Zuwendungen zu kompensieren, könnten zu einer „warenförmigen Mutterschaft" [*commodified motherhood*] (Parreñas 2001, Übersetzung A.K.) führen.[35]

Die Auswirkungen von Migration auf die familiären Beziehungen und die unterschiedlichen Konstellationen der Familien zwischen Herkunfts- und Ankunftsland werfen in der Migrationsforschung auch die Frage nach möglichen Veränderungen der Geschlechterverhältnisse in den Familien von MigrantInnen auf. Dabei geht es nicht allein um die Beziehungen *zwischen* Herkunfts- und Zielland der Migration, sondern auch darum, welche Beziehungsformen beide

---

sie weder den gängigen US-amerikanischen weißen Mittelklasse-Mustern einer ausschließlichen Mutterschaft noch den lateinamerikanischen Vorstellungen einer bevorzugten Nähe der Mütter zu ihren Kindern gerecht werden können.

35 Hierbei gilt es in Bezug auf das vorliegende Migrationsfeld hervorzuheben, dass Familienzusammenführungen aufgrund der spezifischen Migrationspolitiken in südeuropäischen Ziellländern, wie Spanien und Italien, relativ häufig vorkommen (vgl. Teil III).

Kontexte für sich genommen unter den Familienmitgliedern aufgrund spezifischer Migrations- und Arbeitsbestimmungen möglich sind.[36] Mit Zunahme der weiblichen Migration – verbunden mit der deutlichen Nachfrage in stark feminisierten Arbeitsbereichen aufgrund des Rückgangs sozialstaatlicher Leistungen, der Überalterung der Bevölkerungen sowie der Zunahme der Berufstätigkeit von Frauen in den Ankunftsländern (vgl. Anderson 1999) – treten Migrantinnen stärker als eigenständige Akteurinnen hervor.[37] Karakayali (2010) weist in diesem Zusammenhang auf die geschlechtliche Strukturierung des gesamten Migrationsfeldes hin „angefangen von der Vergesellschaftung der Migrantinnen in ihren Herkunftsländern über die Migrationsmotivationen und -bedingungen (wie z. B. nationalstaatliche Migrationspolitiken) bis hin zu geschlechtersegregierten Arbeitsmärkten" (ebd.: 32).

Während als Motiv der männlichen Migration unter einer deutlichen Zuschreibung der Ernährerrolle allgemein wirtschaftliche Gründe angeführt werden, gleichwohl wenige Studien sich explizit mit männlicher Migration und ihren Motiven beschäftigen, erscheinen die Migrationsmotive von Frauen eingehender untersucht. Die Hauptbeweggründe der Migration stünden meist in Verbindung mit der familiären Situation. Dazu gehörten vielfach der Wunsch, den eigenen Kindern hinsichtlich Ausbildung und materieller Stellung ein besseres Leben zu ermöglichen, sowie die Vorstellung, die eigene Lebenssituation und den eigenen Status verbessern zu können. Pierrette Hondagneu-Sotelo (1994) hält ferner als einen wichtigen Migrationsgrund von Frauen den Versuch fest, sich aus unterdrückenden Familienverhältnissen zu lösen. Auch der Gedanke an eine Ar-

---

36 Faist (2000b) weist diesbezüglich auf die Bedeutung von Bildungskapital hin. Für Familien hoch qualifizierter MigrantInnen, deren Bildungskapital im Ankunftsland anerkannt werde, sei es meist leichter, am Ankunftsort zusammenzuwohnen, da eine zeitliche Ausdehnung des Aufenthaltes auch politisch gewollt sei. In Bezug auf die unterschiedlichen Figurationen von Familien zwischen Herkunfts- und Ankunftsland erscheinen ebenso Untersuchungen relevant, die unter einer Mehrgenerationenperspektive auf die Trennung älterer MigrantInnen von ihren Familien hinweisen. So etwa wenn ältere MigrantInnen in ihr Herkunftsland zurückkehren, um dort ihren Ruhestand zu verbringen, während ihre erwachsenen Kinder sowie ihre Enkelkinder im Ankunftsland verbleiben (vgl. Dietzel-Papakyriakou 1993).

37 In diesem Zusammenhang erscheint der Hinweis angebracht, dass nicht nur das Einwanderungsland, sondern auch das Herkunftsland durch die Einsparung von Sozialleistungen von der Arbeitsmigration profitiert. Verbunden mit den Überweisungen der MigrantInnen in ihre Heimatländer können etwa Lebensbedingungen am Existenzminimum aufgefangen werden. Gleichwohl werden die materiellen Auswirkungen der Arbeitsmigration auf die Herkunftsländer generell ambivalent bewertet. So profitierten etwa selten lokale Wirtschaftskreisläufe von den Rücküberweisungen und der politische Reformdruck werde tendenziell gesenkt (vgl. Massey et al. 1998, Pries 2001, Uchatius 2004).

beitsstelle in einem modernen Haushalt könne bei Arbeitsmigrantinnen die Vorstellung wecken, selbst modern und fortschrittlich zu wirken. Hausarbeit werde unter Umständen als Möglichkeit betrachtet, sozial aufzusteigen (vgl. Momsen 1999, auf Vorstellungen von Emanzipation verweist auch Treibel 2000, die Autorin betont allerdings dabei, dass die konkreten Emanzipationsvorstellungen deutlich variieren können; Migration und Emanzipation stünden in keinem eindeutigen Zusammenhang).

Lutz/Schwalgin (2004) weisen in ihrer Studie zur Situation von Arbeitsmigrantinnen in Deutschland zudem auf den Anteil von jungen unverheirateten sowie geschiedenen Frauen hin, für die die Migration mitunter die einzige Lebensgrundlage darstelle. Eine Scheidung könne allerdings auch unabhängig von der eigenen materiellen Versorgung den Grund für eine Migration darstellen, etwa indem Frauen durch die Migration versuchten, der Stigmatisierung als getrennt lebende Frau zu entgehen (vgl. Zlotnik 2000, die Autorin bezieht sich auf die Philippinen als Herkunftsland von Migrantinnen).[38]

Eine abschließende Einschätzung, inwiefern Migrationsprozesse zu einer Veränderung von Geschlechterverhältnissen beitragen können, ist über den Hinweis auf die zentrale Rolle der Position der Migrantinnen innerhalb der familiären Beziehungen für die Entscheidung zur Migration und den gesamten Migrationsverlauf hinaus nur schwer möglich. Mit Blick auf die oben angerissene Situation in den MigrantInnenfamilien, in denen entstandene *care*-Lücken durch die Migration von Frauen erneut durch die Versorgungsleistungen anderer Frauen geschlossen werden, erscheint die Annahme, dass sich mit der Zunahme des wirtschaftlichen Einflusses von Frauen im Zuge einer Migration auch das Geschlechterverhältnis gleichberechtigter gestalten könne (vgl. Sassen 1998) allerdings eher optimistisch.

Einen weiteren zentralen Bereich sozialer Strukturierung von Migrationsprozessen bildet neben der Frage nach Statusveränderungen innerhalb der MigrantInnenfamilien auch die soziale meist in unterschiedlicher Weise dynamische Positionierung von MigrantInnen und ihren Familien zwischen Herkunfts- und Ankunftsland der Migration. Pries (1996) weist darauf hin, dass MigrantInnen, die sich zwischen Herkunfts- und Ankunftsland bewegten bzw. zu beiden Bezugspunkten enge soziale Verbindungen besäßen, sich in unterschiedlichen Sozi-

---

38 Der Familienstand von Migrantinnen kann darüber hinaus mit kulturspezifischen Vorstellungen von Geschlechterbeziehungen verbunden sein. Han (2003: 129) weist diesbezüglich etwa darauf hin, dass entsprechend der konfuzianischen Tradition in Korea Frauen lediglich vor ihrer Heirat einer Erwerbsarbeit außerhalb ihrer Familie nachgehen dürften, während auf den Philippinen Frauen dazu angehalten würden, ihre Familie, etwa durch eine Arbeitsmigration, finanziell zu unterstützen.

alstrukturen verorteten. Hierdurch bilde sich ein „eigenständiges System der sozialen Positionierung" als „Referenzstruktur" (ebd.: 468 f.) heraus, das durchaus widersprüchliche Verortungen einschließen könne. Pries bezieht sich hierbei auf Bourdieus Ansatz zu sozialer Praxis sowie insbesondere auf dessen Konzept des sozialen Raumes als einen Raum der Beziehungen und Distinktionsbemühungen auf der Grundlage unterschiedlicher Verfügungsmöglichkeiten über ökonomisches, soziales, kulturelles und symbolisches Kapital (vgl. u. a. Bourdieu 1992). Insofern diese neuartigen Formen der Positionierung internalisiert würden, ließe sich auch Bourdieus Habitus-Konzept (u. a. 1987) in Bezug auf die Ausbildung von Relevanzstrukturen anführen. Generell wird davon ausgegangen, dass MigrantInnen aufgrund der meist verbesserten Einkommensbedingungen sowie bestimmter gemeinsam geteilter wenngleich auch modifizierter Distinktionspraktiken im Zuge der Migration ihren Status im Herkunftskontext erhöhen können. Die Migration könne zu einer Veränderung der Sozialordnung führen und die Wohlstandsverteilung in der Herkunftsgemeinde maßgeblich beeinflussen (vgl. Goldring 1997). Anders gestalte sich hingegen die Situation im Ankunftskontext. Verbunden mit vielfach prekären Beschäftigungs-, Aufenthalts- und Wohnverhältnissen sowie möglichen Ethnisierungsprozessen erlebten zahlreiche MigrantInnen hier häufig eine Statusverschlechterung bzw. eine „transnationale Statusinkonsistenz" (Karakayali 2010: 31).

1.5 Transnationale Forschungsansätze im Kontext der Migration von Ost- nach Westeuropa

Bereits wenige Jahre nachdem der Begriff des Transnationalismus ausgehend von soziologischen Feldstudien zu Migrationsbewegungen zwischen den USA, Mexiko, den Philippinen sowie den westindischen Inselstaaten diskutiert worden war, begannen MigrationsforscherInnen damit, die neueren Forschungsansätze auch auf den europäischen Migrationskontext zu beziehen. Den Hintergrund hierfür bildeten zum einen Mobilitätsprozesse der Angehörigen der ersten sogenannten „GastarbeiterInnen"-Generation sowie der nachfolgenden Generationen. Nur ein Teil von ihnen kehrte definitiv in das Herkunftsland ihrer (Groß-)Eltern zurück. Daraus konnten sich sehr dynamische, mitunter zirkuläre Migrationsprozesse entlang der verschiedenen Generationen ergeben (vgl. Siouti 2003 zur Migration zwischen Deutschland und Griechenland sowie Faist 1999, 2000a zur Migration zwischen Deutschland und der Türkei). Zum anderen wiesen die zunehmenden Migrationsbewegungen von Ost- nach Westeuropa nach dem Umsturz der sozialistischen Regime mitunter sehr hohe Dynamiken in ihren Verläufen und eine sehr starke Einbindung in plurilokale Prozesse auf (vgl. Cyrus 2001, Palenga-Möllenbeck 2005 zur Migration zwischen Deutschland und Polen). Zur Analyse der vielfältigen plurilokalen Lebensformen von MigrantInnen sowie der an den Migrationsprozessen beteiligten Personen unterschiedlicher Generation wurden vielfach neuere Forschungsansätze einer transnationalen Forschungsrichtung aufgegriffen. Dabei wurden bestehende Vorstellungen transnationaler Migration zum Teil erweitert. So wird in zentralen Konzeptionen transnationaler Migration die Dauerhaftigkeit von Migrationen als eine notwendige Voraussetzung für die Herausbildung transnationaler Verflechtungszusammenhänge zwischen Ankunfts- und Herkunftsland angesehen (vgl. Faist 2000b, Pries 2008). Äußerungen bezogen auf den amerikanischen Migrationsraum legen die Vermutung nahe, dass transnationale Migration als eine besondere Form der Niederlassung und Eingliederung von MigrantInnen aufgefasst und als ein Sich-Einrichten in der Nicht-Sesshaftigkeit verstanden wird. So spricht etwa Pries (2008: 196) neben anderen Autoren (vgl. Portes 2001, der die Dauerhaftigkeit als notwendige Voraussetzung von transnationalen Migrationsbewegungen hervorhebt), von einer „dauerhaften (...) gebunden-nomadischen Lebensweise".

Mirjana Morokvasic (2003) kommt vor diesem Hintergrund zu der Einschätzung, dass Transnationalismus vielfach als „eine andere Folge der Anpassung von Migranten an ihr Zielland" (Morokvasic 2003: 117, Übersetzung A.K.) angesehen werde. Der Unterschied bestehe lediglich darin, dass die weitere Einbindung in Beziehungen aus dem Herkunftskontext weniger als eine Behinderung der Eingliederung als vielmehr als Vorteil und Ressource eingeschätzt werde, da sie zu einem verbesserten wirtschaftlichen und rechtlichen Status beitragen könne (vgl. ebd.). Unter Bezug auf Peter Kivisto (2001) kommt sie zu der Einschätzung, dass Ansätze einer transnationalen Forschungsrichtung weniger eine Alternative zu Assimilationstheorien als vielmehr häufig eine Ergänzung dazu darstellen. Vorstellungen von einer sukzessiven Eingliederung in das Zielland seien auch in transnationalen Forschungsansätzen enthalten. Allerdings kehrten sich die Vorzeichen um. Während vor dem Aufkommen dieser Ansätze Bindungen zum Herkunftsland als integrationshinderlich bewertet worden seien, gelten diese Bindungen nun als positiv, da sie zu einer Absicherung der MigrantInnen in ihrem Zielland beitragen könnten (vgl. ebd.). Kritik wurde laut, dass sich hinter dem transnationalen Ansatz erneut ein hauptsächlich auf das Ankunftsland gerichteter Blick auf Migrationsphänomene verberge und abermals eine Perspektive auf Prozesse der Eingliederung und Integration eingeschlossen sei. In den neuartigen Migrationskonzepten seien teilweise klassische Ansätze, die von Migrationen als allmähliche Eingliederungs- und Anpassungsprozesse ausgingen, enthalten (vgl. Hess 2005). Mit ihnen seien häufig Vorstellungen von

Assimilation und Integration verbunden, auch wenn sie vielfach als Alternative dazu diskutiert würden. So entwickelte sich mit Aufkommen einer transnationalen Forschungsrichtung das Verständnis von Migrationsverläufen zum Teil von einem idealtypisch konzipierten dauerhaften einmaligen Ortswechsel hin zu einem ebenso idealtypisch konzipierten dauerhaften zirkulären Migrationsprozess, bei dem jedoch von einer dauerhaften Eingliederung am Zielort der Migration ausgegangen wurde.

Für den Kontext neuerer Wanderungsbewegungen von Ost- nach Westeuropa zeigte sich dieses Verständnis von Migrationsverläufen als zu eng gefasst. So wird in Forschungsarbeiten zu Migrationsprozessen zwischen Ost- und Westeuropa neben der Vielgestaltigkeit von Migrationsmustern insgesamt (vgl. Koser/ Lutz 1998) zwar häufig auf die hohe Mobilität innerhalb der Migrationsprozesse hingewiesen (vgl. Diminescu 2003, Morokvasic 1994, 2003 sowie Han 2006)[39], doch erscheint die Migration dabei weniger als eine Entscheidung für eine dauerhafte Niederlassung im Ankunftsland als vielmehr eine vorübergehende (Über) Lebensstrategie (vgl. Sandu 2000a, Ciobanu 2004) mit dem Ziel, (dauerhaft) im Herkunftskontext verbleiben zu können bzw. als ein „Aufbrechen, um bleiben zu können" (Morokvasic 1994: 175). Deutlicher ausgeprägt als zum Zielland der Migration erscheint die Zugehörigkeit zum Herkunftsraum.[40]

Vor diesem Hintergrund erscheint der Hinweis angebracht, den Gebrauch transnationaler Forschungsansätze zu kontextualisieren (vgl. Morokvasic 2003, Goeke 2007). So beschäftigen sich MigrationsforscherInnen, die sich an der Ausformulierung transnationaler Ansätze beteiligen, mit unterschiedlichen Migrationsbewegungen, aus denen aufgrund bestimmter geographischer und gesellschaftsgeschichtlicher Relationen zwischen Herkunfts- und Ankunftsland

---

39 Im Zusammenhang mit pendelartigen Migationsverläufen wird nach Morokvasic (2003: 112, Übersetzung A.K.) neben „Transit-Migration" [*transit migration*] (vgl. Salt/Clarke 1996) und „intensiver Kurzzeit-Bewegungen" [*intensive short-term movements*] (vgl. Wallace et al. 1996) von „quasi Migranten" [*quasi migrants*] (vgl. Stola 2001), „unabgeschlossene[r] Migration" [*incomplete migration*] (vgl. Okolski 2001) bzw. „primitive[r] Migration" [*primitive migration*] (vgl. Iglicka 1999(sic)) gesprochen. Der Hinweis erscheint angebracht, dass diese Formulierungen zum einen deutlich auf eine normierte klassische Sichtweise von Migrationsbewegungen als eine unidirektionale Wanderung mit dem Ziel, sesshaft zu werden, verweisen. Zum anderen sprechen derartige Bezeichnungen von vornherein diesen Migrationsbewegungen eine besondere Bedeutung ab. Die Flüchtigkeit bzw. Unbedeutsamkeit wird gerade als ein wesentliches Merkmal dieser Migrationsbewegungen hervorgehoben.
40 Vor dem Hintergrund dieser Problematik um bestimmte zeitliche Kategorisierungen von Migrationsverläufen wird in der vorliegenden Arbeit aus einer biographieanalytischen Perspektive heraus für eine zeitlich offen gehaltene Annäherung an Migrationsverläufe plädiert.

und daraus resultierender politisch-rechtlicher Rahmenbedingungen sehr unterschiedliche Migrationsmuster hervorgehen können (siehe hierzu Teil III). Entsprechend unterschiedlich sind die konkreten Forschungsgegenstände und die daraus abgeleiteten Perspektiven auf die untersuchten Phänomene.

In der vorliegenden Arbeit wird an Ansätze einer transnationalen Forschungsrichtung angeknüpft, da sie stärker auf beide Kontexte der Migration gerichtet sind und deutlicher auf die Komplexität in den Migrationsbewegungen aufmerksam machen als klassische Migrationstheorien. Ähnlich argumentieren Apitzsch/Siouti (2008), wenn sie in ihrer Betrachtung 'transnationaler Biographien' darauf verweisen, dass „[d]ie von den Subjekten entwickelten biographischen Ressourcen (...) nicht im nationalen Horizont der Einwanderergesellschaften, sondern nur im Rahmen transnationaler Konzepte sinnvoll erklärbar" (ebd.: 108 f.) seien.[41]

Zum einen tragen Ansätze einer transnationalen Forschungsrichtung einer gleichzeitigen An- bzw. Einbindung in Herkunfts- und Ankunftskontext Rechnung und verhelfen dazu, die wechselvollen Dynamiken in den Migrationsverläufen sowie die unterschiedlichen Loyalitäten gegenüber dem Herkunfts- sowie dem Ankunftskontext adäquater herauszuarbeiten. Zum anderen können aus einer transnationalen Forschungsperspektive heraus politische sowie soziale Einbettungen der Migrationsverläufe deutlich gemacht werden. So erlaubt eine Anlehnung an bestimmte Ansätze einer transnationalen Forschungsrichtung, sich den Strukturen, in die Migrationsprozesse eingefasst sind, etwa übergeordneten Ursachen, der Organisation über Netzwerke sowie bestimmten sozialen Auswirkungen der Migration, anzunähern..

Für die Beschäftigung mit der Frage, welche Bedeutungen den Prozessen der Migration für die Migrierenden zukommen, erscheint eine kontextualisierte transnationale Forschungsrichtung allerdings nicht als ausreichend. So zeigten die hier vorgestellten Ansätze lediglich, entlang welcher unterschiedlichen Dimensionen transnationale Prozesse strukturiert sein können. Um sich der jeweils spezifischen Relevanz der Migrationsverläufe für die Personen, die an den Migrationsprozessen beteiligt sind, anzunähern, erscheint es daher ratsam, die Gesamtgestalt der Lebensverläufe und die daraus hervorgegangen Perspektiven auf die eigenen Erfahrungen der Migration zu berücksichtigen. Erst unter Einbezug

---

41 In einer früheren Arbeit plädiert Ursula Apitzsch (2003) in diesem Zusammenhang für ein Verständnis von transnationalen Räumen als migrationsspezifische (familien)biographische Erfahrungen im Sinne von Wissensbeständen. Transnationale Räume seien „soziale Räume im Sinne von Orientierungskoordinaten des individuellen und des Gruppenhandelns [...] aufgrund vergangener, fortwirkender und zukünftig notwendiger Trennungen und Grenzüberschreitungen" (ebd.: 69).

der konkreten Erlebnisinhalte in ihrer jeweils spezifischen lebensgeschichtlichen Einbettung und Bearbeitung, so die Annahme, sind Aussagen darüber möglich, welche Prozesse von Bedeutungsbildung sich im Rahmen der Migrationen herausbilden. Die vorliegende Arbeit wird daher in einen biographietheoretischen Rahmen gestellt, wie im Folgenden ausgeführt wird.

2 Theoretische Konzepte zur Analyse biographischer Bedeutungen von Migration

Im vorangegangenen Kapitel zeigte sich, dass Ansätze zu transnationaler Migration im Wesentlichen strukturelle Rahmungen von Migrationsverläufen behandeln. Die konkreten Prozesse der Bedeutungsbildung von Erfahrungen der Migration, die in besonderer Weise bi-kontextuell konturiert sind, entziehen sich jedoch diesen Ansätzen. In diesem zweiten Abschnitt des ersten Teils wird daher in relevant erscheinende biographietheoretische Grundlagen eingeführt. Erst aus der Zusammenführung dieser migrations- und biographietheoretischen Ansätze, so die Annahme, kann schließlich die jeweils spezifische Relevanz von Verweisungszusammenhängen zwischen Herkunfts- und Ankunftskontext im Umgang mit Erfahrungen von Migration analysiert werden.

Einleitend werden anhand eines geschichtlichen Abrisses zentrale Fragestellungen der Biographieforschung vorgestellt (Kap. 2.1). Im Anschluss werden allgemeine theoretische Konzepte der Biographieforschung aufgeführt, die sowohl die individuelle und soziale Konstitution biographischer Konstruktionen als auch die Prozesshaftigkeit von Erfahrungs- und Handlungsverläufen sowie die Dynamik ihrer (Re)Interpretation berücksichtigen (Kap. 2.2). Anschließend wird in Migration als Gegenstand der soziologischen Biographieforschung eingeführt (Kap. 2.3).

2.1 Zu Entstehung und Fragestellungen der soziologischen Biographieforschung

Die Entstehung der soziologischen Biographieforschung ist eng mit der Untersuchung von Migrationsverläufen aus dem östlichen Teil Europas verknüpft. Einen der frühesten Versuche, (auto)biographisches Material in eine soziologische Untersuchung mit aufzunehmen, bildet die monumentale Studie von William I. Thomas und Florian Znaniecki „The Polish Peasant in Europe and America".[42]

---

42 Das Datenmaterial dieser Studie besteht aus über siebenhundert Briefen aus dem Briefwechsel polnischer ImmigrantInnen in die USA mit ihren Familien in Polen sowie aus Leserbriefen und Presseartikeln. Im Mittelpunkt der Arbeit steht allerdings eine auf Bestellung der Autoren geschriebene Autobiographie eines polnischen Migranten. Diese veröffentlichten die Autoren in ihrer Originalfassung und kommentierten sie in Form von Vorworten und Anmerkungen.

In dieser Arbeit, die am soziologischen Department der Universität von Chicago entstand, wird die Immigration von ZuwanderInnen aus Polen in die USA im ersten Jahrzehnt des 20. Jahrhunderts untersucht (siehe ausführlicher in Kap. 2.3.1). Migrationsbewegungen aus Osteuropa und Probleme der Eingliederung von ZuwanderInnen bildeten in Chicago ein wichtiges Forschungsthema. Im Zuge interner sowie externer Zuwanderungsströme war Chicago binnen weniger Jahrzehnte von einer Kleinstadt zu einer Metropole gewachsen.

Zentral für die Herausbildung der soziologischen Biographieforschung wurde die Annahme der Autoren, dass sich sozial Gewordenes stets aus einem Zusammenwirken von allgemein geteilten Werten [*social values*] im Sinne von Regeln, nach denen sich soziale Institutionen herausbilden, einerseits, und individuellen Haltungen [*attitudes*] andererseits konstituiere. Die Analyse von Biographien wurde erstmals als ein geeigneter Zugang betrachtet, um das Verhältnis von Individuum und Gesellschaft zu untersuchen. Soziale Phänomene bildeten sich ihrer Meinung nach aus der „Interaktion von individuellem Bewusstsein und objektiver sozialer Realität" (Thomas/Znaniecki [1918-20] 1927: 1831 nach Kohli 1981a: 275, Übersetzung A.K.) heraus: „(...) social science is possible only if all social becoming is viewed as the product of a continual interaction of individual consciousness and objective social reality" (ebd.). Dementsprechend gingen die Autoren davon aus, dass die Analyse von Gesetzen, nach denen die soziale Realität aufgebaut sei, in erster Linie aus Biographien bzw. biographischem Material möglich sei. Mit der Analyse individueller Erfahrungen könne folglich immer auch gleichzeitig auf allgemeine soziale Strukturen geschlossen werden. Diese Konzeption bildete eine zentrale Grundlage für das Verständnis davon, dass sich in Biographien stets als Ergebnis sozialer Entwicklungen einerseits gesellschaftliche Strukturen abbilden bzw. reproduzieren, andererseits sich diese erst im biographischen Verlauf herausbilden bzw. produziert werden.

Zur unmittelbaren Wechselwirkung zwischen subjektiven Haltungen und objektiv geltenden Werten komme es in den konkreten Handlungsvollzügen, denen jeweils eine Definition der Situation [*definitions of the situation*] vorausgehe (vgl. Fischer-Rosenthal 1991). Gleich eines jeweils rückgekoppelten Kreislaufs könnten somit individuelle Haltungen, je nachdem wie sich eine entsprechende Situation für die Handelnden darstelle bzw. sie diese für sich definierten, eine Bestätigung gemeinsam geteilter Werte bedeuten oder jedoch eine Veränderung dieser bewirken, die wiederum zu einer bestimmten subjektiven Haltung führe. Das Individuum trägt dieser Überlegung zufolge einerseits zur Konstitution sozialer Realität bei, so wie es andererseits selbst von dieser wesentlich bestimmt wird. Daraus folgern die Autoren: „the human personality is both a continually producing factor and a continually produced result of social evolution, and this double relation expresses itself in every elementary social fact" (Thomas/Znaniecki [1918-1920] 1927 zitiert nach Kohli 1981a: 275). Der Mensch ist gleichzeitig ein Produkt sozialer Rahmenbedingungen, die er wiederum selbst mitgestaltet.[43]

Die Arbeit von Thomas/Znaniecki bildete den Ausgangspunkt für die soziologische Biographieforschung und die biographietheoretische Auseinandersetzung mit Migrationsphänomenen (siehe hierzu Kap. 2.3.1). Daneben war sie eng mit der Gründung der sogenannten 'Chicagoer Schule' verbunden: einem Zusammenschluss von ForscherInnen an der Universität von Chicago, die vielfach biographisches Material in ihren Arbeiten verwendeten und sich in ihren theoretischen Bezügen am amerikanischen Pragmatismus sowie an der Phänomenologie Husserls orientierten. Aus diesem Forschungs- und Ausbildungszusammenhang ging ein wichtiger Beitrag zur Verknüpfung von Theoriebildung und Datenanalyse und zur Herausbildung qualitativer Forschungsmethoden, wie der teilnehmenden Feldforschung – vornehmlich durch Robert E. Park und Ernest W. Burgess (vgl. Kap. 5.3.1) –, hervor (vgl. Fischer-Rosenthal 1991). Anders allerdings als in Polen, wo sich über das Wirken Znanieckis eine an Autobiographien orientierte Biographieforschung etablierte, ließ in den USA der 1940er Jahre das Interesse an der Arbeit mit biographischen Materialien unter zunehmender Kritik an einem biographieanalytischen Vorgehen deutlich nach.[44]

In Deutschland nahm seit Ende der 1970er Jahre in der Soziologie das Interesse an einer interpretativen Biographieforschung zu.[45] Dabei strahlte die intensive Beschäftigung mit biographischem Material in den vergangenen Jahren auch über den deutschsprachigen Raum hinaus aus.[46] So ist bereits von einem *„biographical turn"* in den Sozialwissenschaften die Rede (vgl. Rustin 2000). Die Biographieforschung wurde zu einer wichtigen Teildisziplin innerhalb der interpretativen Soziologie. Dabei knüpft sie an nordamerikanische Forschungsstränge der interpretativen Sozialforschung an (vgl. Apitzsch 2003: 96, Apitzsch/

---

43 Breckner (2005) weist gleichwohl darauf hin, dass Thomas/Znaniecki in ihrer Konzeption die innerbiographischen Verweisungszusammenhänge sowie die „Eigenstrukturiertheit von Lebensgeschichten" (ebd.: 29, siehe hierzu Kap. 3) noch nicht berücksichtigten.

44 Unter anderem wurden die Wissenschaftlichkeit der Methode und die Validität der Interpretationen aus dem biographischen Material angezweifelt (vgl. Siebers 1996).

45 Auch in anderen Disziplinen nahm das Interesse an biographischer Forschung zu. Dazu zählen unter anderem Psychologie, Pädagogik, Geschichts- und Literaturwissenschaften sowie Ethnologie (vgl. Siebers 1996).

46 Neben Deutschland gibt es etwa auch in England und Frankreich ein zunehmendes Interesse an der Biographieforschung. In Frankreich wurde die Debatte insbesondere durch Daniel Bertaux (u. a. 1981) und dessen Kritik an der quantitativen Sozialforschung im Rahmen des Positivismusstreits angeregt.

Inowlocki 2000: 53, die Autorinnen weisen in diesem Zusammenhang auf die Rezeption der deutschen und österreichischen Vorkriegssoziologie in den USA durch die Arbeiten von Georg Simmel, Alfred Schütz und Karl Mannheim hin. Beide Letztgenannten wurden durch den Aufstieg des Nationalsozialismus ins Exil getrieben). Besonderen Einfluss auf die Biographieforschung in Deutschland hatten Vertreter unterschiedlicher Generationen der Chicagoer Schule. Hier sticht Anselm L. Strauss hervor. Er entwickelte die qualitative Forschungsstrategie der *Grounded Theory* und begründete den Trajekt-Begriff [*trajectory*] als einen sozialen Prozess, der sich durch einen strukturierten Zusammenhang von gesellschaftlichen Vorgaben, einem bestimmten Ereignisverlauf sowie subjektiver Erfahrung auszeichne (vgl. Soeffner 1991). In Anlehnung daran entwickelten Fritz Schütze und Gerhard Riemann (1991) das Konzept der Verlaufskurve (siehe hierzu Kap. 2.2.1). Daneben wurde die Biographieforschung von unterschiedlichen Theorietraditionen der qualitativen Forschung beeinflusst. Hierzu zählen unter anderem die phänomenologische Lebensweltanalyse (vgl. Schütz/ Luckmann 1979), der Symbolische Interaktionismus (vgl. Blumer 1981[5]) sowie Ethnomethodologie und Konversationsanalyse (vgl. hierzu Beiträge u. a. von Garfinkel und Hymes in Arbeitsgruppe Bielefelder Soziologen 1981[5]).

Den Ausgangspunkt der soziologischen Biographieforschung bilden grundlagentheoretische Überlegungen, die sich an Annahmen der interpretativen Sozialforschung anlehnen. Dazu gehört zum einen die Auffassung, dass sich soziale Tatsachen und spezifische soziale Felder über die Bedeutungs- und Sinnzuschreibungen der einzelnen handelnden AkteurInnen erschließen lassen. Jede Biographie ist somit zwar nicht ausschließlich, aber immer auch als ein soziales Konstrukt zu betrachten (vgl. Marotzki 2007[5]). Zum anderen wird davon ausgegangen, „dass bei sozialwissenschaftlichen oder historischen Fragestellungen, die sich auf soziale Phänomene beziehen, die an die Erfahrung von Menschen gebunden sind und für diese eine biographische Bedeutung haben, die Bedeutung dieser Phänomene im Gesamtzusammenhang ihrer Lebensgeschichte" zu interpretieren ist (Rosenthal 2005: 164). Die Genese eines Phänomens lasse sich somit nicht allein aus der Deutung ihres gegenwärtigen Erlebens sondern erst unter Einbezug seines Erlebens in der Vergangenheit rekonstruieren.[47] Notwendig erscheine sowohl die Rekonstruktion des jeweiligen biographischen Verlaufs

---

47 Rosenthal (2005) betont darüber hinaus die Notwendigkeit, einen Einblick in die Handlungsabläufe der AkteurInnen zu erhalten: „[u]m das Handeln von Menschen verstehen und erklären zu können, ist es notwendig sowohl die Perspektive der Handelnden als auch die *Handlungsabläufe* selbst kennen zu lernen. Wir wollen erfahren, was sie konkret erlebt haben, welche Bedeutung sie ihren Handlungen damals gaben und heute zuweisen und in welchen biographisch konstituierten Sinnzusammenhang sie ihre Erlebnisse und Handlungen stellen" (ebd.: 165, Hervorhebung im Original).

als auch die Rekonstruktion der gegenwärtigen biographischen Konstruktion. Dahinter steht der Grundgedanke der Prozesshaftigkeit sozialer Interaktionen sowie ihrer individuellen Bedeutungszuschreibungen, die sich nur über den Einblick in ihr Gewordensein adäquat herausarbeiten ließen (vgl. hierzu ausführlicher Kap. 3).

In der jüngeren Vergangenheit bildeten sich in der Biographieforschung unterschiedliche Fragestellungen und Diskussionsstränge heraus. Dabei wird das Zusammenwirken von Subjektivität und Struktur jeweils entsprechend unterschiedlicher Gewichtungen von Prozessen der Individualisierung und solchen sozialer Strukturierung gewertet. So thematisieren, vereinfacht dargestellt, sozialkonstruktivistische Ansätze vornehmlich Tendenzen der gesellschaftlichen Fragmentierung sowie des Verlustes sozialstruktureller Determinanten. Durch die Untergliederung der sozialen Welt in unterschiedliche Teilsysteme werde das Selbstverständnis der einzelnen AkteurInnen zunehmend weniger durch eine eigene eindeutige Platzierung innerhalb eines sozialen Feldes als vielmehr durch eine „individuelle Selbstbeschreibung" (Alheit 1998) bestimmt. Hingegen stehen in sozialstrukturellen Ansätzen verstärkt Formen der Institutionalisierung des Lebenslaufs im Vordergrund. Die einzelne Biographie wird als eine „soziale Technik moderner westlicher Gesellschaften" (Dausien 2000: 101) im Kontext ihres gesellschaftlichen Gewordenseins betrachtet. Hierbei wird die Konditionierung individueller Lebensläufe durch bestimmte gesellschaftlich bestehende Verlaufsschemata und Karrieremodelle in den Blick genommen. Verbunden damit bestehe die Erwartung, die eigene Biographie entlang eines bestimmten chronologischen Ablaufmusters zu präsentieren. Institutionen produzierten demnach selbst bestimmte biographische Normierungen, die ihrerseits auf die einzelnen BiographieträgerInnen zurückwirkten (vgl. ebd.).

2.2 Theoretische Konzepte innerhalb der Biographieforschung

Vor dem Hintergrund unterschiedlicher theoretischer Ansätze in der Biographieforschung geht es in diesem Kapitel um zentrale biographietheoretische Konzeptionen zu den Begriffen Erfahrung, Handlung und Struktur. Auf der Grundlage des empirischen Materials wurden theoretische Konzepte ausgewählt, die sowohl individuelle und sozial hergestellte Deutungs- und Handlungsmuster als auch die Prozesshaftigkeit von Erfahrungs- und Handlungsverläufen sowie ihre permanente (Re)Interpretation berücksichtigen.

Zu den Begriffen: Erfahrung – Handlung – Struktur

Im Zentrum der vorliegenden Arbeit stehen Prozesse von Migration in ihrer *Erfahrung*sdimension. Es geht darum aufzuzeigen, wie lebensgeschichtliche Erfahrungen der Migration verarbeitet werden. Bei einer solchen Perspektive auf Migrationserfahrungen fällt der Blick auf die biographische Aufschichtung unterschiedlicher lebensgeschichtlicher Erfahrungen. Wie mit bestimmten Erfahrungen umgegangen wird, hängt damit zusammen, in welche bisherigen Erfahrungen bzw. Erfahrungsstrukturen diese eingebettet werden können. Gleichzeitig können diese durch neuartige Erfahrungen um- oder neu gedeutet werden. Damit klingt an, dass es sich bei der Verarbeitung von Erfahrungen um einen permanenten Prozess der (Re)Organisation von Erfahrungen handelt, in dem Ereignisse aus der Vergangenheit ebenso einfließen wie gegenwärtig Erlebtes und mögliche Erwartungen an die Zukunft. „In der lebendigen Erfahrung wird (...) Vergangenes reinterpretierbar; aktuelle Orientierung und biographisch Vergangenes stehen also in einer Wechselwirkung" (Fischer/Kohli 1987: 33).

In ähnlicher Form dynamisch wie der Umgang mit Erfahrungen wird auch der *Handlung*sbegriff in der Biographieforschung aufgefasst. Erfahrungen finden Eingang in den Handlungsverlauf der einzelnen AkteurInnen. Sie bilden sich in impliziten Wissensbeständen ab und setzen derart bestimmte Handlungsweisen in Gang. Zahlreiche biographietheoretische Arbeiten beziehen sich auf Ausführungen von Alfred Schütz (1979) zum Handlungsbegriff. Gleichwohl eine Handlung das Resultat eines Handelns und damit in sich abgeschlossen ist, stellt Schütz in seiner Konzeption des Handlungsbegriffs die bereits für die Kategorie der Erfahrung hervorgehobene Bedeutung von Vergangenem wie Zukünftigem heraus. Er definiert Handeln als Verhalten, das sich auf einen vorab angelegten Entwurf bezieht und unterscheidet zwischen sogenannten „Weil-" und „Um-zu-Motiven" (vgl. Schütz 1974). Erstere ergäben sich aus Vergangenem und leiteten daraus die für eine bestimmte Handlung entscheidenden Beweggründe ab, Letztere seien stärker auf ein Ereignis in der Zukunft ausgerichtet, das durch eine entsprechende Handlung anvisiert werde. Eine Handlung könne somit in beide Richtungen befragt werden. Sie verfüge über einen „doppelten Zeithorizont der Vergangenheit und Zukunft" (Fischer/Kohli 1987: 36). Gleichzeitig nehme jede neue Handlung ihrerseits Einfluss darauf, wie sich Zurückliegendes und Zukünftiges für die Handelnden konstituierten. Zwar lasse sich der eigentliche Handlungsvorgang nicht mehr ändern, doch welche Bedeutungen dem eigenen Tun zugesprochen und welche Beweggründe zu einem späteren Zeitpunkt für relevant erklärt würden, bleibe offen (vgl. ebd. sowie Fischer 1989). Als ähnlich offen könnten sich Handlungen auch bezüglich ihres Ergebnisses erweisen und beispielsweise deutlich über zuvor geäußerte Erwartungen hinausgehen. Fischer/ Kohli (1987) verweisen in diesem Zusammenhang auf Schützes Konzept der Verlaufskurve (vgl. Kap. 2.2.1). Daneben sprechen sie sich in einer forschungspraktischen Empfehlung für die „Rekonstruktion des Handlungsfeldes" (ebd.: 38) aus, um den Gesamthorizont vorhandener biographischer Handlungsmöglichkeiten zu eruieren. In der methodischen Konzeption der vorliegenden Arbeit (vgl. Kap. 4) wurde versucht, dieser Empfehlung Rechnung zu tragen.

Eine weitere Schlüsselkategorie, um sich der Bearbeitung von Erfahrungen zu nähern, bildet der *Struktur*begriff. Er bringt zum Ausdruck, dass sowohl der Möglichkeitsraum von Erfahrungen als auch der Umgang der einzelnen AkteurInnen mit Erfahrungen begrenzt sind. Zum einen können nur solche Erfahrungen gemacht werden, die für die Einzelnen angesichts gesellschaftlich ungleich verteilter Handlungsspielräume auch zugänglich sind. Zum anderen wird davon ausgegangen, dass gemachte Erfahrungen entsprechend gesellschaftlicher Vorgaben und „institutionalisierter Skripts" (Dausien 2000: 101) geordnet werden (vgl. Schütz/Luckmann 1979). In der Biographieforschung wurde für beide Aspekte der Begriff der 'biographischen Struktur' geprägt. 'Biographische Strukturen' bezeichnen demnach die hinter den Handlungsmustern und den „Stellungnahmen zu sich selbst" (Schiffauer 1991: 23) stehenden Ordnungsformationen, wie sie sich entsprechend einzeln wahrgenommener wie gesellschaftlich vorgegebener Handlungsspielräume ergeben und wie sie über die Aufschichtung und Bearbeitung von Erfahrungen entscheiden. Der Strukturbegriff beinhaltet somit „einerseits Regeln jenseits intentionaler Repräsentationen, die der Erzeugung biographischer Gebilde (...) vorausliegen (...); andererseits ist er geprägt durch Offenheit, die eine individuierte singuläre biographische Konstitution erst möglich und notwendig werden lässt" (Fischer/Kohli 1987: 46).[48]

Die Begriffe Erfahrung, Handlung und Struktur lassen sich in ihrer jeweils spezifischen Ambiguität aus Reproduktion und Transformation in einer Konzeption von Biographie zusammenführen. So können Biographien als „sinngebende Ordnungen von kontingenten Erlebnissen und Erfahrungen in der zeitlichen Dimension der Lebensgeschichte verstanden werden, die die Person sowohl auf gesellschaftliche Erfordernisse hin als auch in der Verarbeitung von individuell Erlebtem und Erfahrenem integriert" (Breckner 2005: 123).[49] Sowohl gesell-

---

48 Hiermit ist angesprochen, dass innerhalb bestimmter Institutionen und Milieus Regelstrukturen existieren, die ihrerseits einen deutlichen Einfluss auf die Handlungen der einzelnen Person ausüben können. In diesem Zusammenhang prägte Kohli (1981b) den Begriff des „wahrscheinlichsten Pfads" als ein in bestimmter Form objektiviertes Ablaufschema (vgl. Kap. 2.2.2).

49 Das Zusammenwirken von gesellschaftlichen Erfordernissen einerseits und subjektiven Integrationsleistungen andererseits bildet auch den Kern des Konzepts von Bio-

schaftliche Vorgaben als auch subjektive Verarbeitungen von Erlebnissen und Erfahrungen bilden sich dabei in Biographien in der Weise ab, so die Annahme, dass aufgrund neuartiger Erfahrungsinhalte permanent Veränderungen dieses daraus resultierenden Orientierungszusammenhangs möglich sind. Gleichwohl wird davon ausgegangen, dass sich solche potentiellen Veränderungen ihrerseits entsprechend generativer Regeln vollziehen, die sich im Lebensablauf einer Person herausbilden und einen in gewisser Weise konsistenten Sinnzusammenhang hervorbringen.

In verschiedenen biographieanalytischen Ansätzen wird das Verhältnis von Erfahrung, Handlung und Struktur konkreter gefasst. Im Folgenden werden einige zentrale Konzeptionen aufgeführt (Kap. 2.2.1-2.2.3), in denen sowohl die Einflüsse gesellschaftlicher Strukturen auf den biographischen Umgang mit Erfahrungen betont werden als auch der Gestaltungsspielraum der einzelnen BiographieträgerInnen hervorgehoben wird.

2.2.1 Die Konzeption der Prozessstrukturen

Das wohl prominenteste Konzept zum Verhältnis von Handlung und Struktur innerhalb von Biographien hat Fritz Schütze entworfen. Mit seiner Konzeption der 'Prozeßstrukturen des Lebensablaufs' (Schütze 1981) formuliert er vier verschiedene analytische Kategorien zum Verhältnis von Handlung und Struktur, die bezogen auf einen Lebensabschnitt sowie darüber hinaus für eine unterschiedliche Perspektive auf die durchlaufenen Erfahrungen stehen und, nach Schütze, zur Herausbildung unterschiedlicher Ordnungsmuster von Erfahrungen beitragen.

Die erste Prozessstruktur bildet das sogenannte biographische Handlungsschema. Die BiographieträgerInnen verfolgten hierbei einen eigenständig konzipierten oder sozial vorformulierten biographischen Entwurf oder beabsichtigten, ein bisher praktiziertes Handlungsmuster zu ändern (vgl. Schütze 1981). Die BiographieträgerInnen träten deutlich als AkteurInnen hervor. Gleichwohl vollzögen sich die angeführten Handlungsschemata entsprechend gesellschaftlich vorgegebener Muster sowie der zur Verfügung stehenden Ressourcen (vgl. ebd.). Hierbei sind für die vorliegende Arbeit etwa Ressourcen in Form von sozialen

---

graphie als 'soziale Konstruktion'. Biographien würden sowohl auf der Grundlage komplexer Konstruktionsleistungen der Individuen einerseits als auch auf der Grundlage gesellschaftlicher Konstruktionsprozesse, die auf die Form ihrer Hervorbringung einwirken, erzeugt (vgl. Dausien 2000).

Beziehungen, die den Radius des biographischen Handlungsschemas erweitern und dessen Durchsetzung erleichtern können, von besonderer Relevanz. Die zweite Prozessstruktur bezeichnet Schütze als sogenanntes institutionelles Ablaufmuster der Lebensgeschichte (vgl. ebd.). In den Lebensabläufen nähmen gesellschaftliche Anforderungen, wie sie von verschiedenen Institutionen formuliert und teilweise mit normativen Erwartungen verknüpft würden, die Oberhand. Der Umgang mit Erfahrungen wird somit – sei es ganz bewusst oder gezwungenermaßen – entsprechend dieser „gesellschaftlichen oder organisatorischen Erwartungsfahrpläne" (ebd.: 92) vorstrukturiert.[50] Bezogen auf die vorliegende Arbeit geraten etwa entlang der verschiedenen Generationen tradierte präskriptive Muster des Lebensablaufs in den Blick.

Ein zentrales Element in den biographietheoretischen Ausführungen Schützes bildet die Prozessstruktur der Verlaufskurve. Diese dritte Kategorie steht, nach Schütze, für Lebensabschnitte, die sich durch eine hohe Verkettung von Ereignissen auszeichnen. Die Aufeinanderfolge dieser Ereignisse entspreche einem Prozess des Erleidens. Die Betroffenen würden von schmerzhaften und leidvollen Erfahrungen überwältigt, denen sie sich lediglich passiv bzw. reaktiv gegenüber gestellt sähen. Sie könnten keine intentionsgeleiteten Handlungsweisen dagegensetzen. Aus diesem Zustand des Ausgeliefertseins könnten bisherige Verarbeitungsformen von Erfahrungen außer Kraft gesetzt und gar der Bereich der eigenen Identität erschüttert werden. Für Schütze vollziehen sich Verlaufskurven entlang eines bestimmten Musters. Dazu gehört neben einer verhängnisvollen Aufeinanderfolge von Ereignissen ein bestimmter Rahmen, der eine Verlaufskurve begünstigt. Dieses Bedingungsmoment wird auch als Verlaufskurvenpotential bezeichnet, dessen Wirksamkeit schließlich dazu führe, dass vertraute Handlungsschemata nicht mehr griffen und wichtige Orientierungsrahmen verloren gingen. Ob schließlich eine Verlaufskurve überwunden werden

---

50 Hinsichtlich dieser ersten beiden von Schütze konzipierten Prozessstrukturen wurde darauf hingewiesen, dass sich erste und zweite Prozessstruktur durchaus durchdringen können. So könne die Befolgung eines institutionalisierten Ablaufmusters Teil eines biographischen Entwurfs sein, solange die BiographieträgerInnen nicht durch die an sie gestellten Anforderungen deutlich fremdgesteuert würden (vgl. Marotzki 1990). In diesem Zusammenhang erscheint der generelle Hinweis auf Gefahren der Konzeption der Prozessstrukturen für die Analyse angebracht. Neben einer möglicherweise enthaltenen (unbewussten) normativen Verengung in der Analyse der Darstellungs- und Organisationsprinzipien von Lebenserfahrungen einerseits (vgl. Dausien/Mecheril 2006 zur Gefahr von normativen Normalitätsvorstellungen in der biographischen Analyse allgemein), könnten die Ausführungen andererseits zu einem „subsumptionslogischen" Umgang (Breckner 2005: 133) mit dem empirischen Material verleiten. In der vorliegenden Arbeit wurde die Konzeption der Prozessstrukturen in Form eines heuristischen Erkenntnisrahmens verwendet.

könne – für Schütze kann dies eine „Umdefinition der Selbstidentität" (ebd.: 89) und eine veränderte Positionierung innerhalb der Sozialstruktur bedeuten –, hänge vom Einzelfall ab.

Das Erleben von Verlaufskurvenpotentialen kann durchaus ambivalent ausfallen bzw. sich im biographischen Verlauf verändern. Zudem können etwa verschiedene Lebensbereiche und soziale Kontexte unterschiedliche Verlaufskurvenpotentiale aufweisen. So ist denkbar, dass das Erleben der Migration etwa im Fall unterschiedlicher sozialer Positionierungen der MigrantInnen im Herkunfts- und Ankunftskontext mehrdeutig ausfällt. In diesem Zusammenhang weist Apitzsch (2000) darauf hin, dass Verlaufskurven nicht allein unter einer Perspektive des Erleidens untersucht werden sollten, sondern diese auch die Möglichkeit, sich weiterzuentwickeln und neue Handlungsräume zu erschließen, beinhalten könnten (vgl. ebenso Gültekin/Inowlocki/Lutz 2003).

Während Verlaufskurven mit Formen des Erleidens verknüpft sind, da aktive Handlungsmöglichkeiten wegfallen, bezeichnet Schütze mit der vierten Prozessstruktur, dem sogenannten Wandlungsprozess, Veränderungen von Handlungsmustern, die sich als Folge von Umorientierungen für die BiographieträgerInnen als positiv erweisen. Schütze spricht auch von Wandlungsprozessen als positive Verlaufskurven. Ein individueller Wandlungsprozess liege dann vor, wenn BiographieträgerInnen etwa aufgrund eines neuartigen sozialen Kontextes bisher unbekannte Potentiale bzw. Fertigkeiten entdeckten. In späteren Arbeiten weist Schütze in diesem Zusammenhang auf die Notwendigkeit entsprechender „soziale[r] Arrangements für den Rückzug in Moratorien und Experimentalsituationen" (Schütze 2001: 156) für biographische Wandlungsprozesse hin, die ein „Nachdenken über sich selbst" (ebd.: 157) erlaubten. Hierüber könnte es zu Veränderungen der biographischen Gesamtformung, als wesentlicher Ordnungsstruktur von Erfahrungen, kommen. Daneben könnten Wandlungsprozesse auch zu geänderten Interaktionsmöglichkeiten beitragen, indem sich über sie neue Sozialbeziehungen und Positionierungen innerhalb des sozialen Raums ergäben. In Zusammenhang mit kreativen Veränderungsverläufen nennt Schütze weitere konstitutive Elemente von Wandlungsprozessen. So würden diese durch „einschneidende biographische Problemlagen im Sinne von Handlungshemmungen ausgelöst" (ebd.) und ihre besondere Dynamik im Zuge der Bearbeitung fremd erscheinender Erfahrungsinhalten entfalten. Schließlich sei die „Unterstützung durch signifikante Andere" für den notwendigen Vorgang des „In-sich-hinein-Horchen[s]" (ebd.: 158) und der Selbstreflexion förderlich.

Die beiden letztgenannten Prozessstrukturen, Verlaufskurve und Wandlungsprozess, können nach Schütze auch in kollektiver Form auftreten. So hat Schütze (vgl. 1976, 1977) kollektive Verlaufskurven etwa am Beispiel von Gemeindezusammenlegungen aufgezeigt. Wesentlich für kollektive Verlaufskurven ist nach Schütze die enge Verwobenheit einer größeren Anzahl von Personen in einen „kollektiven Sozialprozeß" (1982: 582), der seinerseits die individuellen Handlungsweisen derart konditioniere, dass diese Verstrickung als individuelle Verlaufskurve erfahren werde. Die Handlungsschemata der BiographieträgerInnen würden von Vorgängen gesteuert, denen eine große Zahl von Personen unterworfen und die zudem dem eigenen Handlungsspielraum nahezu vollständig entzogen seien. Der für einzelne BiographieträgerInnen in Gang gesetzte Erleidensprozess werde durch einen kollektiven Veränderungsprozess hervorgerufen und lasse sich als kollektive Verlaufskurve benennen (ebd.). An anderer Stelle weist Schütze (1995) im Zusammenhang mit kollektiven Verlaufskurven auf eine deutliche Verschlechterung sozialer Beziehungen sowie auf eine Erosion von Interaktionsmustern hin. In der Darstellung des Erlebten würden in solchen Fällen die Verweise auf historische oder soziale Umstände deutlich in den Vordergrund gerückt. Rückblickend erscheine das eigene Handeln stets in fremdgesteuerte übergeordnete Entwicklungsfolgen eingefasst (vgl. Bohnsack 2008[7]).

Auch Wandlungsprozesse können sich, nach Schütze, im Rahmen größerer sozialer Einheiten bzw. Gemeinschaften vollziehen. So beinhalte ein kollektiver Wandlungsprozess „die Identitätsveränderung einer kollektiven Wir-Gemeinschaft, in der die betroffenen individuellen Akteure Mitglieder sind, und die zugleich eine soziale Welt ist, auf welche sich jene in ihrer Gesellschafts-, Welt- und Selbstsicht sowie in ihren Handlungsorientierungen beziehen" (1989: 54). Damit ginge einher, dass bekannte Erwartungen nicht mehr griffen.[51] Im Gegenzug eröffneten sich jedoch neue Handlungsspielräume, die für die Mitglieder der Gemeinschaft neuartige Entwicklungschancen bereithielten.

2.2.2 Biographische Präskripte und die Figur des konjunktiven Erfahrungsraums

Ebenso erscheinen die theoretischen Ausführungen von Wolfram Fischer und Martin Kohli (1987) zu biographischen Präskripten für die Arbeit als relevant. Nach Fischer/Kohli handelt es sich dabei um normativ verankerte vorgeprägte Ablaufmuster des Lebenslaufs, wie sie durch Institutionen wie Familie, Ausbildung und Beruf an den Einzelnen herantreten. Hierbei kann an Schützes

---

51 Für Schütze (1995) kann ein und dasselbe Ereignis sowohl kollektive Verlaufskurvenpotentiale als auch kollektive Wandlungsprozesse auslösen. Er bezieht diese Überlegung auf einen Vergleich der deutschen und der amerikanischen Gesellschaft zur Zeit des Zweiten Weltkriegs und unmittelbar danach.

Überlegungen zum Begriff des 'institutionalisierten Ablaufmusters' angeknüpft werden (vgl. Kap. 3.2.1). Derartige Präskripte gäben vor, welche bestimmten Ereignisse sich in einem Lebenslauf nacheinander anschlössen bzw. parallel abliefen. So seien biographische Präskripte auch in einer zeitlichen Dimension geordnet. Entsprechend der zeitlichen Strukturierung der individuellen Biographie in bestimmte Lebensphasen gälten für diese jeweils eigene Ablaufmuster. Gemäß derartigen Erwartungen lieferten biographische Präskripte Deutungskriterien und Konzeptionen eines sinnvollen Lebens. Sie könnten einerseits als notwendige Orientierungshilfen fungieren, andererseits die Handlungsmöglichkeiten einschränken.[52] Die Autoren nennen beispielhaft für Bereiche, „denen nicht auszuweichen ist" (ebd.: 39) die Existenzsicherung sowie Formen des Zusammenlebens wie Familie und Gemeinwesen.

In ihren forschungspraktischen Ausführungen plädieren Fischer/Kohli bezogen auf die Analyse von Handlungsfolgen neben der Aufdeckung einer individuellen Fallstruktur für eine Rekonstruktion biographischer Handlungsmöglichkeiten innerhalb eines Handlungsfeldes. Damit heben sie die Verbindung von Biographieforschung mit der Analyse von Milieus hervor.[53] Biographische Präskripte könnten auch gruppen- bzw. milieuspezifisch konzipiert sein. Die Auseinandersetzung und Bearbeitung der oben angesprochenen institutionalisierten Muster müsse sich nicht zwangsläufig ausschließlich individuell biographisch vollziehen, sondern sie könne wesentlich auch vor dem Hintergrund milieu- bzw. generationsspezifischer Rahmungen ablaufen. Diese könnten ihrerseits zur Entwicklung neuer Vorstellungen über zukünftige biographische Ablaufmuster beitragen. Die Ablaufmuster seien nicht unveränderlich festgeschrieben. Vielmehr unterlägen sie einem historischen Wandel, der dadurch in Gang gehalten werde, dass permanent „Leerstellen, die auslegungsbedürftig" seien (ebd.: 29), auftauchten. Damit klingt auch in dieser Konzeption ein dynamischer Struktur-

---

52 Mit diesen Ausführungen knüpfen Fischer/Kohli an das von Kohli zuvor entwickelte Analysekonzept des 'wahrscheinlichsten Pfades' (1981b) an. Kohli versteht darunter den „Pfad, in den der Handelnde einmündet, wenn er eine handlungsschematische Bearbeitung seiner Situation in einem biographischen Relevanzrahmen unterlässt" (ebd.: 163). Mehrere Faktoren seien an der Hervorbringung des 'wahrscheinlichsten Pfades' beteiligt. Dazu gehörten institutionalisierte biographische Ablaufmuster, die bisherige biographische Laufbahn, die biographischen Ressourcen der Handelnden sowie die Aktivitäten von Personen, die diese beeinflussten (vgl. Juhasz/Mey 2003). Jedes Verlassen dieses Pfades setze hingegen „biographisch relevantes Handeln" (Kohli 1981b: 167) voraus.
53 Fischer/Kohli verweisen hierbei auf Bruno Hildenbrand (u. a. ders. et al 1984) und seine familienethnographischen Milieustudien. Auf sie wird im Ausblick der Arbeit (vgl. Kap. 8.4) hingewiesen.

begriff an. Derartige Ablaufmuster dürften nicht als statische den Lebenslauf prägende Orientierungsgrößen gedacht werden (ebd.). Diese Überlegungen können um den Begriff des 'konjunktiven Erfahrungsraums', wie er in der wissenssoziologischen Forschung von Karl Mannheim (1980) geprägt wurde, ergänzt werden.[54] In Anlehnung an Mannheims Ausführungen soll damit dem Umstand Rechnung getragen werden, dass sich aufgrund der Zugehörigkeit zu einem spezifischen Kontext, wie etwa einem Dorf, sowie aufgrund damit verbundener gemeinsam geteilter Alltagspraxen ein bestimmter kollektiv geteilter Erfahrungsraum konstituiert.[55] In Abgrenzung zu einem kommunikativ hergestellten gemeinsam geteilten Wissen handele es sich um einen gemeinsam verfügbaren Sinnzusammenhang, der sich aus einer bestimmten gruppen- oder milieuspezifischen Handlungspraxis ergebe. Dabei knüpft Mannheim die Konzeption des konjunktiven Erfahrungsraums an die unmittelbare Handlungspraxis. Konstitutiv für diesen Erfahrungsraum, so Mannheim, sind Gemeinsamkeiten in der „'Erlebnisschichtung' (...) auf der Grundlage einer selbst und somit *in eigener Handlungspraxis* erworbenen Erinnerung" (Bohnsack 2008[7]: 71, Hervorhebung im Original, mit einem Zitat aus Mannheim 1964: 542).

2.2.3 Biographisches Wissen und biographische Ressourcen

Eine Differenzierung nach der Bedeutung von Erfahrungen für die Biographie einer Person nehmen Peter Alheit und Erika M. Hoerning (1989) mit ihren Ausführungen zu biographischem Wissen vor. Sie knüpfen dabei an Überlegungen von Alfred Schütz und Thomas Luckmann (1979) an, die Wissen allgemein als Ablagerung von Erfahrungen bezeichnen. Schütz/Luckmann unterscheiden in ihren Ausführungen zur Lebenswelt zwischen „Grundelementen des Wissensvorrats" und „Gewohnheitswissen" (ebd.: 172). Während Erstere gleichsam die Wesensstruktur der Erfahrung selbst beträfen, handele es sich bei Letzterem

---

54 Dieser Begriff wurde in erster Linie zur Erläuterung der Erkenntnisgewinnung einer praxeologisch fundierten Wissenssoziologie geprägt. Es geht hierbei um ein „Verstehen", das nach Mannheim an den „Nachvollzug der Handlungspraxis" (Bohnsack 2008[7]: 69) gebunden ist. Zur Relevanz der Teilnahme an der Alltagspraxis für die vorliegende Untersuchung vgl. Kap. 4.2.1.
55 Die Konzeption des 'konjunktiven Erfahrungsraums' kommt Aron Gurwitschs Kategorie der 'Zugehörigkeit' als das „Einanderverstehen im Medium des Selbstverständlichen" (1976: 178) sehr nahe. Dabei betont Gurwitsch noch stärker als Mannheim die Bedeutung gemeinsamer Interaktionsformen, wie sie etwa für das vorliegende soziale Feld in der gemeinsamen Tätigkeit als Schäfer vorliegen (vgl. Bohnsack 2008[7]).

um Wissensinhalte, auf die als Ergebnis von Erfahrungsablagerungen automatisch zurückgegriffen werden könne. Dabei gelte für beide, dass sie ähnlich veränderungsresistent seien. Daneben differenzieren Schütz/Luckmann weitere Elemente des Wissensvorrats nach dem „Vertrautheitsgrad" (ebd.: 178) für die WissensträgerInnen. Dieser Grad an Vertrautheit stelle eine biographisch gewachsene Größe dar. Er korreliere mit der inneren, im Verlauf der Biographie gewachsenen Ordnungsstruktur, nach der die lebensgeschichtlichen Erfahrungen aufgeschichtet werden (vgl. ebd.: 182).

In Anlehnung an Schütz/Luckmann betonen Alheit/Hoerning, dass Personen Erfahrungen machen können, die sich nicht ohne weiteres in bestehende Deutungsmuster ihrer Biographien einordnen lassen und daher für bestimmte auf Vertrautheit basierende Wissenselemente zu einer Neuordnung bisheriger Erfahrungsablagerungen beitragen oder diese um neuartige Wissenselemente ergänzen. Nach Hoerning (1989) können sich aus diesen für die Biographie bedeutsamen Erfahrungen sogenannte biographische Wissensbestände ergeben, die ihrerseits je nach Situation und je nach eigenen Vorerfahrungen wieder aufgegriffen oder weiter bearbeitet und schließlich als Ressourcen für den weiteren Lebensverlauf verwendet werden. So strukturiere biographisches Wissen zukünftige biographische Projekte vor und trage zu ihrer weiteren Ausgestaltung bei.

Biographische Erfahrungen, die sich in die Deutungs- und Bearbeitungsmuster einschrieben, bildeten Wissenseinheiten, die als biographische Ressourcen den weiteren Lebensverlauf beeinflussten und die zu einem späteren Zeitpunkt ihrerseits aufgrund neuartiger biographisch relevanter Erfahrungen eine weitere Bearbeitung durchlaufen könnten. Die Anhäufung weiterer Erfahrungen sorge für einen „Prozeß der sich ständig verändernden biographischen Wissensbildung (...). (...) jede Erfahrung, die dieses biographische Wissen tangiert, verändert den Erfahrungs- und Wissensbestand" (ebd.: 160, 162). Biographische Erfahrungen und das daraus resultierende biographische Wissen bildeten sich somit nicht allein durch die Sedimentierung von Erfahrungen, sondern durch die permanente Bearbeitung und Eingliederung des Erfahrenen in bereits vorhandene Wissensbestände (vgl. ebd.). Hierfür wurde auch der Begriff der 'biographischen Arbeit' geprägt (vgl. Fischer-Rosenthal 1999). Diese Dynamik in der Wirkweise von und im Umgang mit Erfahrungen spiegelt sich nach Hoerning auch in den Redewendungen 'Erfahrungen *besitzen*' und 'Erfahrungen *machen*' wider. Während Erstere darauf verweise, dass in Form von Wissensbeständen über bestimmte Ressourcen verfügt werde, stehe Letztere dafür, dass über bestimmte Lebensereignisse neue Einsichten gewonnen und möglicherweise bisherige modifiziert würden.

Alheit/Hoerning betonen ferner die soziale sowie die lebens- und (zeit)geschichtliche Konstitution biographischen Wissens. Zum einen seien die Möglichkeiten, bestimmte Erfahrungen zu machen, gesellschaftlich ungleich verteilt. Beide AutorInnen verweisen unter anderem auf Thompsons (1987) Ausführungen zu gesellschaftlichen Konstitutionsbedingungen von Erfahrung sowie auf Bourdieus (1978) Konzeption der Laufbahn ['trajectoires'] in einem bereits vorstrukturierten sozialen Raum entsprechend einer bestimmten Ausstattung an Ressourcen in Form von kulturellem, sozialem und ökonomischem Kapital (vgl. Alheit/Hoerning 1989, Hoerning 1989).[56] Hierbei thematisieren sie auch bestehende gesellschaftliche Forderungen an Biographien nach einem bestimmten Erfahrungswissen.[57] Zum anderen heben die AutorInnen unter Verweis auf die Sozialisationsforschung hervor, dass bestimmte Lebensalter mit jeweils spezifischen Erfahrungen verbunden sind, die in der Retrospektive von den BiographInnen in ihrem Entwicklungsverlauf nachvollzogen werden. Schließlich weisen die AutorInnen darauf hin, dass auch bestimmte (zeit)geschichtliche soziale sowie politische Umbildungsprozesse sich als Erfahrungen in biographischen Wissensbeständen niederschlagen können. Lebensgeschichtliche Erfahrungen hätten auch ihren spezifischen historischen Zeithorizont (vgl. Alheit/Hoerning 1989). In diesem Zusammenhang machen Alheit/Hoerning deutlich, dass auch solche Erfahrungen in die eigenen Wissensbestände aufgenommen werden können, die nicht selbst erlebt wurden.

2.3 Theoretische Verknüpfungen von Biographie und Migration

Erfahrungen von Migration bilden ein verbreitetes Forschungsthema in der soziologischen Biographieforschung. Ein biographieanalytischer Ansatz erscheint in besonderer Weise dazu geeignet, die Veränderungsdynamiken, wie sie für die MigrantInnen mit dem Wechsel in einen neuartigen gesellschaftlichen Bezugsrahmen verbunden sind, in den Blick zu nehmen. Im Folgenden werden einzelne biographieanalytische Forschungsarbeiten zum Thema Migration vorgestellt,

---

56 Bourdieus Ausführungen zu den verschiedenen Kapitalsorten sowie sein Habituskonzept bilden theoretische Konzepte der allgemeinen Soziologie, die häufig in biographieanalytische Forschungsarbeiten aufgenommen werden. Auch in der vorliegenden Arbeit fließen Bourdieus Überlegungen in einem heuristischen Sinne in die Analyse des empirischen Materials mit ein.
57 In späteren Arbeiten beschäftigt sich Alheit (u. a. 1992, 1995) ferner mit gesellschaftlichen Anforderungen an Individuen, derartige Erfahrungen an den eigenen biographisch hergestellten Sinnzusammenhang anzuschließen. Alheit prägte hierfür den Begriff der 'Biographizität'.

die sich für die Entwicklung der Forschungsperspektive der vorliegenden Arbeit als relevant erwiesen (Kap. 2.3.1). Hieran erfolgt eine Einführung in allgemeine biographie- und erfahrungsanalytische Dimensionen von Migrationsverläufen (Kap. 2.3.2).

2.3.1 Migration als Gegenstand der Biographieforschung

In ihrer Herangehensweise an den Untersuchungsgegenstand kann sich die vorliegende Feldstudie auf andere Forschungsarbeiten stützen. Mit dem Ziel, in die Forschungsperspektive der Arbeit einzuführen, werden einzelne qualitativ-biographische Migrationsstudien vorgestellt, die die vorliegende Arbeit in ihrer Konzeption sowie in der Analyse der Migrationserfahrungen beeinflusst haben. Sie verweisen ferner auf spezifische biographie- und erfahrungsanalytische Dimensionen von Migrationsverläufen, wie sie auch aus dem empirischen Material der vorliegenden Arbeit hervorgingen. So werden in den vorgestellten Arbeiten komplexe Prozesse der subjektiven Bedeutungsbildung von Migrationserfahrungen zum Teil ebenso berücksichtigt wie darin eingeschlossene wechselseitige Bezüge zwischen dem Herkunfts- und dem Ankunftskontext der Migration.

Die umfangreiche Arbeit „The Polish Peasant" der Autoren William I. Thomas und Florian Znaniecki ([1918-1922] 1958) bildet die erste explizit biographisch orientierte Migrationsstudie. In verschiedener Hinsicht leisteten die Autoren Pionierarbeit. So erscheint die Untersuchung sowohl methodologisch (vgl. Kap. 2.2.1) als auch thematisch und konzeptionell noch heute relevant. Das zentrale Forschungsinteresse der Autoren bestand darin, nachzuzeichnen, welche Veränderungen die untersuchten Wanderungsbewegungen sowohl für die Ankunftsgesellschaften als auch für die Orientierungen der MigrantInnen bedeuten.

Von den Autoren werden zentrale Themenbereiche behandelt, wie sie bei der Beschäftigung mit Migrationsprozessen nach wie vor aktuell sind. So wird der Frage nachgegangen, wie familiäre Bindungen über räumliche Distanzen und längere Zeit hinweg aufrechterhalten werden. Dabei werden Generationenbeziehungen ebenso wie Ehe- und Geschwisterbeziehungen miteinbezogen. Es wird differenziert geschildert, wie auf traditionelle Formen der sozialen Organisation zurückgegriffen wird, um die Situation im Ankunftskontext besser zu bewältigen. Daneben stellt die Arbeit besonders die Individualisierungspotentiale der Wanderungsprozesse heraus. Die Wanderungsbewegungen hätten dazu beigetragen, dass die MigrantInnen sich stärker von gemeinde- und familienzentrierten Orientierungsformen distanzierten und neue Haltungen ausbildeten, die stärker um ihr eigenes Leben zentriert waren. Dies sei damit zusammengefallen, dass sie auch im Ankunftskontext mit deutlicher individuumszentrierten Werten konfrontiert gewesen seien.

Thomas/Znaniecki untersuchten die Migrationsphänomene innerhalb ihrer vielschichtigen thematischen und historischen Kontexte (vgl. Zaretsky 1996). So hatte ihre Untersuchung sowohl Wandlungsprozesse im Herkunfts- als auch im Ankunftskontext zum Gegenstand. Gleichsam als Vorläufer einer '*multi-sited ethnography*' (vgl. Clifford 1992, Marcus 1995, vgl. hierzu Kap. 4.2.2) hielt sich Thomas mehrfach für Forschungsaufenthalte in Polen auf. Erst während seines letzten Aufenthaltes machte er die Bekanntschaft mit Znaniecki. Verbunden mit der Annahme der Kontextgebundenheit von Migrationsphänomenen erscheint die Untersuchung auch richtungsweisend in ihrer konkreten Annäherung an den Untersuchungsgegenstand im Feld. Anstatt ein bestimmtes vorab konzipiertes Raster von Untersuchungskategorien an den Forschungsgegenstand anzulegen, plädieren die Autoren dafür, erst im Verlauf des Forschungsprozesses die für die Analyse des Forschungsgegenstandes relevanten Aspekte zu präzisieren (vgl. Thomas/Znaniecki 1920/23: 10 ff. nach Breckner 2005: 28).

Schließlich erscheint die Studie von Thomas/Znaniecki aufgrund ihrer Konzeption des Typus-Begriffs zur Verallgemeinerung von Aussagen für die vorliegende Arbeit von besonderer Relevanz. So entwerfen die Autoren keine statischen Typen, indem Lebensverläufe eindimensional auf bestimmte kausale Ursachen zurückgeführt werden. Die von ihnen gebildeten Typen erscheinen vielmehr dynamisch, da es ihnen um die Genese der Biographie in ihrem Gewordensein geht: „[t]he application of sociological generalization to social personalities requires thus, first and of all, the admission of what we may call typical lines of genesis" (Thomas/Znaniecki [1918-1922] 1958 Bd.III: 13).[58] Entscheidend sei, das Allgemeine, den auf der Grundlage unterschiedlicher Quellen eines bestimmten Phänomens konstruierten Idealtypus, als „Ausgangspunkt der Forschung" (Apitzsch 1990: 64) aufzugreifen und anhand eines Einzelfalls in seinem Gewordensein offen zu legen. Danach eignet sich in erster Linie diejenige Biographie als Grundlage einer Typusbeschreibung, die am deutlichsten einen „Einblick in die Konstruktionsprinzipien der Lebensorganisation [*construction of life-organization,* A.K.] gewährt" (ebd.).

Arbeiten, die Migrationsverläufe anhand von offenen qualitativen Forschungsmethoden sowie aus einer biographischen Perspektive in ihren komplexen Gesamtzusammenhängen untersuchten, kamen im deutschsprachigen Raum Mitte der 1980er Jahre auf. Vor dem Hintergrund der Kritik an Ansätzen der so-

---

58 „The aim is to determine human types as dynamic types, as types of development" (ebd.). Zum Vorgehen der Typenbildung in der vorliegenden Arbeit vgl. Kap. 4.6.

genannten 'Kulturkonflikt-' sowie der 'Modernisierungsdifferenz-Hypothese' nahmen sie vor allem die Bearbeitungsstrategien der MigrantInnen im Umgang mit Migrationserfahrungen sowie deren Ressourcen in einer stärker prozessorientierten Perspektive auf Migration in den Blick.[59] In ihrer ethnographischen und auf Ankunfts- und Herkunftskontext gerichteten Herangehensweise an Migrationsprozesse (vgl. Kap. 4.1, 4.2.2) knüpft die vorliegende Untersuchung insbesondere an Arbeiten von Werner Schiffauer (1987, 1991) an. Darüber hinaus handelt es sich ähnlich der Arbeiten von Schiffauer bei der vorliegenden Untersuchung um einen mehrjährigen Untersuchungszeitraum, der durch die längeren Zeitspannen zwischen den Forschungsaufenthalten Eingang in die Analyse findet.

Schiffauer (1991) untersucht die Migrationsverläufe von ArbeitsmigrantInnen aus einem türkischen Dorf im Pontischen Gebirge in die Bundesrepublik und nach Österreich. Mitberücksichtigt werden dabei Formen der Binnenwanderung aus dem Dorf in Städte wie Istanbul oder Ankara. Die Bezüge zum Herkunftskontext werden dabei in ihrer konkreten Gestalt und Dynamik über den gesamten Verlauf der Migration hinweg mit in Betracht gezogen. Unter Einbezug der familienbiographischen Einbettungen der MigrantInnen analysiert er die Migrationsverläufe in erster Linie als Neuorientierungsprozesse. Allerdings konzentriert sich die Arbeit sehr stark auf vorformulierte theoretische Prinzipien der Konstruktion von Biographien. Entsprechend der Fragestellung des „Eintritt[s] der Arbeitsmigranten in die Moderne" (vgl. ebd.: 27) werden die Fallbeispiele in erster Linie dazu verwendet, die Annahmen veränderter Zeitstrukturen sowie neuartiger Strukturen von Subjektivität zu exemplifizieren. Gleichwohl stellt die Arbeit die Migrationen in ihrer Prozesshaftigkeit und in ihrer Mehrdimensionalität heraus. So können Migrationen, der Arbeit zufolge, sich einerseits innerhalb bestimmter biographischer Bezugsrahmen als eine Lösungsstrategie erweisen. Andererseits können sie jedoch auf andere Verweisungszusammenhänge bezogen neue Problemlagen hervorrufen.

Stärker auf biographie- und erzähltheoretische Grundlagen stützt sich die Arbeit von Ursula Apitzsch (1990) zu Migrations- und Bildungsverläufen von Jugendlichen der zweiten Generation italienischer ArbeitsmigrantInnen. Auch

---

59 Sowohl Kulturkonflikt- als auch Modernisierungsdifferenz-Hypothese stehen für eine Perspektive auf Migrationsprozesse, die in erster Linie die Schwierigkeiten von MigrantInnen im Ankunftskontext thematisiert. Während der erste Ansatz diese vor allem auf kulturelle Differenzen zwischen Herkunfts- und Ankunftskontext zurückführt und von einer fragwürdigen Homogenität von Herkunfts- und Ankunftskultur der MigrantInnen ausgeht, argumentieren VertreterInnen des zweiten Ansatzes, dass derartige Schwierigkeiten aus der Differenz zwischen vorindustriell-ländlichen Lebensweisen der MigrantInnen und modernen Lebensweisen der Angehörigen des Aufnahmelandes resultierten (vgl. Juhasz/Mey 2003).

sie arbeitet den mehrdeutigen Charakter von Migrationsprozessen heraus. Hierbei bezieht sie sich in ihrer Analyse auf die biographietheoretischen Ausführungen von Schütze zu den Prozessstrukturen des Lebenslaufs (vgl. Kap. 2.2.1). Sie stellt heraus, dass die durch die Migration ausgelösten biographischen Prozesse sowohl negative als auch positive Verlaufskurvenpotentiale beinhalten können. Darüber hinaus arbeitet sie die besondere Relevanz der migrationsbezogenen familienbiographischen Einbettung für die Gestaltung des eigenen Bildungsverlaufs bzw. die Entwicklung und Aneignung bestimmter Bildungsorientierungen heraus. Dabei handele es sich bei den Orientierungen der Jugendlichen weder um eine absolut identische Reproduktion spezifischer Orientierungsmuster der Herkunfts- noch um eine getreue Übernahme von handlungsanleitenden Maßgaben der Aufnahmegesellschaft. Vielmehr erschienen beide Kontexte aufgrund der spezifischen familiären Migrationserfahrungen und der mit der Migration der Eltern verbundenen Abwendung vom Herkunftskontext als gebrochen.

Apitzschs Arbeit basiert auf narrativ-biographischen Interviews mit Jugendlichen der zweiten Generation von italienischen ArbeitsmigrantInnen, die an einem Modellprojekt zur betrieblichen Ausbildung teilnahmen. Die Autorin erkennt einen Zusammenhang zwischen der Bildungsorientierung der Jugendlichen und der Ausgestaltung der Beziehungen in den Familien der Jugendlichen. Sie entwirft eine empirisch fundierte Typologie und unterscheidet zwischen eher *peer-group*-orientierten zumeist männlichen Jugendlichen, die sich deutlich vom 'Familienprojekt' der Migration abwandten und die in ihrer Ausbildungszeit zu einer *time-off*-Phase tendierten und eher familienzentrierten, häufig weiblichen Jugendlichen, die stärker in die familiäre Verantwortung sowie in die Verantwortung für das Projekt der Migration eingebunden seien. Letztere entwickelten aus der Familienorientierung häufig eine deutliche individuelle Berufsorientierung sowie eine verstärkte Berufsperspektive in der Aufnahmegesellschaft. Dieses Phänomen bezeichnet Apitzsch als 'Dialektik der Familienorientierung'. Im Vorgriff auf Befunde innerhalb des vorliegenden konkreten Migrationsfeldes (vgl. Kap. 8) zeigte sich in diesem Zusammenhang, dass das 'Migrationsprojekt' vereinzelt nicht mit einem bildungsorientierten Aufstieg in der nachkommenden Generation verbunden wurde. Ein (vorläufiges) Ende institutionalisierter Bildungsbestrebungen in der nachkommenden Generation lief dem Migrationsprojekt der Eltern nicht unbedingt entgegen. So handelte es sich in Fällen, in denen vor allem männliche Jugendliche ihre Bildungslaufbahnen abbrachen, um sich als Jungarbeiter zu verdingen, in den Augen mancher Eltern um die Fortführung bestimmter familiär sowie milieuspezifisch tradierter Erwerbsorientierungen (vgl. Kap. 5.2.1) und um eine erfolgreiche Weiterführung des Familienprojekts

Migration, bei dem es vor allem darum ging, über einen Zuwachs an materiellem Besitz den eigenen Status im Herkunftskontext zu erhöhen.

Eine Unterscheidung zwischen traditionellen und modernen Wissensbeständen in ihrer Reinform, so Apitzsch, gebe es nicht. So erbringt die Autorin anhand der erwerbsspezifischen Lebenssituationen der Jugendlichen im Aufnahmekontext den Nachweis, dass bezogen auf die Einwanderungsgesellschaft „moderne und traditionale Wissensbestände weder hermetisch abgegrenzt sich gegenüberstehen, noch in Modernisierungsprozessen sich spurlos verlieren" (Apitzsch 1993: 43, hieraus entwickelte sich ein weiteres Interesse an Prozessen der Traditionsbildung im Zusammenhang mit Verläufen von Migration, vgl. dies. 1999).

In besonderer Weise knüpft die vorliegende Untersuchung an zentrale Aspekte der Arbeit von Roswitha Breckner (2005) an. Im Einzelnen wird dies durch die Verweise im Text ersichtlich. Breckner richtet ihr Forschungsinteresse auf Prozesse der biographischen Bedeutungsbildung von Migrationserfahrungen. Auf der Grundlage extensiver Fallrekonstruktionen narrativ-biographischer Interviews, aus denen sie eine Typologie entwickelt, analysiert die Autorin die konkreten Prozesse der Bedeutungsbildung von Migrationserfahrungen in Biographien von MigrantInnen aus Rumänien mit verschiedenen nationalen und kulturellen Hintergründen, die in der Zeit zwischen 1968 und 1989 über unterschiedliche Wege in die Bundesrepublik Deutschland eingereist waren. Dabei arbeitet sie neben familien-, erwerbsbiographischen und weiteren lebensgeschichtlichen Bezugsrahmen insbesondere heraus, wie sich die biographischen Bedeutungen der Migrationserfahrungen entlang des historisch-spezifischen ost-west-europäischen Migrationsfeldes in der Zeit des Kalten Krieges sowie darüber hinaus konturierten.[60] Breckner veranschaulicht die Komplexität der Erfahrungsbearbeitung und überlässt es dem Material und den darin eingeschlossenen Dynamiken, welche biographischen Prozesse sich entlang der Migrationserfahrungen herausbilden. Die Lebensgeschichten erscheinen als ein Produkt ständiger Konstruktions- und Rekonstruktionsprozesse von Erfahrungsbeständen. So bestehen mitunter sowohl stärker traditionelle als auch neuartige Orientierungsmuster in den Beziehungen und Relevanzstrukturen der MigrantInnen fort. Die Erfahrungen von Migration erscheinen nicht per se als herausragende diskontinuierliche Lebensereignisse, sondern sind eingebettet in bzw. verbunden

---

60 Die konkreten gegenstandsbezogenen Fragen der Arbeit von Roswitha Breckner lauten: „Wie erlebten (...) MigrantInnen ihre „Wanderungen" über den Eisernen Vorhang? Wie wurde und wird diese Erfahrung in ihrer Gesamtbiographie bedeutsam? Welchen Einfluss hatte und hat die Öffnung des Eisernen Vorhangs Ende 1989 auf die biographische Bearbeitung des Migrationsprozesses?" (Breckner 1999: 131).

mit bestimmten biographischen (Vor)Erfahrungen. In den Fallrekonstruktionen arbeitet Breckner heraus, wie die Migrationserfahrungen und die aus ihnen erwachsenden neuartigen Orientierungen in die Biographien eingelagert werden. Migrationen erscheinen immer schon in biographische Vorerfahrungen eingebettet. Erst darüber, wie zu anderen Erfahrungen bzw. Erfahrungssträngen Bezug genommen wird, kann nach Breckner (ebd.: 145) ihre Bedeutung für eine Person abgeschätzt werden. Anschaulich wird herausgearbeitet, wie Erfahrungen von Fremdheit sowohl im Ankunfts- als auch – nach dem Fall des Eisernen Vorhangs – im Herkunftskontext die Prozesse der Neuorientierung konturieren können.[61]

Über die konkreten gegenstandsbezogenen Fragestellungen hinaus verfolgt die Arbeit Breckners allerdings ein weiter gefasstes Interesse. So geht es der Autorin darum, empirisch fundiert und in Bezugnahme auf migrations- und biographie- sowie fremdheitstheoretische Ansätze in einer allgemein-theoretischen Form das Verhältnis und die gegenseitigen Verweisungszusammenhänge zwischen Migrationserfahrungen und dem gesamtbiographischen Kontext zu systematisieren.[62] Auf wesentliche dieser Aspekte wird im nachfolgenden Unterkapitel Bezug genommen.

---

61 Mit Migrationsverläufen, so wird aus der Arbeit von Breckner deutlich, können in beiden Kontexten Fremdheits- und Ausgrenzungserfahrungen verbunden sein. So kann etwa ein bestimmter Anpassungsdruck nicht nur im Ankunfts- sondern, beispielsweise im Fall einer (vorläufigen) Rückkehr, auch deutlich im Herkunftskontext empfunden werden (vgl. hierzu Kap. 2.3.3 sowie Teil IV). Da sich für die vorliegende Arbeit nach Abschluss der Materialerhebung zeigte, dass der Einbettung in Netzwerkstrukturen aus dem Herkunftskontext im Gesamtverlauf der Migration eine entscheidende Rolle zukam, wird in der Arbeit auf fremdheitstheoretische Ansätze insgesamt weniger ausführlich eingegangen.

62 Breckner plädiert dafür, Unterschieden in der Fragestellung und in der Perspektive zwischen Biographie- und Migrationsforschung mit der Hinwendung zu fremdheitstheoretischen Überlegungen zu begegnen. Sie weist darauf hin, dass der Erfahrungszusammenhang der Migration von den Konstruktionsprozessen von Biographien analytisch getrennt voneinander behandelt werden sollte. Sie begründet dies mit unterschiedlichen Blickrichtungen in der Biographie- und Migrationsforschung. Zwar gehe es in beiden Forschungszweigen darum, „wie sich mehr oder weniger tiefgreifende soziale und gesellschaftliche Veränderungen – etwa durch einen beschleunigten sozialen Wandel, durch einen radikalen Wechsel der Bezugssysteme im Zuge eines Gesellschaftswechsels oder durch die Zerstörung einer sozialen Ordnung – im Leben der davon Betroffenen darstellen und wie damit umgegangen wird" (ebd.: 403), doch stünde in der Biographieforschung die Individualisierungsthese im Vordergrund. Es werde also von einer abnehmenden Bedeutung kollektiv geprägter, die soziale Position bestimmender und lokalisierender Zugehörigkeiten als Diskontinuität verarbeitende und integrierende Ordnungsschemata ausgegangen. In der Migrations-

2.3.2 Migration als spezifischer lebensgeschichtlicher Erfahrungszusammenhang

An dieser Stelle wird in einer allgemein gehaltenen Form auf zentrale Aspekte im Verhältnis von Migration und Biographie eingegangen. Wie aus den obigen Ausführungen deutlich wird, lenkt ein biographieanalytischer Blick auf Migrationserfahrungen die Aufmerksamkeit in der Untersuchung von Migrationsprozessen insbesondere auf die Formen ihrer biographischen Einbettung. Dabei kann sich die Frage nach dem Verhältnis von Erfahrungen im Rahmen von Migrationprozessen und dem biographischen Gesamtzusammenhang von beiden Seiten angenähert werden: vonseiten des Migrationsverlaufs einerseits und vonseiten des biographischen Gesamtzusammenhangs andererseits. Zum einen beeinflussen der Migrationsprozess und die darin eingelagerten Erfahrungen in ihren verschiedenen Dimensionen – einerseits in ihrer individuellen Ausgestaltung, andererseits in ihren familienbiographischen sowie milieu- und migrationsspezifischen strukturellen Einrahmungen – den Prozess der biographischen Gesamtdeutung. Zum anderen beeinflusst der biographische Gesamtzusammenhang seinerseits die Ausgestaltung und Bearbeitung der migrationsbezogenen Erfahrungen.

Ausgehend vom Migrationsverlauf gibt es spezifische strukturelle Rahmungen von Migrationsprozessen, die einen Einfluss auf biographische Prozesse haben können. Ein Hinweis darauf erscheint sinnvoll, weil damit besondere Dimensionen angesprochen werden, wie sie aus der Analyse des empirischen Materials hervorgegangen sind. Angesprochen sind hier in ihrer Bedeutung für biographische Prozesse zunächst die unmittelbaren Erfahrungen der Grenzüberschreitung, die strukturell von konkreten politisch-rechtlichen Bedingungen bzw. Migrationsregimes eingerahmt sind (vgl. Kap. 1.4). Migrationsregimes als „Trennungsregime[s]" (Apitzsch 2003: 77) strukturieren die Migrationsverläufe sowie die darin eingeschlossenen Beziehungsmuster und sorgen für eine besondere „Konditionierung von kollektiven biographischen Trajectories im sozialen Raum" (ebd.). Es lassen sich somit je nach konkretem Migrationsfeld sowie den entsprechenden Zugangsmöglichkeiten in den Ankunftskontext bestimmte Merkmale in den Verläufen der Migration vorfinden, die zur Ausbildung spezifischer und dabei gleichsam für die entsprechende Situation jeweils typischer Erfahrungs- und Wissensbestände beitragen. So können bestimmte Strukturierungsformen von Migrationsprozessen die Gestalt biographischer Prozesse im

---

forschung hingegen stünden Zugehörigkeitsfragen bzw. „Fragen nach der Persistenz bzw. Wandlung kulturell, ethnisch oder national bestimmter Identitäten" im Zentrum (ebd.: 402).

Sinne von Erfahrungsaufschichtungen, die sowohl individuelle als auch kollektive Wissensvorräte widerspiegeln, beeinflussen (vgl. Apitzsch 2003, Apitzsch/ Siouti 2008, Lutz 2008²). Nach Apitzsch (2003) geht es in diesem Zusammenhang um „die Strukturen und Auswirkungen solcher Grenzüberschreitungen und deren psychosoziale Bewältigung in menschlichen Biographien, die miteinander vernetzt sind und untereinander in Interaktion treten" (ebd.: 68 f.). Bestimmte migrationsspezifisch verursachte Erfahrungen schreiben sich somit in die Biographien ein. In diesem Zusammenhang stellt sich ebenso die Frage nach dem Verhältnis zwischen migrationsspezifischen und biographischen Zeithorizonten. So kann etwa der Entscheidungskontext, der zumeist wesentlich dadurch geformt ist, auf welche Dauer je nach Grenzregime die Migration angelegt wird bzw. werden muss, den Prozess der Migration insgesamt sowie die „Entwicklung biographischer Zeithorizonte" (Breckner 2005: 413) für jeweils unterschiedliche lebensgeschichtlich relevante Bezüge (z. B. Erwerbs- und Familienleben) sehr stark beeinflussen (vgl. Kap. 1.1 Fußnote 18).

Daneben beinhalten Migrationserfahrungen als ein weiteres Spezifikum den Wechsel in ein neuartiges Bezugssystem alltagsrelevanten „Rezeptwissens" (Schütz/Luckmann 1979, Bd. I: 43).[63] Ein solcher Wechsel kann mit bestimmten Fremdheitserfahrungen sowie damit verbundenen Neustrukturierungen von Relevanzbeständen verbunden sein. Schütz prägte in seiner Studie „Der Fremde" (1972) hierfür das Konzept der Krisis-Erfahrung[64], als ein Umsturz bisher gültiger Relevanzsysteme.[65] Unterschiedliche Bedingungsgefüge können zur Aus-

---

63 Bestände von Rezeptwissen werden dabei als „'Baublöcke' von Verhaltensabläufen zur Lösung typischer Probleme" (ebd.) definiert. Rezeptwissen bilde eines der Arten des sogenannten Gewohnheitswissens (vgl. Kap. 2.2.3), das zur Vereinfachung alltagstypischer Abläufe diene.
64 Breckner (2005) weist in ihren Ausführungen zu dieser Konzeption darauf hin, dass Schütz' Überlegungen vor dessen Hintergrund der Zwangsemigration gesehen werden sollten. Breckner betont, dass „im Kontext freiwilliger Migrationen, die sich im Bedeutungszusammenhang von Kontinuitätssicherung gestalten, (...) die Krisis möglicherweise aber auch anders erlebt und (...) unter Umständen biographisch bald wieder in den Hintergrund treten" könne (ebd.: 76).
65 In diesem Zusammenhang erscheint der allgemeine Hinweis von Helma Lutz (2008²) in Anlehnung an Breckner (2003) angebracht, dass es mit Blick sowohl auf die Ankunfts- als auch auf die Herkunftskontexte an „gesellschaftlich abgestützte[n] Anerkennungsverfahren, biographische[n] Regelwerke[n], die den individuellen und kollektiven Umgang mit der Migrationserfahrung erleichtern" (ebd.: 59), fehle. Lutz weist darauf hin, dass zwar die Rimessen der MigrantInnen in den Herkunftsländern sehr willkommen seien, darüber hinaus ihnen allerdings wenig Anerkennung zukomme. Dies drückt sich etwa mit Blick auf Rumänien, aber auch auf andere Herkunftsländer in Osteuropa, beispielhaft in Diskursen um sogenannte EU-Waisen aus (vgl. Kap. 1.4).

bildung jeweils verschiedenartig nuancierter Prozesse der Neuorientierung beitragen.[66] So können in der Auseinandersetzung mit sozialen Positionswechseln im Zuge der Migration etwa neuartige Fragen von Zugehörigkeit eingelagert sein, die vor dem Hintergrund der eigenen biographischen Genese, etwa einer bestimmten Lebensphase oder bestimmter biographischer Stränge wie Familie, Beruf und Geschlecht, ausgehandelt werden.[67] Damit ist angesprochen, dass Formen der Neuorientierung, die mit Fremdheitserfahrungen in Verbindung stehen, nach (familien)biographisch sowie möglicherweise milieuspezifisch ausgeprägten Umgangsweisen mit Fremdheit ausgebildet werden.[68] Daneben kann sich der Wechsel von Bezugssystemen auch auf die Form der Darstellung der biographischen Erzählungen auswirken. So können MigrantInnen bezogen auf Herkunfts- und Ankunftskontext mit jeweils unterschiedlichen Normalitätserwartungen konfrontiert sein, die bei der Erhebung von Interviews in die Präsentation der eigenen Lebensgeschichte einfließen. Insbesondere durch die Person des/der Forschenden können Normalitätserwartungen in die Interviewsituation hineingetragen werden (vgl. Dausien/Mecheril 2006). So ist davon auszugehen, dass mit der Person des/der Forschenden und bestimmten ihm/ihr zugeschriebenen Zugehörigkeiten implizite Erwartungen an die Gestalt autobiographischer Erzählungen verbunden sind. Dieser Problematik kann vonseiten der Forschenden in erster Linie mit einem hohen Maß an Selbstreflexivität und einem intensiven Einblick in die Lebenswelt der Befragten und ihrer Familien begegnet werden (vgl. Kap. 4).

---

66 Breckner (2003) differenziert in diesem Zusammenhang unter Bezug auf Waldenfels (1997) zwischen alltäglichen, strukturellen und radikalen Fremderfahrungen.

67 Eine für die Arbeit relevante Konzeption zur Annäherung an migrationsspezifische Positionswechsel, die bezogen auf das vorliegende konkrete Migrationsfeld vielfach deutliche Statusunterschiede zwischen den Angehörigen der Aufnahmegesellschaft und den MigrantInnen beinhalteten, bildet die Theorie der Etablierten-Außenseiter-Figuration von Elias/Scotson (1990). Die Autoren behandeln darin Ausschluss und Zugangsverweigerung als Prozesse der sozialen Positionierung zwischen NeuzuzüglerInnen und 'Alteingesessenen'. Es sei ein allgemein beobachtbares Phänomen, dass eine Gruppe von Personen beim Zusammentreffen mit einer bereits etablierten Gruppe durch sozialen Ausschluss in eine Außenseiterposition gedrängt werde und sich in dieser Weise der Gruppe der Etablierten gegenübergestellt sehe.

68 In diesem Zusammenhang stellte sich etwa die Frage, inwiefern für das vorliegende konkrete soziale Feld die milieuspezifischen Mobilitätsformen als Schäfer (vgl. Kap. 5.2, 5.3) bestimmte Muster der Auseinandersetzung mit der eigenen Fremdheitsposition generierten. In ihrem Ausblick verweist Breckner (2005) als ein mögliches Forschungsfeld gerade auf die Frage, inwiefern in „nomadische[n] Milieus" (ebd.: 420) möglicherweise bereits bestimmte Verarbeitungsweisen im Umgang mit Fremdheitspositionen angelegt sind.

Im Zusammenhang mit migrationsspezifischen Fremdheitserfahrungen erweist sich auch die Frage nach externen Zuschreibungen und Differenzsetzungen als relevant. Diese sind, nach Breckner, zum einen von den Entwicklungen der Beziehungen zwischen Ankunfts- und Herkunftskontext bestimmt. Dabei gelte es auch, historische Bezüge zwischen beiden Kontexten zu berücksichtigen. Zum anderen würden Zuschreibungen 'von außen' auf die in den gegenseitigen Beziehungen mit eingeschlossenen „Bilder des jeweils 'anderen'" (ebd.: 389) rekurrieren (vgl. ebenso Bade 2001).[69] Diese könnten im Rahmen des Migrationsprozesses als „alltags- und interaktionsrelevante Bezüge der Selbst- und Fremddefinition" (Breckner 2005: 389) erfahren werden. Schließlich seien Differenzsetzungen auch von der Durchlässigkeit der Grenze bestimmt (vgl. ebd., siehe hierzu Kap. 6.1, 6.2.1, 6.2.2).

In diesem Zusammenhang lässt sich an Überlegungen von Armin Nassehi (1995) anknüpfen. Nassehi geht der Frage nach, welche Konstruktions- und Konstitutionsbedingungen 'Fremde' zu 'Feinden' werden ließen. Er argumentiert in Anlehnung an Zygmunt Baumann (1992²) zunächst scheinbar paradox, dass eine Zunahme in der Vertrautheit beider Gruppen – wie sie bei steigender Durchlässigkeit der Grenze angenommen wird – dazu führen könne, dass 'Fremde' zu 'Feinden' werden: „[z]u *Feinden* (...) werden Fremde demgemäß erst dann, wenn sie in den vertrauten Antagonismus von Freund und Feind eingeordnet werden können, d. h. wenn sie letztlich keine Fremden mehr *sind*" (Nassehi 1995: 455, Hervorhebung im Original). Während 'Fremde' so lange 'Fremde' blieben und nur soweit integriert würden, wie es bestimmte Nischen des Arbeitsmarktes verlangten, könne die Einforderung formalrechtlicher Gleichheit bzw. das Auftreten des "Fremden als formal Gleicher" (ebd.: 457) in Zeiten knapper Ressourcen dazu führen, dass aus dem 'Fremden' ein 'Feind' werde.

Die Durchlässigkeit der Grenze veränderte sich im vorliegenden Migrationsfeld im Zuge des Eingliederungsprozesses Rumäniens in die Europäische Union in den vergangenen zwanzig Jahren mehrfach. Wie sich zeigte, resultierten daraus unterschiedliche Wahrnehmungsstufen der Migration aus Rumänien. Es drängt sich der Eindruck auf, dass MigrantInnen aus Rumänien lange Zeit als

---

69 Hierzu gehören für das vorliegende Feld exemplarisch pejorative Fremdzuschreibungen, die sich an einen 'Balkanismus'-Diskurs (vgl. Todorova 1997, 2002) anlehnen. Breckner (2005) vertritt die These, dass nach der Aufhebung der Systemgrenze zwischen Kapitalismus und Kommunismus und dem Wegfall der anderen Seite als „Abgrenzungshorizont in der Selbstdefinition" (ebd.: 397) die Frage der nationalen Zugehörigkeit zunehmend bedeutsam geworden sei: „[j]etzt wurde der kulturelle Horizont zum wichtigsten Bezugspunkt in der diskursiven Bestimmung, wer (noch) innerhalb und wer sich (schon) außerhalb der Grenzen eines 'zivilen' Europas befindet" (ebd.: 391).

dienstbare MigrantInnen erschienen waren. Ab dem Zeitpunkt, als ein Touristenvisum für eine Ausreise ausreichte, schien sich das Bild rumänischer MigrantInnen in Italien deutlich gewandelt zu haben. Der Abbau von Grenzen durch die Erleichterung der Einreisen für RumänInnen in den Schengen-Raum im Zuge des EU-Beitritts ging mit neuen politisch und öffentlich wirksamen Grenzziehungen einher. Parallel zu der Vereinfachung der Einreisebestimmungen (vgl. Kap. 6.2) trat eine innereuropäische diskursiv verortete Spannungsdynamik hervor, aus der neuartige Differenzsetzungen und Positionierungen entlang vor allem ethnischer Wir-Zusammenhänge resultierten.

Ausgehend vom biographischen Gesamtzusammenhang wird das Verhältnis zwischen Biographie und Migration daraufhin befragt, in welcher Form die Erfahrungen von Migration in die Biographien eingebettet werden und wie bzw. entlang welcher Aspekte auf Migrationserfahrungen im Zusammenhang mit anderen Lebenserfahrungen Bezug genommen wird. Hierbei kann die Analyse biographischer Wissensbestände lediglich erfolgen, wenn die Genese der Biographie in den Blick genommen wird (vgl. Rosenthal 2005). Nach Breckner (2005) erscheinen verschiedene Gesichtspunkte von Relevanz. Zentral gehe es darum, inwiefern sich Migrationserfahrungen biographisch als Diskontinuitäts- oder aber als Kontinuitätserfahrung konstituierten. Dabei könnten sich Potentiale von Kontinuität und Diskontinuität in Bezug auf den gesamtbiographischen Erfahrungszusammenhang im Verlauf des Migrationsprozesses deutlich verschieben. Damit verbunden sei der Aspekt, inwiefern und unter welchen Bedingungen, d. h. im Rahmen welcher Lebensphasen und -ereignisse (z. B. Generationenzugehörigkeit, Ehe, Familie), sich die Migration zu einem biographisch dominierenden Erfahrungszusammenhang entwickele bzw. anderen Lebenszusammenhängen der biographischen Strukturbildung nachgeordnet bliebe.

Der Frage, inwiefern sich Erfahrungen von Migration als Kontinuitäts- oder Diskontinuitätserfahrungen darstellen, wird in der vorliegenden Arbeit in besonderer Weise nachgegangen. Dabei gilt es darauf hinzuweisen, dass diese Analyseperspektive nicht von außen an das Material herangetragen wurde, sondern sich über die Fallrekonstruktionen aus dem Material ergeben hat. An ihr entlang traten zentrale Dimensionen im biographischen Umgang mit den Migrationserfahrungen hervor.

Für die vorliegende Arbeit schienen milieuspezifische soziale Präskripte aus dem Herkunftskontext zur Konstitution und Zusammenhangsordnung unterschiedlicher Lebensbezüge von entscheidender Bedeutung zu sein. Bezogen auf das konkrete Migrationsfeld der vorliegenden Arbeit stellte sich etwa die Frage, inwieweit die Mobilitätsbereitschaft bereits ein milieuspezifisches präskriptives Muster bildete. Entgegen der Annahme, wonach in modernen Gesellschaften der

Stellenwert des lokalen milieuspezifischen Kontextes für biographische Konstruktionen zugunsten von „temporalen Sequenzstrukturen" (Breckner 2005: 146, vgl. ebenso Kohli 1984) abgenommen habe, schien die Mobilitätsbereitschaft als ein milieu- und regionalspezifisches biographisches Präskript sowohl in Bezug auf das Erwerbs- als auch das Familienleben verankert (vgl. Kap. 5.2.1, 5.3.1 sowie 5.3.2).

Teil II Methodologie und Methoden

In diesem Teil der Arbeit wird auf zentrale methodisch-theoretische Annahmen, die dieser Arbeit zugrunde liegen, sowie auf den Forschungsprozess eingegangen. Nachdem zunächst wesentliche methodologische und grundlagentheoretische Vorannahmen eines biographieanalytischen Zugangs vorgestellt werden (Kap. 3), werden die einzelnen Etappen des Forschungsprozesses sowie die unterschiedlichen Erhebungsmethoden reflektiert (Kap. 4).

3 Erzähl- und gestalttheoretische Grundlagen des narrativen Interviews

Die vorliegende Arbeit gründet auf einer interpretativen bzw. rekonstruktiven Forschungslogik in der Tradition einer Verstehenden Sozialwissenschaft.[70] Den Ausgangspunkt bildet die Annahme, wonach die einzelnen Individuen in Interaktion mit anderen die soziale Wirklichkeit erzeugen: Individuen handeln gegenüber anderen Individuen bzw. Dingen auf der Grundlage von Bedeutungen, die diese für sie besitzen (vgl. Blumer 1981[5]). Diese Bedeutungen sind aus der sozialen Interaktion abgeleitet, sie werden „in einem interpretativen Prozess, den die Person in ihrer Auseinandersetzung mit den ihr begegnenden Dingen benutzt, gehandhabt und abgeändert" (ebd.: 81 zu den Prämissen des Symbolischen Interaktionismus). Danach leitet sich in den Worten von Alfred Schütz (1977) als Untersuchungsgegenstand „die Genese des Sinnes, den soziale Phänomene für uns so gut wie für die Handelnden haben, [und] die Mechanismen der Handlungen, mit deren Hilfe Menschen sich und andere verstehen" (ebd.: 64) ab.[71] Die Aufgabe der Forschung bildet somit die Rekonstruktion der Interpretationen der handelnden AkteurInnen.[72]

---

70 Diese Tradition geht auf Max Weber ([1921] 1988[7]) und seine wissenschaftstheoretischen Ausführungen zu 'Verstehen' und 'Erklären' als Grundbegriffe der Soziologie zurück. Nach Weber besteht die zentrale Aufgabe sozialwissenschaftlicher Forschung darin, den subjektiv gemeinten Sinn der Handelnden zu verstehen und dieses Handeln und seine Folgen in der Interdependenz mit dem Handeln anderer zu erklären.

71 In diesem Zusammenhang unterscheidet Thomas Wilson (1970) in Abgrenzung zu einer deduktiven Forschungslogik in der empirischen Sozialforschung zwischen einem interpretativen und einem normativen Paradigma. Wilson rekurriert dabei auf Thomas Kuhns (1976[2]) Konzept des Paradigmas. Ansätze, die einem interpretativen Paradigma folgten, gründen nach Wilson auf der Annahme, dass jegliche Form sozialer Ordnung auf interpretativen Leistungen der Handelnden beruht. Er verweist auf die Ethnomethodologie und auf den Symbolischen Interaktionismus.

72 Für verstehende Ansätze in den Sozialwissenschaften gilt die interpretative Gebundenheit der sozialen Erkenntnispraxis in einem doppelten Sinne. Sie setzen Verfahren der Konstruktion von Bedeutungszusammenhängen ein, die letztlich auf alltägliche Verfahren der Bedeutungskonstruktion zurückgehen und von diesen getragen werden. Die soziologische Rekonstruktion knüpft somit an Regeln der alltagsweltlichen Konstruktion an (vgl. Dausien 1996). Sozialwissenschaftliche Analysen sind somit interpretative Konstruktionen von interpretativen (Alltags-)Konstruktionen. Schütz (1971) spricht in diesem Zusammenhang von „Konstruktionen zweiten Grades" (ebd.: 7).

Diese methodologischen Vorannahmen erfordern offene methodische Verfahren, die einen Zugang zu den Interpretationsrahmen und Relevanzsystemen der Angehörigen der Untersuchungsgruppe erlauben. Die Personen der Untersuchungsgruppe sollen die Möglichkeit zur eigenen Gestaltung der Situationen und der kommunikativen Abläufe erhalten. In der vorliegenden Arbeit wird dies über zwei verschiedene Zugänge und damit verbundene unterschiedliche, sich gegenseitig ergänzende methodische Verfahrensweisen angestrebt: einem ethnographischen Zugang über die Methode der teilnehmenden Beobachtung zum einen (vgl. Kap. 4.3.1) und einem biographieanalytischen Zugang über die Erhebung von narrativ-biographischen Interviews zum anderen (vgl. Kap. 4.3.2, hier auch Ausführungen zum Verhältnis von beiden Forschungsmethoden).

Diese forschungspraktische Entscheidung beruht auf weiteren grundlagentheoretischen Vorannahmen. Dazu gehört zum einen, dass sich bei Phänomenen, die für Menschen eine biographische Bedeutung haben, diese Bedeutung erst im Gesamtzusammenhang der Lebensgeschichte rekonstruieren lässt (vgl. Kap. 2.1). Soziale Phänomene lassen sich demnach einzig über die Rekonstruktion ihrer Genese verstehen und erklären. Zum anderen ist es notwendig, „sowohl die Perspektiven der Handelnden als auch die *Handlungsabläufe* selbst kennen zu lernen" (Rosenthal 2002: 134, Hervorhebung im Original).[73] Ein Verstehen setzt somit, genau genommen, ein Kennenlernen des Erlebniszusammenhangs bzw. Erlebnisraums voraus, wie es erst über *teilnehmende* Beobachtung und den Einbezug der darin eingeschlossenen kommunikativen Prozesse möglich ist (vgl. Bohnsack 2008, Hervorhebung A.K.).[74] Ferner sollten Aussagen von befragten Personen über Erlebnisse und Themenbereiche in der Vergangenheit im „*Gesamtzusammenhang* [des] *gegenwärtigen Lebens*" und unter Berücksichtigung

---

73 Rosenthal (2002) führt zu diesem Unterpunkt weiter aus: „[w]ir wollen erfahren, was sie [die Handelnden, A.K.] konkret erlebt haben, welche Bedeutung sie ihren Handlungen damals gaben und heute zuweisen und in welchen biographisch konstituierten Sinnzusammenhang sie ihre Erlebnisse stellen" (ebd.: 134).

74 Auf methodologischer Ebene impliziert die Teilnahme statt der bloßen Beobachtung bei dem Versuch, 'verstehen' zu wollen, bestimmte Konsequenzen. Jürgen Habermas (1992^5: 35 f.) macht in seinen Ausführungen zu Formen kommunikativen Handelns auf drei Konsequenzen aufmerksam. Erstens würden die Forschenden „in die Verhandlungen über Sinn und Geltung von Äußerungen hineingezogen (...) Innerhalb eines – virtuellen oder aktuellen – Verständigungsprozesses gibt es keine Entscheidung *a priori* darüber, wer von wem zu lernen hat" (Habermas 1992^5: 35). Zweitens stelle sich die Frage, wie die Interpretierenden die Kontextabhängigkeit ihres interpretierenden Verständnisses bewältigten. Und schließlich müssten die Interpretierenden ein Wissen erfassen, das sich nicht allein auf Wahrheits-, sondern auf weitere Geltungsansprüche stütze, wie die Richtigkeit von Handlungen, die Angemessenheit von Regeln und die Authentizität von Selbstdarstellungen (vgl. ebd.).

der „daraus resultierende[n] Gegenwarts- und Zukunftsperspektive" (Rosenthal 2002: 134, Hervorhebung im Original) interpretiert werden.

Im Verlauf des Forschungsprozesses kam der Analyse der narrativ-biographischen Interviews eine zentrale Rolle zu. Entsprechend dieser Gewichtung wird ausführlich auf methodologische Vorannahmen einer biographieanalytisch-rekonstruktiven Forschungspraxis eingegangen. Im Zentrum der Ausführungen stehen die erzähltheoretischen Grundlagen nach Fritz Schütze zur autobiographischen Stegreiferzählung und gestalttheoretische Überlegungen von Gabriele Rosenthal zum Verhältnis von erlebter und erzählter Lebensgeschichte, die in besonderer Weise die Bedeutung der Gegenwartsperspektive für die Darstellung der Lebensgeschichte und die Dynamik der (Re)Interpretation von Erfahrungen berücksichtigen.[75]

3.1 Figuren der autobiographischen Stegreiferzählung

Wegweisend für den Umgang mit Erzählungen als Grundlage der empirischen Analyse sind neben den biographietheoretischen (vgl. Kap. 2.2.1) die erzähltheoretischen Ausführungen Fritz Schützes. Schütze, der seinen erzählanalytischen Ansatz ausgehend von Interaktionsfeldstudien entwickelte (Schütze 1976, 1977), knüpft in seiner Konzeption an die Phänomenologie von Alfred Schütz und an die sozialphilosophische Tradition der Chicagoer Schule an.[76] Zentral geht es um die Frage, wie über Erzählungen, als ein „Ausdruck selbst erlebter Erfahrungen" (Schütze 1987b: 77), der Zugang zu unterschiedlichen Ebenen der Erfahrungsbildung, wie sie für die Alltagswirklichkeit und das Alltagshandeln konstitutiv sind, möglich ist.

Schütze entwickelt in seiner Erzähltheorie als Annäherung an die „'Eigenlogik' der autobiographischen Rekonstruktionsleistung" (Dausien 1996: 106) zentrale Kategorien zur Struktur und zum formalen Aufbau von Erzählungen. Erzählungen folgten bestimmten formalen Gesichtspunkten, die für eine bestimmte unhintergehbare Geordnetheit der Darstellung sorgen und gemeinsam mit den Erzählinhalten für die Analyse der Bedeutungszuschreibungen von Erfahrungen nutzbar gemacht werden können. Nach Schütze lassen sich in Erzählungen drei verschiedene Darstellungsschemata bzw. Textsorten, unterscheiden:

---

75 Zu grundlagentheoretischen Annahmen zur Methode der teilnehmenden Beobachtung vgl. Kap. 4.3.1.

76 Für diese Tradition prägte Blumer (1969) die Bezeichnung des 'Symbolischen Interaktionismus'. Matthes (1983) spricht als Verbindung beider Traditionen auch von einer 'phänomenologisch-interaktionistischen' Soziologie.

Erzählung, Beschreibung und Argumentation.[77] Diese sind miteinander in unterschiedlicher Form in der narrativen Darstellung verwoben und tragen zur Sinnkonstitution der Darstellung bei. Die *Erzählung* steht hier nicht für die Gesamtgestalt der Darstellung, sondern für ein Erzählsegment, in dem sich deutlicher als in den nachfolgenden beiden Schemata indexikalische und damit deutlich kontextgebundene Bedeutungsspuren sowie vermehrt plastische Schilderungen einzelner Erlebnisdetails vorfinden lassen (vgl. Quasthoff 1979). *Beschreibungen* hingegen zeichnen sich durch eher sachliche und teilweise abstrahierende Schilderungen gleichsam im Stil eines Berichtes aus. Routiniert ablaufende Handlungen oder Hintergründe und Rahmungen von Situationen lassen sich etwa deskriptiv wiedergeben. Noch stärker abstrahierend sind *Argumentationen*. In ihnen evaluieren die Erzählenden gleichsam als ExpertInnen das Erlebte „im Sinne einer Vermutung, Behauptung, Erklärung, Rechtfertigung, Einschätzung, Vergleichung, Deutung, Beurteilung, Bewertung, Anklage, Bilanzierung" (Schütze 1987b: 145).

Des Weiteren konzeptualisiert Schütze verschiedene *kognitive Figuren* als elementare Ordnungsbausteine, die für die Vergegenwärtigung von Erfahrungen in der Darstellung, der sogenannten autobiographischen Stegreiferzählung, tragend sind. In den Worten Schützes (1984) sind sie die „elementarsten Orientierungs- und Darstellungsraster für das, was in der Welt an Ereignissen und entsprechenden Erfahrungen aus der Sicht persönlichen Erlebens der Fall sein kann und was sich die Interaktionspartner als Plattform gemeinsamen Welterlebens wechselseitig als selbstverständlich unterstellen" (ebd.: 80). Als erste zentrale Kategorie nennt Schütze den '*Biographieträger*' als Erzähler sowie '*Ereignisträger*' als weitere AkteurInnen der Lebensgeschichte und ihre Beziehung zueinander. Denkbar sei zu Beginn der autobiographischen Erzählung etwa die Aufzählung und Beschreibung von Eltern und Geschwistern als EreignisträgerInnen, die für den Verlauf der Lebensgeschichte von besonderer Bedeutung sind. Hierbei kann auch die soziale Einheit der Familie als ein Ereignisträger auftreten: „als Ereignisträger kann jede *soziale Einheit* auftreten, die in der Lage ist, Ereignisse, die für den Biographieträger von lebensgeschichtlicher Bedeutsamkeit sind, mit zu verursachen oder auf sich einwirken zu lassen" (ebd.: 84, Hervorhebung im Original). Als zweites nennt Schütze die Erfahrungs- und Ereigniskette. Damit ist gemeint, dass die BiographieträgerInnen in ihren biographischen Erzählungen die im Verlauf ihrer Lebensgeschichte durchlaufenen Veränderungsprozesse rekapitulieren. Jedes Erzählen einer Geschichte impliziert dabei einen Ablauf bzw.

---

77 Für eine differenzierte Übersicht der Textsorten nach Unterkategorien vgl. Rosenthal 1995: 240 f.

die Veränderung einer bestimmten Situation, die in irgendeiner Form hervortritt bzw. je nach Erzählsituation als erinnerbar in die Erzählung einfließt.[78]

Ein weiteres Darstellungsprinzip für den Erzählvorgang bildeten sogenannte *soziale Rahmen*. Schütz unterscheidet hierbei zwischen intentional und nicht intentional adressierbaren sozialen Rahmen. In den autobiographischen Stegreiferzählungen zeigten sich intentional verfügbare soziale Rahmen in geschilderten Interaktions- und Handlungssituationen, Lebensmilieus und sozialen Welten. Sie bildeten gleichsam die Schauplätze der angeführten Zustandsänderungen und fungierten als „verstärkender oder abschwächender Resonanzboden für die Verletzungsdispositionen und Bewältigungskompetenzen des Biographieträgers und anderer Ereignisträger (...) sowie als intentional faßbarer Vorstellungs- und Orientierungshorizont" (ebd.: 98).

Eine *Situation* stehe dabei für einen einzelnen Erfahrungsabschnitt, der über Zeit- und Ortsangaben bis hin zu den aktuell präferierten bzw. in der jeweiligen Situation modifizierten Handlungsintentionen und Bedeutungszuschreibungen eingrenzbar sei (vgl. Kallmeyer/Schütze 1977). Als *Lebensmilieu* bezeichnet Schütze hingegen einen umfassenden und fraglos für gültig erklärten Lebens- und Orientierungszusammenhang, wie er in eher deskriptiven Erzählpassagen zum Ausdruck komme. In den Worten Schützes (1984: 116) zeichnet sich dieser „durch die Intimität des Erlebens, die Fraglosigkeit des Sich-Orientierens in ihm und das weitgehende Aufgehen des Selbst in ihm für den Zeitraum, in welchem sich der Biographieträger in ihm aufhält" aus. In Anlehnung an Bruno Hildenbrand (1983) setzt für Schütze (1984) die Zugehörigkeit zu einem Lebensmilieu „das Betreten eines abgegrenzten Territoriums und das körperliche Sich-Bewegen in ihm voraus" (ebd.: 116). In Abgrenzung dazu spricht Schütze von *sozialen Welten* in Bezug auf Orientierungsrahmen, die stärker themenbezogen oder interessengeleitet seien. Im Vergleich zu Lebensmilieus sei der Biographieträger „in soziale Welten nicht mit seinem gesamten Lebenszusammenhang verwoben" (ebd.: 117). Im Gegensatz dazu stehen nach Schütze nicht intentional verfügbare und damit für die BiographieträgerInnen undurchschaubare sogenannte „heteronome Systembedingungen lebensgeschichtlichen Handelns und Erleidens" (ebd.: 99). Obgleich sie ebenfalls die in der Stegreiferzählung dargestellten Prozesse in entscheidender Weise beeinflussen könnten, blieben sie für die Biographieträ-

---

78 Für die Auswertung biographischer Erzählungen nach Schütze ist dabei von besonderer Bedeutung, wie die verschiedenen Zustandsänderungen einerseits als jeweils einzelne und für sich stehende Erzählsegmente entworfen und andererseits in einer die einzelnen Lebensphasen zusammenführenden Gesamterzählperspektive bzw. Haltung zu den Ereignissen, den ausgeführten vier Prozessstrukturen (vgl. Kap. 2.2.1), erinnert werden.

gerInnen symptomatisch-verschlossen und einzig „in den Erfahrungsqualitäten der Fremdheit, Ungeordnetheit [und] Diskrepanz" (ebd.) erlebbar. Daraus wird deutlich, dass derartige Bedingungsgefüge von Zustandsveränderungen potentiell vor allem für Erfahrungen gelten, die in die Prozessstruktur der Verlaufskurve (vgl. Kap. 2.2.1) münden.

Als vierte Kategorie der Erfahrungsrekapitulation nennt Schütze die *Gesamtgestalt der Lebensgeschichte*. Sie steht für das durchgängig in der Erzählung auftretende Ordnungsprinzip von Erfahrungen. In ihr zeige sich, unter welchen Gesichtspunkten bzw. unter welchem Thema die Erzählenden ihr Erfahrungsmaterial aufschichteten. Diese Gesamtsicht der Erzählenden, von Schütze auch als „autobiographische Thematisierung" (ebd.: 103) bezeichnet, zeige sich etwa in der Auswahl und unterschiedlichen Gewichtung der Erzähllinien oder darin, wie die einzelnen Erzählsegmente miteinander verwoben werden.[79] Um darauf hinzuweisen, dass in den Stegreiferzählungen neben der für die BiographieträgerInnen eher bewussten autobiographischen Thematisierung auch latent durchscheinende oder verdrängte Aspekte in der Gesamtgestalt der Lebensgeschichte auftreten können, führt Schütze hierfür den Begriff der 'biographischen Gesamtformung' ein. Bewusst gewähltes und latentes Thema der Erzählung könnten deutlich divergieren oder auch einander entsprechen: „Zwar ist die autobiographische Erzählung in vielen Fällen zumindest partiell außerordentlich realistisch, aber es sind auch für viele erzählte Lebensgeschichten Partien von thematischer Flucht (...) von Nichtbeachtung der faktisch berichteten Abläufe; der Diskrepanz zwischen faktisch berichteten und in der autobiographischen Thematisierung theoretisch behaupteten Abläufe sowie des gezielten Hinwegerklärens faktisch berichteter Abläufe feststellbar" (ebd.: 104).

Diese hier vorgestellten Organisationsprinzipien autobiographischer Stegreiferzählungen wirken nach Schütze in Verbindung mit weiteren Darstellungsmustern, die die Erfahrungsrekapitulation ordnen: den von ihm in zahlreichen Untersuchungen nachgewiesenen sogenannten Zugzwängen des Erzählens. Dabei unterscheidet er zwischen Detaillierungs-, Gestaltschließungs- und Kondensierungszwang. Den Ausgangspunkt bildet die Beobachtung, dass Erzählende generell versuchten, eine Geschichte kohärent zu erzählen. In einer unvorbereitet ablaufenden Stegreiferzählung setze sich die Absicht – und gleichzeitig die Erwartung der Zuhörenden an die Erzählenden – das Geschehene zusammen-

---

[79] Birgit Schwelling (2001) weist in ihrer Darstellung der erzähltheoretischen Grundlagen des narrativen Interviews nach Schütze in diesem Zusammenhang darauf hin, dass der Einfluss des Gegenüber bei einer Stegreiferzählung vernachlässigt werde. So sei etwa die Geschlechts- oder die Generationenzugehörigkeit des/der Zuhörenden bedeutsam. Siehe hierzu auch Rosenthal (1995).

hängend und geordnet wiederzugeben, selbst gegen Blockaden, etwa bestimmte Erfahrungsinhalte nicht ansprechen zu wollen, durch (vgl. Schütze 1977). Die Zugzwänge, die untereinander in ein Spannungsfeld geraten können, lösen laut Schütze eine Eigendynamik aus, die sich einer bewussten Steuerung der Erzählung durch die BiographieträgerInnen entzieht.

Der Detaillierungszwang verursacht Schütze zufolge, dass die Erzählenden, indem sie sich in ihr Gegenüber hineinversetzten und den entsprechenden Kenntnisstand antizipierten, eine Mindestanzahl an bestimmten Einzelheiten in ihre Darstellung einfügen, die für das Verständnis unverzichtbar sind. Der Gestaltschließungszwang hingegen bewirkt, dass diejenigen Erfahrungsbestandteile in die Darstellung einfließen, die „unter Ansehung der Gesamt-Ereigniskonstellation der vorgegebenen Thematik und der damaligen Orientierungssignifikanz möglicher Handlungsalternativen und eingetretener Ereignisse (...) an Ereignisknotenpunkten wirklich relevant" (ders. 1982: 572) sind. Hierüber wird laut Schütze die Geschlossenheit einer Erzählung erreicht. Diesem Ziel arbeitet auch der Kondensierungs- bzw. Relevanzfestlegungszwang zu, indem dieser – allein aufgrund der begrenzten Erzählzeit sowie der eingeschränkten Konzentrationsfähigkeit der Zuhörenden – dafür sorgt, dass sich die Erzählenden nicht in Erlebnisdetails verlieren, sondern sich in ihren Ausführungen auf die wesentliche Struktur des Erzählzusammenhangs beschränken.

Die aufgeführten Organisationsprinzipien der lebensgeschichtlichen Erfahrungsrekapitulation lassen sich Schütze zufolge allerdings nicht von vornherein in allen Erzählungen vorfinden. Sie seien an Voraussetzungen geknüpft. So weist er darauf hin, dass sich die Zugzwänge des Erzählens, die die Entfaltung der kognitiven Figuren der Stegreiferzählung in besonderer Weise unterstützen, in narrativen Passagen am deutlichsten zeigen. Beschreibungen und Argumentationen können hingegen am stärksten durch die Erzählenden gesteuert werden.[80] Daneben wurde darauf hingewiesen, dass Erzählungen in der Regel bestimmten gesellschaftlich etablierten Erzählungsmustern folgen. Diese können etwa die Erwartungen an eine Kommunikationssituation steuern und beeinflussen, wie die individuell durchlaufenen kontingenten Erlebnisse in einen darstellbaren Erfahrungszusammenhang gebracht werden.[81] Schließlich wird davon ausge-

---

80 Hieraus leiten sich bestimmte Bedingungen der Gesprächsführung ab (vgl. Kap. 4.2.1). Unabdingbare Voraussetzung ist etwa eine offene Gesprächsführung, in der die Erzählenden in ihren Ausführungen nicht unterbrochen werden und somit den durch die Eingangsfrage beabsichtigten Erzählfluss aussetzen können. Die Erzählsituation gleicht darin einem Pakt bzw. Arbeitsbündnis, in das die Erzählenden dadurch einwilligen, dass sie sich dem Strom der Erzählung überlassen.

81 Zu der Frage, inwiefern Darstellungsmuster bis hin zu ihrem formalen Aufbau historisch und kulturspezifisch variieren können, siehe etwa Matthes (1985).

gangen, dass auch in der Darbietung der autobiographischen Stegreiferzählung gesellschaftliche Vorgaben an Biographien – etwa in Form von biographischen Präskripten (vgl. Kap. 2.2.2) – implizit oder explizit zum Ausdruck kommen, und der Analyse zugänglich werden. Gerade in der Auseinandersetzung mit diesen von außen an die einzelne Person herangetragenen Erwartungen konstituiert sich demnach die biographische Gesamtformung (vgl. Bohnsack 2008[7]).[82]

Die Ausführungen Schützes sind in einigen Punkten auf Kritik gestoßen. Von verschiedenen AutorInnen ist Schütze vor allem für seine These der „Homologie[ ] des aktuellen Erzählstroms mit dem Strom der ehemaligen Erfahrungen im Lebenslauf" (Schütze 1984: 78) kritisiert worden. Ihm wurde vorgeworfen, er übersähe, dass eine Lebensgeschichte immer eine Rekonstruktion vergangener Erlebnisse aus einer gegenwärtigen Situation heraus darstelle.[83] Diese Kritik lässt sich zum Teil anhand von Äußerungen Schützes relativieren.[84] So bemerken Kallmeyer/Schütze (1977), dass „jede Erzählung (...) zwei Zeitebenen [hat]: die des zu berichtenden Handlungs- und Erzählzusammenhangs und die der aktuellen Erzählkommunikation. Daraus ergibt sich der retrospektive Charakter von Erzählungen" (ebd.: 172). Eine Erzählung zeichne sich also dadurch aus, dass in ihr sowohl ein an die Vergangenheit gebundener als auch ein an die Gegenwart gekoppelter Zeithorizont zusammengebracht werden müsse und sei somit immer Ausdruck und Konstruktion gelebter Erfahrungen aus einer aktuellen zeitlichen Perspektive heraus. Dieser Gegenwartsbezug einer Erzählung wird von Schütze auch in seinen Ausführungen zur kognitiven Figur der 'Gesamtgestalt der Lebensgeschichte' hervorgehoben. In ihr zeige sich neben der oben ausgeführten Gestalt ihrer Aufschichtung bisher durchlaufener Prozessstrukturen, welche Aspekte die Erzählenden aus der gegenwärtigen Haltung zur eigenen Lebensgeschichte besonders fokussierten. Ferner bemerkt Schütze in späteren Ausführungen: „[E]s kann natürlich nicht bestritten werden, dass jede Erzählung persönlicher Erfahrungen per definitionem ein retrospektives Darstellungsverfahren

---

82 Auch Rosenthal (1995: 132) weist in ihren Ausführungen (siehe weiter unten) auf „soziale Vorgaben zur Planung und Deutung des Lebens, also den biographischen Ablaufschemata und den vorgegebenen Sinn- und Deutungshorizonten für ein sinnvolles Leben" hin, vor deren Hintergrund sich die Erzählung einer Lebensgeschichte vollziehe und die einen konstitutiven Bestandteil des lebensgeschichtlich hergestellten Sinnzusammenhangs als Grundlage einer lebensgeschichtlichen Erzählung darstellten. Gleichwohl, darauf weist Breckner (2005) hin, wurde die genaue Rolle dieser Ablaufschemata bisher erst unzureichend systematisiert.

83 Zur Kritik an der Annahme einer Homologie von Erzähl- und Erfahrungskonstitution vgl. etwa Bude (1985) sowie Kokemohr/Koller (1995).

84 Hierbei wird an Überlegungen von Schwelling (2001) angeknüpft, die sich methodologisch auf Äußerungen Schützes bezieht.

ist. Es muß also damit gerechnet werden, daß aus der Erinnerung heraus einiges in den Vordergrund gerückt wird und anderes in den Hintergrund tritt oder gar ausgeblendet wird" (Schütze 1987b: 25 f.).[85]

In besonderer Weise hat sich Gabriele Rosenthal (1995) mit dem Verhältnis von erlebter und erzählter Lebensgeschichte beschäftigt. Dabei knüpft sie in ihren Ausführungen an Überlegungen von Schütze an und entwickelt diese weiter. Da für die Auswertung der narrativ-biographischen Interviews das Verfahren der Fallrekonstruktion gewählt wurde, wie es von Rosenthal konzeptualisiert wurde, wird im Folgenden auf diesen Ansatz besonders eingegangen.

3.2 Zum Verhältnis von erzählter und erlebter Lebensgeschichte

Gabriele Rosenthal hat das Verhältnis von Erfahrung und Erzählung in besonders eingehender Weise beschrieben und es um die Kategorie der Erinnerung, die in einer rückblickenden Darstellung vergangener Erfahrungen immer mit enthalten ist, ergänzt.[86] Sie vertritt dezidierter als Schütze die Auffassung, dass die Rekapitulation vergangener Erfahrungen immer wesentlich von der gegenwärtigen Perspektive der Erzählenden auf die vergangenen Erfahrungen geprägt ist. Vor dem Hintergrund der wiederholten Erhebung von Interviews mit denselben Personen über einen Zeitraum von mehreren Jahren (siehe Kap. 4.1), erscheint dieser Aspekt als besonders relevant, weswegen hierauf ausführlicher

---

85 Auf das mitunter deutlich spannungsreiche Verhältnis zwischen den beiden unterschiedlichen Zeitebenen aus Gegenwartsperspektive und Vergangenheitsdarstellung weist Schütze auch in seinen Ausführungen zum Verfahren der *pragmatischen Brechung* hin, bei dem die Beziehung zwischen den Erzählaktivitäten und den Prozessstrukturen untersucht wird (vgl. Schütze 1987b). Wichtig erscheint der Hinweis, bei einem solchen Blick auf das Verhältnis von Gegenwartsperspektive und Vergangenheitsdarstellung als Analyseinstrument zur Annäherung an die Frage, in welchem Verhältnis die befragten Personen zu bestimmten Erfahrungen stehen, die Erfahrungsinhalte nicht eindeutig, etwa unterscheidend nach bestimmten Lebensphasen und -abschnitten, in die dargestellten Kategorien der Prozessstrukturen zu subsumieren. Breckner (2005) weist etwa auf die Möglichkeit unterschiedlicher Perspektiven und Erzählhaltungen zu mitunter synchron verlaufenden Erfahrungsrahmungen und Ereignisabläufen hin.

86 Nach Rosenthal (1995) bestimmt der Gesamtzusammenhang von Erinnerung und Erzählung die Bedeutung von Erinnerungen immer wieder neu. Rosenthal legt Wert auf die Beachtung einer Differenz zwischen erlebter und erzählter Lebensgeschichte. Um die Fallstruktur eines Falls herauszuarbeiten, entwickelte sie über das Verfahren der Fallrekonstruktion ein Vorgehen zur Kontrastierung beider (vgl. Kap. 4.3.2).

eingegangen wird. Daneben bezieht Rosenthal die Bedeutung der antizipierten Zukunft für die Darstellung der Erzählung mit ein. Wie genau gestaltet sich nach Rosenthal das Verhältnis von aktueller Perspektive der Erzählenden auf sich selbst und vorausgegangenen Erlebnissen bzw. zukünftigen Entwürfen? Rosenthal (1995) spricht von einem sich wechselseitig beeinflussenden Verhältnis von erlebter und erzählter Lebensgeschichte. Damit ist gemeint, dass das Vergangene im Akt der Zuwendung einem permanenten Bearbeitungs- und Umbildungsprozess entsprechend der gegenwärtigen Situation des Erinnerns sowie der Antizipation des Zukünftigen unterliegt. Erinnerungen werden demnach gleichsam permanent neu verfasst. Die gegenwärtige Perspektive auf vergangene Erlebnisse sowie die aktuelle Erinnerungssituation beeinflussen den Vorgang des Erinnerns derart, dass vor allem derartige Erlebnisinhalte zu Tage gefördert werden, zu denen auch eine Verknüpfung, etwa in Form gemeinsam angesprochener Bedeutungszuschreibungen, hergestellt werden kann. Ebenso konstituiert sich die gegenwärtige Gesamtsicht auf die eigene Biographie daraus, wie vergangene Erlebnisse bearbeitet und mit Bedeutung versehen werden. Erlebnis und Erinnern durchdringen sich gegenseitig. Der Vorgang des Erinnerns als Rekonstruktionsarbeit ist konstitutiv für die hervortretenden Erlebnisinhalte; Erfahrungen erhalten durch den Erinnerungsvorgang ihr Gesicht.

Diese Konzeption eines wechselseitigen Verhältnisses von Erlebnis und Erinnerung führt zu der Frage, nach welchen Mechanismen eine Verknüpfung zwischen beiden stattfindet. Rosenthals Überlegungen gründen auf phänomenologischen Ansätzen Aron Gurwitschs (1975). Tragend ist der Gedanke, wonach bereits die Wahrnehmung an sich nach bestimmten Strukturierungsprinzipien ablaufe. In der Wahrnehmung würden die Eindrücke bereits in einen Bezugsrahmen, ein sogenanntes thematisches Feld, eingeordnet, deren einzelne Bestandteile dieser Gesamtgestalt sich stetig modifizierten. Jeder einzelne Gegenstand bzw. jedes einzelne Ereignis werde bereits im Vollzug der Wahrnehmung subjektiv bearbeitet. So wird demnach jedes Thema – nach Gurwitsch ist damit jeder Gegenstand gemeint, der die Aufmerksamkeit einer Person zu einem bestimmten Zeitpunkt an sich bindet – in ein thematisches Feld eingefasst, als „Gesamtheit der mit dem Thema kopräsenten Gegebenheiten, die als sachlich mit dem Thema zusammenhängend erfahren werden und den Hintergrund oder Horizont bilden, von dem sich das Thema als Zentrum abhebt" (ebd.: 4 nach Rosenthal 2005: 184). Dieses thematische Feld bildet einen strukturierten Verweisungszusammenhang zu weiteren mit dem jeweiligen Thema in Verbindung stehenden und für relevant erachteten Inhalten. Entsprechend der jeweiligen Situation gehen von diesem strukturierten Zusammenhang Verknüpfungen zu

Wahrnehmungsinhalten aus, die für die Erzählenden in Verbindung zu einem bestimmten Thema stehen.[87] Thema und thematisches Feld stehen demnach in einem wechselseitigen Verhältnis. Ein Thema kann auch ein neuartiges thematisches Feld um sich herum aufbauen, so etwa wenn sich Relevanzstrukturen bezogen auf den Wahrnehmungsgegenstand verschieben oder neu konstituieren. Eine derartige Verschiebung wirkt auch auf den Gegenstand zurück: „Das Feld bestimmt das Thema und das Thema das Feld. Mit dem Wechsel eines Themas von einem Feld in ein anderes modifiziert sich das Thema, ebenso wie sich mit der Einbettung des Themas in ein spezifisches Feld dieses Feld modifiziert" (Rosenthal 1995: 53).

Über die Rekonstruktion, in welche thematischen Felder Erlebnisse eingeordnet werden und welche thematischen Felder hingegen nicht in den Erzählungen auftauchen bzw. welche vermieden werden, ließen sich wichtige Rückschlüsse auf die biographische Gestaltbildung ziehen. Dabei geht Rosenthal davon aus, dass im Erinnern, im Fall modifizierter oder neu ausgerichteter thematischer Felder, auch frühere, mitunter ausgeblendete Strukturierungszusammenhänge erneut hervortreten können. Dies kann wiederum entsprechend der aktuellen Erinnerungssituation zu einer weiteren Modifikation beitragen. Im Rahmen von Migrationserzählungen, für die von deutlichen Veränderungen in der Erfahrungsordnung ausgegangen wird, erscheint der Verweis auf Umstrukturierungen thematischer Felder in besonderer Weise relevant.

In ihren Ausführungen konkretisiert Rosenthal die Gestaltbildung von Themen und thematischen Feldern. Sie nennt verschiedene Prinzipien, die für die Einordnung von Erlebnissen in thematische Felder eine Rolle spielten: Zum einen werden Erlebnisse gemeinsam in Erinnerung gerufen, wenn sie miteinander verknüpft sind. Zum anderen können entlang verschiedener Lebensphasen und -bereiche unterschiedliche thematische Terrains aufgebaut werden, so dass eine Biographie aus scheinbar mehreren voneinander abgrenzbaren Lebensge-

---

87 In Anlehnung an Husserl beschreibt Rosenthal (1995) das Verhältnis von in der Vergangenheit Erlebtem und seiner Darstellung in der Gegenwart mit den Begriffen der *Noesis* und des *Noema*. *Noesis* bezeichnet dabei den Akt der Zuwendung zu den Ereignissen der Vergangenheit, der von der gegenwärtigen Lebenssituation bzw. den jeweils aktuellen 'Themen' bestimmt ist. *Noema* bzw. *Erinnerungsnoema* bezeichnet in diesem Zusammenhang, dass sich die erinnerten Ereignisse aus der Vergangenheit in einer spezifischen Form darbieten. Rosenthal (2002, 2005) bringt zur Veranschaulichung das Beispiel einer Person, die davon erfährt, dass sie an Multipler Sklerose leidet und die sich plötzlich an bestimmte zurückliegende Alltagssituationen erinnert, so etwa an Situationen, in denen ihr etwas aus der Hand fiel. Das Thema des Erlebens (*Noesis*), die Diagnose der Krankheit, verändert den Sinnzusammenhang der erinnerten Ereignisse, das thematische Feld (*Noema*).

schichten besteht. Des Weiteren sind nach Rosenthal für verschiedene Lebensphasen auch getrennt voneinander vorliegende thematische Felder denkbar. Als abschließendes Gestaltungsprinzip zur Einordnung von Erlebtem in thematische Felder wird auf die Integration der unterschiedlichen thematischen Felder in Form einer biographischen Gesamtsicht, der 'gesamtbiographischen Perspektive', hingewiesen.[88]

Daneben behandelt Rosenthal eingehend das Verhältnis von Erzählung und Erinnerung. Beide jeweils unterschiedlichen Vorgänge beeinflussten sich gegenseitig. Die Erinnerung beeinflusst den Inhalt und die Gestalt ihrer Erzählung. Ebenso wie die Versprachlichung die Rekonstruktion des Vergangenen mitgestaltet. In diesem Zusammenhang führt Rosenthal bestimmte Voraussetzungen an erzählte Lebensgeschichten an, damit Erzählende sich überhaupt in der Lage fühlen, diese wiederzugeben. Dazu zählt sie etwa die Internalisierung von Gestaltungsmustern zur Aufschlüsselung der eigenen Biographie im Verlauf der Sozialisation, ein „gewisse[s] Ausmaß an Handlungsspielräumen und Wechseln in der Lebensführung", die „Kongruenz von erlebter Lebensgeschichte und biographischer Gesamtevaluation" sowie einen „nicht zerstörte[n] Lebenszusammenhang" (Rosenthal 1995: 99).

Insbesondere in Bezug auf Biographien von MigrantInnen stießen diese Voraussetzungen auf Kritik. So kann davon ausgegangen werden, dass Migrationserfahrungen mitunter sehr einschneidende und weitreichende Umbrüche von bisherigen Bezugsrahmen hervorrufen, die eine Gesamtgestalt der Biographie

---

88 Dieser Begriff ähnelt Schützes (1981) Ausführungen zur sogenannten 'biographischen Gesamtformung'. Für beide AutorInnen, wenngleich unterschiedlich nuanciert, setzen sie sich jeweils aus zurückliegenden Erfahrungen, der gegenwärtigen Situation des sogenannten „Biographieträger[s]" (Schütze u. a. 1984) sowie aus Ereignissen, wie sie für die Zukunft ins Auge gefasst werden, zusammen. Gleichzeitig handelt es sich dabei um eine permanent veränderbare Ordnungsstruktur, die ihre jeweils gültige Gestalt aus der gegenseitigen Durchdringung sowohl eigenintendierter Handlungen als auch sozialstruktureller Bedingungen ableitet. In ähnlicher Form verwendet Hoerning (1989) den Begriff des „biographischen Grundschema[s]" (ebd.: 155). Fischer (1978) spricht von einem „biographischen Gesamtkonzept" (ebd.: 322). Daneben formuliert Rosenthal (1995) – ähnlich wie Schütze – formale Prinzipien der Gestaltbildung von Lebensgeschichten: Die Erzählungen müssen für die Zuhörenden nachvollziehbar erscheinen. Das bedeutet, dass mitunter zusätzliche Erklärungen in den Erzählstrang mit einfließen bzw. Erinnerungsinhalte, von denen ausgegangen wird, dass sie auf die Zuhörenden als zu komplex und damit unverständlich oder verwirrend wirken, ausgeklammert werden. Ferner ist die Erzählung auf einen äußeren zeitlichen Rahmen begrenzt, der ebenfalls zu einer Selektion von Erinnerungen beiträgt. Schließlich sorgen biographische Wendepunkte – Rosenthal spricht von Übergängen in verschiedene Lebensphasen wie Kindheit und Adoleszenz bzw. Statuspassagen – für eine Geordnetheit der Erzählung.

erschweren. Nach Breckner (2005: 140) würden diese Voraussetzungen unter Bezug auf Rosenthals eigene Ausführungen zu den Darstellungsinhalten von Lebensgeschichten erklärungsbedürftig. Für den Akt des Erzählens ebne Rosenthal die vom einzelnen erzählenden Subjekt durchlaufenen Umbrüche und Diskontinuitäten in der Bearbeitung und Einordnung von Erfahrungen ein, wenn sie ausführt: „die erlebte Lebensgeschichte birgt selbst schon einen Zusammenhang in sich, da das Leben aufgrund der Kontinuität im Ablauf des Erlebens und der Kohärenz aufgrund eines mit sich selbst identischen Subjekts, auch als zusammenhängend erfahren wird" (Rosenthal 1995: 133). Damit rücke Rosenthal die Annahme, dass in der Erzählung von Lebensgeschichten Veränderungen und Brüche des Erlebens einfließen, sehr weit in den Hintergrund. So verweist Breckner darauf, dass Migrationserfahrungen, bezogen auf die Anforderung einer möglichst kohärenten biographischen Gesamtsicht, leicht dem Verdacht der Problembehaftetheit ausgesetzt werden könnten. Die beiden letztgenannten Annahmen blendeten aus, wie der Wechsel zwischen verschiedenen sozialen Welten das Erleben mitkonstituieren könne und leisteten der Auffassung einer „kohärenten und konsistenten Identität (...), die es mit dem Biographiekonzept gerade zu überwinden galt" (Breckner 2005: 141, ähnliche Kritik bringen auch Juhasz/Mey 2003, Lutz 2008[2] sowie Karakayali 2010 an) Vorschub.

In einer Zusammenführung der methodologischen Ausführungen lässt sich resümieren, dass Rosenthal die Analyse von Lebensgeschichten um Aussagen zur Herausbildung und Gestaltbildung von Themen und thematischen Feldern vorangetrieben hat. Sie können dabei helfen, bedeutungsstiftende Wissens- und Relevanzstrukturen sowie Mechanismen ihrer Steuerung zu rekonstruieren. Rosenthal knüpft an das Verfahren Schützes zur Herausarbeitung von Prozessstrukturen an und erweitert es dadurch, dass sie das wechselseitige Verhältnis zwischen Erleben, Erinnern und Erzählen hervorhebt. Entsprechend der gegenwärtigen biographischen Gesamtsicht bildeten sich Erinnerung und Erzählung immer wieder neu heraus, indem Erinnerungen in neue thematische Felder eingeflochten und ihre Bedeutungen umgeschrieben oder sich verlagern würden.

4 Der Forschungsprozess

In diesem Kapitel wird der Gesamtverlauf des Forschungsprozesses offen gelegt und methodisch reflektiert. Einleitend wird die Entwicklung der Fragestellung nachgezeichnet, wie sie sich im Verlauf des Forschungsprozesses ergab (Kap. 4.1). Im Anschluss an die Untersuchungsanlage (Kap. 4.2) werden die verschiedenen Erhebungsinstrumente der Forschung dargestellt (Kap. 4.3). Aus dem Gegenstand der vorliegenden Untersuchung, dem biographischen Umgang mit Erfahrungen von Migration unter Einbezug der sozialen Lebenswelt(en) von MigrantInnen, resultiert sowohl die ethnographische Anlage der Untersuchung als auch der Forschungszugang über narrativ-biographische Interviews. Nach einem Unterkapitel zur Bedeutung der Sprache im Feld (Kap. 4.4) werden der Zugang zum Feld (Kap. 4.5) sowie die Sample-Bildung und Auswahl derjenigen Fälle, die im nachfolgenden Teil der Arbeit ausführlich vorgestellt werden, dargestellt (Kap. 4.6).

4.1 Die Entwicklung der Fragestellung im Feld

Die Fragestellung der Arbeit nach dem biographischen Umgang mit Migrationserfahrungen entwickelte sich entlang der verschiedenen Aufenthalte im Feld sowie im Gesamtverlauf des Forschungsprozesses. Verbunden mit einer umfangreichen ethnographischen Erfassung der Auswirkungen der Migration auf die konkrete soziale Lebenswelt der DorfbewohnerInnen in beiden Kontexten standen in einer explorativen Annäherung an das Feld zunächst innerfamiliäre Prozesse im Vordergrund. Die Forschungsperspektive richtete sich auf die Gesamtfiguration der Familie im Verlauf der Migration einzelner Familienmitglieder sowie auf die Bedeutung unterschiedlicher familiärer Konstellationen zwischen Herkunfts- und Ankunftskontext für das familiäre Zusammenleben. Im Verlauf der Forschung verlagerte sich allerdings der Fokus zunehmend von der familiären Einheit hin zur einzelnen Person und ihrer subjektiven Perspektive auf den Migrationsprozess. In das Zentrum der Arbeit rückte die Frage nach der Perspektive der MigrantInnen auf ihre Erfahrungen von Migration. Dabei blieb die Einbettung der einzelnen AkteurInnen in familiäre und milieuspezifische Zusammenhänge auch weiterhin relevant. Verbunden mit einer Erweiterung der Forschungsmethoden um die Erhebung narrativ-biographischer Interviews entwickelte sich die Frage nach der konkreten Bedeutung der Migration im Gesamtzusammenhang der Lebensgeschichte von MigrantInnen, die sich zumeist selbst für eine Migration entschieden hatten, zum zentralen Forschungsinteresse. Dabei profitierte die Neujustierung der Forschungsfrage von dieser Gesamtentwicklung der Fragestellung und den unterschiedlichen Forschungsperspektiven im bzw. auf das Feld. So verhalfen die einzelnen Etappen des Forschungsprozesses und das in den unterschiedlichen Phasen erhobene Material zu einer umfassenderen Einordnung der Forschungsergebnisse in das weiter gefasste soziale Feld.

4.2   Die Untersuchungsanlage

Die Arbeit basiert auf drei Forschungsaufenthalten in den Jahren 2005, 2007 und 2008. Der erste Aufenthalt im Dorf im Mai 2005 ergab sich aus der Teilnahme an einer Forschungsexkursion und dauerte zwei Wochen. Bei den beiden nachfolgenden Feldaufenthalten handelte es sich um Aufenthalte von jeweils drei Monaten von Mitte Juli bis Mitte Oktober. Diese beiden letzten Aufenthalte fanden jeweils zur Hälfte sowohl im Herkunfts- als auch im Ankunftskontext der Migration statt.

In beiden Jahren dauerten die Aufenthalte im Dorf Satuleşti jeweils von Mitte Juli bis Ende August bzw. Anfang September. Dieser spezifische Zeitraum im Jahr ergab sich daraus, dass der Monat August in Italien der Haupturlaubsmonat ist. Von Anfang bis Ende August kehrten jedes Jahr zahlreiche MigrantInnen für einige Urlaubswochen in ihr Herkunftsdorf zurück. Anfang September erfolgte jeweils gemeinsam mit MigrantInnen aus dem Dorf über ein Busunternehmen aus der Region die Überfahrt nach Rom. Nach einem zweiwöchigen Aufenthalt dort schloss sich in beiden Jahren ein weiterer jeweils einmonatiger Aufenthalt in Cittadina, einer Kleinstadt im Latium, an.[89] An diesen beiden Ankunftsorten hielten sich zum Zeitraum der Forschung die meisten MigrantInnen aus dem Dorf auf. Sowohl in Satuleşti als auch in Rom und Cittadina erfolgte die Unterkunft in Familien aus dem Dorf.

Aus dem ersten Forschungsaufenthalt im Jahr 2005 gingen 20 Leitfaden gestützte und um das Thema der Migration zentrierte familienbiographische Interviews hervor. Bei diesen Interviews wurde jeweils im Interviewverlauf ein Genogramm erstellt. Dabei ging es entsprechend der Fragestellung zu diesem Zeitpunkt (vgl. Kap. 4.1) bei der Auswahl der Befragten um eine maximale Varianz der Perspektiven auf die Auswirkungen der Migration für das Familienleben. Mit diesem Vorgehen sollte die Heterogenität der Blickwinkel auf die Migration derjenigen Personen, die an den Migrationsprozessen beteiligt waren, abgebildet

---

89   Der Name der Stadt wurde pseudonymisiert.

werden. Die Interviews wurden inhaltsanalytisch ausgewertet. Zu den Befragten zählten neben einzelnen MigrantInnen, die sich zu dieser Jahreszeit im Dorf aufhielten, sowohl Kinder als auch Eltern von MigrantInnen, die lediglich vermittelt oder über Besuche im Ankunftskontext auch direkt an den Migrationsprozessen beteiligt waren.[90] Auf der Grundlage weiterer Interviews mit Personen aus anderen Landesteilen Rumäniens wurde eine Typologie bildungsbürgerlich-großstädtischer, proletarisch-kleinstädtischer sowie bäuerlich-ländlicher Familien in Prozessen der Migration vor und nach 1989 entworfen. Die Auswertung dieser Interviews (vgl. Kempf 2006b) bildet den Ausgangspunkt für den zweiten Forschungsaufenthalt.

Verbunden mit einer ähnlichen Themenstellung wurde zu Beginn des zweiten Aufenthaltes zunächst ein ähnliches Vorgehen gewählt. Gleichwohl wirkten sich die stärker ethnographische Untersuchungsanlage, die längere Dauer des Aufenthaltes und die Ausweitung des Forschungsfeldes auf den Ankunftskontext deutlich auf den weiteren Verlauf der Untersuchung aus (vgl. Kap. 4.4). Der Zugang zu neuen Familien gestaltete sich in ähnlicher Form über familienbiographische Interviews, die um das Thema der Migration zentriert waren. Diese Interviews wurden im Vergleich zum ersten Aufenthalt allerdings offener und ohne einen bestimmten Frageleitfaden geführt. Hinzu kamen Befragungen weiterer zentraler Personen des Herkunftskontextes (z. B. Preot und Schuldirektorin) zu den Veränderungen innerhalb des Dorfes aufgrund der Migration.

Im Verlauf des zweiten Aufenthaltes wurde die Definition der Fallebene erweitert. Der Forschungsfokus richtete sich nicht mehr ausschließlich auf die migrationsbedingten Dynamiken innerhalb der Familien, sondern auch auf einzelne Biographien der an den Migrationsprozessen Beteiligten. Die familiäre Einbettung der MigrantInnen bildete dabei weiterhin einen zentralen lebensgeschichtlich relevanten Bezugsrahmen (vgl. Kap. 4.5, hier wird unter Ausführung der Sampling-Strategie beschrieben, wie der Forschungsfokus für eine gewisse Zeit auf *beide* Fallebenen parallel gerichtet wurde). Gleichzeitig wurden die Erhebungsmethoden um narrative sowie narrativ-biographische Interviews erweitert. Während im Herkunftskontext zwei narrativ-biographische Interviews geführt wurden, wurden im Ankunftskontext neben einzelnen narrativen Interviews vor allem themenzentrierte Interviews mit Personen aus dem Dorf durchgeführt, die

---

90 Im Einzelnen wurden Interviews mit fünf Kindern von MigrantInnen im Alter zwischen 14 und 19 Jahren, mit drei Migranten zwischen 24 und 29 Jahren, einem Geschwisterteil (38) und einer Ehefrau eines Migranten (34) und zehn Elternpaaren von MigrantInnen im Alter zwischen 48 und 66 Jahren durchgeführt. Zusätzlich wurde in Form eines Experteninterviews der Bürgermeister und frühere Schuldirektor des Dorfes interviewt. Bei diesen Interviews waren insgesamt elfmal eine, sechsmal zwei, dreimal drei und einmal vier Personen anwesend.

sich zuvor für ihre Urlaubszeit im Dorf aufgehalten hatten und mit denen bereits während des Aufenthaltes im Herkunftskontext ein Besuch am Ankunftskontext vereinbart worden war. Diese Interviews waren vor allem um die konkrete Migrationsgeschichte und um die Situation im Ankunftskontext zentriert. Daneben wurden zusätzlich zu teilnehmenden Beobachtungen und zu Felderkundigungen an den Ankunftsorten in fünf Fällen ethnographische, in zwei Fällen davon zusätzlich themenzentrierte Interviews mit Personen aus der weiter gefassten Herkunftsregion geführt, die sich ebenfalls an den aufgesuchten Ankunftsorten aufhielten. Das empirische Material, das aus dem zweiten Forschungsaufenthalt im Feld hervorging, soll im Folgenden bezogen auf die konkrete Untersuchungsgruppe – Personen, die (un)mittelbar an den dörflichen Herkunftskontext angebunden und an Prozessen von Migration beteiligt waren – genauer aufgeführt werden, da es eine entscheidende Datengrundlage für die Ausführungen zum Migrationsfeld (vgl. Teil III) darstellt.[91]

Während dieses zweiten Forschungsaufenthaltes wurden Interviews mit Mitgliedern aus insgesamt 65 MigrantInnenfamilien geführt. Entsprechend des damaligen Forschungsfokus wird das Interviewmaterial im Folgenden auf die einzelnen Familien von MigrantInnen bezogen. Zusätzlich wurden Interviews mit sechs Personen geführt, die entweder ledig oder verwitwet waren und selbst keine externen Migrationserfahrungen gemacht oder in der Kernfamilie keine Familienmitglieder mit Migrationserfahrungen hatten. In diesen sechs Fällen handelte es sich ausschließlich um ethnographische Interviews.[92]

In zehn dieser 65 Fälle wurden ausschließlich ethnographische Interviews mit ein oder zwei Personen geführt. In den übrigen 55 Fällen wurden neben ethnographischen Interviews auch themenzentrierte Interviews geführt. Die Anzahl der Familienmitglieder, die bei diesen Interviews anwesend waren, variierte sehr stark (siehe im Einzelnen weiter unten). In vier dieser 55 Fälle wurden zusätzlich narrativ-biographische bzw. narrative Interviews mit einzelnen Personen in den Familien geführt. Diese und die themenzentrierten Interviews fanden in den

---

91 Von mittelbarer Anbindung an das Dorf Satuleşti wird zum einen im Fall von Kindern gesprochen, deren Herkunftsort nicht Satuleşti ist. Einige jüngere Kinder wurden in Italien geboren. Zum anderen wird von mittelbarer Anbindung an das Dorf Satuleşti gesprochen, wenn Familien definitiv in andere Regionen Rumäniens migriert waren, allerdings noch Verwandte in Satuleşti hatten (vgl. Kap. 5.2.3.1).
92 Der Übergang zwischen themenzentrierten und ethnographischen Interviews ist fließend (vgl. Kap. 4.3.1). Für diese Auflistung wird von ethnographischen Interviews gesprochen, wenn die Interviews vonseiten des Forschers bewusst nicht auf Tonband aufgezeichnet wurden, um dadurch den Gesprächscharakter der Interviews nicht zu gefährden.

überwiegenden Fällen sowohl im Herkunfts- als auch im Ankunftskontext der Migration bei den MigrantInnen zu Hause statt. In 27 der 55 Familien wurde neben ethnographischen Interviews lediglich *ein* themenzentriertes Interview geführt.[93] Bei 17 der 27 Familien fanden diese Interviews im Herkunftskontext, bei den übrigen zehn im Ankunftskontext der Migration statt.[94] In den restlichen 28 der 55 Familien wurden neben ethnographischen Interviews *mehrmals* themenzentrierte Interviews erhoben. In neun dieser 28 Familien fanden die Interviews ausschließlich im Herkunftskontext statt.[95] In fünf dieser Fälle fanden themenzentrierte Interviews sowohl während des ersten als auch während des zweiten Forschungsaufenthaltes statt. In 19 dieser 28 Familien wurden mehrmals themenzentrierte Interviews sowohl im Ankunfts- als auch im Herkunftskontext der Migration geführt.[96] In drei dieser 19 Familien fanden themenzentrierte Interviews bereits während des ersten Aufenthaltes im Herkunftsdorf statt. Neben Feldtagebuchaufzeichnungen und Notizen wurden sämtliche auf Tonband aufgenommenen Interviews bereits vollständig im Feld übersetzt und transkribiert. Daraus ergaben sich 480 Seiten Transkript.

Während des dritten Forschungsaufenthaltes wurde auf der Grundlage dieses Datenmaterials die weitere Datenerhebung entsprechend des modifizierten Forschungsfokus (vgl. Kap. 4.1) auf zehn Fälle von Personen, die vermittelt oder direkt an Migrationsprozessen beteiligt waren, eingegrenzt. Im Fall einer Migrantin und einer jungen Frau, die vermittelt am Migrationsprozess ihrer Eltern beteiligt war, war beim zweiten Feldaufenthalt bereits jeweils ein narrativ-biographisches Interview im Herkunftskontext geführt worden. Zusätzlich fanden in beiden Fällen weitere Treffen statt, in denen zum Teil themenzentrierte Interviews sowie in der Familie der Migrantin ein weiteres narrativ-biographisches Interview mit dem Sohn geführt wurde. In drei weiteren dieser zehn Fälle wurden ebenfalls bereits während des zweiten Aufenthaltes im Feld biographisch orientierte narrative Interviews geführt. Im Fall eines ehemaligen Migranten, der mittlerweile außerhalb des Herkunftsdorfes wohnte, kam kein weiteres Interview zustande (vgl. Kap. 7.1.6). In den beiden anderen Fällen wurden während

---

93 Bei diesen themenzentrierten Interviews waren pro Familie neunmal ein, sechsmal zwei und zweimal drei Familienmitglieder anwesend. Mit zwei Personen aus diesen Familien wurden während des dritten Aufenthaltes narrativ-biographische Interviews geführt.
94 Diese themenzentrierten Interviews im Ankunftskontext wurden viermal mit einer, fünfmal mit zwei und einmal mit drei Familienmitgliedern geführt.
95 An diesen mehrmaligen Interviews waren pro Familie insgesamt zweimal eine, viermal zwei, zweimal vier und einmal fünf Personen aus den Familien beteiligt.
96 Bei diesen Interviews waren pro Familie insgesamt fünfmal zwei, siebenmal drei, fünfmal vier, und zweimal fünf Familienmitglieder anwesend.

dieses zweiten Feldaufenthaltes biographisch orientierte narrative Interviews im Ankunftskontext geführt. In einem dieser Fälle handelte es sich um eine Migrantin aus dem Dorf, die in Italien geheiratet hatte und mit ihrer Familie außerhalb von Cittadina wohnte (vgl. Kap. 7.1.6). Neben einem Interview in Satuleşti, das um das Thema der Migration zentriert war, und einem biographisch orientieren narrativen Interview an ihrem Wohnort in Italien kam kein weiteres Interview zustande.

In den übrigen sechs der zehn Fälle wurden narrativ-biographische Interviews während des dritten Forschungsaufenthaltes geführt. Fünf dieser Interviews wurden im Herkunfts- und ein Interview wurde im Ankunftskontext der Migration geführt. In einem dieser sechs Fälle wurde ein weiteres narrativ-biographisches Interview mit dem Sohn eines Migranten geführt. In einem weiteren dieser Fälle wurden ausführliche themenzentrierte Interviews, die narrative Passagen enthielten, mit den Eltern einer Migrantin geführt. Daneben wurden kontinuierlich sowohl im Herkunfts- als auch im Ankunftskontext der Migration teilnehmende Beobachtungen und ethnographische Interviews mit weiteren Personen aus dem Dorf geführt.

4.3 Das methodische Vorgehen im Feld

Entsprechend dem Forschungsgegenstand der Arbeit, wonach die Erfahrungen von Migration in ihrem biographischen Gesamtzusammenhang und unter Einbezug der konkreten sozialen Lebenswelt(en) der MigrantInnen untersucht werden, wurde ein methodenplurales Forschungsvorgehen und ein multilokaler „mitreisender" Forschungszugang (vgl. Welz 1998) gewählt. Die Erhebung unterschiedlicher Formen von Interviews fand eingebettet in teilnehmende Beobachtung sowohl im Herkunfts- und Ankunftskontext als auch durch die Teilnahme an Überfahrten von Rumänien nach Italien 'dazwischen' statt.[97] Im ersten Unterkapitel wird auf die Methode der teilnehmenden Beobachtung und auf ihre Kombination mit unterschiedlichen Formen von Interviews und Gesprächen eingegangen. Ergänzt wird diesesUnterkapitel um Ausführungen zum konkreten eigenen Vorgehen im Feld (Kap. 4.3.1). Im Anschluss wird auf die Erhebung

---

97 Generell wird die Auffassung vertreten, dass jegliche Form von Interview in einem buchstäblichen Sinne auch teilnehmende Beobachtung mit einschließt. Jede Form von Interview umfasst sowohl *teilnehmende* Beobachtung als auch *beobachtende* Teilnahme. In den nachfolgenden Ausführungen werden daher alle anderen Formen von Interviews als das narrativ-biographische Interview, die ebenfalls im Feld verwendet wurden, in das erste Unterkapitel zu ethnographischen Forschungsmethoden (Kap. 4.3.1) mit aufgenommen.

narrativ-biographischer Interviews und die einzelnen Analyseschritte nach dem Auswertungsverfahren der Fallrekonstruktion nach Rosenthal (1995) eingegangen (Kap. 4.3.2).

4.3.1 Die Anwendung ethnographischer Forschungsmethoden

Der soziologischen Biographieforschung zufolge konstituieren sich Biographien im sozialen Raum (vgl. Nassehi 1994). Zu seiner Erschließung sowie der darin eingelagerten lebensweltlichen Horizonte, wie sie in die Prozesse der biographischen Bedeutungsbildung permanent miteinfließen, erscheint die ethnographische Feldforschung als eine besonders geeignete Forschungsmethode.[98] Sie ermöglicht es, soziale Lebenswelten und -milieus, in denen sich die sozialen AkteurInnen bewegen, in ihren Alltagskontexten zu erforschen (vgl. Rosenthal 2005). Alltägliche Lebenswelt wird dabei in Anlehnung an Husserl (1976) sowie Schütz/Luckmann (1979) als derjenige enger liegende Erfahrungsraum verstanden, in dem sich die „materiellen Bedingungen und die institutionellen Ordnungen des Lebens mit dessen individuellen Wahrnehmungen und kollektiven Denkweisen verbinden" (Kaschuba 2006³: 126). Durch die Teilnahme am Alltagsleben der untersuchten Gruppe lässt sich das konkrete soziale Feld in umfassender Weise erschließen. Die gemeinsame Teilnahme an bestimmten Ereignissen und Handlungsabläufen erlaubt einen Zugang zu impliziten Wissensbeständen und sozialen Strukturen, in denen sich Angehörige der untersuchten Gruppe bewegen (vgl. Rosenthal 2005).

Die Bedeutung der Mobilität für das vorliegende soziale Feld ließ die Anbindung an einen spezifischen ethnographischen Forschungszugang naheliegend erscheinen. Um die Relevanz des Unterwegsseins für den biographischen Umgang mit Erfahrungen von Migration herauszuarbeiten, wurde an das methodische Vorgehen der *'multi-sited ethnography'* (Marcus 1995) angeknüpft. Vorstellungen des amerikanischen Kulturanthropologen George Marcus zufolge sollen ForscherInnen von Wanderungsbewegungen im Sinne einer mobilen Feldforschung über bestimmte *'tracking-'* und *'tracing'*-Strategien (ebd.) den MigrantInnen 'auf den Fersen bleiben' und sie über einen längeren Zeitraum

---

[98] In der vorliegenden Arbeit wird ein breiter Begriff von Feldforschung verwendet. Im Einzelnen ließe sich zwischen der ethnographischen Feldforschung zur Hervorhebung des Verfahrens der teilnehmenden Beobachtung und der Feldforschung als Kontaktaufnahme mit InformantInnen zur Durchführung von Interviews unterscheiden (vgl. Riemann 2010).

begleiten.⁹⁹ So spricht sich Marcus als mögliches Untersuchungsfeld einer *mulit-sited ethnography* für die Erforschung von Migrationswegen aus.¹⁰⁰ Für die vorliegende Untersuchung wurde davon ausgegangen, die besondere Relevanz der Migrationserfahrungen für den biographischen Gesamtzusammenhang der MigrantInnen am deutlichsten herausarbeiten zu können, wenn die physische Mobilität und die Einbindung in die konkreten Sozialräume der MigrantInnen – sowohl im Herkunfts- als auch im Ankunftskontext – selbst miterlebt werden. Ferner steht dahinter der Gedanke, durch den Einbezug beider Kontexte der Migration die Bedeutung der Migrationserfahrungen im biographischen Gesamtzusammenhang in umfassenderer Form rekonstruieren zu können. So wird über die erzählte Lebensgeschichte hinaus ansatzweise auch die 'erlebte Lebensgeschichte' (Rosenthal 1995) (vgl. Kap. 3.2 sowie Kap. 4.3.2) und damit die Konfrontation der Lebensgeschichte mit relevanten regionalen und kollektiven Bezügen sowohl aus dem Herkunfts- als auch aus dem Ankunftskontext möglich (vgl. Lutz 2008²). Gleichwohl geht es nicht darum, die erlebte Lebensgeschichte im Sinne einer „wahren Geschichte" (Rosenthal 1995: 14) der erzählten Lebensgeschichte gegenüberzustellen.

Die zentrale Methode ethnographischer Feldforschung bildet die teilnehmende Beobachtung. Die Forschenden leben für eine längere Zeit in der Gruppe, die sie untersuchen, sie sprechen ihre Sprache und nehmen an den Aktivitäten der Untersuchungsgruppe teil (vgl. Spittler 2001). Obgleich erst 1940 erstmals als Begriff verwendet, entwickelte sich dieses Forschungsverfahren bereits in den 1920er Jahren sowohl in der Ethnologie als auch in der Soziologie zu einem konstitutiven Element von Forschungsprozessen. Dabei war das Verständnis von Teilnahme durchaus unterschiedlich. Während von manchen Anthropologen stärker eine Feldforschung vertreten wurde, bei der es darum ging, an der alltäg-

---

99 In ähnlicher Weise wird auch von James Clifford (1997) vor dem Hintergrund der zunehmenden Mobilität von Personen eine *multilokale Forschung* eingefordert, die die verschiedenen Orte, an denen sich die Personen aufhalten, einbezieht.

100 Marcus' methodischer Ansatz bildete sich vor dem Hintergrund einer von KulturwissenschaftlerInnen und AnthropologInnen geführten Debatte um den Kultur-Begriff. Mit Zunahme der Interaktionsfrequenz zwischen den Gesellschaften und der steigenden Prominenz des Begriffs der Globalisierung wurden Konzepte, die von einer an bestimmte geographische Räume gebundenen Form von Kultur ausgingen, stärker hinterfragt. Welz (1998) merkt dazu kritisch an, dass die Debatte um den Kulturbegriff mit Beiträgen von Appadurai (1989, 1990), Hannerz (1995) und auch Clifford (1986, 1992) vor allem von Wortführern getragen worden sei, die kaum eigene empirische Arbeiten vorweisen konnten. Dagegen geht es Marcus mit seinem Ansatz um ein Forschungsdesign, mit dem bei Forschungsvorhaben zu Formen von Mobilität die kulturellen Verknüpfungen zwischen verschiedenen lokalen Bezügen untersucht werden. Das Globale ist nach Marcus (1995) dem Lokalen inhärent.

lichen Lebenswelt vor allem beobachtend teilzunehmen (vgl. Malinowski 1973), sprachen sich andere Feldforscher ausdrücklich für eine Teilnahme am sozialen Geschehen aus.[101] Hierzu zählen etwa Soziologen der frühen Chicagoer Schule (vgl. Lindner 2007).[102] Darüber hinaus leiteten sie eine Hinwendung zu neuartigen Fragestellungen ein, die sie in einer offenen und prozessanalytischen Forschungshaltung mit Methoden der Feldforschung untersuchten. Sie nutzten die teilnehmende Beobachtung nicht zur Erforschung exotischer Volksgruppen, wie ein Großteil der Ethnologen zur damaligen Zeit. Stattdessen verwendeten sie die Methode der Feldforschung vor allem zur Untersuchung der Perspektiven von Gruppen und Milieus innerhalb Chicagos, die im öffentlichen Diskurs aufgrund ihrer Diskreditierung und Marginalisierung lediglich verzerrt wahrgenommen wurden.[103] Es entstand eine eigene Tradition der Stadtforschung auf der Grundlage umfangreicher teilnehmender Beobachtungen.

---

101 Unschwer lässt sich nachvollziehen, dass ForscherInnen manchmal situationsbedingt die Entscheidung über eine stärker involvierte oder eher distanzierte Teilnahme am Feld abgenommen wird. Aus den eigenen Feldaufenthalten hat sich etwa die Situation eingeprägt, als ein Haus im Dorf anfing zu brennen und sofort alle BewohnerInnen und auch ich zu Hilfe eilten, um aus den nächstgelegenen Brunnen Wasser zu schöpfen, mit dem der Brand gelöscht werden konnte. Die Entscheidung über eine engere Teilnahme im Feld als allein über Beobachtung wurde mir ebenso abgenommen, als ich während des zweiten Forschungsaufenthaltes von Rumänien aus nach Rom weiterreiste. Nach einer zweitägigen Busfahrt, während der ich die gesamte Zeit neben einem Bewohner des Dorfes gesessen hatte, und einer Feier bis in die frühen Morgenstunden bei meiner Gastfamilie in Rom – direkt im Anschluss an die Busfahrt anläßlich einer standesamtlichen Trauung, die einige Tage vorher bereits im Herkunftsdorf gefeiert worden war – erfuhr ich, dass ich die nächsten zehn Tage mein Bett mit einem nahen Verwandten der Familie teilen musste.

102 Zu Vertretern, die sich für diese Form der Feldforschung aussprachen und sie in ihren Arbeiten anwandten, gehören unter anderem Robert Ezra Park (u. a. 1925) als Begründer der Chicagoer Schule, Nels Anderson (1923), Frederic M. Thrasher (1927) und William F. Whyte (1943). Der Begriff *'participant observation'* als eine soziologische Methode wurde vor allem von Vertretern des symbolischen Interaktionismus (vgl. Becker/Geer 1957) verwendet.

103 In der ethnologischen Forschung vollzog sich eine deutliche Hinwendung zu Fragestellungen, in denen das vermeintlich 'Eigene' stärker thematisiert wurde, in den 1980er Jahren. Wichtige Auslöser waren zum einen Studien zu Wanderungsbewegungen (vgl. Mayer 1961), die verdeutlichten, dass sich die Migrationsprozesse nicht nur auf den Ankunfts- sondern auch auf den Herkunftskontext der Migration auswirkten. Zum anderen sorgten unterschiedliche Formen von Migration dafür, dass Angehörige von Bevölkerungsgruppen, deren Herkunftskulturen von EthnologInnen beschrieben worden waren, aufdeckten, wie sehr der Diskurs kultureller Differenz mit Machtprozessen und Mechanismen der In- und Exklusion verbunden war (vgl. Schiffauer 2004). Diesem Problem der Konstruktion von Differenz wird in der vorliegenden

Infolge der Ausweitung der Forschungsperspektive auf stärker vertraut erscheinende Phänomene wurde in der ethnologischen Forschung das zentrale methodische Prinzip des Fremdseins im Feld um eine Praxis des systematischen 'Fremdmachens' erweitert. Zusätzlich zu der Kategorie der Fremderfahrung entwickelte sich die Verfremdung eigener Bezugs- und Relevanzsysteme zu einem wesentlichen erkenntnisgenerierenden Instrument.[104] Diese Position der Forschenden als Fremde verändert sich im Verlauf des Forschungsaufenthaltes. Durch die Teilnahme am Alltagsleben werden die Forschenden zunehmend vertrauter und von den Personen aus dem Feld dementsprechend anders behandelt. Dies gilt es, bei der Reflexion der eigenen bzw. zugewiesenen Position im Feld zu berücksichtigen (vgl. Rosenthal 2005).

Diese Dynamik aus Fremdsein bzw. selbst hergestellter Fremdheit und dem Entstehen von Vertrautheit im Verlauf des Forschungsaufenthaltes verweist auf das zum Teil widersprüchliche Nähe-Distanz-Verhältnis im Feld, das im Verfahren der teilnehmenden Beobachtung angelegt ist: „*Teilnahme bedeutet Nähe, Beobachten Distanz*" (Hauser-Schäublin 2003: 38, Hervorhebung im Original). Dies erfordert ein ständiges Abwägen und Aushandeln der eigenen Position und des eigenen Vorgehens im Feld zwischen der Möglichkeit eines intensiven Einblicks in alltägliche Handlungsabläufe und dem Interesse an einer Distanz zur Untersuchungsgruppe – auch zum eigenen Schutz. In der vorliegenden Arbeit wurde vonseiten des Forschers das Verhältnis zwischen Nähe und Distanz forschungspraktisch durch unterschiedliche Formen der Unterbringung im Feld sowie durch die Kombination verschiedenartiger methodischer Zugangsweisen zum Feld permanent neu ausgelotet. Dabei zeichnet sich das Verfahren der Feldforschung durchweg durch eine bestimmte „Gleichzeitigkeit von Nähe und Di-

---

Arbeit versucht, mit einem hohen Maß an Selbstreflexivität, mit der Hervorhebung der Kontextabhängigkeit sowie mit einer deutlichen Transparenz in der Dokumentation des Forschungsprozesses zu begegnen.

104 Das Prinzip der Fremdheitsannahme wurde zu einem grundlegenden Merkmal rekonstruktiver Sozialforschung insgesamt (vgl. Kruse 2009). Dahinter steht das Erkenntnisprinzip der ethnomethodologischen Indifferenz bzw. der ethnographischen Fremdheitsannahme und der Versuch eines methodisch kontrollierten Fremdverstehens. Bezogen auf das Prinzip der Fremdheit gibt es Überschneidungen zwischen der Ethnologie bzw. Kulturanthropologie und einer phänomenologisch fundierten Wissenssoziologie, die von einer prinzipiellen Fremdheit zwischen den Handelnden und den InterpretInnen bzw. von einer Aspekthaftigkeit oder Standortgebundenheit von Interpretationen ausgeht (vgl. Schütze 1993 nach Bohnsack 2008[7]). Intersubjektivität muss entsprechend der phänomenologischen Tradition und der Ethnomethodologie auf der Grundlage ständiger Interpretationsleistungen immer erst prozesshaft hergestellt werden, insbesondere wenn die InterpretInnen nicht demselben 'konjunktiven Erfahrungsraum' (vgl. Kap. 2.2.2) angehören (vgl. Bohnsack 2008[7]).

stanz, Einlassen und Rückzug, Spontaneität und Reflexion" (Schlehe 2003: 72) aus. Entlang der verschiedenen Etappen während der Forschungsaufenthalte ergaben sich unterschiedliche Formen von Unterbringung im Feld. Während des ersten Forschungsaufenthaltes, im Jahr 2005, erfolgte die Unterbringung der gesamten Forschungsgruppe (vgl. Kap. 4.5) in einem Haus von MigrantInnen, das zum Zeitpunkt der Forschung unbewohnt war. Die Versorgung wurde in weiten Teilen von einer älteren Verwandten der Hauseigentümer übernommen, die auf demselben Hof wohnte. Diese Form der Unterbringung und die Anbindung an eine Forschungsgruppe, die ein anderes Thema bearbeitete, begünstigte für die Zeit des ersten Aufenthaltes einen explorativen Zugang zum Feld.

Um einen tieferen Einblick in den Alltag von Personen im Dorf zu erhalten, wurde für den zweiten Aufenthalt, im Jahr 2007, im Dorf eine Unterkunft bei einer Familie im Dorf organisiert. Dieses Vorgehen hatte mehrere Vorteile. Zum einen wurde durch das gemeinsame Erleben des Alltags eine besondere soziale Nähe zu Personen aus dem Feld hergestellt.[105] Die erste Phase dieses Aufenthaltes im Herkunftsdorf war vom 'Mitmachen' bei zahlreichen Aktivitäten der Familie und von alltäglichen Gesprächen bestimmt, aus denen eine Fülle von Informationen über die Situation der Familie im Besonderen sowie über das Zusammenleben im Dorf im Allgemeinen hervorging. Daneben ermöglichte die Wohnsituation, sich über die ersten allgemeinen Eindrücke im Feld auszutauschen. Zum anderen ergab sich aus den verwandtschaftlichen Beziehungen der Familie ein besonderer Zugang zu Angestellten der Dorfverwaltung. Dies ermöglichte einen systematischeren Zugang zum Feld als zuvor.[106] Gleichzeitig waren mit dieser Form der Unterbringung im Verlauf dieses Aufenthaltes Nach-

---

105 Vor dem Hintergrund der besonderen Nähe zur Untersuchungsgruppe kann für diese Phase des Aufenthaltes im Herkunfts- sowie für die späteren Phasen im Ankunftskontext, in denen die Unterbringung ebenfalls in Familien aus dem Dorf erfolgte, an Gerd Spittlers (1998, 2001) Konzeption der *dichten Teilnahme*, in Anlehnung an Clifford Geertz' (1983) Konzept der 'dichten Beschreibung', angeknüpft werden. Sie steht für eine „Radikalisierung der Teilnehmenden Beobachtung" durch Formen gemeinsamen Erlebens über einen längeren Zeitraum (2001: 12). Spittler ist sich dabei des Problems des *going native*, dem Eintauchen in ein bestimmtes Feld, sodass der wissenschaftliche Blick dabei verloren geht, durchaus bewusst.

106 Bereits während des ersten Aufenthaltes im Feld stellte ich mich und mein damaliges Forschungsvorhaben in der Gemeindeverwaltung vor. Dieser Kontakt verhalf mir zu einer Liste mit Namen von Familien von MigrantInnen mit ihrem ungefähren Wohnort im Dorf. Die Anbindung an die Familie, in der ich zu Beginn des zweiten Aufenthaltes untergebracht war, verhalf mir jedoch zu einem intensiveren Kontakt zur Gemeindeverwaltung. Im Verlauf der Forschungsaufenthalte wurde allerdings deutlich, dass mit einer Anstellung in der Gemeindeverwaltung zumeist auch die Zugehörigkeit zu

teile verbunden. Die Wohnsituation in der Familie bedeutete eine Verpflichtung von beiden Seiten. So sehr sie eine intensive Teilnahme und eine soziale Anbindung begünstigte, so sehr entwickelte sich aus dieser Wohnsituation zum Teil eine deutliche Vereinnahmung. In diesem Zusammenhang wurde bereits bald deutlich, dass dem Forscher vonseiten der aufnehmenden Familie eine bestimmte Rolle zugedacht wurde. So ging aus den besonderen Umständen, unter denen diese Unterkunft nicht verlängert werden konnte, hervor, dass mit dem Aufenthalt in der Familie vor allem ein Status als Gast verbunden war.[107]

Nach dem ersten Drittel des zweiten Aufenthaltes im Dorf erfolgte ein Wohnortwechsel in ein eigenes kleines Haus auf dem Hof einer älteren Verwandten der Familie und ihres Ehemannes. Dieser neue Wohnort, in einem zentralen Teil des Dorfes gelegen, ermöglichte weiterhin – bzw. möglicherweise sogar stärker als zuvor – einen spezifischen Einblick in typische, routinierte Handlungs- und Arbeitsabläufe. Gleichzeitig ließen sich durch die eigene Ver-

---

einem bestimmten politischen Lager im Dorf verbunden war, was den Kontakt zu Personen, die nicht mit dieser politischen Richtung und bestimmten politischen AmtsträgerInnen sympathisierten, beeinträchtigt haben könnte.

107 Die Unterkunft in der Familie im Herkunftsdorf organisierte ich telefonisch. Dabei war ich davon ausgegangen, für die gesamten angekündigten sechs Wochen dieses Aufenthaltes im Herkunftskontext bei der Familie wohnen zu können. Nach zehn Tagen im Dorf wurde mir allerdings mitgeteilt, dass der Sommerurlaub, den die Familie am Schwarzen Meer verbringen wollte, unmittelbar bevorstehe. Dies wurde mit einem Missverständnis bei der telefonischen Absprache erklärt. Mir wurde mitgeteilt, dass ich mich nach einer neuen Unterkunft umsehen müsse. Gleichzeitig wurde mir allerdings signalisiert, dass dies vermutlich nicht einfach sei, da dies eine besondere Vertrauensbasis voraussetze. Hieraus sowie aus einzelnen Freizeitunternehmungen während der ersten Tage wurde mir bewusst, dass die Familie meinen Aufenthalt weniger als einen intensiven Forschungs- als vielmehr einen Touristenaufenthalt eingeschätzt hatte. Dabei stellte sich für mich zudem die Frage, in welchem Ausmaß ich tatsächlich einen Einblick in den Familienalltag gewonnen hatte. Aus einem längeren Interview während des ersten Aufenthaltes mit Personen aus der Familie war zudem hervorgegangen, dass die Familie bereits zuvor einen Freund aus Italien für zwei Wochen zu Besuch hatte. Davon wurde mir während des ersten Feldaufenthaltes im Zusammenhang mit Bemühungen berichtet, mit der Unterstützung von Freunden aus Italien im Dorf einen Agrotourismus betreiben zu wollen. Unklar blieb für mich, ob meine Aufnahme in der Familie somit möglicherweise auch durch unternehmerische Interessen geleitet war. Ferner kann angenommen werden, dass die Unterbringung eines Westeuropäers für die Familie auch einen Prestigegewinn bedeutete. Generell gilt es, die eigene Position bzw. die ständig sich verändernden Rollenzuweisungen im Feld, soweit sie überhaupt explizit werden, permanent zu reflektieren. Exemplarisch und verkürzt dargestellt wurde ich, soweit mir dies im Feld selbst klar wurde, neben der Rolle des Forschers auch mit der Rolle eines Arztes, eines potentiellen Geschäftspartners, eines Touristen sowie eines potentiellen Schwiegersohns konfrontiert.

sorgung und durch die räumliche Trennung von den anderen Personen auf dem Hof größere Freiräume bewahren. Diese Wohnsituation wurde auch für die Zeit im Herkunftsdorf während des dritten Aufenthaltes, im Jahr 2008, gewählt.

Die unterschiedlichen Aufenthalte an den Ankunftsorten erfolgten durchweg in Familien von MigrantInnen aus dem Dorf. Ziel war es, an der Lebensweise der Familien im Ankunftskontext teilzuhaben. Anders als zuvor im Herkunftsdorf erschien diese Wohnsituation dadurch weniger vereinnahmend, dass nahezu sämtliche Mitglieder der Familien im Ankunftskontext entweder einer oder mehreren Erwerbstätigkeiten nachgingen, oder noch die Schule besuchten und sich daher regelmäßig und über weite Tagesabschnitte hinweg außerhalb der eigenen Wohnung aufhielten. So wurde der Familienalltag ganz entscheidend vom Arbeits- bzw. Schulalltag bestimmt. Diese Möglichkeit der Unterbringung setzte gleichzeitig ein besonderes Vertrauensverhältnis voraus.

Das Verhältnis aus Nähe und Distanz variierte ebenso entlang der verschiedenen Forschungsmethoden, die im Rahmen der teilnehmenden Beobachtung eingesetzt wurden. Dazu gehörten zum einen lebensweltliche Erkundungen. Neben dem Erlaufen des Herkunftsdorfes und seines Umlandes sowie bestimmter Orte im Ankunftskontext zählte dazu etwa das Aufsuchen von Treffpunkten sowie Arbeits- und Wohnorten von MigrantInnen aus dem Dorf in Rom und Cittadina. Zum anderen beinhalteten diese die Teilnahme an bestimmten alltäglichen Handlungsabläufen und typischen Ereignissen. Dieses Vorgehen wurde unter anderem gewählt, um selbstverständliches, zum Teil alltägliches Handeln als eine Form impliziten Wissens in die Beobachtung und Analyse mit aufzunehmen. Zu einem Teil fließen hiermit bestimmte Wissensbestände in die Beobachtung mit ein, die in der Regel nicht sprachlich formuliert werden. Michael Polanyi (1973) prägte hierfür den Begriff des *tacit knowledge*. Exemplarisch lassen sich die Teilnahme am Weidegang sowie an Festen, Hochzeiten, Versammlungen, Gottesdiensten, Beerdigungen und Totenmahlen nennen.[108] Teilnehmende Beobachtung bedeutete somit ein gemeinsames längerfristiges und wiederholtes Erleben alltäglicher sowie typisierter sozialer Abläufe und Interaktionen, sobald sich die Möglichkeit dazu ergab. Im Dorf war dies eher möglich, da hier häufig Wohnen und Arbeiten, Privat-, Berufs- und Sozialleben weniger stark (räumlich) vonein-

---

108 Neben den einzelnen Feierlichkeiten im Rahmen von Hochzeiten, zu denen etwa die Schmückung des Hauses der Braut, eine abendliche Feier mit Jugendlichen aus dem Dorf, die standesamtliche und die kirchliche Trauung sowie das gemeinsame Feiern mit der Hochzeitsgesellschaft, etwa im Gemeindesaal, gehörten, nahm ich an Trauerfeiern und beobachtend distanziert auch an Beerdigungen sowie Gottesdiensten teil. Zusätzlich hielt ich mich gerade in der ersten Zeit meiner Aufenthalte häufig abends in einer Bar und gleichzeitig der einzigen Diskothek im Dorf auf, um mich mit den Gästen zu unterhalten und Kontakte zu InformantInnen zu knüpfen.

ander getrennt abliefen. Schließlich bedeutete teilnehmende Beobachtung auch die Teilnahme an den gemeinsamen Überfahrten von Rumänien nach Italien.

Dieses Vorgehen diente der Exploration weiterer Aspekte und Fragen zum Untersuchungsgegenstand bzw. der Evaluation des bereits erhobenen Materials sowie der bisherigen Forschungsperspektive. Dabei ging es in gleicher Weise sowohl um eine Fokussierung als auch um eine vertiefende Ausweitung der Forschungsperspektive auf den Untersuchungsgegenstand. Schließlich stellten die verschiedenen alltäglichen Handlungsformen und lebensweltlichen Interaktionsräume, die über teilnehmende Beobachtung erfasst wurden, für die Analyse der einzelnen Fälle und der Situation der MigrantInnen sowohl im Herkunfts- als auch im Ankunftskontext insgesamt wichtiges Kontextwissen dar.

Zu den verschiedenen Forschungsmethoden, die im Rahmen teilnehmender Beobachtung im Feld angewandt wurden und unterschiedliche Relationen von Nähe und Distanz mit einschlossen, zählten verschiedene (Misch)Formen von teil- sowie nicht-standardisierten Interview- und Gesprächstechniken. Neben offen-narrativen, themenzentrierten und stärker strukturierten Interviews, die in der Regel an den Wohnorten der InterviewpartnerInnen stattfanden und auf Tonband aufgezeichnet wurden, gehörten dazu vielfach auch informelle 'freie' Gespräche, die an unterschiedlichen Orten stattfanden und zum Teil parallel oder im Nachhinein schriftlich festgehalten wurden.[109] Schließlich wurden auch alltägliche Gespräche geführt, wie sie bereits für die eigene Organisation des Alltags notwendig waren.

Zu den Formen von halbstrukturierten bzw. teilstandardisierten Interviews gehörten in erster Linie die Interviews während des ersten Forschungsaufenthaltes. Diese basierten vor allem aus sprachlichen Gründen auf einem je nach Interviewsituation flexibel eingesetzten schriftlichen Frageleitfaden, der auf der Basis von Literaturstudien erstellt worden war und während der Zeit des ersten Aufenthaltes im Feld permanent modifiziert und erweitert wurde. Dabei wurde deutlich, dass ausformulierte Themenbereiche von Fragen vonseiten der Interviewten zumeist als Kompetenz gewertet wurden und in besonderer Weise den Erwartungen an ein Interview entsprachen. Bei diesen Interviews handelte es sich je nach Einzelfall in unterschiedlicher Weise um eine Misch-

---

109 Feldnotizen zu bestimmten Gesprächssituationen und -verläufen sowie zu besonderen Interaktionsformen habe ich meist im Nachhinein als Gedächtnisprotokolle angefertigt. In diese Aufzeichnungen gingen Kontextbeschreibungen sowie visuelle Wahrnehmungen ebenso mit ein wie spontane Eindrücke, Gefühle, Selbstreflexionen und erste Ideen einer möglichen Interpretation. 'Systematische Beobachtungen' (vgl. Beer 2003) oder Kartographien (vgl. Welz 1991) wurden nicht durchgeführt. Die Aufnahme auf Tonband war lediglich in zwei Interviewsituationen ausdrücklich nicht erwünscht. Hier wurden die Interviews in Form von Protokollen aufgezeichnet.

form von Interviews. Neben der Erhebung allgemeiner, vor allem familienbiographischer Daten, die zu einer Reihe von unmittelbaren Nachfragen führten, wurde auch Raum für narrative Formen der Erfahrungsdarstellung und Selbstreflexion gelassen. Konkret stand zu Beginn dieser Interviews ein Überblick über die Genealogie und Struktur jeder Familie. Dies schloss in der Regel den gemeinsamen Entwurf des Familienstammbaums mit ein, der zumeist drei bis vier Generationen umfasste. Hieran schlossen sich Fragen zum Bildungsstand, dem Berufsleben und zu direkten Migrationserfahrungen von Familienmitgliedern an. Es folgten zumeist weitere Fragen zu den Gründen der Migration, zu ihrer Organisation sowie zu Formen der Kommunikation und der Transfers. Je nach Gesprächsbereitschaft und -atmosphäre ergaben sich hieraus Interviews von einer Länge von einer Dreiviertel- bis zwei Stunden (vgl. Kempf 2006b). Angeleitet durch den Versuch, sich in die Perspektive der InterviewpartnerInnen einzufühlen (vgl. Hermanns 2007[5]), ließ diese deutlich standardisierte Form der Erhebung dennoch Spielräume bei der Fragenformulierung, den Strategien der Nachfragen sowie der Abfolge der Fragen zu (vgl. Hopf 2007[5]).

Ähnlich strukturiert waren Interviews, die sich in den weiteren Forschungsaufenthalten im Anschluss an ein erstes, in zahlreichen Fällen zufälliges Zusammentreffen mit InterviewpartnerInnen ergaben. Im Verlauf der Forschungsaufenthalte orientierten sich diese Interviews allerdings immer seltener an einem bestimmten Frageleitfaden. Daneben verschob sich der Fokus dieser Interviews mit Entwicklung der Fragestellung (vgl. Kap. 4.1) von familienbiographischen hin zu biographischen Interviews. Diese wurden in einer ersten Phase des Kennenlernens der InterviewpartnerInnen zunächst um das Thema der Migration und im späteren Verlauf bzw. bei weiteren Treffen deutlich unter einer gesamtbiographischen Perspektive geführt. Zudem waren sie zunehmend auf die Generierung von Erzählungen ausgerichtet. Der gesamte Prozess der Sample-Bildung zeichnete sich somit durch eine Kombination aus zunächst stärker strukturierten und später deutlich narrativ geführten Interviews aus.

Eine weitere Form von halbstrukturierten Interviews bildeten Interviews mit Personen, die zu spezifischen Aspekten des Themas als ExpertInnen befragt wurden. So wurden in Form von ExpertInnengesprächen Interviews mit Personen unter anderem aus der Verwaltung – sowohl in Satuleşti als auch in Cittadina –, mit Lehrerinnen und Erzieherinnen, den Preoten des Dorfes und der Stadt Cittadina, Schäfern, Betreibern von Transportdiensten zwischen dem Herkunfts- und dem Ankunftskontext und Personen, die Bars und Cafés in Cittadina betreiben, die häufig von MigrantInnen aus dem Dorf besucht wurden, geführt.

Im Verlauf der längeren Forschungsaufenthalte wurden zunehmend nicht-standardisierte Interviews geführt. Dazu zählten narrative Interviews, die nicht mit der Aufforderung, die eigene Lebensgeschichte zu erzählen, sondern durch eine erzählgenerierende Frage eingeleitet wurden, die einen bestimmten thematischen oder zeitlichen Ausschnitt zum Inhalt hatte. Daneben ergaben sich im Verlauf von teilnehmender Beobachtung im Feld vielfach themenzentrierte Interviews, etwa zu bestimmte Situationen bzw. Aspekten der Erwerbsarbeit und des familiären Zusammenlebens, wie es durch die Unterbringung in den Familien sehr intensiv miterlebt wurde. Aus dem methodischen Prinzip der Feldforschung heraus ergaben sich somit wiederholt vertiefende Interviews und Gespräche (siehe hierzu weiter unten) zu vielfältigen Lebensbereichen und -kontexten, in denen sich die InterviewpartnerInnen bewegten und verorteten (vgl. Schlehe 2003). Zum anderen gehörten zu den Themenbereichen spezifische gemeinsam erlebte Ereignisse und Situationen im Feld. Bei diesen Interviews flossen Nachfragen, wie sie sich unmittelbar aus dem Interviewkontext ergaben, ebenso mit ein wie Verständnisfragen oder „bilanzierende Zurückspiegelungen" (ebd.: 78). So ließen sich darüber etwa sehr spezifische Informationen sowie gegenstandsbezogene Explikationen von Bedeutungen in Erfahrung bringen, die ein sinnverstehendes Nachvollziehen alltäglicher Handlungsabläufe erlaubten.

Zu offenen Kommunikationssituationen zählten ferner ethnographische Interviews und informelle Gespräche, wie sie sich aus unterschiedlichen Situationen im Feld ergaben. Diese Formen der Kommunikation zeichneten sich durch einen deutlicheren Gesprächscharakter und eine Orientierung an der Alltagskommunikation im Feld aus. Aus derartigen Gesprächsverläufen konnten sich weitere für die Forschung relevante Themen und Fragestellungen entwickeln. Zu deutlich weniger standardisiert geführten Gesprächen zählten ferner Besprechungen, die sowohl den narrativen und themenzentrierten sowie den narrativ-biographischen Interviews vorausgingen und in die bereits wichtige Informationen einfließen konnten. Zusätzlich konnten in ihnen bestimmte Umgangsweisen in der Interaktion miteinander aufgebaut werden.[110] Daneben wurde so weit wie möglich versucht, 'natürliche' Gesprächsformen, wie sie sich im Verlauf der teilnehmenden Beobachtung vielfach ergaben, zu nutzen. Dazu gehörten unter anderem Unterhaltungen, die etwa in Bars oder Schänken, beim gemeinsamen Essen oder Fernsehen geführt wurden, oder flüchtige Gespräche bei zufälligen Treffen unterwegs. Neben einer aktiven Teilnahme, bei der mitunter versucht

---

110 Obgleich offen geführt beinhalteten diese Vorbesprechungen zu längeren teilstandardisierten sowie narrativ geführten und narrativ-biographischen Interviews bestimmte Unterpunkte. So wurde das genaue Forschungsvorhaben – auch wenn darauf bereits eingegangen worden war – vorgestellt und den InterviewpartnerInnen Anonymität zugesichert. Darüber hinaus wurde der Ort des Interviews abgesprochen und auf die Dauer des Interviews hingewiesen.

wurde, die Gespräche in eine mehr oder weniger forschungsrelevante Richtung zu lenken, wurden Gespräche mitunter auch lediglich passiv mitverfolgt. Ein wesentlicher Unterschied dieser Gespräche zu den oben angeführten Interviews besteht darin, dass diese nicht bewusst initiiert wurden. Dies setzt in den Phasen teilnehmender Beobachtung eine besondere Bereitschaft, sich auf die Personen im Untersuchungsfeld einzulassen, voraus. Ebenso beinhaltet die spezifisch ethnographische Herangehensweise die Bereitschaft zur *Resonanz*, als eine wichtige Voraussetzung für eine beidseitige Kommunikation (vgl. Wikan 1992 nach Spittler 2001). Eine derartige beidseitige Kommunikation im Rahmen einer offen-explorativen Herangehensweise setzt wiederum eine kontinuierliche Teilnahme am Alltag und eine Präsenz im Feld voraus, die über einen längeren Zeitraum angelegt ist.

Aus dem methodischen Verfahren der Feldforschung und den darin eingeschlossenen unterschiedlichen Formen von Kommunikation und Interaktion im Feld wird deutlich, dass das Verhältnis zwischen Forschenden und Erforschten von Asymmetrien durchzogen ist, die im Verlauf des Forschungsprozesses je nach spezifischer Interaktionssituation bzw. Beziehungs- und Situationsdynamik permanent und in unterschiedlicher Weise hervortreten können. In besonderer Weise zeigt sich dies bereits im Konstruktionsgehalt des gesamten Forschungsaufbaus sowie bei jeglicher Form der Verschriftlichung und damit der Repräsentation. Durch äußere Faktoren, wie Herkunftsland bzw. Nationalität, Geschlecht, Alter, Bildungsstand und finanzielle Ressourcen – und je nach konkreter Situation und Konstellation im Feld noch einmal in spezifischer Form – ist das Verhältnis zwischen Forschenden und Personen im Feld unterschiedlich hierarchisch geformt. Diese Kategorien können deutlich die gegenseitige Wahrnehmung und Positionierung bzw. die Ausbildung bestimmter Erwartungen und Rollenzuschreibungen (siehe oben) beeinflussen. Die zahlreichen und unterschiedlichen (eigenen wie fremden) Zu- und Einordnungen, die sich sowohl als hilfreich als auch als hinderlich erweisen können, stehen zwischen Forschenden und Erforschten in einem kontinuierlichen Aushandlungsprozess und wirken permanent auf die verschiedenen Formen der Interaktion miteinander ein. Dieses Machtgefälle zwischen ForscherIn und Erforschten erwies sich bei der vorliegenden Untersuchung dadurch als etwas abgeschwächt, dass die Mobilität nicht ein einseitiges Privileg des Forschers darstellte. Doch obgleich die konkrete Form der Mobilität 'äußerlich' durch die erleichterten Ausreisebestimmungen für rumänische StaatsbürgerInnen – insbesondere seit dem EU-Beitritt – vergleichbar erschien, implizierte sie gleichwohl für viele Angehörige der Untersuchungsgruppe hohe soziale Kosten (vgl. Kap. 6).

Daneben zeichnen sich die unterschiedlichen Formen von Interviews ihrerseits durch jeweils spezifische Asymmetrien aus. So weisen Interviews, die in besonderer Weise von den Forschenden „geführt" (Schlehe 2003: 89) werden und bereits durch ihr Setting als „von außen aufoktroyiert" (Spittler 2001: 18) erscheinen bzw. außerhalb des gewöhnlichen Rahmens erhoben werden, ein stärkeres Machtgefälle auf als Gespräche, die sich unmittelbar aus dem Feld ergeben und stärker dialogisch ausgerichtet sind. Gleichzeitig wurde vor dem Hintergrund der längeren Aufenthalte im Feld sowie der Formen gemeinsamen Alltags in den Familien deutlich, dass die Interviews lediglich einen kleinen Ausschnitt möglicher Gesprächs- und Erzählformen wiedergaben und eher einen „artifiziellen Charakter" (ebd.) besaßen.

Das Verhältnis zwischen Forschenden und Erforschten ist sicherlich nicht ausgewogen, doch es ist ein Verhältnis, das von beiden Seiten gesteuert wird. So werden etwa Forschende selbst zu einer Art Forschungsgegenstand für die untersuchte Gruppe und damit ihrerseits zum „Objekt Teilnehmender Beobachtung" (Hauser-Schäublin 2003: 52). Zwar mögen sie privilegiert erscheinen, was akademische Bildung, Geld und Status angeht, doch sind sie in der Forschungstätigkeit und im Wissenszugang permanent auf die Untersuchungsgruppe angewiesen und davon abhängig, wie sie aufgenommen werden und welche Einblicke und Informationen sie erhalten.[111]

4.3.2 Die Erhebung und Auswertung narrativ-biographischer Interviews

Im Verlauf des Forschungsprozesses wurden mit Personen, die entsprechend der Sample-Strategie (vgl. Kap. 4.6) ausgewählt wurden, narrativ-biographische Interviews geführt.[112] Die Erhebung dieser Form von Interview gliedert sich in drei Teile: eine Eingangserzählung sowie einen internen und einen externen Nachfrageteil (vgl. Schütze 1977, 1983 sowie zur Erweiterung der Nachfragetechniken

---

111 Vor dem Hintergrund dieses beidseitigen Abhängigkeitsverhältnisses wird auch implizit die Frage nach der Gegengabe der Forschenden an Personen der Untersuchungsgruppe gestellt. Im vorliegenden Fall wurde besonderen Wert darauf gelegt, dass dort, wo die Unterbringung bei Familien aus dem Feld erfolgte, zuvor eine Gegengabe vereinbart worden war.

112 Neben eher formalen Besonderheiten bei der Vorbereitung und Durchführung von narrativ-biographischen Interviews, wie dem Hinweis auf die Dauer und Spezifik des Ablaufs, gilt es, bei der Erhebung narrativ-biographischer Interviews in besonderer Weise eine gewisse Vertrauensbasis herzustellen. Diese wird etwa durch eine „ausreichende und glaubhafte Distanz gegenüber Instanzen sozialer Kontrolle" (Riemann 2010: 225) begünstigt. Vor dem Hintergrund bestimmter Mechanismen sozialer Kontrolle sowohl im dörflichen Herkunfts- als auch im Ankunftskontext der Migration,

Rosenthal 1995, 2005 sowie Riemann 2010). Im Anschluss an eine eindeutig *erzähl*generierende Eingangsfrage, in der die InterviewpartnerInnen darum gebeten werden, die eigene Lebensgeschichte zu erzählen, erfolgt zunächst die autobiographische Eingangserzählung, in der die Erzählenden durch „aktives Zuhören" (Rosenthal 2005: 150) in der Entfaltung der Stegreiferzählung unterstützt und im Redefluss nicht unterbrochen werden. Entsprechend der erzähltheoretischen Grundannahmen zu den unterschiedlichen Textsorten (vgl. Kap. 3.1) wird versucht, keine Beschreibungen oder Argumentationen bzw. „Schemasalat" (Schütze 1987b: 256), sondern vielmehr Erzählungen zu generieren, in denen sich die Erzählenden am ehesten einem ungebrochenen Erzählstrom überlassen können.

Für die vorliegende Untersuchung wurde die Eingangserzählung zunächst mit einem starken Interesse für das Leben der BewohnerInnen aus dem Dorf eingeleitet. Hieran schloss sich die Nennung des Forschungsthemas an. Aus dem Anliegen, so viel wie möglich über das Leben der Menschen aus dem Dorf erfahren zu wollen, wurde die Aufforderung, die eigene Lebensgeschichte zu erzählen, abgeleitet.[113] Für die Analyse sollte dies ermöglichen, die einzelnen Lebensereignisse im biographischen Gesamtzusammenhang und in ihrer Genese

---

aufgrund der hohen Konzentration von Personen aus dem Dorf an einigen Orten in Italien, bedeutete dies für die Erhebung der Interviews, dass die Vertraulichkeit der Daten mitunter sehr deutlich zugesichert werden musste.

113 Die erzählgenerierende Eingangsfrage lautete folgendermaßen: Es gefällt mir hier in Satuleşti. Es gefällt mir, mit den Leuten hier aus dem Dorf zu sprechen. Ich möchte gerne noch mehr über das Leben der Leute von hier erfahren. Ich möchte gerne mehr über ihre Erfahrungen, die sie in ihrem Leben gemacht haben wissen. Das Thema meiner Doktorarbeit sind die Migrationserfahrungen, die die Menschen hier aus dem Dorf gemacht haben. Um genauer zu erfahren, was diese Migrationserfahrungen für ihr Leben bedeuten, möchte ich gerne so viel wie möglich über ihr Leben erfahren. Aus diesem Grund möchte ich Sie/Dich bitten, dass Sie/Du mir Ihre/Deine Lebensgeschichte erzählen/erzählst von Beginn an, von der Kindheit an bis heute – alles was für Sie/Dich wichtig ist und wichtig war. Ich nehme das auf Band auf. Ich höre nur zu, so lange bis Sie/Du fertig sind/bist zu erzählen, ich werde mir einige Notizen machen in der Zeit und Fragen werde ich erst stellen, wenn Sie/Du fertig sind/bist. Sie/Du haben/hast so viel Zeit dafür wie Sie/Du möchten/möchtest.
[Imî place aici la Satuleşti. Imî place să stau de vorba cu oameni de aici, din Satuleşti. Aş vrea să stiu mai mult despre viaţa oamenilor de aici. Aş vrea să ştiu mai mult despre experienţele pe care le au avut în viaţa lor. Tema mea de doctorat reprezintă experienţele de migraţie pe care oameni de aici le au trait. Pentru a şti mai bine ce inseamna experienţele de migraţie pentru viaţa oamenilor trebui să cunosc cât de mult posibil despre viaţa lor. De aceea vă/te rog să mă povestiţi/povesteşti viaţa dumneavoastră/tă de la început, de la copilarie pâna azi – tot ceea ce este şi a fost important pentru dumneavoastră/tine. Şi eu fac o enregistrare. Eu doar ascult pâna aţi/

in den Blick zu bekommen (siehe hierzu weiter unten). Es wurde versucht, eine Stegreiferzählung zu generieren, die die Lebensgeschichte nicht allein auf die Erfahrungen der Migration beschränkte, sondern den BiographInnen entsprechend den methodologischen Vorüberlegungen (vgl. Kap. 3) erlaubte, autonom persönliche Relevanzrahmungen vorzunehmen.

Das Ende der Eingangserzählung wird meist mit einer Abschlussformulierung, der sogenannten Erzählkoda (z. B.: „so, das war's jetzt"), signalisiert. Hieran schließen sich zunächst erzählgenerierende Fragen an, die sich aus dem bereits Erzählten ergeben. Diese textimmanenten Nachfragen können sich etwa auf bestimmte Lebensabschnitte oder -bereiche, die bisher nur angerissen wurden, beziehen. Sie folgen dem sogenannten „Trichterprinzip" (Breckner 2005: 182), wonach zunächst ein möglichst weitflächiger thematischer oder zeitlicher Rahmen angesprochen wird, der in der Eingangserzählung bisher nicht weiter ausgeführt wurde, bevor sich weitere Fragen mit der Bitte, bestimmte Aspekte zu konkretisieren, daran anschließen. Obgleich diese Nachfragen auch konkrete Verständnisfragen beinhalten können, sollte versucht werden, Detailfragen nach ganz konkreten Orts-, Alters- oder Jahresangaben zu vermeiden, um eine narrative Darstellung der Erlebnisse nicht zu unterbrechen.

Der dritte sogenannte exmanente Nachfrageteil ist stärker von dem bisher Erzählten losgelöst. Er beinhaltet sowohl Fragen zu Passagen, die bisher für den/ die ZuhörerIn unplausibel oder lückenhaft geblieben sind, als auch Nachfragen zu bestimmten Themenbereichen oder Lebensabschnitten, die für die forschungsleitende Frage relevant erscheinen. Diese Fragen können auch argumentativ, etwa über Meinungs- und Begründungsfragen, sowie stärker abstrahierend gestellt sein. Gleichwohl gilt es, Konfrontationen, etwa indem bestimmte Widersprüche in der Erzählung aufgedeckt werden, zu vermeiden, um die Vertrauensgrundlage nicht zu gefährden. In den Worten Schützes (1983) geht es in diesem dritten Teil der Erhebung um „die Nutzung der Erklärungs- und Abstraktionsfähigkeit des Informanten als Experte und Theoretiker seiner selbst" (ebd.: 285).

Hieran schließt sich der Abschluss des Interviews an. Dieser Teil der Interviewführung wird in der Forschungsliteratur zur Erhebung narrativ-biographischer Interviews zwar selten erwähnt, ihm sollte jedoch ebenso Zeit eingeräumt werden. Dabei sollte bei Abschluss des Interviews den InterviewpartnerInnen die Möglichkeit gegeben werden, sowohl eigene Fragen stellen als auch über Gefühle, die möglicherweise durch die Erzählung hervorgerufen wurden, sprechen zu können.

---

ai terminat, eu voi scrie în timp ce vorbiți/vorbești dumneavoastră/tu câteva lucruri și voi pune întrebari numai după ce ați/ai terminat. Dar dumneavoastră/tu aveți/ai cât de mult timp ce doriți/dorești.]

Der Umgang der InterviewpartnerInnen mit diesem offenen Verfahren der Interviewführung, das im Rahmen eines separaten Vortreffens jeweils abgesprochen wurde, war – bezogen auf die konkrete Erhebungssituation der vorliegenden Arbeit – sehr unterschiedlich. Die Interviewpartnerinnen der ersten beiden Interviews nahmen bereitwillig die Erzählaufforderung an. Es ergaben sich jeweils etwa zweistündige Eingangserzählungen ohne Unterbrechung durch den Forscher. Die Erzählweise ließ sogar vermuten, dass die Befragten mitunter für die Möglichkeit, einer außenstehenden Person und anonymisiert ihre Lebensgeschichte erzählen zu können, dankbar waren.[114] Für Irritation und Unsicherheit sorgte die offene Gesprächsführung insbesondere bei Jugendlichen. Vermutlich lag dies trotz des Vorgesprächs vor allem daran, dass ein Interviewablauf erwartet wurde, der eher einem Frage-Antwort-Schema folgte.[115] Auch im Fall einer etwas älteren Migrantin tat sich die Befragte etwas schwer mit der erzählgenerierenden Eingangsfrage. Dies war mit einer Erzählhaltung verbunden, das eigene Leben als 'ganz normal' darzustellen und nicht viele Worte über das eigene Leben verlieren zu wollen bzw. eine bewusste und detaillierte Rückschau eher abzuwiegeln. In einem weiteren Fall ergaben sich Schwierigkeiten mit der offenen Interviewführung. In ähnlicher Form wurde die Bedeutsamkeit der eigenen Lebensgeschichte heruntergespielt. Zusätzlich zeigte sich in diesem Fall im Verlauf des Forschungsprozesses – wie zum Teil auch in anderen Fällen – eine deutliche Veränderung in der Bewertung der eigenen Migration sowie gegenüber der Migration als Erwerbsstrategie für BewohnerInnen aus dem Dorf allgemein. Wurde die Migration in einem Interview während des ersten Aufenthaltes noch relativ positiv dargestellt, so wurde diese Bewertung drei Jahre später deutlich revidiert. Die Abwehr gegenüber einer offenen Erzählaufforderung könnte sich aus dieser modifizierten Haltung gegenüber den eigenen Migrationserfahrungen ergeben haben.

---

114 Die Eingangserzählung eines der beiden Interviews musste leider aus Zeitgründen unterbrochen werden. Im darauf folgenden Jahr wurde an die Eingangserzählung angeknüpft. Die Nachfrageteile wurden bei beiden dieser Interviews aus zeitlichen Gründen im darauf folgenden Feldaufenthalt ein Jahr später durchgeführt.

115 Zu Untersuchungen zur Erhebung narrativ-biographischer Interviews mit Jugendlichen, die zu teilweise unterschiedlichen Einschätzungen gelangen, vgl. Rosenthal (1995), Mey (1999, 2000) sowie Juhasz/Mey (2003). Nach Mey (1999, 2000) würden Subjekte gerade in der Adoleszenz zu BiographInnen der eigenen Person. Gleichzeitig weist er auf einen besonderen Umgang mit der Textsorte der Erzählung bei Jugendlichen hin. So sei diese nicht „darstellungserforderlich" (ebd.: 137 nach Juhasz/Mey 2003), da sich Jugendliche sehr stark mit der Gegenwart und Zukunft und weniger mit der Vergangenheit beschäftigten.

Die Auswertung der narrativ-biographischen Interviews folgte dem Verfahren der rekonstruktiven Fallanalyse nach Rosenthal (1995).[116] Dieses Verfahren gründet auf einer getrennten Rekonstruktion und anschließenden Kontrastierung von 'erlebter' und 'erzählter Lebensgeschichte' (ebd.). Ziel der Rekonstruktion der erlebten Lebensgeschichte ist der Entwurf eines chronologischen Ablaufplans der biographischen Daten und Erlebnisse, die in die Erzählung einfließen, sowie die Gewichtung des Erlebten aus dem damaligen zeitlichen Kontext heraus. Dies dient dazu, mögliche Bedeutungsansätze von Erlebnissen sowie die Herausbildung und Fortführung möglicher Verhaltens- und Reaktionsmuster bzw. ihre Neujustierung entlang der verschiedenen Lebensphasen herauszuarbeiten. Demgegenüber steht bei der Analyse der erzählten Lebensgeschichte die Reihenfolge, in der die Erlebnisse und Erfahrungen geschildert werden, sowie ihre zeitliche Gestaltung im Vordergrund. Hieraus wird auf die Bedeutung der

---

116 Das Verfahren der rekonstruktiven Fallanalyse impliziert ein am Einzelfall orientiertes abduktives und sequenzielles Vorgehen. Bei einem abduktiven Vorgehen geht es im Unterschied zu deduktiven und induktiven Verfahren, die beide auf theoretische (Vor)Annahmen zurückgreifen, nicht um die Überprüfung von Theorien bzw. Hypothesen am empirischen Material, sondern um eine am Einzelfall vorgenommene Hypothesen*generierung*. Damit verbunden wird die Forschungsfrage aus dem empirischen Material gewonnen und an ihm weiterentwickelt. Abduktion bedeutet somit, dass ausgehend von dem emergent sich Darbietenden zunächst alle als möglich erscheinenden Hypothesen aufgestellt werden, bis sich diese nacheinander, der weiteren Lebensgeschichte folgend, als unwahrscheinlich herausstellen und die wahrscheinlichste Lesart des Falles übrig bleibt. Daraus, welche bewussten oder unbewussten Handlungsoptionen die BiographInnen für sich ausgeschlossen haben, wird schließlich die Fallstruktur sichtbar. Demgegenüber wird bei einem deduktiven Vorgehen von einer bestimmten Theorie ausgegangen, aus der Hypothesen abgeleitet (deduziert) werden, die in einem numerischen Sinne an der Empirie überprüft werden. Im Vergleich dazu beginnt das induktive Vorgehen mit einer Hypothese, für die in der Empirie nach Fakten gesucht wird, um sie „für eine Anzahl von Fällen, für die etwas wahr ist, (zu) verallgemeinern" (Peirce 2.624 nach Rosenthal 2005: 61).
Das Prinzip der Sequenzialität folgt dem Verbot der Gestaltzerstörung. Einzelne Sequenzen der Erzählung werden im Zusammenhang ihres Entstehungskontextes belassen und auf ihre funktionale Bedeutung für die Gesamtgestalt der biographischen Erzählung hin befragt. Die Bedeutung einer Erfahrung, so die Annahme, lässt sich einzig aus ihrer konkreten Einbettung in vorgängige bzw. nachfolgende Erlebnisse aufspüren. Welche Bedeutungen etwa die Migrationserfahrungen für eine Person einnehmen, könne nur aufgeschlüsselt werden, wenn der Versuch unternommen werde, nachzuvollziehen, wie diese Erfahrungen in die konkreten Lebensumstände eingelagert sind. Über das Prinzip der Sequenzialität wird somit die zeitliche Abfolge der einzelnen Lebensereignisse in der Analyse der Lebensgeschichte berücksichtigt, um die Prozesshaftigkeit von Erfahrungen sowie die Verlaufsdynamik ihrer Bedeutungsgenerierung abzubilden (vgl. Fischer/Kohli 1987).

erzählten Ereignisse sowie die gegenwärtige Gesamtperspektive der BiographInnen geschlossen.

Vor dem Hintergrund dieses Analyseprinzips gliedert sich die Auswertung der narrativ-biographischen Interviews in mehrere Schritte. Anhand der Transkription der Erzählung sowie weiterer verfügbarer Quellen, wie z. B. Tagebuchaufzeichnungen von (ethnographischen) Gesprächen im Feld, werden zunächst die biographischen Daten ausgewertet.[117] Dieser Analyseschritt wird als 'Rekonstruktion des gelebten Lebens' bezeichnet. Die biographischen Daten werden entlang ihrer Abfolge im Lebenslauf unabhängig von der Interpretation der BiographInnen auf ihr Spektrum an möglichen Handlungsentscheidungen hin untersucht. Dabei wird eine Vielzahl an Hypothesen dazu entworfen, welche Auswirkungen die chronologisch geordneten Ereignisse auf den Lebenslauf der BiographInnen gehabt haben könnten. Die jeweils getroffene Entscheidung der BiographInnen, wie sie entlang der Abfolge der chronologischen Daten deutlich wird, wird damit erklärungsbedürftig. Um beurteilen zu können, welche Möglichkeiten mit bestimmten biographischen Daten – etwa der Zeit und der Familienkonstellation, in die eine Person hineingeboren wurde, oder dem beruflichen Werdegang, den eine Person eingeschlagen hat – verbunden sind, wird ein entsprechendes Kontextwissen historischer und anderer gesellschaftlicher Zusammenhänge mit einbezogen. Vor dem Hintergrund unterschiedlicher Handlungsoptionen wird anhand der Entscheidungen, wie sie von den BiographInnen getroffen wurden, nach einem Muster in der Auswahl der Handlungsmöglichkeiten gesucht. Daraus lassen sich als Ergebnis Aussagen über mögliche Handlungsorientierungen und -strukturen der BiographInnen und ihre Veränderungen entlang der verschiedenen Lebensphasen und -kontexte aufstellen (vgl. Breckner 2005). Diese erste sequenzielle Analyse der biographischen Daten – ohne Einbezug der Interpretationen der BiographInnen – wird später verwendet, um unter Berücksichtigung der erzählten Lebensgeschichte Rückschlüsse darüber zu erhalten, in welcher Form bestimmte Erfahrungen von den Erzählenden bearbeitet wurden. Im Anschluss an diesen ersten Analyseschritt können Hypothesen darüber aufgestellt werden, wie die BiographInnen ihre eigene Lebensgeschichte präsentieren und welche 'Themen' (vgl. Kap. 3.2) angesprochen werden könnten.

Im zweiten Schritt, der 'text- und thematischen Feldanalyse', wird die in der Eingangserzählung dargebotene Lebensgeschichte auf die Auswahl der Themen und der thematischen Felder (vgl. Kap. 3.2) hin untersucht.[118] Dabei geht es da-

---

117 Zu den Transkriptionsregeln, die nach Rosenthal (1995, 2005) in dieser Arbeit verwendet wurden, siehe Anhang.
118 Dieser Analyseschritt ist neben den theoretischen Ausführungen Gurwitschs (1975) zur thematischen Feldanalyse deutlich an die Erzählanalyse Schützes (1983) (vgl.

rum, welche thematischen Felder angesprochen bzw. ausgeklammert und welche Bestände dieser Felder thematisiert werden. Schließlich ist das Interesse darauf gerichtet, inwiefern die Auswahl nach bestimmten Steuerungsmechanismen abläuft. Im Mittelpunkt steht die Frage nach „der Funktion der Darstellung des Erlebens für die interviewte Person in ihrem gegenwärtigen Kontext" (Rosenthal 2002: 145) und damit nach dem Präsentationsinteresse der BiographInnen, den damit verbundenen gegenwärtig wirksamen Relevanzstrukturen und nach der Gegenwartsperspektive der BiographInnen. Hierzu wird der Text formal und inhaltlich unter Berücksichtigung der verwendeten Textsorten (vgl. Kap. 3.1) sowie der angesprochenen Ereignisse und Erfahrungen nach Sinneinheiten sequenziert. Diese Analyseeinheiten werden sowohl in ihrer konkreten Ausgestaltung – jeweils nacheinander für sich – als auch in ihrer Beziehung zueinander sowie nach ihrer Gesamtgestalt, die sie zusammengenommen ergeben, interpretiert.

In der 'Rekonstruktion der Fallgeschichte', dem dritten Analyseschritt, werden alle weiteren biographischen Ereignisse, wie sie aus der Erzählung sowie den Nachfrageteilen hervorgehen, dem chronologischen Ablauf des Lebenslaufs entsprechend rekonstruiert. Hierbei geht es darum, „die Perspektive in der Vergangenheit, die biographische Bedeutung, die die Erlebnisse für die BiographInnen *damals* hatten, zu rekonstruieren" (Rosenthal 1995: 220, Hervorhebung A.K.). Breckner (2005) leitet daraus als analyseanleitende Frage ab: „[i]nwieweit bezieht sich das jeweilige Erlebnis, so wie es sich in der Perspektive des damaligen Geschehens annähernd rekonstruieren lässt, auf vorhergehende Erlebnisse und welche Folgen könnte es für den Erfahrungs- und Erlebnishintergrund der weiteren Lebensgeschichte haben?" (ebd.: 189).[119]

Im letzten Analyseschritt, der 'Kontrastierung von erlebter und erzählter Lebensgeschichte', wird aus einer kontrastierenden Zusammenschau von rekonstruierter erlebter und dargebotener erzählter Lebensgeschichte die Hypo-

---

Kap. 3.1) angelehnt.

119 Hieran schließt sich nach Rosenthal (1995) als vierter Analyseschritt die sogenannte 'Feinanalyse' an. Hierbei werden einzelne Textstellen bzw. Wörter sprachanalytisch genauer auf ihren Sinn- und Bedeutungsgehalt hin untersucht. Dabei können etwa Textelemente ausgesucht werden, die sich durch ihre erzählerische Dichte auszeichnen oder die für die Fallstruktur als besonders relevant erachtet werden. Ferner bieten sich Textstellen an, deren Bedeutungsgehalt bislang noch nicht herausgearbeitet werden konnte. Die Aufschlüsselung dieser Textstellen kann bis hin zu unterschiedlichen Bedeutungen eines Wortes oder der Deutung nonverbaler Ausdrucksmittel reichen. Da es sich bei der vorliegenden Analyse für den Autor um nicht-muttersprachliche Texte handelte, wurde dieser Analyseschritt nicht vorgenommen. So wird davon ausgegangen, dass eine derartige Feinanalyse ausschließlich von MuttersprachlerInnen erbracht werden kann. Zur Bedeutung der Sprache im Feld sowie für den Untersuchungsgegenstand insgesamt vgl. Kap. 4.4.

these einer allgemeinen Fallstruktur formuliert. Dabei fließen an dieser Stelle die Ergebnisse der vorangegangenen Arbeitsschritte mit ein. Aus der Differenz zwischen rekonstruierter Vergangenheits- und Gegenwartsperspektive wird die Annahme eines bestimmten Strukturierungsmusters für die Darstellung und Bearbeitung des Erlebten gewonnen. Daraus lässt sich schließen, wie sich aus Erlebnissen in der Vergangenheit bestimmte Bedeutungen in der Gegenwart entwickeln und wie die gegenwärtige Perspektive die (Re)Interpretation der vergangenen Erlebnisse mitbestimmt.

Auf der Grundlage des Vergleichs der Fallstrukturen wurde unter Berücksichtigung der Fragestellung nach dem biographischen Umgang der MigrantInnen mit ihren Migrationserfahrungen abschließend eine Typologie gebildet. Die Typologie, wie sie in Teil IV dargestellt wird, ergab sich somit *nach Abschluss* der Fallrekonstruktionen. Das theoretische Sampling basierte gleichwohl auf ersten sogenannten 'strukturellen Beschreibungen' bzw. 'Globalanalysen' (vgl. Rosenthal 2005) der erhobenen Fälle. Diese ersten strukturellen Beschreibungen leiteten die weitere Auswahl der Fälle entsprechend minimaler und maximaler Vergleiche an.

Damit sind die methodischen Erhebungs- und Auswertungsverfahren der vorliegenden Untersuchung vorgestellt. Da es sich um ein methodenplurales Vorgehen aus ethnographischen sowie biographieanalytischen Forschungsverfahren handelte, sollen die beiden unterschiedlichen Ansätze abschließend in knapper Form miteinander ins Verhältnis gesetzt werden.

Das Verhältnis von ethnographischen und biographieanalytischen Verfahren

Wie bereits in den Ausführungen zum Forschungskontext der Chicagoer Schule deutlich wurde, reicht die Verbindung von ethnographischen und biographieanalytischen Verfahren bis in die ersten Jahrzehnte des vorigen Jahrhunderts zurück. Gleichwohl geht die Diskussion beider Erhebungsinstrumente selten über eine additive Darstellung beider Methoden hinaus.

Eine methodologische Reflexion zur Verbindung von ethnographischen und biographieanalytischen Verfahren leisten Bettina Dausien und Helga Kelle (2009^2). Sie weisen darauf hin, dass Ethnographie und Biographieforschung unterschiedliche Untersuchungsgegenstände konstruieren und dementsprechend verschiedenartige Forschungsperspektiven aufweisen. Während ein biographieanalytischer Blick in erster Linie auf die Darstellung von Erfahrungen über lebensgeschichtliche Erzählungen gerichtet sei, ziele ein ethnographisch orientierter Ansatz stärker auf (Einzel-)Handlungen und konkrete Interaktionen im Feld.[120] Die biographieanalytische Herangehensweise thematisiere sehr viel stärker die Binnenperspektive und Selbstreflexion der Personen als dies aus handlungstheoretischer Perspektive über das Theorem der 'Definition der Situation' (vgl. Kap. 2.1) geschehe. Während die ethnographische Perspektive vor allem auf die „Vollzugslogik" (Dausien/Kelle 2009[2]: 201) der gegenwärtigen Handlungspraxis gerichtet sei, beschäftige sich die Biographieforschung somit stärker mit der Frage, welche biographischen Selbstkonstruktionen die Personen in die Situation hineinbrächten. Gleichwohl heben beide Autorinnen die Möglichkeit hervor, sowohl ethnographische als auch biographieanalytische Erhebungsinstrumente in einem Verhältnis wechselseitiger Anregung miteinander zu verschränken: Der Blick auf die Praxis könne um die Berücksichtigung der biographischen Selbstkonstruktionen erweitert werden, während die biographieanalytische Perspektive, ergänzt um einen ethnographischen Zugang, stärker interaktive Kontexte sowie die „'Ko-Konstruktion' und Vernetzung von Lebensgeschichten" (ebd.: 206) in der Analyse thematisieren könne.

Für eine Verschränkung beider methodischer Zugänge spricht ferner die gemeinsame Theorietradition des interpretativen Paradigmas (Kap. 3.) Sowohl bei den vorgestellten ethnographischen Erhebungsinstrumenten als auch bei der 'biographischen Methode' handelt es sich um methodische Vorgehensweisen, die an dem Prinzip der Offenheit orientiert sind.[121] Damit ist verbunden, dass den einzelnen (befragten) AkteurInnen so weit wie möglich selbst die Gelegenheit zur Gestaltung einer Situation gegeben wird. Daneben ermöglichen beide Ansätze die Erhebung empirischen Materials, das auf konkreten Erfahrung von

---

120 Dausien (1996) verweist an anderer Stelle in diesem Zusammenhang im „Biographiemodell" - im Gegensatz zum „Handlungsmodell" (ebd.: 109) – auf eine besondere Komplexität bezogen auf die Aspekte der Prozessualität sowie der Perspektivität hin. So thematisiere die biographische Forschung zwar ebenso, wie verschiedene Handlungen miteinander verknüpft sind. Der Aspekt der Prozesshaftigkeit stelle sich in erster Linie allerdings dar als „Aufschichtung von Erlebnissen und Erfahrungen im biographischen Zeithorizont" unter dem Aspekt, wie eine Person ihre „subjektive lebensgeschichtliche Erfahrungsaufschichtung (...) als [ihre] Biographie präsentiert" (ebd.).

121 In zahlreichen Beiträgen zur Biographieforschung ist von einer 'biographischen Methode' die Rede. Diese Bezeichnung suggeriert eine in sich geschlossene Methode. Stattdessen handelt es sich um eine Vielzahl von unterschiedlichen Ansätzen und Forschungsmethoden (vgl. Dausien 1994 sowie als exemplarisches Übersichtswerk Fuchs-Heinritz 2005[3]). Die Bezeichnung 'biographische Methode', die sich im Folgenden auf die obigen methodischen Ausführungen bezieht, wird an dieser Stelle gewählt, um die beiden unterschiedlichen Herangehensweisen terminologisch einfacher gegenüberstellen zu können.

Personen gründet (vgl. Schlehe 2003). Beide Ansätze verfolgen als Ziel, „die Welt zunächst aus der Perspektive der Handelnden in der Alltagswelt (...) zu erfassen" (Rosenthal 2005: 15). Damit verbunden geht es bei beiden prozessanalytisch ausgerichteten Ansätzen um ein methodisch kontrolliertes Fremdverstehen. Dies impliziert vonseiten der Forschenden eine besondere Reflexion des eigenen Standpunktes, der eigenen Kontextabhängigkeit sowie der eigenen Vorannahmen und dies auch entsprechend zu dokumentieren und zu explizieren. Daneben zeichnen sich beide methodische Herangehensweisen durch ihre große Reflexionsbereitschaft, so etwa zum Einfluss der Forschenden im Feld bzw. beim Interview auf die Darstellung des Erlebten, sowie durch ihren holistischen Ansatz aus. Die Personen im Feld erscheinen als soziale AkteurInnen schlechthin (vgl. Hauser-Schäublin 2003). Schließlich kann die teilnehmende Beobachtung wichtiges Kontextwissen für das soziale Feld als Ganzes aber auch für einzelne fallrekonstruktive biographische Analysen bereitstellen.

Neben diesen Potentialen, die sich aus der Kombination von biographischen und ethnographischen Forschungsmethoden ergeben können und eine Verbindung naheliegend erscheinen lassen, gilt es jedoch auch, bestimmte forschungspraktische Aspekte bei einer solchen methodenpluralen Vorgehensweise zu problematisieren. So kann der Einblick in das soziale Feld und den konkreten Alltag der Befragten über einen längeren Zeitraum, wie er mit einem ethnographischen Zugang verbunden ist, sowohl die konkrete Erhebungssituation als auch die Auswertung narrativ-biographischer Interviews beeinflussen. Zum einen kann sich die stärkere Vertrautheit zwischen Forschenden und Beforschten auf die im Feld gewonnenen Daten auswirken. Je nach Vertrauensgrundlage und der entstandenen Beziehung zwischen beiden kann allein die Tatsache, dass sich Befragte und Forschende noch häufiger (zufällig) begegnen können, den Erzählfluss, die Auswahl der Themen und die Ausgestaltung der thematischen Felder beeinflussen. Die längere Anwesenheit im Feld kann somit einerseits nützlich sein, um Vertrauen aufzubauen, andererseits kann sie allerdings auch die relative Anonymität der Befragten reduzieren. Diese Anonymität, wie sie bei zahlreichen biographisch angelegten Untersuchungen gegeben ist, bei denen sich Forschende und Befragte ein- oder zweimal und selten häufiger treffen, kann mitunter den Befragten die Thematisierung unangenehmer Erfahrungen erleichtern.[122] Zum

---

122 Die Position als relativ Außenstehender im Feld sorgte insbesondere bei Personen des Samples, die sich selbst als AußenseiterInnen sahen bzw. präsentierten, dafür, dass sich bereits nach kurzer Zeit eine besondere Vertrauensgrundlage und Offenheit herstellen ließ. Dies ging vermutlich mit der Zuschreibung einer Rolle als Verbündeter einher. Darüber hinaus genoss ich vor dem Hintergrund bestimmter Mechanismen sozialer Kontrolle unter den DorfbewohnerInnen – an beiden Kontexten der Migration – eine relative Neutralität und Ungebundenheit im Feld, was es auch in ande-

anderen kann sich die besondere Vertrautheit zu zahlreichen Personen der Untersuchungsgruppe auf die Auswertung des Materials auswirken. So kann eine besondere Nähe zu Personen der Untersuchungsgruppe etwa die Formulierung potentiell möglicher Handlungshypothesen beeinträchtigen. Für die vorliegende Untersuchung ließ dies schließlich die Auswertung der narrativ-biographischen Interviews in einer Interpretationsgruppe in besonderer Weise notwendig erscheinen.

4.4 Zur Bedeutung der Sprache im Feld

Wie aus den obigen Ausführungen zum methodischen Vorgehen deutlich wurde, werden in der vorliegenden Arbeit neben Handlungs- vor allem Kommunikationsprozesse analysiert. Sämtliche dieser Kommunikationsprozesse vollzogen sich für den Autor nicht in seiner Herkunftssprache. Während der Forschungsaufenthalte wurden die Interviews und Gespräche mit den BewohnerInnen des Dorfes Satuleşti sowohl im Herkunfts- als auch im Ankunftskontext ausnahmslos auf Rumänisch geführt. Die Untersuchung bedurfte daher einer besonderen Vorbereitung beim Spracherwerb. Dazu gehörten ein zweisemestriger Sprachkurs am Institut für Romanistik der Humboldt-Universität zu Berlin, zusätzliche Intensivsprachkurse an der Friedrich-Schiller Universität in Jena sowie ein zweisemestriger Studienaufenthalt in Bukarest, der einen begleitenden Sprachkurs für ausländische Studierende beinhaltete.

Das Erlernen einer Sprache verhilft allerdings nicht nur zu einem Zugang zu Prozessen der Verständigung, die in der entsprechenden Sprache ablaufen und die sich sowohl durch eine bestimmte geschichtlich gewachsene Struktur als auch durch einen in spezifischer Weise gesellschaftlich geregelten Gebrauch auszeichnen (vgl. Schütz/Luckmann 1979). Es ermöglicht auch einen Zugang zu wesentlichen Bestandteilen der sozial bzw. intersubjektiv hergestellten Lebenswelt und zu gesellschaftlichen Wissensvorräten, die von Generation zu Generation weitergegeben werden. Nach Schütz/Luckmann (1979), die Sprache als „zweifellos wichtigste[s] der lebensweltlichen Zeichensysteme" (ebd.: 201) bezeichnen, lagert sich in der Sprache quasi Gesellschaft ab.

Zur Relevanz von Sprache für menschliches Handeln und die Reflexion der Lebens- und Erfahrungswelt liefert Anselm L. Strauss (1968) einige grundlegende Überlegungen. Für Strauss steht der Akt der Benennung „im Mittelpunkt

---

ren Fällen vermutlich erleichterte, Vertrauen aufzubauen. Gleichwohl galt es, diese eigene Ungebundenheit auch im Feld stets in besonderer Weise deutlich zu machen sowie den Befragten ausdrücklich ihre Anonymität zuzusichern.

dessen (...) was jeder Mensch von seiner Welt weiß" (ebd.: 16). Er führt aus, dass das Benennen oder Bezeichnen – und damit verbunden auch das Klassifizieren – stets unter einem bestimmten Gesichtspunkt bzw. einer bestimmten Perspektive vollzogen wird und damit einen Zugang zum gesamten lebensweltlichen System eröffnet.[123] Ferner verweist Strauss auf die Möglichkeit, Begriffe und Bezeichnungen, die gleichzeitig allgemein als „Richtlinie für das Handeln" (ebd.: 20) dienen, in unterschiedlicher Weise zu lesen, wodurch unterschiedliche Handlungsfolgen ausgelöst werden können. An 'Objekte' seien über ihre Bezeichnungen immer schon bestimmte Erwartungen bzw. bereits gemachte Erfahrungen gebunden: „Klassifikationen [tragen] nicht nur unsere Antizipationen, sondern auch jene Werte, die wir erlebten, als wir den jetzt klassifizierten Dingen, Personen oder Ereignissen begegneten" (ebd.: 21).

Diese Überlegungen verweisen darauf, dass Äußerungen in der alltäglichen sprachlichen Verständigung vielfach indexikalisch und somit kontextgebunden sind. Um ihren jeweils spezifischen Sinn zu rekonstruieren, ist es notwendig, ihren genauen Kontext, in dem sie verwendet werden, zu kennen (vgl. Garfinkel/Sacks 1976). Sie sind „lediglich Indikatoren für Hinweise auf Bedeutungen [und] Bedeutungsgehalte" (Bohnsack 2008[7]: 19). Die Bedeutungen sind somit nicht automatisch mit den Äußerungen verbunden, sondern sie verlangen von den Rezipierenden bestimmte Interpretationen, um sie zu erschließen. Für ihre Erschließung ist erneut Kontextwissen über den Alltagshintergrund der Untersuchungsgruppe, wie es in der vorliegenden Arbeit über einen ethnographischen Zugang generiert wurde, erforderlich (vgl. Senft 2003). Diese Überlegungen sprachen ebenso für eine Verschränkung von biographieanalytischen mit ethnographischen Erhebungsverfahren in der vorliegenden Arbeit. Das Erlernen der Sprache und bestimmter Bezeichnungen und Konnotations- sowie Bedeutungsfelder – so ließe sich in Anlehnung an John Dewey (1920: 86 nach Strauss 1968) sagen – erfolgte schließlich auch durch die Teilnahme an und das 'Durchleben' bestimmter Erfahrungen im Feld.

Vor diesem Hintergrund waren für die Kommunikation im Feld umfangreiche Übersetzungsarbeiten erforderlich – sowohl für den Forscher als auch für Personen der Untersuchungsgruppe. Darüber hinaus ließen die Erfahrungen, die mit der Migration verbunden waren, für die InterviewpartnerInnen besondere

---

123 Strauss (1968) bringt das Beispiel einer anthropologischen Untersuchung über das Leben der Lappen. Die Tatsache, dass sich das Leben der Lappen um Tätigkeiten mit Rentieren drehe, komme etwa darin zum Ausdruck, dass ein einzelnes Wort sowohl die Bedeutung von 'Leute' als auch von 'Rentieren' habe. Die terminologische Bezeichnung erweise sich somit als ein zentraler „Schlüssel zum System der Lappen, ihre Welt und deren Objekte zu ordnen" (ebd.: 19).

Übersetzungsarbeiten notwendig werden. So erforderte die Erzählung von Erfahrungen aus dem Ankunftskontext der Migration mitunter von den MigrantInnen, dass sie aus ihrem Gebrauch der Sprache des Ankunftskontextes bestimmte Erlebnisse in ihre Herkunftssprache zurückübersetzten. In anderen Fällen ließen die Befragten die Sprache des Ankunftskontextes auch in die Darstellung ihrer Erfahrungen in der Herkunftssprache einfließen. An den entsprechenden Stellen wurde dies bei der Interpretation berücksichtigt.

4.5 Der Zugang zum Feld

Der Zugang zum Feld lässt sich in verschiedene Phasen unterteilen. Während meines ersten Aufenthaltes im Dorf im Jahr 2005 nahm ich an einer zweiwöchigen Exkursion von StudenInnen der Universität Bukarest teil, die von einer Doktorandin organisiert wurde. Diese Anbindung an eine Forschungsgruppe war für den Zugang zum Feld sehr hilfreich.[124] Für die Auswahl von Personen aus Familien von MigrantInnen wandte ich mich zunächst an die Gemeindeverwaltung. Bereitwillig erhielt ich eine Namensliste von Personen, die entweder bereits selbst Migrationserfahrungen gemacht hatten, oder die vermittelt an Migrationsprozessen beteiligt waren. Zusätzlich sprach ich Personen an, denen ich zufällig im Dorf begegnete. In den meisten Fällen ergaben sich ohnehin beim Zusammentreffen mit DorfbewohnerInnen Gespräche auf der Straße. So wurde ich entweder direkt zu meiner Person befragt, oder hielt es selbst in der ensprechenden Situation für angebracht, mich vorzustellen. Auch hierüber ergaben sich Kontakte zu Personen, mit denen ich Interviews führte.

Bis auf einzelne Ausnahmen waren die Personen, die ich unterwegs im Dorf ansprach oder zu Hause besuchte, zu einem Interview bereit. Da der erste Aufenthalt im Mai stattfand, überwog während dieser ersten Erhebungsphase im Dorf der Anteil an älteren DorfbewohnerInnen sowie Kindern und Jugendlichen. Die Auswirkungen der Migrationsprozesse, an denen sie häufig vermittelt beteiligt waren, spürten die älteren BewohnerInnen vor allem daran, dass sie sich alleine um ihre Enkelkinder kümmerten, während sich ihre eigenen Kinder

---

124 Während meines einjährigen Studien- und Forschungsaufenthaltes an der Universität Bukarest nahm ich an insgesamt zwei Exkursionen in zwei verschiedene Dörfer in der Moldau teil, die nur wenige Kilometer voneinander entfernt liegen. Diese Exkursionen im Dezember 2004 und im Mai 2005 wurden jeweils von Doktorandinnen am Fachbereich Gesellschaftswissenschaften der Universität Bukarest organisiert, die sich mit einer speziellen traditionellen Form des Gemeindebesitzes, der sogenannten 'obște', als eine Form der Allmende in dieser Region, beschäftigten (vgl. Şişeştean 2005, Măntescu 2006, Vasile 2006).

– wenn überhaupt – nur für einige Wochen in Satuleşti aufhielten. Dabei schien vonseiten der älteren DorfbewohnerInnen das Interesse an mir, meinem Herkunftskontext und der Motivation für meinen Aufenthalt im Dorf ähnlich groß wie mein Interesse an ihren Lebens- und Familiensituationen. Dieses rege Interesse an meiner Person, meiner eigenen Biographie und Familiensituation, an meinen familiären und beruflichen Plänen und generell an meiner Anwesenheit und meinem Vorgehen im Dorf spürte ich während der gesamten Zeit im Feld.[125]

Im Anschluss an diesen ersten Aufenthalt blieb ich in Kontakt mit einer Person aus dem Dorf, die zu dieser Zeit einen Personen- und Pakettransport betrieb und regelmäßig zwischen dem Herkunftsdorf und Italien pendelte. Über diesen Kontakt organisierte ich meinen zweiten Forschungsaufenthalt in Satuleşti.

Während meines zweiten Aufenthaltes wohnte ich zwei Wochen in der Familie meiner Kontaktperson, bis ich auf den Hof einer älteren Verwandten der Familie umzog (vgl. Kap. 4.3.1). In diesen ersten beiden Wochen ergaben sich neben einer engen Einbindung in das Alltagsleben und die Freizeitgestaltung der Familie weitere Kontaktmöglichkeiten zu anderen BewohnerInnen aus dem Dorf, die an Migrationsprozessen beteiligt waren. Zum einen betrieb die Familie eine eigene Bar im Dorf. Dort konnte ich zahlreiche Kontakte zu Personen verschiedener Altersgruppen knüpfen. Zum anderen arbeitete die Ehefrau meiner Kontaktperson als Lehrerin im Dorf. Hierüber erhielt ich einerseits in längeren Gesprächen einen tieferen Einblick in die Auswirkungen der familiären Trennungen auf die Entwicklung und das Verhalten der Kinder in der Schule. Andererseits war ich insgesamt über die Familienkonstellation gerade jüngerer Familien zwischen Herkunfts- und Ankunftskontext gut informiert, woraus sich weitere Kontakte ergaben.

Die konkrete Durchführung der Interviews gestaltete sich nicht immer einfach. Ein allgemeines Phänomen in nahezu allen Familien war, dass die meisten MigrantInnen im Herkunftskontext sehr beschäftigt waren. In den wenigen Wochen, in denen sie sich entsprechend der italienischen Haupturlaubszeit von

---

125 Das Interesse an meiner Person schien sehr unterschiedlich motiviert. So wurde ich etwa mitunter nach Beschäftigungsmöglichkeiten für MigrantInnen in Deutschland oder nach Möglichkeiten, in Deutschland ein Auto zu kaufen, befragt. Das besondere Interesse konnte sich auch aus meiner besonderen Position innerhalb der Dorfgemeinschaft als eine Person von außen ergeben, woraus mitunter eine besondere Nähe und Vertrauensbeziehung zu Personen aus dem Dorf hervorging (vgl. 4.3.2). Gleichzeitig wurde ich durch mein Wissen über zahlreiche Familien aus dem Dorf im Verlauf des Forschungsaufenthalte zu einem Medium innerhalb der Kommunikations- und sozialen Kontrollprozesse unter den DorfbewohnerInnen. Darüber hinaus korrespondierte das Interesse an meiner Person vielfach mit den mir zugeschriebenen Rollen im Feld (vgl. Kap. 4.3.1 Fußnote 107).

Anfang bis Ende August in ihrem Herkunftsdorf aufhielten, fanden zum einen zahlreiche (Familien)Feste statt. In dieser Zeit wurden die meisten Hochzeiten gefeiert – häufig mehrere an einem Wochenende, sofern sie nicht in Italien gefeiert wurden. Zudem hielten viele Familien die traditionellen Totenmahle ab, die nach rumänisch-orthodoxem Glauben in einem bestimmten Jahresrhythmus begangen werden. Zum anderen waren sehr viele Familien mit der Instandhaltung bzw. mit Ausbesserungsarbeiten an ihren Häusern und Gehöften oder mit Neu- sowie Erweiterungsbauten beschäftigt. Manche Familien hatten zusätzlich ihr Geld aus der Arbeitsmigration in eine oder auch mehrere Eigentumswohnungen, zumeist in der Bezirkshauptstadt, investiert und waren dort zusätzlich beschäftigt. Einige Familien betrieben mit Hilfe weiterer Familienangehöriger eine zusätzliche Subsistenzwirtschaft und waren insbesondere in die Heuernte eingebunden. Daneben fielen in die wenigen (Urlaubs-)Wochen im Herkunftskontext auch zahlreiche Familien- und Verwandtschafts- sowie Freundschaftsbesuche – auch in der weiteren Herkunftsregion. Schließlich kümmerten sich manche Eltern auch um die Wohnsituation ihrer Kinder außerhalb des Dorfes, etwa wenn diese für ein Studium in eine Stadt gezogen waren. Für die parallele Auswertung des bereits erhobenen Materials im Feld gab es somit mehrere Gründe. Zum einen wurde damit dem Vorgehen der theoretischen Stichprobenbildung nach Glaser/Strauss (1967) entsprochen. Die weitere Auswahl konzentrierte sich auf bestimmte (maximal sowie minimal) kontrastierende Fälle. Zum anderen diente dieses Vorgehen einer verbesserten Koordination und effizienten Nutzung der deutlich begrenzten Zeit. Noch im Herkunftsdorf ließ ich mir von zahlreichen MigrantInnen für einen Besuch bei ihnen in Italien ihre Kontaktdaten am Ankunftsort geben und organisierte die Unterbringung in Familien aus dem Dorf in Rom sowie in Cittadina.

Im Anschluss an den zweiten Aufenthalt in Satuleşti reiste ich mit BewohnerInnen aus dem Dorf über ein Busunternehmen aus der Bezirkshauptstadt, das ein ehemaliger Migrant aus Satuleşti gegründet hatte, nach Italien. Dort besuchte ich einen Großteil derjenigen MigrantInnen, die sich für ihre Urlaubszeit in ihrem Herkunftsdorf aufgehalten und mit denen ich bereits dort Interviews geführt hatte. Nach meiner Ankunft in Rom wohnte ich die ersten zwei Wochen in einer Familie aus dem Dorf. Von dort aus konnte ich andere Familien, die vornehmlich in Vororten von Rom wohnten, aufsuchen. Aufgrund der Berufstätigkeit der MigrantInnen fanden die Interviews in der Regel abends und an den Wochenenden in den Wohnungen der MigrantInnen statt. Im Anschluss wohnte ich für die letzten vier Wochen meines zweiten Aufenthaltes im Feld bei einer weiteren Familie aus dem Dorf in der Kleinstadt Cittadina, in der aufgrund der Kettenmigration ebenfalls sehr viele MigrantInnen aus dem Dorf wohnten. Auch hier bzw. in einer umliegenden Gemeinde führte ich die meisten Interviews in den frühen Abendstunden bzw. an den Wochenenden bei den MigrantInnen zu Hause. Ferner lernte ich weitere MigrantInnen aus dem Dorf kennen, die zuvor nicht für die Urlaubszeit in ihr Herkunftsdorf gefahren waren. Darüber hinaus wandte ich mich an das Einwohnermeldeamt der Stadt Cittadina, um einen Überblick über die verschiedenen MigrantInnengruppen sowie eine ungefähre Angabe über die Anzahl von MigrantInnen aus Rumänien in der Stadt zu erhalten. Daneben suchte ich einige Fabriken auf, in denen vor allem Migranten aus dem Dorf arbeiteten. Schließlich besuchte ich regelmäßig zwei Bars am Ankunftsort, die von Personen aus der Herkunftsregion um Satuleşti betrieben wurden und die stärker von Migranten jüngeren und mittleren Alters aufgesucht wurden, die sich ohne weitere Familienmitglieder am Ankunftsort aufhielten.

Während meines dritten Aufenthaltes im darauf folgenden Jahr wohnte ich erneut auf dem Hof der älteren Verwandten meiner ersten Kontaktperson. Wieder fuhr ich nach den ersten sechs Wochen im Dorf nach Italien. Dort wohnte ich ein weiteres Mal in Rom sowie in Cittadina in einer Familie aus dem Dorf. Die Familie in Cittadina, zu der ich den Kontakt über eine andere Familie im Dorf hergestellt hatte, lernte ich erst dort kennen. Zusätzlich wandte ich mich erneut an die Meldebehörde in Cittadina (zu den Angaben der Meldebehörde vgl. Kap. 6.2.1).

4.6 Die Bildung des Samples und die Auswahl der dargestellten Fälle

Die Kriterien der Sample-Bildung verschoben sich im Verlauf des Forschungsprozesses entsprechend der Entwicklung der Fragestellung. So verlagerte sich der Fokus von den Auswirkungen der Migration auf die innerfamiliären Prozesse hin zu den Prozessen der biographischen Bedeutungsbildung von Migrationserfahrungen für die MigrantInnen. Der erste Forschungsaufenthalt war eingebettet in ein Forschungsvorhaben, bei dem unterschiedliche Herkunftskontexte und -milieus von MigrantInnenfamilien in ihren strukturellen Auswirkungen auf den Migrationsprozess miteinander verglichen wurden (vgl. Kempf 2006b). Aus dem Vergleich der verschiedenen Herkunftskontexte wurde eine Typologie konstruiert. Anders als bei der vorliegenden Arbeit handelte es sich dabei nicht um eine Typologie entsprechend eines rekonstruktiven Vorgehens. Vielmehr wurden Kategorien 'von außen' an das Material angelegt. Das zentrale 'Eckdatum' für das theoretische Sampling (vgl. Glaser/Strauss 1967, Strauss/ Corbin 1996 sowie Kelle/Kluge 1999) während des ersten Forschungsaufenthaltes in Satuleşti bildete die bäuerlich-ländliche Herkunft der an den Migrationsprozessen Beteiligten. Aus dem Material wurde in idealtypischer Abstraktion der Typus einer MigrantInnenfamilie aus einem ruralen Herkunftsraum konstruiert. Kontrastiert wurden die aus diesem Feld gewonnenen Daten mit Fällen von MigrantInnenfamilien aus einem kleinstädtisch-proletarischen und einem großstädtisch-bürgerlichen Herkunftskontext, aus denen jeweils ebenfalls ein Typus konstruiert wurde.

Auf der Grundlage dieser Studie, wie sie aus dem zweisemestrigen Studien- und Forschungsaufenthalt in Bukarest hervorging, bildete die vorliegende Arbeit zunächst eine Fokussierung des Samples auf Familien von MigrantInnen aus einem ländlichen Herkunftskontext. Entsprechend dem Konzept der empirisch fundierten Theoriebildung nach Glaser/Strauss (1967), wonach die Theoriekonstruktion über die vergleichende Interpretation von Einzelfällen erfolgt, bildeten in diesem Stadium der Arbeit Familien von MigrantInnen die einzelnen Fälle. Die zentralen 'Eckdaten' für das theoretische Sampling bildeten die Herkunft der Familie aus Satuleşti und die Migration von Mitgliedern der Familie von Satuleşti nach Italien. Vor dem Hintergrund der Untersuchungsanlage, wonach auch die Situation der Familien im Ankunftskontext mit einbezogen werden sollte, wurden die Familien aus forschungslogistischen Gründen auf bestimmte Zielregionen der Migration nach Italien eingegrenzt. Innerhalb des so definierten empirischen Bereichs sollte entsprechend dem Prinzip der maximalen strukturellen Variation eine möglichst große Varianz familienbiographischer Erfahrungen erfasst werden. Mit der parallelen Auswertung des Interviewmaterials im Feld bildeten sich weitere Kriterien zur Unterteilung des Datenmaterials heraus, an denen entlang minimale Vergleiche möglich wurden. So wurden (Kern)Familien, die sich (mittlerweile) komplett in Italien aufhielten, von Familien unterschieden, die zwischen dem Herkunfts- und dem Ankunftskontext aufgeteilt waren. Letztere wurden noch einmal weiter unterteilt nach verschiedenen Konstellationen zwischen Rumänien und Italien. Die erste Interpretation der Fälle, die anhand dieser Merkmalsausprägungen ausgewählt wurden, und die daran gewonnenen Kategorien leiteten die Auswahl weiterer Fälle an. Dabei wurden die bereits berücksichtigten Merkmalsausprägungen durch weitere differenzierende Vergleichsdimensionen ergänzt. Dazu gehörten die Dauer des Migrationsprozesses, die beruflichen Vorerfahrungen der MigrantInnen und die schulischen bzw. beruflichen Erfahrungen der nachkommenden Generation in Rumänien und/oder in Italien. Vor diesem Hintergrund wurden InterviewpartnerInnen unterschiedlicher Generation, die entweder eigene Migrationserfahrungen vorweisen konnten oder vermittelt an den Migrationsprozessen beteiligt waren, ausgewählt.

Im Verlauf des Feldaufenthaltes ergab sich auf der Grundlage dieser Merkmalsausprägungen eine Auflistung bestimmter Familientypen: a) Familien (Anzahl 20), in denen sich die Eltern und Kinder in Italien aufhielten. Die Kinder waren zum Großteil noch in der Ausbildung; b) Familien (11), in denen sich Eltern und Kinder in Italien aufhielten. Die Kinder hatten ihre Ausbildung in Rumänien abgeschlossen und waren dann ihren Eltern nach Italien gefolgt. Sie wohnten noch mit ihren Eltern zusammen oder hatten bereits in Rumänien ihre eigene Familie gegründet, mit der sie in Italien (zum Teil in unmittelbarer Nachbarschaft zu ihren Eltern) zusammenwohnten; c) Familien (13), in denen sich die Eltern in Italien und die Kinder in Rumänien aufhielten; d) Familien (13), in denen sich die erwachsenen (ledigen/verheirateten/kinderlosen/geschiedenen) Kinder in Italien und die Eltern in Rumänien aufhielten; e) Familien (9), in denen die MigrantInnen (dauerhaft) nach Rumänien zurückgekehrt waren; f) Familien (7), in denen die Eltern saisonale Arbeitserfahrungen (zumeist als Schäfer) gemacht hatten und die Kinder (zum Teil bereits mit eigenen Kindern) in Italien wohnten. Innerhalb dieser Merkmalsausprägungen ließen sich die Familien nach weiteren Kriterien differenzieren. Dabei gab es zum Teil deutliche Überschneidungen.

Mit Erweiterung der Forschungsmethoden um stärker narrativ ausgerichtete sowie narrativ-biographische Interviews, mit deren Erhebung in der zweiten Hälfte des zweiten Forschungsaufenthaltes begonnen wurde, erhöhte sich die Komplexität biographischer Erfahrungen, die in dem Datenmaterial abgebildet wurde. Jedes der in dieser Form erhobenen Interviews für sich umfasste eine sehr große Datenmenge, auf deren Grundlage erste allgemein-theoretische Aussagen möglich schienen. Zwischen dem zweiten und dem dritten Aufenthalt im Feld wurde die Auswertung des Materials fortgesetzt. Dabei wurden zwei unterschiedliche Auswertungsformen verfolgt. Zum einen wurden die einzelnen Familienfälle entlang der unterschiedlichen Vergleichsdimensionen und ihrer jeweiligen Ausprägungen angeordnet. Zum anderen wurde damit begonnen, die narrativ-biographischen Interviews als Einzelfälle auszuwerten. Hierbei wurden zusätzlich weitere Fälle aus dem bisherigen Datenmaterial entlang der in ihnen vermuteten Varianz an biographischen Erfahrungen im Zusammenhang mit der Migration ins Auge gefasst. Beide Auswertungsverfahren wurden bis zu Beginn des dritten Feldaufenthaltes parallel fortgeführt. Die Auswahl eines dieser beiden Verfahren wurde von der erneuten Situation im Feld und der Möglichkeit, bestimmte Personen im Herkunfts- oder im Ankunftskontext erneut aufsuchen zu können, abhängig gemacht.

Nach den ersten Tagen des dritten Forschungsaufenthaltes fiel die Entscheidung für eine weitere Fokussierung des Samples auf einzelne Biographien. Zu dieser Entscheidung trug bei, dass sich zum einen die obigen Differenzierungskriterien (Generationszugehörigkeit und Generationenverhältnis im Zusammenhang mit den Migrationserfahrungen, die Aufteilung der Familien zwischen Herkunfts- und Ankunftskontext und die Unterscheidung nach eigenen bzw. vermittelten Migrationserfahrungen) als ausgesprochen dynamisch erwiesen. Zum anderen ließ ein fallrekonstruktives Vorgehen mit Familien als Fallebene (vgl. Hildenbrand et al. 1984, ders. 1999 sowie Kap 8.4) eine stärkere Untersuchung des innerfamiliären Dialogs notwendig erscheinen. Unter den Bedingungen des vorliegenden Migrationsfeldes bzw. der Konstellation zwischen Forscher und Untersuchungsgruppe erschien dies nur schwer möglich, da die Anwesenheit des Forschers, so die Vermutung, die Kommunikation in den Familien deutlich verzerrt hätte. Das bis zu diesem Zeitpunkt erhobene Datenmaterial wurde dabei als wichtiges Kontextwissen betrachtet, um vor diesem Hintergrund schließlich Aussagen über das weiter gefasste soziale Feld treffen zu können.

Die einzelnen Fälle der vorliegenden Arbeit bildeten somit Personen unterschiedlichen Geschlechts sowie unterschiedlicher Generationszugehörigkeit, die direkt oder vermittelt an Prozessen der externen Migration beteiligt waren. Zu einem überwiegenden Teil war zu diesen Personen über Gespräche und Interviews sowie zum Teil durch das gemeinsame Zusammenleben in den Familien während der vorherigen Aufenthalte im Feld bereits eine Beziehung aufgebaut worden. Damit setzte sich das Sample während des dritten Forschungsaufenthaltes aus zehn Personen zusammen, die entsprechend der Methode der Fallkontrastierung ausgewählt wurden. Die Personen stammten aus unterschiedlichen Familien und verfügten bis auf eine Person, die vermittelt an Migrationsprozessen beteiligt war, über eigene Migrationserfahrungen. Zusätzlich zu ersten teilstandardisierten familienbiographischen und themenzentrierten Interviews sowie Gesprächen während der ersten Aufenthalte wurden in acht dieser Fälle narrativ-biographische, in zwei weiteren Fällen biographisch orientierte narrative Interviews geführt. In dreien dieser Familien wurden Interviews mit weiteren Familienmitgliedern geführt. In zwei Fällen wurden narrativ-biographische Interviews jeweils mit einem Kind, in einem weiteren Fall narrativ ausgerichtete themenzentrierte Interviews mit beiden Elternteilen geführt. Sämtliche Interviews wurden bereits im Feld transkribiert. Daneben wurde mit der Erstellung von Globalanalysen zu sämtlichen der zehn Fälle des Samples begonnen. Im Verlauf der Fallrekonstruktionen wurde die Auswahl auf jene Fälle von Personen eingegrenzt, die über eigene Erfahrungen von Migration verfügten. So setzte sich das Sample schließlich aus neun MigrantInnen zusammen: sechs Frauen im Alter zwischen 16 und 58 Jahren und drei Männern im Alter zwischen 32 und 45 Jahren. Drei dieser Fälle wurden letztlich nach Kriterien der Gestaltbildung der Migrationserfahrungen in Bezug auf den gesamtbiographischen Prozess für extensive Fallrekonstruktionen ausgewählt. Bei sämtlichen dieser drei Fälle handelt es sich um MigrantInnen, die sich selbst für eine Migration nach Italien entschieden hatten.[126] Aus diesen Einzelfällen wurde die vorliegende Typologie (vgl. Teil IV) konstruiert.[127]

Als erster Ankerfall wurde der Fall von Ana Moșeanu rekonstruiert. Die Migration schien einen diskontinuierenden Erfahrungszusammenhang darzustellen. Die Scheidung im Verlauf der Migration deutete im Umgang mit den Migrationserfahrungen in besonderer Weise auf Prozesse biographischer Reflexion und Reinterpretation hin. Dabei löste sich Ana partiell aus ihrem Herkunftsmilieu sowie von gewissen Beständen ihres Tradierungszusammenhangs.

Im Anschluss wurde im Sinne eines maximal kontrastierenden Vergleichs der Fall von Mihail Cioban ausgewertet. Die besondere Mobilitätsbereitschaft im Zuge der erwerbsbiographischen Erfahrungen als Schäfer deuteten auf eine spezifische Form der beruflichen Kontinuität über die Migration nach Italien hinweg hin. Dieses Kontinuitätspotential schien für Mihail auch durch einen milieuspezifisch angelegten Umgang mit Wanderungsbewegungen in Bezug auf den eigenen Familienzusammenhang begünstigt. Die Migration erschien in ihrer Entscheidung sowie in ihrem gesamten Verlauf sehr stark in den Herkunftskontext eingebettet.

Als dritter Ankerfall wurde der Fall von Constantin Mutu rekonstruiert. Der Erfahrungszusammenhang der Migration erschien im Verlauf der biographischen Genese jeweils unterschiedlich biographisch eingebettet. Hieraus entwickelte sich eine spezifische Dynamik in den Prozessen der biographischen Bedeutungsbildung der Migration, die deutlich von lebensgeschichtlichen Ereignis- und Erfahrungsverläufen bestimmt war. Vor diesem Hintergrund ging

---

126 In zwei dieser abschließenden neun Fälle des Samples ergab sich die Entscheidung zur Migration als Handlungsfolge aus einer vorangegangenen Migrationsentscheidung der Eltern. Damit sind die Migrationsprozesse dieser beiden Fälle in entscheidender Weise generationsspezifisch gelagert. Beide Fälle wurden in das Sample mit aufgenommen, da sich in ihnen im Sinne der entworfenen Typologie eine besondere, nämlich Generationen übergreifende Form der Kontinuität von biographischen Orientierungen und Projekten zeigte (vgl. Kap. 7.3.7).

127 Es geht hierbei um eine Typenbildung am Einzelfall. Hierzu wurden zunächst die Regeln und Wirkungszusammenhänge rekonstruiert, die die einzelnen Fälle jeweils in spezifischer Form konstituierten (vgl. Kap. 4.3.2). Dabei geht es im Sinne Lewins (1967 [1927]), für den ein Typus für einen möglichen Umgang mit sozialer Wirklichkeit steht, nicht um die Häufigkeit des Auftretens eines Typus. Stattdessen werden Fälle präsentiert, bei denen davon ausgegangen wird, dass sich in ihrer konkreten Besonderheit allgemeine und für das vorliegende Migrationsfeld 'typische' biographische Bearbeitungsstrategien von Migrationserfahrungen im Lebenslauf zeigen.

im Umgang mit den Migrationserfahrungen eine (Wieder)Annäherung an den Herkunftskontext hervor, nachdem die Migration zunächst den Versuch bedeutet hatte, sich vom Herkunftskontext zu lösen.

Teil III Das Migrationsfeld

Im Folgenden wird das konkrete Migrationsfeld der vorliegenden Arbeit vorgestellt. In allgemeiner Form wird in den Herkunfts- (Kap. 5) und den Ankunftskontext (Kap. 6) der Migration eingeführt. Beide Kapitel liefern somit wichtiges Hintergrundwissen zu den nachfolgenden Fallbeispielen. In weiten Teilen ging dieses Hintergrundwissen aus dem erhobenen Gesamtmaterial hervor. Der Aufbau der Kapitel ergab sich dabei aus der Analyse des Materials. Die Auswahl der thematischen und historischen Kontexte wurde entlang derjenigen Bezüge vorgenommen, die für die Darstellung der Einzelfälle und damit gleichzeitig zur Veranschaulichung der Spezifika des sozialen Feldes als besonders relevant hervorgingen.

5 Der Herkunftskontext der Migration

Als Einleitung zu diesem Kapitel wird Rumänien als Herkunftsland von MigrantInnen unmittelbar vor sowie nach 1989 vorgestellt (Kap. 5.1). Anschließend werden die Migrationsprozesse unter Bezug auf den konkreten Herkunftsort der MigrantInnen kontextualisiert (Kap. 5.2). Den Fokus der Darstellung bilden verschiedene im Herkunftskontext angelegte Formen von Mobilität, die in spezifischer Weise durch den jeweiligen gesellschaftsgeschichtlichen Hintergrund konturiert wurden.

5.1 Rumänien: Formen von Migration vor und nach 1989

Vor dem Jahr 1989 waren die Möglichkeiten der Migration aus Rumänien deutlich eingeschränkt. Um eine Massenausreise bzw. ein 'Ausbrechen' aus dem kommunistischen Lager zu unterbinden, war die externe Migration in repressiver Weise auf ein Minimum beschränkt. Dazu zählten Arbeitsmigrationen in arabische Länder, selten auch in westliche Länder, sowie Touristenexkursionen und Geschäftsreisen in Mitgliedsländer des Warschauer Paktes.[128] Diese Formen der temporären Grenzwanderungen waren reglementiert und wurden staatlich sehr stark überwacht (vgl. Ohliger 2000). Definitive Grenzüberschreitungen wiederum wurden lediglich gebilligt, wenn es sich um GegnerInnen des Regimes handelte oder im Fall von Angehörigen bestimmter ethnischer Minderheiten.[129] Häufig vollzogen sie sich daher illegal, und die Ausgereisten ersuchten während eines genehmigten Auslandsaufenthaltes politisches Asyl. Definitive Ausreisen wurden in der Regel als Vaterlandsverrat geächtet und bedeuteten eine Stigmatisierung der Einzelnen und der ihnen Nahestehenden sowie Repressionen: etwa die Verfolgung durch die *Securitate* oder ein Kontaktverbot zu denjenigen, die im Land zurückgeblieben waren.

---

128 Auch in Satuleşti gibt es einzelne Fälle von Arbeitsmigration in arabische Länder, etwa in den Irak. Ferner migrierten BewohnerInnen des Dorfes vereinzelt, etwa durch Heirat, auch nach Kanada (siehe hierzu weiter unten).

129 Einen großen Anteil stellten die Ausreisen von Angehörigen der deutschen, ungarischen und jüdischen Minderheit (vgl. u. a. Ohliger 2000, Roth 2006 sowie Sterbling 2006a).

Nach dem Zusammenbruch des sozialistischen Regimes veränderten sich die Migrationsverläufe deutlich.[130] Die militärisch und politisch in absoluter Weise kontrollierte und sukzessive nahezu vollständig undurchlässig gewordene Systemgrenze fiel weg. Gleichzeitig blieben allerdings die Bedingungen der nachfolgenden Wanderungsbewegungen wesentlich von den politischen Rahmenbedingungen, die sich schrittweise veränderten, strukturiert. Nicht nur verschärften zahlreiche Zielländer zu Beginn der 1990er Jahre ihre Migrations- und Asylgesetze, gleichzeitig führten die damaligen EU-Länder die Visumspflicht für rumänische StaatsbürgerInnen wieder ein (vgl. Fassmann/Münz 2000).[131]

In den Folgejahren des Regimesturzes verstärkte sich die Migration der ethnischen Minderheiten. Hinzu kam die massive Ausreise von Hochqualifizierten. Die Migration, zuvor ausschließlich staatlich gelenkt, wandelte sich zu einer Strategie des/der Einzelnen bzw. der Familien (vgl. Călin/Umbreş 2006). Zahlreiche MigrantInnen wanderten nach Nordamerika oder nach Kanada aus, die bereits vor 1989 beliebte Ausreiseländer darstellten (vgl. Muntele 2003).[132] Parallel zu der externen Migration setzte im Inneren des Landes ein Rückzug von der Stadt aufs Land ein. Für die gesamten 1990er Jahre ließ das Pendeln

---

130 Diese Veränderungen in den Migrationsbewegungen markierten auch eine Zäsur in der rumänischen Migrationsforschung. Zuvor wurden fast ausschließlich Wanderungsbewegungen im Inneren des Landes thematisiert, vor allem ausgehend von ländlichen Regionen (vgl. Aluaş/Marica 1972, Sandu 1984). Entsprechend der offiziellen Politik einer Proletarisierung des Landes ging es in rumänischen Forschungsarbeiten darum, die Verstädterung ländlicher Regionen nachzuzeichnen. Mit dem Beschluss der 'Dorfsystematisierung', der international für Aufsehen sorgte, da er vorsah, die Urbanisierung des Landes über die systematische Liquidierung besonders abgelegener Landstriche zu verstärken, entstanden auch einige internationale Forschungsarbeiten, die sich mit den Lebensbedingungen ländlicher Regionen und ihrer Anbindung an Städte beschäftigten (vgl. Ronnas 1988, 1989, Gabanyi 1989). In der neueren rumänischen Migrationsforschung finden sich neben soziologischen Forschungsarbeiten zur externen Migration aus dem ländlichen Raum (vgl. u. a. Sandu 2000a, b, 2005, Şerban/Grigoraş 2000, Şerban 2003 sowie Einleitung) auch demographische Untersuchungen zur Bevölkerungsentwicklung in Rumänien, die die externen Migrationsbewegungen berücksichtigen (vgl. exemplarisch Gheţau 2006).
131 In dieser Zeit wurden zahlreiche Länder Ost- und Ostmitteleuropas, die damals die wesentlichen europäischen Herkunftsländer von AsylbewerberInnen darstellten, als 'sichere Herkunftsländer' bzw. 'sichere Erstasylländer' definiert. Durch die Regelung der Abschiebung in das potentielle Erstasylland war die Möglichkeit des Asylantrags aus einem ostmitteleuropäischen Land nahezu unmöglich. Die Asylgesuche beschränkten sich daraufhin vorwiegend auf Anträge aus Serbien und dem Kosovo, während zuvor noch circa ein Viertel der Asylanträge (etwa 50.000) in westeuropäischen Ländern aus Rumänien kam (vgl. Fassmann/Münz 2000).
132 Die Zahlen der definitiv Ausgereisten beliefen sich in den ersten Jahren nach 1989 auf zwischen 30.000 und 100.000 jährlich (vgl. ebd.: 42).

zwischen Land und Stadt durch den Wegfall wichtiger Industriezweige insbesondere in kleineren und mittleren monoindustriell ausgerichteten Städten nach. Die Arbeitslosigkeit stieg in diesen Regionen deutlich an. Die steigende Armut und die Neuaufteilung des Bodens sorgten dafür, dass sich die Abwanderung von der Stadt aufs Land verdoppelte.[133]

Vor diesem Hintergrund interner Wanderungsbewegungen wurde die ethnisch begründete definitive Ausreise, die bereits Mitte der 1970er Jahre einsetzte und zu Beginn der 1990er Jahre deutlich zurückging, von einer stärker ökonomisch motivierten und vornehmlich temporären bzw. zirkulären Arbeitsmigration über zumeist informelle Netzwerke aus dem Herkunftskontext abgelöst (vgl. Diminescu 2003, Sandu 2005). Rainer Ohliger (2000) spricht in diesem Zusammenhang von einer „Transition des rumänischen Migrationsregimes" von einer „ethnischen zur 'illegalen' Migration" (ebd.: 195). In dem Maße wie die definitive Migration zurückging, wurde die temporäre Migration, insbesondere nach Westeuropa, zu einer weit verbreiteten Einkommensstrategie. Mit Absinken des Lebensstandards und der Wirtschaftskraft sowie dem Anstieg der Arbeitslosigkeit im Zuge wirtschaftlicher Restrukturierungsbemühungen wurde die temporäre Migration ab Mitte der 1990er Jahre zu einem Phänomen, das alle Landesteile ergriff. Als 2002 der Zugang zum Schengen-Raum für rumänische StaatsbürgerInnen liberalisiert wurde, wurde die temporäre Migration endgültig zu einem Massenphänomen.[134] Mit dem EU-Beitritt Rumäniens nahm die Migration weiter zu. Knapp die Hälfte der EU-Mitgliedsstaaten öffnete ihre Arbeitsmärkte uneingeschränkt für Arbeitskräfte aus Rumänien. Die Zahlen

---

133 Unmittelbar nach 1989 stieg der Zuwanderungsstrom vom Land in die Stadt zunächst sehr stark an. Dies wird damit begründet, dass viele PendlerInnen unmittelbar nach 1989 einen Wohnsitz in der Stadt bezogen, nachdem zuvor die Wohnungsvergabe deutlich reglementiert worden war. Nach diesem künstlichen Anstieg kehrte sich die Richtung der internen Migration verbunden mit den wirtschaftlichen Umstrukturierungen allerdings deutlich um (vgl. Sandu 2005). Für manche rumänischen Landesteile zeichnen sich deutliche Gegensätze zwischen aufstrebenden Städten bzw. städtischen Einzugsgebieten einerseits und als abgehängt geltenden ländlichen Regionen andererseits ab. Zu wirtschaftsräumlichen Disparitäten in Rumänien vgl. Heller (1997, 2006) sowie zur steigenden Ungleichheit in den Lebensverhältnissen Zamfir (2004).

134 Verlässliche Zahlen über die Höhe temporärer Auswanderungen liegen nicht vor. Zum einen wird davon ausgegangen, dass sich zahlreiche MigrantInnen aus Rumänien illegal im Ausland aufhalten. Zum anderen gelten die temporären Migrationsbewegungen als sehr dynamisch. In offiziellen nationalen Befragungen wird lediglich registriert, wenn sich Familienmitglieder zu einem bestimmten Moment nicht im Land aufhalten. Es gibt Untersuchungen, die von zehn Prozent der erwachsenen rumänischen Bevölkerung im Ausland ausgehen (vgl. IOM 2004). Dabei sei die temporäre Migration ausgesprochen häufig. Andere Studien nehmen an, dass zwölf Prozent der Haushalte mindestens eine Person im Ausland haben (vgl. Călin/Umbreș 2006).

rumänischer StaatsbürgerInnen im Ausland schwanken zwischen 3,4 Millionen (vgl. Horváth 2007) und 2,5 bis 2,7 Millionen (vgl. OECD 2010). Sämtliche Schätzungen weisen dabei auf die Schwierigkeit hin, genaue Zahlen anzugeben, da die Arbeitsmigration zumeist über informelle Netzwerke organisiert werde. Lediglich ein Drittel der ArbeitsmigrantInnen (1,2 Millionen) seien legal beschäftigt (vgl. Horváth 2007). Für Italien als Zielland hatten unter Berufung auf die italienische Einwanderungstatistik im Jahr 2008 knapp 800.000 rumänische StaatsbürgerInnen einen Wohnsitz in Italien angemeldet (vgl. OECD 2010).

5.2 Das Herkunftsdorf

In diesem Kapitel wird das Herkunftsdorf in zentralen lebensweltlichen Bezügen vorgestellt, die sich für die biographische Einbettung der Migrationserfahrungen als relevant erwiesen. Zunächst wird in spezifische soziökonomische Hintergründe des Herkunftsdorfes eingeführt, wie sie aus dem erhobenen Gesamtmaterial hervorgingen, allerdings nicht für die gesamte Dorfgemeinschaft als homogen angenommen werden (Kap. 5.2.1). Dabei wird die enge Verknüpfung zwischen wirtschaftlichen und sozialen Strukturen herausgestellt. Zum einen gingen aus den dominanten agrarwirtschaftlichen Produktionsformen bestimmte geschlechtsspezifische Muster der biographischen Strukturierung hervor. Zum anderen wirkte der milieuspezifische Hintergrund in besonderer Form auf die familiären und verwandtschaftlichen Sozialbeziehungen sowie auf die Beziehungsnetzwerke zu anderen Personen aus dem Herkunftsdorf. Es folgt die Darstellung unterschiedlicher Mobilitätsformen, wie sie sich den Herkunftskontext sowohl bezogen auf die Zeit vor (Kap. 5.2.2) als auch bezogen auf die Zeit nach dem Umsturz des sozialistischen Regimes (Kap. 5.2.3) als charakteristisch erwiesen.

5.2.1 Milieuspezifische wirtschaftliche und soziale Strukturen des Herkunftskontextes

Das Dorf Satuleşti liegt in der Moldau, in den östlichen Ausläufern der Karpaten. Es gehört zu dem Verwaltungsbezirk Vrancea im Osten des Landes. Dieser teilt sich auf in eine bergige Westhälfte, die äußerste Spitze des Karpatenbogens, der weite Teile Rumäniens durchzieht; die Osthälfte Vranceas ist flaches Land, der Republik Moldau zugewandt. Satuleşti, das nach Angaben der Verwaltung im Dorf etwa 1.700 Einwohner zählt, liegt abgelegen auf einer leicht hügeligen

Landsenke zwischen vier- und achthundert Metern. Bis zur nächsten größeren Stadt, der Bezirkshauptstadt Focşani, ist es knapp eine Stunde mit dem Auto oder dem Mikrobus, der zweimal täglich die Strecke fährt.

Seit Generationen bildet die Landwirtschaft, insbesondere die Schafzucht, die zentrale Erwerbsquelle der DorfbewohnerInnen.[135] Dies hängt mit der Lage des Dorfes und dem Klima zusammen. Zum einen sorgt die Entfernung zu größeren Städten und Industriestandorten für eine deutliche Abhängigkeit der DorfbewohnerInnen von der Landwirtschaft. Zum anderen erschweren das bergige Umland und die niedrigen Temperaturen die Bewirtschaftung des Bodens, weswegen keine extensive Landwirtschaft betrieben werden kann. Nur vereinzelt besitzen Familien aus dem Dorf fruchtbare Ackerflächen in der Ebene. Dazu gehören Familien von Kriegsopfern, die nach den beiden Weltkriegen mit Ackerland entschädigt wurden. Diese Ackerflächen liegen allerdings zwischen 50 und 60 Kilometer vom Dorf entfernt. Ein größerer Teil der landwirtschaftlich genutzten Flächen sind daher Heuwiesen und Weideflächen (vgl. cercetarea complexă 1972, nachfolgend cer.compl. abgekürzt, sowie Neagu 2005).[136]

Die Schafzucht, die von einigen Familien noch immer praktiziert wird, ist in spezifischer Form organisiert. Ein Großteil der Weideflächen liegt in den *Munţii Vrancei* [Bergen von Vrancea] zwischen 20 und 50 Kilometern vom Dorf entfernt. Dieser Teil der Weideflächen sowie mehrere hundert Hektar Wald sind im Besitz der Dorfgemeinschaft.[137] Schäfer aus Satuleşti folgten daher lange Zeit einem Modell der Semitranshumanz bzw. 'inneren Transhumanz', bei dem das Dorf in deutlicher Weise das soziale Zentrum blieb.[138]

---

135 Die Schafzucht ist für die Provinz Vrancea von alters her bedeutsam. So nimmt eines der prominentesten Werke der rumänischen Volksdichtung, die Ballade von *Miorița* [dt. Lämmchen], Bezug auf die Wanderschafzucht in Vrancea (vgl. Schebesch 1969).

136 Die Publikation von Costică Neagu (2005) wird im Zusammenhang mit dem konkreten Herkunftskontext mehrfach zitiert, da sie sich auf ein Dorf in der Nähe von Satuleşti bezieht und in ihrer Darstellung der Situation, wie sie selbst erlebt wurde bzw. aus Erzählungen der DorfbewohnerInnen hervorging, sehr nahe kommt.

137 Während des sozialistischen Regimes wurde dieser Gemeinbesitz an Wald- und Weideflächen, ähnlich einer Allmende, vom Staat beschlagnahmt (vgl. Vasile 2006 sowie Mântescu 2006).

138 Die Semitranshumanz bezeichnet eine Schafhaltung im Zyklus der Jahreszeiten, bei der die Weideflächen weniger entfernt sind als bei der Transhumanz. Für Satuleşti liegen die Sennhütten, die in der Zeit von Frühjahr bis Anfang Herbst genutzt werden, in den Bergen von Vrancea auf einer Höhe zwischen 600 und 1.500 Metern. Daneben gibt es Sennhütten für den Herbst im Umkreis des Dorfes, in denen die Schäfer mit ihren Tieren bis zum Wintereinbruch bleiben. Die Semitranshumanz ist so organisiert, dass ein Großteil der Schafe aus dem Dorf zu Herden zusammengetrieben wird, mit denen Schäfer aus dem Dorf zu den Weideflächen aufbrechen. Die übrigen Schafe

Die dominanten agrarwirtschaftlichen Erwerbsformen strukturierten die Organisation der sozialen Beziehungen entscheidend und trugen zur Herausbildung bestimmter biographischer Muster bei.[139] Auch hier gilt, dass die angeführten Aspekte der agrarischen Erwerbsformen teilweise zum Zeitpunkt der Untersuchung beobachtet werden konnten. Dem Modell der Hauswirtschaft folgend bildete der Familienhaushalt, in dem häufig mehrere Generationen auf einem Hof leben, die zentrale Produktionseinheit mit dem Ziel, die weitere Existenz des landwirtschaftlichen Produktionsbetriebs und damit die Versorgung der Haushaltsmitglieder zu sichern.[140] Seit mehreren Jahren ist die Zahl der landwirtschaftlichen Vollerwerbsbetriebe rückläufig. Zwar stellt nach wie vor die agrarische Subsistenzwirtschaft gerade für die ältere Generation die materielle Lebensgrundlage dar, doch treten zunehmend alternative bzw. zusätzliche (Lohn-)Arbeitsformen hinzu.

Aus dem gemeinsamen Alltag im Dorf und den Erzählungen der DorfbewohnerInnen ging eine geschlechtsspezifische Arbeitsteilung in der landwirtschaftlichen Produktion hervor. Diese wurde durch die Organisation der Landwirtschaft in Form der Semitranshumanz allerdings in einigen Bereichen aufgeweicht.[141] Die Fernweidewirtschaft, der vor allem Männer aus dem Dorf nachgingen, bedeutete, dass in dieser Zeit vor allem Frauen den Hof unterhielten. Während für Männer das Schwergewicht der Arbeit auf der Viehzucht und Feld-

---

und weitere Tiere werden auf landwirtschaftlich genutzten Flächen gehalten, die einige Kilometer im Umkreis des Dorfes gelegen sind. Viele Familien besitzen hierfür spezielle Hütten [târle] (vgl. Neagu 2005). Den Erzählungen der DorfbewohnerInnen zufolge begann die Schafzucht für viele Männer im Alter von sieben oder acht Jahren mit dem Heraustreiben der Schafe aus den Melkpferchen. Möglich war der Aufstieg bis zur Position des Senners.

139 Die Darstellung der sozioökonomischen Strukturen des Herkunftsdorfes erfolgt in der Vergangenheitsform. Damit sollen zum einen Festschreibungen des Herkunftskontextes auf die hier aufgeführten agrarisch dominierten Wirtschafts- und Sozialstrukturen vermieden werden. Zum anderen soll damit zum Ausdruck gebracht werden, dass die Landwirtschaft als Erwerbsquelle an Bedeutung verloren hat. Gleichwohl bildet sie für zahlreiche Personen aus Satuleşti einen wichtigen lebensgeschichtlichen Erfahrungshintergrund.

140 Der Begriff 'Haushalt' bezeichnet hierbei die Produktionseinheit, während der Begriff der Familie auf die psychosozialen Bereiche des Zusammenlebens verweist (vgl. Medick 1976, ders./Sabean 1984). Gleichwohl sind beide Bereiche aufgrund der besonderen familienökonomischen Produktionsweise sehr eng miteinander verwoben.

141 Zu den Arbeiten, die stärker von Männern ausgeübt wurden, zählten größtenteils Tätigkeiten außerhalb des Hofes, auf dem Feld und auf der Weide. Zum Zeitpunkt der Forschung wurde hierbei zum Teil auf Lohnarbeit zurückgegriffen. So zogen in den Sommermonaten Gruppen von Mähern durch das Dorf. Zu Arbeiten, die stärker

wirtschaft lag, übernahmen Frauen eine Vielzahl von Arbeiten im Außenbereich des Hauses, bei denen sie die Männer unterstützten bzw. häufig ersetzten.[142]

Die Abwesenheit des in der Regel männlichen Familienoberhauptes bildete für viele Familien seit Generationen ein systematisch angelegtes und weitertradiertes Spezifikum in den familien- und erwerbsbiographischen Verläufen. Daraus resultierte eine starke gegenseitige Verpflichtung und Abhängigkeit der Haushaltsmitglieder. Gleichwohl kann für die Beziehung zwischen den Geschlechtern von einer (deutlichen) Ungleichheit ausgegangen werden, die häufig auch an die nächste Generation weitergegeben wurde. Trotz der vielfachen Unterstützungsleistungen der Frauen auch im produktiven Bereich wurde dem Ehemann – je nach Alter und Generationszugehörigkeit häufig noch einmal unterschiedlich – zumindest nach außen zumeist sehr deutlich die Rolle des Familienoberhauptes zugeschrieben. Aus den (familien)ökonomischen sowie milieubezogenen Produktionsstrukturen gingen somit geschlechtsspezifische biographische Schemata zur Konstitution und Ausgestaltung der unterschiedlichen Lebensbezüge hervor.

Erhalt und Weitergabe des Hofes in der Familie implizierten ein System gegenseitiger Verpflichtungen, in dem der einzelnen Person auf der Grundlage ihres Alters und Geschlechtes eine bestimmte Position zukam. Mit Beginn der Adoleszenz setzte eine stärkere geschlechtliche Trennung ein, in der Mädchen deutlicher in den häuslichen Bereich eingebunden, Jungen hingegen, in dem sie ebenfalls frühzeitig als Arbeitskraft eingesetzt wurden, der Außenbereich als Identifikationsraum zugesprochen wurde. In Fällen, in denen Frauen mitunter gemeinsam mit ihren Ehemännern die Schafe auf entfernt gelegenen Weideplätzen hüteten, wurde die Kinderbetreuung für diese Zeit häufig den eigenen Eltern übertragen. In diesem Zusammenhang wirft Sam Beck (1992) die Frage auf, ob der Einfluss der Großeltern auf die Erziehung der EnkelInnen nicht eine „merkwürdige kulturelle Verzögerung" bewirke, da sich der Einfluss der Eltern auf ihre Kinder reduziere (ebd.: 160, zum Einfluss der Großeltern auf die Erziehung im Rahmen alternativer Familienarrangements im Zusammenhang mit der externen Migration der Eltern siehe Kap. 6.2.2). Durch diese Form der

---

von Frauen übernommen wurden, zählten hingegen Tätigkeiten, die vielfach im Haus und im angrenzenden Obst-, Gemüse- und Kräutergarten erledigt wurden sowie die Reproduktion betrafen.

142 Frauen halfen bei der Heu- und Maisernte, sämtlichen Arbeiten auf dem Feld und bei der Tierfütterung und dem Melken. Auf den Landparzellen, die um das Dorf gelegen sind, hüteten sie außerdem Kühe, Ziegen und die im Dorf verbleibenden Schafe; Ebenso versorgten sie Hühner, Gänse und Puten. In einigen Familien berieben Ehefrauen gemeinsam mit ihren Ehemännern die Semitranshumanz. Männer hingegen übernahmen selten Arbeiten, die traditionell in den Frauenbereich fielen.

Tradierung relativ klar definierter, wenngleich auch zum Teil widersprüchlicher Geschlechtervorstellungen wurde auf der einen Seite ein ungleiches Geschlechterverhältnis reproduziert. Auf der anderen Seite versprachen derart fest umrissene Geschlechterrollen eine klare soziale Identität und Anerkennung innerhalb des Familienverbandes sowie der Dorfgemeinschaft.[143]

Das System gegenseitiger Eingebundenheit und Verpflichtung bestand über die Familie hinaus auch für das weitere verwandtschaftliche und dörfliche Beziehungsnetz. Ähnlich einer Tauschbeziehung gründeten verwandtschaftliche Beziehungen auf einer gegenseitigen Verpflichtung zur Solidarität und bestimmten, wie bereits der engere Familienkreis auch, die Position der einzelnen Person in der Dorfgemeinschaft. Die Einbindung in eine bestimmte Familie und Verwandtschaft nahm Einfluss auf den Status einer Person. Sie konnte ihr Ansehen und Sozialprestige verschaffen;[144] umgekehrt konnte aber auch das Verhalten jeder einzelnen Person das Prestige der Familie und Verwandtschaft positiv oder negativ beeinflussen.[145]

---

143 Mit der Rückläufigkeit des landwirtschaftlichen Sektors als Einkommensquelle im Zuge der Migrationsbewegungen nach Italien ging eine zunehmenden Varianz in den Bedingungen einher, wie Kinder und Jugendliche aufwuchsen. Während die enge Einbindung in einen landwirtschaftlichen Familienbetrieb bedeuten konnte, dass sich die Jugendzeit verkürzte und Mädchen etwa mit Erreichen der Volljährigkeit heirateten, konnte der Wegfall dieser Einbindung mit einer Verlängerung der Jugend- und Ausbildungsphase einhergehen. So zeigten sich zusammengenommen nicht nur deutliche Unterschiede in den lebensgeschichtlichen Verläufen *zwischen* sondern auch *innerhalb* der Generationen.

144 In diesem Zusammenhang weist Beck (1989) auf die Bedeutung von Arbeit und Fleiß für das Ansehen der einzelnen Person und der Familie hin. Er betont, dass diese Werte auf die nächste Generation übertragen würden. Zum Konzept von Vererbung gehörten sowohl die Weitergabe materieller als auch körperlicher und sozialer Attribute. Auch David Kideckel (1993) weist in seiner Ethnographie zum Leben im Dorf in der Nähe der siebenbürgischen Stadt Fagaraşi auf den hohen Stellenwert der Arbeit hin. Arbeit bedeute Lebenssinn und sei ein wesentliches Thema des öffentlichen Diskurses. Einzelne Personen sowie Haushalte würden nach der Qualität ihrer Arbeit bewertet, wodurch diese eine wesentliche Grundlage für die Hierarchisierung der Dorfbeziehungen darstelle. Der Nachweis einer sozialen Beziehung sei die reziproke Arbeit. Kideckel, dessen Arbeit auf Forschungsaufenthalten in den Jahren 1975-76, 1979 und 1984 beruht, betont weiter, dass Arbeit und die Kontrolle über Zeit, Energie sowie weitere Ressourcen einen steten Wettkampf zwischen dem sozialistischen Staat einerseits und dem dörflichen Privathaushalt andererseits bedeutet und einen entscheidenden Einfluss auf die politischen und sozialen Beziehungen gehabt hätten.

145 Einen zentralen Bereich, in dem strenge Verhaltensnormen galten, die bei Verstoß mit Sanktionen belegt wurden, bildete das weibliche Sexualverhalten. Frauen durften ausschließlich als Verheiratete sexuelle Beziehungen mit ihrem Ehemann führen und setzten sich bei einem Verstoß der üblen Nachrede aus. Für Männer galten diese

Ein zentrales Ereignis für das Sozialprestige einer Person bildete die Eheschließung, durch die beide PartnerInnen in eine neue soziale Rolle hineingehoben wurden.[146] Dieser besondere Stellenwert der Eheschließung als soziales Ereignis ließ sich in der Zeit im Dorf deutlich an den Hochzeitszeremonien ablesen. Eheschließung und Familiengründung machten einen wesentlichen Teil der sozialen Identität und der Anerkennung in Familie und Verwandtschaft sowie in der gesamten Dorfgemeinschaft aus.

Die räumliche Nähe innerhalb des Dorfes verlieh auch den Beziehungen unter den DorfbewohnerInnen ein hohes Maß an gegenseitiger Abhängigkeit und Vereinnahmung. Vermittelt über die Zugehörigkeit zu einer Familie und Verwandtschaftsgruppe erhielt die einzelne Person einen bestimmten Platz innerhalb der dörflichen Statushierarchie zugewiesen, der die Beziehungen zu den DorfbewohnerInnen vorstrukturierte. Im Vergleich zu den Sozialbeziehungen in der Familie waren diese Verbindungen zu Personen der Dorfgemeinschaft allerdings weniger stabil und beruhten nicht in gleicher Weise auf Gegenseitigkeit.[147]

Normen deutlich weniger streng. Diese Verhaltensnormen waren sowohl religiös als auch vor allem sozioökonomisch begründet. So bedurfte die traditionelle landwirtschaftliche Produktionsform, die von einer starken gegenseitigen Abhängigkeit der Familienmitglieder geprägt war, einer stabilen Produktionsgemeinschaft, die durch Institutionen wie Ehe und Familie konsolidiert und hierarchisiert wurde.

146 Die Eheschließung läutet die Gründung einer neuen Kernfamilie ein und bedeutet somit die Spaltung des elterlichen Haushaltes und die Aufteilung des Besitzes auf die Nachkommen. Traditionell wird zwischen zwei Formen der Besitzübergabe unterschieden. Es gibt das Prinzip der Aussteuer [*întestrare*], wenn die Kinder den elterlichen Haushalt verlassen, um einen eigenen Haushalt zu gründen, und das Prinzip der Besitzübertragung [*moștenire*]. Dieses sieht vor, dass der Letztgeborene den Hof der Eltern übernimmt (vgl. Kideckel 1993). In der Regel bezieht das Ehepaar im Anschluss an die Hochzeit ein eigenes Haus, das der Bräutigam mit Unterstützung der Eltern auf einem der elterlichen Grundstücke in der Nähe zum Hof der Eltern gebaut hat, sodass mehrere Generationen einer Familie sehr eng im Dorf zusammenwohnen. Hierdurch wird eine weitere Funktion der familiären Beziehungen, die Versorgung im Alter, durch das nahe Zusammenwohnen der verschiedenen Generationen gesichert. Ist dies noch nicht der Fall, bringt der Bräutigam die Braut zunächst – dem Prinzip der Patrilokalität folgend – in seinen Elternhaushalt mit hinein. Die Braut stellte traditionell über ihre Mitgift [*zestre*] den Großteil des Mobiliars und der Haushaltswaren. Die Eltern beider EhepartnerInnen entschieden somit mit dem, was sie ihren Kindern in die Ehe mitgaben, über die materielle Absicherung des neuen Haushaltes und somit entscheidend über den Status des Paares. Dies führte in der Vergangenheit nicht selten dazu, dass mit einer Ehe vor allem materielle Interessen verbunden waren.

147 Elias/Scotson (1990) sprechen vom Dorf als einem speziellen Sozialsystem, das von Sicherheit, (erzwungener) Identifikationsmöglichkeit und Solidarität gekennzeichnet ist. Sehr stark ist es ihrer Meinung nach von einer hohen Interdependenz der Mitglie-

Die Bedeutsamkeit der Statushierarchie für die Sozialbeziehungen im Dorf lenkt den Blick in besonderer Weise auf die jüngere Geschichte des Dorfes. Die Frage, wie Anerkennung und Status innerhalb der Dorfgemeinschaft verhandelt wird, ist auch abhängig von der Einbettung in den politisch-gesellschaftsgeschichtlichen Kontext. In der Literatur ist die Frage, wie stark der sozialistische Staat in Rumänien die Ausgestaltung der sozialen Beziehungen auch in peripheren ländlichen Regionen beeinflusste, viel diskutiert (vgl. Verdery 1983 sowie Kideckel 1993, der auf die mitunter deutlich widersprüchlichen Kräfte aus Wettbewerb bzw. Konkurrenz und Kooperation hinweist). Gleichwohl gilt es, sich dieser Frage vor dem konkreten Hintergrund in Satuleşti anzunähern. So wurde Satuleşti als ein Bergdorf – anders als in der Regel für den ländlichen Raum in der Litertur diskutiert – nicht zwangskollektiviert (siehe hierzu *Exkurs: Zu Kollektivierungsbemühungen im Dorf*). Sowohl diese Hierarchisierung der sozialen Ordnung als auch der zugewiesene Platz der einzelnen Person unterlagen permanenten und mitunter deutlich spannungsgeladenen Aushandlungsprozessen, die von klaren Kontrollmechanismen flankiert wurden. Eine zentrale Kontrollinstanz stellte die üble Nachrede dar, die einen deutlichen Verlust an Sozialprestige bewirken konnte.[148]

Einen besonderen Bereich der dörflichen Sozialbeziehungen bildete die Nachbargemeinschaft. Sie weichte die Grenzen zwischen den einzelnen Familieneinheiten auf und drängte den Intim- und Privatbereich der Familie stark zurück. Auch der Nachbargemeinschaft lag ein System gegenseitiger Verpflich-

---

der geprägt, die stabilisierend aber auch transformierend wirkt und stark die Persönlichkeitsentwicklung und das Verhalten der Mitglieder beeinflussen kann. Normative Formen des Zusammenlebens sind in Traditionen verankert und erscheinen als naturgegeben und unzweifelhaft richtig (siehe ebenso Elias 1978[6], I sowie zur Solidarität und Gemeinschaft einer Dorfgemeinde Weber 1980[5]).

148 In diesem Zusammenhang weist Elias (1979[6], II) darauf hin, dass über derartige Sanktionen auferlegte Fremdzwänge in Erziehung und Sozialisation in Selbstzwänge umschlagen können. Eine mögliche Reaktion auf die starke Vereinnahmung durch die Dorfgemeinschaft sei die Verinnerlichung von Verhaltensnormen und die Tendenz zur Überanpassung. Eine Möglichkeit, im Falle eines Regelverstoßes negativen Sanktionen zu entgehen, sei es, sich dem Dorf zu entziehen. Dies sei etwa durch eine erhöhte Mobilität, durch Wanderung oder Migration möglich. Daneben weisen Elias/Scotson (1990) auf den Klatsch als unmittelbare Integrationsbarriere, vor allem für Fremde hin. So könne der Klatsch auch dazu eingesetzt werden, Außenstehende, die nicht aus dem Dorf stammten, von vornherein aus der Dorfgemeinschaft auszuschließen. Zu den verschiedenen Formen und Funktionen des Klatsches siehe Schiffauer (1987). Zur Struktur der Klatschkommunikation siehe ebenso Ilien/Jeggle (1978). Beispiele für klare Verstöße gegen kollektive Verhaltensnormen bildeten, bezogen auf das Dorf Satuleşti, eine (vorübergehende) Trennung der EhepartnerInnen sowie die Scheidung.

tung zugrunde. Jede Form der Unterstützung und des Aushelfens begründete eine Verpflichtung zur Gegengabe.[149] Für viele, vor allem ältere Frauen, bildete die Nachbargemeinschaft auch einen wesentlichen Interaktionsbereich ihrer Freizeit. Für Männer aller Altersgruppen hingegen bildete dieser meist das Zentrum des Dorfes.[150]

5.2.2 Lebensgeschichtlich relevante Mobilitätsprozesse bis 1989

Seit den 1950er Jahren kam es unter den BewohnerInnen des Dorfes Satuleşti zu stärkeren Binnenwanderungen, die sich unterschiedlich ausdifferenzierten. Damit einher ging eine Pluralisierung lebensgeschichtlich relevanter Erfahrungszusammenhänge.[151]

---

149 Zu wichtigen Funktionen gehörte das gegenseitige sich Aushelfen, gerade bei Tätigkeiten, die in den häuslichen Bereich fielen, weswegen sie stärker zum Interaktionsbereich von Frauen zählte. Die Beaufsichtigung von Kindern aus der Nachbarschaft nebenbei gehörte ebenso dazu wie der auf Gegenseitigkeit und Solidarität beruhende Austausch von einfachen Hilfeleistungen und Gütern im Haushalt, das kurze Gespräch am Hoftor oder die Unterstützung bei der Vorbereitung von Familienfesten. In den Abendstunden und an den Sonntagen trafen sich (ältere) NachbarInnen auch gerne auf Bänken, die vereinzelt an den Straßenrändern aufgestellt waren. Obgleich diese Form der Gemeinschaft einen wichtigen Teil der sozialen Identität darstellte, konnten Verbindungen, die in ein Netz aus weitreichenden Familien-, Verwandtschafts- und Nachbarschaftsbeziehungen eingebettet waren, auf Kosten der Selbstbestimmung gehen und bei einem Konflikt leicht in Feindschaft umschlagen.
150 Die Aufenthaltsbereiche im Zentrum des Dorfes, etwa gegenüber dem Rathaus oder in einer der Schänken oder Bars, stellten wesentliche Orte der Dorföffentlichkeit dar. Sie wurden in den frühen Abendstunden bzw. am Sonntag nach dem Kirchgang fast ausschließlich von Männern aufgesucht. Manche älteren Männer nahmen ihre noch jungen Enkelkinder mit dorthin. Mit Ilien/Jeggle (1978) kann von zwei Öffentlichkeiten gesprochen werden: der eminenten und der relevanten. Erstere ist nach Ilien/Jeggle von den Männern beherrscht. In ihr würde verhandelt, würden Entscheidungen gefällt und würde Dorfpolitik betrieben. Letztere hingegen sei von den Frauen bestimmt und umfasse neben gegenseitigen Unterstützungsleistungen vornehmlich Aufgaben, die die Reproduktion betreffen.
151 Von Erfahrungen interner Wanderungsbewegungen vor 1989 wird auch für den weiteren Herkunftskontext ausgegangen. So weist Diminescu (2003) für den ländlichen Raum Rumäniens als Herkunftskontext von MigrantInnen nach 1989 darauf hin, dass diese in den meisten Fällen bereits Migrations- bzw. Mobilitätserfahrungen durch das Pendeln zwischen Stadt und Land gemacht hätten. Es gäbe eine „Kultur der Mobilität im Inneren Rumäniens", insbesondere in der Moldau (ebd.: 10, Übersetzung A.K.). Auch Morokvasic/Rudolph (1994), die unter Verweis auf Tarrius (1994) bereits zu

In Kapitel 5.2.2.1 werden sowohl die regionalspezifische Form der Semitranshumanz als auch die verschiedenen Wanderungsbewegungen im Zuge der Kollektivierung der Landwirtschaft vorgestellt. In der Darstellung der Mobilitätsprozesse stehen die Arbeitsbedingungen und ihre Auswirkungen auf die Familienstrukturen im Vordergrund. Die Mobilität in weiter entfernte Landesteile bedeutete unter den besonderen gesellschaftshistorischen Bedingungen eine lukrative Einkommensergänzung. Es wird aufgezeigt, zu welchen vielschichtigen Veränderungen in der Lebens- und Erwerbsorganisation dies führen konnte. Gleichzeitig wird hervorgehoben, dass mitunter bestimmte bestehende wirtschaftliche und soziale Organisationsformen aus dem Herkunftsdorf fortgeführt wurden. Im Anschluss geht es um diese und weitere Mobilitätsprozesse vor dem Hintergrund der Generationenfolge (Kap. 5.2.2.2). Besonders hervorgehoben werden Formen ausbildungs- und erwerbsbezogener Kontinuität und Ausdifferenzierung zwischen den Generationen. In unterschiedlicher Weise konnten daraus bestimmte Ausprägungen gesellschaftsgeschichtlich sowie milieuspezifsch konturierter biographischer Schemata hervorgehen, in denen geographischräumliche sowie soziale Mobilitätsprozesse eingelagert waren.

5.2.2.1 Interne Wanderungsbewegungen als Schäfer

In den 1950er Jahren begann die Binnenmigration vor allem junger Schäfer aus dem Dorf gemeinsam mit ihren Schafen in andere Landesteile; zum einen weil es für sie finanziell lukrativ war und es ihnen an Weideland und Futter mangelte, zum anderen, um den späteren staatlichen Tierzählungen zu entgehen, bei denen die Abgaben an den Staat festgesetzt wurden (vgl. Neagu 2005).[152] Eine wichtige Voraussetzung für diese Form der Binnenmigration bildete die Kollektivierung der Landwirtschaft, aus der landwirtschaftliche Produktionsgenossenschaften (C.A.P.) und kapitalintensive Staatsbetriebe (I.A.S.) hervorgingen.[153] Nur ein

---

Beginn der 1990er Jahre von einem „Mobilitäts-Paradigma" (ebd.: 22) sprechen, heben als ein Charakteristikum des osteuropäischen Herkunftskontextes erwerbsbedingte Formen von Mobilität bereits vor 1989 hervor.

152 Je nach Tierbestand mussten Privatleute ab den 1970er Jahren einen bestimmten Teil ihrer Tiere nach einem Vertragssystem abgeben (vgl. u. a. Verdery 1983, Beck 1992). In Gesprächen mit DorfbewohnerInnen wurde stets betont, dass die eigenen Schafe auch in den Gemeinden in anderen Landesteilen gezählt worden seien. Allerdings habe es häufig persönliche Vereinbarungen mit den Verantwortlichen in den Kooperativen gegeben.

153 Im Rahmen einer nationalen Gesetzgebung fielen im Juni 1948 alle Finanzen, die Industrie und weite Teile des Handels sowie der Landwirtschaft unter staatliche Kontrolle. Der Grund für die Kollektivierung der Landwirtschaft war unter anderem, dass

sehr geringer Teil der landwirtschaftlichen Nutzfläche konnte weiterhin privat bewirtschaftet werden. Ausgenommen von der Kollektivierung waren vor allem Dörfer in bergigen Regionen (siehe hierzu weiter unten zu Kollektivierungsbemühungen in Satuleşti).

Die Kollektivierung der Landwirtschaft setzte saisonale Wanderungsbewegungen nach Siebenbürgen, in Teile des Banats sowie in die Dobrudscha in Gang. Dies lag unter anderem daran, dass die deutschstämmige Minderheit, die vor allem in Siebenbürgen angesiedelt war, sowie die ungarische Minderheit stark von der Enteignung im Zuge der Kollektivierung betroffen waren (vgl. Zach 1988 sowie Sterbling 1997). Da der Anteil derjenigen, die in der Landwirtschaft beschäftigt waren, auch aus politisch-ideologischen Gründen rapide sank, wurde der Bedarf mit SaisonarbeiterInnen aus dem westrumänischen Bergland sowie aus der Moldau gedeckt (vgl. Sterbling 1993).[154] Für die BewohnerInnen des Dorfes Satuleşti führte diese neue Form der internen Wanderungsbewegung als Schäfer einerseits zu Veränderungen in der Lebens- und Erwerbsorganisation. Andererseits wurden zum Teil bestimmte bestehende wirtschaftliche und soziale Organisationsformen aus dem Herkunftsdorf fortgeführt.

Die Wanderschafzucht nach Transsilvanien und in die Dobrudscha bedeutete eine Neustrukturierung der Einkommensmöglichkeiten. Deutlicher als zuvor konnte das Einkommen der Familie neben der Subsistenzwirtschaft durch Lohnarbeit ergänzt werden. Die genaue Höhe des zusätzlichen Einkommens ergab sich dabei aus der Position des Schäfers innerhalb der hierarchisch geformten Organisationsstruktur der Schafzucht in den Kooperativen. An der Spitze dieser Hierarchie stand ein Schäfer, der dafür verantwortlich war, dass die Kooperative

---

dem Staat durch den Mangel an Industrie Kapital zur wirtschaftlichen Entwicklung fehlte und hierdurch Kapital freisetzt werden sollte (vgl. Kideckel 1993). In den 1980er Jahren entfielen etwa 60 Prozent der landwirtschaftlichen Nutzfläche auf insgesamt rund 4.500 landwirtschaftliche Produktionsgenossenschaften, 30 Prozent auf rund 350 großflächige Staatsbetriebe und neun Prozent auf Privatbauern (vgl. Statistisches Bundesamt 1985: 63). C.A.P. steht für *Cooperativa Agricolă de Producţie*. Diese gingen 1965 aus zuvor gegründeten Kooperativen, den sogenannten *Gospodăria Agricolă Colectivă* (G.A.C.) hervor. I.A.S. steht für *Interprindere Agricolă de Stat*. Diese wurden um die 1970er Jahre eingerichtet und direkt vom Staat unterhalten und bezuschusst.

154 Der Anteil derjenigen, die in der Landwirtschaft beschäftigt waren, sank von über 70 Prozent zu Beginn des sozialistischen Umbildungsprozesses auf etwa 30 Prozent in den 1980er Jahren bei einem deutlichen Anstieg der Bevölkerung insgesamt. Diese stieg, verbunden mit der Bevölkerungspolitik unter Ceauşescu von 14 Millionen im Jahre 1930, als sich nach dem Ersten Weltkrieg zunächst die Fläche des Landes nahezu verdoppelte, auf 23 Millionen im Jahre 1987 (vgl. Jackson/Happel 1977 sowie Jeffries 1990).

die jährlich festgelegten Quoten an Wolle, Milcherzeugnissen und Jungtieren erfüllte. Diese wurden von staatlichen Lebensmittellagern zu Preisen angekauft, die vom Staat festgesetzt wurden und deutlich unter ihrem Marktwert lagen. Der Schäfer unterzeichnete einen Jahresvertrag, dessen genaue Konditionen – anders als für ArbeiterInnen in der Landwirtschaft üblich – er nach einer Probezeit teilweise selbst aushandeln konnte. So konnte er vorher festlegen, wie viele seiner eigenen Tiere er parallel halten wollte, um so das fruchtbare Weideland in anderen Landesteilen für seine eigene Schafzucht zu nutzen. Überschüssige Produkte sowie die Erzeugnisse der eigenen Schafe konnte er auf dem freien Markt in den angrenzenden Dörfern oder Städten verkaufen, wo er häufig ein Vielfaches der staatlichen Preise erzielte. Schäfer in dieser Position wohnten nicht selten zusammen mit ihren Familien und einem Großteil ihres Schafbestandes über mehrere Jahre hinweg in den staatlichen Großbetrieben.

In Gesprächen mit DorfbewohnerInnen wurde häufiger angesprochen, wie renommiert Schäfer aus dem Dorf in anderen Landesteilen gewesen waren. Leiter von Kooperativen warben damals regelmäßig Schäfer aus dem Dorf an. Hintergrund war, dass die Löhne der Beschäftigten einer Kooperative über ein Basisgehalt hinaus nach Produktivität und entsprechend eines Bonussystems ausgezahlt wurden, weswegen es wichtig war, kompetente und geschickte Schäfer einzustellen. Das Renommee der Schäfer aus dem Dorf begünstigte auch eine gewisse Fluktuation. Ausschlaggebend war, in welcher Kooperative ein Schäfer am meisten verdienen konnte.

Daneben war es möglich, dass sich dieser Schäfer gleichzeitig verantwortlich zeichnete für die Schafe der BewohnerInnen derjenigen Dörfer, die an die Kooperative angrenzten. Auch diese Tätigkeit war für ihn lukrativ. So musste er vor 1989 für das notwendige Weideland keine Pacht bezahlen, da es Gemeindeland war. Hier kam es darauf an, dass der Schäfer es verstand, persönliche Kontakte zu den BewohnerInnen des Dorfes aufzubauen und seine Konditionen geschickt auszuhandeln. Produzierte er mehr, als er mit den BesitzerInnen der Schafe vereinbart hatte, konnte er die überschüssigen Produkte ebenfalls auf dem freien Markt verkaufen.

Um die jährlich festgelegten Quoten zu erfüllen, wählte der hauptverantwortliche Schäfer weitere Schäfer aus, mit denen er gemeinsam die Schafe hütete. Die Entlohnung der weiteren Schäfer konnte er entsprechend der Jahreszeit und der geleisteten Arbeit auf der Grundlage des zur Verfügung gestellten Budgets selbst festlegen. Wenn er die Arbeitskräfte sehr knapp kalkulierte, konnte er den Monatslohn für eine nicht besetzte Stelle für sich verwenden. Umgekehrt, wenn das Budget nicht ausreichte, konnte es ihm passieren, dass er einen zusätzlichen Schäfer von seinem eigenen Geld bezahlen musste.

Um das notwendige Vertrauensverhältnis sicherzustellen, griff er häufig auf persönliche Netzwerke zurück. Diese Form der Rekrutierung begünstigte, dass zahlreiche Schäfer einer Kooperative aus dem gleichen Dorf oder gar derselben Familie stammten. Durch diese Beziehungsnetzwerke konnte sich der Ankunftskontext der Binnenmigration zu einem verlängerten Arm des Dorfes entwickeln. So wurde das Arbeitsverhältnis nicht aufgrund einer rein ökonomischen Logik eingegangen, sondern aufgrund von Beziehungen. Das Ansehen der einzelnen Person blieb abhängig von dem Ansehen der Familie und der Verwandtschaft innerhalb der Dorfgemeinschaft. Der Status eines Schäfers in der Hierarchie einer Kooperative konnte den Status dieser Person in der Hierarchie des Dorfes widerspiegeln. So blieb auch für diese Formen von Wanderungsbewegungen das Dorf zumeist das soziale Zentrum.

Ähnlich der Semitranshumanz blieb ein Großteil der Familien durch die internen Wanderungsbewegungen in andere Landesteile für die meiste Zeit des Jahres voneinander getrennt. Zahlreiche Schäfer, die sich ansonsten höchstens zur Erntezeit im Dorf aufhielten (vgl. Sterbling 1993), kehrten im Herbst mit ihren eigenen Schafherden in mehreren Tagesmärschen von den Kooperativen in ihr Herkunftsdorf zurück. Nur eine verminderte Zahl von Schäfern blieb das ganze Jahr über bei den staatlichen Schafzuchten. Für diese Trennung der Familien konnten ökonomische Gründe sprechen. So konnten die Ehefrauen, als eine spezifische Form der Erwerbsarbeit, meist gemeinsam mit den Kindern weiterhin den Hof im Dorf betreiben und einen Teil der eigenen Produkte auf dem Wochenmarkt in der Nachbargemeinde verkaufen. Die Lohnarbeit als Schäfer in Kooperativen in anderen Landesteilen trat zu der bisherigen landwirtschaftlichen Subsistenzwirtschaft ergänzend hinzu. Der eigene Hof im Dorf bildete weiterhin das Zentrum des familienökonomisch organisierten Haushaltes.

Im Zuge der staatlich vorangetriebenen Steigerung der Tierbestände in den 1970er und 1980er Jahren nahm die Zahl an Schäfern aus dem Dorf, die in anderen Landesteilen arbeiteten, weiter zu. Insbesondere in Kooperativen in Transsilvanien sowie zwischen dem Schwarzen Meer und dem Unterlauf der Donau übernahmen sie die Schafzucht großer staatlicher Herden.

Exkurs: Zu Kollektivierungsbemühungen im Dorf

In Ortschaften wie Satulești, deren Bodenqualität aufgrund des hügeligen und bergigen Reliefs nur gering ausfiel, bestand kein Kollektivierungszwang. Gleichwohl gab es in Satulești eine Initiative zur Kollektivierung der Landwirtschaft.

Die Kollektivierung beschränkte sich in Satulești auf eine Schafzucht [*brigadă zootechnică*], in Form einer G.A.C., deren Wirtschaftsgebäude wenige Kilometer außerhalb des Dorfes gelegen waren. Das nötige Weide- und Ackerland kam zum Teil von den beitretenden Mitgliedern, die sich dazu verpflichteten, ihr Land abzugeben. Zum Teil wurde das Land aber auch von anderen BewohnerInnen des Dorfes konfisziert, wofür meist andere, weniger fruchtbare Weide- und Ackerflächen zur Verfügung gestellt wurden (vgl. Vasile 2006). Mitglieder der Kooperative waren vor allem staatliche Angestellte oder Lohnarbeiter, etwa Forstarbeiter oder Handwerker (vgl. cer. compl. 1972 sowie Neagu 2005). Für die Kooperative in Satuleşti wird von einer Beteiligung von wenig mehr als zehn Prozent der Familien ausgegangen. Der gemeinschaftlich bewirtschaftete Boden belief sich auf weniger als fünf Prozent der gesamten landwirtschaftlich nutzbaren Fläche.

In der Literatur wird auf die geringe Produktivität der Kooperative und auf die geringe Sorgfalt in der Zusammenlegung hingewiesen. Das im Gegenzug für die konfiszierten Weideflächen zur Verfügung gestellte Land sei vielfach geringer ausgefallen, da die Landflächen zuvor nicht genau ausgemessen worden seien und die Landwirte die Größe ihres Landes nicht genau hätten angeben können. 1965 erfolgte die Umwandlung der G.A.C. zur C.A.P. (vgl. Fußnote 153). Schließlich wurde die Brigade einer größeren C.A.P. in Richtung Bezirkshauptstadt angegliedert, deren Anbaubedingungen günstiger gewesen seien. Manche der eingeschriebenen Mitglieder seien regelmäßig zu Arbeitseinsätzen dorthin berufen worden.

Obgleich es keinen expliziten Kollektivierungszwang gab, kann davon ausgegangen werden, dass die Lebens- und Erwerbsbedingungen im Dorf zunehmend von der staatlichen Lenkung der landwirtschaftlichen Produktion durchzogen waren. Erzählungen der DorfbewohnerInnen deuten darauf hin, dass die vom Staat zunehmend strenger organisierte landwirtschaftliche Produktion den Druck auf die Haushalte erhöhte, sich an dem System von jährlichen Produktionsverträgen zu beteiligen und entsprechend der Personenzahl eines Haushaltes und der vorhandenen Anzahl an Tieren ausgehandelte Produktionsmengen an eine im Dorf eingerichtete Abgabestelle abzutreten. Zum einen sei der private Verkauf von Nahrungsmitteln hoch besteuert gewesen. Zum anderen hätten Haushalte, die sich am Kontraktsystem beteiligten, Nahrungsmittel zu vergünstigten Konditionen kaufen können. Mitte der 1980er Jahre seien die Verträge über Tierabgaben obligatorisch gewesen. In diesem Zusammenhang deuten Aussagen einiger DorfbewohnerInnen darauf hin, dass sich über unterschiedliche Beziehungskanäle ein feinmaschiges Günstlingssystem herausbildete. Die gegenseitige Abhängigkeit und die zunehmende Mangelwirtschaft führten vermutlich dazu, dass sich parallelwirtschaftliche Strukturen ausbildeten.

Die gesellschaftsgeschichtlich bedingten wirtschaftlichen Veränderungen sorgten dafür, dass sich die Einkommensstrategien ausdifferenzierten. Immer weniger DorfbewohnerInnen arbeiteten ausschließlich in der eigenen Landwirtschaft. Gerade ärmere Familien sicherten ihren Lebensunterhalt über zusätzliche Beschäftigungsarten. Neben der Binnenwanderung als Schäfer und einer Subsistenzwirtschaft verkauften einige Frauen Spinn- und Webwaren an den Staat, die sie in Handarbeit herstellten. Andere DorfbewohnerInnen arbeiteten einige Wochen oder Monate zur Erntezeit für eine der größeren Kooperativen im Umland, auch wenn sie nicht selbst der Kooperative im Dorf beigetreten waren. Mitunter gab es in den Familien aus dem Dorf Generationen übergreifende regelmäßige saisonale Arbeitsaufenthalte, etwa als ErntehelferInnen, in Regionen unweit des Herkunftsdorfes. Durch diesen Einfluss auf die Organisation der Produktion, so lässt sich annehmen, konnte der Staat bis in die Sozialbeziehungen innerhalb der Familien und der Dorfgemeinschaft vordringen.[155]

Als die Brigade nach 1989 geschlossen wurde, ging das konfiszierte Land an die EigentümerInnen zurück. Die Schafe wurden an die BewohnerInnen des Dorfes verkauft.

5.2.2.2 Formen ausbildungs- und erwerbsbezogener Kontinuität und Ausdifferenzierung zwischen den Generationen

Die sozialen, politischen und wirtschaftlichen Veränderungen, wie sie mit dem Aufstieg des sozialistischen Regimes verbunden waren, konnten die Lebensver-

---

155 Kideckel (1993) vertritt in diesem Zusammenhang die These, dass sich durch das sozialistische Regime im Wesentlichen bereits bestehende sozioökonomische Gräben zwischen Teilen der Gesellschaft vergrößert hätten. Randall (1976) und Beck (1976, 1987) kommen in ihren Untersuchungen zu dem Ergebnis, dass sich BergbäuerInnen häufig einerseits der sozialistischen Umgestaltung ihrer Dorfgemeinden widersetzt, andererseits sich an den sozialistischen Staat angepasst hätten. Daraus leiten sie tiefgreifende Veränderungen für die Organisation der Produktion, für die Geschlechterbeziehungen und für die Beziehungen zwischen den Generationen in den Familien und im Dorf ab. Hierzu sei allerdings angemerkt, dass Beck in den 1980ern eine Gemeinde in Rumänien untersuchte, die stärker an industrielle Produktionszweige angegliedert war. So gab es in diesem Dorf zahlreiche Familien, in denen die Männer und zeitlich etwas verzögert auch die Frauen neben der Landwirtschaft einer Nebenbeschäftigung als LohnarbeiterInnen in einer der umliegenden Fabriken nachgingen. Es bildete sich, anders als für das Dorf Satulești, eine große Zahl von sogenannten 'ArbeiterbäuerInnen' heraus. Aus den Erzählungen der BewohnerInnen des Dorfes Satulești gingen unterschiedliche Strategien im Umgang mit dem sozialistischen Staat hervor. Während die meisten meiner GesprächspartnerInnen, insbesondere jene, die eine eigene Landwirtschaft betrieben, angaben, dass sie versucht hätten, sich dem direkten Eingriff des Staates zu entziehen, ging aus Gesprächen mit anderen DorfbewohnerInnen hervor, dass sie meist in irgendeiner Form versuchten, von den geänderten Einkommensmöglichkeiten und Bewirtschaftungsformen zu profitieren.

läufe der DorfbewohnerInnen entlang der verschiedenen Generationen deutlich beeinflussen. An dieser Stelle werden Formen ausbildungs- und erwerbsbezogener Kontinuität und Ausdifferenzierung zwischen den Generationen in ihren wesentlichen Konturen vorgestellt. Während in zahlreichen Familien die internen Wanderungsbewegungen als Schäfer weitergeführt wurden – was in der nachkommenden Generation mit der Aufnahme einer Ausbildung zusammenfallen konnte – setzte in anderen Familien mit einer Ausbildung und anschließenden Erwerbstätigkeit in einem staatlichen Betrieb eine Abwanderung vom Land in die Stadt ein.[156]

Zu Formen der Kontinuierung erwerbsbiographischer Handlungsmuster

In zahlreichen Familien wurde die Binnenmigration als Schäfer in anderen Landesteilen, wie sie in den 1950er Jahren begonnen hatte, in der nachkommenden Generation weitergeführt. In diesen Fällen zeigte sich eine deutliche Kontinuierung erwerbsbiographischer Handlungsmuster. Für die männlichen Nachkommen bedeutete die Schafzucht in anderen Landesteilen, insbesondere wenn sie bis auf wenige Besuche im Dorf auf das gesamte Jahr ausgedehnt wurde, eine sehr einträgliche Einkommensquelle und eine wichtige materielle Grundlage für die Gründung einer eigenen Familie. Frauen wurden in diesem Zusammenhang hingegen häufig explizit auf Tätigkeiten in einem späteren eigenen Haushalt vorbereitet. Durch die Tradierung der Schafzucht als zentrale Erwerbsstrategie konnte die Gründung eines eigenen Haushaltes im Dorf meist relativ zügig eingeleitet werden.

Mit Fortführung der Landwirtschaft und Schafzucht bestand die Gesamtfamilie in der Regel als dörflicher Mehrgenerationenhaushalt fort. Auch die nachfolgende Generation war durch den Aufbau einer eigenen Existenz in Satuleşti stark an das Dorf gebunden. In zahlreichen Fällen implizierte dies, dass auch in der nachkommenden Generation die Kernfamilie über einen längeren Zeitraum im Jahr voneinander getrennt war. Der Ehemann und Familienvater sowie zum Teil beide Elternteile waren einen Großteil des Jahres in anderen Landesteilen unterwegs. Mit dieser Kontinuierung erwerbsbiographischer Handlungsmuster ging auch die Tradierung spezifischer Generationen- und Geschlechterbeziehungen einher (vgl. Kap. 5.2.1). Die nachkommende Generation bewegte sich in einem deutlichen Tradierungszusammenhang.

---

156 Für Gesamtrumänien nahm in dieser Zeit der Anteil derjenigen, die nicht in der Landwirtschaft beschäftigt waren, allerdings dennoch ihren Wohnsitz auf dem Land hatten, deutlich zu. So pendelten zahlreiche IndustriearbeiterInnen zwischen Industriezonen und den ländlichen Gebieten im Umkreis (vgl. Sterbling 1993).

Zu Ausdifferenzierungen der Lebens- und Ausbildungswege zwischen den Generationen

Durch die Aufnahme einer Ausbildung in der nachkommenden Generation unterschieden sich die erwerbsbiographischen Verläufe der genannten Generationen deutlich voneinander. Dabei konnte die Ausbildung in der nachkommenden Generation mit den Wanderungsbewegungen der Eltern in Zusammenhang stehen. So konnte sich hierüber die Möglichkeit für eine weiterführende Ausbildung der Kinder ergeben. Zum einen konnte die Wanderschafzucht in anderen Landesteilen die nötigen finanziellen Mittel bereitstellen, um den Kindern eine Ausbildung zukommen zu lassen. Zum anderen stellten die Arbeitsorte der Eltern in anderen Landesteilen zum Teil eine bessere Ausbildungsinfrastruktur bereit als das Herkunftsdorf. So folgten manche Kinder, wenn sie älter waren, aus diesem Grund ihren Eltern nach. Zusätzlich konnten sich durch die berufliche Mobilität der Eltern neuartige Kontakte ergeben, die für die nachkommende Generation neue Ausbildungswege eröffneten. Mitunter ließ sich darüber für die Kinder der Besuch einer weiterführenden Schule organisieren.

(Aus)Bildungswege im Sozialismus

Angehörige der nachkommenden Generation, die vor allem Ende der 1950er sowie in den 1960er und frühen 1970er Jahren geboren wurden und eine Ausbildung aufnahmen, besuchten in der Regel entweder eine Berufsschule oder sie absolvierten ein berufsqualifizierendes Gymnasium, wofür sie bei besonders guten Leistungen mit einem staatlichen Stipendium rechnen konnten. Nur in seltenen Fällen besuchten Personen aus dem Dorf eine Universität. Auf die Ausbildung folgte gewöhnlich sowohl die Zuteilung einer Arbeitsstelle als auch die Zuweisung von Wohnraum.[157]

Die Aufnahme einer beruflichen Ausbildung war nicht selbstverständlich. Obgleich die erwerbsspezifische Mobilität mitunter begünstigte, dass Eltern sich für eine weitere berufliche Qualifikation ihrer Kinder aussprachen, konnten zum einen finanzielle Erwägungen dagegen sprechen. Eine Ausbildung konnte

---

157 Aus den Daten zur Binnenwanderung unmittelbar nach dem Sturz des sozialistischen Regimes wird deutlich, dass die Zuteilung von Wohnraum in der Nähe des Arbeitsplatzes nicht komplett umgesetzt werden konnte. So gab es unmittelbar im Jahr 1990 einen Anstieg des Zuwanderungsstroms vom Land in die Stadt um das Fünffache. Hierin äußerte sich, dass viele, die in einer Stadt beschäftigt waren, zuvor vom ländlichen Raum in die Stadt pendelten, da sie keinen festen Wohnsitz in der Stadt erhalten hatten. Nach diesem künstlichen Anstieg kehrte sich in den nachfolgenden Jahren die Richtung der internen Migration aufgrund der wirtschaftlichen Umstrukturierungen deutlich um (vgl. Rey 2003 sowie Sandu 2005).

etwa zusätzliche Aufwendungen bedeuten, die von den Eltern nur unter besonderen Anstrengungen oder gar nicht aufgebracht werden konnten. Daneben war das Einkommen über eine qualifizierte Beschäftigung für Männer aus dem Dorf häufig niedriger als der Verdienst über die saisonale Migration als Schäfer sowie mögliche zusätzliche Einkünfte aus einem eigenen landwirtschaftlichen Betrieb, was die Gründung einer eigenen Familie erschweren konnte. Zum anderen konnte ein solcher Schritt je nach Geschlecht und Anzahl der Kinder die Abkehr vom traditionellen Prinzip der Hofnachfolge implizieren (vgl. Kap. 5.2.1). Eine berufliche Ausbildung und ein Wegzug aus dem Dorf in eine Stadt konnten die Hofnachfolge gefährden, weswegen sich Eltern mitunter gegen eine berufsqualifizierende Ausbildung ihrer Kinder aussprachen.

Männliche Jugendliche, die sich für eine berufsqualifizierende Ausbildung entschieden, absolvierten zumeist eine handwerkliche Ausbildung an einem der Industriestandorte des Landes. Die meisten Ausbildungswege sahen im Anschluss an die acht bis zehn Schuljahre im Dorf zwei Jahre in einer Berufsschule, die häufig an ein Kombinat angeschlossen war, vor.[158] In dieser Zeit wohnten sie privat zur Untermiete oder in einem Internat, das an die Schule angegliedert war. Im Anschluss an die Berufsschule waren sie häufig vertraglich für die ersten Jahre an das ausbildende Kombinat gebunden. Im Zuge der politisch forcierten Industrialisierung und Urbanisierung ging mit der späteren Berufstätigkeit in einer Fabrik häufig ein fester Wohnort in einer Stadt einher. Den Hintergrund bildeten groß angelegte staatliche Programme, die zu einer Verstädterung ländlicher Gebiete beitragen sollten (vgl. cerc. compl. 1972). Zudem besaß die Arbeit in einer Fabrik auf der Grundlage des damaligen Gesellschaftssystems ein höheres soziales Prestige als die Arbeit als Schäfer. Eine qualifizierte Tätigkeit als Arbeiter in einem staatlichen Betrieb konnte einen sozialen Aufstieg bedeuten – auch wenn sich dieser nicht notwendigerweise finanziell niederschlug.

Weibliche Jugendliche in dieser Generation, so ging aus dem erhobenen Material hervor, absolvierten seltener als männliche Jugendliche eine Ausbildung.[159] An die Pflichtschulzeit folgte zumeist relativ bald eine Heirat und damit verbunden die Bildung eines Haushaltes in Form eines eigenen landwirtschaft-

---

158 Die Dauer der Schulpflicht wurde in Rumänien mehrfach geändert. In den vergangenen Jahrzehnten wechselte sie mehrfach zwischen acht und zehn Jahren.
159 Die relativ niedrige Bildungsbeteiligung von Frauen der mittleren Generation scheint in besonderer Weise mit der peripheren Lage und den agrarischen Erwerbsstrukturen des Dorfes zusammenzuhängen. So wird für sozialistische Länder allgemein von einer hohen Bildungsbeteiligung von Frauen ausgegangen. Gleichwohl war die Arbeitswelt geschlechtlich segregiert. Frauen waren vielfach in schlechter bezahlten Tätigkeitsfeldern, wie der Leichtindustrie sowie in sozialen und pädagogischen Berufen beschäftigt (vgl. Gal/Kligmann 2000 sowie Ingham/Ingham 2001).

lichen Betriebs sowie die Gründung einer eigenen Familie. Vereinzelt heirateten weibliche Jugendliche auch bereits vor dem Ende der Schulzeit. Für eine Ausbildung sprach, wenn Mädchen aus einer Familie kamen, in der andere Frauen oder ältere weibliche Geschwister bereits eine berufliche Qualifikation erworben hatten. In manchen Familien wurde von den Eltern ausdrücklich Wert auf eine berufsqualifizierende Ausbildung gelegt. Dabei schienen manche Eltern die Auswahl des berufsqualifizierenden Gymnasiums deutlich beeinflusst zu haben. Die Ausbildungsentscheidung fiel meist auf Ausbildungsgänge, die einem eher traditionellen weiblichen Berufsbild entsprachen. Dazu gehörten Ausbildungen im Einzelhandel, in der Verwaltung sowie im Bildungs- und Erziehungswesen. Erst in jüngerer Zeit scheinen sich die Ausbildungsgänge weiblicher Jugendlicher weniger an bestimmten stärker Frauen zugeschriebenen Beschäftigungsfeldern zu orientieren und sich den Ausbildungsgängen von Jungen anzugleichen.

Mit einer beruflichen Ausbildung war meist ein Arbeitsverhältnis verbunden, das weniger stark auf sozialen Beziehungen aus dem Dorf gründete. Eine Qualifikation und Beschäftigung als ArbeiterIn oder Angestellte/r bedeutete ein stärker „versachlichte(s) Arbeitsverhältnis" (Schiffauer 1991: 92). Gleichwohl konnten in der Organisation der Ausbildung soziale Netzwerke greifen. So konnte die Auswahl des Gymnasiums bzw. der Berufsschule sich etwa nach dem Wohnsitz von Verwandten außerhalb des Dorfes richten. Daneben ergaben sich nicht selten über die Schäfertätigkeit der Eltern in einem anderen Landesteil Kontakte, die bei der Organisation der Ausbildung weiterhalfen.

Im Verlauf der verschiedenen geographisch-räumlichen sowie sozialen Mobilitätsprozesse konnte sich mit der häufig 'äußeren' räumlichen auch eine 'innere' Distanz zum Herkunftsdorf herausbilden. Aufgrund der Entfernung zu städtisch-industriellen Standorten bedeutete eine berufliche Qualifizierung vielfach eine deutliche Distanz zum Dorf und seinen milieuspezifischen wirtschaftlichen und sozialen Bezügen. Tendenziell war mit einer Ausbildung eine deutlichere Abkehr vom Dorf als über die Wanderungserfahrungen als Schäfer in anderen Landesteilen verbunden. Bezogen auf einige wenige Berufsgruppen konnte die erworbene Qualifikation allerdings eine weitere Anbindung oder gar eine Rückkehr ins Dorf nach sich ziehen.[160]

---

160 Einige BewohnerInnen des Dorfes waren etwa als Forstwirte oder vereinzelt als VeterinärmedizinerInnen in Satuleşti beschäftigt. Daneben arbeiteten manche Dorfbewohner als Lastwagenfahrer. Sie pendelten meist zwischen dem Kombinat, in dem sie angestellt waren, und Satuleşti. In einzelnen Fällen folgte auf die Ausbildung in einem staatlichen Kombinat aufgrund der guten Verdienstmöglichkeiten (erneut) eine Berufstätigkeit als Schäfer.

Der Herkunftskontext der Migration

5.2.3 Neue Dynamiken nach 1989

Der Umsturz des sozialistischen Regimes und die einsetzenden politischen und wirtschaftlichen Transformationsprozesse führten zu erwerbsbiographischen Umbrüchen und Neuorientierungen. Im Folgenden wird auf die neuartigen Dynamiken in den Wanderungsbewegungen, die dadurch ausgelöst wurden, eingegangen. Dazu gehörte zum einen, dass zahlreiche DorfbewohnerInnen aufgrund der sich verschlechternden Einkommensmöglichkeiten in den unmittelbaren Herkunftskontext zurückkehrten (Kap. 5.2.3.1). Zum anderen begannen DorfbewohnerInnen damit, erste saisonale Arbeitswanderungen ins Ausland zu unternehmen – in Gebiete der Vojvodina, später auch in die Türkei sowie nach Griechenland und Ungarn (Kap. 5.2.3.2).

5.2.3.1 Berufliche und räumlich-geographische Um- und Neuorientierungen

Die gesamtgesellschaftlichen Umstrukturierungen in der industriellen Produktion und die Neuorganisation der Landwirtschaft leiteten für zahlreiche DorfbewohnerInnen berufliche Um- und Neuorientierungen ein, die von Unsicherheit und einer Verschlechterung der Erwerbsbedingungen begleitet wurden. So wurde infolge des Regimesturzes die Schafzucht in anderen Landesteilen zunehmend unrentabel. Durch die Reprivatisierung des Bodens und die sukzessive Auflösung der Kooperativen fielen die Einkommensmöglichkeiten aus der kollektivierten Landwirtschaft komplett weg.[161] Auch die privat betriebene Haltung von Schafen für Personen aus Dörfern, die an ehemalige Kooperativen angrenzten, zahlte sich deutlich weniger aus als zuvor. Während vor 1989 für die Schafhaltung sowohl in der Kooperative als auch für die Schafzucht der BewohnerInnen eines angrenzenden Dorfes Land kostenfrei zur Verfügung stand, bedeutete die Dekollektivierung, dass für die Nutzung von Weideflächen Pacht anfiel (vgl. Hunya 1990). Hinzu kam die sinkende Nachfrage nach landwirtschaftlichen Produkten. Aus diesem Grund kehrten zahlreiche Familien nach Satuleşti

---

161 Mancherorts schlossen sich mehrere Privateigentümer zu Gesellschaften zusammen und bewirtschafteten einen Teil der ehemals kollektivierten landwirtschaftlichen Nutzflächen weiter (vgl. Hunya 1990 sowie Sterbling 1993). Zum Teil bestanden sie allerdings nur für kurze Zeit. In derartigen Gesellschaften blieben in einigen wenigen Fällen vor allem ältere Schäfer aus dem Dorf weiterbeschäftigt. Daneben bestanden staatliche Großbetriebe teilweise bis Ende der 1990er Jahre fort. Auch dort konnten einige Schäfer, manchmal gemeinsam mit ihren Familien, eine vorläufige Anstellung finden.

zurück, wo sie zumeist eine Subsistenzwirtschaft betrieben.[162] Daneben suchten manche nach zusätzlichen Verdienstmöglichkeiten. Neben Gelegenheitsarbeiten im Umkreis des Dorfes und in angrenzenden Bezirken, etwa zum Schafescheren oder bei der Traubenernte, stellten in einzelnen Fällen Familiennetzwerke notwendige Kompetenzen und Ressourcen bereit, um einen Beruf zu erlernen und darüber eine zusätzliche Einkommensquelle neben der Landwirtschaft aufzubauen.

Einige Familien kehrten nicht in ihr Herkunftsdorf zurück, sondern wurden in anderen Landesteilen ortsansässig (vgl. Sterbling 1993). So gab es zum einen Familien, die sich eine (zusätzliche) landwirtschaftliche Existenz im Umkreis der Kooperativen aufbauten, in denen sie bis zur Reprivatisierung angestellt gewesen waren. Sie kauften oder pachteten einen Hof, um so von den besseren Anbaumöglichkeiten zu profitierten. Hierbei erwiesen sich bereits bestehende soziale Kontakte und Netzwerke zu Personen dieser Ortschaften als eine wichtige Ressource. Schäferfamilien aus Satulești, die in Transsilvanien beschäftigt gewesen waren, profitierten dabei von der Auswanderung der deutschen Minderheit in die Bundesrepublik Deutschland. Zum anderen gab es Familien, die bis auf einzelne ältere Familienmitglieder und Verwandte definitiv aus Satulești in einen anderen Landesteil migrierten. Der definitive Wegzug, bei dem einige Familien ihren gesamten Besitz im Herkunftsdorf schrittweise verkauften, erschien mitunter als die einzige Möglichkeit, sich eine stabile weitere Lebensgrundlage aufzubauen.

Für BewohnerInnen aus dem Dorf, die Satulești im Zuge ihrer Ausbildung verlassen hatten, bedeuteten die wirtschaftlichen Transformationsprozesse, die insbesondere im industriellen Sektor zunächst einem kompletten Zusammenbruch gleich kamen, ebenfalls weitreichende berufliche Um- und Neuorientierungen. Der Wegfall der qualifizierten Lohnarbeit, die für sie meist die einzige Einkommensquelle darstellte, konnte häufig kaum in anderer Form abgefedert werden. Hinzu kam ein Anstieg der Lebenshaltungskosten im städtischen Raum (vgl. Heller 2006). Während manche (zunächst) erneut eine Beschäftigung außerhalb ihres Herkunftsdorfes fanden, sahen sich einige dazu veranlasst, in ihr Herkunftsdorf zurückzukehren. Vereinzelt verlief die Rückkehr in das Dorf auch aus dem Ausland, etwa über die Rückkehr von einem Arbeitsaufenthalt im Irak (vgl. Kap. 7.1). Jene RückkehrerInnen, die keine erneute Beschäftigung

---

162 Wilfried Heller (2006) belegt diese Zuwanderung u. a. mit einem Anstieg von Beschäftigten in der Landwirtschaft von 28,2 Prozent im Jahr 1990 auf 40,8 Prozent im Jahre 2000 sowie einer deutlichen Abnahme von Beschäftigten in der Industrie von 36,9 Prozent auf 23.2 Prozent. In absoluten Zahlen ausgedrückt, habe sich ihre Anzahl an der Gesamtzahl aller Beschäftigten um zwei Millionen verringert (vgl. ebd.: 45).

in ihrem Beruf fanden, betreiben vielfach eine Subsistenzwirtschaft im Dorf. Manche von ihnen begannen, gemeinsam mit anderen DorfbewohnerInnen, die in der Landwirtschaft beschäftigt waren, saisonal in eines der Nachbarländer und/oder in die Türkei zu migrieren.

In der Literatur wird darauf hingewiesen, dass jene, die nach der Dekollektivierung aufs Land zurückgekehrt waren, einen Großteil der externen MigrantInnen bildeten. Einige wenige Regionen, deren BewohnerInnen bereits Vorerfahrungen in der saisonalen Mobilität besaßen, stellten den Großteil der externen MigrantInnen. An diesem Zusammenhang wird auch auf Vrancea, den Verwaltungsbezirk von Satuleşti verwiesen (vgl. Rey 2003 sowie Sandu 2005).

5.2.3.2 Erste Wanderungsbewegungen ins Ausland zu Beginn der 1990er Jahre

Zu Beginn der 1990er Jahre setzten in Satuleşti Wanderungsbewegungen ins Ausland ein. Hierbei handelte es sich zunächst um saisonale Ost-Ost-Migrationen.[163] Diese Arbeitsaufenthalte waren ausschließlich ökonomisch motiviert. Häufig griffen bei diesen ersten externen Wanderungsbewegungen frühere Netzwerke aus der Zeit der gemeinsamen Schafzucht in anderen Landesteilen. Vor allem jüngere alleinstehende oder jung verheiratete Dorfbewohner pendelten nach Beendigung ihres Militärdienstes aufgrund der sich verschlechternden Einkommensmöglichkeiten zwischen ihrem Herkunftsdorf und dem angrenzenden Ausland. Nur vereinzelt folgten Frauen ihren Ehemännern dorthin nach. In den seltenen Fällen, in denen sich auch ältere DorfbewohnerInnen in dieser Weise einen Hinzuverdienst verschafften, konnte es sein, dass sie bereits ältere Kinder zu den Arbeitsaufenthalten mitnahmen.

Ehemaliges Jugoslawien

Die ersten externen Wanderungsbewegungen von BewohnerInnen des Dorfes Satuleşti nach 1989 führten in der ersten Hälfte der 1990er Jahre unweit der rumänischen Grenze in Dörfer des ehemaligen Jugoslawien, dem heutigen Serbien. Zum einen war die Grenzregion geographisch attraktiv und bot Zugang zu

---

163 Diese Ost-Ost-Wanderungen scheinen Pendelmigrationen in anderen Grenzregionen ähnlich (vgl. Morokvasic 2003). Als Gründe für diese Wanderungsbewegungen werden die räumliche Nähe, die damit verbundenen geringen Transportkosten sowie das Lohngefälle zwischen Herkunfts- und Ankunftsland genannt. Die Autorin weist ferner bei saisonalen kurzzeitigen Migrationsbewegungen auf weitere Erwerbsformen im Herkunftskontext sowie auf die hohe Flexibilität bei der Überwindung der Grenzen [*transborder flexibility*] hin.

Devisen. Ein Tageslohn lag damals zwischen 10 und 15 DM. Zum anderen sorgte die frühe Migration von BewohnerInnen dieser Region nach Westeuropa für eine Nachfrage nach Arbeitern in der Land- und Bauwirtschaft (vgl. Simeunovici 1997, Malačič 2000 sowie zum ehemaligen Jugoslawien als Zielland für ArbeitsmigrantInnen aus Rumänien und dem damaligen Pendelverkehr zwischen beiden Ländern Morokvasic/Rudolph 1994 und Morokvasic 1994).[164] Darüber hinaus erwies sich diese Region auch aus sprachlichen Gründen als attraktiv. So gibt es im serbisch-rumänischen Grenzgebiet einige rumänischsprachige Dörfer, in die BewohnerInnen aus Satuleşti saisonal migrierten.

Die saisonalen Wanderungsbewegungen, zumeist von Frühjahr bis Herbst, verliefen kettenförmig über soziale Netzwerke aus dem Dorf. Binnen weniger Jahre stieg die Anzahl von SaisonarbeiterInnen aus dem Dorf deutlich an. Mitte der 1990er Jahre gingen Schätzungen von DorfbewohnerInnen zufolge zwischen 30 und 50 Personen für einen oder mehrere saisonale Arbeitsaufenthalte in das ehemalige Jugoslawien. Dabei brachen sie stets zu mehreren auf. An der jugoslawischen Grenze bekamen sie ein Visum für einen Monat. Von dort verteilten sie sich bei ihrer Ankunft auf verschiedene Zieldörfer. Meist fanden sie eine Anstellung in landwirtschaftlichen Familienbetrieben oder auf dem Bau, wofür das Beschäftigungsverhältnis von ihren ArbeitgeberInnen bei der örtlichen Polizei angemeldet werden musste.[165] Viele BewohnerInnen aus Satuleşti arbeiteten und wohnten mehrfach hintereinander in denselben Familien. Nach Ablauf des Visums mussten sie das Land verlassen. Häufig kehrten sie zunächst nicht in ihr Herkunftsdorf zurück, sondern reisten nach einem kurzen Aufenthalt auf der rumänischen Seite der Grenze zurück in ihr Zieldorf. Den größten Migrations-schub aus dem Dorf in das ehemalige Jugoslawien gab es zwischen den Jahren 1992 und 1997.

Türkei

Unter der jungen Bevölkerung des Dorfes, die bereits Auslandserfahrungen im ehemaligen Jugoslawien gesammelt hatte, arbeiteten zahlreiche Männer ab Mitte und bis Ende der 1990er Jahre saisonal auch in der Türkei. Die Türkei bildete ein beliebtes Ziel für Saisonarbeiter aus den südöstlichen Landesteilen Rumäniens

---

164 Jugoslawien ermöglichte seit Ende der 1960er Jahre als einziges sozialistisches Land seinen StaatsbürgerInnen die Arbeitsmigration über Anwerbeverträge (vgl. Sterbling 1993, Heller 1997, Fassmann/Münz 2000).
165 Die Arbeitsbedingungen wurden in den Gesprächen mit DorfbewohnerInnen als prekär beschrieben. In Zeitungsmeldungen wurden die Bedingungen als sklavenähnlich bezeichnet (vgl. *Vremea* vom 07.01.1991 zitiert nach Morokvasic 1994: 171).

Der Herkunftskontext der Migration 159

(vgl. Sandu 2005). Diese Kurzaufenthalte von einigen Monaten wurden häufig über mehrere Jahre hinweg unternommen.

Die Arbeitsaufenthalte in der Türkei waren im Vergleich zur Saisonarbeit im ehemaligen Jugoslawien rentabler. Zum einen betrug die Dauer eines Visums zwei Monate. Zum anderen wurden die Tätigkeiten, die zudem weniger wetterabhängig waren, besser bezahlt. So es möglich gewesen pro Monat umgerechnet an die 1.000 DM zu verdienen. Für 30 bis 40 US-Dollar fuhren die Dorfbewohner entweder mit einem Zug nach Constanza und von dort aus mit einem Reisebus weiter in die Türkei oder direkt über Busunternehmen, die in der Hauptstadt des Herkunftsbezirks ansässig waren. Die meisten reisten gemeinsam mit anderen Dorfbewohnern in die Türkei ein. Sie arbeiteten und wohnten in Fabriken in Istanbul oder in angrenzenden Industrieregionen. Das Beziehungsnetz zu Personen aus demselben Herkunftsdorf konnte eine entscheidende Unterstützung bei der Arbeitssuche darstellen. So erkundigten sich die Dorfbewohner entweder auf Märkten in Istanbul, auf denen auch Arbeitgeber von entfernter gelegenen Fabriken nach Arbeitern suchten, nach Beschäftigungsmöglichkeiten, oder sie kamen über persönliche Netzwerke aus ihrem Heimatdorf in Fabriken unter, in denen bereits andere Dorfbewohner vor ihnen gearbeitet hatten. Nach den zwei Monaten blieben viele für ein paar Wochen in ihrem Herkunftsdorf, bevor sie erneut in die Türkei einreisten.

Zu den Ausreisezielen der BewohnerInnen aus Satulești gehörten in dieser Zeit auch andere Länder. Einige wenige BewohnerInnen aus dem Dorf versuchten, über illegale Ausreisen vom damaligen jugoslawischen Landesteil Makedonien aus bis nach Griechenland zu kommen. Nur selten hatten sie Erfolg und fanden eine Anstellung in der Landwirtschaft. Manche wurden bei ihrer Ausreise von der Polizei aufgegriffen und nach Rumänien ausgewiesen. In diesen Fällen bekamen sie für mehrere Jahre ein Verbot für den Schengen-Raum. Auch in Ungarn arbeiteten manche DorfbewohnerInnen für ein paar Monate. In Einzelfällen waren BewohnerInnen aus dem Dorf für Arbeitsaufenthalte über Kontingentabkommen für bestimmte Berufsgruppen oder auf Einladung auch in Deutschland. Häufig reisten sie jedoch auf direktem Wege weiter nach Italien (vgl. Fassmann 2000, Diminescu 2003). Ebenfalls zu Beginn der 1990er Jahre brachen die ersten BewohnerInnen des Dorfes nach Italien auf.

6 Der Ankunftskontext der Migration

In diesem Kapitel wird in den Ankunftskontext der Migration nach Italien eingeführt. Zunächst wird nachgezeichnet, wie sich Italien von einem Herkunfts- zu einem Zielland von MigrantInnen entwickelte (Kap. 6.1). Im Anschluss werden die Wanderungsbewegungen aus dem Dorf nach Italien entsprechend der politisch-rechtlichen Rahmenbedingungen, die sich mehrfach veränderten, dargestellt (Kap. 6.2).

6.1 Italien: Vom Auswanderungs- zum Einwanderungsland

Italien wurde lange Zeit ausschließlich als Herkunftsland von MigrantInnen betrachtet. Aufgrund seiner langen Emigrationsgeschichte zählte es zu einem der bedeutendsten Auswanderungsstaaten Europas. Die Emigration, die insbesondere nach der Staatsgründung einsetzte und bis Mitte des 20. Jahrhunderts andauerte, war meist nach Übersee. Sie reichte von Kanada über Nord- und Südamerika bis nach Australien und war in der Mehrzahl der Fälle definitiv (vgl. Glazer/Moynihan 1970², Nugent 1992).[166] Ab Mitte der 1950er Jahre gingen die Ausreisen nach Übersee zurück. Neben bilateralen Abkommen mit Argentinien, Kanada und Australien unterzeichnete Italien, vornehmlich zur Eindämmung der Arbeitslosigkeit, Anwerbeverträge mit europäischen Staaten, so etwa mit Frankreich, der Schweiz und der Bundesrepublik.[167] Diese Arbeitsverträge bildeten die Grundlage für eine neuartige innereuropäische Migration von ItalienerInnen, deren Herkunftsregionen sich zunehmend vom Norden des Landes in den Süden verlagerten. Gleichzeitig wurde die Migration im Vergleich zu vorherigen Wanderungsphasen zumeist als weniger endgültig verstanden, auch wenn sich die Dauer der Migration entlang der nachkommenden Generationen sukzessive verlängern konnte. Daneben setzte im Zuge des wirtschaftlichen Aufschwungs eine

---

166 Zwischen 1875 und 1975 wanderten an die 20 Millionen MigrantInnen aus Italien aus. Dies entspricht mehr als einem Drittel der aktuellen Bevölkerung (vgl. Losi 1996, Pojmann 2006). Dabei wurden die MigrantInnen nach Übersee sehr bald als wichtige ökonomische Ressource erkannt (vgl. Wyman 1993).

167 In den mitteleuropäischen Ländern nahm der Anteil von MigrantInnen aus Italien deutlich zu. In der Schweiz, als stärkstes europäisches Aufnahmeland, stellten ItalienerInnen 1950 rund 50 Prozent, 1975 sogar 75 Prozent der ausländischen Bevölkerung. In Deutschland stellten sie im vergleichbaren Zeitraum etwa 30 Prozent (vgl. Bertagna/Maccari-Clayton 2007).

starke, häufig definitive Binnenmigration vom Süden in den Norden des Landes ein (vgl. Losi 1996). Die Nachfrage nach Arbeitskräften in der Industrie sowie in privaten Haushalten wurde durch gering qualifizierte ArbeiterInnen aus dem Süden des Landes gedeckt. Mit der Öl- und Weltwirtschaftskrise 1973 und der europaweiten Beendigung der Anwerbung von 'GastarbeiterInnen' wurde die Migration aus Italien gestoppt. Es kam zu einer vermehrten Remigration (vgl. Behrmann/Abate 1984, Losi 1996, Bertagna/Maccari-Clayton 2007).

In den 1980er Jahren wandelte sich Italien zunehmend vom Abwanderungs- zum Einwanderungsland. Zusätzlich zur Rückkehrmigration nahm die Zuwanderung nach Italien kontinuierlich zu.[168] Dafür werden verschiedene Gründe angeführt. Eine zentrale Ursache bildet die hohe Nachfrage nach Beschäftigten im niedrig qualifizierten Arbeitssektor, die zuvor über BinnenmigrantInnen aus dem Süden gedeckt wurde. Neben Tätigkeiten in der Landwirtschaft, der Industrie und im Baugewerbe, in dem vor allem Migranten beschäftigt sind, bilden Dienstleistungen im Privathaushalt ein zentrales Beschäftigungsfeld (vgl. Barsotti/Lecchini 2000, Currle 2004 sowie Losi 1996, hier auch der Hinweis auf regional sehr unterschiedliche Nachfragestrukturen auf dem italienischen Arbeitsmarkt).[169]

Anders als in den übrigen genannten Tätigkeitsbereichen nahm die Nachfrage nach Dienstleistungen im Privathaushalt in den letzten Jahren weiter zu. Zum einen stieg die Frauenerwerbsarbeit in Italien deutlich an (vgl. Kofmann et al. 2000). In diesem Zusammenhang ist von einer Auflösung traditioneller Familienstrukturen die Rede (vgl. Dell'Orto/Taccani 1992 nach Kofman et al. 2000: 142). Zum anderen fallen die sozialstaatlichen Leistungen in Italien, obgleich der Anteil älterer Menschen an der Bevölkerung im europäischen Vergleich sehr hoch ist (vgl. Currle 2004), relativ gering aus (vgl. Kofman et al. 2000, Andall 2003). Da die Verantwortung für den Haushalt und die Versorgung älterer Fami-

---

168 Diese Entwicklung ging mit einer Verschiebung der europäischen Aufnahmeländer gen Süden insgesamt einher. Neben Italien wandelten sich auch Griechenland, Portugal und Spanien in der jüngeren Vergangenheit vom Auswanderungs- zum Zuwanderungsland (vgl. Danese 1998).
169 Die genannten Erwerbszweige bildeten ebenso für MigrantInnen aus Satuleşti wesentliche Tätigkeitsbereiche. Dabei stellten Dienstleistungen im Privathaushalt zur Zeit der großen Auswanderungswellen italienischer MigrantInnen nach Übersee ebenfalls ein zentrales Beschäftigungsfeld für Migrantinnen aus Italien dar (vgl. Bertagna/Maccari-Clayton 2007). Aufgrund ethnischer und geschlechtlicher Segregation des Arbeitsmarktes für gering Qualifizierte werden MigrantInnen zumeist bestimmte Beschäftigungsfelder zugewiesen (vgl. Kofman et al. 2000, Phizacklea 2003 sowie Anderson 1999, die Autorin weist darauf hin, dass es durch die Anstellung von Arbeitsmigrantinnen in Privathaushalten zu einer Perpetuierung ethnisch geprägter Stereotype und rassistischer Hierarchisierungen kommen könne).

lienmitglieder zumeist bei den Frauen liege, trage die steigende Frauenerwerbsarbeit zu einer erhöhten Nachfrage nach Dienstleistungen im häuslichen Bereich für die Betreuung von Kindern und älteren Menschen bei. Zusätzlich ließe sich durch die Beschäftigung von meistenteils Migrant*innen* im Privathaushalt eine generelle Neuverhandlung der Aufgaben im Haushalt umgehen (vgl. Tacoli 1999 zitiert nach Kofman et al. 2000: 144).[170]

Einen weiteren Grund für den Anstieg der Zuwanderung bildete die besondere rechtliche Situation von MigrantInnen in Italien. Während andere europäische Länder, wie etwa Frankreich und die Bundesrepublik, die bereits eine längere Zuwanderung aufwiesen, ihre Einreisebestimmungen verschärften (vgl. ebd.), gab es in Italien bis 1990 keine klare einheitliche Gesetzgebung, die die Einwanderung regelte. Zu einem Großteil blieb die Versorgung der MigrantInnen karitativen Organisationen überlassen (vgl. Currle 2004, Pojmann 2006). Mit dem Schengener Abkommen stieg der Druck vonseiten anderer EU-Mitgliedsstaaten auf Italien, die Zuwanderung stärker zu regulieren (vgl. Currle 2004).

Die Gruppen von EinwanderInnen nach Italien sind sehr heterogen.[171] Zu Beginn kamen die meisten EinwanderInnen aus dem südlichen Mittelmeerraum, Asien und dem Mittleren Osten (vgl. Chell 1997, Barsotti/Lecchini 2000,

---

170 In diesem Zusammenhang gilt es darauf hinzuweisen, dass im Vergleich zu anderen europäischen Zielländern in Italien die Arbeit in Privathaushalten bereits seit Ende der 1970er Jahre als ein Dienstleistungsbereich anerkannt wird, der zumeist von ArbeitsmigrantInnen übernommen wird (vgl. Anderson 2000, Lutz 2008²). Allerdings bleibt das Verhältnis zwischen ArbeitgeberIn und -nehmerIn auch bei dokumentierten Arbeitsverhältnissen problematisch, da die Aufenthaltsgenehmigung für Hausarbeit beide Seiten sehr stark aneinander bindet (vgl. Andall 1998, Anderson 2000, die Autorin weist auf die paradoxe Situation hin, dass im Fall von Dienstleistungen im Privathaushalt, die durch ArbeitsmigrantInnen ausgeführt werden, die ArbeitsmigrantInnen zur Zusicherung sozialer Rechte beitragen, von denen sie selbst vielfach ausgeschlossen bleiben). Daneben wird Hausarbeit als Arbeit für Migrantinnen angesehen (vgl. Kofman 2000, Andall 1998, die Autorin liefert eine historische Analyse zur Nachfrage nach ArbeitsmigrantInnen als Haushaltshilfen und führt dies auf den sukzessiven Rückgang italienischer Beschäftigte in diesem Arbeitsbereich seit den 1960er Jahren zurück, als sich italienische Frauen vermehrt dagegen wehrten, als *live-in*-Haushälterinnen (vgl. Kap. 1.4) zu arbeiten.

171 Diese Heterogenität erschwert eine übergreifende Organisation von VertreterInnengruppen. So wurden im Jahr 2001 allein über 900 verschiedene Organisationen von ImmigrantInnen gezählt (vgl. Pojmann 2006). Da bezogen auf die Organisation der Migration und die Situation der MigrantInnen aus dem Dorf Satuleşti im Zielland vor allem Netzwerkstrukturen aus dem Herkunftskontext entscheidend waren, wird nicht näher auf MigrantInnenorganisationen, die sich speziell an MigrantInnen aus Rumänien richten, eingegangen.

Pojmann 2006). In den 1990er Jahren stieg die Einwanderung sprunghaft an.[172] Neben der Zuwanderung aus den bisherigen Herkunftsländern entwickelte sich Italien binnen weniger Jahre zu einem der beliebtesten Zielländer von MigrantInnen aus Ost- und Südosteuropa (vgl. Barsotti/Lecchini 2000, Weber 2003, ISTAT 2009).[173]

Kontinuierlich stieg auch der Anteil von MigrantInnen aus Rumänien an (vgl. Barsotti/Lecchini 2000, ISTAT 2009). Seit Ende der 1990er Jahre stellt Italien für MigrantInnen aus Rumänien, die sich vor allem auf die Regionen Latium und Piemont verteilen (vgl. Bertagna/Maccari-Clayton 2007, ISTAT 2009) das beliebteste Zielland dar (vgl. Horváth 2007). Ein wichtiger Grund hierfür liegt in der Verwandtschaft der beiden romanischen Sprachen Rumänisch und Italienisch. Für Italien bilden MigrantInnen aus Rumänien mittlerweile die größte Gruppe von EinwanderInnen, dabei überwiegt der Anteil von Frauen leicht (vgl. ISTAT 2009). Regionen in der Moldau zählen zu den häufigsten Herkunftsgebieten von rumänischen MigrantInnen aus dem ländlichen Raum, die, so zeigt sich, meist sehr deutlich in dörfliche Strukturen aus dem Herkunftskontext eingebettet sind (vgl. Sandu 2005 sowie Weber 2003, der Autor weist zusätzlich darauf hin, dass zahlreiche MigrantInnen aus Rumänien nach einem kurzen Aufenthalt in Rom in eine der mittelgroßen Städte im Norden des Landes weiterziehen).

Die steigende Anzahl von EinwanderInnen nach Italien führte zu einer Reihe von gesetzlichen Regelungen zur Steuerung und Begrenzung der Zuwanderung. Zum einen gab es wiederholt Programme, die es illegal Eingereisten, die sich bereits länger im Land aufhielten, ermöglichten, ihren Aufenthaltsstatus zu legalisieren. Seit 1986 wurden in Italien fünf Legalisierungsprogramme durchgeführt (1986, 1990, 1996, 1998 und 2002), die jeweils einer Anzahl von um die 200.000 MigrantInnen *a posteriori* zu einem legalen Aufenthaltsstatus verhalfen (vgl. Andall 1998, Currle 2004). Zum anderen wurde – auch auf Druck anderer EU-Mitgliedsstaaten – versucht, den illegalen Einreisen mit zunehmend schärfer gefassten Maßnahmen zu begegnen. Mit dem Gesetz von 1990 (*Legge Martelli*) wurde damit begonnen, die Zuwanderung von ArbeitsmigrantInnen aus Nicht-

---

172 Die Gesamtzahl der Aufenthaltsgenehmigungen erhöhte sich von knapp 200.000 im Jahr 1980 auf knapp 3.9 Millionen Ende des Jahres 2008 (vgl. ISTAT 2009) Einen wichtigen Anteil bei diesen Zahlen bilden Familienzusammenführungen, was darauf hindeutet, dass sich die Migrationsverläufe zeitlich ausdehnen (vgl. Colombo/Sciortino 2004).

173 Generell gelten quantitative Angaben zu den Migrationsbewegungen nur bedingt als aussagekräftig. So liegen zum einen nur Zahlen zu MigrantInnen vor, die sich legal in Italien aufhalten. Zum anderen handelt es sich in der Regel um Bestands- und nicht um Flussdaten. Aus den Veränderungen zum Vorjahr lassen sich keine Rückschlüsse auf die tatsächlich erfolgten Migrationsbewegungen ziehen (vgl. Currle 2004).

EU-Staaten über jährliche Quoten und mittels verschärfter Grenzkontrollen sowie Ausweisungen zu steuern. Dabei stellte sich die Zunahme der illegalen Zuwanderung allerdings als eine unbeabsichtigte Folge dieser Verschärfung heraus (vgl. Bertagna/Maccari-Clayton 2007).

Im Zuge der Harmonisierung der Migrationspolitiken unter den EU-Mitgliedsstaaten wurde die migrationspolitische Debatte in Italien zunehmend härter geführt. Im Jahr 1998 folgte ein Immigrationsgesetz, das die Ausweisung illegal Eingewanderter ermöglichte (vgl. Currle 2004). Daneben gab es Maßnahmen, die auf eine verbesserte Grundversorgung von MigrantInnen abzielten. Dazu zählten der Zugang zu einer medizinischen Versorgung im Notfall sowie das Recht auf Schulbesuch, sowohl für MigrantInnen mit einem legalen als auch für Zugewanderte mit einem illegalen Aufenthaltsstatus. Mit dem Wahlsieg von Silvio Berlusconi im Jahr 2001 wurde dieses Gesetz restriktiver gefasst. Eine Einreise nach Italien wurde nur mit einem gültigen Arbeitsvertrag möglich. Der Verlust des Arbeitsplatzes konnte unmittelbar zur Abschiebung führen (vgl. Pojmann 2006). So beinhaltete die Verschärfung der Einreise- und Aufenthaltsbestimmungen auch eine rigidere Abschiebungs- und Ausweisungspraxis (vgl. Currle 2004). Daneben waren Familienzusammenführungen lediglich für EhepartnerInnen und für Kinder unter 18 Jahren möglich.

Die restriktive Gestaltung der Einwanderungspolitik trug zur Wahrnehmung der Zuwanderung als Bedrohung bei. Zugewanderte wurden in Italien mit ähnlichen Fremdzuschreibungen konfrontiert, wie MigrantInnen aus Italien sich ihnen ihrerseits während der großen Auswanderungswellen gegenüber sahen (vgl. Bertagna/Maccari-Clayton 2007). In den vergangenen Jahren kam es zu einer weiteren Verschärfung der Einwanderungspolitik.[174] So wurde 2008 unter Berlusconi ein Gesetzespaket beschlossen, das illegale Einwanderung als eine Straftat behandelt. Zudem wurde erstmals aufgrund der illegalen Einwanderung ein landesweiter Notstand verhängt. Auch EU-BürgerInnen sollten des Landes verwiesen werden können.[175] Durch diese restriktiven Maßnahmen und die ten-

---

174 Vereinzelt wird die Verschärfung der Einwanderungspolitik als Indiz für eine mangelnde historiographische Aufarbeitung der eigenen massiven Migrationsbewegungen gewertet: „[t]he absence of an account of our own migrations in national history prevents us from squaring up with the past, but also from overcoming the uncertainties and contradictions that have accompanied the most recent migratory fluxes" (Livia Turco 2005: 11, Übersetzung Wendy Pojmann) sowie Donna Gabaccia: „Italy has not developed a clear understanding of how its history of migration has defined its national identity" (2000: 173 beide nach Pojmann 2006: 20).

175 Hintergrund bildet die starke Einwanderung von Sinti und Roma mit rumänischer Staatsbürgerschaft. Im Jahr 2008 war es zu massiven Ausschreitungen gegen Roma gekommen, nachdem eine Frau dieser Volksgruppe versucht haben soll, ein italieni-

denziöse Berichterstattung einzelner Medien zu kriminellen Delikten, die von ZuwanderInnen verübt wurden, wurden bestehende rassistische Tendenzen weiter verstärkt. Es kam zu massiven Übergriffen auf MigrantInnen.[176]

6.2 Migrationsbewegungen aus dem Dorf nach Italien

Dieses Unterkapitel behandelt die Verläufe von Migration aus dem Dorf nach Italien. Unterschiedliche Aspekte werden dabei hervorgehoben. Zum einen wird herausgearbeitet, inwiefern in den Migrationverläufen Muster bisheriger Wanderungsbewegungen fortgeführt wurden. Zum anderen wird der Einfluss der wechselnden politisch-rechtlichen Rahmenbedingungen auf die Verläufe der Migration herausgestellt.

Durch die Einreise- und Aufenthaltsbestimmungen wurden die Migrationsbewegungen deutlich beeinflusst. Die spezifische Art der Grenze in Form der jeweils geltenden rechtlichen Bestimmungen strukturierte das Migrationsfeld, indem sie jeweils unterschiedliche Migrationsverläufe und darin eingelagerte spezifische Netzwerkstrukturen und Beziehungsmuster zwischen Herkunfts- und Ankunftskontext begünstigte. Entlang der wechselnden politischen Bestimmungen wird zwischen drei verschiedenen Phasen unterschieden.[177] Diese Phasen werden jeweils in den Merkmalen, die sie in besonderer Weise charakterisierten, vorgestellt. Umrissen werden die allgemeinen Handlungsanforderungen und Handlungsfolgen, die die wechselnden Regulierungszusammenhänge für die verschiedenen Lebensbereiche wie Erwerbs- und Beziehungsformen jeweils nach sich zogen.

Das erste Unterkapitel (Kap. 6.2.1) behandelt den Aufbruch der MigrantInnen aus dem Dorf nach Italien. Zunächst werden die verschiedenen Möglichkeiten, Migration zu organisieren, vorgestellt. Hierbei spielten die rechtli-

---

sches Mädchen zu entführen.

176 Diese fremdenfeindlichen Ressentiments, wie sie sich zum Teil auch im öffentlich geführten Migrationsdiskurs zeigten, erscheinen angesichts von Berechnungen, wonach die italienische Bevölkerung auf ZuwanderInnen angewiesen ist, paradox (vgl. Bertagna/Maccari-Clayton 2007). Bridget Anderson weist auf Schätzungen hin, die zur Erhaltung des italienischen Sozialsystems von einer notwendigen jährlichen Zuwanderung von 50.000 MigrantInnen ausgehen (vgl. *Migration News Sheet March* 1997: 5 zitiert nach ders. 2000: 190 f.).

177 Diese Unterteilung in verschiedene Phasen bildet lediglich eine von weiteren möglichen Unterteilungen der Wanderungsbewegungen. Obgleich die mehrfachen Veränderungen der Ausreisebestimmungen die Dynamiken der Migrationsverläufe deutlich beeinflussten, gingen nicht nur zwischen, sondern auch innerhalb der in dieser Weise unterschiedenen Phasen deutliche Varianzen in den Migrationsverläufen hervor.

chen Regelungen eine besondere Rolle. Anschließend geht es um die konkrete Umsetzung der Migration und um die erste Zeit im Ankunftskontext. Es wird unterschieden zwischen denjenigen MigrantInnen, die als Erste aus dem Dorf nach Italien aufbrachen, und jenen, die aufgrund von Netzwerken – zumeist aus dem Herkunftskontext – auf Unterstützungsleistungen zurückgreifen konnten. Dies leitet über zu den Beschäftigungsverhältnissen der MigrantInnen. Es wird deutlich, wie zum Teil an vorherige Erwerbstätigkeiten angeknüpft werden konnte. Abschließend wird verdeutlicht, wie der Aufenthalt in Italien aufgrund von Kettenmigration und entsprechenden Netzwerken sowie Kampagnen zur Legalisierung des Aufenthaltsstatus häufig allmählich abgesichert werden konnte. In Kapitel 6.2.2. wird insbesondere auf den zunehmenden Nachzug von Familienmitgliedern, weitere Formen von Beschäftigung am Ankunftsort sowie auf den hinter der Migration aus dem Dorf liegende Diskurs eingegangen. Durch den vermehrten Nachzug von (Ehe)Frauen aus dem Dorf diversifizierten sich die Beschäftigungsfelder und die Lebenssituationen der MigrantInnen im Ankunftskontext insgesamt. Das abschließende Unterkapitel (6.2.3) behandelt in erster Linie die Auswirkungen der Migrationsbewegungen auf den unmittelbaren Herkunftskontext und Formen von Rückkehrbewegungen aus Italien in das Herkunftsdorf.

6.2.1 Die erste Phase (bis Ende 2001)

Die erste Phase der Migration aus dem Dorf nach Italien, nach der in Anlehnung an die Ausreisebestimmungen unterschieden wird, reicht von Beginn der 1990er Jahre, als die ersten Bewohner aus dem Dorf nach Italien ausreisten, bis Ende des Jahres 2001.[178] Sie stellt die bisher längste Phase dar. Unstrittig ist, dass sich während dieses längeren Zeitraums in den Migrationsprozessen aus dem Dorf nach Italien unterschiedliche Dynamiken herausbildeten. Gleichwohl sollen einige wesentliche Merkmale der frühen Migrationsverläufe herausgestellt werden.

Aufgrund der restriktiven rechtlichen Bestimmungen während dieser Phase erforderten die Organisation und Durchführung der Ausreisen zumeist besondere Anstrengungen. Zum einen ging mit der Migration vielfach eine hohe An-

---

[178] Sehr bewusst wird in den nachfolgenden Ausführungen zwischen einer Gender gerechten Sprache und Bezeichnungen der ausschließlich männlichen bzw. weiblichen Form unterschieden. Sobald auf der Grundlage des erhobenen Gesamtmaterials Beispiele für beide Geschlechter bekannt sind, wird die allgemeine Bezeichnungsform verwendet, im anderen Fall wird darauf verzichtet.

schubfinanzierung einher. Zum anderen hielten sich die meisten MigrantInnen bereits kurz nach ihrer Einreise illegal in Italien auf. Der illegale Aufenthaltsstatus durchdrang die Arbeits- und Sozialbeziehungen im Ankunftskontext und wirkte sich auch auf die Beziehungen zu Personen aus, die im Herkunftskontext verblieben waren. In diesem Zusammenhang wird auf bestimmte Aspekte der Trennungsverläufe eingegangen. Zahlreiche MigrantInnen, die frühzeitig im Verlauf dieser Phase ausgereist waren, konnten ihren Aufenthaltsstatus legalisieren. Gegen Ende dieser Phase nahmen die Migrationsbewegungen aus dem Dorf deutlich zu. Es bildeten sich kettenförmige Migrationsverläufe heraus, und auch das Profil der MigrantInnen diversifizierte sich. Einen immer größer werdenden Anteil der Ausreisenden aus dem Dorf stellten Frauen dar.

Zu Ausreisewegen, Netzwerken und Formen von Beschäftigung

Vor dem Hintergrund der wirtschaftlichen Strukturveränderungen im Zuge des Transformationsprozesses war auch die Migration nach Italien – ähnlich der internen und ersten externen Wanderungsbewegungen – zumeist ökonomisch motiviert. Dabei brachen ähnlich den Wanderungsbewegungen davor zunächst ausschließlich junge Migranten nach Italien auf, die zum Teil bereits eine Familie gegründet hatten.[179] Die meisten von ihnen hatten einen allgemeinbildenden Schulabschluss und absolvierten wenig später ihren Militärdienst. Nur selten verfügten sie über eine berufliche Ausbildung. Eine Migration nach Italien war für sie aufgrund der höheren Lohnerwartungen als im ehemaligen Jugoslawien und in der Türkei besonders attraktiv. Gerade in den ersten Jahren der Migration war das Lohngefälle zwischen Rumänien und Italien sehr hoch. Zusätzlich hofften zahlreiche Migranten, dass sich die Erwerbsmöglichkeiten in Rumänien in der Zwischenzeit verbesserten.

In dieser ersten Phase wurden die Ausreisen unterschiedlich organisiert. Dabei handelte es sich meist um illegale bzw. halblegale Ausreisewege, die mit unterschiedlichen finanziellen Kosten verbunden waren und daher unterschiedliche Anstrengungen erforderten. Für die Ausreise aus Rumänien war zu dieser

---

179 Migranten, die bereits über externe Wanderungserfahrungen verfügten, gaben für die Migration nach Italien häufig dieselben Gründe an, wie für die saisonale Migration in das ehemalige Jugoslawien und in die Türkei. Hinzu kamen Neugierde und Abenteuerlust. Einige äußerten, dass sie sich mit dem Geld, das sie anderswo im Ausland verdient hatten, die Migration nach Italien finanzierten. Anders als für Migranten, die noch ungebunden waren, erhöhte sich für jene, die gerade eine Familie gegründet hatten, der Druck, für ein ausreichendes finanzielles Auskommen zu sorgen. Die meist mit Hilfe der Eltern aufgebaute Landwirtschaft konnte die eigene Familie häufig nur ungenügend ernähren. Daneben konnte sich aufgrund mangelnder Einkommensalternativen zur Landwirtschaft der Druck auf das Land erhöhen.

Zeit ein gültiges Visum erforderlich. Der Erhalt des Visums war an mehrere Bedingungen geknüpft. Dafür notwendig waren der Nachweis über die Unterbringung für die Dauer des Auslandsaufenthaltes sowie eine festgesetzte Mindestmenge an Reisegeld in Höhe von 500 US-Dollar.

Der halblegale Weg von Rumänien nach Italien führte zumeist über eine organisierte Busreise. In einigen wenigen Fällen liefen Etappen der Reise auch über den Flugweg (vgl. Weber 2003). Es gab zwei Möglichkeiten, ein Visum für eine derartige Touristenexkursion zu erhalten. Ausreisewillige konnten sich entweder Befragungen in den Konsulaten eines Landes aus dem Schengen-Raum stellen. In diesem Fall zahlten sie insgesamt etwa 1.400 US-Dollar, wenn ihnen das Visum bewilligt wurde (vgl. ebd.). Davon entfiel lediglich ein geringer Teil der Summe auf das Visum selbst, der Rest wurde an das Reiseunternehmen bezahlt.[180] Zwischen 1.300 und 1.400 US-Dollar kostete eine ein- bis zweiwöchige Reise mit einem Busunternehmen aus Bukarest oder der Bezirkshauptstadt. Andere bezahlten etwas mehr und beauftragten mit der Beschaffung des Visums das Reiseunternehmen, mit dem sie aus Rumänien ausreisen wollten.

Das Geld für die Busreise wurde auf unterschiedliche Weise besorgt. Vielfach griffen die Migrierenden auf verschiedene Geldquellen zurück und gingen damit eine Reihe von Verpflichtungen ein, die den Erfolgsdruck der Migration deutlich erhöhten. Die wenigsten konnten diese Summe aus eigenen Mitteln aufbringen.[181] Häufig wurden sie von Personen aus der Familie, der Verwandtschaft und dem Freundeskreis unterstützt. Die meisten verkauften einen Teil oder ihren

---

180 Die Befragungen in den Konsulaten dienten der Ermittlung, inwieweit die Gefahr bestand, dass sich Ausreisewillige illegal im Zielland absetzten. So wurden MigrantInnen aus dem Dorf nach den Gründen für ihre Ausreise, nach ihrem Familienstand und ihren genauen Kontaktdaten im Ankunftsland befragt. Für Ausreisende, die in Rumänien über eine Berufsqualifikation und ein reguläres Arbeitsverhältnis verfügten, war die Wahrscheinlichkeit höher, ein Visum bewilligt zu bekommen. Wurde der Visumsantrag abgelehnt, beantragten zahlreiche BewohnerInnen aus dem Dorf einen neuen Pass, um erneut einen Antrag stellen zu können. Nur wenige wendeten sich direkt an das italienische Konsulat. So reisten viele DorfbewohnerInnen mit einem Visum für ein anderes Land nach Italien ein. Das Gleiche galt auch für die Busreisen selbst. Während sie häufig anders ausgeschrieben waren, führten sie meist auf direktem Wege nach Italien. Wegen Polizeikontrollen wurden viele der Ausreisenden bereits in Venedig oder in Verona abgesetzt, von wo aus sie meist (zunächst) weiter bis nach Rom reisten.

181 Das geliehene Geld bildete für manche eine schwere Hypothek. Häufig wurde mit dem Geld, dessen Rückzahlung vielfach länger dauerte als ursprünglich veranschlagt, bereits die Ausreise einer weiteren Person ins Auge gefasst. Da das aufgebrachte Geld häufig nicht mehr für das notwendige Reisegeld ausreichte, halfen sich viele der Ausreisenden kurzerhand gegenseitig aus und ließen das Geld bei den Kontrollen unbemerkt herumgehen.

gesamten Schafbestand. Mitunter finanzierten Eltern einen wesentlichen Teil der Migration, damit ihre Kinder bei einem Scheitern nicht alles verloren. Für andere, die nicht in der Landwirtschaft beschäftigt waren, bedeutete es meist, dass sie ihre berufliche Existenz außerhalb des Dorfes aufgeben mussten (vgl. ebd.). Zusätzlich nahmen zahlreiche Migrierende einen Kredit auf. Als die Zahl der Ausreisen aus dem Dorf nach Italien deutlich zunahm, kam das Geld für die eigene Migration mitunter bereits *aus* Italien.

Daneben griffen Bewohner aus dem Dorf auf weitere Möglichkeiten zurück, ein Visum für den Schengen-Raum zu erhalten. Diese bestanden zum einen in der Einladung einer Person aus dem Schengen-Raum (vgl. Diminescu 2003) und zum anderen über bilateral abgeschlossene Vereinbarungen. So gab es jährlich festgelegte Kontingente für bestimmte Kontrakt- und Saisonarbeiten sowie Programme, die für Personen mit einer bestimmten Ausbildung einen Erfahrungsaustausch mit KollegInnen aus dem Ausland ermöglichten (vgl. Fassmann 2000).

Ausreisen, die über eine Einladung organisiert wurden, waren finanziell weniger aufwendig, da bei der Einreise in den Schengen-Raum zusätzlich zum Reisegeld lediglich für das Visum bezahlt werden musste. Auf Einladung wurden etwa Ausreisen mit dem Zielland Deutschland organisiert. In der Regel reisten die Migranten allerdings auf direktem Weg nach Italien ein. Auch die Ausreise im Rahmen von Verträgen für SaisonarbeiterInnen wurde in der Regel über Deutschland organisiert, verlief allerdings meist ebenso direkt nach Italien.

Wer nicht genug Geld aufbringen konnte, um seine Ausreise über eine Touristenexkursion zu organisieren oder nicht über die nötigen Kontakte ins Ausland bzw. das erforderliche Ausbildungsprofil verfügte, für den verlief die Ausreise über illegale Grenzübertritte. Hierbei bestand ein erhöhtes Risiko, unterwegs aufgegriffen zu werden und das Zielland nicht zu erreichen. In dieser ersten Zeit der Migration aus dem Dorf nach Italien folgten einige Ausreisewillige beschwerlichen illegalen Reiserouten, die zum Teil mehrfach mit einer Ausweisung bzw. Rückführung und einem mehrjährigen Ausreiseverbot endeten.

Netzwerkstrukturen

Mit Beginn der Migration aus dem Dorf nach Italien bildeten sich netzwerkartige Verflechtungsbeziehungen zwischen dem Herkunfts- und dem Ankunftskontext heraus, die von Strukturen aus dem Herkunftsdorf bestimmt waren (vgl. Sandu 2004, 2005). Vor dem Hintergrund des spezifischen Milieus handelte es sich häufig um Beziehungen, die bereits durch vorherige in- sowie externe Arbeitswanderungen gestärkt worden waren. Indem sie dazu beitrugen, die Risiken eines Aufenthaltes zu verringern und die Organisation der Aufenthalte zu erleichtern, stimulierten sie die Migrationsbewegungen aus dem Dorf bis zur Herausbildung kettenförmiger Migrationsverläufe (vgl. Massey 1990). Daneben strukturierten sie die Migrationsbewegungen auch räumlich-geographisch. So konzentrierte sich die Migration aus dem Dorf in dieser Zeit auf einige wenige Zielorte, was das Netzwerk aus Kontakten zu Personen aus dem Herkunftsdorf besonders engmaschig werden ließ. Zusätzlich beeinflussten die Netzwerke, in welchen Tätigkeitsbereichen die Migranten arbeiteten (vgl. Pries 2001).

Die Beziehungsgeflechte der DorfbewohnerInnen zwischen dem Herkunfts- und dem Ankunftskontext gründeten im Wesentlichen auf familiären bzw. verwandtschaftlichen Beziehungen sowie auf freundschaftlichen Kontakten aus dem gleichen Herkunftsdorf bzw. derselben Herkunftsregion.[182] Dadurch zeichneten sie sich meist durch ein hohes Maß an Vertrautheit und Solidarität aus; neben einer starken Vertauensbasis implizierten sie allerdings auch ein hohes Maß an reziproken Verpflichtungsleistungen (vgl. Massey 1990). So konnte das engmaschige Beziehungsgeflecht zwischen Herkunfts- und Ankunftskontext, das vielfach aus besonders tragfähigen und belastbaren Bindungen bestand, einerseits einen deutlichen Nutzen und zahlreiche Unterstützungsleistungen versprechen. Andererseits barg es, ähnlich der Situation im Herkunftskontext (vgl. Kap. 5.1), deutlich reziproke Verpflichtungsansprüche (siehe im Anschluss zu Erwerbsbedingungen im Ankunftskontext).

In den Migrationsbewegungen aus dem Dorf bildete sich eine besondere Dynamik heraus. Während die ersten Migranten, die gemeinsam aufbrachen, noch über keinerlei Netzwerkkontakte aus ihrem Herkunftsdorf in Italien verfügten, zogen die später Ausreisenden bereits einen Nutzen von den Erfahrungen der zuvor Migrierten.[183] Für die ersten Migranten aus dem Dorf konnten zufällige informelle Beziehungen auf der Grundlage derselben Herkunft von Bedeutung sein. Andere MigrantInnen aus Rumänien fungierten häufig als VermittlerInnen. Sie ermöglichen eine bessere Verständigung im Ankunftskontext und boten in der ersten Zeit wichtige Unterstützungsleistungen bei der Arbeitsbeschaffung und der Unterkunft. Entsprechend des deutlich segmentierten Arbeitsmarktes war die Wahrscheinlichkeit, auf andere MigrantInnen aus demselben Herkunftsland zu treffen, in Tätigkeitsbereichen des unteren Lohnsektors, wie dem Bauwesen oder der Landwirtschaft, besonders groß. Sie vermittelten zwischen den

---

182 Migran*ten* bildeten in diesem Zeitraum die deutliche Mehrzahl. Da allerdings an dieser Stelle zentrale Funktionen und Mechanismen von Netzwerkstrukturen aus dem Dorf vorgestellt werden, wird zum Teil eine Gender gerechte Sprache gewählt.
183 Den einzigen Kontakt von Migranten, die zu den Ersten aus dem Dorf gehörten, bildeten meist unmittelbar Mitreisende. Fast ausnahmslos traten die Ersten eine Ausreise mit einem guten Freund, entfernteren Bekannten oder mit einer Person aus der Familie bzw. Verwandtschaft an.

neu Angekommenen und potentiellen ArbeitgeberInnen. So konnten ethnisch geprägte Kontakte über die erste kritische Phase im Zielland hinweghelfen und die fragile Ankunftssituation absichern. Für die meisten Migrierenden bedeutete allein die Ankunft in Italien einen illegalen Aufenthaltsstatus.[184]

Die Dynamisierung der Migrationsbewegungen sorgte dafür, dass sich der Kontext der Migrationen im Herkunftsdorf veränderte. Laufende Migrationsprozesse strahlten auf das Herkunftsdorf aus. Zum einen konnten die Migrationsverläufe durch das sukzessive enger gespannte Netz an Kontakten aus dem Dorf in Italien leichter umgesetzt werden. Zum anderen trafen Geldtransfers von MigrantInnen aus Italien im Herkunftsdorf ein, die die Zahl der Ausreisewilligen weiter erhöhte. Die Organisation dieser Geldtransfers, die meist über Personen liefen, die bereits ihren Aufenthaltsstatus legalisiert hatten (siehe hierzu weiter unten), bildete einen wichtigen Funktionsbereich der Netzwerke zwischen Ankunfts- und Herkunftskontext. In einigen Fällen wurde das Geld bereits in dieser ersten Phase der Migration dafür genutzt, dass enge Familienangehörige ebenfalls nach Italien migrieren konnten. Dabei profitierten die nachziehenden MigrantInnen von dem Erfahrungswissen der bereits Ausgereisten über die Bedingungen im Zielland sowie von den Kontakten, die diese dort bereits geknüpft hatten. Die Netzwerke aus dem Herkunftskontext boten eine erste Anlaufstelle, sie halfen bei der Unterkunft und Arbeitssuche und sie sorgten dafür, dass immer weitere DorfbewohnerInnen nachfolgten.[185] Über die Zunahme der Ausreisen aus dem Dorf wurde das Beziehungsgeflecht zu Personen aus dem gemeinsamen Herkunftsdorf im Ankunftskontext immer enger. So stützte sich das Netzwerk der MigrantInnen immer stärker in erster Linie auf familiär und dörflich vorstrukturierte Kontakte.

Obgleich der Nachzug weiterer Familienmitglieder zunehmend leichter möglich war, sorgten die zu Beginn der Migration nach Italien sehr restriktiv gefassten rechtlichen Bestimmungen dafür, dass die Migrationsbewegungen in

---

184 Verbunden mit dem illegalen Aufenthaltsstatus konnte die Dauer der Aufenthalte unter den ersten Migranten aus dem Dorf sehr unterschiedlich ausfallen. In manchen Fällen waren die Bedingungen im Ankunftskontext derart prekär, dass der Aufenthalt frühzeitig abgebrochen werden musste. Dies konnte daran liegen, dass noch keine ausreichenden Netzwerkkontakte zu anderen Migranten vorhanden waren. Aufenthalte, die mit einer hohen Anschubfinanzierung verbunden waren, dauerten – auch aufgrund des meist illegalen Aufenthaltsstatus – vielfach mehrere Jahre an, bis ein Besuch im Herkunftskontext möglich war.

185 Gerade in der ersten Zeit teilten sich mehrere Personen eine Wohnung, ein Zimmer oder auch ein Bett. Über einen Zeitraum von zwei Jahren wohnten zudem sehr viele MigrantInnen gemeinsam in einem leerstehenden Fabrikgebäude in einem Vorort von Rom (vgl. Kap. 7.3.7).

erster Linie als Trennungsverläufe empfunden wurden. Die Ausreisen konnten hohe soziale Kosten nach sich ziehen (vgl. Apitzsch 2006). Gleichwohl waren MigrantInnen und Nicht-MigrantInnen in einer Familie in ähnlicher Weise aufeinander angewiesen, wie bereits im Rahmen vorheriger Wanderungsbewegungen aus dem Dorf. So wurden Kindererziehung und -versorgung entsprechend normativ verankerter Geschlechterrollen in der Regel den Ehefrauen bzw. anderen weiblichen Familienangehörigen übertragen.

Im Laufe der Zeit diversifizierte sich das Profil der Ausreisenden. Die finanziellen Gewinne aus den Arbeitsmigrationen und Erfahrungsberichte, die die Erlebnisse im Ankunftskontext mitunter beschönigten, setzten einerseits eine Migrationseuphorie in Gang, andererseits erzeugten sie einen immer stärker werdenden Migrationsdruck.[186] Zwar waren die Migrationen weiterhin deutlich ökonomisch begründet, doch traten dadurch neuartige Beweggründe für eine Migration hinzu. Während zunächst in erster Linie diejenigen nach Italien aufgebrochen waren, die zwar die finanziellen Aufwendungen aufbringen konnten, doch häufig im Zuge der wirtschaftlichen Transformationsprozesse in der Landwirtschaft und in der Industrie für sich im Herkunftskontext keine Perspektive sahen, erwogen bald auch Personen eine Migration, für die keine unmittelbare wirtschaftliche Notwendigkeit dazu bestand (vgl. Chell 1997). So konnte die Motivation für eine Ausreise etwa darin liegen, mit dem erhofften Geld aus der Arbeitsmigration in kurzer Zeit eine bestimmte Investition zu tätigen. In diesen Fällen wurde die Migration trotz der hohen Initialkosten oftmals deutlich als vorübergehend geplant – ähnlich der vorhergehenden Ost-Ost-Migrationen (vgl. Kap. 5.2.3). Es wurde davon ausgegangen, innerhalb relativ kurzer Zeit sehr viel Geld verdienen zu können. Hinzu kam, dass bereits bald Veränderung in der Sozialordnung spürbar wurden, die zur Migration Anlass geben konnten (vgl. Pries 2001). So zeigten sich die Auswirkungen der Migration auf den Herkunftskontext etwa darin, dass sich der Lebensstandard der Familien, die Angehörige in Italien hatten, erhöhte. Daneben tätigten die ersten Migranten zum Teil bereits nach nur kurzer Zeit erste Investitionen im Herkunftsort. Verbunden mit dieser Zunahme der Migrationsbewegungen bildete sich eine selbstverstärkende Dynamik in den Migrationsbewegungen im Sinne der Kettenmigration heraus. Dabei konzentrierten sich die MigrantInnen aus dem Dorf auf einige wenige Zielorte.

---

186 Für die Zeit, in der das Lohngefälle zwischen Italien und Rumänien noch sehr hoch und ausreichende Erwerbsmöglichkeiten im Ankunftskontext vorhanden waren, lässt sich eine Art Mythenbildung bezüglich Italien als Ankunftsland vermuten, die zu dem deutlichen Anstieg der Migration aus dem Dorf führte.

Neben den städtischen Zielorten Cittadina und Rom verteilten sich die Migranten auf einige ländliche Regionen im Latium und in der Toskana.[187] Die Migration nach Italien konnte auch die Möglichkeit der Unabhängigkeit von bestimmten sozialen Beziehungen aus der Dorfgemeinschaft bedeuten. So deutete sich an, dass einige Migranten, wenn sie ihren Aufenthaltsstatus bereits legalisiert hatten, Orte mit einer hohen Konzentration von BewohnerInnen aus Satuleşti vermieden. Allerdings musste ein stärkerer Rückzug nicht unbedingt den Wegzug aus einem Zielort mit einer hohen Konzentration von MigrantInnen aus dem Dorf bedeuten. Manche MigrantInnen proklamierten für sich auch dadurch eine bestimmte Unabhängigkeit von dorfähnlichen Gemeinschaftsstrukturen aus dem Herkunftskontext, dass sie etwa aus Gründen der sozialen Distinktion bestimmte Treffpunkte mieden, an denen sich andere BewohnerInnen aus Satuleşti aufhielten. Dies konnte auf die Beziehungen im Herkunftskontext zurückwirken.

Arbeitsbedingungen

Die Arbeitsbedingungen im Ankunftskontext waren von mehreren Faktoren bestimmt. Neben den oben angeführten Dynamiken in den Migrationsbewegungen, der Entwicklung von Netzwerkstrukturen und dem genauen Zeitpunkt der Ausreise wirkten vor allem die politisch-rechtlichen Rahmenstrukturen auf die Bedingungen der Erwerbsarbeit. So bildeten die Legalisierungsgesetze in den 1990er Jahren und im Jahr 2002 für viele MigrantInnen aus dem Dorf die Voraussetzung für einen legalen Aufenthaltsstatus. Diese Form der *a posteriori* Anerkennung war an mehrere Bedingungen geknüpft. Innerhalb bestimmter Fristen und Kontingente mussten ein gültiger Arbeitsvertrag sowie ein eigener Wohnsitz, der je nach Personenzahl eine bestimmte Quadratmeterzahl nicht unterschreiten durfte, vorgewiesen werden. In einigen Fällen wohnten MigrantInnen aus dem Dorf auch in einem Zimmer oder in einer Wohnung, die ihnen ihre ArbeitgerInnen zur Verfügung stellten. Die Aufenthaltsgenehmigung, auf die manche MigrantInnen bis zu einem Jahr warteten, musste nach einem und dann

---

187 Serge Weber (2003) weist in seinem Beitrag zu rumänischen MigrantInnen in Rom neben einer hohen Konzentration von MigrantInnen aus Transsilvanien auch auf einen hohen Anteil von ArbeitsmigrantInnen aus der Moldau hin. In diesem Zusammenhang hebt er explizit die dörflich verankerten Migrationskanäle [*filières villageoises*] hervor. Später verteilten sich die MigrantInnen aus Satuleşti auch auf Perugia, Pescara und Siena und auf Ortschaften im Umkreis von Venedig. Nur wenige MigrantInnen lebten an anderen Orten. Meist handelte es sich hierbei um Schäfer bzw. Personen, die in der Landwirtschaft beschäftigt waren und die, da sie zum Teil bewusst illegal arbeiteten, um keine Sozialabgaben zahlen zu müssen, einen abgeschiedenen Aufenthaltsort im Ankunftskontext vorzogen.

nach zwei Jahren verlängert werden und ging schließlich nach weiteren vier Jahren in eine unbefristete Aufenthaltsgenehmigung über. Die Voraussetzung dafür war allerdings, dass stets ein angemeldetes Beschäftigungsverhältnis vorlag. Mitunter beruhte die Anmeldung der Beschäftigung auf einer informellen Vereinbarung zwischen ArbeitgeberIn und ArbeitnehmerIn, dass diese/r selbst für die Sozialabgaben aufkam. Die Legalisierungen bildeten in den meisten Fällen ebenso die Voraussetzung dafür, die Trennungen zwischen den Familienmitgliedern, die häufig über mehrere Jahre andauerten, über EhepartnerInnen- und Familienzusammenführungen aufheben zu können (siehe hierzu weiter unten).

Unmittelbar zu Beginn der Wanderungsbewegungen aus dem Dorf nach Italien besaßen die Arbeitsverhältnisse ausschließlich informellen Charakter (vgl. Wallace/Stola 2001). Die Arbeitsvermittlung im Ankunftskontext lief oftmals zunächst über Kontakte aus dem Herkunftsland, allmählich auch aus der Herkunftsregion und schließlich meist aus dem Herkunftsdorf. Die hohe Informalität der Arbeitsbeziehungen bedingte zum einen eine hohe Unverbindlichkeit und Unstetigkeit. Die Arbeitsbeziehungen waren eher fragil und konnten von beiden Seiten leicht aufgekündigt werden.[188] Zum anderen barg die Informalität ein hohes Risiko, dass die Arbeitskraft der MigrantInnen ausgenutzt wurde. Diese Faktoren der Arbeitsbeziehungen, insbesondere zu Beginn der Migrationsbewegungen aus dem Dorf, führten zu einem häufigen Wechsel der Beschäftigungsverhältnisse und Tätigkeitsbereiche.

Die Informalität der Arbeitsbeziehungen schränkte die Beschäftigungsmöglichkeiten deutlich ein. Aufgrund der klaren Segmentierung des Arbeitsmarktes und der begrenzten Ausstattung an Ressourcen, auf die die Migranten in der Ankunftssituation zurückgreifen konnten, lagen die Hauptbeschäftigungsfelder fast ausschließlich im Baugewerbe und in der Landwirtschaft. Für beide Tätigkeitsbereiche verfügte ein Großteil der Migranten über eigene Arbeitserfahrungen und Kompetenzen. Zusätzlich boten beide Beschäftigungfelder die Möglichkeit, sich Polizeikontrollen zu entziehen. Zwar kam es auf Baustellen – anders als in der Regel bei landwirtschaftlichen Betrieben – zu Kontrollen. Doch konnten diese, so ging aus einzelnen Erzählungen von Migranten hervor, durch Beziehungen zwischen Bauleitern und der Polizei auf kommunaler Ebene abgewendet werden.[189]

---

188 Während vonseiten der ArbeitgeberInnen das Beschäftigungsverhältnis aufgelöst werden konnte, sobald kein weiterer Bedarf bestand, konnten die MigrantInnen die Arbeitsbeziehungen etwa beenden, sobald sie eine lukrativere Beschäftigung gefunden hatten.
189 In einigen Erzählungen von Migranten wurde angemerkt, dass in Cittadina in dieser ersten Phase der Migrationsbewegungen vonseiten der Polizei über illegal Beschäftigte in zahlreichen Gewerbezweigen hinweggesehen worden sei.

Die sukzessive Herausbildung von tragfähigen Netzwerken aus dem Herkunftskontext bedeutete eine allmähliche Absicherung der Arbeitsbeziehungen sowohl auf ArbeitnehmerInnen- als auch auf ArbeitgeberInnenseite. Permanent zogen weitere MigrantInnen über die oben beschriebenen Ausreisewege nach. Schätzungen von Personen aus dem Dorf zufolge hielten sich 1997 etwa 30-40 RumänInnen in Cittadina auf. Um das Jahr 2000 habe sich die Zahl von MigrantInnen in Cittadina, die allein aus dem Dorf Satuleşti stammten, auf etwa 100 Personen belaufen. Auch die Angaben der Meldebehörde von Cittadina wiesen auf eine deutiche Zunahme von MigrantInnen aus Rumänien hin. Während 1996 etwa 40 RumänInnen in Cittadina gemeldet waren, stieg ihre Zahl kontinuierlich auf über 1.200 (ca. 630 männlich und ca. 580 weiblich) im Jahr 2007.

Einen wichtigen Bedingungsfaktor, der den Ausbau von beschäftigungsgenerierenden Netzwerken deutlich beschleunigte, stellte die wachsende Verfügbarkeit über zusätzliche Kommunikationskanäle dar. Der Gebrauch von Mobiltelefonen nahm deutlich zu. Hierüber konnten Informationen über Beschäftigungs- und Unterbringungsmöglichkeiten schneller und bequemer ausgetauscht werden. Nachziehende MigrantInnen konnten leichter vermittelt werden, und auch ArbeitgeberInnen profitierten in den meisten Fällen davon, wenn sie über bereits Beschäftigte aus dem Dorf neue ArbeiterInnen empfohlen bekamen. Aus dieser Form der Rekrutierung, wie sie bereits zuvor für die Binnen- und die ersten externen saisonalen Wanderungen galt, resultierten gegenseitige Verpflichtungsansprüche. Die Empfehlung und Vermittlung von Beschäftigten bedeutete nicht allein eine Unterstützungsleistung, sondern die Vermittelnden zeichneten sich ihrerseits ebenso gegenüber ihren ArbeitgeberInnen für die Leistungen der Neubeschäftigten verantwortlich. Aufgrund des gemeinsamen Herkunftskontextes konnten und der steigenden Konzentration on MigrantInnen aus dem Dorf an bestimmen Orten im Zielland konnten die gegenseitigen Verpflichtungsansprüche durch Instanzen sozialer Kontrolle zusätzlich abgesichert werden.

Im weiteren Verlauf dieser ersten Phase zeichneten sich einige Muster in den Erwerbslaufbahnen der Migranten im Ankunftskontext ab. In der ersten Zeit in Italien wechselten zahlreiche Migranten aus dem Dorf mehrfach ihre ArbeitgeberInnen. Häufig war der erwerbsbezogene Migrationsverlauf zunächst mit deutlichen Einschränkungen, Entbehrungen und Rückschlägen verbunden. Die Gefahr, ausgenutzt zu werden, war besonders groß und die Konkurrenz in den Tätigkeitsfeldern, in denen die Migranten meist beschäftigt waren, begann allmählich anzusteigen.[190] Häufig handelte es sich über einen Zeitraum

---

190 Die Häufigkeit dieser Wechsel konnte mit dem Alter der Migranten zusammenhängen. Aufgrund der zumeist schweren physischen Arbeit waren die Chancen einer andauernden Beschäftigung für ältere Migranten insgesamt vielfach schlechter.

von mehreren Wochen bis zu mehreren Monaten um ständig, mitunter täglich, wechselnde Gelegenheitsarbeiten, vornehmlich im Baugewerbe.[191] Meist gab es dazwischen Zeiträume, in denen kein Geld verdient werden konnte, weil keine Arbeit gefunden oder die Arbeit nicht bezahlt wurde.[192] Zunehmend konnten sich Migranten allerdings über enge Kontakte aus dem Herkunftskontext bereits nach wenigen Tagen am Ankunftsort ein längerfristiges Arbeitsverhältnis sichern.

Nicht selten kam es vor, dass Migranten, die meist in Rom ankamen und mitunter bereits nach kurzer Zeit nach Cittadina weiterreisten, über Kontakte aus dem Dorf zunächst eine Beschäftigung im ländlichen Raum aufnahmen. Damit konnten sie sich möglichen Polizeikontrollen entziehen, um ihre Migration nicht zu gefährden. Zahlreiche Migranten arbeiteten in ihrer ersten Zeit in Italien erneut in der Landwirtschaft, vor allem in der Schafzucht. In diesem Tätigkeitsbereich waren viele der Migranten aus dem Dorf sehr gut qualifiziert. Diese Ressourcen verschafften dem Einzelnen zum einen besondere Referenzen und hilfreiche Kontakte zu weiteren potentiellen ArbeitgeberInnen. Zum anderen war die Empfehlung durch bereits bekannte und geschätzte Arbeiter für nachziehende Migranten hilfreich, um ihrerseits ein solides längerfristiges Beschäftigungsverhältnis aufbauen zu können.

Allerdings konnte es auch in agrarwirtschaftlichen Tätigkeitsbereichen zu häufigeren Wechseln von ArbeitgeberInnen kommen. Zum einen konnte ein gut qualifizierter Schäfer von sich aus das Beschäftigungsverhältnis beenden, wenn er erfuhr, dass anderswo für seine Arbeit mehr gezahlt wurde. Häufig waren Migranten aus dem Dorf aufgrund ihrer engen Netzwerke gut darüber informiert, wie viel andere ArbeitgeberInnen für eine vergleichbare Tätigkeit zu zahlen bereit waren. Zum anderen kam es auch in diesen Bereichen vor, dass Migranten aufgrund ihrer Situation ausgebeutet wurden. Generell bot dieser

---

191 Eine häufig angewandte Strategie bestand darin, in den Morgenstunden zu Baustoffgrosshandlungen zu fahren, bei denen Bauleiter Material einkauften und häufig nach zusätzlichen Arbeitern suchten. In Rom bildeten sich außerdem bestimmte Treffpunkte für MigrantInnen aus Rumänien.

192 Durch diesen stärkeren Prozesscharakter aufgrund der häufigen Wechsel von Beschäftigungsverhältnissen unterschied sich die Migration nach Italien deutlich von den ersten saisonalen Wanderungen ins Ausland. Im Zusammenhang mit der Erwerbsarbeit haben beide externen Migrationsbewegungen gleichwohl gemein, dass die Arbeit deutlicher als zuvor den Charakter einer Ware erhielt. Zwar ähnelte die Arbeit, insbesondere in der Landwirtschaft, Formen der Lohnarbeit, wie sie von zahlreichen Migranten zuvor in Kooperativen betrieben wurde. Doch während diese Tätigkeiten häufig fließend in die Arbeit für den eigenen landwirtschaftlichen Betrieb übergingen, etwa in dem eigene Schafe in den Kooperativen gehalten wurden, bedeutete die Arbeit in der Migration in erster Linie einen Bereich, in dem für jemand anderes gearbeitet wurde (vgl. Schiffauer 1991).

Tätigkeitsbereich im Vergleich zu anderen eher niedrige Einkommensmöglichkeiten. Dies veranlasste Migranten in einzelnen Fällen dazu –früheren Einkommensstrategien ähnlich – verschiedene Tätigkeiten parallel auszuüben. Andere Migranten wechselten deswegen nach einiger Zeit in andere Tätigkeitsfelder. Dieser Wechsel wurde dadurch begünstigt, dass sich Netzwerkstrukturen aus dem Herkunftsdorf auch in einzelnen Städten kontinuierlich ausbreiteten.

Während manche Migranten, die zeitweilig in der Landwirtschaft gearbeitet hatten, nach Rom zurückkehrten, verfügte ein Großteil der Migranten über Kontakte in Cittadina. Die hohe Konzentration an MigrantInnen aus dem Dorf zeigte sich in der Kleinstadt sehr viel deutlicher als in Rom. Das dichter gespannte Beziehungsgeflecht konnte die Phase häufig wechselnder Arbeitsverhältnisse verkürzen und die Ankunft im Zielkontext entscheidend erleichtern. So bildeten sich an einigen Orten in der Stadt Treffpunkte heraus, die den Austausch an Informationen vereinfachten. Dieses enge Netz an Kontakten konnte auch den Einstieg in Tätigkeitsbereiche erleichtern, in denen die MigrantInnen nicht unmittelbar selbst über eigene Arbeitserfahrungen verfügten. So bildete sich in Cittadina sukzessive neben dem Bauwesen die Fabrikarbeit als wichtiger Arbeitsbereich von Migranten aus dem Dorf heraus.

6.2.2 Die zweite Phase (2002-2006)

Die zweite Phase der Migration, von Beginn des Jahres 2002 bis Ende des Jahres 2006, war geprägt von einer Vereinfachung der Ausreise- und Aufenthaltsbestimmungen. Von Beginn des Jahres 2002 an genügte ein Touristenvisum sowie Reisegeld im Wert von 500 Euro. Die Ausreise über eine organisierte Touristenexkursion war nicht mehr notwendig, gleichwohl wurde an den Grenzen dennoch nach der Unterbringung im Zielland gefragt. Zusätzlich fielen die Kosten für den Transport vom Herkunftsort bis nach Italien im Laufe dieser zweiten Phase von knapp 400 Euro auf circa 150 Euro. Dabei übernahmen die Transportunternehmen zum Teil die Garantie dafür, dass die Reisenden ihr Ziel erreichten.[193] Schließlich wurde die Organisation von Ausreisen weiterer Personen aus

---

193 Diese Änderungen der Ausreisebestimmungen sorgten dafür, dass zahlreiche Privatpersonen im Umkreis des Herkunftsdorfes einen eigenen Personen- und Pakettransport gründeten. Dies trug deutlich zur Steigerung und Dynamisierung der Wanderungsbewegungen bei. Die Migration erschien immer mehr ohne weiteres möglich. Die Fahrer, die häufig nicht über eine Lizenz verfügten, operierten an den Grenzen häufig auf der Grundlage von informellen Kontakten und Netzwerken. Nicht selten stellten sie selbst an den Grenzen das notwendige Reisegeld zur Verfügung. Für ein-

dem Dorf durch MigrantInnen, die bereits ihren Aufenthaltsstatus legalisieren konnten, vereinfacht.

Diese Veränderungen führten zu unterschiedlichen parallel verlaufenden Entwicklungen. Zum einen konnten sie eine Erleichterung der Aufenthaltssituation und eine Verbesserung der Arbeitsbedingungen bedeuten. Dies sorgte für eine verstärkte Mobilisierung von Ausreisewilligen aus dem Dorf. Zum anderen führten die Veränderungen vielfach zu einer Dynamisierung innerhalb der einzelnen Migrationsprozesse und damit zu einer Diversifizierung der Migrationsverläufe insgesamt. Die Erleichterung der Ausreisen und die zunehmende Absicherung der Aufenthaltsbedingungen konnten die Vielschichtigkeit und Komplexität der Migrationsverläufe erhöhen, indem sie den Nachzug weiterer Familienmitglieder begünstigten. Hierdurch kam es zum einen zu einer deutlichen Feminisierung der Migration, wodurch neue Erwerbszweige zu den bisherigen Tätigkeitsbereichen hinzutraten. Zum anderen kam es zu einer stärkeren Familienorientierung unter den MigrantInnen im Ankunftskontext, was sich auf die Netzwerkstrukturen am Ankunftsort auswirkte. Für die Migrationsprozesse ging mit dem Familiennachzug vielfach eine Konsolidierung der Aufenthaltssituation einher.[194]

Zum Nachzug von Familien, weiteren Formen von Erwerbsarbeit und dem Migrationsdiskurs im Feld

Die Änderung der Reisebestimmungen führte dazu, dass sich die Personengruppe der Ausreisewilligen und die Motivationslagen der MigrantInnen erneut erweiterten. Die größte Gruppe der Ausreisenden zu Beginn dieser Phase bildeten Frauen, die nach einer Einreise über ein Touristenvisum bei ihren Ehemännern in Italien blieben. Lediglich in einzelnen Fällen, in denen jüngere Kinder im Herkunftskontext verblieben, pendelten Ehefrauen wiederholt für die Dauer eines Touristenvisums zwischen Italien und ihrem Herkunftsdorf (vgl. Irek 1998, Lutz 2008[2] sowie Karakayali 2010). Sie betreuten ihre Kinder in Satuleşti und besuchten saisonal ihre Ehemänner in Italien, häufig um etwas Geld für die

---

zelne Bewohner wurde die Organisation des Personen- und Paket- bzw. Geldtransfers zu einer lukrativen Geschäftsidee, aus der sich auch die Gründung eines angemeldeten Reiseunternehmens entwickeln konnte (vgl. Kap. 7.1.6).

194 Die Vielzahl an unterschiedlichen und komplexen Prozessen in den Migrationsverläufen aufgrund des Familiennachzugs kann hier nur angerissen werden. Siehe hierzu ausführlicher Teil IV. Diese selbststabilisierende Dynamik im Migrationsverlauf konnte u. U. als heteronom empfunden werden, etwa wenn sich die Arbeitsmigration aus Mangel an alternativen Einkommensmöglichkeiten im Herkunftskontext deutlich über den ursprünglich ins Auge gefassten Zeitraum ausdehnte.

Familie hinzuzuverdienen. In dieser Zeit wurden die Kinder meist von deren Großeltern im Herkunftsdorf versorgt. Daneben kam es vor, dass sich Frauen der mittleren Generation lediglich für einen kürzeren Zeitraum in Italien aufhielten, da sie sich phasenweise in Absprache mit ihren Geschwistern um die Eltern- oder Schwiegereltern im Herkunftskontext kümmerten. Mitunter pendelten auch ältere Frauen für die Betreuung ihrer Enkelkinder nach Italien, etwa wenn diese von ihren Eltern aufgrund der doppelten Erwerbsarbeit nicht selbst beaufsichtigt werden konnten. Hieraus konnten sich für die Frauen schließlich ebenfalls längere Arbeitsaufenthalte, etwa als Pflegekraft in einem Privathaushalt, entwickeln.

Auch für weitere Personengruppen bildete sich eine „Pendelstruktur der Migration" (Apitzsch 2006: 376) heraus. Die dreimonatigen Aufenthalte über ein Touristenvisum wurden zum Teil von jüngeren Migranten genutzt. Sie hatten meist ihre Schulpflicht beendet und pendelten nach Italien aufgrund der relativ lukrativen Einkommensmöglichkeiten. Für die übrige Zeit übernahmen sie etwa Gelegenheitsarbeiten in ihrem Herkunftsdorf. Zum anderen Teil wurden kürzere Aufenthalte von älteren Migranten genutzt, die regelmäßig für mehrere Monate vor allem in der Landwirtschaft beschäftigt waren.[195]

Die Verweisungszusammenhänge und Austauschprozesse zwischen Ankunfts- und Herkunftskontext verstärkten sich. Die Auswirkungen der Migrationsbewegungen auf das Herkunftsdorf konnten selbst den Auslöser für weitere Migrationen bilden. Ankunfts- und Herkunftskontext waren sukzessive immer enger und vielfältiger miteinander verwoben, was zu neuartigen Positionen und Positionierungen von MigrantInnen und Nicht-MigrantInnen in beiden Kontexten führen konnte. Der Migration kam zunehmend neben ihrer ökonomischen auch eine symbolische Bedeutung zu. Einkommensunterschiede zwischen Familien von MigrantInnen und Familien ohne MigrantInnen konnten einen Statusverlust implizieren. Es zeigten sich Verschiebungen in der Statushierarchie. Qualifikationen, die über Bildung erworben wurden, konnten an Wert verlieren. Hiervon konnte ein zusätzliches Motivationspotential bzw. eine Veränderung der Motivation im Verlauf der Migration ausgehen. Dabei kam dem Migrationsdiskurs im (unmittelbaren) Ankunfts- und Herkunftskontext eine wichtige Rolle zu (siehe hierzu weiter unten).[196]

---

195 Im Zusammenhang mit bestimmten pendelartigen Aus- und Einreisen erscheint es in manchen Fällen legitim, auch über die Verwendung der Bezeichnung Migration nachzudenken. In einigen Texten wird daher stärker der Begriff 'Mobilität' verwendet (vgl. Wallace 2001, Nyberg Sørensen/Olwig 2002).

196 Zu dem Aspekt möglicher Motivationsverlagerungen während der Migrationsprozesse, der bereits auf die fallspezifische biographische Bedeutungsbildung der Migrationserfahrungen abhebt, siehe Teil IV.

Zudem verstärkte die Ausweitung der Migrationsbewegungen die materielle Abhängigkeit des Herkunftskontextes vom Ankunftskontext (vgl. Şerban 2003). Die neuen politischen Rahmenbedingungen flexibilisierten somit einerseits die Migrationsverläufe, was zu einer Verringerung der sozialen Kosten führen konnte. Andererseits konnte diese Dynamisierung andere, erst längerfristig sich abzeichnende Folgekosten der Migration mit sich bringen.

Nachzug von Familienmitgliedern

Die geänderten Ausreisebestimmungen vereinfachten den Nachzug weiterer Familienmitglieder. In den meisten Fällen reisten Frauen nach Italien, um die Trennung von ihrem Ehepartner aufzuheben.[197] Neben finanziellen Beweggründen und dem Wunsch, sich selbst ein Bild von der Ankunftssituation zu verschaffen, gingen aus den Erzählungen auch geschlechtsspezifische Gründe für eine Migration hervor.[198] Die Entscheidung für eine Migration konnte etwa damit in Verbindung stehen, sich aus dem sehr stark normativ geprägten Herkunftskontext lösen zu wollen (vgl. Kap. 5.1). Auch waren Frauen aus Familien mit Landwirtschaft in der Regel sehr stark an den elterlichen und später an den eigenen Hof gebunden (vgl. Kap. 5.2). Einige Frauen hatten daher bis vor ihrer Migration nach Italien keine Möglichkeit gehabt, ihren engeren Herkunftskontext für einen längeren Zeitraum verlassen zu können. Im Fall von Ehetrennungen vor der Migration entschieden sich Frauen unter Umständen für eine Ausreise, da ihre geschiedenen Ehemänner keine Unterhaltszahlungen leisteten und sie kaum die Möglichkeit hatten, anders als durch eine Arbeitsmigration für ihre Kinder zu sorgen. In anderen Fällen konnte eine als unglücklich erlebte Ehe zu der Entscheidung für eine Migration beitragen. In einem solchen Fall migrierten Frauen als Erste und nur selten folgten weitere Familienmitglieder nach Italien nach. Auch einige unverheiratete junge Frauen und Männer reisten einander nach Italien nach. Für sie bot die Migration die Möglichkeit, anders als für das Herkunftsdorf üblich, bereits vor ihrer Heirat zusammen zu wohnen.

Ein Nachzug der EhepartnerInnen konnte auf unterschiedliche Weise organisiert werden. So lässt sich zwischen einem direkten offiziell-formalen und ei-

---

197 Oftmals lebten die EhepartnerInnen zuvor über mehrere Jahre voneinander getrennt, da eine weitere Ausreise über eine Exkursion zu teuer war. In den ersten Jahren, in denen vor allem Männer aus dem Dorf nach Italien ausreisten, schrieben sich manche Ehepaare Briefe. Zahlreiche Familien aus dem Dorf warteten damals sonntags an einem der beiden öffentlichen Telefone im Dorf auf einen Anruf aus Italien.
198 Damit soll unterstrichen werden, dass Frauen mit ihrer Ausreise nicht allein auf die Migration ihrer Ehemänner *re*agiert, sondern mit ihrer Entscheidung für eine Migration – fallspezifisch durchaus unterschiedlich – ihrerseits agiert haben.

nem indirekt-verdeckten Weg einer Zusammenführung unterscheiden. Während bei Ersterem jene EhpartnerInnen, die sich bereits länger in Italien aufhielten, über einen legalen Aufenthaltsstatus verfügten, über den der Nachzug organisiert werden konnte, lag bei Letzterem entweder noch kein legaler Aufenthaltsstatus vor, oder die notwendigen weiteren Bedingungen für einen Nachzug wurden nicht erfüllt.[199] Der Nachzug der EhepartnerInnen bedeutete für Paare mit Kindern zumeist, dass diese (zunächst) – ähnlich den internen und ersten externen Migrationsverläufen, an denen sich die Ehefrauen bzw. Mütter beteiligten, – im Herkunftsdorf von weiteren Mitgliedern des Familiennetzwerkes, in der Regel der eigenen Mutter bzw. den Eltern der Mutter (vgl. Hondagneu-Sotelo/Avila 1997, Levitt 2001), versorgt wurden. Hierdurch kam es einerseits zu einer klaren Generationentrennung zwischen MigrantInnen, ihren nicht-migrierten Kindern und den eigenen Eltern. Andererseits waren die verschiedenen Generationen durch die gegenseitigen Unterstützungsleistungen deutlich aufeinander angewiesen und darüber über die Grenzen hinweg eng miteinander verbunden.

In Interviews mit Erzieherinnen und Lehrerinnen ging ebenfalls hervor, dass Großeltern häufig keine adäquate Versorgung der Enkelkinder leisten konnten. Als ein Grund wurde angeführt, dass zahlreiche Großeltern einen Großteil des Jahres mehrere Kilometer außerhalb des Dorfes auf Landparzellen verbrachten, wo sie eine eigene Subsistenzwirtschaft betrieben (vgl. Kap. 5.2.1). Dadurch konnten die Kinder häufig nicht den Kindergarten besuchen. Nach Angaben der Erzieherinnen resultierten daraus zum Teil Verhaltensauffälligkeiten. Den Kindern fehlten der Kontakt und das Spielen mit Gleichaltrigen. Darüber hinaus wurden die Großeltern von den Kindern häufig nicht als Erziehungsberechtigte akzeptiert. Die Erziehungsaufgaben wurden in diesen alternativen Betreuungsarrangements zwischen Eltern und Großeltern oft lediglich graduell neu verhan-

---

199 Grundlegende Voraussetzung für eine Zusammenführung der EhepartnerInnen war die Vorlage der Heiratsurkunde. Für einen offiziellen Nachzug der EhepartnerInnen gab es die Auflagen eines Krankenversicherungsschutzes sowie eines bestimmten Mindesteinkommens und einer bestimmten Quadratmeterzahl (45-60qm) an Wohnfläche. Wurden diese Auflagen erfüllt, konnten die EhepartnerInnen ebenfalls eine zunächst befristete Aufenthaltsgenehmigung erhalten und einer Beschäftigung nachgehen. Eine Zusammenführung der EhepartnerInnen war auch möglich, wenn die EhepartnerInnen bereits Kinder hatten, die im Herkunftskontext verblieben. In den erforderlichen Dokumenten wurden die Kinder erst ab einem bestimmten Alter aufgeführt. Da zahlreiche Eltern ihre Kinder in Rumänien zurückließen, ohne deren ausreichende Versorgung sicherzustellen, führte die rumänische Regierung Ende des Jahres 2006 eine Vorschrift ein, die Eltern dazu verpflichtet, ihre Abwesenheit beim örtlichen Jugendamt bzw. der Gemeindeverwaltung zu melden sowie anzugeben, wo ihre minderjährigen Kinder während ihrer Abwesenheit untergebracht sind (vgl. Verseck 2008).

delt. Die Eltern blieben meist für ihre Kinder die wichtigsten Bezugspersonen, trotz der großen räumlichen Entfernung. Daneben gaben einige Großeltern ganz bewusst wichtige Entscheidungen an die Eltern der Kinder ab. Die neuartige Organisation der Familie führte somit häufig nicht zu einer generellen Neuverteilung der Erziehungsautorität. Daneben zeigte sich vereinzelt, dass Eltern ihre Kinder auf beide Großelternpaare aufteilten, wodurch die Interaktionsmöglichkeiten zwischen den Geschwistern eingeschränkt waren. Für die Verstetigung eines besonders traditionsorientierten Tradierungszusammenhangs aufgrund der Erziehung der Kinder durch ihre Großeltern (vgl. Beck 1992) ließen sich keine Belege finden.[200]

Der Nachzug der EhepartnerInnen bedeutete häufig einen Zwischenschritt für den Nachzug der kompletten (Kern)Familie.[201] Gingen beide Elternteile einer Erwerbstätigkeit nach und verstetigte sich der Arbeitsaufenthalt in Italien, wurden die Kinder häufig nachgeholt. In Familien mit kleinen Kindern zogen Ehepartnerinnen meist unmittelbar gemeinsam mit ihren Kindern nach Italien.

Der Familiennachzug konnte sehr unterschiedliche Auswirkungen auf die Ausbildungsverläufe der Kinder haben. Bezogen auf das erhobene Gesamtmaterial zeigten sich sowohl geschlechts- als auch altersspezifische Unterschiede. Während im vor- und frühen elementarschulischen Bereich der Ausbildungsverlauf in Italien in der Regel erfolgreich verlief, zeigten sich bei manchen Kindern, die erst im späteren Verlauf der allgemeinbildenden Schule in das italienische Schulsystem eintraten, bereits aufgrund der unterschiedlichen Curricula in Rumänien und Italien deutliche Schwierigkeiten. Der Schulerfolg wurde für manche Kinder zusätzlich dadurch erschwert, dass sie wiederholt die Schule zwischen Herkunfts- und Ankunftskontext wechselten. Grund dafür konnte die Verletzung aufenthaltsrechtlicher Bestimmungen oder die Unvereinbarkeit der Versorgung der Kinder mit der Berufstätigkeit der Kinder sein. Für manche Jugendliche fiel der Nachzug nach Italien mit dem Besuch einer weiterführenden Schule zusammen. Dieser Wechsel konnte bedeuten, dass die Kinder – mitunter auf Initiative ihrer Eltern – zunächst um ein Jahr zurückgestuft wurden.

---

200 Das Versorgungsverhältnis zwischen Großeltern und Enkelkindern, so zeigte sich in mehreren Familien, konnte sich im Verlauf der Migration umkehren, so dass Enkelkinder sich ihrerseits um ihre Großeltern kümmerten (vgl. Kap. 7.7).

201 Die genaue Organisation der Familienzusammenführung, die je nach Alter und Schulpflicht der Kinder variierte, bedeutete für die Familien einen hohen administrativen Aufwand sowohl in Italien als auch in Rumänien. Mit Erreichen der Volljährigkeit benötigten die Kinder einen bestimmten eigenen Aufenthaltstitel oder sie reisten eigenständig mit einem Touristenvisum nach Italien ein. Erreichten Kinder in einem arbeitsfähigen Alter Italien, dann griffen meist Familiennetzwerke, die die Arbeitssuche erleichterten. In der Regel beschafften Eltern ihren Kindern eine Arbeitsstelle.

Bei den Jugendlichen, deren Daten zum Ausbildungsverlauf in das erhobene Gesamtmaterial einflossen, zeigten sich geschlechtsspezifische Unterschiede. So entschieden sich weibliche Jugendliche häufiger als männliche für eine höhere Schulbildung und waren meist auch dann erfolgreich, wenn sie erst gegen Ende der allgemeinbildenden Schule ihren Eltern nach Italien nachfolgten. Doch auch bei einem beachtlichen Bildungserfolg in Italien verfolgten sie wie ihre Eltern die Absicht, in absehbarer Zeit nach Rumänien zurückzukehren. Die Entscheidung für den Nachzug nach Italien wurde in dieser Altersgruppe ausschließlich von den Jugendlichen selbst getroffen.

Männliche Jugendliche hingegen, die in Rumänien die allgemeinbildende Schule bis zum Ende besucht hatten, entschieden sich häufig gegen eine höhere Schulbildung. In der Regel begannen sie entweder in Rumänien eine berufsqualifizierende gymnasiale Ausbildung, die sie mit ihrem Nachzug nach Italien abbrachen, oder sie folgten unmittelbar nach Ende der Mittelschule ihren Eltern bzw. weiteren Geschwistern nach Italien. Wenn sie bereits die Volljährigkeit erreicht hatten, nahmen sie in Italien meist unmittelbar eine Beschäftigung auf, um ihr erstes eigenes Geld zu verdienen.[202] Waren sie noch nicht in einem erwerbsfähigen Alter, konnte dies zu einer Art von *time-off*-Phase (vgl. Apitzsch 1990) führen.

Der vermehrte Nachzug von Familienmitgliedern veränderte das Beziehungsnetzwerk der MigrantInnen im Ankunftskontext. Während sich durch die Familienzusammenführungen einerseits das Netzwerk zu Personen aus dem Herkunftskontext enger spannte, zeichneten sich die Beziehungsstrukturen andererseits dadurch aus, dass Funktion und Reichweite der Bindungen stärker um die eigene sowie einige wenige andere Familien zentriert waren. So wurde in mehreren Erzählungen angesprochen, dass sich Familien im Ankunftskontext insgesamt stärker auf den eigenen privaten Bereich zurückzogen, als dies für MigrantInnen vor dem Familiennachzug häufig der Fall war. Der private Raum nahm im Vergleich zum öffentlichen Raum an Bedeutung zu. Dies konnte die Beziehungen unter den DorfbewohnerInnen im Ankunftskontext auf einige wenige engere Kontakte, wie sie zum Teil bereits vor der Migration nach Italien am Herkunftsort bestanden hatten, eingrenzen. Ebenso waren MigrantInnen durch

---

202 Männliche Jugendliche, die als Jungarbeiter gemeinsam mit ihren Eltern in Italien arbeiteten, beteiligten sich für manche Eltern durchaus an einem Erfolg der Migration. So wurden dadurch etwa bestimmte Handlungsmuster aus dem Herkunftskontext weitergeführt, die vorsahen Geld anzusparen, um durch den Bau eines eigenen Hauses mit Unterstützung der Eltern eine eigene Existenz im Herkunftsdorf aufzubauen und darüber im Dorf einen sozialen Aufstieg zu dokumentieren.

den Nachzug und die Ausbildung der Kinder häufig stärker in Beziehungen zu Personen aus dem Ankunftskontext eingebunden.

Daneben traten im Ankunftskontext mit Zunahme der Migrationsbewegungen aus dem Herkunftsdorf vermehrt soziale Unterschiede zwischen den MigrantInnen hervor. In einzelnen Fällen zeigte sich ein deutliches Distinktionsverhalten. Personen, die im Zuge einer Ausbildung bereits vor ihrer Migration nach Italien in Rumänien in einen städtischen Kontext übergesiedelt waren (vgl. Kap. 5.2.2.2), versuchten, sich von DorfbewohnerInnen abzugrenzen, die im Herkunftskontext verblieben waren und zumeist eine Landwirtschaft betrieben hatten. Die Heterogenität unter den DorfbewohnerInnen spiegelte sich auch im Ankunftskontext wider.

In einigen Familien blieb die Trennung zwischen Eltern und ihren Kindern über die Migration hinweg bestehen. Zahlreiche Eltern, die migrierten, hatten eine Ausreise auf sich genommen, um ihren Kindern bessere Ausbildungschancen zu ermöglichen, als sie sie selbst erhalten hatten (vgl. Apitzsch/Siouti 2008).[203] Einige von ihnen schätzten die Bildungschancen ihrer Kinder in ihrem Herkunftsland höher ein als in Italien. Jugendliche, die in Rumänien verblieben und weniger ausgeprägte Phasen der Neuorientierung durchliefen, erreichten häufiger einen höheren Bildungsabschluss als Jugendliche, die ihren Eltern nach Italien nachfolgten.

Die Kontakte zwischen den Eltern und ihren Kindern im Herkunftskontext sowie weiteren Familienmitgliedern beschränkten sich zum Großteil auf Telefongespräche. Insbesondere wenn beide Elternteile migriert waren, wurde die

---

203 Die periphere rurale Herkunft, die Abhängigkeit der einzelnen Familienmitglieder voneinander aufgrund der familienökonomischen Erwerbsstrukturen und die schlechte Infrastruktur reglementierten in der Vergangenheit den Zugang der DorfbewohnerInnen zu Bildung. In Satuleşti gibt es seit jeher eine allgemeinbildende Schule. Um die Schule weiterführen zu können, mussten die AbsolventInnen zumeist eine weiterführende Schule in einer der entfernt gelegenen Städte besuchen. Eine Ausnahme bildete die gymnasiale Ausbildung in der Forst- und Agrarwirtschaft auf einer weiterführenden Schule im Umkreis des Herkunftsortes. In der Regel waren die Kosten für die Familien beträchtlich und nicht alle Kinder einer Familie konnten ein Gymnasium besuchen. Auch aktuell war es aufgrund der peripheren Lage des Dorfes für SchülerInnen nicht möglich, täglich zwischen Schule und Heimatort zu pendeln. Stattdessen wohnten die meisten SchülerInnen aus dem Dorf, die eine weiterführende schulische Ausbildung absolvierten, entweder zur Untermiete oder in einer Eigentumswohnung, die die Eltern mit dem Geld aus der Migration gekauft hatten. Für Eltern, die über ihre Arbeitsmigration in Italien eine höhere (berufs)schulische- sowie universitäre Ausbildung ihrer Kinder finanzierten, konnte diese zum Erfolg ihrer Migration dazugehören. Die Kinder konnten sich diesen Bildungserwartungen mitunter sehr stark verpflichtet fühlen (vgl. Kap. 7.3.7).

Kommunikation regelmäßiger und enger.[204] In manchen Fällen waren die Eltern über Mobiltelefone für ihre Kinder auch während ihrer Arbeitszeit erreichbar. Die Besuche der Eltern im Herkunftsort gingen meist aufgrund der Berufstätigkeit über wenige Wochen im Jahr – zumeist im August – nicht hinaus. In einzelnen Fällen besuchten Jugendliche in der Ferienzeit ihre Eltern auch in Italien. Manche Jugendliche verbanden dies mit einem Ferienjob in Italien, den ihnen ihre Eltern vermittelt hatten.

Formen von Beschäftigung

Die Tendenzen der Dynamisierung in den Migrationsverläufen einerseits und der Konsolidierung aufgrund des Familiennachzugs andererseits wirkten sich auf die Beschäftigungsformen und Arbeitsverhältnisse im Ankunftskontext aus. Die Erleichterung der Ausreise führte zu einem deutlichen Zustrom von MigrantInnen. Die rasche Illegalisierung drängte viele der neu Ankommenden in informelle Arbeitsverhältnisse. Für den unteren Lohnsektor kam es dadurch innerhalb weniger Jahre zu einem Überangebot an Arbeitskräften und zu einer erhöhten Konkurrenz. Da sich die Beschäftigungsfelder von Migranten auf Tätigkeitsbereiche konzentrierten, die schwere körperliche Arbeit erforderten, bedeutete dies für ältere Migrierende sinkende Einstellungschancen. Sie arbeiteten fast ausschließlich (saisonal) in der Landwirtschaft. Zusätzlich erweiterten sich mit Zunahme der Migration auch die Bildungsprofile der MigrantInnen. So konnte mit der Migration eine deutliche berufliche Dequalifikation einhergehen (vgl. Şerban 2003).[205]

Aus Satuleşti strömten vermehrt Frauen auf den Arbeitsmarkt im Ankunftskontext. Daraus gingen neuartige Tätigkeitsformen und Beschäftigungsverhält-

---

204 Lutz (2008²) weist in diesem Zusammenhang auf bestimmte Voraussetzungen bei der telefonischen Kommunikation hin. Zum einen hänge es vom Alter der Kinder ab, ob diese mit der körper- und gesichtslosen Kommunikation umgehen könnten. Zum anderen gelte es, „neue Regeln und Tabus über die Form des Austauschs und den Inhalt der Gespräche" (ebd.: 164) kommunikativ auszuhandeln.

205 Je nach Qualifikation im Herkunftskontext konnte die Migration als sehr ambivalent erlebt werden. Nach Treibel (1990) könne die Migration im Herkunftkontext etwa „mit einem deutlichen Prestigegewinn verbunden sein, während MigrantInnen sich in der Aufnahmegesellschaft in den schlechtesten Prestige- und Machtpositionen wiederfinden (...). Einkommens- und Statusverbesserungen gegenüber dem Herkunftskontext werden durch Marginalisierungsprozesse in der Aufnahmegesellschaft in Frage gestellt und relativiert" (ebd.: 1969 nach Breckner 2005: 33). Allerdings, so Breckner (2005) gehe es darum, wie sich „Migrationsdynamiken nicht nur in Relation zum Ankunftskontext, sondern auch in Relation zur Positionalität innerhalb der jeweiligen Kontexte und der damit verbundenen Erwartungen an Prestige und Macht entwickelten" (ebd.: 33).

nisse sowie spezifische Beziehungsformen zu Personen aus dem Ankunftskontext hervor.[206] Dies konnte in besonderer Weise auf die Migrationsbewegungen aus dem Dorf allgemein sowie auf die verschiedenen Lebensbezüge in den Familien der Migrantinnen ausstrahlen.

Erwerbstätigkeit von Frauen

Frauen waren meist im reproduktiven Arbeitsbereich beschäftigt. Allerdings war nicht immer eine absolut strikte Trennung von reproduktiven und produktiven (Lohn-)Arbeitsbereichen zwischen den Geschlechtern zu beobachten. Vereinzelt übernahmen Männer eher reproduktive Arbeiten, etwa im Pflegebereich, oder Frauen arbeiteten einige Zeit in einer Fabrik. Reproduktive Arbeitsbereiche umfassten Pflege-, Betreuungs- und Reinigungstätigkeiten. Die Betreuungstätigkeiten reichten von der Betreuung von Kindern oder älteren pflegebedürftigen Personen in Privathaushalten bis hin zu Anstellungsverhältnissen in öffentlichen Einrichtungen wie Kindergärten, Altenheimen und der Beaufsichtigung älterer PatientInnen in Krankenhäusern. In diesen Beschäftigungsverhältnissen arbeiteten die Frauen entweder als Vollzeit- oder als Teilzeitkräfte. Eine Vollzeitstelle sah häufig eine Betreuung jeden Tag rund um die Uhr vor, so dass die Frauen in den Haushalten ihrer KlientInnen komplett (*live-in*) oder bis auf einige wenige Stunden am Tag (quasi *live-in*) mitwohnten. Eine Teilzeit-Betreuung beschränkte sich hingegen meist auf geregelte, relativ feste Arbeitszeiten.

Die konkreten Arbeitsverhältnisse der Migrantinnen korrelierten sehr stark mit der eigenen Familiensituation am Ankunftsort. Einer tradierten geschlechtsspezifischen Arbeitsteilung entprechend waren die Frauen auch im Fall der Migration stärker für die Kindererziehung verantwortlich. In Familien, in denen die Eltern beide berufstätig waren, wurde die Hausarbeit allerdings mitunter zwischen den EhepartnerInnen sowie den Kindern aufgeteilt. Gleichwohl ergab sich für Frauen eine deutlichere Doppelbelastung als für Männer. Vereinzelt wurde die geschlechtsspezifische Arbeitsteilung im reproduktiven Bereich von Frauen

---

206 Allgemein profitierten die MigrantInnen bei der Arbeitssuche am stärksten von den Netzwerkbeziehungen des/der EhepartnerIn. Da sich in den meisten Fällen die Ehemänner bereits längere Zeit in Italien aufhielten, lief die Arbeitsvermittlung oftmals über deren Kontakte. Der Großteil der Ehefrauen, die nach Italien nachzogen, nahm bereits kurze Zeit nach der Ankunft in Italien eine Beschäftigung auf. Häufig entwickelten sich für beide aus den Arbeitsbeziehungen des/der EhepartnerIn weitere Kontakte, aus denen zusätzliche oder neue Beschäftigungsverhältnisse hervorgingen. Für Frauen stellten Kontakte zu anderen Beschäftigten im reproduktiven Arbeitssektor ebenso wichtige Netzwerkbeziehungen dar. Für EhepartnerInnen, die Kinder im schulpflichtigen Alter nach Italien nachholten, konnten sich schließlich auch über Eltern von SchulkollegInnen der Kinder wichtige Arbeitskontakte herausbilden.

allerdings auch sehr stark verteidigt. Eine Kinderbetreuung war für *live-in* Beschäftigte nahezu unmöglich. Mitunter wurde bei einem Familiennachzug das Beschäftigungsverhältnis nicht verlängert. Es gab allerdings auch quasi *live-in* Arrangements, über die versucht wurde, sowohl der Erwerbstätigkeit als auch der Betreuung der eigenen Kinder gerecht zu werden. Die Frauen konnten sich zu bestimmten Zeiten um ihre eigene Familie kümmern, übernachteten jedoch mitunter bei ihren ArbeitgeberInnen. In einzelnen Fällen konnten Mütter von kleinen Kindern ihre Kinder an den Arbeitsplatz mitnehmen, bis diese einen Kindergarten besuchen konnten.

Die Arbeitsbedingungen konnten bei *live-in*-Arbeitsverhältnissen sehr stark variieren. Dies hing damit zusammen, ob Kinder und/oder ältere, möglicherweise sehr stark pflegebedürftige Personen betreut wurden. Die Tätigkeitsbeschreibungen reichten von Arbeiten im Haushalt bis zu aufwendigen Rund-um-Betreuungen, die auch Absprachen mit Ärzten erforderten. Manchmal fielen die Betreuung von Kindern und einer älteren Person oder eines älteren Ehepaares auch zusammen, da die Familien in einem gemeinsamen Haushalt oder in unmittelbarer Nähe zueinander wohnten. Arbeitsverhältnisse, in denen die Frauen im Haushalt ihrer ArbeitgeberInnen mitwohnten, konnten den eigenen Aktionsradius sehr stark einschränken, da sie bis auf einzelne freie Stunden an bestimmten Tagen im Monat als Pflegekraft verfügbar bleiben mussten. Vertretungen, etwa für die Urlaubszeit, wurden in der Regel über Netzwerke aus dem Herkunftsdorf oder dem weiteren Herkunftskontext organisiert. Andererseits konnte die Arbeit auch abwechslungsreich erscheinen, da vielseitige Erledigungen anfielen, die einen mitunter täglichen Ausgang ermöglichten. Zusätzlich wurden die Einsparung des Essensgeldes sowie der Miete auch als Vorteil geschätzt.[207] In einzelnen Fällen konnten auch die Ehepartner in den Haushalten der ArbeitgeberInnen mitwohnen. Gleichwohl wurde nicht selten sehr deutlich auf die psychischen Anstrengungen aufgrund der permanenten Verfügbarkeit hingewiesen (zur Spezifik des Arbeitsbereichs Privathaushalt und zur Komplexität in den Beziehungen zwischen ArbeitgerIn und HaushaltsarbeiterIn vgl. Lutz 2008²).

In zahlreichen Fällen besaßen die Frauen keinen legalen Aufenthaltsstatus. Der hohe Grad an Illegalität bei dieser Form der Beschäftigung veränderte sich

---

207 Die Gehälter von Frauen, die als Haushalts- und Pflegekräfte arbeiteten, bewegten sich zwischen 500 und 600 Euro für Vollzeitkräfte, die täglich etwa zwischen acht bis zehn Stunden eine Betreuung leisteten, und bis zu 800 Euro pro Monat für Arbeitskräfte, die eine Versorgung rund um die Uhr erbrachten. Sofern Verträge geschlossen wurden, die in der Regel zeitlich befristet waren, sahen diese zumeist eine geringere Stundenzahl vor als tatsächlich geleistet wurde. Die konkreten vertraglichen Regelungen waren nicht einheitlich. Manche Frauen hatten Urlaubsanspruch und erhielten ein dreizehntes Monatsgehalt.

– verbunden mit der hohen Konkurrenz in diesen Beschäftigungsfeldern – auch nach dem EU-Beitritt Rumäniens im Jahr 2007 nicht wesentlich. In Fällen, in denen die Migrantinnen von sich aus keine legale Anstellung wünschten, konnte der relative Schutz vor Kontrollen durch ein *live-in*-Arbeitsverhältnis dazu beitragen, dass ein derartiges Arbeits- und Wohnarrangement als weniger einschränkend und belastend empfunden wurde.

Frauen, die ausschließlich Reinigungs- und Hausarbeiten in privaten Haushalten ausführten, arbeiteten häufig als Teilzeitkräfte. Sie hatten meist mehrere private ArbeitgeberInnen pro Tag. Zum Teil befanden sich darunter auch legale Beschäftigungsverhältnisse. Einige Frauen arbeiteten auch für Putzfirmen oder Hotels. Sie hatten geregelte Arbeitszeiten und waren in der Regel über befristete Verträge, im Hotelgewerbe mitunter über Tagesverträge, angestellt.

Häufig überschnitten sich Betreuung, Reinigungs- und Hausarbeit. Zum einen, da die Tätigkeitsbereiche selbst nicht klar umrissen werden konnten und von den Frauen erwartet wurde, dass sie neben der Betreuung auch den Haushalt der Pflegeperson(en) sowie ihrer ArbeitgeberInnen führten (vgl. Shinozaki 2003, Lutz 2008², Karakayali 2010); zum anderen, weil die Frauen nicht selten selbst in ihrer freien Zeit für zusätzliches Geld neben ihrer legalen Beschäftigung weitere unangemeldete Arbeiten übernahmen. So etwa, indem sie an Wochenenden für andere Personen aus der Familie putzten oder im Anschluss an die Betreuung in einem legalen Arbeitsverhältnis am Vormittag für weitere Familien, illegal beschäftigt, Reinigungsarbeiten ausführten. Diese hohe Flexibilität setzte mitunter eine hohe Mobilität und damit zusätzliche Ressourcen voraus.[208]

Weitere Beschäftigungsformen

Neben der Erwerbstätigkeit in der Betreuung und Pflege, die meist in Privathaushalten stattfand und von den Migrantinnen ausgeführt wurde, gab es, wie bereits weiter oben angerissen, bestimmte Tätigkeitsfelder, in denen vor allem Migranten beschäftigt waren. Zu diesen zählten insbesondere Tätigkeiten in einer Fabrik, in der Landwirtschaft oder im Agrotourismus sowie auf dem Bau. Nur vereinzelt waren Migranten im Dienstleistungsbereich beschäftigt.

Die Arbeit in einer Fabrik zeichnete sich durch einen hohen Grad an Regulierung aus. Nicht nur die Löhne wurden nach einem festen Tarifsystem gezahlt,

---

208 Aufgrund der hohen Konzentration und Konkurrenz auf dem Arbeitsmarkt in diesen Dienstleistungsbereichen gab es außerdem einige Frauen, die täglich von Cittadina nach Rom pendelten. Auch Männer, die etwa im Bau- oder Straßenbauwesen beschäftigt waren, legten mitunter täglich Strecken von insgesamt bis zu vier Stunden zwischen ihrem Wohn- und ihrem Arbeitsort zurück.

auch die Arbeitszeiten in Schichten waren klar geregelt. Darüber hinaus gab es je nach Auftragslage die Möglichkeit, Überstunden zu leisten.

Eine Tätigkeit in der Landwirtschaft oder im Agrotourismus, die häufig längere Anfahrtswege oder eine Unterkunft im Betrieb einschloss, war hingegen meist deutlich weniger reguliert. Obgleich einige Beschäftigungsverhältnisse von Migranten aus dem Dorf vertraglich geregelt waren, wurden diese Vereinbarungen oftmals nicht eingehalten. Mitunter gab es vertragliche Regelungen, die einen regulären Stundenlohn vorsahen, allerdings nicht die komplette tägliche Arbeitszeit abdeckten. Der eigentliche Stundenlohn fiel somit deutlich niedriger aus. Auch galten die Verträge häufig nur für einen begrenzten Zeitraum, manchmal nur für eine Saison. Darüber hinaus war die Arbeit in der Regel sehr stark witterungsabhängig.

Auf dem Bau konnten die Beschäftigungsverhältnisse sehr unterschiedlich aussehen. Je nach Größe des Betriebs konnten die Arbeitsbedingungen deutlich variieren. Entsprechend der Qualifikation bzw. Arbeitserfahrung waren die Arbeiter zumeist über unterschiedliche Verträge und Gehaltsstufen angestellt. Hierdurch war die Wahrscheinlichkeit gegeben, dass sowohl für in- als auch für ausländische Arbeiter gleiche Löhne gezahlt wurden. In größeren Betrieben gab es meist sehr klar regulierte Arbeitsverhältnisse. Diese sahen eine wöchentliche Arbeitszeit von rund 40 Stunden vor. Darüber hinaus konnten je nach Auftragslage Überstunden anfallen, die entsprechend bezahlt wurden. In kleineren Betrieben entwickelten sich nicht selten sehr enge Arbeitsverhältnisse, die eine hohe Verfügbarkeit des Angestellten implizieren konnten. Über mögliche vertragliche Regelungen hinaus wurden in diesen Fällen häufig persönliche Absprachen in Bezug auf die Arbeitszeit und die Entlohnung getroffen. Zum Teil kamen die Arbeiter selbst für die Lohnnebenkosten auf. An den Wochenenden oder in der verbleibenden freien Zeit arbeiteten einige, die im Bauwesen beschäftigt waren, auf eigene Rechnung, alleine oder auch mit anderen Personen zusammen – nicht selten aus dem gemeinsamen Herkunftsdorf.

Aus derartigen Nebentätigkeiten konnten reguläre Beschäftigungsverhältnisse entstehen. So gab es im Baugewerbe einige Migranten, die sich in Italien selbständig gemacht hatten. Hierzu schlossen sie sich in der Regel mit einem italienischen Unternehmer oder Architekten zusammen. Die Selbständigkeit in diesem Erwerbszweig wurde dadurch begünstigt, dass der Nachweis über eine bestimmte Qualifikation in diesem Bereich für die Anmeldung eines eigenen Gewerbes nicht erforderlich war.

Ebenso wie in Tätigkeitsbereichen, in denen vor allem Frauen aus dem Dorf beschäftigt waren, bestanden auch in typisch männlichen Erwerbszweigen häufig mehrere unterschiedliche Beschäftigungsverhältnisse nebeneinander. So waren manche Arbeiter mehrfach angestellt bzw. Selbständige arbeiteten neben ihrer angemeldeten Tätigkeit zum Teil zusätzlich illegal. Ein Migrant, der sich in Italien im Bauwesen selbständig gemacht hatte, arbeitete an den Wochenenden als Gärtner. Ein Angestellter eines Altenheims arbeitete gelegentlich auf dem Bau oder in der Landwirtschaft. Dieses Phänomen der Einkommensdiversifizierung zeigte sich vielfach bereits zuvor bei der Erwerbstätigkeit im Herkunftskontext (vgl. Kap. 5.2.1, 5.2.2).

Zum Migrationsdiskurs im Feld

Auf der Grundlage dieser hier vorgestellten Aspekte bildete sich innerhalb des konkreten Migrationsfeldes ein bestimmter Migrationsdiskurs heraus, der die Eigendynamiken in den Migrationsbewegungen aus dem Dorf zusätzlich beeinflusste. Bestandteile dieses Diskurses bildeten etwa außergewöhnliche (zumeist materielle) Erfolgsgeschichten und damit Statusfragen, Ehen, die im Verlauf der Migration auseinander gingen, oder Unfälle von DorfbewohnerInnen im Ankunftskontext der Migration, die vereinzelt tödlich endeten. Entsprechend immer neuer, derart unterschiedlicher Migrationsverläufe veränderte sich der hinter der Migration liegende Diskurs. Dies konnte zu Verschiebungen in der Motivation der Migration beitragen. In einigen Fällen konnte sich im Verlauf der Migration eine besondere (Wieder)Annäherung an den Herkunftskontext verbunden mit einer zunehmenden Distanz zum Ankunftskontext herausbilden.

Als konstitutiv für den Diskurs der Migration im vorliegenden konkreten Migrationsfeld erschien, dass zu Beginn der Migrationsbewegungen aus dem Dorf nach Italien die Anstrengungen und finanziellen Kosten für eine Ausreise sehr hoch waren und mit der Migration somit ein deutliches Risiko verbunden war. Gleichzeitig war die Migration in dieser ersten Zeit aufgrund der deutlichen Lohndifferenzen finanziell besonders attraktiv. Die Migration stellte ein besonderes Wagnis dar und hatte den Charakter eines „Glücksspiels" (Behrmann/Abate 1984: 57). Nachdem die Ausreisebestimmungen vereinfacht wurden, erhöhte sich der Migrationsdruck, insbesondere für die Personengruppe junger Familienväter, die im Herkunftskontext einzig eine Subsistenzwirtschaft betrieben. Der Legitimationsdruck für ein Verbleiben im Dorf erhöhte sich. Die Zunahme der Konkurrenz am Ankunftsort aufgrund der vermehrten Ausreise sowie die gestiegenen Lebenshaltungskosten in Italien ließen im weiteren Verlauf die Migration weniger attraktiv erscheinen. Daneben schien im Zuge der weiteren Grenzöffnung der Migrationsdiskurs bezogen auf das weiter gefasste Migrationsfeld umzuschlagen. Einem Rechtfertigungsdruck sahen sich zunehmend diejenigen ausgesetzt, die trotz der sinkenden Einnahmen sowie der insgesamt stärker negativ geprägten Wahrnehmung von MigrantInnen aus Rumänien in Italien nicht in den Herkunftskontext zurückkehrten.

6.2.3 Die dritte Phase (seit 2007)

In der Darstellung der dritten Phase wird das Augenmerk auf Prozesse gerichtet, die mit den vielfältigen Verweisungszusammenhängen zwischen Herkunfts- und Ankunftskontext sowie den beobachteten Rückkehrtendenzen der Dorfbewohnerinnen verbunden sind.[209] Im Zentrum stehen die wirtschaftlich-materiellen Austauschprozesse zwischen Ankunfts- und Herkunftskontext in Form von Transferleistungen. Es wird auf die unterschiedlichen Verwendungen von Transferleistungen und auf ihre Auswirkungen auf den Herkunftskontext eingegangen. Diese stehen zum Teil deutlich mit den Rückkehrbewegungen der MigrantInnen, wie sie vermehrt beobachtet werden konnten, in Zusammenhang.

Zu Transferleistungen und einsetzenden Rückkehrbewegungen in den Herkunftskontext

Die Haupttransferleistungen vom Ankunfts- in den Herkunftskontext stellten Geldüberweisungen dar. Die Verwendung dieser Rimessen erschien äußerst vielfältig. Sie reichte von Geldüberweisungen für den Lebensunterhalt von Familienmitgliedern und die Ausbildung der Kinder im Herkunftskontext bis hin zu größeren Investitionen in Autos, Grundstücke und Immobilien. Der Geldtransfer erfolgte meist über Verwandte oder Freunde aus dem Dorf. Diese Art des Geldtransfers war wesentlich erschwinglicher als über sonstige private Geldunternehmen. Zwar wurde auch hier eine Kommission verlangt, doch betrug diese nur etwa ein Fünftel der Margen anderer Transferdienstleister, die circa ein Viertel des überwiesenen Geldbetrags einbehielten.

Zahlreiche MigrantInnen investierten für sich selbst bzw. ihre Kinder in den Um- oder Neubau von Häusern im Dorf. Diese Investition bildete eine relativ sichere Existenzgrundlage und ein wichtiges Statussymbol. Darüber hinaus konnte es den Versuch der Eltern bedeuten, ihre Kinder an sich und das Her-

---

209 Bereits gegen Ende der ersten Phase kehrten einige wenige MigrantInnen aus Italien nach Rumänien zurück. Für sie erwies sich die steigende Migration aus dem Herkunftskontext nach Italien mitunter als lukrative Einkommensmöglichkeit (vgl. Kap. 7.1.6). Gleichwohl wurde die Rückkehrtendenz erst seit dieser dritten Phase stärker. Hierfür wurde vor allem die Verschlechterung der Einkommensmöglichkeiten im Ankunftskontext bzw. das sinkende Lohngefälle zwischen Herkunfts- und Ankunftskontext angeführt (siehe hierzu weiter unten).

kunftsdorf zu binden. Das Spektrum von Häusern reichte von einfach ausgestatteten traditionellen Bauernhäusern mit Wirtschaftsgebäuden bis hin zu über den Bedarf einer Familie weit hinausgehenden aufwendig und modern ausgestatteten Wohnhäusern. Diese Häuser, die zumeist mit dem Geld aus der Migration finanziert wurden, wurden nur selten in einer kontinuierlichen Arbeitsphase fertiggestellt. Vielfach blieben die angefangenen Neubauten längere Zeit unfertig, da entweder das Geld ausgegangen war oder nur während des Urlaubs im Dorf daran weitergearbeitet werden konnte. Nicht selten wurden die Baumaßnahmen über Korrespondenz koordiniert. In diesen Fällen schickten die Kinder das Geld aus Italien und beauftragten ihre Eltern mit der Organisation und Aufsicht des Hausbaus. Auch um die fertiggestellten Häuser, die lediglich in den Urlaubswochen bewohnt werden konnten, kümmerten sich häufig ältere Familienmitglieder, die im Herkunftsdorf verblieben waren.[210]

Manche DorfbewohnerInnen investierten in Eigentumswohnungen. Diese Investitionen wurden zum einen von Eltern mit Blick auf einen Wegzug ihrer Kinder aus dem Dorf getätigt. Die Eltern nahmen etwa die höhere Ausbildung ihrer Kinder in einer der Städte in der Region zum Anlass, um dort für die Unterbringung ihrer Kinder eine Wohnung zu kaufen. Zum anderen wurden Eigentumswohnungen von jüngeren verheirateten oder alleinstehenden BewohnerInnen des Dorfes gekauft, um damit die Rückkehr aus Italien und einen möglichen Wegzug in eine Stadt vorzubereiten oder eine zusätzliche Einkommensquelle aufzubauen. Aufgrund steigender Immobilienpreise bildete der Kauf von einer oder mehreren Eigentumswohnungen eine lukrative Investition.

Ein weiterer wichtiger Verwendungszweck der Rimessen bildete die Investition der Eltern in die Bildung ihrer Kinder. Zum einen konnten sich manche Familien erst durch die Migration die finanzielle Belastung durch die längeren Ausbildungswege der Kinder leisten. Zum anderen waren einige Familien nicht mehr auf die Arbeitskraft der Kinder in der Landwirtschaft angewiesen. Hieraus konnten sich bestimmte Bildungserwartungen der Eltern an ihre Kinder ableiten (vgl. Kap. 6.2.2 Fußnote 203).

Die Rimessen trugen im Herkunftsdorf zu Veränderungen in den Erwerbsstrukturen und zu einer sozioökonomischen Ausdifferenzierung bei. Ein großer Teil der Dorfökonomie ruhte auf dem Pfeiler der Transferleistungen aus der

---

210 In einzelnen Fällen konnte beobachtet werden, wie Familien damit Probleme hatten, sich die fertiggestellten Häuser und Wohnräume zu Eigen zu machen. Während die Innenausstattungen mancher Häuser aufwendige Steinfußböden und teure Wohn- und Schlafzimmereinrichtungen aufwiesen, verbrachten die Familien die meiste Zeit etwa in der Wohnküche eines angrenzenden Wirtschaftsgebäudes. Die Gestaltung der Häuser war zum Teil an Baustile aus dem Ankunftskontext der Migration angelehnt.

Migration.[211] Die Landwirtschaft, die häufig als Subsistenzwirtschaft betrieben wurde, bildete weiterhin den stärksten Beschäftigungszweig der DorfbewohnerInnen (vgl. S.C. Dom 2003). Insbesondere in Haushalten älterer DorfbewohnerInnen subventionierte sie den Warenkonsum, indem sie die monetären Reproduktionskosten gering hielt. Ein großer Teil der landwirtschaftlichen Nutzflächen wurde weiter bestellt. Statt das Land brach liegen zu lassen, wurde es mitunter Personen des weiteren Familienumfeldes zur Bearbeitung übertragen. Einige MigrantInnen bearbeiteten während des Urlaubs ihr Land selbst. Diese zusätzliche Arbeit in der Landwirtschaft bildete keine existentiell notwendige Ergänzung mehr zum regulären Einkommen, doch konnte über sie die Vorstellung aufrecht erhalten bleiben, bei sinkenden Einnahmen aus der Migration unmittelbar in das Herkunftsdorf zurückkehren zu können. Gleichwohl kam es für das Dorf insgesamt betrachtet zu einem Anstieg an brach liegenden Ackerflächen, die etwa aus einem Mangel an Arbeitskräften nicht bewirtschaftet werden konnten. Kleinbauern erwirtschafteten kaum noch den Eigenbedarf. Sie mussten – wie häufig bereits zuvor – ihr Einkommen durch verschiedene andere Beschäftigungen ergänzen. Zahlreiche Landwirte wurden zu Zuerwerbsbauern, indem sie einem Nebenerwerb nachgingen. Für einige von ihnen bildete die saisonale Arbeitsmigration in der Landwirtschaft in Italien (vgl. Kap. 6.2.2) einen wichtigen Hinzuverdienst.

Mit der Migration war auch eine strukturelle Transformation der Handwerksberufe verbunden. Mit Einsetzen des Baubooms stieg die Anzahl derjenigen im Dorf, die im Bauwesen beschäftigt waren, deutlich an. Dabei waren Bauarbeiter aus dem Dorf, die meist irregulär und für einen Tageslohn von umgerechnet zwischen 15 und 20 Euro beschäftigt waren, häufig zusätzlich in der Landwirtschaft tätig. In einigen Fällen investierten Remigranten, die im Zielland im Bauwesen beschäftigt gewesen waren, auch in einen eigenen angemeldeten Bauhandwerksbetrieb. Die dafür notwendigen Kenntnisse rührten zumeist fast ausschließlich aus den berufspraktischen Erfahrungen, die sie erst im Verlauf der Migration gesammelt hatten. Dabei blieb allerdings offen, ob sich diese Kleinunternehmen im Bauwesen auch über die temporären Entwicklungseffekte aufgrund der Migration hinaus halten konnten. Gerade in der Urlaubszeit herrschte ein großer Mangel an Bauarbeitern, der zum Teil über zusätzliche Arbeiter aus den Nachbarorten gedeckt wurde. Mitunter arbeiteten auch männli-

---

211 Zu (temporären) Abwanderungsprozessen und ihrer Rückkopplung in Form von materiell-ökonomischen sowie sozialen Transferleistungen vgl. ebenso Sterbling (2006b). Der Autor kritisiert, dass in der Migrationsforschung soziale Spannungen fast ausschließlich bei Zuwanderungs- nicht aber bei Abwanderungsprozessen thematisiert würden.

che Jugendliche während der Schul- oder Semesterferien auf einer Baustelle im Dorf. Manche Migranten, die in Italien auf dem Bau beschäftigt waren, arbeiteten auf eigene Rechnung auch während der Urlaubszeit in ihrem Dorf weiter. Nur selten wurden Bauprojekte als Auftragsarbeiten vergeben. Häufig basierten sie auf Absprachen bzw. mündlichen Vereinbarungen.

Neben dem Bauboom profitierte auch der Konsum von der Migration. So wurden in den zurückliegenden Jahren zusätzliche Gemischtwarenläden im Dorf eröffnet. Durch die Rücktransfers erhöhten sich der Lebensstandard und das allgemeine Wohlstands- und Besitzniveau in den Familien von MigrantInnen deutlich (vgl. Han 2003). Daneben wurden mit den enormen Preissteigerungen bei den Lebenshaltungskosten und dem Anstieg im Warenkonsum andere Vergleichshorizonte für eigene Verdienstmöglichkeiten aufgebaut, was die Motivation für eine Migration steigern bzw. den Migrationsdruck erhöhen konnte. Im Zuge der wachsenden sozialen Ungleichheiten im Dorf aufgrund der Geldtransfers entwickelte sich das Konsumniveau zu einem entscheidenden Statuskriterium.

Ebenso bildete der öffentliche Dienst einen wichtigen Beschäftigungszweig im Dorf, auf den die Migration im Dorf einen Einfluss hatte. Die wenigen Lohnarbeitsverhältnisse, die es im Dorf gab, ließen die Aussicht auf einen stabilen Arbeitsplatz in der Verwaltung, im Schuldienst, bei der Polizei, der Feuerwehr oder in der Forstwirtschaft besonders attraktiv erscheinen.[212] Eine Beschäftigung im öffentlichen Dienst konnte zum einen dadurch mit einer zeitlich befristeten Arbeitsmigration in Verbindung stehen, dass der Arbeitsaufenthalt im Ausland dazu beitrug, das eigene Gehalt aufzubessern. So fielen die Gehälter im öffentlichen Dienst, verglichen mit den Einnahmen aus der Migration, relativ gering aus.[213] Zum anderen konnte mit einer Arbeitsmigration gerade das Ziel verbunden sein, eine bestimmte Geldsumme anzusparen, um dadurch eine Stelle im öffentlichen Dienst – direkt im Dorf oder im weiter gefassten Herkunftskontext – zu erhalten. So konnten neben der Qualifikation auch die politische Ausrichtung, die familiäre Zugehörigkeit sowie finanzielle Ressourcen die Stellenvergabe beeinflussen. Mehrfach wurde von DorfbewohnerInnen auf Vetternwirtschaft und Korruption bei der Stellenvergabe auf kommunaler Ebene hingewiesen.

---

212 Daneben bildete die Allmende im Dorf einen weiteren Arbeitgeber. Waldarbeiter waren entweder staatlich oder bei dieser eigenen kommunalen Verwaltungseinheit angestellt.

213 Ende des Jahres 2008 wurden die Gehälter für LehrerInnen um 50 Prozent erhöht. Dies könnte sich mittlerweile auf das Migrationsverhalten dieser Personengruppe ausgewirkt haben.

Im Verlauf der Migrationsbewegungen dehnten sich die Verweisungszusammenhänge zwischen Herkunfts- und Ankunftskontext kontinuierlich aus. Die deutlichen Einschränkungen der Erwerbsmöglichkeiten im Herkunftskontext, die Preissteigerungen sowie die deutlich stärkere Marktabhängigkeit konnten bewirken, dass eine Rückkehr aus Italien mitunter weniger einfach umzusetzen war als noch vor dem Antritt der Migration von den meisten vermutet wurde. Der Zeitpunkt der Rückkehr konnte sich deutlich nach hinten verschieben. Dies konnte zu einer Verstetigung der Transfers und damit zu einer Verstärkung der gegenseitigen Abhängigkeit zwischen An- und Herkunftskontext beitragen. Die finanziellen Transfers, deren Umfang auf eine Rückkehr hindeutete, konnten die materielle Abhängigkeit der Familienmitglieder im Herkunftsort von den MigrantInnen verfestigen (vgl. Levitt 1998, 2001, Pessar 1999). Im Gegenzug konnte eine anhaltende Trennung zwischen den Familienmitgliedern zu einer Verstetigung der sozialen Abhängigkeit der MigrantInnen von den Versorgungsleistungen derjenigen führen, die im Herkunftskontext verblieben waren. Gerade die finanziellen Transfers konnten den Versuch darstellen, diese Trennung und soziale Abhängigkeit zu kompensieren.[214]

Zusätzlich konnten sich bestimmte Veränderungen im Ankunftskontext auf die weitere Dynamik der Migration auswirken. Als zentral erwies sich die Verschlechterung der Einkommensmöglichkeiten in Italien. Mit dem Nachzug weiterer Familienmitglieder und steigender Lebenshaltungskosten sowie dem Preisanstieg in Italien mit Einführung des Euro bei relativ konstant gebliebenen Löhnen sanken die Ersparnisse aus der Arbeitsmigration, auch wenn in den meisten Familien mit Blick auf eine beabsichtigte Rückkehr und mögliche Investitionen jede verfügbare Zeit dazu genutzt wurde, zusätzliche Arbeiten, etwa in Form von Überstunden, zu übernehmen. Diesbezüglich sowie im Zusammenhang mit den Trennungen von den engsten Familienmitgliedern aufgrund der Migration

---

[214] Sarah A. Blue (2004) hat in diesem Zusammenhang einen theoretischen Ansatz zum Transferverhalten auf der Grundlage von strukturellen und verhaltenstheoretischen Untersuchungen formuliert, mit dem sie Aussagen über die Motivation der Transfers zwischen MigrantInnen und Nicht-MigrantInnen trifft. Sie unterscheidet zwischen altruistischen, eigennützigen und auf gegenseitigem Nutzen ausgerichteten Motivationslagen. Ersterer basiere auf dem Bedürfnis, das Wohlergehen der Familienmitglieder zu steigern. Eine eigennützige Motivation hingegen bestehe, wenn Transfers gemacht würden, um den eigenen Status in der Familie zu erhalten oder zu vergrößern. Eine auf Gegenseitigkeit beruhende Motivation schließlich liege im Fall einer Haushaltsstrategie zur Diversifikation der Einkommensquellen vor. In ihren Ausführungen thematisiert Blue darüber hinaus auch das Geschlecht des/der Gebers/In und die Dauer der Migration.

wurde häufig von Opfern gesprochen. Manche der Migrierten bezeichneten sich vor diesem Hintergrund auch selbst als die 'Generation der sich Opfernden'.

Darüber hinaus schien der Arbeitsmarkt im niedrig qualifizierten Beschäftigungssektor im Ankunftskontext durch den weiteren Anstieg der Migration mit dem Beitritt Rumäniens in die EU gesättigt. Dies zeigte sich etwa daran, dass einige Familien trotz Nachzug des/der EhepartnerIn lediglich über *ein* Einkommen verfügten. Die sinkenden Einnahmen aus der Migration führten mitunter zu einer ständigen Kalkulation von Ausgaben und Einnahmen – sowohl im Ankunfts- als auch im Herkunftskontext. So begannen MigrantInnen während der Urlaubszeit im Dorf etwa zu kalkulieren, was für Einnahmen in Italien ihnen durch ihren Urlaub verloren gingen.

Rückkehrbewegungen

Die meisten MigrantInnen aus dem Dorf hatten Pläne, nach Rumänien zurückzukehren. Dabei zeigten sich unterschiedliche Ausgangsbedingungen und Beweggründe für eine Rückkehr in den Herkunftskontext. Gingen aus der Migration etwa für manche neuartige beruflichen Fertigkeiten und Ressourcen hervor, die eine Rückkehr erleichterten, hatte sich für andere im Zuge der Migration die eigene Lebenssituation derart verändert, dass sich nicht ohne weiteres an die Situation vor der Migration anknüpfen ließ. Da die Rückkehrorientierung somit je nach Einzelfall sehr unterschiedlich ausfallen konnte (vgl. Teil IV), werden an dieser Stelle lediglich einige allgemeine Tendenzen aufgezeigt.

Je nach individueller Familiensituation sowie Alter und Qualifikation konnten die Gründe und konkreten Rückkehrpläne sehr unterschiedlich ausfallen. Während un- bzw. gering qualifizierte jüngere Migranten sowohl im Ankunfts- als auch im Herkunftskontext über ausreichende Beschäftigungschancen verfügten, spitzte sich für ältere Migranten die Lage auf dem Arbeitsmarkt in beiden Kontexten zu.[215] Dadurch, dass die meisten im Ankunftskontext schwere körperliche Tätigkeiten im niedrig qualifizierten Beschäftigungssektor ausübten, für die eine große Konkurrenz an jüngeren Arbeitern zur Verfügung stand, formulierten einige ältere Migranten sehr konkrete Rückkehrpläne. Sie planten vielfach, zur Absicherung ihrer Existenz nach ihrer Rückkehr (erneut) eine Subsistenzwirtschaft im Herkunftsdorf zu betreiben. Daneben konnte eine starke emotionale Bindung an den Landbesitz hinzukommen, die über die ökonomische Bedeutung von Boden hinausreichte. Konkrete Investitionen in die eigene Land-

---

215 In Rumänien wurden jüngere Arbeiter zum Zeitpunkt der Untersuchung für bestimmte angelernte Tätigkeiten, etwa für den Straßenbau, gesucht. So fanden in zahlreichen italienischen Städten Jobbörsen statt, um Migranten zurückzuwerben (vgl. Kap. 1.4). Im Zuge der Wirtschaftskrise ließen diese Bemühungen allerdings deutlich nach.

wirtschaft mündeten in der Regel nicht in eine längerfristige Modernisierung der agrarwirtschaftlichen Produktion. In Fällen, in denen sich die Migrierenden in Italien in einem legalen Beschäftigungsverhältnis befanden, versuchten sie, (auch) einen italienischen Rentenanspruch zu erlangen. Diese waren finanziell besonders attraktiv, da die Rentenzahlungen aus Beschäftigungsverhältnissen des Herkunftskontextes in der Regel sehr gering ausfielen. Neben einer eigenen Subsistenzwirtschaft und familiären Unterstützungsleistungen bildeten sie lediglich einen niedrigen Hinzuverdienst. Bis ins hohe Alter blieben DorfbewohnerInnen daher ökonomisch häufig auf die Bewirtschaftung des Bodens angewiesen.

Anders stellte sich die Situation für jüngere Familien von un- bzw. gering qualifizierten MigrantInnen dar. Da viele MigrantInnen, die zuvor ausschließlich in der Landwirtschaft gearbeitet hatten, für sich keine konkrete Erwerbsperspektive im Herkunftsdorf sahen, überwog die Angst, bei einer Rückkehr die eigene Familie nicht mehr ernähren zu können. So waren in manchen Familien MigrantInnen nach Satuleşti zurückgekehrt, doch bereits wenig später erneut nach Italien ausgereist. Die Bedingungen, für ein ausreichendes Familieneinkommen sorgen zu können, wurden in Italien als besser beurteilt als in Rumänien, wenngleich an einer allgemeinen Rückkehrorientierung festgehalten wurde. Für Familien, die bereits über Jahre voneinander getrennt waren, konnte der Wunsch, die familiäre Trennung aufzuheben, die zentrale Rückkehrmotivation darstellen. Da in manchen Familien ein Nachzug in den Ankunftskontext aus unterschiedlichen Gründen nicht in Frage kam, konnte die Trennung in diesen Fällen nur durch eine Rückkehr aufgehoben werden.

Einige Migranten, die mit ihren Familien zurückkehrten, verfolgten Pläne, sich mit den Ersparnissen aus der Migration unmittelbar im Dorf oder in der Region selbständig zu machen. Dabei konnten manche Migranten ihre Selbständigkeit durch berufliche Kenntnisse, die sie in Italien erworben hatten, vorbereiten (vgl. Kap. 5.2.2). Kinder sprachen sich häufig sehr deutlich für eine Rückkehr aus. Aufgrund der zumeist doppelten Berufstätigkeit der Eltern in Italien waren sie im Ankunftskontext in ihrer Bewegungsfreiheit häufig eingeschränkt und ältere Kinder sehr stark für ihre jüngeren Geschwister verantwortlich. Die bei Kindern häufig angetroffene Idealisierung des Dorflebens konnte allerdings mit zunehmendem Alter und steigenden Bildungsaspirationen der Kinder und Jugendlichen abnehmen.

Anders konnte sich die Rückkehr für qualifizierte MigrantInnen und ihre Familien darstellen. Ging für sie die Migration häufig mit einer Dequalifikation einher, hegten sie meist Pläne, nach einer Rückkehr in den Berufen, die sie vor der Migration ausgeübt hatten, weiterzuarbeiten. Vereinzelt entwickelten MigrantInnen über ihre Erfahrungen in der Migration Pläne, sich nach einer Rückkehr in den Herkunftskontext weiterzuqualifizieren.

Die Lebens- und Erwerbsperspektiven im Dorf wurden unterschiedlich beurteilt. Während ältere MigrantInnen in ihren Rückkehrplänen vielfach deutlich auf das Herkunftsdorf ausgerichtet blieben, sahen nur wenige der mittleren und jüngeren Generation für sich eine Perspektive im Dorf. Für viele stand fest, dass ihnen ihre unmittelbare Herkunftsregion keine ausreichenden Einkommensmöglichkeiten bieten konnte. Einige Familien hegten den Wunsch – auch im Interesse ihrer Kinder – in eine der nächstgelegenen Städte zu ziehen und dort eine Arbeit aufzunehmen. Allerdings wurden hierfür nur vereinzelt bereits entsprechende Investitionen, etwa in eine Eigentumswohnung in einer Stadt, getätigt. Andere Familien hatten bereits vor der Migration ihren Lebensmittelpunkt außerhalb des Dorfes in einen städtischen oder in einen anderen meist wirtschaftlich attraktiveren ländlichen Kontext in Rumänien verlegt (vgl. Kap. 5.2.3.1). Verbunden mit einer besseren Infrastruktur im Vergleich zum unmittelbaren Herkunftskontext bildeten diese auch während der Migration die konkreten Zielorte bei einer Rückkehr aus Italien.

Teil IV Die Fallanalysen

Nach der allgemeinen Einführung in das Migrationsfeld erfolgt in diesem Teil der Arbeit die fallbezogene Analyse des erhobenen Materials. Einzelne Fälle des Samples werden rekonstruiert und auf die Bedeutung der Migrationserfahrungen für die Gesamtbiographie hin befragt.

7 Falldarstellungen und Typologie

Im folgenden Kapitel wird auf der Grundlage ausführlicher Falldarstellungen eine Typologie gebildet. Entsprechend der Forschungsfrage nach dem biographischen Umgang mit den Migrationserfahrungen fügten sich die Erfahrungen der Migration in unterschiedlicher Weise in den gesamtbiographischen Verlauf ein. Es ließ sich zwischen drei verschiedenen Typen unterscheiden.[216]

Beim ersten Typus ist die Migration für die Biographie von strukturbildender Bedeutung. Die Migration verhilft zu einem biographischen Wendepunkt und wird damit zu einem zentralen Erfahrungsraum für den biographischen Strukturzusammenhang. Der zweite Typus ist dadurch gekennzeichnet, dass die Migration wesentlich dazu dient, bestimmte biographische Orientierungen und Handlungsmuster kontinuierlich fortzuführen. Die Migration bildet ein Mittel zur Kontinuierung biographischer sowie zum Teil Generationen übergreifender Projekte. Beim dritten Typus ist die Migration deutlich mit bestimmten lebensgeschichtlich relevanten Entwicklungen und Ereignissen verbunden. Entlang dieser gesamtbiographisch bedeutsamen Ereigniszusammenhänge verändert die Migration ihre Bedeutung.

Die folgenden Falldarstellungen sind in ähnlicher Form in drei übergeordnete Teile untergliedert. Im ersten Teil wird zunächst auf die Kontaktaufnahme sowie die Kontexte, in denen die Interviews stattfanden, eingegangen. Im Anschluss an einen ersten Überblick über den biographischen Verlauf in Form einer Kurzbeschreibung wird die Eingangserzählung der BiographInnen mit ihren verschiedenen darin eingelagerten Themensetzungen aufgeführt. Im zweiten Teil der Falldarstellungen werden die allgemein lebensgeschichtlich sowie migrationsspezifisch relevanten Kontexte in den Biographien vorgestellt. An ihnen entlang wird die Handlungsorientierungen der BiographInnen herausgearbeitet. Im nachfolgenden Gliederungspunkt werden die Ergebnisse aus der Analyse der Selbstpräsentation sowie der strukturbildenden Kontexte im Umgang mit der Migration zusammengefasst. Hierbei wird auch auf die Struktur der Migrationsprozesse eingegangen. Hieran schließen sich biographische Kurzbeschreibungen anderer Fallbeispiele an, die auf die feldspezifische Varianz innerhalb der verschiedenen Typen hinweisen. Im abschließenden dritten Teil werden die

---

216 Hierbei gilt es hervorzuheben, dass das vorliegende soziale Feld durch die Art, wie die Arbeit angelegt war, in keiner Weise abgedeckt werden konnte. Dies gilt auch für die hier vorgestellte Typologie. Gleichwohl wurde versucht, die Heterogenität dieses Feldes in den Falldarstellungen sichtbar werden zu lassen.

zentralen Merkmale jedes Typus in einem separaten Unterpunkt aufgeführt und die strukturbildenden Prozesse in der biographischen Bearbeitung der Migrationserfahrungen zusammenfassend dargestellt.

Von dieser Gliederung weicht die Darstellung des ersten Falls leicht ab. Während in den Fallbeispielen zwei und drei im Wesentlichen die Ergebnisse der Analysen dargestellt werden, ist die erste Falldarstellung stärker an den einzelnen Analyseschritten der fallrekonstruktiven Auswertungsmethode (vgl. Kap. 4.3.2) orientiert. Diese Darstellungsform wurde gewählt, um exemplarisch die Kontrastierung von erlebter und erzählter Lebensgeschichte als ein Grundprinzip des fallrekonstruktiven Vorgehens zu verdeutlichen. Die Ergebnisse der einzelnen Analyseschritte werden jeweils am Ende der Unterkapitel zusammengefasst.

Im Anschluss folgt der Hinweis auf einen weiteren Falltypus im Feld, der aufgrund der Eingrenzung des Samples auf Fälle unvermittelter Erfahrungen von Migration weniger ausführlich behandelt wird. Da er auf weitere Merkmalsausprägungen verweist, die ebenso in strukturbildender Weise den Umgang mit Migration beeinflussen können, wurde er in die Arbeit aufgenommen (Kap. 7.7). Abschließend werden die konstruierten Typen in ihrem spezifischen Verhältnis der Migrationserfahrungen zur Gesamtbiographie miteinander verglichen (Kap. 7.8).

7.1 „Ich bin nach Hause gekommen und habe die Dinge mit anderen Augen gesehen": Falldarstellung Ana Moşeanu

7.1.1 Kontaktaufnahme und Kontexte der Interviews

Ana Moşeanu lernte ich zu Beginn meines zweiten Aufenthaltes im Dorf über meine Gastmutter kennen. Während ich mich mit ihr im Rathaus von Satuleşti aufhielt, um der Mutter meiner Gastgeberin, die in der Gemeinde beschäftigt war, mein Forschungsvorhaben vorzustellen, lief Ana Moşeanu gerade zufällig am Rathaus vorbei. Meine Gastmutter öffnete das Fenster und rief ihr nach, sie solle kurz warten. Vor dem Rathaus wurde ich Ana, die wenige Monate zuvor aus Italien zurückgekehrt war, vorgestellt. Ich erfuhr, dass meine Gastmutter bereits versucht hatte, ein Treffen zwischen uns zu arrangieren. Ana war eine Nachbarin meiner Gastfamilie und auf dem Heimweg vom Kindergarten, ihrem Arbeitsplatz vor der Migration, wo sie sich mit ehemaligen Kolleginnen getroffen hatte.

Ana gestattete mir, sie auf ihrem Rückweg zu begleiten. Ich erläuterte ihr mein Forschungsvorhaben, für das sie großes Interesse zeigte. Ich erfuhr, dass sie am Vortag eine Prüfung in der Bezirkshauptstadt abgelegt hatte, um sich nach ihrer vierjährigen Arbeitsmigration nach Italien erneut für eine Stelle als Erzieherin zu qualifizieren. Als wir vor ihrem Haus angekommen waren, einem eingeschossigen Wohnhaus, das bereits vor längerer Zeit um einen großzügigen Anbau erweitert worden war, bat sie mich hinein. Wir gingen durch mehrere Zimmer bis in das Wohnzimmer und nahmen auf einer Couch Platz. Ana entschuldigte sich dafür, dass es etwas unaufgeräumt war und erklärte dies damit, dass sie sich für die Prüfung habe vorbereiten müssen. Aus diesem ersten Zusammentreffen entwickelte sich ein etwa einstündiges Gespräch, in dem ich Ana Fragen zu ihrer Familiensituation und zu ihrer Migration nach Italien stellte. Da sie sehr ausführlich auf meine Fragen einging, bat ich sie darum, unser Gespräch aufzeichnen zu dürfen, womit sie einverstanden war.

Nach diesem ersten Gespräch besuchte ich Ana und ihre Familie regelmäßig. Einige Tage später führte ich ein weiteres längeres Interview mit ihr und ihren beiden Kindern, die bei meiner ersten Begegnung mit Ana bei ihrem Vater in Transsilvanien in den Ferien gewesen waren. Bei weiteren Besuchen sowie gemeinsamen Unternehmungen während dieses und des nächsten Aufenthaltes ein Jahr später lernte ich neben ihren Kindern und ihren Eltern auch ihren Bruder sowie einen Teil ihrer näheren Verwandtschaft kennen. Ich führte ein narrativ-biographisches Interview mit Ana selbst und mit ihrem 15 Jahre alten Sohn sowie ein biographisch orientiertes Interview mit ihrem Vater.

7.1.2 Biographische Kurzbeschreibung

Ana Moşeanu wurde 1970 als erstes Kind ihrer Eltern geboren; vier Jahre später kam ihr Bruder zur Welt. Ihr Vater arbeitete damals als LKW-Fahrer für ein Kombinat in der Hauptstadt des Bezirks und pendelte wöchentlich nach Satuleşti. Ihre Mutter, die früh damit begann, sich parteipolitisch zu engagieren, arbeitete als Erzieherin im Kindergarten des Dorfes. Während der Grundschulzeit im Dorf nahm Ana an zahlreichen überregionalen Tanz- und Rezitierwettbewerben sowie häufig an Ferienlagern in anderen Bezirken teil. Danach besuchte sie ein Internat mit einer gymnasialen Ausbildung, die sie auf einen Beruf in der Lebensmittelindustrie vorbereitete. Als nach der Hälfte dieser Ausbildung an der ersten Schule nicht genügend Plätze vorhanden waren, wechselte sie auf ein Internat in einem Nachbarbezirk. In dieser Zeit nahm ihr Vater an einem zwischenstaatlich organisierten Arbeitsaufenthalt im Irak teil, der aufgrund des Irak-Kriegs 1988 nach knapp zwei Jahren vorzeitig abgebrochen werden musste.

Im Anschluss an ihre vierjährige Gymnasialzeit wurde Ana 1988 einem staatlichen Lebensmittelbetrieb in der Hauptstadt ihres Herkunftsbezirks zugeteilt. Hier wohnte sie bei einer früheren Schulfreundin zur Untermiete. Im Zuge der politischen Ereignisse Ende des Jahres 1989 wurde dieser Betrieb geschlossen, weswegen sie einige Wochen später einer Molkerei zugewiesen wurde.

Ein gutes Jahr später heiratete Ana im Alter von 22 Jahren einen Forstingenieur, der aus der Nähe einer Großstadt in Transsilvanien stammte und sich vorübergehend in Satuleşti aufhielt. Sie folgte ihm nach Transsilvanien und wohnte zunächst mit ihrem Ehemann im Haushalt ihrer Schwiegereltern. Ein Dreivierteljahr später brachte sie ihren Sohn zur Welt. Als ihr Ehemann wenige Monate später seine Arbeitsstelle kündigte, zog sie gemeinsam mit ihrer Familie zu ihren Eltern nach Satuleşti. Dort begann sie als Hilfserzieherin im Kindergarten zu arbeiten, in dem auch ihre Mutter beschäftigt war. Ihr Ehemann war vorübergehend als Hilfslehrer in der Dorfschule tätig. Ana wurde erneut schwanger. Als ihr Ehemann seine Stelle im Dorf kündigte, kehrte die Familie nach Transsilvanien zurück, wo sie in der Großstadt, aus deren Umgebung ihr Ehemann stammte, zwei Zimmer mietete. Ana fand zeitweise eine Arbeit als Näherin. Kurz vor der Geburt ihrer Tochter wechselte die Familie aufgrund der prekären Wohnverhältnisse erneut in den Haushalt von Anas Schwiegereltern. Da ihr Ehemann monatelang keine Arbeit fand, kehrte die Familie nach Satuleşti zurück. Während Ana wieder als Erzieherin im Kindergarten des Dorfes arbeitete, beschaffte ihr Vater, der in der Zwischenzeit zum Vizebürgermeister der Gemeinde ernannt worden war, ihrem Ehemann eine Stelle als Forstwirt in der Umgebung des Dorfes.

Vier Jahre später entschied sich Ana dazu, über eine berufsbegleitende zweijährige Ausbildung ihre fehlende Qualifikation als Erzieherin nachzuholen. Mit dieser Ausbildung erhielt sie eine unbefristete Stelle als Erzieherin im Kindergarten in Satuleşti.

Ein Jahr nachdem sie die Ausbildung beendet hatte, nahm Ana ein Jahr unbezahlten Urlaub, um in Italien zu arbeiten. Mit Hilfe einer ehemaligen Arbeitskollegin, die kurz vor ihr nach Italien gereist war, fand sie eine Stelle als Pflegekraft in einem Privathaushalt in Cittadina. Wenige Monate nach ihrer Ankunft in Italien kündigte Anas Ehemann erneut seine Stelle und folgte ihr nach Italien. Die gemeinsamen Kinder blieben bei Anas Eltern. Da sich für Anas Ehemann keine längerfristige Arbeit ergab, kehrte er nach einigen Monaten nach Rumänien und dann mit den Kindern gemeinsam nach Transsilvanien zurück. Ana reichte wenig später die Scheidung ein. Ihre Tochter kehrte zu Anas Eltern nach Satuleşti zurück.

Ana verlängerte ihren Aufenthalt in Italien und wechselte nach zwei Jahren ihren Arbeitsplatz, um für weitere zwei Jahre in einem anderen Haushalt in Cittadina als Pflegekraft zu arbeiten. Als sie von anderen BewohnerInnen ihres Herkunftsdorfes, die ebenfalls nach Cittadina migriert waren, davon erfuhr, dass ihre Mutter schwer erkrankt war, kehrte sie nach Satuleşti zurück.

Nachdem Ana die Prüfung bestanden hatte, die ihr den Wiedereinstieg in ihren Beruf ermöglichte, erhielt sie eine unbefristete Stelle im Kindergarten eines Nachbarortes von Satuleşti. Ein halbes Jahr später starb ihre Mutter. Als ich mich im darauf folgenden Jahr erneut für knapp zwei Monate im Dorf aufhielt, stand Ana am Beginn einer Beziehung mit einem Mann, den sie über Internet kennen gelernt hatte.

7.1.3 Rekonstruktion der Fallstruktur

7.1.3.1 Sequenzielle Analyse der biographischen Daten[217]

Auf der Grundlage der Ereignisdaten erscheint die Biographie von Ana Moşeanu in ihrer Orientierungsstruktur von wechselhaften Positionierungen zwischen dem Erfahrungszusammenhang ihrer Herkunfts- und später eigenen Familie einerseits und ihrem außerfamiliären schulischen bzw. erwerbspezifischen Erfahrungszusammenhang andererseits bestimmt. In der Ausrichtung ihrer Handlungsorientierung scheint Ana mehrfach zwischen diesen beiden übergeordneten Bezugssystemen zu wechseln.

Die Daten zur Familiengeschichte von Ana Moşeanu setzen in den 1920er Jahren ein und umfassen vier Generationen. *Anas Vater wurde 1945 als zweites von insgesamt sieben Kindern in eine vermögende Schäferfamilie hineingeboren: sowohl sein Vater als auch seine Mutter waren Alleinerben. Er hatte zwei Brüder und zwei jüngere Schwestern, zwei weitere Geschwister starben früh.*

Bis zu seinem 19. Lebensjahr arbeitete Anas Vater ausschließlich als Schäfer in seiner Herkunftsregion. Erstmals verließ er für längere Zeit seine Herkunftsregion, als er für zwei Jahre seinen Militärdienst in Transsilvanien ableis-

---

217 Die sequenzielle Analyse der biographischen Daten, die dazu dient, erste Hypothesen zur Handlungsstruktur der Biographin zu entwickeln, bezieht sich aus Gründen der Übersichtlichkeit auf jene Lesarten, die nach Abschluss der Analyse am plausibelsten erschienen. Die biographischen Daten, in diesem Unterkapitel kursiv gedruckt, sind im Anhang einschließlich der Familiendaten von Ana Moşeanus Eltern sowie ihren Groß- und Urgroßeltern soweit bekannt noch einmal ausführlich dargestellt. Zusätzlich werden der Familienstammbaum sowie die Sequenzierung der Eingangserzählung im Anhang aufgeführt.

tete. Als er von dort zurückkehrte, besuchte er für vier Jahre eine Abendschule sowie eine knapp einjährige berufsqualifizierende Schule zum LKW-Fahrer. In dieser Zeit trat er in die kommunistische Partei ein. Mit seiner Ausbildung arbeitete er für ein Kombinat zur Wasserdämmung in der Bezirkshauptstadt; wöchentlich pendelte er zwischen seinem Arbeitsplatz und dem Dorf Satuleşti, wo er mit Unterstützung seiner Eltern auf einem ihrer Grundstücke ein Haus baute. Sein älterer Bruder arbeitete als Waldarbeiter für die Gemeinde. Sein jüngerer Bruder erbte später, wie für den Herkunftskontext üblich (vgl. Kap. 5.2.1), den elterlichen Hof. Die ältere der beiden Schwestern absolvierte eine Ausbildung zur Erzieherin, die jüngere war geistig behindert und wohnte seit dem Tod der Eltern von Anas Vater abwechselnd bei Anas Vater und dessen Geschwistern.

Anas Mutter kam aus einer weniger vermögenden Familie als der Vater. Anas Großvater mütterlicherseits war Schmied im Dorf. Darüber hinaus arbeiteten er und Anas Großmutter mütterlicherseits für Waldarbeiter aus der Region, die während des Sommers in abgelegenen Forsthütten untergebracht waren. Ihren geringen Landbesitz hatten sie an die Kooperative im Dorf abgetreten (vgl. Exkurs im Anschluss an Kap. 5.2.2.1), was sie zusätzlich zur Arbeit in der landwirtschaftlichen Produktionsgenossenschaft verpflichtete und ihnen einen geringfügigen Nebenerwerb einbrachte. Anas Mutter hatte drei jüngere Geschwister, eine Schwester und zwei Brüder. Trotz der bescheidenen finanziellen Situation in der Familie absolvierten sie und ihre Geschwister mehrjährige berufliche Ausbildungen. Wegen ihrer guten Schulnoten erhielten Anas Mutter und ihre Schwester staatliche Stipendien. Zusätzlich arbeiteten sie in den Ferienmonaten, um ihre Eltern finanziell zu unterstützen. Sie und ihre zwei Jahre jüngere Schwester schlossen gemeinsam eine Ausbildung zur Erzieherin ab. Mit ihrem Berufsstart in Satuleşti begann Anas Mutter, sich in der kommunistischen Partei zu engagieren. Später besuchte sie für mehrere Monate berufsbegleitend eine Parteischule. Mit dieser Ausbildung wurde sie zur Vorsteherin der Gemeindeschiedsstelle.

In den Daten zu den Ausbildungsverläufen von Anas Eltern zeigt sich in beiden Fällen eine deutliche Bildungsorientierung. Während sich Anas Vater damit aus dem milieuspezifischen bäuerlich-ländlichen Tradierungskontext seiner Eltern löste und für eine berufliche Existenz als Arbeiter entschied, bewegte sich Anas Mutter in einem über die Eltern vermittelten aufstiegsbetonten sozialistisch orientierten Tradierungszusammenhang. Für beide Elternteile von Ana bildete das sozialistische Ausbildungssystem die Chance für einen Bildungsaufstieg, was vermutlich zu ihrem parteipolitischen Engagement geführt hatte. Trotz ihrer beruflichen Qualifikation lösten sich Anas Eltern nicht von ihrem ländlichen Herkunftskontext.

Ana Moşeanu wurde 1970, ein Jahr nach der Hochzeit ihrer Eltern, geboren. Sie war das erste Enkelkind in der gesamten Verwandtschaft. Vier Jahre später kam ihr Bruder zur Welt. Da ihre Mutter weiterhin berufstätig war, kümmerte sich in den ersten Lebensjahren zusätzlich Anas Großmutter mütterlicherseits um sie. Verbundem mit dem wöchentlichen Pendeln ihres Vaters liegt die Vermutung nahe, dass Ana zumindest in ihren ersten Lebensjahren ein engeres Verhältnis zu ihrer Mutter hatte.

Ana zählte zu den besten SchülerInnen ihrer Klasse. Sie nahm regelmäßig an Tanz- und Rezitierwettbewerben, die von der Schule aus organisiert waren, ebenso teil wie an Ferienfreizeiten in ihrer Region sowie landesweiten Ferienlagern, zu denen auch Kinder und Jugendliche aus anderen sozialistischen Ländern eingeladen waren. Diese Veranstaltungen wurden von der Schule aus organisiert. Auf der Grundlage der biographischen Daten zu Kindheit und Jugend stechen Anas Engagement in der Schule sowie ihre Aktivitäten in den Ferien und in ihrer sonstigen Freizeit hervor. Ihre Reisen in andere Landesteile im Rahmen von Wettbewerben und Freizeiten sowie ihre Bekanntschaft mit Kindern und Jugendlichen aus anderen Ländern könnten sich auf Anas spätere Handlungsorientierung ausgewirkt haben. Ana könnte darüber bereits frühzeitig die Erfahrung gemacht haben, dass die Welt größer ist als ihr unmittelbarer dörflicher Herkunftskontext. Dabei liegt die Vermutung nahe, dass sowohl ihr schulisches Engagement als auch ihre Reisen auf den Einfluss ihrer Mutter zurückgingen. Zum einen könnte die Tätigkeit ihrer Mutter als Erzieherin gewisse Leistungserwartungen hervorgerufen haben. Kindergarten und Schule bilden im Dorf eine administrative Einheit, weswegen Anas Leistungen in besonderer Weise auf ihre Mutter zurückgefallen sein könnten. Zum anderen könnten sich die berufliche Position ihrer Mutter und ihr Einsatz in der kommunistischen Partei positiv ausgewirkt haben. Neben Anas sehr guten Schulleistungen könnte beides ihre Teilnahme an den landesweiten Ferienfreizeiten erleichtert haben.

Für die weiterführende Ausbildung verließ Ana ihren dörflichen Herkunftskontext. In der Bezirkshauptstadt, in der auch ihr Vater arbeitete, besuchte sie ein Internat mit einer berufsqualifizierenden lebensmitteltechnischen Ausrichtung. Wie diese Entscheidung konkret zustande kam, muss offen bleiben. Anas musische Begabungen lassen jedoch vermuten, dass sie nur bedingt daran beteiligt war. Insbesondere in der Familiengeschichte ihrer Mutter zeigte sich, dass bereits in der Generation der Eltern Wert auf eine berufliche Ausbildung gelegt wurde. Vor allem Anas Mutter und deren Schwester profitierten dabei vom sozialistischen Schulsystem. Ohne die staatlichen Stipendien wäre die Finanzierung der beruflichen Ausbildung vermutlich nicht möglich gewesen. Mit dem Besuch einer berufsqualifizierenden gymnasialen Ausbildung befand sich Ana in einem deutlichen Tradierungszusammenhang. Die Ausbildung auf ein konkretes Berufsziel hin könnte bei der Ausbildungswahl eine zentrale Rolle gespielt haben. Hierin ließe sich ein Hinweis darauf vermuten, dass – wie wahrscheinlich bereits in der Generation davor – jeweils die Eltern die Ausbildungsentscheidung wesentlich mitbestimmten. Zentraler Beweggrund für eine Ausbildung in der Lebensmittelindustrie könnte die Warenknappheit in Rumänien zu jener Zeit gewesen sein (vgl. Delhey 2001). Vor dem Hintergrund parallelwirtschaftlicher Strukturen könnten die Eltern gehofft haben, durch Anas Beschäftigung in der Lebensmittelindustrie für die Familie insgesamt eine bessere Versorgung mit Lebensmitteln zu erreichen (vgl. Brezinski/Petersen 1987).

Nach zwei Jahren wechselte Ana 1986 das Internat. Dafür die weitere Ausbildung in der Hauptstadt des Bezirks nicht genug freie Plätze zur Verfügung standen, besuchte sie im Anschluss ein Internat in einem Nachbarbezirk. Ana entfernte sich räumlich noch einmal weiter von ihrem dörflichen Herkunftskontext. Vor dem Hintergrund ihrer regelmäßigen Ferienaufenthalte in anderen Landesteilen lässt sich jedoch vermuten, dass die größere Distanz zu ihren Eltern und ihrem Herkunftsort für sie lediglich bedingt eine neuartige Erfahrung darstellte.

Im darauf folgenden Jahr entschloss sich Anas Vater zu einem Arbeitsaufenthalt im Irak. Zu dieser Zeit gab es Kollaborationsabkommen zwischen beiden Ländern für bestimmte Tätigkeitsfelder. Gemeinsam mit Kollegen seines Kombinats half er in einer Brigade von mehreren tausend Arbeitern im Zweistromland den Boden zu entsalzen. Als im Jahr 1988 der Irak-Krieg ausbrach, wurde dieser Arbeitsaufenthalt vorzeitig beendet. Anas Vater, so steht zu vermuten, konnte mit dem Arbeitsaufenthalt im Ausland sein Einkommen verbessern. Die besssere Bezahlung könnte für ihn einen entscheidenden Beweggrund für den Auslandsaufenthalt dargestellt haben. Für Ana wurde damit die Möglichkeit eines Arbeitsaufenthaltes im Ausland zwecks Einkommensverbesserung zu einem Bestandteil ihres biographischen Horizontes.

Nach insgesamt vier Jahren beendete Ana erfolgreich ihre berufsqualifizierende gymnasiale Ausbildung. Sie nahm die Arbeit in einem staatlichen Lebensmittelbetrieb in der Hauptstadt ihres Herkunftsbezirks auf, wo sie bei einer früheren Schulfreundin zur Untermiete wohnte. Ana arbeitete dort bis Ende des Jahres 1989, als das Kombinat im Zuge des Regimesturzes geschlossen wurde. Nach einigen Wochen wurde sie der Abteilung für Qualitätskontrolle einer Molkerei zugeteilt. Da sie häufiger im Umkreis ihres Herkunftsdorfes eingesetzt wurde, hielt sie sich regelmäßiger als zuvor bei ihren Eltern in Satulești auf. Auch ihr Vater war für kurze Zeit nach dem politischen Umsturz ohne Beschäfti-

gung. Anders als Ana kehrte er beruflich in sein Herkunftsdorf zurück, wo er in einer Großbäckerei Arbeit fand.

Die politischen Ereignisse des Jahres 1989 bildeten sowohl für Ana als auch für ihren Vater eine Zäsur. Doch während es für Anas Vater notwendig wurde, sich beruflich umzuorientieren, knüpfte Ana an ihre vorherige Tätigkeit entsprechend ihrer Ausbildung an. Die genaueren Umstände ihres Berufsstarts sowie ihres Arbeitsplatzwechsels waren vermutlich deutlich von der staatlich gesteuerten Zuteilung von Arbeitsstellen zur Zeit des kommunistischen Regimes sowie unmittelbar danach bestimmt. Durch ihre erneute Berufstätigkeit konnte sich Ana ein eigenständiges Leben aufbauen. In Kontinuität zu ihren bisherigen schulischen und beruflichen Anstrengungen wäre eine weitere Fokussierung auf ihr Berufstätigkeit denkbar. Ihre Arbeit befähigte sie dazu, ihre Eltern, die bereits für ihre Ausbildung aufgekommen waren, finanziell zu entlasten sowie darüber hinaus möglicherweise sogar zu unterstützen. Ihre häufigen Aufenthalte in Satuelști zu dieser Zeit deuten auf eine besondere Bindung zu ihren Eltern sowie ihrem Herkunftskontext hin.

1992 lernte Ana im Alter von 22 Jahren ihren späteren Ehemann, der aus dem Umkreis einer Großstadt in Transsilvanien stammte, kennen. Als Forstingenieur hielt er sich beruflich in Satulești auf, wo er bei Verwandten von Ana untergebracht war. Wenige Wochen später heirateten beide. Ana gab ihre Arbeit auf und zog mit ihrem Ehemann in den Haushalt ihrer Schwiegereltern nach Transsilvanien. Das Datum der Heirat markiert deutliche Veränderungen in Anas biographischem Verlauf. Was könnte sie dazu bewogen haben, binnen weniger Wochen ihre berufliche Tätigkeit und damit ihre Eigenständigkeit aufzugeben und sich über eine interne Migration aus ihrem Herkunftskontext zu lösen? Mehrere Hypothesen, die eine gewisse Schnittmenge aufweisen, sind für diesen Schritt denkbar.

Mit ihrem Nachzug nach Transsilvanien könnte Ana einer Tradition aus ihrem Herkunftskontext gefolgt sein, wonach die Frau nach der Heirat in den Haushalt ihres Ehemannes einzieht. Vor diesem Hintergrund könnte es ihr nachrangig erschienen sein, ihre Berufstätigkeit aufzugeben. Sollte sich ihr Handeln einzig daran orientiert haben, wäre zu vermuten, dass sie versuchte, an ihrem neuen Wohnort erneut eine Arbeitsstelle zu finden. Ebenso ist denkbar, dass ihre zentrale Handlungsorientierung darin bestand, sich mit allen Mitteln, notfalls um den Preis ihrer beruflichen Eigenständigkeit, aus ihrem Herkunftskontext zu lösen. In diesem Fall wäre im weiteren Verlauf eine klare Distanz zu ihrem Herkunftskontext zu vermuten. Da sie sich jedoch zuvor weiterhin regelmäßig in ihrem Dorf und bei ihren Eltern aufhielt, erscheint diese Deutung ihres Handelns nicht sehr wahrscheinlich. Möglich wäre ebenso, dass Ana ihren Beruf nicht freiwillig aufgab. Ihr Ehemann könnte sie – unter Umständen einem Geschlechtermodell seiner Eltern folgend – zu diesem Schritt veranlasst haben. In diesem Fall könnte Ana entweder dauerhaft dem Wunsch ihres Ehemannes entsprochen oder die Entscheidung nur vorläufig akzeptiert haben, um ihre Heirat nicht zu gefährden. Schließlich könnte Ana ihre Lebensplanung insgesamt stärker an ihrer Ehe und dem Aufbau einer eigenen Familie ausgerichtet haben. In diesem Fall ließen sich im Anschluss die Gründung einer eigenen Familie sowie eines eigenen Haushaltes vermuten. Ihre Berufstätigkeit wieder aufzunehmen, könnte Ana im Vergleich dazu deutlich weniger relevant erschienen sein.

Unmittelbar nach der Heirat wurde Ana schwanger. Neun Monate nach ihrer Hochzeit brachte sie ihren Sohn zur Welt. Vor dem Hintergrund der zuvor entworfenen Lesarten für ihre Heirat und die Beendigung ihrer Berufstätigkeit lässt sich an dieser Stelle eine erste Strukturhypothese formulieren: Die Tatsache, dass Ana ihre Berufstätigkeit aufgab und die Gründung einer Familie einleitete, könnte in ihrer Handlungsorientierung auf die Fokussierung auf eine eigene Familie hindeuten. Allein aus der Analyse der biographischen Daten erscheint diese Handlungsorientierung jedoch erklärungsbedürftig, So ließen die bisherigen Daten darauf schließen, dass sich Ana sehr stark auf ihre Ausbildung und ihr Berufsleben konzentrierte. An dieser Stelle könnte der nachfolgende Auswertungsschritt, die Analyse der Eingangserzählung, Aufschluss darüber geben, inwiefern im Wechsel der Prioritäten eine Bearbeitung bestimmter vorgelagerter Erfahrungszusammenhänge zum Ausdruck kommt. Unklar bleibt ebenso, inwiefern Ana freiwillig auf ihre Erwerbstätigkeit verzichtete oder dies von ihrem Ehemann oder möglicherweise ihren Schwiegereltern durchgesetzt wurde. Ferner lässt das Datum der Schwangerschaft offen, ob dieser eine bewusste Entscheidung für eine derart zügige Familiengründung voranging. Wenige Jahre nach dem Sturz des Ceaușescu-Regimes, in dem jegliche Form der Verhütung sowie Abtreibung verboten waren (vgl. Humnici 2003), könnte sich darin ebenso zeigen, dass eine aktive Familienplanung noch immer tabuisiert wurde.

Fünf Monate nach der Geburt des Kindes kündigte Anas Ehemann seine Stelle als Forstingenieur und wurde arbeitslos. Mit diesem Ereignis, das auf der Grundlage der biographischen Daten nicht nachvollziehbar erscheint, war die weitere Versorgung der jungen Familie ungesichert. Vermutlich waren Ana und ihre Familie damit finanziell vor allem von den Eltern von Anas Ehemann abhängig.

Ana ging daraufhin mit ihrer Familie nach Satulești und zog in den Haushalt ihrer Eltern. Da es im Erziehungswesen freie Stellen gab, nahm Ana eine Hilfstätigkeit als Erzieherin im Kindergarten des Dorfes auf. Ihr Ehemann unterrichtete aushilfsweise in der Schule des Dorfes. Hierin zeigt sich ein Bruch innerhalb des Handlungsschemas, das Ana seit ihrer Ehe und der Familiengründung verfolgte. Sie sah sich dazu veranlasst, eine Erwerbstätigkeit aufzunehmen, die nicht ihrer beruflichen Qualifikation entsprach, und in ihren Herkunftskontext zurückzukehren. Denkbar ist, dass die Arbeitsniederlegung ihres Ehemannes für sie einen deutlichen Wendepunkt in ihrer Handlungsorientierung markierte. Während sie sich zuvor sehr stark auf ihre Familie konzentrierte, schien sie nun ihr eigenes Handeln anders auszurichten. Dabei erscheint ihre erneute Berufstätigkeit vor dem Hintergrund ihrer längeren Erwerbslosigkeit weniger als eine freiwillige Entscheidung als vielmehr eine Reaktion auf die Arbeitslosigkeit ihres Ehemannes. Denkbar ist, dass dieses Datum deutlich mit der von ihr vermutlich beabsichtigten Fokussierung auf ihre eigene Familie kollidierte. Ob sich für Ana letztlich hieraus die Möglichkeit ergab, besser als zuvor Erwerbstätigkeit und Familien miteinander zu verbinden, muss offen bleiben.

Ein knappes Jahr nach der Geburt des ersten Kindes wurde Ana erneut schwanger. Bereits zu Beginn ihrer Schwangerschaft kündigte ihr Ehemann seine Aushilfstätigkeit als Lehrer im Dorf. Ana ging mit ihrer Familie erneut nach Transsilvanien. Sie bezog in der Stadt, in der Nähe des Herkunftsortes ihres Ehemannes, zwei Zimmer. Während sie zeitweise als Näherin arbeitete, fand ihr Ehemann keine Arbeitsstelle. Die Versorgungslage von Ana und ihrer Familie verschlechterte sich erneut. Während sich die Familie vergrößerte und damit auch die Ausgaben zunahmen, blieb das Erwerbsleben von Anas Ehemann unstet. Weshalb Anas Ehemann seine Aushilfsstelle im Dorf aufgab, ist unklar. Ein weiteres Mal schien Ana mit ihrer Suche nach einer Beschäftigung auf das Verhalten ihres Ehemannes zu reagieren, statt eigene Entscheidungen treffen zu können. Die angespannte finanzielle Situation der Familie verhinderte erneut eine Fokussierung auf ihren eigenen Familienzusammenhang, wie sie zusätzlich durch die Wohnsituation außerhalb des Haushaltes ihrer Schwiegereltern bekräftigt wurde.

Aufgrund der schwierigen Wohnverhältnisse in der Stadt zog Ana mit ihrer Familie kurz vor der Geburt des zweiten Kindes erneut in den Haushalt ihrer Schwiegereltern. Bereits wenige Monate nach der Geburt der Tochter kehrte sie allerdings mit ihrer Familie nach Satuleşti zurück. Ana arbeitete erneut als Aushilfe im Kindergarten. Ihrem Ehemann besorgte ihr Vater, mittlerweile Vizebürgermeister der Gemeinde, eine Stelle als Forstingenieur im Umkreis des Dorfes. Mit der andauernden Arbeitslosigkeit ihres Ehemannes und der erneuten Rückkehr nach Satuleşti schienen sich die Koordinaten von Anas Orientierungs- und Handlungsschema weiter zugunsten einer Fokussierung auf ihre Erwerbstätigkeit zu verschieben. Anstatt sich komplett auf ihr Familienleben konzentrieren zu können, wie sie es im Anschluss an ihre Heirat getan hatte, stellte sie selbst

Falldarstellungen und Typologie

anstelle ihres Ehemannes die Weichen für eine verbesserte Erwerbssituation der Familie. Mit der erneuten Rückkehr in ihr Herkunftsdorf scheint sich Anas Handlungsausrichtung weiter von ihrem Familien- auf ihren Erwerbszusammenhang zu verlagern.

Nach zwei Jahren entschloss sich Ana dazu, ihre bis dato fehlende Qualifikation als Erzieherin berufsbegleitend auf dem zweiten Bildungsweg nachzuholen. Dieses Datum bestätigt die Vermutung, wie sie aus der bisherigen Strukturhypothese folgte. Ana schien einen Positionierungswechsel vorzunehmen. Stärker als zu Beginn ihrer Ehe konzentrierte sie sich auf ein eigenes qualifiziertes Erwerbsleben und die finanzielle Absicherung der Familie.

Ana absolvierte erfolgreich die Ausbildung zur Erzieherin und erhielt eine unbefristete Stelle im Kindergarten in Satuleşti. Einige Zeit später, im Jahr 2003, nahm sie für ein Jahr unbefristeten Urlaub, um in Cittadina als Pflegekraft in einem Privathaushalt zu arbeiten. Vor dem bisherigen familiengeschichtlichen Hintergrund stellt sich die Frage, was Ana zu einem Zeitpunkt, als sich für sie und ihren Ehemann die berufliche Situation stabilisierte hatte, zu diesem Schritt bewogen haben könnte. Vor allem finanzielle Beweggründe könnten Ana zu dieser Entscheidung bewogen haben. So kümmerte sie sich seit der ersten Arbeitslosigkeit ihres Ehemannes und der Rückkehr in das Herkunftsdorf um die materielle Versorgung der Familie. Dabei könnte sie sich an dem Auslandsaufenthalt ihres Vaters orientiert haben. Denkbar wäre, dass Ana vorhatte, den Gewinn aus dem Arbeitsaufenthalt im Ausland für einen eigenen von ihren Eltern abgetrennten Haushalt zu nutzen. Derartige Investitionen könnten für sie den Versuch bedeutet haben, ihre Vorstellungen von einer eigenständigen Familie weiterzuverfolgen. In diesem Fall stünde die Migration in erster Linie für eine Kontinuierung ihrer modifizierten Handlungsorientierung, maßgeblich selbst für das Auskommen der Familie Sorge zu tragen. Ein Bruch in dieser Handlungsausrichtung erscheint hingegen unwahrscheinlich. Gleichwohl kann Anas Arbeitsaufenthalt im Ausland hypothetisch auch für eine Gelegenheit stehen, ihre bisherige Situation in der Familie und im Beruf, der nicht ihrer ursprünglichen Qualifikation entsprach, zu überdenken. In diesem Fall wäre offen, ob Ana nach der Migration unmittelbar an die Erwerbs- und Familiensituation davor anknüpft.

Kurze Zeit nach Anas Ankunft in Italien kündigte ihr Ehemann seine Stelle als Forstingenieur und wurde erneut arbeitslos. Er reiste wenig später ebenfalls für einen Arbeitsaufenthalt nach Cittadina. Die beiden Kinder blieben bei Anas Eltern in Satuleşti zurück. Als ihr Ehemann jedoch außer sporadischen Aushilfstätigkeiten keine längerfristige Beschäftigung fand, kehrte er nach einigen Monaten nach Rumänien zurück. Mit den Kindern zog er abermals in den Haus-

halt seiner Eltern nach Transsilvanien. Auch längere Zeit nach seiner Rückkehr nach Rumänien blieb Anas Ehemann arbeitslos. Wie könnten sich die neuartige Erwerbs- und Familiensituation auf Anas Handlungsorientierung ausgewirkt haben? Mit der Kündigung von Anas Ehemann wiederholte sich eine Konstellation, wie sie zuvor vermutlich für eine Veränderung in Anas Handlungsorientierung gesorgt hatte. Ana wurde zur Alleinverdienerin der Familie. Sowohl in Rumänien als auch in Italien trug ihr Ehemann nur unzureichend zur Versorgung der Familie bei. Denkbar ist, dass ihr Ehemann durch seine Anwesenheit in Italien gar ihre Beschäftigung als Pflegekraft gefährdete. Zudem könnte der Umzug von Anas Ehemann und den Kindern nach Transsilvanien ihre berufliche Wiedereingliederung im Herkunftskontext erschweren. Dass ihr Ehemann seiner Verantwortung als Familienvater nicht ausreichend gerecht zu werden schien, könnte Ana dazu veranlassen, ihre weitere Ehe ernsthaft in Zweifel zu ziehen. Sie könnte zu der Auffassung gelangen, dass sich mit ihrem Ehemann die Vorstellung eines unbeschwerten und abgesicherten Familienlebens nicht realisieren ließ.

Ana verlängerte ihren Aufenthalt in Italien. Nach zwei Jahren reichte sie die Scheidung ein. Ihre Tochter zog erneut zu Anas Eltern nach Satulești. Ihr Sohn wohnte weiterhin bei seinen Großeltern väterlicherseits in Transsilvanien. Nach diesen zwei Jahren wechselte Ana ihren Arbeitgeber. Sie blieb für weitere zwei Jahre in Italien. Als sie erfuhr, dass ihre Mutter an einer schweren Krankheit litt, kehrte sie nach Satulești zurück und arbeitete in einem Nachbarort erneut als Erzieherin. Diese biographischen Ereignisse deuten auf deutliche Veränderungen in Anas Handlungsausrichtung hin. Ana rückte zunächst von ihrem ursprünglichen Plan ab, nach einem Jahr nach Rumänien zurückzukehren. Denkbar ist, dass hierfür finanzielle Gründe den Ausschlag gaben. So war Ana aufgrund der Kündigung ihres Ehemannes auch über das erste Jahr hinaus allein für das Einkommen der Familie verantwortlich. Einen zentralen Wendepunkt markiert das Datum der Scheidung ein weiteres Jahr später. Vor dem Hintergrund der Annahmen zu Anas Handlungsorientierung deutet der Entschluss zur Scheidung darauf hin, dass sie die Hoffnung auf einen Ehe- und Familienzusammenhang, wie er ihren Vorstellungen entsprach, aufgegeben hatte. Mit der erneuten Verlängerung ihres Auslandsaufenthaltes um weitere zwei Jahre schien sie sich nunmehr ausschließlich auf die Versorgung ihrer Kinder zu konzentrieren.

Zusammenfassung

Auf der Ebene der Ereignisdaten scheint die biographische Handlungsorientierung von Ana Moșeanu von Modifizierungen bestimmt. Diese betreffen sowohl ihren Familien- als auch ihren Erwerbszusammenhang. Nach einer erfolgreich abgeschlossenen schulischen und beruflichen Ausbildung sowie einem durch die politischen Ereignisse des Jahres 1989 erschwerten gleichwohl erfolgreichen Berufseinstieg scheint mit der raschen Heirat und der sich direkt daran anschließenden Familiengründung eine Fokussierung auf den Familienzusammenhang stattzufinden. Unter alleiniger Berücksichtigung der biographischen Daten muss offen bleiben, inwiefern hierin ein bereits längerfristig verfolgter Handlungsentwurf zum Ausdruck kommt.

Infolge des unsteten Berufslebens ihres Ehemannes scheint Ana ihre Handlungsorientierung korrigieren und mit einer Modifikation ihrer Handlungsausrichtung reagieren zu müssen. Die Arbeitslosigkeit ihres Ehemannes wenige Zeit nach der Heirat markiert auf der Grundlage der biographischen Daten einen Wendepunkt. Ana kehrte mit der Familie in ihr Herkunftsdorf zurück. Sie begann erneut zu arbeiten und orientierte sich beruflich um. Im Verlauf der mehrfachen Wohnortswechsel zwischen ihrem sowie dem Herkunftsort ihres Ehemannes schien Ana in Reaktion auf das unstete Berufsleben ihres Ehemannes sowie der ungesicherten Versorgungslage der Familie ihre eigene Handlungsorientierung neu zu justieren. Ana konzentrierte sich stärker auf ihre Berufstätigkeit und die finanzielle Konsolidierung der Familie. Vor diesem Hintergrund erscheint die Entscheidung zur Arbeitsmigration nach Italien als eine Kontinuierung ihrer geänderten Handlungsorientierung. Es steht zu vermuten, dass der Arbeitsaufenthalt in Italien vornehmlich ökonomisch motiviert war.

Die erneut selbst verursachte Arbeitslosigkeit ihres Ehemannes sowie dessen vergebliche Versuche, in Italien eine längerfristige Erwerbsarbeit zu finden, leiteten, so die Annahme, einen weiteren Wendepunkt ein. Die Tatsache, dass Ana bereits wiederholt alleine für die Versorgung der Familie aufkommen musste, könnte sie veranlasst haben, an der Tragfähigkeit ihrer Ehe zu zweifeln. Denkbar ist, dass ihre Situation im Ankunftskontext diese Entscheidung zusätzlich beeinflusste. Ana reichte die Scheidung ein und konzentrierte sich auf ihre Erwerbstätigkeit und die Versorgung ihrer Kinder. Von einer Fokussierung auf ihren Ehe- und Familienzusammenhang, wie sie zum Zeitpunkt der Familiengründung deutlich wurde, rückte sie damit ab. Vor dem Hintergrund dieser Veränderungen in Anas Handlungsorientierung, wie sie aus den biographischen Daten rekonstruiert wurden, sind verschiedene Hypothesen zur Darstellung der Lebensgeschichte denkbar.

- Ana könnte ein chronologisches Darstellungsmuster wählen. Sie könnte ihre Eingangserzählung mit ihrer Geburt oder gar der Familiengeschichte vor ihrer Geburt beginnen und mit dem aktuellen Datum zum Zeitpunkt des Interviews enden lassen. Bereits zu einem frühen Zeitpunkt der Erzählung, so wäre zu erwarten, könnte sich zeigen, weswegen sich Ana mit dem

Datum und den Umständen ihrer Heirat derart deutlich auf einen eigenen Familienzusammenhang konzentrierte.
- Sollte sich die Vermutung zweier Wendepunkte im bisherigen Verlauf ihrer Lebensgeschichte erhärten, so könnte Ana ihre Erzählung um diese beiden Ereignisverläufe anordnen. Sie könnte begründen wollen, weswegen sie jeweils in einer bestimmten Weise (re)agierte. In diesem Fall wäre von längeren Textpassagen in Form von Argumentationen auszugehen. Bezogen auf den ersten Wendepunkt wäre von Interesse zu erfahren, wie Ana im Anschluss an ihre Hochzeit sowohl das vorläufige Ende ihrer Berufstätigkeit als auch die Arbeitslosigkeit ihres damaligen Ehemannes nach Geburt ihres ersten Kindes präsentiert. Hinsichtlich ihrer Scheidung als zweiten biographischen Wendepunkt erscheint besonders relevant, inwiefern ihrer Darstellung zufolge ein Zusammenhang besteht zwischen ihrer Scheidung einerseits und ihren Erfahrungen im Verlauf der Migration andererseits.

7.1.3.2 Thematische Feldanalyse der Eingangserzählung

Das narrativ-biographische Interview mit Ana Moşeanu führte ich gegen Ende meines zweiten Aufenthaltes im Dorf, nachdem ich sie einige Tage zuvor für ein Vorgespräch zum Ablauf des Interviews aufgesucht hatte. An einem Nachmittag, an dem Ana alleine zu Hause war, setzten wir uns dazu in ihre Küche. An einer Stelle wurden wir kurz unterbrochen, als ihr Vater nach Hause kam, der allerdings nach wenigen Minuten das Haus wieder verließ. Die gesamte Eingangserzählung dauerte etwa eineinhalb Stunden. Mehrfach fing Ana während des Erzählens zu weinen an. Der Nachfrageteil kam aus zeitlichen Gründen erst während des dritten Aufenthaltes im Dorf ein Jahr später zustande.

Die gesamte überwiegend chronologisch aufgebaute Eingangserzählung von Ana Moşeanu ist von ihrer Scheidung als biographischem Wendepunkt und aktuellem Interpretationspunkt ihrer Biographie bestimmt. Anas Lebensgeschichte weist daher einen engen Gegenwartsbezug auf. Sie erscheint als eine Rechtfertigungsrede, mit der Ana versucht, insbesondere vor sich selbst ihre Scheidung zu legitimieren und sich selbst der Richtigkeit ihrer Entscheidung zu vergewissern. Das thematische Feld der Eingangserzählung, in das alle Themen eingebettet sind und das zentral die Auswahl und die Darstellungsform der einzelnen Themen organisiert, lässt sich daher als Selbstbefragung in den Worten formulieren: 'ich hoffe, ich habe es richtig gemacht'. Dieses thematische Feld strukturiert die in weiten Teilen selbstreflektierende argumentative Eingangserzählung.

Falldarstellungen und Typologie 215

1.-3. Sequenz: Ana beginnt ihre Eingangserzählung mit einer Einführung in zentrale Problemzusammenhänge ihrer Herkunftsfamilie. Nachdem sie sich im Stil eines Protokolls mit Namen, Alter und Geburtsjahr vorgestellt hat, nimmt sie hierzu einen Perspektivwechsel vor. Sie beschreibt die Beziehung zwischen ihren Eltern vor ihrer Geburt und zur Zeit ihrer Kindheit aus Sicht ihrer Eltern und evaluiert:

> am Anfang war es schwer für sie [ihre Eltern] denn äh sie haben geheiratet ä:h meine Mutter war von ihren Schwiegereltern nicht gewollt, ä:h und die ganze Zeit war sie nicht erwünscht in der Familie, meine Mutter, mein Vater hat sie von ihren Eltern entführt er ist da hin in eine Bar zu einem Tanz gegangen und von dort hat er sie direkt nach Hause mitgenommen ohne die Erlaubnis seiner Eltern und natürlich hat meine Großmutter sie nicht als Schwiegertochter haben wollen, denn sie kam aus einer armen Familie auch wenn sie Erzieherin war, obwohl sie eine gute Stelle hatte damals vor 38 Jahren äh und die ganze Zeit war sie mit dieser Sache konfrontiert, mein Vater hat weit weg gearbeitet in F-Stadt das sind siebzig Kilometer von hier, ä:h und meine Mutter war die ganze Zeit allein, die Woche über (   ). und von Anfang- schon von Anfang an hatte mein Vater irgendwelche Abenteuer ä:h er wurde mit jemand anderes ertappt, mit einer Frau ähm. und das: diese Sache hat mich später (geprägt) denn ich habe von meinen Großeltern erfahren was vorgefallen war und in meiner Pubertät hat mich das geprägt, denn ich hatte Angst dass ich verurteilt werden könnte durch das Licht was von meinen Eltern auf mich fiel [wörtl.: durch das Prisma meiner Eltern] ich dachte wenn sie so über meinen Vater denken dass er diese Sache gemacht hat dann könnten sie davon ausgehen dass ich mich auch so verhalten könnte und etwas später habe ich darunter gelitten (...) aufgrund des Verhaltens meines Vaters damals mit anderen Frauen und weil er auch getrunken hat, habe ich anderes, sowohl Streitereien als auch Schläge mitbekommen und das hat mich später geprägt (IX, 1: 9-22, 37 f.)

Ana beschreibt die Beziehung ihrer Eltern als in mehrfacher Hinsicht von Problemen und Konflikten überlagert. Mit Nachdruck argumentiert sie, wie sie in ihrer Adoleszenz die Angst verspürt habe, dass ihr in den Augen der anderen das Verhalten ihres Vaters, der mehrfach mit anderen Frauen gesehen wurde, als ein Stigma anheften könnte. Hieraus geht hervor, wie sehr zur damaligen Zeit in ihrem Herkunftskontext die soziale Position der einzelnen Person mit der sozialen Position ihrer Familie verwoben war (vgl. Kap. 5.2.1). Als Hypothese zu der Frage, weswegen Ana ihre Lebensgeschichte in dieser Form beginnen lassen und welche gegenwärtige Perspektive auf ihre Lebensgeschichte damit verbunden sein könnte, ließe sich vermuten, dass Ana einen Bedarf haben könnte, die Vergangenheit in ihrer Herkunftsfamilie als Leidensgeschichte darzustellen. Sie könnte damit versuchen, den späteren Verlauf ihrer eigenen Familiengeschichte zu rechtfertigen. Vor dem Hintergrund ihrer geschiedenen Ehe, so die Annahme, baut sie zunächst einen Kontinuitätsrahmen zwischen ihrer und der Ehe ihrer Eltern auf, um unter Betonung ihres damaligen Leidens als Kind zu rechtfertigen, weswegen sie sich schließlich aus Sorge um ihre eigenen Kinder für die Scheidung ihrer eigenen von Konflikten gekennzeichneten Ehe entschied. In ihrem Erzähleinstieg könnte sich bereits andeuten, dass für sie die Scheidung ihrer Ehe einen zum Zeitpunkt des Interviews andauernden Interpretationspunkt bildet, der sie dazu veranlasst, ihre eigene Lebensgeschichte in zentrale Problemzusammenhänge der Ehe ihrer Eltern einzubetten und sich selbst als in der Kindheit und Jugendzeit von dieser Problematik 'Gezeichnete' zu präsentieren. Es überwiegen bis auf wenige positive Stimmungsbilder, die die Darstellung der Kindheit kurz unterbrechen und für den Erzählbeginn ein Darstellungsmuster in Gegensätzen andeuten, negativ dargestellte Erlebnisinhalte.

Zusammenfassend treten in diesen ersten Sequenzen Konflikte in der Herkunftsfamilie in den Vordergrund. Das Thema Familie bzw. familiärer Hintergrund scheint für Ana in das thematische Feld eingebettet zu sein: 'ich habe in meiner Kindheit und Jugend unter Konflikten in der Familie gelitten'. Vor dem Hintergrund ihrer zum Zeitpunkt des Interviews noch nicht lange zurückliegenden Scheidung ließe sich dieses thematische Feld zeitlich noch weiter fassen und auch auf ihre eigene spätere Ehe und Familiensituation beziehen. Das thematische Feld könnte dann lauten 'ich habe sowohl in meiner Herkunfts- als auch in meiner späteren eigenen Familie immer unter Konflikten gelitten'. Als gegenwärtige Perspektive auf ihre Biographie könnte sie mit der Schilderung der Konflikte ihrer Eltern und mit dem Verweis darauf, wie sehr sie darunter gelitten hat, ankündigen wollen, dass sie mit ihrem Entschluss zur Scheidung eine in negativer Weise prägende Kontinuität in der Familiengeschichte durchbrochen hat. Sie könnte zum Ausdruck bringen wollen, dass sie sich im Rückblick darauf bewusst ist, wie negativ diese Erfahrungen auf sie als Kind gewirkt haben. Eine ähnlich konfliktvolle Situation, so könnte sie damit betonen wollen, versuchte sie, aus Sorge um ihre Kinder zu beenden. Der Schilderung ihrer Konflikte im Elternhaus könnte somit die funktionale Bedeutung zukommen, die Scheidung ihrer Ehe zu legitimieren. Hieraus ließe sich wiederum vermuten, dass sie zum Zeitpunkt des Interviews einem deutlichen Rechtfertigungsdruck gegenüber sich selbst, aber möglicherweise auch gegenüber ihrem unmittelbaren familiären und dörflichen Umfeld ausgesetzt ist. Sollte sich diese Lesart bestätigen, wäre für den weiteren Verlauf der Erzählung zu erwarten, dass Ana auf der einen Seite weitere Parallelen zwischen dem Verlauf der Ehe ihrer Eltern deutlich macht, sie auf der anderen Seite allerdings immer wieder auch betont, dass sie sich mit ihrer Scheidung aus diesem Tradierungszusammenhang gelöst hat.

4.-6. Sequenz: Konträr zum Kontext ihrer Herkunftsfamilie präsentiert Ana im Anschluss ihre schulischen bzw. über die Schule vermittelten Aktivitäten außerhalb ihres Elternhauses. Sie evaluiert einleitend diese Zeit mit den Worten „wir waren frei, obgleich auch etwas ängstlich in manchen Situationen" (IX, 2: 12 f.) und präsentiert sich mit dem Hinweis, Klassenbeste gewesen zu sein, als sehr gute Schülerin. Das Thema Schule könnte somit für Ana mit dem thematischen Feld 'was ich gut kann' verknüpft sein. Latente thematische Verweise könnten auf eine starke Orientierung an ihrer Mutter sowie deren möglichen Erwartungen hindeuten; allerdings wird dies nicht explizit zum Thema gemacht. Hieran schließen sich Erinnerungen aus Aufenthalten in anderen Landesteilen durch Fahrten zu Rezitier- und Tanzwettbewerben sowie zu Ferienlagern an.

Die Darstellungsweise dieser Passage unterscheidet sich deutlich von der Präsentation der Sequenzen zu Beginn von Anas Lebensgeschichte. Während die Darstellung der Situation in ihrer Familie an keiner Stelle in einen Erzählfluss übergeht, was darauf schließen lässt, dass sie diesen Teil der Präsentation sehr stark kontrolliert, gestaltet Ana die schulischen Erlebnisse sowie die Aufenthalte in den Ferien zum Teil mit lustigen und rührenden Erzählungen aus. Explizit gibt sie an, dass ihr diese Aktivitäten große Freude bereitet hätten und es sehr schöne Erfahrungen gewesen seien. Dieses vom Erzählbeginn abweichende Darstellungsverhalten, das die Hypothese eines Darstellungsmusters in Gegensätzen bekräftigt, legt die Vermutung nahe, dass die Erzählinhalte in ein anderes thematisches Feld eingebettet sind. Inhaltlich wird dies dadurch unterstrichen, dass diese Aktivitäten, da sie in anderen Landesteilen stattfanden, bereits per se räumlich von den Erfahrungszusammenhängen in ihrer Herkunftsfamilie getrennt waren. Das thematische Feld für diese Kontexte könnte zusammengefasst lauten 'meine glückliche Kindheit außerhalb meines Elternhauses'. Darin könnte zum Ausdruck kommen, dass Anas außerhäusliches Engagement eine Strategie darstellte, sich den Problemen in ihrer Familie zu entziehen. Auch der Lebensabschnitt, als sie weiterführende Schulen besuchte, und den sie mit den Worten evaluiert: „diese Zeit war die schönste Zeit meiner Schulzeit" (IX, 4: 1), scheint deutlich in diesem positiv konnotierten thematischen Bezugsrahmen eingelagert zu sein. Der in den Erzählungen einsetzende Erinnerungsfluss könnte zudem darauf hindeuten, dass in dieser Passage die damalige Erlebnisperspektive und das aktuelle Präsentationsinteresse in bestimmter Weise miteinander übereinstimmen. Die auf der Erzählebene konkrete damalige räumliche Entfernung vom Elternhaus, das zuvor als äußert konfliktbehaftet dargestellt wurde und dem sie sich über Fahrten zu Wettbewerben und Ferienfreizeiten entziehen konnte, könnte für Ana zum Zeitpunkt des Interviews mit ihrem Präsentationsinteresse zusammenfallen, sich als von Problemzusammenhängen in ihrer Herkunftsfamilie befreit darzustellen.

Deutlich weniger ausführlich schließt sich die Beschreibung ihrer ersten beiden Arbeitsstellen an. Mit den Worten „und dann dann, äh, dann musste ich eine Arbeit finden, denn so hatte das Ceaușescu angeordnet" (IX, 4: 13 f.) argumentiert sie, wie sie entsprechend ihrer Qualifikation angefangen habe, in der

Lebensmittelindustrie zu arbeiten. Auf weniger als einer halben Seite Transkript führt sie in der Form eines Berichtes aus, wo sie damals genau arbeitete, und evaluiert diese Zeit gleichsam als Thema dieses Abschnittes, mit den Worten „dort war es gut (...), denn wir hatten keinerlei Sorgen" (IX, 5: 9 f.).

Den gesamten Erzählbeginn zusammenfassend rücken somit zwei gegensätzliche, gleichwohl vermutlich miteinander verbundene Themen in den Vordergrund. Diese lauten paraphrasiert zum einen: 'ich habe in meiner Familie unter den Konflikten zwischen meinen Eltern gelitten' und zum anderen 'meine glückliche Zeit außerhalb meines Elternhauses'.

7.-11. Sequenz: Mit der folgenden Sequenz unterbricht Ana zunächst scheinbar die chronologische Abfolge der Erlebnisse („ah, wenn mich jemand- was ich noch sagen könnte zu, zu, zu der Tatsache, dass ich eher schüchtern bin, und schüchtern war", IX, 4: 25 f.). Sie scheint eine Korrektur vornehmen und erneut ein konfliktreiches Thema einführen zu müssen, um ihre Darstellung, in der sie die negativen Erlebnisse in ihrer Herkunftsfamilie entsprechend des bereits angedeuteten allgemeinen Präsentationsinteresses betont, weiter plausibel erscheinen zu lassen und sich nicht zu weit von dem eingangs entworfenen Problemzusammenhang, der sich für sie aus dem Verhalten ihres Vaters ergab, zu entfernen. Möglicherweise ist sie vor dem Hintergrund ihres Erzählmusters in einen Zugzwang (vgl. Kap. 4.1) geraten. Sie schließt an das Thema 'Beziehungen zum anderen Geschlecht in der Adoleszenz' an, das sie bereits in ihrem Erzähleinstieg angerissen hat. Sie präsentiert sich selbst als unsicher, schüchtern und befangen. Sie greift andeutungsweise die zu Beginn angeklungene Problematik auf, wonach die Untreue ihres Vaters ihr als ein Stigma anhaftete. Das Thema 'Annäherung an das andere Geschlecht' scheint über ihren Vater zentral mit dem thematischen Feld 'ich bin das Kind dieser Eltern' verbunden, das von den Konflikten der Eltern durchzogen ist. Der Erfahrungszusammenhang des Kennenlernens von männlichen Jugendlichen und jungen Männern wird als durch das Verhalten des Vaters vorbelastet dargestellt. In ähnliche Weise, so lässt sich an dieser Stelle festhalten, werden damit nahezu sämtliche Erzählinhalte, auch diejenigen, die von Bereichen außerhalb der Familie handeln, von Ana latent oder manifest in einem Zusammenhang mit ihrem familiären Hintergrund präsentiert. Während der schulische Kontext latent mit ihrer Mutter verknüpft zu sein scheint, werden die Themen 'eigene Herkunftsfamilie' sowie 'Beziehung zum anderen Geschlecht' durch das Verhalten des Vaters als negativ durchsetzt entworfen. Dieses Vorgehen könnte ihrem möglichen übergeordneten Präsentationsinteresse geschuldet sein, den für sie aus dem Verhalten des Vaters resultierenden und sich vermutlich in ihrer Ehe fortsetzenden Problemzusammenhangs durch ihre Scheidung als gelöst darzustellen.

In den nachfolgenden vier Sequenzen, die etwa ein Drittel der Eingangserzählung einnehmen, präsentiert Ana entlang zentraler Ereignisse und Daten ihre Ehe sowie den weiteren Verlauf ihres daraus hervorgegangenen eigenen Familienzusammenhangs. Es wird deutlich, dass die zuvor eingeschobene Sequenz ihr dazu diente, auf den Erfahrungszusammenhang ihrer Ehe hinzuführen. Nachdem sie knapp beschreibt, wie ihre Ehe zustande kam und sich selbst dabei nicht agierend sondern ausschließlich auf eine frühere unerfüllt gebliebene Beziehung zu jemand anderes *re*agierend präsentiert, erreicht Ana bereits nach etwa einem Fünftel ihrer Darstellung eine Gegenwartsschwelle (vgl. Fischer 1978). Hieraus lässt sich vermuten, dass Anas gesamte Lebensgeschichte einen engen Gegenwartsbezug aufweist. Mit der Evaluation: „das war der größte Fehler meines Lebens" was sie mit den Worten begründet: „aufgrund dieses Fehlers von mir haben auch meine Kinder gelitten und auch meine Eltern und auch ich habe darunter gelitten, denn es ist nicht leicht, alleine zu sein, äh, ich bin 38 Jahre alt und alleine, ich habe zwei Kinder und es ist sehr schwer" (IX, 5: 8-13), spannt sie einen Bogen von dem Zeitpunkt, als sie ihren Ehemann kennen lernte, bis zur Gegenwart. Sie nimmt damit bereits den gesamten Verlauf ihrer Ehe inklusive der Scheidung vorweg und präsentiert mit dieser globalen Evaluation sehr direkt und prägnant, wie sie ihre aktuelle biographische Gesamtsituation zum Zeitpunkt des Interviews bewertet. Die Erfahrungen aus der Ehe, ihre Scheidung sowie das Gefühl des Alleinseins stellen vermutlich wesentliche Bezugspunkte ihrer Gegenwartsperspektive dar. Dies könnte darauf hindeuten, dass die Gegenwart sie selbst sehr beschäftigt bzw. sie selbst noch keine eigene abschließende Haltung zu dem Verlauf ihrer Ehe und der Scheidung entwickelt hat. Eine biographische Bearbeitung dieser noch nicht lange zurückliegenden Erfahrungen hält offensichtlich noch bis zum Zeitpunkt des Interviews an. Die Hypothese, dass die Scheidung einen zentralen gegenwärtigen Interpretationspunkt darstellt und dieser wesentlich die Organisation der Eingangserzählung strukturiert, scheint sich hierdurch zu bestätigen.

Die nachfolgenden Beschreibungen der Situation in ihrer Ehe und in ihrer Familie sind nahezu vollständig in diesen Argumentationszusammenhang: 'der größte Fehler den ich begangen habe', in Art von Belegberichten eingebettet. Es überwiegt deutlich eine in Form von argumentativen Erklärungen kontrollierte und dem Präsentationsinteresse der Selbstvergewisserung folgende Darstellung, die dazu dient, die Scheidung zu legitimieren.

In chronologischer Abfolge präsentiert Ana zentrale Ereignisse ihres Ehe- und Familienzusammenhangs. Ihre ersten Ausführungen beziehen sich auf die

Gründung der Familie mit der Geburt des ersten Kindes. Ana argumentiert dabei, dass sie sich zwar auch auf das Kind gefreut habe, sie aber „auf das Leben nicht vorbereitet gewesen" sei, um trotz der „Streitereien von Anfang an" (IX, 5: 14 f.) mit der Familiengründung zu warten. Im Anschluss daran, noch bevor sie die Geburt ihres ersten Kindes erzählerisch ausbaut, argumentiert sie „wir hatten ein Kind, wir waren jung, wir müssen weitermachen, nicht [wahr]?" (IX, 5: 28 f.). Damit scheint ihre Ehe Züge einer Verlaufskurve anzunehmen. Es folgt die Darstellung der mehrfachen Wohnortswechsel zwischen ihrem sowie dem Herkunftsort ihres Ehemannes, womit ein zweites Thema sukzessive entwickelt wird. Neben dem dominanten Thema 'meine Ehe wurde für mich mehr und mehr zu einem Alptraum', zu dem Ana ausführlich auf mehreren Seiten Transkript ihr damaliges emotionales Leiden unter ihrem Ehemann ausführt, baut sie parallel zwei weitere Themen auf. Zum einen ist dies ihre erfolgreiche berufliche Neuorientierung. Diese beinhaltet ihre Tätigkeit als Hilfserzieherin im Kindergarten sowie ihre anschließende berufliche Qualifikation und Etablierung mit Abschluss eines zweijährigen Abendkollegs. Hiervon wurde die Konsolidierung der Situation ihrer eigenen Familie wesentlich begünstigt. Dabei äußert sie sich nicht explizit darüber, inwiefern ihre erneute Berufstätigkeit beabsichtigt war oder nicht. Zum anderen führt sie zunehmend ihre Kinder als eigenständiges Thema in ihrer Eingangserzählung ein. Diese bestimmenden Themen, die miteinander in Beziehung stehen, ließen sich paraphrasiert mit folgenden Worten zusammenfassen: 'während ich immer mehr unter meiner Ehe gelitten habe, habe ich mir beruflich etwas aufgebaut und in meinen Kindern Erfüllung gefunden'.

Aus einem Vergleich der Erzählstruktur der beiden bisherigen größeren Erzählsegmente lässt sich eine erste übergeordnete Hypothese zum Darstellungsmuster der Eingangserzählung sowie zum Handlungs- und Orientierungsmuster, wie es im ersten Analyseschritt entworfen wurde, ableiten. Ana präsentiert ihre Lebensgeschichte als von unterschiedlichen biographischen Bezügen strukturiert, die fortlaufend ihre Biographie durchziehen. Diese bilden zum einen ihr familiärer Herkunftskontext und eigener späterer Familienzusammenhang und zum anderen vor allem ihre schulischen und später beruflichen Erfahrungen. Ihre eigene Ehe stellt sie dabei deutlich als eine Verlängerung ihres als konfliktvoll entworfenen, familiären Herkunftskontextes dar. Ana präsentiert problembehaftete Erfahrungszusammenhänge, wie sie zunächst aus ihrer Herkunftsfamilie und später ihrer eigenen Ehe hervorgingen, in der Form, dass sie parallel dazu andere Bezugspunkte ausbaut. Diese scheinen auf der Erlebnisebene das negativ Erlebte zu kompensieren und gleichsam als ein Gegenpol dazu eine Balance herzustellen. Dies zeigte sich auch in der sequenziellen Analyse der biographischen Daten mit der Verlagerung vom Familienzusammenhang hin zu

Falldarstellungen und Typologie   221

einer Fokussierung auf das Erwerbsleben. Auf der Erzählebene bleibt die Darstellung gleichwohl Anas übergeordnetem Präsentationsinteresse entsprechend, ihre Scheidung vor allem vor sich selbst zu rechtfertigen, von dem negativen Erfahrungszusammenhang ihrer Ehe überlagert.

12.-15. Sequenz: Die nächsten vier Sequenzen, die ein weiteres Drittel der Eingangserzählung einnehmen, widmet Ana der Zeit ihrer Migration, die sie mit dem damaligen Wunsch, die materielle Versorgung ihrer Kinder zu verbessern, begründet. So fügt sie diesen neuen Erzählabschnitt im Zusammenhang mit ihrem Bemühen ein, über die eigene Erwerbsarbeit die Situation der Familie zu konsolidieren. Nachdem sie die damaligen finanziellen Gründe für die Migration dargelegt hat, fügt sie an, wie ihr Ehemann kurze Zeit nach ihrer Migration seine Arbeit kündigte. Damit rückt sie erneut die Probleme in ihrer Ehe in den Vordergrund. Ihr übergeordnetes Präsentationsinteresse wird ein weiteres Mal deutlich. Vor diesem Hintergrund evaluiert Ana mit den Worten „und nach und nach hat es mir die Augen geöffnet" ihre Zeit in Italien als einen Bewusstwerdungsprozess. Es kündigt sich an, dass sie auch in diesem Teil der Darstellung auf ihre Scheidung abzielt und explizit ihre Erfahrungen im Anschluss an ihre Ausreise nach Italien als zentral für ihren Entschluss zur Scheidung ansieht. Von dieser Bewertung, die gleichsam auch das übergeordnete Thema dieses Abschnittes benennt ('meine Erfahrungen in der Migration haben mir die Augen geöffnet'), bleibt der erste Teil der Darstellung ihrer Erfahrungen in der Migration wesentlich bestimmt. Ana führt in Form einer ausführlichen Belegerzählung Erinnerungen an, aus denen ihre enge Beziehung zu der Familie, für die sie als Pflegekraft beschäftigt war, hervorgeht und die gleichzeitig ihre obige Evaluation argumentativ stützen.

Im Anschluss an diese erste längere Belegerzählung tritt im Zusammenhang mit ihren Erfahrungen in der Migration ein weiteres Thema hervor. In detaillierten Erzählungen zur Situation in der Familie ihres ersten Arbeitgebers widmet sich Ana vor allem ihrer Beziehung zu dem Enkel des Pflegebedürftigen, der als alleinerziehender Vater von zwei kleinen Kindern im selben Haus in einer Wohnung über ihr wohnte. Als Thema tritt Anas moralische Integrität, sowohl sich selbst als auch ihren Kindern gegenüber, in den Vordergrund. Paraphrasiert könnte das Thema lauten: 'ich habe mir nichts zu Schulden kommen lassen'. Dabei sind thematische Bezüge aus ihrer eigenen Herkunftsfamilie deutlich kopräsent. Mehrfach führt sie Aufmerksamkeiten des Enkels ihr gegenüber an, die die besondere Nähe zwischen ihnen beiden belegen. Diese Erlebnisse scheint Ana aus zwei Gründen derart ausführlich darzustellen. Einerseits deutet die Beschreibung ihrer Gefühle auf einen damaligen inneren Konflikt hin. So scheint sich Ana insbesondere vor dem Hintergrund ihrer gegenwärtigen gesamtbiographischen Perspektive, wie sie bereits zum Ausdruck kam („...ich bin 38 Jahre alt und alleine, ich habe zwei Kinder und es ist schwer", XI, 5: 12 f.), zu fragen, ob sie damals richtig gehandelt hatte, als sie keine Beziehung mit dem Enkel einging. Andererseits stellt sie sich vor allem ihren Kindern gegenüber als – in ihren eigenen Worten – nicht „egoistisch" (IX, 17: 15) dar, woraus sie ein weiteres wichtiges Argument im Sinne ihres Präsentationsinteresses bezieht. So hätten die Kinder ihrer Meinung nach im Falle einer Beziehung mit dem Enkel ihres Arbeitgebers zu leiden gehabt.

16.-17. Sequenz: In der nachfolgenden Sequenz beschreibt Ana, wie ihr Ehemann zu ihr nach Cittadina kam, um auch für sich nach einer Arbeit zu suchen. Dabei folgt sie weiterhin ihrem Präsentationsinteresse, ihre Scheidung insbesondere vor sich selbst zu rechtfertigen. Nachdem sie beschrieben hat, wie der Aufenthalt ihres Ehemannes zunehmend zu einer Belastung für ihr eigenes Arbeitsverhältnis in Italien wurde, argumentiert sie mit einer Belegbeschreibung, in der sie die Reaktionen der Familie ihres damaligen Arbeitgebers auf ihren Ehemann anführt. Diese Familie, so Ana, bestärkte sie darin, die Ehe aufzulösen, nachdem sie ihren Ehemann kennen gelernt hatte. Die Familie ihres ersten Arbeitgebers fungiert in ihrer Darstellung gleichsam als Zeuge dafür, dass die Beziehung zu ihrem Ehemann ganz offensichtlich für sie unerträglich gewesen sein muss. Abschließend hebt sie das Vertrauen, das diese Familie in sie gehabt hatte, hervor, indem sie darauf verweist, im Anschluss an die ersten beiden Jahre in Italien für die besten Freunden der Familie ihres ersten Arbeitgebers gearbeitet zu haben. Das Thema dieses Abschnittes könnte demnach lauten: 'ich bin eine aufrichtige Person und auch andere haben gesehen, wie sehr ich unter meinem Ehemann zu leiden hatte'.

Mit der abschließenden 17. Sequenz kommt Ana schließlich in der Gegenwart an, die zentral ihre gesamte zurückliegende Eingangserzählung strukturierte. In über drei Seiten Transkript folgt eine gegenwartsbezogene innere Reflexion, in der sie noch einmal wesentliche Argumente für ihre Scheidung anführt. Damit führt sie gleichzeitig noch einmal die wesentlichen Themen und die damit verbundenen Argumentationsstränge des übergeordneten thematischen Feldes 'ich hoffe, ich habe es richtig gemacht' sowie die zentralen Bezugspunkte ihrer Handlungsorientierung zusammen. Ana argumentiert, indem sie die Bedeutung ihrer Erfahrungen in der Migration vor dem Hintergrund der damaligen Situation in ihrer Ehe noch einmal in verdichteter Form resümiert („die Art wie Frauen dort behandelt werden (...), ich bin nach Hause gekommen und habe die Dinge mit anderen Augen gesehen", IX, 17: 11-13). Sie betont, dass es ihren Kindern – deren eigenen Aussagen nach – seit der Scheidung besser gehe. Dass sie sich insbesondere im Interesse ihrer Kinder zu der Scheidung entschlossen habe, bekräftigt sie noch einmal damit, keine Beziehung zu dem Enkel ihres ersten Arbeitgebers eingegangen zu sein. Ihre moralische Integrität hebt sie zusätzlich dadurch hervor, dass sie noch einmal in einer sehr detaillierten Beschreibung die Problematik in ihrer Herkunftsfamilie durch die Untreue ihres Vaters aufgreift („und ich habe mir gesagt, 'nein, so etwas werde ich später einmal nicht machen' und das möchte ich auch für meine Kinder, ich meine, dass ich keinen Fehler begehe, obwohl ich jetzt alleine bin", IX, 18: 38-19: 2). Dadurch wird erneut deutlich, dass der Familienzusammenhang ihrer Herkunftsfamilie für sie einen zentralen Bestandteil ihres Argumentationshintergrundes für die Legitimation ihrer Scheidung nach dem Motto: 'ich habe nicht die gleichen Fehler wie meine Eltern gemacht' darstellt. Gleichzeitig kommt damit zum Ausdruck, dass in diesem Zusammenhang bestimmte Tradierungsbestände weiterhin sehr orientierungswirksam sind. Schließlich führt sie an, dass sich sogar das Verhältnis zu ihren Schwiegereltern entspannt habe. Die Beziehung zu ihrem Exmann hingegen sei von seiner Seite aus noch immer belastet.

Abschließend leitet Ana zu ihrer gegenwärtigen, insgesamt ambivalent ausfallenden biographischen Gesamtperspektive über. Hieran wird noch einmal deutlich, weswegen für Ana ihr Entschluss zur Scheidung zum Zeitpunkt des Interviews derart erklärungs- und legitimationsbedürftig ist, dass dieser ihre gesamte Eingangserzählung strukturiert. So evaluiert sie ihre Gegenwartsperspektive folgendermaßen:

> ich als Person obwohl ich mich verändert habe äh bin ich eine traurige Person unerfüllt was die Gefühle angeht vielleicht etwas [erfüllt] was meinen Beruf angeht äh und ich denke [sehr] an meine Kinder das ist der einzige Stolz den ich habe das sind sie und ich hoffe dass ich eine würdige Mutter bin (...) es ist keine absolut gute Entscheidung die Familie zu trennen aber ich habe von zwei unangenehmen Dingen das weniger Schlimme ausgewählt aus zwei negativen Dinge das weniger Negative (IX, 19: 16-24)

Zusammenfassung

Aus der Eingangserzählung von Ana Moşeanu geht hervor, dass die biographische Gesamtperspektive zum Zeitpunkt des Interviews in zentraler Weise von der Scheidung strukturiert wird. Die in weiten Teilen chronologisch aufgebaute Eingangserzählung ist um das thematische Feld 'ich hoffe, ich habe es richtig gemacht' gruppiert. Nahezu vollständig erscheinen die Auswahl, die Abfolge und die Darstellungsform der einzelnen Themen um dieses thematische Feld organisiert.

Dieses zentrale thematische Feld, das von ausgedehnten Argumentationen durchzogen ist, weist zahlreiche Bestände auf. Die beiden wesentlichen Bestandteile bilden zum einen Anas leidvolle Erlebnisse als Kind in ihrer Herkunftsfamilie ('ich habe in meiner Kindheit und Jugend unter Konflikten in meiner Familie gelitten'). Damit ist sowohl das Thema 'ich habe es[218] für meine Kinder gemacht' als auch das Thema der moralischen Integrität – der eigenen Person und im Interesse der sozialen Position ihrer Kinder – verbunden. Zum anderen schließt diese fortlaufende Selbstreflexion und Selbstvergewisserung die eigenen laut gewordenen Bedenken mit ein, die paraphrasiert lauten könnten: 'ich hoffe, die Scheidung war auch für mich die richtige Entscheidung und ich leide nicht fortan darunter, allein zu sein'.

Vor dem Hintergrund dieses thematischen Aufbaus stellt sich die Eingangserzählung über weite Teile als eine Rechtfertigungsrede dar, mit der Ana als übergeordnetes Präsentationsinteresse die Scheidung ihrer Ehe insbesondere vor sich selbst legitimiert. Die Scheidung, die in einem deutlichen Zusammenhang mit der Migration präsentiert wird, erscheint als ein zentraler biographischer Wendepunkt. Dieser bildet gleichzeitig einen Interpretationspunkt für eine biographische Gesamtevaluation, die zum Zeitpunkt des Interviews noch nicht abgeschlossen scheint.

7.1.3.3 Rekonstruktion der Fallgeschichte

Die Rekonstruktion der Fallgeschichte dient dazu, sequenziell die Erlebnisperspektive auf einzelne aufeinander folgende Ereignisse zum *damaligen* Zeitpunkt herauszuarbeiten. Hierzu wird im Folgenden die genaue textliche Ausgestaltung zentraler Erlebnisse in der Biographie von Ana Moșeanu analysiert. Die Ergebnisse dieser Rekonstruktion der erlebten Lebensgeschichte werden im nachfolgenden Analyseschritt (vgl. Kap. 7.1.3.4) mit der erzählten Lebensgeschichte kontrastiert.

Kindheit und Adoleszenz: Zu Beginn wird das gesamte vorhandene Material danach befragt, wie Ana zum Zeitpunkt ihrer Kindheit und Jugend die Situation in ihrer Familie erlebt haben könnte. Unmittelbar zu Erzählbeginn führt sie ihre Kindheit in der Familie folgendermaßen aus:

> ich hatte keine traurige oder unglückliche Kindheit nein meine Mutter war immer darum bemüht dass wir alles hatten, uns alles zu geben die ganze Zeit hat sie gearbeitet aber aufgrund

---

218 Mit 'es' ist hier sowohl die Treue zu ihrem Ehemann noch während der Ehe als auch die sich anschließende Scheidung gemeint.

des Verhaltens meines Vaters damals mit anderen Frauen und weil er auch getrunken hat habe ich anderes sowohl Streitereien als auch Schläge mitbekommen (IX, 1: 35-38)

Global evaluiert Ana ihre Kindheit zunächst positiv. Diese Bewertung führt sie ausschließlich auf ihre Mutter zurück. Es deutet sich an, dass sie in dieser Zeit eine besondere Beziehung zu ihrer Mutter hatte. Ebenso kommt in diesem Zitat zum Ausdruck, dass sich Ana das permanente Arbeiten ihrer Mutter, womit vermutlich sowohl die ständige Erwerbsarbeit als auch die Tätigkeiten im eigenen Haushalt gemeint sind, sehr stark einprägte. Diese Handlungsorientierung, so zeichnet sich ab, könnte sich Ana zum Vorbild genommen haben. Abweichend von der Interpretation der biographischen Daten (vgl. Kap. 7.1.3.1) könnte Ana im späteren Verlauf stets versucht haben, Familie und Erwerbsarbeit zu verbinden. Gleichzeitig könnte Ana durch die unermüdlichen Anstrengungen ihrer Mutter während dieser Zeit bestimmte Leistungserwartungen verspürt haben. Durch ihren Vater scheint sich die zunächst als positiv gewertete Situation in der Familie jedoch in ihr Gegenteil zu verkehren. Die Sorglosigkeit und Unbeschwertheit in ihrer Kindheit erscheint durch ihn nicht nur gefährdet sondern nahzu zerstört. Hieraus lässt sich ein distanziertes Verhältnis zu ihrem Vater in dieser Zeit vermuten.

In Bezug auf die Situation in ihrer Herkunftsfamilie geht Ana in ihrer Lebensgeschichte ausführlich auf das Fehlverhalten ihres Vaters ein. Während die Analyse der biographischen Daten hierzu keine näheren Anhaltspunkte gab, wurde deutlich, dass diesem in der Eingangserzählung eine besondere Bedeutung zukam. Dies zeigt sich vor allem daran, dass die gesamte Eingangserzählung davon eingerahmt wird. Sowohl unmittelbar zu Beginn als auch ganz am Ende führt Ana das problematische Verhalten ihres Vaters an.

> von Anfang- schon von Anfang an hatte mein Vater irgendwelche Abenteuer ä:h er wurde mit jemand anderes ertappt, mit einer Frau ähm. und das: diese Sache hat mich später (geprägt) denn ich habe von meinen Großeltern erfahren was vorgefallen war und in meiner Pubertät hat mich das geprägt, denn ich hatte Angst, dass ich verurteilt werden könnte durch das Licht was von meinen Eltern auf mich fiel [wörtl.: durch das Prisma meiner Eltern] ich dachte, wenn sie so über meinen Vater denken dass er diese Sache gemacht hat dann könnten sie davon ausgehen dass ich mich auch so verhalten könnte und etwas später habe ich darunter gelitten (IX, 1: 16-22)

Gegen Ende ihrer Eingangserzählung kommt Ana auf diesen Problemzusammenhang in ihrer Herkunftsfamilie zurück. Dabei beschreibt sie detailliert, wie sie während ihrer Adoleszenz ihrem Vater gegenübertrat und ihn mit seinem Fehlverhalten konfrontierte.

> in dem Moment als ich angefangen habe, Freunde zu haben ich habe gedacht dass wenn wenn der Junge nun über mich denkt dass ich so etwas machen könnte, wenn er nun denkt dass ich kein anständiges Mädchen bin und das hat mich geprägt und damals äh und es war nicht diese

> Freizügigkeit wie heute dass die Kinder einfach so [ein und aus] gehen konnten, ich wenn ich irgendwo hingegangen bin zu: zu einem Geburtstag zu einem Treffen dann musste man sagen 'Mama hörst du ich gehe aus dem Haus mit dem und dem Jungen' [(mhm)] meine Mutter wusste mit wem ich gegangen bin wenn ich: wenn ich anders aus dem Haus gegangen wäre dann 'nein warum: warum bist du gegangen'. und äh als: als ich auf dem Gymnasium war sind wir häufiger zu den Freunden nach Hause zu Besuch 'warum bist du nicht nach Hause' 'ich war zu Besuch dort bei:' 'ach so (du hättest   machen können   es hätte so und so sein können)' du hättest ein schlechtes Kind werden können, du hättest auf die falsche Bahn gelangen können obgleich ich meine Prinzipien kannte/hatte [deși știam principiile mele] ich dachte ich mache nicht die gleichen Fehler von denen ich gehört hatte über meine Eltern und dann in einer in einer (   ) kam mein Vater auf mich zu äh als ich in (   ) der Adoleszenz war, da war mein Vater 'damit du es weißt ich mache nicht das was du damals gemacht hast davor musst du keine Angst haben ich weiß-' weil äh ich habe vermutet er wollte [mir sagen] dass ich auf mich aufpassen sollte (   ) 'damit ich damit ich keinen Fehler begehe in meinem Leben nicht [wahr]?' äh und damals habe ich ihm das gesagt 'du brauchst keine Angst haben wenn ich zu äh einer Freundin zu Besuch gehe dann war ich dort zu Besuch und das war's' ich bin dann nicht weg um irgendwelche Jungs kennen zu lernen oder sonst irgendetwas damit du es weißt ich mache nicht so etwas was du damals gemacht hast und: denn diese Sache hatte mich sehr geprägt' 'und warum?' 'weil ich äh äh ich mich dafür geschämt habe dass du eine Schande begangen hast [ai făcut o rușine] gegenüber der Familie gegenüber der Mutter und später auch mir gegenüber' und ich habe mir gesagt nein so etwas werde ich später einmal nicht machen (IX, 18: 17-19: 1)

Von diesen Passagen eingerahmt erscheint Anas Situation in ihrer Herkunftsfamilie sehr stark von dem Ehebruch ihres Vaters bestimmt. Sie gibt an, dass sie sich damals für das Verhaltens ihres Vaters geschämt habe. Das Fehlverhalten ihres Vaters wirkte unmittelbar auf sie selbst sowie in ihren Augen auf ihre Mutter und die gesamte Familie zurück. Als Reaktion darauf schien sie als Handlungsmaxime abzuleiten, sich davon in ihrer eigenen Handlungsausrichtung stets zu distanzieren. Wie sehr Ana in ihrer Kindheit das Verhalten ihres Vaters auf sich selbst und ihre Wahrnehmung durch andere übertrug, geht auch aus einer Textpassage kurz nach Beginn der Eingangserzählung hervor. Ana bricht an dieser Stelle ihre Aufzählung positiver Stimmungsbilder durch den Hinweis auf ein Weihnachtsgeschenk ab, auf dem sie die Schrift ihres Vaters erkennt. Ihrem damaligen Erleben nach schien für sie davon ein Stigma auszugehen.

> ich erinnere mich später als ich die Schrift meines Vaters erkannte in der ersten Klasse glaube ich als mir der Weihnachtsmann ein Frühstücks-Set geschenkt hat mit einer Tasse, später auch für Sunny, meinen Bruder, aber wie dem auch sei du geniertest dich, du geniertest dich darüber, darüber, darü- (   ) du fühltest dich anders, was haben die anderen Kinder, die anderen die, die mich anders anschauen (   ) (IX, 1: 30-34)

Die Art, wie sie von anderen wahrgenommen wurde, war für Ana sehr stark dadurch geprägt, wie ihre Eltern gesehen wurden. Ihre damalige Erlebnisperspektive schien von einer deutlichen Übernahme von Verhaltensnormen geprägt, deren Verletzung durch andere aus ihrer Familie sie sehr stark auf sich und ihre eigene Wahrnehmung durch andere übertrug. Das Verhältnis zu ihrem Vater war dadurch, so lässt sich annehmen, sehr stark belastet und distanziert. Im Gegensatz dazu schien sie sich in die Situation ihrer Mutter sehr stark hineinzuversetzen, woraus für die Zeit in ihrer Herkunftsfamilie auf ein enges Verhältnis zu ihrer Mutter geschlossen werden kann.

Im Nachfrageteil ein Jahr später, zu diesem Zeitpunkt war Anas Mutter bereits verstorben, erscheint Anas Verhältnis zu ihren Eltern entspannter. Auf die Frage, ob ihre Mutter für sie ein Vorbild gewesen sei, entgegnet sie:

> ja meine Mutter war für mich ein Vorbild, obwohl wir nicht wirklich ein offenes Verhältnis hatten, mir hat es an Kommunikation gefehlt. meine Mutter war nicht besonders offen zu mir, wegen des Regimes: ich weiß nicht weswegen, nicht so wie ich es selbst haben wollte als Mutter, ich rede mit meinen Kindern über jedes Problem, aber ich habe damals mehr mit meinen Freunden gesprochen wie es mir geht was passiert ist, ich habe nicht besonders viel mit ihr gesprochen nicht weil ich mich nicht gut mit ihr verstanden hätte ich habe mich sehr gut mit ihr verstanden nur hätte ich sie jetzt nicht irgendetwas besonderes gefragt. und auch mit meinem Vater habe ich nicht besonders viel gesprochen weil ich nicht gewusst hätte worüber aber wir haben uns schon verstanden, ich hatte mehr Konflikte mit meiner Mutter sie war ja die ganze Zeit bei uns, mit meinem Vater hatte ich keine Konflikte-jetzt jetzt haben wir eher mal Konflikte (X, 26: 25-27: 8)

In späteren Ausführungen zu Anas damaligem Erleben der Situation in ihrer Herkunftsfamilie erscheint die Beziehung zu ihren Eltern weniger von deren Konflikten untereinander bestimmt, als es in der Eingangserzählung zum Ausdruck kommt. Es ließe sich vermuten, dass zum einen der von ihr in der Eingangserzählung ausgeführte Problemzusammenhang für sie lediglich in bestimmten Momenten und im Rahmen spezifischer biographischer Bezüge virulent wurde. Denkbar ist etwa der Zeitpunkt, als sie vermutlich während ihrer Grundschulzeit im Dorf durch ihre Großeltern von dem Ehebruch ihres Vaters erfuhr, sowie während ihrer Adoleszenz im engeren Kontakt zu Personen des anderen Geschlechts. Zum anderen könnte die Art, wie sie die Situation in ihrer Herkunftsfamilie beschreibt, in wesentlichen Teilen ihrer Scheidung als zentralem biographischem Wendepunkt geschuldet sein. So könnte etwa in dieser Passage kein Erzählfluss entstehen, da Ana zugunsten ihres Präsentationsinteresses, sich selbst der Richtigkeit ihrer Scheidung zu vergewissern, die Darstellung des Erfahrungszusammenhangs in ihrer eigenen Herkunftsfamilie sehr stark kontrolliert. Vermutlich zeichnet sie im Rückblick auf die Situation in ihrer Herkunftsfamilie ein Bild, das von Problemzusammenhängen überlagert ist, um zum Zeitpunkt des Interviews aus der Sicht ihrer eigenen Kinder die Scheidung ihrer Ehe zu verteidigen. Mit der Wahl ihres Ehemannes, so scheint sie in ihrer Eingangserzählung verdeutlichen zu wollen, wiederholte sich ein ähnlich konfliktbehafteter Ehezusammenhang, den sie aus Sorge um ihre Kinder mit ihrer Scheidung beendete.

Heirat und Ehe: Die Analyse der biographischen Daten zeigte, dass sich für Ana aus ihrer Heirat deutliche Veränderungen ergaben. Sie stellte ihre Berufstätigkeit ein und zog zu ihrem Ehemann in den Haushalt ihrer Schwiegereltern. Das gesamte Material soll an dieser Stelle dazu befragt werden, wie Ana diese Veränderungen erlebte und ob sich die Hypothese einer Fokussierung auf den eigenen Familienzusammenhang auf der Grundlage der vorhandenen Daten bestätigen lässt.

Während des Nachfrageteils sowie in unterschiedlichen Gesprächen vor und nach dem narrativ-biographischen Interview finden sich Textstellen, die auf der manifesten Ebene darauf hindeuten, dass Ana im Anschluss an ihre Heirat erneut eine Beschäftigung aufnehmen wollte, sie allerdings gleichzeitig die Gründung einer eigenen Familie plante. Im Nachfrageteil bemerkt sie hierzu zunächst:

> als ich geheiratet habe da habe ich mir vorstellen können dort irgendwo in meinem Beruf zu arbeiten aber wegen der Familiensituation hat es sich nicht so ergeben (X, 22: 15 f.)

Ebenfalls im Nachfrageteil liefert Ana zusätzlich zu der Bemerkung, sie habe eine Familie gründen wollen, ein Argument für ihre Erwerbslosigkeit, das bei der Analyse der biographischen Daten nicht in den Sinn gekommen war.

> bis zur Hochzeit habe ich gearbeitet und als ich dann geheiratet habe habe ich mir gedacht dort gründen wir eine Familie, ich war bei meinen Schwiegereltern und ich habe mir gedacht ich werde dann schon irgendwann eine Arbeit finden in meinem Beruf (...) ich konnte einfach kündigen und ich habe sogar noch eine Arbeitslosenunterstützung bekommen denn es musste ein Grund angegeben werden weswegen ich nicht mehr weiter arbeiten wollte und wir haben uns gut verstanden und sie haben mir reingeschrieben dass diese Stelle [in der Qualitätskontrolle einer Molkerei] gestrichen werden würde und dass ich deswegen gehen würde und dann habe ich deswegen noch neun Monate eine Arbeitslosenunterstützung bekommen (X, 24: 19-25)

Diese Passagen deuten darauf hin, dass Ana im Anschluss an ihre Heirat vorhatte, weiterhin einer Erwerbsarbeit nachzugehen. In dieser Hinsicht könnte dem Verhalten ihrer Mutter, Familie und Berufstätigkeit miteinander zu verbinden, für sie eine Vorbildfunktion zukommen. Sowohl die Lesart, dass sie darauf gehofft haben könnte, von ihrem Ehemann versorgt zu werden, als auch die Deutung, dass ihr Ehemann die weitere Berufstätigkeit unterbunden haben könnte, erscheinen auf der manifesten Erzählebene wenig abgesichert. Auch wenn Ana ihren Ehemann von Beginn ihrer Ehe an als brutal und ihre gemeinsame Beziehung als angespannt präsentiert („von Anfang an gab es Diskussionen an, an dem Tag, an dem wir standesamtlich geheiratet haben im Rathaus, gab es Diskussionen und Gewalt und (2) ich habe Schläge bekommen, um es klar zu sagen, IX, 5: 24 ff.), so deuten diese Ausführungen nicht darauf hin, dass sich die Gewalt gegen ihre Berufstätigkeit richtete.

Einen weiteren Hinweis darauf, wie Ana die erste Zeit ihrer Ehe erlebte, liefert ihre Beschreibung der Ereignisse unmittelbar im Anschluss an die Geburt ihres ersten Kindes. Dazu zählen die Arbeitslosigkeit ihres Ehemannes sowie die darauf folgende Rückkehr in ihr Herkunftsdorf, die sie in ihrer Eingangserzählung folgendermaßen ausführt:

> als Alexandru [der Sohn] fünf Monate alt war hat mein Mann sich dafür entschieden dass er nicht mehr zu seiner Arbeit nach B-Stadt gehen wollte er war Forstingenieur er hat in den Wäldern gearbeitet in der Forstwirtschaft äh er meinte dass es nicht: dass es ihm dort nicht mehr gefallen würde denn die Arbeitsbeziehungen wären unangenehm dass äh der Chef würde zu viel von ihm verlangen er wäre gestresst 'los, lass uns weggehen' und wir kamen hierher nach Satuleşti als Alexandru fünf Monate alt war (IX, 6: 30-35)

In dieser Passage stellt Ana die Rückkehr nach Satuleşti so dar, als sei sie ausschließlich von ihrem Ehemann ausgegangen. In direkter Rede gibt sie ihren Ehemann wieder, der sich für eine Rückkehr nach Satuleşti ausgesprochen habe. In einem früheren Interview bemerkt sie zu der Zeit, als ihr Ehemann arbeitslos wurde, hingegen:

> wir sind dann mit der Familie nach Satuleşti gezogen weil ich mich nach der Geburt der Kinder und auch sonst nicht so gut mit den Schwiegereltern verstanden habe da sie sich sehr stark in die Erziehung eingemischt haben (Protokoll II, 1: 14 f.)

Aus diesen Bemerkungen geht hervor, dass Ana die neuartige Situation, die mit der Arbeitslosigkeit ihres Ehemannes verbunden war, vermutlich ambivalent erlebte. Im ersten Zitat, in dem sie ausschließlich die Äußerungen ihres Ehemannes wiedergibt, kommt zum Ausdruck, dass sie das Verhalten ihres Ehemannes nicht nachvollziehen konnte und sich davon distanzierte. Ana erscheint in ähnlicher Weise passiv, wie sie sich selbst an anderer Stelle ihrer Eingangserzählung im Zusammenhang mit ihrer Ehe beschreibt: „wenn mein Mann gesagt hat, wir gehen hier lang, wie ein artiges Kind bin ich dann da lang" (IX, 19: 18 f.). Im zweiten Interview hingegen wirkt Ana bei der Rückkehr nach Satuleşti stärker beteiligt. Aus dem Hinweis darauf, dass sie sich nicht besonders gut mit ihren Schwiegereltern verstanden habe, wird eine Erleichterung über den Wegzug aus Transsilvanien deutlich.

Zusammenfassend lässt sich auf der manifesten Textebene formulieren, dass für Ana von der Arbeitslosigkeit ihres Ehemannes und der Rückkehr nach Satuleşti vermutlich kein unmittelbarer biographischer Wendepunkt ausgegangen war. Denkbar ist allerdings, dass sich im weiteren Verlauf ihres Pendelns zwischen ihrem und dem Herkunftsort ihres Ehemannes eine sukzessive Veränderung in ihrer Handlungsorientierung ergab. So bemerkt Ana nach der Geburt ihres zweiten Kindes, als ihr Ehemann erneut seine Anstellung kündigte und sie schließlich ein weiteres Mal in den Haushalt ihrer Schwiegereltern eingezogen war: „'Schluss jetzt, ich gehe [wieder] nach Satulești [zurück], ich nehme den Posten='ich wusste sicher, dass ich dort eine Stelle bekommen würde" (IX, 8: 1 f.). Die gesamte Zeitspanne ihrer mehrfachen Wohnortswechsel schien für Ana eine stärkere Konzentration auf ihr eigenes Erwerbsleben einzuleiten. Gleichzeitig deutet ihre Begründung dafür, weswegen sie mit ihrer Familie zunächst nicht erneut in den Haushalt ihrer Schwiegereltern einzog („wir haben dann nicht mehr bei den Schwiegereltern gewohnt, sondern wir haben irgendwo zur Untermiete gewohnt mit dem Gedanken, dass, wenn wir allein sein würden, würden wir sehen, wie unsere Beziehung läuft ohne das irgendjemand, ohne dass die Familie hereinredet", IX, 7: 16-18) darauf hin, dass Ana angesichts der tiefgreifenden Probleme versuchte, an ihrer Ehe und der Verbesserung der Rahmenbedingungen ihrer Familie zu arbeiten. Auch in diesem Punkt zeichnen sich deutliche Parallelen im Verhalten zwischen Ana und ihrer Mutter ab.

Die Migration: Im Anschluss soll rekonstruiert werden, was Ana zum Zeitpunkt ihrer Ausreise zur Migration nach Italien motivierte. In ihrer Eingangserzählung resümiert sie hierzu die Situation unmittelbar vor ihrem Arbeitsaufenthalt im Ausland. Nachdem sie zuvor sehr ausführlich darlegt, wie sie sich damals von ihrem Ehemann insbesondere in intimen Momenten ausgenutzt gefühlt und sich selbst regelmäßig Schmerzen zugefügt habe, um stärker sich selbst als ihren Ehemann zu spüren, leitet sie zu ihrer Migration folgendermaßen über:

> er [ihr Ehemann] hat einen Teil von mir benutzt aber ich habe mir gesagt, ich gehe darüber hinweg gut, so ist es eben äh ich habe zwei Kinder das Leben geht weiter es ist nichts wenn ich diesbezüglich keine Erfüllung finde vielleicht habe ich mich erfüllt gefühlt durch die Kinder äh beruflich äh ich habe die Abendschule beendet ich hatte mich für meine Arbeit qualifiziert ich war an der Schule[219] in Satulești ich habe eine feste Stelle dort bekommen ich hatte eine eigene Stelle, die Streitereien waren auch weiterhin die gleichen und in gegenseitigem Einverständnis haben wir entschieden dass: die Kinder waren [noch] klein ääh Alexandru war in der vierten Klasse Alina war in der zweiten Klasse als ich/wir entschieden habe(n)[220] dass: dass ich mich für ein Jahr beurlauben lassen könnte ohne Gehalt von meiner Arbeit dass ich irgendwo für die Arbeit ins Ausland gehen könnte um etwas Geld zu verdienen, anders, damit wir einen Computer kaufe- obgleich wir den Computer für die Kinder über Raten gezahlt haben wir haben einen Kredit aufgenommen äh und wir haben den Computer schon bevor ich gegangen bin gekauft äh ich habe diesen Ratenkauf gemacht weil ich gesehen habe dass schon viele der Eltern von meinen Kindern einen Computer hatten ich habe einen Unterschied [zwischen uns und den anderen Familien] gespürt äh (IX, 10: 33-11: 9)

---

219 Ana spricht in diesem Zusammenhang vermutlich von 'Schule', da der Kindergarten administrativ an die Schule angegliedert ist.
220 Der rumänische Wortlaut ist an dieser Stelle doppeldeutig. Die erste Person Perfekt ist im Singular und im Plural identisch [*am decis*].

In dieser Textstelle kommt zum Ausdruck, dass es Ana in erster Linie um eine verbesserte Versorgung ihrer Kinder ging, als sie sich für einen Arbeitsaufenthalt im Ausland entschied. In ähnlicher Weise wie sie ihre Mutter zu Beginn der Eingangserzählung mit den Worten beschreibt: „meine Mutter war immer darum bemüht, uns alles zu geben" (IX, 1: 36), schien sie sich dazu veranlasst, ihre Kinder materiell besser zu versorgen. Die Formulierung, dass sie einen Unterschied gespürt habe zwischen ihren und den Kindern anderer DorfbewohnerInnen, die bereits in Italien arbeiteten, knüpft dabei an ihre Ausführungen zu ihrer eigenen Kindheit an.[221] Damals hatte sie aufgrund des Verhaltens ihres Vaters einen Unterschied zwischen sich und den anderen MitschülerInnen gespürt. Ausschlaggebend scheint für Ana damit weniger ihr Leiden unter ihrer Ehe gewesen zu sein, das sie vermutlich sehr stark unterdrückte („ich habe traurig ausgesehen und sie [die Kolleginnen im Kindergarten] haben mich gefragt, ob ich Probleme hätte, aber ich immer 'nein, nein, alles ist in Ordnung'", II, 3: 24 f.), als vielmehr die Orientierung an dem Handeln ihrer Mutter und die Vorstellung, wie sich ihre eigenen Kinder im Vergleich zu ihren MitschülerInnen fühlen mussten. Diese Vorstellung scheint in ihr Scham ausgelöst zu haben. So beschreibt Ana bereits in einem der ersten Interviews die Beweggründe, die zu ihrer Migration geführt hätten, folgendermaßen:

> entscheidend war für den Entschluss dass wir beide ich und mein Mann obwohl wir beide berufstätig waren für unsere Kinder nicht die gleichen Ausgaben tätigen konnten wie andere Eltern die migriert waren, diese Unzufriedenheit aus dem Vergleich mit den anderen war der Auslöser, die Einkommen der Eltern in der Migration waren etwa sechsmal höher als unser Einkommen das hat mich sehr gestört (II, 1: 20-24)

Im gleichen Interview sowie in ihrer Eingangserzählung führt Ana hierzu detailliert aus, wie sie von ihren Kindern von den materiellen Unterschieden erfahren habe.

> Alexandru mein Junge äh er kam und meinte 'Mama warum bekomme ich nicht diese Hefte von der Schule diese ( ) Bücher umsonst' denn die rumänische Regierung stellte diese zur Verfügung 'weil wir eben ein Gehalt bekommen wir sind Angestellte, ich und Papa' 'aber warum sagst du dann dass wir kein Geld hätten wenn mein Banknachbar für äh für das Frühstück für das Pausenbrot um 10:00 Uhr 50.000 Lei hat' und wir haben Brote geschmiert für die Schule oder sie konnten sich äh was weiß ich eine Schokolade kaufen äh oder warum sagst du das wenn meine Klassenkameradin jeden Tag eine andere Jeans anziehen kann und diese Situation diese Situation hat für mich dazu geführt dass ich gesagt habe 'also los los ich gehe nun für ein Jahr' (IX, 11: 9-16)

---

221 Denkbar ist, dass sich Ana in diesem Zusammenhang an den Familien ihrer Cousins väterlicherseits orientierte. Beide Söhne des älteren Bruders von Anas Vater hatten sich in Italien als Bauunternehmer selbständig gemacht. Ihre Kinder lebten die meiste Zeit auf beide Großelternpaare verteilt in Satuleşti (vgl. Familienstammbaum im Anhang).

Diese Erlebnisse fungieren für Ana als unmittelbarer Auslöser für ihren Arbeitsaufenthalt in Italien. Erst auf die weniger offen gestellte Frage im Nachfrageteil, ob es für sie unabhängig von äußeren materiellen Unterschieden auch eine innere Entscheidung zur Migration gegeben habe, führt sie an, dass ihr die Migration auch eine Möglichkeit zur Flucht geboten habe.

> ja, ich glaube schon, es gab bereits viel Stress bei uns in der Familie und es war schon eine Möglichkeit davor zu fliehen und auch um etwas anderes kennen zu lernen, ja es war eine Gelegenheit von der ich profitiert habe um Geld für die Familie anders zu verdienen ich möchte sagen dass es für mich eine nützliche Erfahrung war denn es hat mir etwas den Horizont erweitert ich habe etwas anderes gesehen was eine Mutter eine Frau eine Ehefrau betrifft wie sie dort behandelt werden wie sie dort respektiert werden die Mütter die Ehefrauen und ich kannte das von hier nicht und ich habe gelernt wie ich auch respektiert werden kann ja das hat mir genützt (XI, 9: 21-27)

Ana betont, wie sich für sie durch ihre Migration bestimmte Sichtweisen verändert hätten. In dieser Passage kommt gleichwohl sehr deutlich zum Ausdruck, dass sie diese Bewertung ihrer Migrationserfahrungen aus der Retrospektive und nicht aus der unmittelbaren Rekonstruktion ihrer damaligen Erlebnisperspektive vornimmt. Die Bedeutung der Migration als ein Moratorium scheint sich für sie erst im Verlauf ihrer Migration ergeben zu haben. Ihr Leiden unter der Ehe muss sie auf der Grundlage ihres oben deutlich gewordenen Handlungsmusters, wonach sie unangenehme Erfahrungen in ihrer Ehe durch ihre berufliche Tätigkeit im Dorf und die Beziehung zu ihren Kindern kompensierte, bis zu ihrem Aufbruch nach Italien weitgehend ausgeblendet haben.

Eine weitere Textstelle belegt, dass es Ana zum Zeitpunkt ihrer Ausreise in erster Linie darum ging, ein höheres Einkommen für ihre Familie zu erzielen. Hier beschreibt sie detailliert die Verschlechterung ihrer beruflichen Position aufgrund der Migration sowie ihre Gedanken, die ihr unmittelbar während der Ausreise durch den Kopf gegangen sind.

> ich [bin] dort als äh als Angestellte rüber gegangen (...), ich war nicht mehr- ich war bereits ähm also sozial war ich abgestiegen als ich nach Italien gegangen bin ich bin abgestiegen hier war ich: hier war ich Frau Erzieherin [doamna educatoare] während ich dort eine Frau war die jemanden pflegte ich musste die Kleidung wechseln ich musste waschen ich musste das Essen machen ich musste äh ich musste die Arbeit übernehmen die Arbeit die: die eine italienische Frau nicht gemacht hätte eine die als niedere Arbeit betrachtet wurde und äh ich bin abgestiegen, meine Verhältnisse hatten sich verschlechtert als als als Mensch als Frau um es so zu sagen ich habe jemand Altes gepflegt ich musste ihn waschen ich musste ihn umziehen es war: es war- aber ich habe mir gesagt ich mache diese Opfer für die Familie für die Kinder und ich bin mit mit Angst von zu Haue weg was werde ich dort vorfinden wie wird es sein äh welche Familie werde ich finden äh ich habe gedacht eine einzelne Frau wird dort anders angesehen werden und dass sie (mich schlecht behandeln könnten) dass sie mich schlagen könnten was weiß ich (IX, 11: 24-35)

Diese Passage bringt noch einmal zum Ausdruck, dass Ana vor allem davon ausging, mit ihrer Migration große Opfer für ihre Kinder zu erbringen. Dass sie sich für sich selbst etwas von der Migration erhoffte, erscheint aus ihren Ausführungen zu der sozialen Positionsverschiebung, wie sie für sie mit der Arbeitsmigration verbunden war, sowie zu ihren Ängsten während der Fahrt nach Italien eher unwahrscheinlich.

Die Scheidung: Während der gesamten Eingangserzählung und auch in anderen Interviews wird deutlich, dass Ana bereits sehr früh begann, unter ihrer Ehe zu leiden. Aus dem obigen Versuch, Anas Erlebnisperspektive zum Zeitpunkt der Migrationsentscheidung zu rekonstruieren, ging hervor, dass sie vermutlich bis zu ihrer Ausreise die Migration ausschließlich als einen Arbeitsaufenthalt betrachtete, der es ihr ermöglichen sollte, die materielle Ausstattung ihrer Kinder zu verbessern. Abschließend soll der Frage nachgegangen werden, zu welchem Zeitpunkt des Migrationsgeschehens sich Anas Erlebnisperspektive in der Weise verändert haben könnte, dass sie sich schließlich zur Scheidung ihrer Ehe entschloss.

An die Darstellung der Hintergründe ihrer Migration, wie sie zu wesentlichen Teilen oben wiedergegeben wurden, fügt Ana die erneute Arbeitslosigkeit ihres Ehemannes wenige Monate nach ihrer Ausreise nach Italien an. Explizit weist sie darauf hin, dass dieses Ereignis eine deutliche Verschiebung ihrer ursprünglich ins Auge gefassten Pläne mit sich brachte.

> 'also los los ich gehe nun für ein Jahr' mein Mann blieb hier die Kinder waren bei den Großeltern mein Mann war zu Hause er konnte sich um sie kümmern, aber es lief nicht so wie ich mir das vorgestellt hatte denn mein Mann wurde- äh er wurde entlassen/arbeitslos [a fost dat afară de la serviciu] er war ein Jahr ein Jahr war er arbeitslos äh ich musste immer Geld nach Hause schicken für den Computer ich musste immer Pakete schicken und ich habe nicht viel Geld sparen können das erste Jahr äh als ich in Italien war, aber nach und nach äh hat es mir die Augen geöffnet (IX, 11: 16-21)

Die Tatsache, dass mit der Arbeitslosigkeit ihres Ehemannes die alleinige Versorgung der Familie von ihr abhing, führte für sie dazu, dass sie die Situation in ihrer Ehe stärker reflektierte. Ähnlich äußerte sie sich auch in einem der ersten Interviews. Zum einen führt Ana darin noch einmal die Unzufriedenheit mit ihrem Eheleben als einen Beweggrund für die Migration an. Zum anderen verweist sie darauf, dass die Familie ihres ersten Arbeitgebers einen gewissen Einfluss darauf hatte, wie sie selbst im Verlauf der Migration ihre eigene Ehe bewertete.

> als ich nach Italien gegangen bin habe ich mir gedacht, ich wollte dass es den Kindern besser geht als mir und nun als mein Mann arbeitslos wurde habe ich gedacht nein das ist doch nicht normal dass du nun allein all diese schwere Arbeit machst und er gar nicht arbeitet und vor allem die Leute dort in Italien haben mir gesagt 'das geht doch nicht dass du alleine arbeitest er ist doch das Familienoberhaupt' und er sollte doch auch sich darum kümmern und das habe ich auch nicht verstanden, also eigentlich war das auch schon der Grund warum ich aus Rumänien

weg bin ich habe bereits auch hier gespürt, die Situation war nicht besonders harmonisch in einer Familie muss doch zusammengearbeitet werden, einen Teil machst du einen anderen Teil der andere (II, 3: 13-22)

An dieser Stelle wird der Einfluss von Anas sozialem Umfeld in Italien deutlich. Aufgrund der Arbeitslosigkeit ihres Ehemannes hatte sie das Gefühl, die Verantwortung für die Versorgung der Familie alleine tragen zu müssen. In dieser Kritik an ihrem Ehemann wurde sie von der Familie ihres ersten Arbeitgebers bestärkt. Dabei deutet die vermutlich aus der Retrospektive vorgenommene Bemerkung, die ungleiche Verteilung der Verantwortung sei bereits der Grund für ihre Ausreise gewesen, darauf hin, dass für Ana die Lebensabschnitte, in denen ihr Ehemann arbeitslos war, jeweils einen deutlichen Einschnitt in ihrer Vorstellung eines unbeschwerten Familienzusammenhangs bedeuteten. Auch die zahlreichen Aufmerksamkeiten der Familie ihres ersten Arbeitgebers, die sie mehrfach in detaillierten Erzählungen schildert, scheinen sie in ihrer Auffassung bestärkt zu haben, ihr Leiden unter ihrem Ehemann nicht ohne weiteres hinnehmen zu müssen. Dieser Zuspruch, den Ana vonseiten ihres sozialen Umfeldes in Italien erhielt und der vermutlich wesentlich zu ihrem Entschluss der Scheidung beitrug, nahm weiter zu, als ihr Ehemann ebenfalls nach Italien kam.

> und nach einem Jahr kam auch mein Mann nach Italien und sie haben ihn kennen gelernt ähm er hat für einige Zeit bei mir gewohnt und dann haben sie gesagt dass ich ihn jetzt nicht auch noch weiter hier unterbringen könnte denn es war nicht normal 'du arbeitest und er würde anderswo arbeiten das wäre normal' wir konnten nicht als Ehepaar bei dem gleichen Arbeitsplatz sein und dann sagten sie als ich das erste Mal zu ihnen kam und ich ihnen von mir und von meinen Kindern von der Situation zu Hause mit meinem Mann darüber wie mein Leben in der Familie ausgesehen hat [erzählt habe], nachdem sie [dann] meinen Mann kennen gelernt haben als er auch kam weil er keine Arbeit gefunden hat, meinten sie 'Ana weißt du wir möchten: wir möchten uns irgendwie bei dir entschuldigen für die Art wie wir über dich gedacht haben bevor wir deinen Mann kennen gelernt haben wir haben gedacht dass du wie du hier herkamst uns: uns von dir irgendwelche Sachen erzählen würdest die gar nicht stimmen würden, dass du diese Sachen erzählen würdest über dich und dass es dir schlecht geht damit wir Mitleid mit dir haben hier in Italien, um uns für dich zu gewinnen und es tut uns Leid dass wir so gedacht habe='ich habe nicht gewusst dass sie so denken würden aber wie ich das gehört habe wie sie das sagten 'es tut uns Leid dass wir so über dich gedacht haben' äh ich hatte keinen Grund zu lügen denn so war es einfach und es war ziemlich schwer so war mein Mann so hat er mich behandelt so hat er mich geschlagen so: und: und ich habe mich gefreut ich habe mich gefreut als ich das gehört habe (IX, 16: 20-35)

Durch ihr soziales Umfeld in Italien fühlte sich Ana darin bestätigt, wie sehr sie unter ihrer Ehe zu leiden hatte. Die Plastizität dieser erzählerisch ausgebauten Beschreibung verweist darauf, dass die Entschuldigung von Personen aus der Familie ihres ersten Arbeitgebers einen zentralen Einfluss auf ihr damaliges Erleben und ihren Entschluss zur Scheidung hatte. Die Reaktion der Familie ihres ersten Arbeitgebers auf ihren Ehemann schien ihr zu bedeuten, dass nicht sie an den Problemen in ihrer Ehe schuld war, sondern diese vor allem durch das Verhalten ihres Ehemannes ausgelöst wurden. Ihr damaliges soziales Umfeld in Italien war somit in entscheidender Weise an ihrem Entschluss, sich scheiden zu lassen, beteiligt.

Zusammenfassung

Die Rekonstruktion der Fallgeschichte wurde an Erlebnis- und Erfahrungszusammenhängen vorgenommen, die für die Fallstruktur als wesentlich hervorgingen. Der Erfahrungszusammenhang in Anas Elternhaus zur Zeit ihrer Kindheit und Jugend ging durch die Konflikte zwischen ihren Eltern als stark belastet hervor. Hiervon schien zum einen bestimmt, wie Ana sich selbst in den Augen der anderen wahrnahm. Das Verhalten ihres Vaters haftete ihr demnach wie ein Stigma an. Zum anderen schien Anas Verhältnis zu ihren Eltern davon beeinflusst. So zeichnete sich ab, dass sich Ana in ihrer Handlungsausrichtung an ihrer Mutter orientierte, während sie sich von dem Verhalten ihres Vaters deutlich distanzierte. Gleichwohl erschien das Verhältnis zwischen Ana und ihren Eltern lediglich partiell von den Konflikten aus dem Verhalten ihres Vaters überlagert – anders als aus der Eingangserzählung aufgrund des spezifischen Präsentationsinteresses hervorging.

Bezogen auf das Datum der Heirat zeichnete sich ab, dass Ana zum damaligen Zeitpunkt kein Ende ihrer Berufstätigkeit beabsichtigte. Gleichwohl wurde deutlich, dass sie der Gründung einer eigenen Familie einen hohen Stellenwert einräumte und nach der Geburt ihres Sohnes versuchte, ihr Familienleben nach eigenen Vorstellungen zu gestalten. Das Datum, als ihr Ehemann das erste Mal arbeitslos wurde, bedeutete vor diesem Hintergrund auf der manifesten Erzähllebene keinen unmittelbaren Wendepunkt, obgleich aus Anas Reaktion auf spätere Phasen von Arbeitslosigkeit ihres Ehemannes deutlich wurde, dass dieses Verhalten zu Spannungen führte. Aus ihren Ausführungen ging hervor, dass der Wegzug aus Transsilvanien und die Rückkehr in ihr Herkunftsdorf auch zu einer Entspannung beitrugen, da sie unter Konflikten mit ihren Schwiegereltern gelitten hatte. Erst im Anschluss an die nachfolgenden mehrfachen Wohnortswechsel zeichnete sich eine biographische Neuorientierung in der Form ab, dass Ana versuchte, den insgesamt anwachsenden Problemzusammenhang ihrer Ehe über ihr Engagement im Beruf sowie über ihre Kinder zu kompensieren – ähnlich wie es sich im Verhalten ihrer Mutter andeutete.

Als ein Bestandteil dieser Handlungsorientierung erschien auch ihre Migration. So wurde als übergeordneter Beweggrund der Migration die Verbesserung der materiellen Versorgung der Kinder rekonstruiert. Hier orientierte sich Ana zum einen an dem Handeln ihrer Mutter, die während Anas eigener Kindheit stets um die Versorgung von Ana und ihrem Bruder bemüht war. Zum anderen zeichnete sich ab, dass die Erfahrungen ihrer Kinder aufgrund der relativ eingeschränkten materiellen Versorgung im Vergleich zu Kindern, deren Eltern in Italien arbeiteten, für Ana einen Konflikt aus ihrer Kindheit aktualisierten. Bei der Darstellung ihrer Beweggründe für die Migration knüpfte sie daran an, wie sie das Verhalten ihres Vaters während ihrer Kindheit und Jugend erlebte. Als zentral erschien in beiden Fällen das Gefühl, sich einer Sache schämen zu müssen. In ihren Augen mussten sich ihre Kinder schämen, weil sie weniger Geld als ihre KlassenkameradInnen zur Verfügung hatten – ähnlich wie sie sich damals für die Untreue ihres Vaters schämte. Die Migration diente in der Phase ihrer Planung und auch während der ersten Zeit in Italien somit der besseren materiellen Versorgung ihrer Kinder und der Abwehr von Scham von ihren Kindern. Dies wurde ferner daran anschaulich, wie Ana den sozialen Abstieg erlebte, den sie mit ihrer Arbeitsmigration aufgrund ihrer gering qualifizierten Erwerbstätigkeit in Italien vollzog. Ihre Äußerungen, durch die Arbeitsmigration einem Moratorium gleich einen deutlichen Abstand zu dem Problemzusammenhang ihrer Ehe erhofft zu haben, erschienen daher als eine Interpretation aus der Retrospektive heraus. Gleichwohl ist dies als ein latenter Beweggrund ihrer Migration denkbar.

Mit ihrer Ankunft in der Familie ihres ersten Arbeitgebers und den zahlreichen Aufmerksamkeiten, die sie in dieser Familie erfuhr, schien Ana die Situation in ihrer Ehe verstärkt reflektiert zu haben. Doch erst als sich ihre Familiensituation ein weiteres Mal aufgrund der erneuten Arbeitslosigkeit ihres Ehemannes sowie aufgrund dessen erfolgloser Versuche, in Italien eine Arbeit zu finden, verschlechterte, so ging aus der Rekonstruktion der Fallgeschichte hervor, stellte Ana den weiteren Verlauf ihrer Ehe konkret in Frage. Dieser Erkenntnisprozess wurde wesentlich durch ihr soziales Umfeld in Italien beeinflusst. Die Aufmerksamkeiten und der Zuspruch, die sie über die Familie ihres ersten Arbeitgebers erfuhr, bestärkten sie darin, das Leiden unter ihrer Ehe zu beenden.

7.1.3.4 Kontrastierung von erlebter und erzählter Lebensgeschichte – die Fallstruktur

Die Analyse des biographischen Materials hat gezeigt, dass Ana Moşeanus Biographie zum Forschungszeitpunkt wesentlich von dem Erfahrungszusammenhang ihrer früheren Ehe bestimmt war. Nahezu ihre gesamte Selbstpräsentation ist von dem Datum ihrer Scheidung als einer für sie bedeutungsvollen Zäsur strukturiert. Dadurch begünstigt, dass die Auflösung der Ehe zum Zeitpunkt des narrativ-biographischen Interviews noch nicht lange zurücklag und die Biographin erst wenige Monate zuvor in ihren Herkunftskontext zurückgekehrt war, erscheint das Ereignis der Scheidung erklärungs- und legitimationsbedürftig. Um Argumente für die Richtigkeit ihrer Scheidung zu liefern, werden auf der Erzählebene zahlreiche Lebensabschnitte und Ereignisverläufe mit dem Erfahrungszusammenhang ihrer Ehe in Verbindung gebracht. Sowohl die Darstellung der Situation in ihrer Herkunftsfamilie zur Zeit ihrer Kindheit und Jugend als auch die Erfahrungen außerhalb ihres Elternhauses, die als positiv und damit als Kontrast zu den Konflikten in ihrem Elternhaus entworfen werden, sind von dem Ereignis ihrer Scheidung bestimmt. Vor dem Hintergrund eines negativ erlebten Erfahrungszusammenhangs in ihrer Herkunftsfamilie kann sie rechtfertigen, weswegen sie sich im Interesse ihrer Kinder gegen die Fortführung ihrer Ehe aussprach. Angenehme Erlebnisse und Situationen aus ihrem Elternhaus werden aus diesem Grund in der Erzählung sehr stark kontrolliert und einzig in knappen Stimmungsbildern angerissen. In der anschließenden Darstellung ihres Eheverlaufs wird dieser bereits zu Erzählbeginn einsetzende Argumentationszusammenhang, mit dem sie letztlich ihren Entschluss zur Scheidung begründet, fortgeführt.

Aus der Erlebnisperspektive ging dabei hervor, dass sich Ana im Verlauf der häufigen Wohnortswechsel verbunden mit den Phasen von Arbeitslosigkeit ihres Ehemannes zunehmend auf ihre Erwerbstätigkeit und die Versorgung ihrer Kinder konzentrierte. Damit scheint sie auf der Handlungsebene in ähnlicher Weise wie ihre eigene Mutter auf die Konflikte in ihrer Ehe reagiert zu haben. Ihre berufliche Tätigkeit und die Versorgung ihrer Kinder stellten einen Ausgleich zu dem Leiden unter ihrer Ehe dar. Eine Fortführung dieser Handlungsorientierung bildete zunächst auch ihr Arbeitsaufenthalt in Italien. Dies zeigt sich daran, wie sie ihren erwerbsbezogenen sozialen Positionswechsel von einer qualifizierten Erzieherin zu einer illegal beschäftigten Pflegeperson in einem Privathaushalt ausschließlich damit begründet, dies für ihre Kinder getan zu haben. Ebenfalls zeichnet sich aus der Erlebnisperspektive ab, wie die eingeschränkten materiellen Bedingungen vor der Migration ein Schamgefühl aus ihrer Kindheit und Jugend aktualisierten. So schämte sich Ana in ähnlicher Weise dafür, dass sie ihren Kindern materiell weniger bieten konnte als Eltern, die bereits eine Arbeitsmigration nach Italien aufgenommen hatten, wie sie sich in ihrer Kindheit und Adoleszenz für den Ehebruch ihres Vaters geschämt hatte.

Mit ihrer Ankunft in Italien verschob sich Anas Perspektive auf die Migration. Sie präsentiert ihren Aufenthalt im Ausland als einen Bewusstwerdungsprozess. Gleichwohl blieb das Ziel, mit ihrer Migration zu einer verbesserten Versorgung ihrer Kinder beizutragen, bestehen. Ana präsentiert sich trotz der veränderten Erlebnisperspektive in Italien derart, dass sie kontinuierlich an der ursprünglichen Motivation für ihre Migration festhielt. Dies betont sie in Form von detaillierten Beschreibungen und Erzählungen, in denen sie vor allem die Aufmerksamkeiten des Enkels ihres ersten Arbeitgebers und ihre eigenen Gefühle diesbezüglich ausführt. Obgleich auf der Erlebnisebene deutlich wird, dass Ana auch emotional sehr stark in diese Beziehung involviert war, betont sie in der Eingangserzählung durchweg, dass es ihr ausschließlich um die Versorgung ihrer Familie gegangen sei. So wird der entworfene übergeordnete Argumentationszusammenhang, über den sie ihre Scheidung legitimiert, nicht gefährdet.

Schließlich entwickelte sich die Migration im Zuge erneuter Veränderungen ihrer familiären Situation aufgrund der neuerlichen Arbeitslosigkeit ihres Ehemannes und dessen Besuch in Italien zu einer ermöglichenden Bedingung für einen biographischen Wendepunkt. Dabei wurde sie durch ihr soziales Umfeld in Italien in ihrem Entschluss zur Scheidung bestärkt.

7.1.4 Migrationsspezifische Kontexte

Im Folgenden werden die spezifischen Kontexte der Migration herausgearbeitet. Dabei ist die Darstellung deutlich auf die Handlungsebene gerichtet. Hieran schießt sich die Präsentation der Gesamtergebnisse an.

7.1.4.1 Migrations- und Arbeitskontexte

Ana Moșeanu reiste mit einem dreimonatigen Touristenvisum über einen Personentransport aus Satulești nach Italien ein. Ihre Ankunft in Cittadina organisierte sie über eine Arbeitskollegin aus dem Kindergarten in Satulești, die einige Wochen vor ihr ebenfalls für ein Jahr unbezahlten Urlaub einreichte, um in Italien zu arbeiten. Diese Arbeitskollegin kontaktierte Ana noch vor ihrer Ausreise telefonisch, um zu erfahren, ob auch sie eine Arbeitsstelle finden könnte. Diese Arbeitskollegin bildete auch ihre erste Anlaufstelle, als sie in Cittadina ankam. Bei ihr war sie für die ersten Tage untergebracht. Als dort nach wenigen Tagen keine längere Unterbringung möglich war, da ihre Arbeitskollegin, die als Pflegekraft arbeitete, keine eigene Wohnung hatte, sondern als *live-in* Beschäftigte (vgl. Kap. 1.5) bei ihrem Arbeitgeber wohnte, zog Ana daraufhin zu einer Freundin dieser Arbeitskollegin. Über diesen Kontakt fand sie ihre erste Arbeitsstelle. Nach einem Treffen mit der Schwiegertochter ihres Arbeitgebers bekam sie die Zusage; wenige Tage später fing sie mit der Arbeit an.[222] Ohne Arbeitsvertrag

---

[222] Unklar blieb, inwiefern Ana die Angestellte des Pflegebedürftigen oder aber die Beschäftigte von dessen Sohn bzw. Schwiegertochter war. Diese Unschärfe ist cha-

und Aufenthaltserlaubnis sowie ohne einen freien Tag in der Woche arbeitete Ana für 500 Euro im Monat das erste Jahr ausschließlich als *live-in* Pflegekraft für ihren Arbeitgeber. Die Migration war vor dem Hintergrund ihrer beruflichen Qualifikation somit mit einer deutlichen Verschlechterung ihrer beruflichen und sozialen Position insgesamt verbunden. Im zweiten Jahr erhöhte sich ihr Gehalt um 100 Euro. Dafür arbeitete Ana zusätzlich als Haushaltskraft für die Schwiegertochter ihres Arbeitgebers und deren Familie in der Wohnung über ihr.

Für die erste wie auch für die nachfolgenden Überfahrten zwischen Satuleşti und Cittadina nutzte Ana Personentransporte aus ihrem Herkunftsdorf.

> ich bin mit jemandem von hier nach Italien weggefahren in 2002 mit dem Pass, es war meine erste Ausreise, ich habe kein Visum gebraucht, ich habe einen Stempel bekommen und keiner hat mich gefragt wo ich bleiben würde. es gab Leute die diese Ein- und Ausreisen gemacht haben und sie wussten wie das ging, ich glaube ich bin mit Herrn E. gefahren. am meisten Probleme gab es an den Grenzen zu Rumänien obwohl wir als Rumänen ja wieder zurückgekommen sind nur wenn du kriminell gewesen wärst dann hättest du in Österreich Probleme gehabt, in Rumänien haben sie gesehen dass du länger als drei Monate geblieben bist und sie haben gefragt was sie nun machen sollen und sie haben sich angesehen was zu machen war und sie wussten was sie zu machen hatten (XI, 4: 5-13)

Diese Überfahrten waren zumeist illegal, da sich Ana bei ihren Ausreisen aus Italien meist länger als die Dauer eines dreimonatigen Touristenvisums in Italien aufgehalten hatte bzw. sich für eine erneute Rückkehr nach Italien, etwa nach der Urlaubszeit, nicht lange genug in Rumänien aufgehalten hatte, um erneut über ein Touristenvisum ausreisen zu dürfen. Über Chauffeure aus dem Dorf, die regelmäßig Personentransporte anboten, gelang es ihr, diese Überfahrten ohne größere Probleme abzuwickeln. Dabei scheint sie selbst diese Fahrten ohne legalen Aufenthaltsstatus nicht als kriminelle Handlungen einzustufen. Von ihrer zweiten Arbeitgeberin (siehe unten) bekam sie ein Einladungsschreiben, mit dem sie problemlos nach Italien zurückkehren konnte.

Auf die eingeschränkten Bewegungsmöglichkeiten am Ankunftsort aufgrund ihres illegalen Aufenthaltsstatus reagierte Ana bei ihrer ersten Arbeitsstelle damit, dass sie sich über den Sohn ihres Arbeitgebers danach erkundigte, ob sie im Fall einer Ausweiskontrolle Probleme mit der Polizei bekommen könnte.

> und der Sohn von dem alten Mann bei dem ich zuerst gearbeitet habe der hatte zum Beispiel in der Notaufnahme gearbeitet und er hatte eine gute Beziehung zur Polizei und ich habe ihn gebeten dass er sich erkundigen solle ob es Probleme geben würde mit mir denn ich wollte das nicht, nach Hause geschickt zu werden ich hatte zwei Kinder die ich zu versorgen hatte und ich musste auch ein wenig mit ihm [dem pflegebedürftigen alten Mann] unter Leute, in eine Bar und einen Kaffee trinken und mich etwas außerhalb bewegen zu seinen Freunden und so etwas

rakteristisch für Pflegetätigkeiten in Privathaushalten (vgl. Lutz 2008[2] sowie weiter unten).

und er meinte 'schau ich habe eine Rumänin die auf meinen Vater aufpasst so und so' und sie meinten 'es kommt keiner zu ihr es kümmert sich keiner darum so lange sie ihre Arbeit macht und keine Probleme bereitet und sie eben nicht sich mit anderen Rumänen rumtreibt und irgendwie für Beschwerden sorgt dann hast du keine Probleme' und ich habe auch gar keine Probleme [mit der Polizei] gehabt. ich hatte mal Angst als wir in die EU kamen und da gab es eine Zeit wo sie Leute zurückgeschickt haben da gab es Razzien und sie haben sie ausgewiesen aber nein ich war zu Hause und wenn ich Einkäufe gemacht habe dann bin ich mit der Familie gemeinsam einkaufen gegangen und wenn sie uns angehalten hätten dann 'ja sie ist mit uns' nein ich hatte keine Probleme (XI, 11: 14-27)

Ana nutzte das Beziehungsnetzwerk der Familie ihres Arbeitgebers, um sich gegen eine mögliche Kontrolle durch die Polizei abzusichern. Dabei weisen die Ausführungen auf Spannungen zwischen rumänischen MigrantInnen und der italienischen Mehrheitsgesellschaft sowie auf erhöhte Polizeikontrollen von RumänInnen unmittelbar nach dem Beitritt Rumäniens in die EU hin (vgl. Kap. 2.3.2 zu Fremdheitserfahrungen im Migrationsprozess bezogen auf das konkrete Migrationsfeld). Gleichzeitig profitierte Ana davon, dass die Familie, für die sie arbeitete, von ihrer Tätigkeit als Pflegekraft abhängig war, um die Einschränkungen ihrer Bewegungsfreiheit, die mit ihrem illegalen Aufenthaltsstatus verbunden waren, zu lockern. Dadurch konnte sie zum einen unbeschwerter die mit ihrer Tätigkeit als Pflegekraft verbundenen Aufgaben erfüllen, zum anderen konnte sie sich selbst außerhalb des Haushaltes ihres Arbeitgebers freier bewegen.

Ihre zweite Arbeitsstelle wurde Ana von der Familie ihres ersten Arbeitgebers vermittelt. Als Grund, weswegen sie ihre Arbeitsstelle wechselte, gibt sie an, dass ihr die Tätigkeiten für die Familie des Arbeitgebers zusätzlich zu ihrer Beschätigung als Pflegekraft zu viel geworden seien. Obgleich Ana die gesamten zwei Jahre in dieser ersten Familie als durchweg positiv und angenehm beschreibt, wird deutlich, dass sie zunehmend mit entgrenzten Erwartungen der Familie ihres ersten Arbeitgebers an ihre Arbeit als Pflege- und Haushaltskraft konfrontiert wurde (vgl. Anderson 2000). Insbesondere durch die räumliche Nähe stand Ana zusätzlich zu ihrer Tätigkeit als Pflegekraft auch in einer engen und mit eigenen Ansprüchen verbundenen Beziehung zu der Familie ihres Arbeitgebers. Daraus entwickelte sich eine Dreiecksbeziehung (vgl. Karner 1998), die sie mit ihren impliziten Leistungserwartungen überforderte.

Eine ähnliche Dreiecksbeziehung, die allerdings aufgrund einer größeren räumlichen Entfernung weniger eng verlief, zeigt sich auch an ihrer zweiten Arbeitsstelle, wo Ana eine alleinstehende ältere Frau betreute. Während Ana in die Wohnung dieser Frau einzog, wohnte die Tochter mit ihrer Familie einige hundert Meter davon entfernt. Obgleich die Tochter selbst nur vereinzelt auf Ana als Haushaltskraft zurückgriff, scheint auch diese Arbeitsstelle aufgrund des sich verschlechternden Gesundheitszustandes der Pflegebedürftigen sehr hohe Leistungsanforderungen an sie gestellt zu haben. Da sie häufig auch die Nächte über wach bleiben musste und sich damit, wie für Beschäftigungsverhältnisse in Privathaushalten häufig der Fall, ihre Arbeitszeiten deutlich ausdehnten (vgl. Lutz 2008[2]), hatte sie für etwa das gleiche Gehalt wie bei ihrer ersten Arbeitsstelle von Samstag auf Sonntag frei, wofür eine andere Pflegekraft eingestellt wurde. Gegen Ende ihrer Arbeitsmigration bekam Ana erstmals in den gesamten vier Jahren angeboten, ihre Arbeit über einen Arbeitsvertrag zu legalisieren. Da sie zu diesem Zeitpunkt allerdings bereits von der Krankheit ihrer Mutter erfahren hatte und wenige Wochen später nach Rumänien zurückkehren wollte, nahm sie dieses Angebot nicht mehr an.

7.1.4.2 Die familiäre Situation

Mit der Arbeitsmigration waren für Ana Moșeanu längere Trennungen von ihren Eltern, ihrem Ehemann und ihren Kindern verbunden. Als sie das erste Mal nach Italien ausreiste, war ihr Sohn zehn und ihre Tochter acht Jahre alt. Zahlreiche Passagen aus unterschiedlichen Interviews machen deutlich, dass es Ana sehr schwer fiel, ihre Kinder in Rumänien zurückzulassen. Möglich ist, dass dies mit den Spannungen in ihrer Familie zu tun hatte. Aus den Konflikten in ihrer Ehe könnte eine besonders enge Beziehung zu ihren Kindern hervorgegangen sein. Um sich und ihren Kindern den Abschied zu erleichtern, erwähnt sie etwa, wie sie ihren Kindern nicht genau gesagt habe, wann sie fahre. Auch in ihrer Eingangserzählung kommt sie in den Ausführungen zu ihrer Migration sehr bald auf die Trennung von ihren Kindern zu sprechen. Auch hier lässt sich erkennen, wie sehr sie unter der Trennung von ihren Kindern gelitten haben musste.

> ich habe mit der Arbeit angefangen und Weihnachten habe ich dort verbracht, ich habe auch ein Geschenk unter dem Weihnachtsbaum gehabt so wie alle anderen aus der Familie auch also ich habe mich nicht gefühlt- ähm äh innerhalb der ersten beiden Wochen also vom 8. bis zu Weihnachten haben sie mich langsam kennen gelernt und am meisten habe ich äh über meine Kinder gesprochen und an einem Tag ich wusste das nicht an einem Tag wollten sie dass ich sie: wollten sie sehen ob ich Photos von meinen Kindern dabei hätte und ich habe ihnen meine Photos gezeigt und in der Zeit wollten sie dass ich Kaffee machte oder irgendwas und ich habe gearbeitet und sie haben eines der Photos von meinen Kindern behalten und ich habe als Weihnachtsgeschenk einen silbernen Rahmen bekommen mit dem Photo von meinen Kindern drin=das war eine außergewöhnliche Geste ganz außergewöhnlich und auch jetzt habe ich ihn hier, denn ich habe nicht gesehen wie sie das Photo genommen haben und ich hätte auch nicht gedacht dass sie so etwas machen würden und sie kamen zu mir und meinten 'auch für dich liegt ein Geschenk unterm Weihnachtsbaum auch zu dir kam der Weihnachtsmann' und als ich das gesehen habe und als ich es geöffnet habe waren da meine Kinder in diesem schönen Bilderrahmen aus Silber da musste ich weinen natürlich und äh sie haben mich in den Arm genommen und sie meinten 'fühle dich wie bei dir zu Hause wir wissen dass es schwer für dich ist dass

du weit weg bist, aber wenn du das für deine Kinder und für deine Familie machst dann ist das [schon] in Ordnung' (IX, 12: 2-17)

Aus dieser Passage geht hervor, wie sehr Ana während ihrer Migration in Gedanken bei ihren Kindern war. So erwähnt sie, dass sie meistens über ihre Kinder gesprochen habe. Auch wird anschaulich, wie sehr sie ihre Kinder vermisste. Dieser Trennungsschmerz könnte zusätzlich durch die Angst gesteigert worden sein, ihrer Mutterrolle durch die migrationsbedingte Trennung nicht mehr in ausreichender Form gerecht zu werden. So „kollidiert" diese Form der transnationalen Mutterschaft deutlich mit „hegemonialen Konzepten von Mutterschaft, in denen die Mutter als einzig wahre und mögliche Bezugsperson ihrer Kinder gilt" (Karakayali 2010: 265). Die Wirkmächtigkeit dieser Konzepte, die für transnationale Mütter bedeutet, dass sie sich mit sehr stark negativen Zuschreibungen auseinandersetzen müssen, kommt auch in dem Diskurs der sogenannten 'EU-Waisen' zum Ausdruck, der sowohl in Rumänien als auch in rumänischsprachigen Medien in Italien sehr stark geführt wurde. Dieser Diskurs verstärkt das meist ohnehin schlechte Gewissen der Mütter. Die Befürchtung, die Mutterrolle in der Migration nicht in ausreichender Form ausfüllen zu können, zeigt sich im Fall von Ana etwa daran, wie sie im Anschluss an ihre Eingangserzählung im Zusammenhang mit der Situation ihrer Kinder ihre Rückkehr begründet.

> auch meine Kinder [sind] größer geworden und ich konnte nicht mehr: äh ich habe mir gedacht dass: dass die Gesellschaft sich verändert hat äh es ist so viel passiert, die Kinder sind anders, sie wissen nun schon so viele Sachen die- ich habe gedacht dass ich in ihrer Nähe sein muss denn der Ältere geht nun auf das Gymnasium er braucht mich jetzt Alina geht nun in die siebte Klasse sie ist schon groß sie braucht mich jetzt denn wenn ich nun in dieser Zeit nicht da wäre dann: sowieso, äh ich kann nicht mehr: nicht mehr aufholen dass ich vier: vier Jahre ihres Lebens nicht bei ihnen war äh und ich hätte nicht mehr weitermachen können, für sie (IX, 19: 29-35)

Ana schildert, wie sie mit dem Älterwerden ihrer Kinder das Gefühl gehabt habe, sich noch stärker, als es in der Migrationssituation möglich war, um ihre Kinder kümmern zu müssen. Deutlich klingt an, dass sie es bereut, die vergangenen vier Jahre nicht in der Nähe ihrer Kinder gewesen zu sein. Sie hat das Gefühl, die in ihren Augen verlorene Zeit nicht wieder aufholen zu können (vgl. Levitt 2001). Die Zeit ihrer Abwesenheit erzeugt in ihr ein schlechtes Gewissen, da sie offensichtlich davon ausgeht, dass die Migration eine deutliche Einschränkung ihrer Mutterrolle bedeutete.

Für ihre Kinder stellt Ana diese Trennung als weniger einschneidend dar. Vor dem Hintergrund, dass ihre Kinder sich darüber beklagt hätten, keine teure Kleidung sowie ähnlich viel Taschengeld wie andere Kinder zu bekommen (vgl.

Kap. 7.1.3.3), beschreibt sie die Reaktionen ihrer Kinder dergestalt, dass diese sich sehr über die Pakete, die sie aus Italien schickte, gefreut hätten.

> ich habe das Geld geschickt und auch Pakete und auch das war etwas Schönes für die Kinder, jetzt bekommen wir auch Pakete, 'Mama warum laufen die ganzen Kinder hinter den Autos her', das waren Autos die die Pakete von den Eltern in Italien mitgebracht haben und wir haben natürlich [damals] keine Pakete bekommen wir haben alles im Geschäft gekauft, 'ah und nun können wir auch hinter dem Auto herlaufen weil unsere Mutter uns Sachen schickt' (XI, 3: 2-7)

Für die Kinder, so zeigt sich, wurde Anas Abwesenheit durch die Pakete, die Ana ihnen aus Italien nach Satuleşti schickte, kompensiert. Auch in direkten Gesprächen mit den Kindern bemerken diese, wie sehr sie sich damals über die Pakete aus Italien gefreut hätten. Sie hätten sich nicht die Frage gestellt, statt von ihrer Mutter getrennt zu sein auf die Pakete zu verzichten. Ferner ermöglichte die Arbeitsmigration Ana und ihren Kindern gemeinsame Urlaube außerhalb ihrer Herkunftsregion. Fast jedes Jahr fuhr Ana mit ihren Kindern im Sommer, wenn sie für wenige Wochen unbezahlten Urlaub nach Satuleşti zurückkehrte, ans Schwarze Meer. Diese Ausgaben wären ohne die Migration nicht möglich gewesen.

Neben diesen angenehmen Aspekten wird deutlich, dass auch Anas Kinder nicht ausschließlich in für sie positiver Weise in die Migration einbezogen waren. Sehr stark kommt dies darin zum Ausdruck, wie Ana über einen längeren Zeitraum hinweg in den Telefonaten mit ihren Familienangehörigen verheimlicht wurde, dass ihre Mutter an einer schweren Krankheit litt. Hiermit ist sehr deutlich die Unsicherheit angesprochen, die mit dieser Form der Kommunikation verbunden ist (vgl. ebd.). Für Anas Tochter bedeutete es, dass sie in Telefongesprächen mit Ana nichts von der Krankheit von Anas Mutter erzählen durfte. Da Anas Mutter nicht wollte, dass Ana ihretwegen ihre Arbeitsmigration beendete, verlangte sie von Anas Tochter, dass sie über ihren Gesundheitszustand Stillschweigen bewahrte. So erfuhr Ana erst durch andere Dorfbewohner, die ebenfalls nach Cittadina migriert waren, von der Krankheit ihrer Mutter.

7.1.5 Zusammenfassung

Aus der fallrekonstruktiven Analyse der lebensgeschichtlichen Daten ging hervor, wie sich Ana Moşeanu in ihrer Handlungsausrichtung mehrfach alternierend zwischen ihren Familien- sowie außerfamiliären Erfahrungszusammenhängen bewegte. Dies wurde als eine Balancestrategie interpretiert, mit der Ana versuchte, jeweils negative Erfahrungszusammenhänge in ihrer Herkunftsfamilie im Rahmen der Ehe ihrer Eltern sowie später in ihrer eigenen Ehe zu kompensieren. Schule und Erwerbsleben bildeten einen Gegenhorizont zu den Konflikten in ihrer Ehe. Diesbezüglich bewegte sich Ana in einem negativ geprägten Tradierungszusammenhang. Es zeigte sich, dass sie sich in ihrer Handlungsausrichtung deutlich an ihrer Mutter orientierte.

Vor diesem Hintergrund entwickelte sich die Migration in der Biographie von Ana Moșeanu zu einem Erfahrungszusammenhang, der in Bezug auf ihre Ehe zu einem biographischen Wendepunkt führte. Nach einer eher heteronom getroffenen Entscheidung zur Migration, die – zum Teil biographisch bedingt – vor allem aus einem Vergleich mit der Lebenssituation anderer Familien aus ihrem Herkunftskontext resultierte, war die Migration zunächst berufsbezogen mit einer deutlichen Verschlechterung ihrer Statusposition verbunden. Diese negativ geprägte Positionsverschiebung bildete bereits sehr bald einen Kontrast zu der deutlich empfundenen sozialen Aufwertung im unmittelbaren sozialen Umfeld im Ankunftskontext. Vor dem Erfahrungshintergrund ihres von zahlreichen Konflikten bestimmten Ehelebens setzte der konstant als positiv empfundene Erfahrungszusammenhang der Migration einen Wandlungsprozess in Gang. Verbunden mit dem krisenhaften Verlauf ihrer Ehe, der sich während des Aufenthaltes in Italien weiter zuspitzte, entwickelte sich die Migration zu einem Moratorium und einer Chance systematischer Reflexion (vgl. Apitzsch 2000). Der Zeitraum der Migration dehnte sich deutlich aus, und unterstützt von ihrem sozialen Umfeld in Italien fasste Ana schließlich den Entschluss zur Scheidung.

Mit ihrer Scheidung schien sich Ana Moșeanu aus dem negativ geprägten Tradierungszusammenhang ihrer Herkunftsfamilie zu lösen und von Konflikten, die lange Zeit ihr Familienleben bestimmten, zu befreien. So entwarf sie ihre Migration im Rückblick auf ihre Ehe mehrfach als einen Emanzipationsprozess. Aus ihrer Selbstpräsentation geht gleichwohl hervor, dass bestimmte orientierungswirksame Wissensbestände, wie Ana sie aus Problemzusammenhängen in ihrer Herkunftsfamilie entwickelte, fortbestanden. Ferner waren mit ihrer Rückkehr in den dörflichen Herkunftskontext für Ana aufgrund ihrer Position als geschiedene Frau neue Probleme verbunden, wie aus der biographischen Gesamtsicht ihrer Eingangserzählung hervorging. Vor diesem Hintergrund erscheint die Migration weniger als uneingeschränkte Emanzipation als vielmehr als ein „Emanzipations- und Autonomieschub" (Breckner 2005: 277), mit dem sich Ana – in gleichsam paradoxer Weise zu ihrer vollzogenen Rückkehr – partiell aus herkunftsspezifischen Wissens- und Orientierungsbeständen herauslöste.

7.1.6 Varianzen im Feld[223]

Porträt: Mioara Felice

Im Fall von Mioara Felice ging von den Erfahrungen im Rahmen der Migration ebenso ein biographischer Wendepunkt in Bezug auf ihren ehe- und familienspezifischen Erfahrungszusammenhang aus.

Mioara Felice wurde 1969 als jüngere von zwei Töchtern in Satulești geboren. Ihre Eltern arbeiteten in der Landwirtschaft. Nachdem Mioara nach zehn Jahren die Schule beendete, unterstützte sie zunächst weiter ihre Eltern auf dem Hof, bis sie im Alter von 22 Jahren einen Mann aus dem Nachbarort heiratete, der als Tagelöhner arbeitete. In den folgenden Jahren brachte Mioara eine Tochter und einen Sohn zur Welt. Als ihr Ehemann alkoholkrank wurde, verließ sie ihn im Jahr 2001 und kehrte gemeinsam mit ihren Kindern auf den Hof ihrer Eltern nach Satulești zurück.

Im April 2002 reiste Mioara mit einem Touristenvisum nach Italien ein. Ihre Kinder ließ sie bei ihren Eltern in Satulești zurück. Über Verwandte fand sie zunächst eine Stelle als illegal angestellte Pflegekraft eines älteren Ehepaares in einem Privathaushalt. Nachdem einige Monate später das Ehepaar verstarb, lernte Mioara, die auch im Krankhaus noch die Pflege übernommen hatte, die Nichte ihres späteren Ehemannes kennen, die dort als Krankenschwester arbeitete. Diese bot ihr an, ihren Großonkel, den Vater ihres späteren Ehemannes, zu pflegen. So kam sie über ihre zweite Anstellung als Pflegekraft mit ihrem späteren italienischen Ehemann zusammen. 2004 ließ sich Mioara von ihrem damaligen rumänischen Ehemann scheiden. Nachdem sie auf sämtliche Unterhaltszahlungen verzichtete, bekam sie von ihm schließlich das Einverständnis, ihre Kinder nach Italien nachzuholen. Seit der standesamtlichen Hochzeit im Jahr 2006 wohnt Mioara gemeinsam mit ihren Kindern in Italien.

Auf der Handlungsebene ging mit der Arbeitsmigration von Mioara Felice eine deutliche Herauslösung aus ihrem Herkunftskontext einher. Durch ihre Heirat in Italien verlagerte sich Mioaras Lebensmittelpunkt sehr deutlich nach Italien. Auf der Bedeutungsebene ist allerdings denkbar, dass der Herkunftskontext biographisch weiterhin für Mioara einen äußerst relevanten Bezugspunkt darstellte. Als einen Hinweis darauf ließen sich etwa Mioaras Investitionen in Satulești anführen. So baute sie aus den Einnahmen ihrer Arbeitsmigration ein

---

223 Mit den MigrantInnen der beiden nachfolgenden Porträts konnten keine narrativ-biographischen Interviews geführt werden (vgl. Kap. 4.2). Dadurch liegen diesen Porträts keine Fallrekonstruktionen zugrunde. Ein Vordringen bis zu den Relevanzstrukturen der beiden MigrantInnen war bei der Interpretation daher lediglich eingeschränkt möglich.

Haus auf dem Hof ihrer Eltern. Auf der Grundlage der erhobenen Daten kann die Frage, inwiefern der Herkunftskontext für Mioaras biographischen Strukturzusammenhang weiterhin entscheidend war, nicht abschließend geklärt werden.

Porträt: Florin Țiriac

Vor allem in erwerbsbiographischer Hinsicht ging auch für Florin Țiriac von dem Erfahrungszusammenhang der Migration ein Wendepunkt aus. In besonderer Weise profitierte Florin dabei im Herkunftskontext als Unternehmer vom Anstieg der Migration aus der Region nach Italien sowie von den Investitionen der MigrantInnen in ihrer Herkunftsregion.

Florin Țiriac wurde 1966, als zweites Kind seiner Eltern, in Satulești geboren. Seine Eltern arbeiteten sowohl saisonal als auch über mehrere Jahre als Schäfer und Kuhhirten in verschiedenen Landesteilen Rumäniens. Dabei begleitete Florin gemeinsam mit seiner älteren Schwester seine Eltern bei ihren längeren Arbeitsaufenthalten außerhalb des Herkunftsdorfes. Nach Beendigung der Schulpflicht arbeitete Florin in einer Metallfabrik in der Bezirkshauptstadt. Dort lernte er seine spätere Ehefrau kennen, die er Ende des Jahres 1989 heiratete. Im darauf folgenden Jahr kam ihr erstes Kind zur Welt.

1991 reiste Florin Țiriac gemeinsam mit einem Freund aus Satulești als einer der ersten aus dem Dorf über eine organisierte Busreise nach Italien. Nach einigen Tagen in Rom gelangten er und sein Freund zufällig mit einem Bus nach Cittadina, wo sie für mehrere Monate auf dem Bau arbeiteten, bevor sie erneut nach Rumänien zurückreisten. In den folgenden Jahren reiste Florin mehrfach gemeinsam mit seiner Ehefrau von Rumänien nach Italien. Ihr Kind ließen sie bei den Eltern von Florins Ehefrau zurück. Mehrfach misslang der Grenzübertritt nach Italien. Einmal wurden er und seine Ehefrau von Wien aus mit dem Flugzeug nach Rumänien ausgewiesen, wofür beide ein fünfjähriges Ausreiseverbot erhielten. Trotzdem gelang es ihnen, bis Mitte der 1990er Jahre für einen Zeitraum von insgesamt mehreren Jahren in Italien zu arbeiten. Dabei war Florin die meiste Zeit in der Nähe von Cittadina als Traubenpflücker beschäftigt. Seine Ehefrau arbeitete außerhalb von Cittadina als Reinigungskraft in einem Restaurant. 1996 legalisierte Florin über ein Legalisierungsgesetz seinen Aufenthaltsstatus in Italien.

Wenig später kehrten Florin Țiriac und seine Ehefrau dauerhaft nach Rumänien zurück. Florin machte eine Führerscheinprüfung und kaufte sich einen Kleinbus. Damit machte er sich mit einem Pakettransport zwischen seiner Herkunftsregion und Italien selbständig. Florins Ehefrau brachte ihr zweites Kind zur Welt. Zwei Jahre später expandierte Florin beruflich, indem er zwei weitere Autos kaufte und zwei Chauffeure einstellte. 2002, als ein Touristenvisum für die

Ausreise nach Italien ausreichte, gründete er zusätzlich ein Reiseunternehmen. Im darauf folgenden Jahr eröffnete er einen Grosshandel für Baumaterial in der Hauptstadt des Bezirks, später kaufte er für das Reiseunternehmen insgesamt drei Reisebusse. Seine beiden Unternehmen zählten im Jahr 2008 insgesamt 23 Mitarbeiter. Die Arbeitsmigration nach Italien bildete im Fall von Florin Tiriac den Ausgangspunkt für eine deutliche Veränderung der erwerbsbiographischen Struktur.

7.2 Typus I: Die Migration als Auslöser eines biographischen Wendepunktes

Dieser Typus zeichnet sich dadurch aus, dass der Erfahrungszusammenhang der Migration mit einem biographischen Wendepunkt in Verbindung steht. In den lebensgeschichtlichen Darstellungen der MigrantInnen werden die Erfahrungen der Migration im Rahmen eines biographischen Wendepunktes thematisiert. Dieser Wendepunkt kann fallspezifisch in unterschiedlichen biographisch relevanten Erfahrungszusammenhängen angelegt sein. Angestoßen durch die Migrationserfahrungen kommt es für bestimmte Bereiche zu spezifischen Reflexions- und Neuorientierungsprozessen.

In den Fällen von Ana Moșeanu und Mioara Felice leitete die Migration in ähnlicher Weise einen biographischen Wendepunkt vor dem Hintergrund bereits seit längerer Zeit virulenter innerfamiliärer Konflikte ein. Verbunden mit einer Zuspitzung der Konflikte in ihrer Ehe im Verlauf der Migration sowie der engen Einbettung in soziale Beziehungen am Ankunftsort außerhalb ihres Herkunftskontextes verhalfen die Erfahrungen während der Migration im Fall von Ana Moșeanu dazu, dass durch die Scheidung eine Herauslösung aus dem ehespezifischen Tradierungszusammenhang, wie er in Erfahrungen in der Herkunftsfamilie angelegt war und in der eigenen Ehe fortgeführt wurde, möglich wurde. Aus der Migration ging ein Emanzipationsschub hervor. In ähnlicher Weise wurde durch die Migration auch für Mioara Felice eine Herauslösung aus dem Problemzusammenhang ihrer Ehe möglich. Für beide Frauen ging mit der Migration eine Neuordnung ihrer Familienbeziehungen einher. Diese führte gleichwohl zu jeweils unterschiedlichen Familiensituationen. Während für Ana aus der Migration die Scheidung resultierte, ging mit der Migration für Mioara eine erneute Eheschließung einher. Daneben wurde die biographische Bearbeitung der Migrationserfahrungen in der Form eines biographischen Wendepunktes in beiden Fällen durch Bedingungen im Ankunftskontext begünstigt. Jeweils aus den Beziehungen im Rahmen der Erwerbsarbeit am Ankunftsort ergaben sich besondere Gegebenheiten, die die Entscheidungen, wie sie mit den jeweils spezifischen Wendepunkten verbunden waren, unterstützten.

Unabhängig von den strukturbildenden Prozessen im biographischen Umgang mit den Migrationserfahrungen wurde die Migration für beide Frauen durch migrationsspezifische Faktoren erleichtert. Zum einen ermöglichten die vereinfachten Ausreisebedingungen, die Arbeitsmigration ohne großen finanziellen Aufwand zu organisieren. Zum anderen erleichterte die Einbindung in soziale Netzwerke aus dem Herkunftsdorf, die sowohl die erste Unterkunft am Ankunftsort als auch Kontakte zu potentiellen ArbeitgeberInnen und die regelmäßigen Überfahrten trotz des illegalen Arbeitsstatus ermöglichten, den Aufenthalt am Ankunftsort. Darüber hinaus wurde im Fall von Ana Moşeanu die Entscheidung zur Migration durch die abgesicherte berufliche Situation erleichtert. Obgleich die zeitliche Ausdehnung der Migration die berufliche Wiedereingliederung erschwerte, war die erwerbsspezifische Reintegration prinzipiell weiterhin möglich. Dies reduzierte für sie den Migrationsdruck – anders als im Fall von Mioara Felice.

Im Fall von Florin Țiriac leitete die Migration einen erwerbsbiographischen Wendepunkt ein. So wandelte sich Florin in Bezug auf seine berufliche Existenz vom Fabrikarbeiter zu einem Unternehmer, der in unterschiedlichen Wirtschaftszweigen sehr erfolgreich war. Aus dem Migrationszusammenhang erschloss er sich ein neues Berufsfeld. Dabei profitierte Florin Țiriac in mehrfacher Hinsicht von den Migrationsbewegungen aus seinem Herkunftskontext nach Italien. Zum einen erwirtschaftete er erst als Arbeiter in Italien das notwendige Startkapital, um mit einem eigenen Auto mit dem Pakettransport zu beginnen. Hier profitierte er von den deutlich höheren Einkommensmöglichkeiten in Italien, insbesondere zu Beginn der 1990er Jahre. Der frühe Zeitpunkt seiner Migration nach Italien wirkte bei Florins unternehmerischen Tätigkeiten in besonderer Form unterstützend. Zum anderen profitierte er von dem enormen Anstieg der Migration aus seinem Herkunftskontext nach Italien. Dieser Anstieg, der einsetzte als die Ausreisebestimmungen vereinfacht wurden, sicherte ihm eine hohe Nachfrage, als er wenig später sein Reiseunternehmen gründete. Schließlich zog er mit der Investition in einen Baumarkt daraus Gewinn, dass zahlreiche MigrantInnen ihr Geld aus Italien in einen Um- oder Neubau ihrer Häuser anlegten.

7.3 „Ich wusste, dass es nicht einfach sein würde, aber harte Arbeit kannte ich bereits": Falldarstellung Mihail Cioban

7.3.1 Kontaktaufnahme und Kontexte der Interviews

Der Kontakt zu Mihail Cioban und seiner Familie ergab sich am Ende meines zweiten Aufenthaltes in Satuleşti, als ich für meinen anschließenden Aufenthalt in Cittadina nach einer Unterkunft suchte. Mihail, der sich zu diesem Zeitpunkt mit seiner Familie für die Dauer seines Urlaubs in Satuleşti aufhielt, arbeitete damals bereits seit sieben Jahren in Italien. Knapp zwei Jahre nach seiner ersten Ausreise nach Italien waren ihm seine Ehefrau, weitere vier Jahre später seine beiden Kinder nach Italien gefolgt.

Die ersten Gespräche mit Mihail und seiner Ehefrau dienten im Wesentlichen dazu, mir nach meiner Abreise aus Satuleşti eine Unterkunft für die Dauer meines ersten Aufenthaltes in Cittadina zu besorgen. Wenige Tage nachdem mir die Ciobans zugesichert hatten, mich bei ihnen in Italien aufzunehmen, reiste die Familie aus Satuleşti nach Italien ab.

Rund drei Wochen später fuhr ich nach meiner Ausreise aus Rumänien und etwa zehn Tagen in Rom, wo ich bei einem Ehepaar aus Satuleşti gewohnt hatte, nach Cittadina zur Familie Cioban. Für einen Monat wohnte ich bei den Ciobans und erhielt einen Einblick in das alltägliche Zusammenleben der Familie. Dazu gehörten unter anderem gemeinsame Essen, Einkäufe, Freizeitaktivitäten, die Arbeit im Garten sowie Nachhilfe für die Schule. Neben teilnehmender Beobachtung und täglichen Gesprächen führte ich zunächst ein biographisch orientiertes nicht-standardisiertes Interview mit Mihail, das ich auf Tonband aufnahm. Darin bekräftigte er, im Sommer des nächsten Jahres mit seiner Familie nach Satuleşti zurückkehren zu wollen.

Während meines dritten Aufenthaltes in Satuleşti im darauf folgenden Jahr traf ich bereits kurz nach meiner Ankunft die Ciobans auf ihrem Hof im Dorf an. Sie waren, wie bereits das Jahr davor angekündigt, rund einen Monat zuvor mit dem gesamten Hausstand ihrer Wohnung in Cittadina nach Satuleşti zurückgekehrt. In den Wochen meines erneuten Aufenthaltes war die gesamte Familie mit umfangreichen Um- und Anbauarbeiten an ihrem Wohnhaus im Dorf beschäftigt. Während dieser Zeit führte ich sowohl mit Mihail als auch mit seinem Sohn ein narrativ-biographisches Interview. Dabei machte Mihail deutlich, dass er und seine Ehefrau mit dem Gedanken spielten, möglicherweise bereits nach Abschluss der Bauarbeiten am Haus erneut für einen mehrmonatigen Arbeitsaufenthalt nach Cittadina auszureisen. Zu diesem Zweck mieteten sie in ihrer alten Wohnung in Cittadina, in der mittlerweile eine andere Familie aus Satuleşti wohnte, weiterhin ein Zimmer an.

7.3.2 Biographische Kurzbeschreibung

Mihail Cioban wurde 1966 als zweites Kind geboren. Seine Eltern besaßen eine Subsistenzwirtschaft im Dorf. Von Frühjahr bis Herbst betrieb Mihails Vater zunächst Semitranshumanz, indem er seine Schafe auf Weideflächen des Dorfes in den Bergen des Herkunftsbezirkes hütete (siehe Kap. 5.2.1). Später, nach der Geburt der beiden Söhne, arbeitete Mihails Vater gemeinsam mit seinem Bruder, Mihails Onkel, saisonal als Schäfer in Kooperativen sowie daran angrenzenden Dörfern in Transsilvanien.

Mihail und sein sechs Jahre älterer Bruder wurden früh in Arbeiten auf dem Hof im Dorf eingebunden. Beide beendeten nach zehn Jahren die allgemeinbildende Schule. Anschließend arbeiteten sie gemeinsam mit ihrem Vater und ihrem Onkel in verschiedenen Kooperativen und daran angrenzenden Dörfern in Transsilvanien als Schäfer. Im Alter von zwanzig Jahren unterbrach Mihail seine Arbeit als Schäfer und leistete in Bukarest seinen Militärdienst ab. Anschließend kehrte er erneut saisonal nach Transsilvanien zurück, um weiterhin als Schäfer zu arbeiten. Parallel baute er, wie bereits sein Bruder vor ihm, mit Unterstützung seines Vaters ein eigenes Haus in Satuleşti. Ende des Jahres 1989 heiratete Mihail und kehrte im Frühjahr gefolgt von seiner Ehefrau zunächst nach Transsilvanien zurück.

Im darauf folgenden Jahr wechselte Mihail seine berufliche Tätigkeit. Neben einer eigenen Subsistenzwirtschaft, die er sich mit Unterstützung seiner Eltern aufbaute, arbeitete er gemeinsam mit seinem Schwager und seinem Schwiegervater als Zimmermann in Satuleşti und in der Region. Zusätzlich war er über mehrere Jahre hinweg saisonal als Schafscherer in der Dobrudscha beschäftigt. In dieser Zeit brachte seine Frau einen Sohn und eine Tochter zur Welt.

Im Frühjahr 2000 reiste Mihail gemeinsam mit seinem Bruder über eine organisierte Busreise nach Italien aus, wo er die ersten Monate über Kontakte aus seinem Herkunftsdorf zunächst an verschiedenen Orten erneut als Schäfer, später in Cittadina als Bauarbeiter beschäftigt war. Nach knapp zwei Jahren reiste er für wenige Monate erstmals zu seiner Familie zurück nach Rumänien. Im Anschluss ging er schließlich erneut nach Italien, wo er damit begann, neben seiner regulären Beschäftigung auf dem Bau auf eigene Rechnung illegal als Fliesenleger und Maurer zu arbeiten. Wenige Monate später folgte ihm seine Ehefrau nach Italien und unterstützte ihn bei seinen Nebentätigkeiten. Die gemeinsamen Kinder blieben bei den Eltern von Mihails Ehefrau in Satuleşti. Später arbeitete Mihails Ehefrau als Reinigungskraft für mehrere Privathaushalte. In dieser Zeit konnten er und seine Ehefrau ihren Aufenthaltsstatus legalisieren.

Mihail wechselte in den darauf folgenden Jahren in Italien mehrfach seine Beschäftigungsverhältnisse. Vier Jahre nachdem seine Ehefrau nach Italien ausgereist war, Mihails Sohn hatte zu diesem Zeitpunkt in Satuleşti die achtjährige Schulpflicht beendet, folgten die beiden Kinder auf eigenen Wunsch nach Italien. Während die Tochter in Cittadina zur Schule ging, führte Mihails Sohn, da er noch nicht volljährig war und deswegen keine reguläre Beschäftigung annehmen konnte, vor allem Gelegenheitsarbeiten durch, die ihm seine Eltern besorgten.

Zwei Jahre später kehrte die Familie mit ihrem kompletten Hausstand aus Italien nach Satuleşti zurück. Der Sohn meldete sich in der Bezirkshauptstadt für eine berufsqualifizierende gymnasiale Ausbildung zum Automechaniker an. Die Tochter besuchte erneut die allgemeinbildende Schule in Satuleşti. Mihail verfolgte Pläne, sich in Satuleşti als Maurer und Fliesenleger selbständig zu machen.

7.3.3 Thematische Feldanalyse der Eingangserzählung

Das Präsentationsinteresse von Mihail Cioban besteht darin, sich als jemand darzustellen, der aus eigener Kraft und auf der Grundlage tradierter sowie selbst erworbener und permanent erweiterter Fertigkeiten sämtliche Etappen seines Lebens souverän gemeistert hat. Die chronologisch aufgebaute Lebensgeschichte ist wesentlich um konkrete (Erwerbs)Tätigkeiten und Ereignisverläufe zentriert. Sowohl in der Beschreibung seiner eigenen Erlebnisse als auch in der Darstellung anderer Personen, die in der Präsentation vorkommen, stehen die jeweils unterschiedlichen Arbeitserfahrungen im Vordergrund. Sie bilden den Schwerpunkt und das zentrale Thema seiner Selbstpräsentation.

1. Sequenz: Zu Beginn der Eingangserzählung beschreibt Mihail die Situation in seiner Kindheit. Die Atmosphäre in seiner Herkunftsfamilie beschreibt er als harmonisch. Obgleich sein Vater die meiste Zeit des Jahres abwesend war, wird eine besondere Beziehung zu ihm deutlich.[224] Mihail präsentiert sich über die

---

224 Die Eltern von Mihails Vater waren früh gestorben. Mihails Großvater kam bei einem Raubüberfall durch eine Person aus dem Nachbarort ums Leben. Zwei Jahre später verstarb Mihails Großmutter. Mihails Vater war daher als ältestes Kind im Alter von siebzehn Jahren allein für sich und seine beiden deutlich jüngeren Geschwister verantwortlich. Aus dem Nachfrageteil sowie weiteren Gesprächen mit Mihail geht hervor, dass „er seinen Vater sehr wertschätzte und dieser für ihn ein wichtiges Vorbild darstellte („er war ein sehr warmherziger Vater, und er hat auch sehr viel gearbeitet, und ich glaube, er ist einer der verdienstvollsten Personen hier im Dorf" (XVI, 22: 12 f.).

Arbeit seiner Eltern in der Landwirtschaft als in einen bestimmten Lebens- und Erwerbskontext eingebettet. Vor dem Hintergrund der agrarwirtschaftlichen Erwerbsstrukturen wird die Familie als Arbeitsgemeinschaft dargestellt. Von den Tätigkeiten seiner Eltern leitet Mihail zu den Aufgaben über, in die er und sein Bruder aufgrund der Landwirtschaft der Eltern bzw. der Schäfertätigkeit des Vaters eingebunden waren. Obgleich er deutlich macht, dass es eine beschwerliche Zeit für ihn war, bewertet er diese Zeit als positiv.

> also es war ein Leben für uns als Kinder, es war ziemlich anstrengend und schwer, aber wir haben uns daran gefreut, dass wir gesund waren, wir haben uns gut verstanden, mit den Eltern und auch ich mit meinem Bruder habe mich gut verstanden bis heute noch. also ich kann eigentlich gar nicht sagen, dass es ein hartes Leben war, denn so habe ich es nicht empfunden. wenn wir vielleicht krank gewesen wären, dann hätten wir andere Probleme gehabt, aber weil wir alle gesund waren, kamen wir so gut zurecht und so ist es eigentlich noch bis heute (XVI, 1: 14-19)

Mihail nimmt damit eine erste Evaluation vor, die bereits bis in die Gegenwart reicht und gleichsam eine Rahmung seines bisherigen Lebens darstellt: 'auch wenn es in meinem Leben bisher nicht einfach war, kam ich doch immer gut zurecht'. Das Thema dieser ersten Sequenz könnte demnach, wie bereits von Mihail in ähnlicher Weise selbst formuliert, lauten 'weil wir in der Familie an einem Strang gezogen und uns gut verstanden haben, kamen wir immer gut zurecht'.

2.-6. Sequenz: Hieran schließen sich über mehrere Sequenzen Beschreibungen von Mihails ersten Arbeitserfahrungen an. Diese sind unterteilt in Arbeitserfahrungen als Schäfer in Transsilvanien und die Zeit beim Militär in Bukarest. Nachdem Mihail lediglich erwähnt hat, zehn Jahre die Schule besucht zu haben, schildert er mit einzelnen sehr konkreten Details, wie etwa dem exakten Datum, wie er mit seinem Bruder nach Transsilvanien loszog, um dort mit seinem Vater gemeinsam als Schäfer zu arbeiten. In weiteren Ausführungen hierzu, in die Mihail vereinzelt kurze erzählerische Passagen einbaut, geht er – was an der deutschen Herkunft des Interviewers liegen könnte – auf Kontakte zu Siebenbürger Sachsen sowie auf die Schönheit der Landschaft und der Dörfer, in denen er gearbeitet hat, ein. Es folgt eine kurze Beschreibung, in der er auf seine Zeit beim Militär eingeht. Ein Angebot seines damaligen Dienstherren, dort eine Ausbildung zu beginnen, schlägt er damit aus, dass es die Schafzucht war, die er gelernt hatte. Hieran schließt sich ebenso in Form von Beschreibungen die Darstellung seiner weiteren Arbeitsaufenthalte als Schäfer in Transsilvanien an. Dabei erwähnt er gleichsam in Form einer Fußnote das Datum seiner Hochzeit bevor er von einer weiteren Saison als Schäfer in Transsilvanien berichtet. Insgesamt präsentiert sich Mihail in diesen chronologischen Beschreibungen seiner

Arbeitserfahrungen als selbstbewusst und in seiner Handlungsorientierung autonom. Das Thema dieses Abschnittes könnte ähnlich einem Lebensmotto und dem Thema der Eingangssequenz lauten 'ich bin unbeirrt meinen Weg gegangen, habe das gemacht, was ich gelernt hatte, und kam immer gut zurecht'.

7. Sequenz: In der anschließenden Sequenz führt Mihail teilweise in Form von Argumentationen aus, wie er sich dennoch beruflich umorientierte. Er argumentiert zum einen damit, dass seine Frau ihn darum bat, in der Nähe von Satuleşti zu bleiben und mit ihrem Bruder und ihrem Vater gemeinsam als Zimmermann im Dorf und in der Umgebung zu arbeiten. Zum anderen führt er aus, dass er durch den Berufswechsel die Möglichkeit hatte, sein Einkommen über mehrfache saisonale Tätigkeiten als Schafscherer im Donaudelta sowie durch die zusätzliche eigene Landwirtschaft auf Landflächen außerhalb des Dorfes zu diversifizieren, wodurch er schließlich gut verdiente. Detailliert zählt er die verschiedenen Ressourcen auf, die ihm nach seinem Berufswechsel zur Verfügung standen. Diese Ausführungen unterstreichen Mihails Präsentationsinteresse, sich auch im Zuge beruflicher Umorientierungen als jemand darzustellen, der aufgrund seiner Flexibilität und eigenen Fertigkeiten erfolgreich ist. Das Thema dieser Sequenz könnte somit in Anlehnung an die Themen der vorherigen Abschnitte lauten: 'auch im Zuge beruflicher Veränderungen kam ich gut zurecht'.

8.-11. Sequenz: In den nachfolgenden Sequenzen leitet Mihail zu seiner Migration nach Italien über.

> und in 1989, als ich auch in F-Stadt gearbeitet habe, da habe ich einen Fahrer kennen gelernt der internationale Fahrten für Märkte gemacht hat, er hat Blumen gefahren und noch andere Sachen von F-Stadt aus in Richtung Süden, und er meinte zu mir hey Mihail möchtest du nicht vielleicht ins Ausland gehen, Italien, Deutschland, Frankreich, es war 1989 '90 als ich ihn kennen gelernt habe, aber davor hatte ich Angst, ach, ganz alleine, wohin sollte ich gehen, er meinte entweder ich könnte mitkommen, oder ich könnte eben hier bleiben, und ich bin hier geblieben, ich habe mit meinem Schwiegervater gemeinsam gearbeitet, von 1990 bis 1997, dann habe ich die Führerscheinprüfung gemacht und dann habe ich mir ein Auto gekauft und dann habe ich gesehen dass alle gehen, alle gehen und gehen und gehen, mein Gott und ich habe sie gefragt 'wie ist es in Italien', oder nein die ersten sind nach Deutschland gegangen, aber die Leute hier aus der Gegend sind nach Italien gegangen, nach Deutschland sind sie aus anderen größeren Städten weggegangen aber nach Italien sind sehr viele aus Vrancea gegangen, vor allem aus F-Stadt und der umliegenden Gegend, 'ach es ist schwer, es ist sehr schwer dort' aber dann meinte ich zu Monica [seiner Ehefrau] 'also Monica ich verkaufe das Auto und nehme unser Erspartes und dann gehe ich auch' (XVI, 3: 17-30)

In ähnlicher Weise wie in den Ausführungen zuvor, beschreibt Mihail zunächst, wie ihm kurze Zeit nach dem Regimesturz ein flüchtiger Bekannter anbot auszureisen, er dies allerdings aus Angst zunächst ablehnte. Erst nach knapp zehn Jahren, als sehr viele Menschen aus seiner Gegend migrierten, änderte er seine

Meinung. Mihail baut mit seiner Darstellung der einzelnen Zeitabschnitte bis zu seiner Migration gleichsam einen Spannungsbogen auf von der Zeit, als er das erste Mal auf eine Migration angesprochen wurde, bis hin zu seiner Migrationsentscheidung Jahre später. Das Thema dieser Abschnitte, mit denen Mihail zu dem Entschluss seiner Migration hinführt, könnte lauten 'wie ich mich (doch noch) für eine Migration entschieden habe'. Seine Entscheidung zur Migration rahmt er dabei deutlich in seinen unmittelbaren sozialen Kontext im Herkunftsdorf ein. Die Migrationsentscheidung scheint in den dörflichen Herkunftskontext eingebettet. Im Anschluss schildert er, wie er seinen Migrationsentschluss gegen heftigen Widerstand vonseiten seiner Ehefrau und seiner Mutter durchsetzte. Zusätzlich zu seinen Ausführungen, wonach ihm der Gedanke an eine Migration ursprünglich Angst bereitete, scheint er paraphrasiert damit zum Ausdruck bringen zu wollen: 'es war nicht einfach für mich zu gehen, aber ich habe es riskiert'.

12.-22. Sequenz: In den nachfolgenden elf Sequenzen, die mehr als zwei Drittel der Eingangserzählung ausmachen, liefert Mihail einen Erfahrungsbericht über die einzelnen Etappen seines achtjährigen Aufenthaltes in Italien. Im Anschluss an eine teils erzählerisch ausgebaute Darstellung der Organisationsschritte sowie der Stationen seiner Reise bis zur Ankunft in Rom, liefert er über die einzelnen Sequenzen hinweg eine Aufzählung seiner verschiedenen Beschäftigungsverhältnisse in Italien. Bis auf die genauen Jahre und Monate sowie teilweise auf den Tag genau kann er zurückverfolgen, wann er wo zu arbeiten angefangen bzw. aufgehört hat. Dabei werden von ihm an mehreren Stellen einzelne Erzählungen eingeschoben, die jeweils zum Thema haben, wie selbstbewusst und finanziell erfolgreich er während der Zeit in Italien agierte („ich bin nach Hause, und nach fast zwei Jahren hatte ich etwa 8.000 US-Dollar zur Seite gelegt", XVI, 11: 6 f.). So schildert er etwa, wie er sich dagegen wehrte, sich von einem damaligen Arbeitskollegen aus Albanien Befehle erteilen zu lassen.

> und dann kamen wir zu einer Hütte und dort war ein Albaner und sofort sollte ich meine Tasche abstellen dann sollte ich schnell etwas essen und um zehn vor drei würden wir aufstehen und er fragte mich nach meinem Namen und meinte sogleich 'also hörst du hier bestimme ich' und ich entgegnete 'also wo ist das Problem, wenn es hier etwas zu arbeiten gibt und du verteilst zwei Aufgaben dann machst du eine und ich mache auch eine wenn das nicht so ist dann packe ich sofort wieder meine Sachen und dann gehe ich wieder und dann bleibst du hier alleine und du kommandierst und du machst aber auch alles alleine' und als das der Albaner gehört hat hat er aufgehört damit und der Arbeitgeber stand uns gegenüber und musste lachen (XVI, 9: 5-12)

An einer anderen Stelle führt er aus, wie er – bereits legal beschäftigt – nach einiger Zeit von seinem ersten Arbeitgeber auf dem Bau ein höheres Gehalt verlangt habe.

> und dann als ich die Aufenthaltsgenehmigung hatte habe ich zu meinem Arbeitgeber gesagt 'hörst du also das passt mir jetzt nicht mehr du bezahlst mir 40 Euro pro Tag und ich bezahle auch noch die Steuern also entweder du erhöhst mein Gehalt oder ich gehe', 'wie?' 'ja, also entweder du erhöhst mein Gehalt auf 50 Euro oder ich gehe du weißt mittlerweile was ich mache und was ich gut kann, wenn du das nicht möchtest dann gehe ich' (XVI, 11: 25-29)

In diesen Passagen, in denen Mihail die Arbeitsbedingungen und Beziehungen zu seinen Arbeitgebern und Kollegen ausführt, nimmt die Erzählweise der Darstellung fast märchenhafte Züge an. Die aneinander gereihten Etappen erscheinen wie Abenteuer, die von Mihail souverän gemeistert werden. Als autonom und selbstbewusst präsentiert er sich, wenn er ausführt, wie er mehrfach mit seinen Arbeitgebern seine Löhne aushandelte und selbst bestimmte, wo und wie lange er an einem Ort beschäftigt war. Das Thema dieser Sequenzen könnte somit lauten: 'ich habe immer selbst entschieden, unter welchen Bedingungen ich in Italien gearbeitet habe, und kam immer gut zurecht'.

In diesen Sequenzen macht Mihail deutlich, wie er selbstbewusst und auf der Grundlage zahlreicher Kontakte aus seinem Herkunftsdorf souverän die verschiedenen Etappen nicht nur bewältigte sondern selbst gestaltete. Unverändert scheint er das Interesse zu verfolgen, sich während seiner Migration als beruflich flexibel und autonom und damit auch erfolgreich zu präsentieren. Dies wird dadurch unterstrichen, dass Mihail bei nahezu jeder neuen Arbeitsstelle bzw. bei jedem Auftrag, den er später als Maurer und Fliesenleger erhält, die genaue Höhe seines damaligen Gehaltes und seiner Einkünfte angibt (und damals habe ich auf 200 qm Fußboden verlegt, also insgesamt 200 qm Estrich und noch einmal 200 qm Fliesen, insgesamt war das Arbeit für 4.000 Euro", XVI, 11: 14 f.).

Einen weiteren Aspekt, mit dem Mihail in der Eingangserzählung seinen Erfolg in der Migration unterstreicht, bildet die Legalisierung seines eigenen sowie des Aufenthaltsstatus seiner Ehefrau. Obgleich damit für ihn bestimmte Kosten verbunden sind, die er ebenfalls genau aufschlüsselt, präsentiert er sich auch hier in der Weise, dass er von sich aus aktiv die Legalisierungsverfahren organisierte und erfolgreich abschloss.[225]

> und dann im September [2002] gab es ein [Legalisierungs]Gesetz, Berlusconi hat das damals gemacht für Ausländer und ich meinte [zu meinem damaligen Arbeitgeber] 'also wenn wir es

---

225 Über ein von der italienischen Regierung durchgesetztes Legalisierungsgesetz im Jahr 2002 (vgl. Kap. 6.1) legalisierte Mihail seinen Aufenthaltsstatus, nachdem er bereits knapp zweieinhalb Jahre illegal in Italien gearbeitet hatte. Mihail sprach seinen damaligen Arbeitgeber auf das Legalisierungsgesetz an, worauf dieser Mihails Tätigkeit anmeldete. Die mit der Legalisierung seiner Beschäftigung anfallenden Steuern trug Mihail selbst. Ebenso kümmerte er sich darum, die Arbeit seiner Ehefrau zu legalisieren. Er sprach die Ehefrau eines Arbeitgebers an, für den er nebentätig gearbeitet hatte. Auch hier zahlten er und seine Ehefrau die monatlichen Steuern selbst.

jetzt nicht machen dann schicken sie uns wieder nach Hause selbst wenn ich die Steuern jetzt selbst zahlen muss du musst jetzt mit mir zur Meldestelle gehen und Dokumente für mich machen lassen', 'ja Mihail kein Problem wir machen das' und er ist mit mir zur Meldestelle, er hat unterschrieben und ich habe dann die Steuern bezahlt, das waren damals 800 Euro damit wir die Dokumente machen konnten und dann habe ich auch jeden Monat über 100 Euro, 140 Euro Steuern bezahlt, auch von meinem Geld (...) und dort wo wir die 400 qm Fußboden verlegt hatten da habe ich mit der Frau gesprochen 'hören sie Frau wo ist das Problem so und so ist das wir haben das und das Problem gehen sie mit Monica [zur Meldestelle] unterschreiben sie den Vertrag und die 80 Euro die im Monat an Steuern anfallen die zahlen wir', gut, sie hat auf der Meldestelle für sie unterschrieben und als Monica die Aufenthaltsgenehmigung bekommen hatte da hat die Polizei angefangen stärkere Kontrollen durchzuführen (XVI, 11: 19-35)

Mit dieser Fokussierung auf seine Erwerbstätigkeit und die Organisation der Migration gelingt es Mihail, seinen Arbeitsaufenthalt in Italien als Erfolg darzustellen. In ähnlicher Weise wie Mihail seine Herkunftsfamilie als Arbeitsgemeinschaft präsentiert, erscheint auch seine Migration als ein familienökonomisches Unternehmen, das durch die gemeinsame Arbeit der Familie bzw. dadurch, dass die Familie 'an einem Strang zieht', erfolgreich ist. Das übergeordnete thematische Feld dieser Passagen könnte lauten 'weil wir in der (eigenen) Familie an einem Strang gezogen und immer viel gearbeitet haben, war die Migration erfolgreich'.

In der Lebensgeschichte tritt hierbei die Ausgestaltung der familiären Beziehungen deutlich hinter das familienökonomische Interesse zurück. Über die gesamte Selbstpräsentation hinweg geht Mihail auf das familiäre Zusammenleben sowohl vor als auch während der Migration nur vereinzelt ein. Im Sinne der Familienökonomie geht das Familienleben in der Eingangserzählung gleichsam im gemeinsamen (Familien)Arbeitsleben auf. Dies gilt sowohl für die Einführung seiner Herkunftsfamilie zu Beginn der Erzählung als auch später für die Darstellung seiner eigenen Familie. Im Wesentlichen beschränkt sich Mihail in Bezug auf seine eigene Familie auf die Darstellung der wichtigsten biographischen Eckdaten wie Alter, Heiratsdatum und Schuleintritt der Kinder. Die Familie erscheint eingehender erst im Zusammenhang mit seiner Entscheidung für die Migration nach Italien. Erst hier erfährt der Zuhörer überhaupt, dass Mihail zwei Kinder hat. Auch in den anschließenden Erzählabschnitten, in denen er darüber berichtet, wie er die erste Zeit ohne Unterbrechung für knapp zwei Jahre in Italien war, erwähnt er seine Familie und wie er mit ihr in Kontakt geblieben war, nicht.

Seine Ehefrau thematisiert Mihail nahezu ausschließlich im Rahmen des gemeinsamen Erwerbszusammenhangs in Italien. So führt er aus, wie er seiner Ehefrau nach der zweiten Ausreise nach Italien, als er damit begann, sich als Fliesenleger selbständig zu machen, anbot, ebenfalls nach Cittadina zu kommen. Neben ihrer Putztätigkeit für mehrere Familien unterstützte sie ihn bei seinen

Nebentätigkeiten. Den Nachzug seiner Ehefrau präsentiert Mihail ausschließlich mit zweckrationalen Gründen. Auch ihm kommt die funktionale Bedeutung zu, die Arbeitsmigration als ein erfolgreiches familienökonomisches Unternehmen darzustellen.

Seine Kinder thematisiert Mihail ebenso fast ausschließlich im Zusammenhang mit seinen verschiedenen Erwerbstätigkeiten und der Organisation der Migration.

> und dann habe ich bei einer Wasserabfüllanlage gearbeitet und dort habe ich dann für zwei Jahre gearbeitet (...) erst war ich angestellt aber es war eine Kooperative es waren da insgesamt neun Personen drin, 'wenn du in die Gesellschaft eintrittst dann bezahlen wir dir auch mehr pro Stunde' damals habe ich sieben Euro die Stunde verdient 'und was machen wir mit dem dreizehnten Monatsgehalt und wie machen wir das mit der Familienzusammenführung' denn ich wollte die Kinder nachholen, nein das ginge nicht sie wollten es einfach nicht und dann habe ich gefragt, 'hey, wo ist das Problem gebt mir noch fünfzehn Tage, gebt mir meine 1000 Euro und dann bin ich weg oder wir lösen das anständig' (XVI, 12: 9-18)

Erneut stehen die verschiedenen Beschäftigungsverhältnisse und die organisatorische Abwicklung im Vordergrund von Mihails Ausführungen. Auf die Beziehung zu seinen Kindern geht Mihail nicht ein. Erst am Ende seiner Eingangserzählung, als Mihail die Gegenwart erreicht, erwähnt er seine Kinder direkt, indem er kurz anspricht, wie seine Kinder nach der gemeinsamen Rückkehr aus Italien ihre Ausbildung im Herkunftskontext fortsetzen werden.

> die Kinder werden jetzt hier wieder zur Schule gehen, meine Tochter wird hier wieder zur Schule gehen wir haben sie hier in der Schule wieder eingeschrieben und dann gehe ich vielleicht wieder, wir werden wohl nicht lange bleiben ich will hier ein wenig das Haus in Ordnung bringen so viel wie wir schaffen und dann gehe ich vielleicht noch einmal für eine Saison von Frühjahr bis Herbst und dann werden wir nach Hause fahren, Monica wird erst einmal schauen wie es mit Maria in der Schule läuft, der Junge braucht auch ein wenig- das Kind wird jetzt in eine Stadt gehen in der Stadt ist es ein bisschen, wenn du dann ein Auge darauf hast dann- wir werden jetzt sehen wie es jetzt wird so ist das bis zum jetzigen Punkt wenn du dich jetzt an irgendwas erinnerst was du mich fragen möchtest dann kannst du mich jetzt fragen (XVI, 13: 37-14: 8)

Mihail zeigt den schulischen Übergang seiner Kinder von Italien nach Rumänien auf. Für sie – anders als vermutlich für Mihail und seine Ehefrau – ist damit die Migration beendet. Er umreißt, wie es für ihn und seine Familie weitergehen wird, und bringt damit zum Ausdruck, dass die nächsten Schritte bereits geplant sind. Entsprechend Mihails übergeordnetem Präsentationsinteresse scheint sich damit auch der (vorläufige) Abschluss der Migration ohne Probleme zu vollziehen.

Zusammenfassung

Mihail Cioban präsentiert sich in der Eingangserzählung fast ausschließlich im Kontext seiner Erwerbstätigkeiten und Beschäftigungsverhältnisse. Zentrales Gerüst der Erzählung bildet die Aufzählung der unterschiedlichen erwerbsspezifischen Beschäftigungsformen, die in erster Linie in der Textform der Beschreibung ausgeführt werden. Lediglich vereinzelt werden erzählerische Passagen eingestreut. Vor dem Hintergrund der verschiedenen Arbeitskontexte, die wesentlich das Inventar an Personen in der Erzählung bestimmen, stellt Mihail sich und seine Migration als erfolgreich dar. Hierbei gingen deutliche Verweisungen zwischen der Präsentation seiner Herkunfts- sowie seiner eigenen Familie hervor. In ähnlicher Weise wie seine Herkunftsfamilie entwirft Mihail auch seine eigene Familie als eine Arbeitsgemeinschaft. Eingebettet in diese thematische Rahmung der Eingangserzählung wird die Migration als ein familienökonomisches Projekt präsentiert. Wenngleich Mihail ausführt, wie sich seine Familie zunächst gegen die Migration aussprach, lässt sich das zentrale thematische Feld seiner Lebens- und Migrationsgeschichte mit den Worten paraphrasieren 'so wie in meiner Herkunftsfamilie ziehen wir auch in meiner Familie alle an einem Strang und kommen so immer gut zurecht'.

Die erwerbsspezifischen Kontexte bilden einen wichtigen Zugang zu Mihails Umgang mit der Migration. In der nachfolgenden Fallgeschichte wird auf den biographischen Verlauf daher vor allem anhand von Mihails Ausbildungs- und Berufsweg eingegangen. Dieser ist eng mit der Situation in seiner Herkunftsfamilie verbunden. Auf der Grundlage dieser Daten wird Mihails Handlungsorientierung herausgearbeitet.

7.3.4 Lebensgeschichtlich relevante Kontexte

7.3.4.1 Familiäre Situation, Ausbildungs- und Erwerbsbiographie

Mihail war von klein auf in die Landwirtschaft seiner Eltern einbezogen. Während sein Vater gemeinsam mit den eigenen Schafen von Frühjahr bis Herbst zunächst in die Berge des Herkunftsbezirks und später mit seinem Bruder, Mihails Onkel, nach Transsilvanien zog, um dort als Schäfer zu arbeiten, kümmerte sich Mihail mit seiner Mutter und seinem zwei Jahre älteren Bruder um die übrigen Tiere auf dem Hof und den Verkauf der Jungtiere sowie der Tiererzeugnisse auf dem Wochenmarkt in der Nachbargemeinde.

Mihail und sein Bruder besuchten zehn Jahre lang die Schule in Satuleşti. Für beide bedeutete es täglich einen Schulweg von insgesamt knapp zwanzig

Kilometern, da die Familie wegen der Tiere die meiste Zeit des Jahres auf einer Landparzelle knapp zehn Kilometer außerhalb des Dorfes wohnte. Nachdem Mihail die Schule im Dorf absolviert hatte, wurde er von seinem Vater vor die Wahl gestellt, jeweils mit Unterstützung seiner Eltern eine weiterführende Schule in der Stadt zu besuchen oder arbeiten zu gehen und auf dem Grundstück seiner Eltern ein Haus in Satuleşti zu bauen.

> als ich zehn Schulklassen absolviert hatte da meinte mein Vater zu mir 'Mihail, was machst du, gehst du weiter auf die Schule, dann kann ich dir soundso viel [einen bestimmten Geldbetrag] dazugeben was anderes als das kann ich dir nicht geben', und ich habe nach zehn Klassen gesagt, 'ich will gerne zur Schule und ein Auto möchte ich' aber da hat mir mein Vater gesagt dass er kein Geld für ein Auto hat. das war 1982 '83, 'gut, wenn du kein Geld für ein Auto hast dann habe ich gesagt gehe ich zur Schule und baue mir ein Haus' und er meinte das ginge nicht, 'gut habe ich gesagt dann gehe ich selber arbeiten damit ich mir ein Haus bauen kann' und dann habe ich gearbeitet und das da ist das Haus das ich mir dann gebaut habe und ich war zufrieden damit, ein Auto und die Schule und ein Haus das ging nicht das konnten sie nicht finanzieren, aber bei uns in der Gegend ist das so, jeder hat sein eigenes Haus, die Mehrheit=alle, 90% der Leute haben ihr eigenes Haus, die Eltern haben ihr Haus und die Kinder haben ihr Haus und da habe ich mich entschieden als Schäfer in Fagaraş zu arbeiten um dadurch Geld zu verdienen (X, 1: 8-13)

Mehrere Beweggründe veranlassten Mihail zu seiner Entscheidung, fortan als Schäfer zu arbeiten. Einerseits war es der begrenzte finanzielle Spielraum seiner Eltern. Hätte er sich für den Besuch einer weiterführenden Schule entschieden, so hätte er mit keinerlei weiteren Unterstützungsleistungen rechnen können. Andererseits war seine Entscheidung von seinem unmittelbaren sozialen Herkunftskontext beeinflusst. Mit der Entscheidung für eine weitere Ausbildung wäre ungewiss gewesen, ob er später ebenso wie die meisten in seinem Herkunftsdorf in der Lage gewesen wäre, sich mit dem Bau eines Hauses eine eigene Existenz im Dorf aufzubauen. In diesem Zusammenhang führt Mihail die damalige Einkommenssituation als Schäfer im Vergleich zu höher qualifizierten Beschäftigungsmöglichkeiten an.

> damals habe ich hin und her überlegt, mal wollte ich Schäfer sein mal wollte ich weiter zur Schule, mein Vater hätte mir die Schule auch bezahlt wir hatten Tiere sie hätten sich das leisten können, aber ich habe mir auch gedacht wenn ich dann auf die Schule gehe und es gefällt mir vielleicht nicht und ich schaffe es nicht, in den drei Jahren kann ich mir auch ein Haus bauen, in 1986 '87 hatte man als Schäfer ein Gehalt von 3500 Lei wie die Leute in der Fabrik die sogar studiert hatten, die Ingenieure, und wir hatten auch noch weitere Vorteile, ein Arbeiter hatte vielleicht 1.000 bis 1.500, vielleicht noch bis 2.000 Lei pro Monat ein Ingenieur der auch studiert hatte hatte 3.500-4.000 Lei, ich als Schäfer hatte auch 4.000 Lei und zu Ostern hatten wir noch das Schaffleisch das wir verkaufen konnten, ich konnte auch noch den Käse von den eigenen Tieren verkaufen, davon konnte ich alleine noch drei bis vier Extragehälter erwirtschaften. und so habe ich gedacht. ich habe ein Haus gebaut in 1987 und in 1989 hatte ich das Haus fertig, da hatte ich die Schlüssel in der Hand und das Haus hatte drei Zimmer (X, 1: 17-28)

Hieraus geht hervor, dass Mihails Entscheidung deutlich finanziell motiviert war. Er kalkulierte alternative Einkommensmöglichkeiten im Vergleich zu einer Arbeit als Schäfer. Diese wiesen zum einen für ihn ein erhöhtes Risiko auf, da er sich nicht sicher sein konnte, die Leistungsanforderungen, die an ihn gestellt worden wären, erfüllen zu können. Dabei deutet sich an, dass es Mihail vermutlich auch an einem Vorbild gefehlt hatte, eine höhere Ausbildung anzustreben. Zum anderen erschien ihm das Einkommen, das er durch eine betriebliche Ausbildung oder auch durch ein Studium hätte erzielen können, im Vergleich zu einem Einkommen als Schäfer nur wenig attraktiv. Schließlich entschied er sich mit der Arbeit als Schäfer für eine Tätigkeit, die er bereits von klein auf durch seinen Vater kannte. Diese Erwerbsarbeit versprach ihm ohne hohes Risiko und mehrjährige Ausbildungszeit, in der er weiterhin von seinen Eltern materiell abhängig gewesen wäre, einen großen finanziellen Nutzen und schließlich eine eigene Existenz im Dorf. Wie Mihail in einem anderen Interview deutlich macht, handelte er damit so wie sein Bruder und die meisten männlichen Jugendlichen aus seinem Herkunftsdorf.

> in meiner Generation bei meinen Klassenkameraden war es das gleiche, fast alle haben das so gemacht sie sind in die Landwirtschaft und da konnte man auch gut verdienen, die die Autos hatten waren die mit den Schafen, Geld hatten die die Schäfer waren (...) wir waren 32 Schüler und insgesamt [mit der Parallelklasse] 74 Schüler, von uns 32 sind zwei Jungen und zwei Mädchen auf ein Gymnasium gegangen, einer nach V. und einer in eine Berufsschule in einer Traktorenfabrik, wir übrigen haben einen anderen Weg eingeschlagen (X, 1: 13-16, 1: 29-31)

Die Entscheidung für den Schäferberuf war deutlich in Mihails Herkunftsmilieu eingebettet. Sie resultierte nicht allein daraus, dass eine weitere schulische Ausbildung mit hohen finanziellen Kosten verbunden gewesen wäre, sondern auch daraus, dass das erwirtschaftete Einkommen als Schäfer und dadurch mögliche Investitionen einen bestimmten Status innerhalb des Herkunftsdorfes zusicherten (vgl. Kap. 5.2.2.1). Eine betriebliche Ausbildung verlieh demgegenüber bei geringerem finanziellem Ertrag vor allem symbolisches Kapital und damit einen gewissen sozialen Status im Sinne des damaligen sozialistischen Gesellschaftssystems (vgl. Kap. 5.2.2.2).

Gemeinsam mit seinem Vater und seinem Bruder arbeitete Mihail die folgenden fünf Jahre für verschiedene Kooperativen sowie daran angrenzende Dörfer in Transsilvanien als Schäfer. Während sein Vater wie die meisten Schäfer aus dem Dorf, die in Transsilvanien tätig waren, dort lediglich acht Monate von Frühjahr bis Herbst verbrachte und für den Winter mit seinen Schafen in einem Fußmarsch von über einer Woche nach Satuleşti zurückkehrte, blieb Mihail wie auch sein Onkel fast das ganze Jahr über in Transsilvanien und kam lediglich zu

Feiertagen nach Satuleşti zurück. Im Verlauf seiner beruflichen Tätigkeit beobachtete er die unterschiedlichen Verdienstmöglichkeiten als Schäfer sehr genau.

> der Bruder meines Vaters war verantwortlich für alle Schafe einer Kooperative mit Vertrag und mein Vater hat dann noch mit zwei anderen dort quasi für ihn gearbeitet, der eine hat vielleicht vier Millionen [Lei] bekommen dafür hat er dann aber nicht drei [Schäfer] wie es eigentlich nötig gewesen wäre angestellt sondern nur zwei, das Geld was er so zusätzlich hatte hat er in die eigene Tasche gesteckt (...) der offizielle Schäfer der Kooperative musste eine vertraglich festgelegte Zahl an Produkten also Käse und eine bestimmte Anzahl an Schäfchen erwirtschaften die an den Staat gingen, im Winter wenn er die Schafe gut gehalten hat dann blieb für ihn noch zusätzlich Geld von dreißig oder vierzig Schäfchen und wenn er also zusätzlich noch gute Schäfer angestellt hat dann blieb ihm auch noch die Hälfte des Käses, dem Verantwortlichen blieb also noch sehr viel Geld zusätzlich (...) und der Bruder meines Vaters weil er sich sehr gut mit den Leuten aus der Kooperative verstand bekam das Einverständnis dass er sich auch um die Schafe aus dem Dorf kümmern konnte, es gab damals zwei Sennhütten eine staatliche von der Kooperative und eine vom Dorf und er war für beide verantwortlich er hatte dort in der Kooperative zwei bis drei und dort für das Dorf noch mal vier Schäfer, der eine Käse ging an die Kooperative und den zusätzlichen von dort hat er verkauft, den Käse der Leute aus dem Dorf hat er jeden Samstag ins Dorf gebracht zu den Leuten, er hatte auch einen Vertrag mit den Leuten wie viel er jeweils den Leuten an Käse geben musste pro Schafkopf was er zusätzlich erwirtschaftet hat das ging an ihn (X, 2: 7-11, 2: 14-19, 2: 32-3: 5)

Die Tätigkeit des Schäfers in einer Kooperative bzw. für ein daran angrenzendes Dorf konnte sich durch verschiedene Merkmale auszeichnen. Zum einen beruhte sie auf engen sozialen Netzwerken. Dies zeigte sich etwa daran, dass Mihails Onkel mit Mihail sowie seinem Vater und Bruder auf verwandtschaftliche Beziehungen in der Besetzung der Posten als Schäfer zurückgriff. An anderer Stelle bemerkt Mihail hierzu, dass in manchen Kooperativen nahezu sämtliche Schäfer aus Satuleşti kamen. Die gemeinsame Tätigkeit konnte somit für sehr enge soziale und funktionale Netzwerke unter den Dorfbewohnern sorgen. Zum anderen konnte die berufliche Tätigkeit als Schäfer in anderen Landesteilen bedeuten, über mehrere verschiedene Einkommensquellen zu verfügen, die je nach Position innerhalb der Hierarchie sehr unterschiedlich ausfielen (vgl. Kap. 5.2.2.1). Diese Strategie, die Einkommensmöglichkeiten zu diversifizieren und dadurch verschiedene Einkünfte zu akkumulieren, stellte für Mihail eine Erwerbsform dar, die er bereits aus der Landwirtschaft seiner Eltern kannte, wie an anderer Stelle deutlich wird.

> wir haben unsere eigenen Schafe im Winter immer [aus Transsilvanien] nach Vrancea mitgenommen, in der Kooperative hätte man sie schlecht durch den Winter bringen können denn sie haben sich nicht richtig um das Heu gekümmert, wir hingegen zu Hause für uns war das immer wichtig wir hatten ja [zusätzlich noch] unsere Tiere zu Hause wir haben uns richtig um die Tiere gekümmert und gutes Futter gegeben und wir hatten davon auch ein Einkommen, zu Ostern haben wir die Lämmer verkaufen können für 100 Lei damit konnte man das ganze Geld für den Winter erwirtschaften, mein Vater hat den Käse verkauft die Lämmer hatten ja noch keine Milch erst wenn sie zwei Jahre alt sind dann geben sie Milch, damals gab es ja schon den Markt

in T. [Nachbargemeinde], einen noch viel größeren Markt, dort wurde das ganze Jahr über der Käse von den Kühen verkauft, meine Mutter ist immer sonntags auf den Markt gegangen, die Milch von den Kühen konnte man ja sonst auch nicht weiterverwerten, den Käse [von der Kuhmilch] hat sie aber verkauft, ich habe mich früher um die Schäfchen gekümmert mein Bruder um die Kühe, das Geld brauchten wir für den Herbst wir brauchten Schuhe Stifte und so weiter dafür brauchten wir das Geld vom Käse wir mussten haushalten mit dem Geld, wir hatten noch Schweine und die kleinen Schweine haben wir auch auf dem Markt verkauft (X, 4: 5-18)

Mihails Herkunftsfamilie bildete eine familienökonomisch ausgerichtete Arbeitsgemeinschaft. Neben dem festen Einkommen, das Mihails Vater als Angestellter einer Kooperative bekam, sowie dem zusätzlichen Ertrag, den er dadurch erwirtschaftete, dass er seine eigenen Schafe von Frühjahr bis Herbst in Transsilvanien hielt, verfügte die Familie über regelmäßige Einnahmen aus dem Verkauf der Tiere und der Erzeugnisse, die sie das ganze Jahr über auf dem Hof erwirtschafteten. Für Mihail war somit die zentrale erwerbsspezifische Handlungsorientierung, ein möglichst hohes Einkommen zu erzielen, um dadurch eine eigene Existenz in Satuleşti aufzubauen, bereits über den Kontext seiner Herkunftsfamilie von einer Erwerbsstrategie begleitet, die Einkommensmöglichkeiten zu diversifizieren.

Dieser Handlungsorientierung folgte Mihail auch im weiteren biographischen Verlauf. Hierbei bewegte er sich weiterhin in Erwerbszusammenhängen, die auf familiären Beziehungen gründeten. Durch seine Heirat Ende des Jahres 1989, als er mit seiner Ehefrau das Haus bezog, das er mit Unterstützung seiner Eltern auf deren Grundstück im Dorf gebaut hatte, verlagerten sich diese allerdings stärker auf die Familie seiner Ehefrau. So begann Mihail damit, bei seinem Schwiegervater und bei seinem Schwager das Zimmerhandwerk zu erlernen und mit ihnen gemeinsam im Dorf und in der Region zu arbeiten. Obgleich Mihail angibt, damit dem Wunsch seiner Ehefrau entsprochen zu haben, näher in der Region zu arbeiten, wird deutlich, dass für Mihail entsprechend seiner zentralen Handlungsorientierung erneut finanzielle Beweggründe ausschlaggebend waren.

ich habe als Schäfer aufgehört weil ich gesehen habe dass man dann in einem anderen Beruf besser verdienen konnte. nach 1989 konnte man die landwirtschaftlichen Erzeugnisse schlechter verkaufen alles wurde exportiert und wir haben die Sachen nicht mehr gekauft, und da habe ich entschieden dass ich einen anderen Beruf erlernen wollte, ich hatte noch 20 Schafe behalten, den Rest habe ich verkauft (...) ich habe damals schon gut verdient als Zimmermann in F-Stadt, im ganzen Bezirk haben wir gearbeitet, alle- von 1990 an als die Grenze aufging sind alle gegangen und zu Hause haben sie angefangen Häuser zu bauen, sie haben in Italien gearbeitet und mit dem Geld von dort haben sie angefangen zu Hause Häuser zu bauen, mit Balkongeländern und Giebeln aus Holz, und für sie habe ich gearbeitet und damit haben wir Geld verdient, 1992 hat das richtig angefangen, in L. [Ort in der Region] haben wir auch gearbeitet von 1992 bis 2000 (X, 4: 26-29, 5: 17-22)

Entsprechend der sich verändernden Einkommenssituation entschied sich Mihail für eine berufliche Neuorientierung. Er griff auf bereits vorhandene Ressourcen in der Familie seiner Ehefrau zurück und reagierte damit darauf, dass sich die Einkommensmöglichkeiten als Schäfer aufgrund der Umstrukturierungen im landwirtschaftlichen Sektor im Zuge des Regimesturzes verschlechterten. Mihail folgt somit einer ähnlichen Handlungsausrichtung wie gegen Ende seiner Schulzeit: eingebunden in eine familiäre Arbeitsgemeinschaft richtete er sein Interesse darauf, ein möglichst hohes Einkommen sowie damit verbunden einen bestimmten sozialen Status zu erzielen. Dabei reagierte er gewandt und flexibel auf Einkommensveränderungen. Noch in seinem Herkunftskontext profitierte er mit seiner Qualifikation in einem handwerklichen Beruf von der einsetzenden Arbeitsmigration aus seiner Herkunftsregion nach Italien.

Mit dieser beruflichen Umorientierung, die für ein ausreichendes Familieneinkommen sorgte, war zusätzlich eine Diversifikation seiner Einkünfte verbunden. So arbeitete Mihail nicht nur als Zimmermann, sondern nutzte auch seine zuvor erlernten Fertigkeiten aus der Landwirtschaft und Schafzucht. Zum einen behielt er einen Teil seiner Schafherde zur Versorgung seiner eigenen Familie und bewirtschaftete in der Nähe der Bezirkshauptstadt Ackerland, das die Familie als Entschädigung für Kriegsopfer im Zweiten Weltkrieg übertragen bekommen hatte (vgl. Kap. 5.2.1). Zum anderen arbeitete Mihail saisonal als Schafscherer für serbische Schäfer im Donaudelta. Damit ging Mihail ähnlich wie sein Bruder, der nach der Dekollektivierung zunächst als Aushilfe in der Landwirtschaft in einem rumänischsprachigen Grenzdorf im ehemaligen Jugoslawien und heutigen Serbien sowie später als Fabrikarbeiter in der Türkei beschäftigt war (vgl. Kap. 5.2.3.2), einer lukrativen zusätzlichen Beschäftigung nach.[226] Ähnlich wie in seiner Herkunftsfamilie zeigte sich eine Diversifikation der Einkommensmöglichkeiten, die auch seine weitere Erwerbsarbeit kennzeichnen sollte.

7.3.5 Migrationsspezifische Kontexte

7.3.5.1 Migrations- und Arbeitskontexte

Die Zunahme der Migrationsbewegungen aus Satuleşti nach Italien Ende der 1990er Jahre veranlasste Mihail dazu, ebenfalls über eine Migration nach Italien

---

226 Andere Personen in Mihails Familie, wie etwa sein Onkel, reagierten auf die Dekollektivierung damit, dass sie einen Hof von ausgewanderten Rumäniendeutschen kauften und sich dort niederließen (vgl. Kap. 5.2.3.1).

nachzudenken. Während viele von Mihails Verwandten und Bekannten bereits über saisonale Arbeitserfahrungen im Ausland verfügten, hatte Mihail bis dato ausschließlich in anderen innerrumänischen Landesteilen gearbeitet. In einem ersten biographisch orientierten Interview gibt Mihail folgende Beweggründe für seine Ausreise nach Italien an:

> ich bin gegangen, weil alle gegangen sind, alle haben gesagt dass es nicht schön ist dort in Italien aber dennoch sind alle gegangen keiner ist zu Hause geblieben. sie gingen und kamen und gingen wieder und da habe ich mir gesagt dann gehe ich auch um mir von dem Geld ein schöneres Auto kaufen zu können, vorher hatte ich nur einen Dacia ich wollte für ein Jahr bleiben und mir dann davon ein schöneres Auto kaufen, aber sie wollten mich nicht gehen lassen, alle wollten nicht dass ich gehe meine Eltern haben geweint meine Frau wollte mich nicht gehen lassen, 'dann soll sie sich doch scheiden lassen ich gehe' meine Mutter meinte dann irgendwann dann solle ich doch gehen ((lacht)) und dann bin ich gegangen, ich wusste dass es nicht einfach sein würde aber schwere Arbeit kannte ich bereits, ich musste diesen Weg einfach machen-ich wollte sehen wie es ist, in Jugoslawien war ich schon nicht auch in der Türkei war ich nicht, ich wollte auch gehen (X, 6: 15-22)

Mihails Entschluss zur Migration erscheint wie bereits seine Berufsentscheidung am Ende seiner Schulzeit deutlich in den sozialen Kontext seines Herkunftsdorfes eingebettet. Neben einer konkreten Investitionsabsicht erscheint die Ausreise in erster Linie dadurch motiviert, dass bereits zahlreiche andere DorfbewohnerInnen aus Mihails Umfeld zum damaligen Zeitpunkt nach Italien aufgebrochen waren. Eine materielle Notsituation gab nicht den Ausschlag. Daneben standen die pendelartigen Migrationsverläufe in einem Widerspruch zu den Darstellungen der Arbeitsaufenthalte. Dieses widersprüchliche Verhalten schien Mihails Neugier zu steigern, ebenfalls Arbeitserfahrungen im Ausland zu sammeln. Dies geht auch daraus hervor, dass Mihail sein Migrationsvorhaben zeitlich sehr stark eingrenzte. Die Erfahrung der Migration an und für sich scheint für ihn im Vordergrund gestanden zu haben. So setzte er seine Migration, auf die er sich durch sein bisheriges Arbeits- und Berufsleben gut vorbereitet sah, gegen Einwände aus seiner Familie durch. Obgleich die Migrationsentscheidung somit heteronome Anteile aufweist, präsentiert sich Mihail auch an dieser Stelle als ähnlich autonom wie in der Eingangserzählung.

Als ein weiterer Beweggrund für die Arbeitsmigration nach Italien ging die Motivation hervor, in Italien ein neues Handwerk zu erlernen. Da dies als Fortführung einer wesentlichen Handlungsorientierung von Mihail erscheint, wird hierauf weiter unten in der Darstellung der Arbeitserfahrungen in Italien eingegangen. Es folgen zunächst Ausführungen zur Organisation der Migration.

Mihail reiste gemeinsam mit seinem Bruder über eine organisierte Busreise in die Niederlande nach Italien ein. Wie zahlreiche DorfbewohnerInnen zu dieser Zeit beauftragten beide dazu eine Reiseagentur mit der Beschaffung eines

Visums für den Schengen-Raum. Sie bezahlten dafür je 400 US-Dollar. Nach wenigen Tagen erfuhren sie, dass ihnen von der niederländischen Botschaft ein Visum für die Dauer der Busreise von offiziell zwölf Tagen ausgestellt worden war und sie bereits in der darauf folgenden Woche die Busreise antreten konnten. Zusätzlich zu den 400 US-Dollar mussten sie 1.000 US-Dollar für die Busreise aufbringen sowie 500 US-Dollar Taschengeld, das sie beim Grenzübertritt vorzeigen mussten (vgl. Kap. 6.2.1). Um das nötige Geld zusammenzubekommen, verkaufte Mihail sein Auto und eine Kuh. Zusätzlich lieh er sich 400 US-Dollar von Bekannten und nahm einen Kredit bei einer Bank auf. Mit dem nötigen Taschengeld von mehreren hundert US-Dollar, das er und zahlreiche andere Reisende nicht aufbringen konnten, half sich die Reisegruppe gegenseitig aus. Von den GrenzbeamtInnen unbemerkt ließen sie das Geld im Bus kursieren. Über Ungarn, Österreich und Deutschland reisten Mihail und sein Bruder in die Niederlande ein. Nach einer Nacht in Rotterdam reisten sie auf dem direkten Weg weiter nach Italien, wo sie in Rom an einem Busparkplatz in der Nähe einer Metrostation mit dem Hinweis ausgesetzt wurden, sich innerhalb kürzester Zeit abzusetzen, um keinen Verdacht zu erregen.

Mihail und sein Bruder nahmen umgehend Kontakt zu einem Cousin auf, der als einer der Ersten aus Satuleşti bereits 1991 nach Italien migriert war und in Rom wohnte. Dort verbrachten sie die erste Woche. Bereits am ersten Tag nach ihrer Ankunft wurden sie zu einem Baustoffgrosshandel mitgenommen, wo Besitzer von Baufirmen ihr Material einkauften und mitunter nach zusätzlichen Arbeitskräften suchten. Da es ihm schwerfiel, sich in einer Großstadt wie Rom zurechtzufinden, besorgten sich beide über einen Neffen von Mihail eine Beschäftigung als Schäfer. Im Latium arbeiteten beide für zwei Monate bei unterschiedlichen Schafzüchtern. Neben dem Schafehüten arbeitete Mihail in freien Stunden auf einer benachbarten Plantage. Damit, so rechnete er sich aus, verdiente er mehr als sein Bruder, von dem er wusste, dass er für das Schafehüten besser bezahlt wurde als er selbst. Da sein Arbeitgeber nach den beiden Monaten mit ihm sehr zufrieden war, bot er an, ihm eine neue Tätigkeit zu vermitteln. Doch Mihail lehnte dieses Angebot ab.

> und er [der Arbeitgeber] meinte zu mir also wenn ich weiter arbeiten wollte bei den Schafen dann hätte er auch Freunde die noch mehr Schafe hätten und über die er sicher für mich auch eine Arbeit finden würde, und ich habe dann auch etwas besser die Sprache bereits beherrscht und ich meinte zu ihm 'also ich kann jetzt nicht nur bei den Schafen bleiben', und ich hatte auch daran gedacht noch eine andere Arbeit zu erlernen und meinte 'also nur bei den Schafen da kann ich auch in Rumänien bleiben da kann ich mir einhundert Schafe kaufen und auch nur bei den Schafen bleiben dass kann ich auch in Rumänien zu Hause bei mir da muss ich nicht bei anderen bei den Schafen bleiben', ich wollte Maurer lernen und Fliesenleger ich war darauf fixiert einen neuen Beruf zu erlernen (XVI, 6: 30-37)

Mihail macht deutlich, dass es ihm bei einer Migration auch darum ging, ein neues Handwerk zu erlernen. Nachdem er im Anschluss noch einmal für einen Neffen seines Bruders als Vertretung einsprang, wofür er ein höheres Einkommen als bei seinem vorherigen Arbeitgeber erhielt, leitete er hierfür die notwendigen Schritte ein. Er reiste zu einem Cousin nach Cittadina, der bereits seit längerer Zeit auf dem Bau arbeitete, und ihm neben einer Unterkunft auch Unterstützung bei der Arbeitssuche anbot. Wie bereits in Rom fand Mihail auch in Cittadina umgehend eine Beschäftigung auf dem Bau, wo er bis zur Winterpause arbeiten konnte. Da sein Arbeitgeber sehr zufrieden mit ihm war, bot er an, Mihail ab März bei sich weiterzubeschäftigen.

Als Mihail für den Winter in Cittadina keine neue Arbeit fand, besorgte er sich über einen Bekannten aus Satuleşti erneut eine Beschäftigung als Schäfer. Seinem dortigen Arbeitgeber machte er von vornherein deutlich, nur wenige Monate für ihn arbeiten zu können. Statt allerdings anzugeben, daraufhin erneut in Cittadina auf dem Bau beschäftigt zu sein, gab er vor, für einen Urlaubsaufenthalt nach Rumänien zurückzureisen und im Anschluss daran für ihn als Schäfer weiterzuarbeiten. Wie beabsichtigt kehrte Mihail nach dieser Tätigkeit zu seinem vorherigen Arbeitgeber nach Cittadina zurück. Drei Wochen später erhielt Mihail einen Anruf von seinem vormaligen Arbeitgeber, bei dem er als Schäfer gearbeitet hatte, und der auf seine Rückkehr wartete. In der Eingangserzählung gibt Mihail dieses Telefongespräch in direkter Rede wieder.

'Mihail wann kommst du wo bist du?'
'ich bin hier in Cittadina'
'was machst du da?'
'ich habe hier was zu erledigen'
'kommst du nicht um für mich bei den Schafen zu arbeiten?'
'nein also Angelo wenn ich bei dir für eine Million [Lire] arbeiten kann das kann ich hier in fünfzehn Tagen verdienen'
'ich dachte du würdest nach Hause fahren und dort arbeiten?'
'hey Angelo hörst du, kann ich bei dir nun mehr verdienen oder nicht, dann verliere ich keine weitere Zeit mit dir?'
'gut ich gebe dir 1.2 Millionen mehr kann ich dir nicht geben'
'nein Angelo für 1.2 Millionen komme ich nicht, dafür weiß ich was es für eine Arbeit ist, diese Arbeit mache ich nicht für das Geld'
und ich habe aufgelegt. nach zwei Tagen rief er wieder an
'Mihail, wann kommst du?'
'für 1.5 Millionen komme ich' und er hatte einen großen Bedarf die Schafe mussten geschoren werden'
'nein Mihail so viel kann ich dir nicht geben'
'gut Angelo, ich habe Arbeit dann lass mich in Frieden' und dann meinte er ich wäre ein ganz schöner Halunke, und dann nach zwei Tagen rief er wieder an und meinte

'Mihail kommst du nun, ich gebe dir 1.5 Millionen?'
aber ich meinte 'Angelo, nein, geh´ du zu deinen Schafen und schere sie, nein ich bleibe hier, hier ist die Arbeit nicht ganz so schwer, nein ich komme nicht', da hat er sich dann aufgeregt 'also doch du bist ein kleiner Halunke'
'nein ich bin kein Halunke aber ich komme eben einfach nicht fertig', und ich habe weiter auf dem Bau gearbeitet (XVI, 10: 28-11: 5)

Diese ersten Arbeitserfahrungen von Mihail in Italien veranschaulichen zum einen zentrale allgemeine Ausgangsbedingungen und Charakteristika der Migrationsverläufe aus dem Dorf zu dieser Zeit (vgl. Kap. 6.2.1). Zum anderen verdeutlichen sie, wie Mihail innerhalb des Migrationszusammenhangs wesentliche Handlungsorientierungen, wie sie für die Zeit vor der Migration herausgearbeitet wurden, beibehielt. Mihail bewegte sich während sämtlicher Etappen seiner Migration in einem dicht gespannten Netz aus bereits bestehenden Sozialkontakten aus seinem Herkunftsdorf. Ohne Schwierigkeiten konnte er von Beginn an auf Kontakte zurückgreifen, die ihm Unterkunftsmöglichkeiten und wichtige Informationen zur Arbeitsbeschaffung bereitstellten. In ähnlicher Weise wie Mihail in seinen vorherigen Erwerbskontexten vornehmlich in familiäre Beziehungen eingebunden war, gründeten seine Erwerbstätigkeiten in Italien auf Beziehungen aus seinem unmittelbaren Herkunftsort. Diese Beziehungen ermöglichten ihm eine erste Phase der Orientierung im Ankunftskontext. Die Tätigkeit als Schäfer an einem abgelegenen Ort bot ihm die Gelegenheit, sich erste Sprachkenntnisse anzueigen, ohne Gefahr zu laufen, von der Polizei aufgegriffen zu werden. Daneben halfen ihm diese Beziehungen, seine Fertigkeiten als Schäfer, die ihm besondere Referenzen einbrachten, auch im Ankunftskontext gewinnbringend einzusetzen. Hierüber konnte er sich schließlich gegen kurzfristige Erwerbsausfälle absichern. Ferner erleichterten ihm seine Kontakte aus dem Herkunftsdorf den Einstieg in neuartige Tätigkeitsfelder, die er bereits vor Antritt der Migration ins Auge gefasst hatte.

Bezogen auf seine Handlungsorientierung wird deutlich, dass Mihail permanent zwischen den verschiedenen Zielen seiner Migration abwog. Dazu gehörten ein möglichst hoher finanzieller Nutzen, der Wunsch, neuartige Erfahrungen zu sammeln, und die Möglichkeit, weitere Handwerksberufe zu erlernen. Da es ihm schwerfiel, sich in einer Großstadt wie Rom zurechtzufinden, stellte er sein Ziel, neue Handwerksberufe zu erlernen, zunächst zurück. Um möglichst schnell die durch die Migration entstandenen Kosten einzuholen, nahm er bei seiner ersten Beschäftigung als Schäfer eine zusätzliche Tätigkeit auf, durch die er sein Einkommen aufbessern konnte. Die Vertretung als Schäfer im Anschluss daran bildete für ihn die einfachste Art, weiterhin ein gutes Einkommen zu erzielen. Da es sich von vornherein um eine befristete Tätigkeit handelte, verlor er das Ziel einer Weiterqualifikation nicht aus den Augen. Schließlich verhalf ihm ein enger Verwandter dazu, im Rahmen eines relativ kontinuierlichen Beschäftigungsverhältnisses die gewünschten Tätigkeiten auf dem Bau zu erlernen. Da er sich auch hier Referenzen erwarb, wurde ihm eine weitere Anstellung in Aussicht gestellt. Die Zeit, in der er in Cittadina saisonal bedingt keine Beschäftigung auf dem Bau finden konnte, überbrückte er schließlich erneut mit Hilfe von Kontakten aus seinem Herkunftsdorf mit einer Beschäftigung als Schäfer.

Das Ziel, aus der Migration einen hohen finanziellen Gewinn zu erwirtschaften, verfolgte Mihail darüber, dass er kontinuierlich versuchte, einen höheren Lohn für sich auszuhandeln. Diese Fokussierung auf ein hohes Einkommen, das für ihn die Anerkennung seiner Kompetenzen bedeutete, ging bereits zuvor als ein zentraler Bestandteil seiner Handlungsorientierung hervor. Sobald er über eigene Arbeitserfahrungen in einem bestimmten Bereich im Ankunftskontext verfügte und wusste, was Arbeitgeber zu zahlen bereit waren, versuchte er einen höheren Lohn für sich auszuhandeln. Dies galt ebenso, wenn er bereits für einige Zeit bei einem Arbeitgeber angestellt war. Dieses selbstbewusste Auftreten steht mit dem Entscheidungskontext der Migration in Verbindung. Zwar wurde deutlich, dass die Migration in besonderer Weise in den Herkunftskontext eingebettet war. Die Zunahme der Migration aus dem Herkunftskontext hatte Mihail dazu veranlasst, sich für eine Migration zu entscheiden. Neben diesen heteronomen Bestandteilen gingen allerdings ebenso sehr stark autonome Anteile aus Mihails Migrationsentscheidung hervor. So verspürte er den Antrieb zur Migration vermutlich stärker aus eigenen Beweggründen als aus einem Erwartungsdruck von außen. Dazu kam, dass er aus einer relativ abgesicherten ökonomischen Situation heraus die Migration antrat. Obgleich sein Interesse an einem hohen materiellen Gewinn von Beginn an ausgeprägt war, bedeutete die Migration für ihn keine Überlebensstrategie aus einer Notlage heraus. Hierdurch sah er sich etwa nicht dazu gezwungen, unangenehme Arbeitsbedingungen zu akzeptieren. Dies geht auch daraus hervor, wie er die Legalisierung seines und des Aufenthaltsstatus seiner Ehefrau in die Wege leitete und die eigenen Belastungen dadurch zum Anlass nahm, einen höheren Lohn auszuhandeln („ich [habe] zu meinem Arbeitgeber gesagt, 'hörst du, also das passt mir jetzt nicht mehr, du bezahlst mir 40 Euro pro Tag und ich bezahle auch noch die Steuern, also entweder du erhöhst mein Gehalt, oder ich gehe'", XVI, 11: 25 ff.). Auch in diesem Zusammenhang setzt sich Mihail für die Anerkennung seiner Kompetenzen ein. Das hohe Selbstbewusstsein wurde dabei durch seine deutliche Einbindung in Netzwerkstrukturen aus dem Herkunftskontext verstärkt.

In der Folgezeit weitete Mihail seine Erwerbstätigkeit zunehmend aus. Noch bevor er nach zwei Jahren in Italien erstmals nach Rumänien zurückreiste, sicherte er sich über seinen damaligen Arbeitgeber einen mehrmonatigen lukrativen Nebenerwerb als Fliesenleger.[227] In der Folge verlängerte sich seine Migration erneut. Statt nach einigen Monaten endgültig nach Rumänien zurückzukehren, folgte ihm seine Ehefrau über ein dreimonatiges Touristenvisum nach Italien, um ihn bei seiner Nebentätigkeit zu unterstützen. Ebenso wie sich der erste Aufenthalt von Mihail deutlich über das ursprünglich ins Auge gefasste eine Jahr ausweitete, verlängerten sich auch die nachfolgenden Aufenthalte von Mihail und seiner Ehefrau. Dabei verlagerte sich das Hauptinteresse mit zunehmender Dauer des Aufenthaltes von der Migration als einer neuen Erfahrung hin zur Erschließung lukrativer Einkommensmöglichkeiten. Zwar gelang dies Mihail durch seine Weiterqualifikation, wie sie eines seiner Migrationsziele darstellte. Gleichzeitig zeigt sich an späteren Erwerbstätigkeiten wie etwa der Fabrikarbeit jedoch, dass dieser Beweggrund an Bedeutung verlor. Mit seiner Nebentätigkeit als Maurer und Fliesenleger erreichte Mihail schließlich eine Maximierung seiner Einkünfte. Entsprechend seiner bereits zuvor deutlich gewordenen zentralen Erwerbsstrategie diversifizierte er damit auch in der Migration seine Einkommensmöglichkeiten.

Die Erwerbsmöglichkeiten strukturierten die weitere Dynamik des Migrationsprozesses deutlich. Nachdem Mihail nach der Legalisierung seines sowie des Aufenthaltsstatus seiner Ehefrau keinen höheren Lohn erhielt, kündigte Mihail sein Beschäftigungsverhältnis. Er und seine Ehefrau reisten daraufhin im Sommer 2003 zurück nach Rumänien. Da er weiterhin Aufträge als Fliesenleger erhielt, kehrte er nach eineinhalb Monaten nach Cittadina zurück. Die mehrfach angewendete Strategie der Einkommensdiversifikation bildete für Mihail somit nicht allein ein zusätzliches Einkommen, sie sicherte ihn auch gegenüber finanziellen Engpässen ab und sorgte dafür, die Migration nach Italien aufrechtzuerhalten. Die Aufteilung der Familie blieb fortbestehen. Die Frage, wann ein gemeinsames Familienleben wieder möglich würde, trat hinter die Frage zurück, wie lange es sich für Mihail und seine Frau finanziell lohnte, in Italien zu bleiben. Nach seiner Rückkehr nach Italien griff Mihail zusätzlich auf berufliche Kenntnisse vor der Migration zurück. Er fand eine Anstellung in einem holz-

---

227 Bei seiner Rückkehr nach Rumänien und der erneuten Ausreise nach Italien profitierte Mihail ebenso von Beziehungen aus seinem Herkunftsdorf. So organisierte er die Überfahrten über einen Bekannten aus Satuleşti, der regelmäßig zumeist MigrantInnen, die sich illegal in Italien aufhielten, zwischen der Herkunftsregion und Italien transportierte. An den Grenzen zahlte Mihail jeweils an die 100 US-Dollar, um kein Ausreiseverbot zu riskieren. Nach drei Monaten in Rumänien kehrte er Anfang des Jahres 2002 mit einem dreimonatigen Touristenvisum nach Italien zurück. In dieser Zeit hatten sich die Ausreisebestimmungen gerade geändert. Eine Ausreise kostete lediglich zwischen 300 und 400 Euro (vgl. Kap. 6.2.1, 6.2.2).

verarbeitenden Betrieb. Ohne lange Einarbeitungsphase konnte er dort mehr verdienen, als bei seinem früheren Arbeitgeber auf dem Bau, womit sich für ihn der Wechsel seines Arbeitgebers rentierte. Auch im weiteren Verlauf kündigte Mihail wiederholt seine Anstellungsverhältnisse, wenn er etwa trotz längerer Beschäftigung keinen höheren Lohn erhielt. Während sich die Motivation der weiteren Migration zunehmend auf den finanziellen Nutzen verengte, weitete sich der Migrationszusammenhang insgesamt zunehmend aus. Dies zeigte sich insbesondere in Bezug auf das Familienleben, wie im Folgenden ausgeführt wird.

7.3.5.2 Die familiäre Situation

Die Situation in Mihails Familie aufgrund der Migration erscheint in deutlicher Weise in einen Tradierungszusammenhang eingefasst. Bereits in seiner Herkunftsfamilie machte Mihail die Erfahrung, dass die Sicherung des Familieneinkommens in der Regel bedeutete, außerhalb des Dorfes und getrennt von der Familie zu arbeiten. Die Trennung zwischen Eltern und Kindern bzw. die Betreuung der Kinder (auch) durch die Großeltern war für ihn in den Bezugsrahmen seiner Herkunftsfamilie sowie den erwerbsspezifischen Milieukontext eingelagert.[228] Dass sich Mihail auch in Bezug auf die Ausgestaltung seiner Familienbeziehungen in einem klaren Tradierungszuammenhang verstand, wird daran deutlich, wie er auf Nachfrage die Beziehung zu seinen Kindern beschreibt. Hierbei treten deutliche Parallelen in Mihails Beziehung zu seinem eigenen Vater hervor. So führt Mihail an dieser Stelle aus, wie er seinen Sohn im Anschluss an dessen Schulzeit im Dorf nach seinen beruflichen Plänen gefragt habe: „und dann habe ich ihn gefragt, 'Junge, gehst du jetzt weiter auf die Schule?'" (XVI, 15: 12 f.). In nahezu identischer Weise entwirft Mihail die Beziehung zu seinem Sohn, wie er zuvor in einem Interview die Rolle seines eigenen Vaters beschreibt („als ich zehn Schulklassen absolviert hatte da meinte mein Vater zu mir, Mihail, was machst du, gehst du weiter auf die Schule", X, 1: 8 zitiert in Kap. 7.3.4.1). So wie sein eigener Vater scheint Mihail auch für sich seine Rolle als Vater darin zu sehen, wichtige (Zukunfts)Entscheidungen mit seinem Sohn zu besprechen. So wie Mihails Vater aufgrund seiner beruflichen Tätigkeit außerhalb des Herkunftsdorfes in Fragen der alltäglichen Erziehung vermutlich deutlich nachge-

---

228 Für Mihails Ehefrau bildete die Trennung zwischen Eltern und Kindern vermutlich einen weniger ausgeprägten Bestandteil des Tradierungszusammenhangs. Aus diesem Grund könnte sie sich für Mihails berufliche Neuorientierung sowie zunächst gegen die Migration ausgesprochen haben.

Falldarstellungen und Typologie

ordnet eingebunden gewesen war, so scheint Mihail auch in seiner Familie die Aufteilung der Erziehungsaufgaben zu verfolgen.

Durch den Nachzug von Mihails Ehefrau weitete sich der Migrationszusammenhang in deutlicher Weise auf das Familienleben aus. Die Beziehungen zwischen den Familienmitgliedern waren stärker als zuvor transnational organisiert. Mihail und seine Ehefrau gaben die Erziehung und Versorgung der Kinder in weiten Teilen an die Eltern von Mihails Ehefrau ab.[229] Durch diese Aufteilung der Familie und die Übertragung eines Großteils der Verantwortung für die Kinder an Mihails Schwiegereltern bildete sich ein transnationales Familienarrangement über mehrere Generationen heraus. Der Nachzug von Mihails Ehefrau war dabei mit der erwerbsspezifischen Ausweitung der Migration verbunden. Über den Nachzug konnte Mihail, der zuvor auf die Mithilfe seines Cousins angewiesen war, die Einkünfte aus seiner Nebentätigkeit erhöhen. Zusätzlich verbesserte sich das Einkommen der Familie dadurch, dass Mihails Ehefrau in Italien erstmals einer eigenen Lohnarbeit nachging. Die Migration wurde zu einem familienökonomischen Unternehmen. In einen ähnlichen Familien-Erwerbs-Zusammenhang war Mihail bereits aufgrund des milieuspezifischen Erwerbskontextes in seiner Herkunftsfamilie eingebunden gewesen. Die Ausweitung der Arbeitsmigration auf das Familienleben stand somit in einem deutlichen Kontinuitätszusammenhang. Dass sich die Migration verbunden mit den gestiegenen Erwerbsmöglichkeiten ausdehnte, bedeutete vor diesem Hintergrund keine Unterordnung des Familien- unter das Erwerbsleben. Vielmehr stellte es die Fortführung einer familienökonomischen Handlungsausrichtung und Orientierung dar.

Mit dem Nachzug der Kinder dehnte sich der Migrationszusammenhang erneut aus.[230] Mit der Aufhebung der Familientrennung war schließlich die ge-

---

229 Ein wichtiger Grund, weswegen die Kinder nicht bei Mihails Eltern untergebracht waren, lag darin, dass diese wie zahlreiche ältere DorfbewohnerInnen die meiste Zeit auf ihrer Landparzelle mehrere Kilometer außerhalb des Dorfes verbrachten. Die Eltern von Mihails Ehefrau wohnten hingegen ausschließlich im Dorf. Durch die größere Nähe stellten Mihails Schwiegereltern bereits vor der Migration wichtige Bezugspersonen für Mihails Kinder dar. Dieses Versorgungsverhältnis zeigte sich häufig im Dorf. Aus Gesprächen mit Lehrerinnen und Erzieherinnen ging hervor, dass sich bereits seit mehreren Jahren häufig bei zwei Dritteln der Kinder einer Kindergartengruppe oder einer Schulklasse mindestens ein Elternteil in Italien aufhielt. Bei etwa einem Drittel lebten die Kinder von beiden Elternteilen getrennt (vgl. hierzu auch die Übersicht über das gesamte Interviewmaterial im Anhang).

230 Bei der Organisation des Familiennachzugs profitierte Mihail von seiner Nebentätigkeit. Sie verhalf ihm dazu, die nötigen Voraussetzungen für den Nachzug der Kinder zu erfüllen. So erteilte ihm ein Fabrikbesitzer, der ihm zudem eine Anstellung in seiner Fabrik ermöglicht hatte, den Auftrag, nebenberuflich eine seiner Wohnungen zu

samte Familie unmittelbar an der Migration beteiligt. Dabei zeigte sich über die Familienzusammenführung, dass mit der Migration eine Verschiebung von Tradierungsinhalten stattgefunden hatte. Die Bedingungen, unter denen die Trennung zwischen Mihail und seinen Kindern aufgehoben wurde, scheinen sich dabei – wie bereits die Migration selbst (siehe oben) – an ein Handlungsmuster anzulehnen, wie es Mihail selbst in seiner Herkunftsfamilie erfahren hatte. Wie bereits oben angerissen wurde, stellte auch Mihail seinem Sohn nach dessen Schulzeit die Frage, ob er vorhatte, im Anschluss eine weiterführende Schule zu besuchen.

> als wir vor zwei Jahren nach Hause kamen da hatte der Ältere hier gerade die achte Klasse beendet, und dann habe ich ihn gefragt, 'Junge gehst du jetzt weiter auf die Schule?' und er meinte 'nein, ich will nicht weiter auf die Schule gehen denn es gefällt mir da nicht' 'o.k. gut dann geh du mit nach Italien, du kannst dort in die Schule gehen' und er meinte 'nein' 'also, du willst nicht lernen?' 'nein' 'aber wir haben doch die Möglichkeiten', 'nein, ich will nicht weiter in die Schule' 'gut' und in dieser Zeit habe ich in der Fabrik gearbeitet und nachmittags habe ich ihn mitgenommen damit er mir helfen konnte (XVI, 15: 12-17)

Der Nachzug der Kinder, so wird an dieser Stelle deutlich, ging nicht von Mihail selbst sondern vor allem von seinem Sohn aus. Auch aus dem narrativ-biographischen Interview mit Mihails Sohn geht hervor, dass dieser selbst ausdrücklich den Wunsch geäußert hatte, seinen Eltern nach Italien zu folgen, um dort in einer Fabrik arbeiten zu gehen und sein erstes eigenes Geld zu verdienen. Hierauf scheint sich im obigen Zitat die erste Reaktion von Mihail zu beziehen, als er seinem Sohn zunächst anbietet, auch in Italien eine weiterführende Schule besuchen zu können.

Die Dialogszene zwischen Mihail und seinem Sohn, so wurde weiter oben hervorgehoben, weist deutliche Parallelen zu der damaligen Situation auf, als Mihail selbst von seinem Vater nach seinen beruflichen Plänen gefragt wurde. Mihails Sohn scheint sich dabei in ähnlicher Weise zu entscheiden wie Mihail damals selbst in der gleichen Situation. So wie Mihail sich damals dafür entschied, mit seinem Vater als Schäfer nach Transsilvanien loszuziehen, entschied sich nun sein Sohn dafür, ihm nach Italien zu folgen, um dort ebenso wie er zu arbeiten. In Mihails Reaktion wird jedoch deutlich, dass er von seinem Sohn eine andere Antwort erwartet hatte. Für ihn hatte sich der Entscheidungskontext im Vergleich zu seiner eigenen damaligen Situation verändert. Für Mihail verfügte

---

renovieren. Nach der Fertigstellung zog Mihail mit seiner Familie in diese Wohnung ein. Hierdurch erfüllte er die Quadratmeterzahl, die für eine vierköpfige Familie vorgeschrieben war (vgl. Kap. 6.2.2). Im Juli 2006 bereiteten Mihail und seine Ehefrau die nötigen Papiere für die Familienzusammenführung vor. Da ein Teil ihrer Papiere jedoch nicht anerkannt wurde, konnten sie den Aufenthaltsstatus ihrer Kinder erst nach dem EU-Beitritt Rumäniens im Jahr 2007 legalisieren.

sein Sohn über einen größeren Handlungsspielraum als er selbst in der damaligen Situation. Deutlich kommt zum Ausdruck, dass Mihail mit seiner eigenen Handlungsausrichtung das Ziel verfolgte, seinem Sohn eine höhere Ausbildung zu ermöglichen. Seine zentrale Handlungsorientierung bestand darin, durch seine berufliche Flexibilität und Weiterqualifikation den Handlungsspielraum seiner Kinder zu erweitern. Obgleich Mihail die Entscheidung seines Sohnes akzepierte, geht aus der Darstellung der Situation hervor, dass sie dem widersprach, was Mihail an seinen Sohn weitergeben wollte. So hätte er eine weitere Ausbildung seines Sohnes vorgezogen. Dies kam auch in weiteren Gesprächen zum Ausdruck, in denen Mihail die Bedeutung einer Ausbildung hervorhob, um ein ausreichendes Einkommen zu erzielen. Auf der Grundlage seiner eigenen Erfahrungen hatte sich Mihails Perspektive auf eine berufliche Ausbildung somit im Vergleich zu dem Zeitpunkt seiner eigenen Berufsentscheidung verschoben. So schätzte er zum Zeitpunkt des Interviews eine berufliche Ausbildung höher ein als damals bei seiner eigenen Berufsentscheidung. Das Ziel, eine eigene Familie zu gründen und einen bestimmten Status zu erlangen, schien ihm zum gegenwärtigen Zeitpunkt in erster Linie über eine berufliche Qualifikation erreichbar.

Aus der Darstellung des Dialogs mit seinem Sohn geht hervor, dass beabsichtigte und tatsächliche Tradierungsinhalte deutlich voneinander divergierten. Im Verlauf der sechsjährigen Trennung zwischen Mihail und seinen Kindern hatte er etwas anderes an seinen Sohn weitergegeben, als er selbst beabsichtigt hatte. Hierbei erschien der Wunsch von Mihails Sohn, ebenfalls nach Italien zu gehen, um ein hohes Einkommen zu erzielen, als nichts anderes als das, was Mihail selbst über die gesamte Zeit seiner Migration seinen Kindern vorgelebt hatte. Es zeigt sich eine Verschiebung und Umdeutung im Prozess der Tradierung, die mit den Erfahrungen aus der Migration in Zusammenhang stand. Sie bezieht sich darauf, was Mihail auf der Grundlage seiner eigenen Arbeits(migrations)erfahrungen an seinen Sohn weitergeben wollte und was Mihails Sohn aus dem Verhalten seines Vaters als eigenen Entwurf für sich formulierte.

Durch die Familiezusammenführung nahm die Vielschichtigkeit und Komplexität des Migrationsprozesses zu. Mit dem Nachzug der Kinder erhöhten sich die Lebenshaltungskosten. Mihail wechselte erneut sein Beschäftigungsverhältnis und arbeitete hauptberuflich in einer Fabrik. Ausschließlich nebenberuflich blieb er als Handwerker beschäftigt. Weiterhin konzentrierte er sich darauf, durch seine Migration ein hohes Einkommen zu erzielen. Wochentags war er von 4:30 Uhr bis 13:00 Uhr in der Fabrik beschäftigt. Nachmittags sowie an den Samstagen arbeitete er als Fliesenleger sowie bei Bedarf als Maurer. Für Mihails Ehefrau, die an mehreren Vor- und Nachmittagen in der Woche als Reinigungskraft tätig war, erhöhten sich die reproduktiven Arbeiten deutlich. Mihails minderjähriger Sohn verdiente einzig darüber eigenes Geld, dass er gelegentlich seine Eltern bei ihren (Neben)Erwerbstätigkeiten unterstützte. Mihails Tochter besuchte die allgemeinbildende Schule in Cittadina.

Nachdem Mihail gemeinsam mit seiner Familie ein Jahr in Cittadina wohnte, äußerte er – stärker als seine Ehefrau – konkrete Rückkehrpläne.[231] Als Grund führte er die Arbeit in der Fabrik sowie Pläne an, sich in seinem Herkunftsdorf mit einem eigenen Handwerksbetrieb selbständig zu machen. Mit den Arbeitserfahrungen, die er während der Migration gesammelt hatte, wollte er an seine Tätigkeit als Handwerker im Dorf vor seiner Migration anknüpfen. Verbunden mit dem Wunsch, eine unbefristete Aufenthaltserlaubnis für Italien zu erhalten, gab er an, noch ein Jahr mit der Rückkehr warten zu wollen. Zu dieser Zeit äußerten auch Mihails Kinder den Wunsch, nach Rumänien zurückzukehren. Mihails Sohn hatte sich dazu entschlossen, in Rumänien eine weiterführende Schule zu besuchen. Er wollte ein Gymnasium mit einer berufsqualifizierenden Ausbildung zum Automechaniker absolvieren. Diese Umorientierung erklärte Mihail für sich mit der schweren körperlichen Arbeit, die sein Sohn mit ihm gemeinsam während seiner Nebentätigkeiten zu leisten hatte („wie er gesehen hat, dass es harte Arbeit war, hat er mich gefragt, 'Papa, wann gehen wir wieder zurück nach Rumänien'", XVI, 15: 20 f.). Seine Tochter klagte darüber, sich in der Wohnung in Italien eingesperrt zu fühlen. Zudem bereitete ihr der Schulwechsel von Rumänien nach Italien große Schwierigkeiten. Im darauf folgenden Jahr entschied sich Mihail gemeinsam mit seiner Familie, nach Satuleşti zurückzukehren („wir haben diese Entscheidung mit allen gemeinsam gefällt", XVI, 15: 28 f.). Sowohl die Rückkehrorientierung als auch der Entschluss zur Rückkehr stellten damit

„Bestandteile des Familiendiskurses" (Juhasz/Mey 2003: 304) dar.[232] Mihail hatte eine unbefristete Aufenthaltsgenehmigung für Italien erhalten und behielt zunächst weiterhin ein Zimmer seiner früheren Wohnung in Cittadina zur Untermiete („ein Bett haben wir dort stehen gelassen, falls ich noch einmal zurückgehe", XVI, 15: 31 f.). Mit ihren früheren ArbeitgeberInnen verblieben Mihail und seine Ehefrau unkonkret. So besaß etwa Mihails Ehefrau noch sämtliche Haus- und Wohnungsschlüssel ihrer (vormaligen) ArbeitgeberInnen aus Cittadina, was sehr deutlich auf eine „Rückkehr nach der Rückkehr" (Juhasz/Mey

---

231 Zu der weniger stark ausgeprägten Rückkehrorientierung von Ehefrauen im Vergleich zu ihren Ehemännern vgl. u. a. Kontos (2000) sowie Juhasz/Mey (2003).

232 Anders als bei Juhasz/Mey (2003) stellte nicht nur die Rückkehrorientierung sondern auch die Rückkehrentscheidung ein Thema dar, das von der Familie gemeinsam besprochen wurde.

2003: 309) hindeutet. Er und seine Ehefrau wollten eine erneute Ausreise nach Italien davon abhängig machen, ob es sich für sie finanziell lohnte und wie die weitere Ausbildung für ihre Kinder in Rumänien verlief.

7.3.6 Zusammenfassung

Im Fall von Mihail Cioban war der Umgang mit der Migration in besonderer Weise in den milieuspezifischen Herkunftskontext eingebettet. Vermittelt über den Tradierungszusammenhang seiner Herkunftsfamilie erschien Mihail in seinen orientierungswirksamen und handlungsleitenden Bezügen sehr stark in den Milieukontext eingefasst. Einen zentralen Bestandteil des unmittelbaren Herkunftskontextes bildete die besondere Verflechtung von Familien- und Erwerbszusammenhang. Die Familie bildete eine familienökonomisch ausgerichtete Arbeitsgemeinschaft. Die ausgeprägte erwerbsbezogene Mobilität war in diesen milieuspezifischen Familien-Erwerbs-Zusammenhang deutlich eingelagert.

Die starke Einbettung der Handlungsorientierung in den milieuspezifischen Herkunftskontext zeigte sich deutlich in Mihails erwerbs- bzw. familienbezogener Handlungsausrichtung. Wie sein Vater und sein Bruder entschloss sich Mihail dazu, als Schäfer in Transsilvanien zu arbeiten. Weiterhin eingefasst in die Arbeitsgemeinschaft seiner Familie sowie weitere Beziehungen aus der Verwandtschaft und dem Herkunftskontext, entschied er sich damit für gute Verdienstmöglichkeiten, die die Voraussetzung dafür schafften, sich eine eigene Existenz in seinem Herkunftskontext aufzubauen und sich darüber einen bestimmten sozialen Status im Herkunftskontext zu sichern. Es zeigte sich eine deutliche bäuerlich-ländliche Besitzorientierung sowie eine klare Ausrichtung an geschlechtsspezifisch geprägten biographischen Schemata seines Herkunftskontextes.

Diese Handlungsausrichtung behielt Mihail auch im Anschluss an seine Heirat sowie die Einkommensverschlechterung im Zuge der Dekollektivierung bei. Mit dem Wechsel in die Arbeitsgemeinschaft der Familie seiner Ehefrau, auf deren Ressourcen er zurückgriff, reagierte er in Form einer beruflichen Umorientierung sowie mit einer Diversifikation seiner Einnahmen. Diese Strategie der Einkommensaufsplittung kannte er bereits aus der Familienökonomie seiner Herkunftsfamilie.

Mit seiner Migration knüpfte Mihail mehrfach an die familien- und erwerbsspezifischen Handlungsorientierungen, wie sie aus dem Herkunftsmilieu hervorgingen, an. Die Migration ging als eine Kontinuierung der milieuspezifisch eingebetteten Handlungsausrichtung hervor. So orientierte sich Mihail mit seiner Migrationentscheidung deutlich an seinem Herkunftskontext. Den Ausgangspunkt der Migrationsentscheidung bildete der Anstieg der Migrationsbewegungen aus dem Dorf. Erstmals eigene Arbeitserfahrungen im Ausland zu sammeln, wie zahlreiche Personen aus seinem direkten sozialen Umfeld bereits vor ihm, bildete den zentralen Beweggrund seiner Migration. Ausgestattet mit einer hohen Mobilitätsbereitschaft und beruflichen Flexibilität, wie sie für das Herkunftsmilieu als typisch hervorgingen, beabsichtigte Mihail weiterhin, seine Einkommensmöglichkeiten zu verbessern sowie seine beruflichen Qualifikationen zu erweitern. Dass eine materielle Notsituation nicht den Ausschlag für Mihails Migration gab und es ihm sehr stark um Arbeitserfahrungen im Ausland an und für sich ging, wurde als autonomer Anteil an der Migrationentscheidung gewertet. Zusätzlich griff Mihail auch in der Migration auf die Strategie der Einkommensdiversifikation zurück. Dabei machte er sich seine bereits vorhandenen beruflichen Fertigkeiten zunutze. Daneben knüpfte er an familienbiographische Bezüge aus seiner Herkunftsfamilie an, wie sie sich aus dem spezifischen Milieukontext ergaben. Die Trennung zwischen ihm und seiner Familie war für ihn in seinem eigenen Tradierungszusammenhang angelegt. Die Aufhebung der Trennung von seiner Ehefrau bildete vor diesem Hintergrund, so ging aus Mihails Selbstpräsentation hervor, eine Entscheidung im Sinne seiner milieuspezifischen familienökonomischen Handlungsausrichtung. Das alternative transnationale Familienarrangement durch die Übertragung von Versorgungsleistungen für die Kinder an die eigenen Eltern war darin ebenso bereits angelegt. Die Migration bildete eine deutliche Kontinuierung familien- und erwerbsbezogener Handlungsmuster seines milieuspezifischen Herkunftskontextes.

In seinem Verlauf lässt sich der Migrationsprozess in unterschiedliche Phasen unterteilen. Zu Beginn bildeten Mihails umfangreiche Kontakte aus seinem Herkunftsdorf eine wichtige Ressource. Vor allem verwandtschaftliche Netzwerke aus dem Herkunftskontext boten Mihail wichtige Unterstützungsleistungen, von denen er in ähnlicher Form profitierte wie bereits während seiner Arbeitsaufenthalte in anderen Landesteilen innerhalb Rumäniens. Sie erleichterten ihm zum einen die Ankunft in Italien. Verwandte und Bekannte aus seinem Herkunftsdorf verschafften ihm mehrfach sowohl eine Unterkunft als auch eine Arbeitsstelle. Durch die Arbeit in einem Tätigkeitsfeld, das er bereits kannte, konnte er sich im Ankunftskontext eingewöhnen und später Arbeitsengpässe in anderen Tätigkeitsbereichen überbrücken. Zum anderen unterstützten sie ihn in seinem Vorhaben, sich beruflich weiterzuqualifizieren. Sie erleichterten ihm den Einstieg in Tätigkeitsfelder, die er explizit im Zuge der Migration erlernen wollte. Diese erste Phase dehnte sich deutlich über den beabsichtigten Zeitraum von einem Jahr aus. Aufgrund guter Einkommensmöglichkeiten verfolgte Mihail bereits vor seiner ersten Rückkehr nach Satuleşti die Absicht, seinen Aufenthalt in Italien erneut zu verlängern.

Im Anschluss an den dreimonatigen Aufenthalt in Satuleşti trat mit der zweiten Phase des Migrationsprozesses eine Konsolidierung der Situation im Ankunftskontext ein. Nach der Rückkehr nach Italien, die durch die geänderten Ausreisebestimmungen erleichtert wurde, konnte sich Mihail im Zuge seiner Weiterqualifikation eine lukrative Nebenbeschäftigung aufbauen. Dabei profitierte er davon, dass sich seine sozialen Beziehungen am Ankunftsort um Kontakte zu italienischen Arbeitskollegen und Arbeitgebern ausweiteten. Dieser berufliche Erfolg und die Erleichterung der Einreise nach Italien strukturierten die weitere Dynamik seines Aufenthaltes.

Mit dem Nachzug von Mihails Ehefrau und der erfolgreichen Legalisierung ihrer Aufenthalte weitete sich der Migrationszusammenhang aus. Gleichzeitig verengte sich das Ziel der Migration auf die Verbesserung des Familieneinkommens. Der Migrationszusammenhang, der entsprechend Mihails Eingangserzählung als ein familienökonomisches Unternehmen entworfen wurde, kollidierte mit bestimmten Tradierungsvorstellungen. So ging aus der migrationsbedingten Trennung der Familie – obgleich sie durch den spezifischen Milieukontext abgefedert erschien – eine von Mihail nicht intendierte Verschiebung von Tradierungsinhalten hervor. Die Bedeutungspotentiale der Migration erweiterten sich und gingen über die Beweggründe und Ziele der Migration, wie sie Mihail geäußert hatte und wie sie aus seiner Handlungsorientierung hervorgingen, hinaus.

Mit der Familienzusammenführung trat der Migrationprozess in eine dritte Phase ein. Nachdem mit dem Nachzug der Kinder die Trennung der Familie aufgehoben worden war, gestaltete sich der Migrationszusammenhang zunehmend vielschichtiger. Während der Nachzug für Mihails Tochter die weitere Schullaufbahn nachhaltig beeinträchtigte, schränkte er die beruflichen Ambitionen von Mihails Sohn sehr stark ein. Erst im weiteren Verlauf entwickelte sich hieraus eine Neuorientierung in Bezug auf die eigene Ausbildung. Diese Aspekte der Migration wurden in Mihails Eingangserzählung ausgespart. Sie entsprachen nicht seinem Präsentationsinteresse, die Migration im Sinne einer Kontinuierung familien- und erwerbsbezogener Handlungsmuster in erster Linie als ein erfolgreiches familienökonomisches Projekt darzustellen, über das er sich beruflich weiterqualifizieren und neue Erwerbsmöglichkeiten in seinem Herkunftskontext erschließen konnte.

7.3.7 Varianzen im Feld

Porträt: Elena Radulescu

Im Fall von Elena Radulescu perpetuiert die Migration den Versuch, über gute Einkommensmöglichkeiten und die Verbesserung der Lebensbedingungen einen sozialen Aufstieg zu vollziehen. Hiermit ging eine starke materielle Orientierung einher. Dies zeigte sich etwa darin, dass der Warenwelt im Ankunftskontext eine besondere Bedeutung zukam. Elena evaluierte ihre Migration ausschließlich positiv. Durch sie hatte sie sich ein eigenständiges und materiell abgesichertes (Familien)Leben aufbauen können.

Elena Radulescu wurde 1985, fünf Jahre nach ihrem Bruder geboren. Ihre Eltern betrieben eine Subsistenzwirtschaft im Dorf. Ihr Vater arbeitete zunächst in den Bergen des Herkunftsbezirks, später in Transsilvanien als Schäfer, ihre Mutter arbeitete als Tagelöhnerin im Dorf. Elena Radulescu und ihr Bruder besuchten beide für acht Jahre die Schule in Satuleşti. Da ihr Bruder in seiner Kindheit häufig krank war und die Eltern hohe medizinische Behandlungskosten zu tragen hatten, erlebte Elena die eingeschränkte finanzielle Situation ihrer Eltern als sehr einschneidend. Während ihr Bruder im Anschluss an seine Schulzeit gemeinsam mit Elenas Vater für einige Zeit zunächst in anderen Landesteilen Rumäniens und später gemeinsam als Schäfer in Italien arbeitete, besuchte Elena im Anschluss an ihre Schulzeit im Dorf ein weiterführendes Internat in der Bezirkshauptstadt. Von einem höheren Schulabschluss versprach sie sich, bessere Einkommensmöglichkeiten als ihre Eltern zu erzielen. Da ihr dieser Weg zu einem soliden eigenen Einkommen allerdings bald zu unsicher erschien, brach sie nach einem Jahr die weiterführende Schule ab und kehrte zunächst in ihr Herkunftsdorf zurück.

Ein knappes Jahr später, im Alter von 17 Jahren, organisierte sich Elena Radulescu mit Einverständnis ihrer Eltern über Verwandte, die bereits zuvor nach Italien migriert waren, eine Tätigkeit als Pflegekraft in einem Privathaushalt in Cittadina. Wenige Wochen nach ihrer Ankunft in Italien kam sie mit einem Bekannten aus ihrem Herkunftsdorf, der einige Jahre vor ihr nach Cittadina ausgereist war, zusammen und wurde schwanger. Beide zogen zusammen und heirateten wenig später in Italien. Während ihr Ehemann seit mehreren Jahren in einer Fabrik arbeitete, war Elena im Anschluss an ihre Arbeit als Pflegekraft zunächst als Verkäuferin tätig. Später arbeitete sie kurzzeitig ebenso in der Fabrik, dann in der Landwirtschaft sowie als Reinigungskraft. Sie wohnte gemeinsam mit ihrem Mann und ihrer Tochter am Stadtrand von Cittadina. Elena und ihr Ehemann planten zum Zeitpunkt der Forschung in absehbarer Zeit eine Rückkehr nach Rumänien.

Aus Elenas Darstellung der Migrationserfahrungen gingen bestimmte Dynamiken der (Re)Interpretation hervor. Diese betrafen neben der Konstruktion von Zugehörigkeit die (Um)Bildung weiterer Relevanzstrukturen. Verbunden mit den Umständen ihrer Familiengründung distanzierte sich Elena zunächst deutlich von ihrem Herkunftskontext. Sie erfuhr Sanktionen, da sie durch ihre Schwangerschaft vor der Ehe gegen normative Vorstellungen ihres Herkunftskontextes verstoßen hatte. Aus einem ähnlichen Grund geriet sie zusätzlich in Konflikt mit Personen aus der Familie ihres Ehemannes, was dazu führte, dass sie sich vorübergehend von ihrem Ehemann trennte. Vor diesem Hintergrund wurde die Migration zunächst als Überwindung eines bestimmten Tradierungszusammenhangs und als Befreiung aus dem Herkunftskontext gewertet.[233]

Diese Evaluation der Migration ging mit Widersprüchen einher, die auch im weiteren Verlauf der Migration zum Teil bestehen blieben. Der Umbau von Relevanzstrukturen, der von Elena in ihrer Darstellung mit der Migration in Zusammenhang gebracht wurde, stellte sich als selektiv heraus. Einerseits orientierte sich Elena an bestimmten Vorstellungen aus ihrem Herkunftskontext. So sprach sie sich etwa deutlich für eine geschlechtsspezifische Arbeitsteilung im reproduktiven Bereich aus. Diese Vorstellungen legitimierte sie zum Teil religiös („ich als Frau würde es nicht dulden, dass mein Mann arbeiten geht und dann,

---

[233] Die hier angedeutete Dynamik in der (Re)Interpretation der Migrationserfahrungen ließ sich in weiten Teilen auf Veränderungen in Elenas unmittelbarem biographischem Kontext während des Untersuchungszeitraums zurückführen. Zum Zeitpunkt des ersten biographisch orientierten Interviews mit Elena in Satuleşti, im August des Jahres 2007, hatte sich Elena gerade von ihrem Ehemann getrennt, nachdem sie mit ihrer Familie gemeinsam für einen Aufenthalt von wenigen Wochen in Satuleşti angekommen war. Dies führte zu starken Kontrastanordnungen in Bezug auf ihren Herkunfts- und den Ankunftskontext der Migration. Während sie verbunden mit den Konflikten, die zu der Trennung geführt hatten, nahezu während des gesamten Interviews ihren unmittelbaren Herkunftskontext verurteilte, äußerte sie sich ausschließlich positiv gegenüber dem Zielkontext ihrer Migration. Ihr Lebensmittelpunkt schien sich zu diesem Zeitpunkt in den Ankunftskontext zu verlagern. Wenige Wochen später kehrte sie, getrennt von ihrem Ehemann, nach Italien zurück, wo sie zunächst eine Stelle als *live-in*-Pflegekraft annahm. Ihre Tochter ließ sie bei ihrer Mutter in Satuleşti. Mit diesem Verhalten geriet sie auch mit ihren Eltern in Konflikt, die sich damals für ein Verbleiben von Elena in ihrem Herkunftsdorf aussprachen – was den Erfolg der Migration insgesamt deutlich in Frage gestellt hätte. Wenige Wochen später hoben Elena und ihr Ehemann ihre Trennung auf. Elena zog gemeinsam mit ihrer Tochter, die sie aus Satuleşti nach Cittadina zurückgeholt hatte, erneut zu ihrem Ehemann nach Cittadina. Dort führte ich im September des Jahres 2008 ein narrativ-biographisches Interview mit Elena, das circa zwei Stunden dauerte. Verbunden mit der Klärung ihrer familiären Situation ging aus dem Interview eine (Wieder)Annäherung an ihren Herkunftskontext hervor.

wenn er nach Hause kommt, spült, ich würde mich schämen, selbst wenn wir beide arbeiten gehen würden, würde ich das so handhaben (...) Gott hat manche Aufgaben für Frauen und manche für Männer eingerichtet, so ist es immer schon, seit es die Menschheit gibt, so empfinde ich es als normal, dass die Frau bestimmte Aufgaben im Haushalt hat und alles andere würde mir Scham bereiten", I, 5: 12-18). Daneben rahmte sie ihre eigene Migration deutlich in dörfliche und kollektivgeschichtliche Zusammenhänge ein („wir [unklar ist, ob Elena hiermit Personen aus Rumänien allgemein oder aus ihrem unmittelbaren Herkunftskontext meint] waren wie ein Tier im Käfig, wie eine Taube in: in- wie ein Vogel im Käfig (...) ein Vogel möchte nicht eingesperrt sein wie andere Tiere, er möchte da rausgehen und so wollten wir es auch", II, 4: 17-20).

Andererseits distanzierte sie sich ausdrücklich von bestimmten normativ geprägten Vorstellungen aus ihrem Herkunftskontext, vor allem im Zusammenhang mit dem Leben als Ehefrau („wenn du hier verheiratet bist oder geschieden, dann bist du die ganze Zeit nur noch im Haus, sie glauben hier, dass es korrekt sei, wenn man nur noch im Haus ist", I, 2: 10-12). Im Gegenzug bewertete sie ihre Situation im Ankunftskontext ausschließlich positiv („in Italien hat jeder das Recht, sein Leben zu leben, wie er es will", I, 2: 9-10) und überhöhte diesen zum Teil deutlich („wie man respektiert wird und wie man sich guten Tag oder guten Abend sagt, das sind so schöne Dinge (...) das ist dort etwas ganz Besonderes, ich glaube das sieht man sonst nirgends", I, 3: 17-19). Im Sinne einer Erweiterung des biographischen Horizontes bekam die Migration einen eigenen Wert zugeschrieben.

Im weiteren Forschungsverlauf, als sich Elenas familiäre Situation entspannt hatte, ging aus ihren Ausführungen eine (Wieder)Annäherung an ihren Herkunftskontext und damit eine Neujustierung in ihren Wir-Bezügen hervor. Diese Annäherung konzentrierte sich vor allem auf die Beziehungen zu ihrer Herkunftsfamilie und auf bestimmte Orientierungen, die sie auf ihre eigene Erziehung durch ihre Eltern zurückführte. In diesem Zusammenhang brachte sie gegenüber ihrer Familie sowie familiären Beziehungen allgemein eine besondere Wertschätzung zum Ausdruck („die Familie zählt sehr viel, es ist eine Sache, die man schwer aufbaut, sie ist schwer zu unterhalten (...) die Opfer, die man bringt, lohnen sich für die Familie", II, 5: 26-29). Vor dem Hintergrund ihrer Erfahrungen in der Migration entwickelte sie dabei ein Verständnis für ihren eigenen Lebenszusammenhang als einen weitgehend autonom gestaltbaren Möglichkeitsraum („ich glaube, wenn du im Leben etwas erreichen möchtest, dann gibt es das nicht, dass es nicht geht", I, 3: 24 f.).

Falldarstellungen und Typologie 281

Porträt: Anca Ionescu

Im Fall von Anca Ionescu stellte die Migration ein Generationen übergreifendes Projekt dar. Ancas Eltern hatten versucht, über ihre Migration einen bestimmten sozialen Status wiederzuerlangen, den sie aufgrund der gesamtgesellschaftlichen Umbildungsprozesse im Zuge des Regimesturzes eingebüßt hatten. Da ihnen ein erneuter sozialer Aufstieg allerdings nur bedingt gelang, wurde der Versuch der Statusverbesserung zunehmend auf Anca übertragen.

Anca Ionescu wurde 1983 als Tochter eines Elektrikers und einer Verwaltungsangestellten geboren. Ancas Vater, der aus einer Bauernfamilie aus dem Dorf kam, hatte sich gegen die Hofnachfolge entschieden und arbeitete im Anschluss an eine Berufsschule als Elektriker für einen staatlichen Betrieb für Straßenbau unweit von Satuleşti. Ancas Mutter, deren Vater im Dorf als Maurer arbeitete, erhielt, wie ihre Geschwister, eine gymnasiale Ausbildung. Sie besuchte ein veterinärmedizinisch ausgerichtetes Gymnasium in einem Nachbarbezirk. Damit arbeitete sie als tiermedizinische Assistentin in einem Nachbarort von Satuleşti. Wenig später nahm sie an einem einjährigen Parteilehrgang in Bukarest teil, wodurch sie sich für eine leitende Funktion in der Gemeindeverwaltung des Nachbarortes qualifizierte. Beide Eltern waren ganztags außerhalb des Dorfes berufstätig und verdienten gut. Sie erwarben einen Bauplatz am Dorfrand von Satuleşti und bauten dort ein Einfamilienhaus. Anca wuchs als Einzelkind auf. Sie besuchte die allgemeinbildende Schule im Dorf. Nachmittags wurde sie von ihren Großeltern mütterlicherseits betreut.

Anfang der 1990er Jahre verschlechterte sich die finanzielle Situation der Familie aufgrund der Veränderungen im Zuge des Regimesturzes deutlich. Ancas Eltern verdienten sehr viel weniger. Mitte der 1990er Jahre wurde Ancas Vater arbeitslos. 1996 reiste er über eine organisierte Busreise nach Norditalien aus, wo er über Bekannte aus dem weiteren Herkunftskontext eine Beschäftigung in einer Druckerei fand. Als er illegal beschäftigt von der Polizei aufgegriffen und zur Ausreise aufgerufen wurde, setzte er sich in Rom ab, wo er als Bauarbeiter eine Beschäftigung fand. Ein knappes Jahr später reiste Ancas Mutter ebenfalls über eine organisierte Touristenexkursion nach Rom, wo sie zunächst als Näherin, anschließend als Kinderbetreuerin arbeitete. Nach einem zunächst deutlichen sozialen Abstieg – Ancas Eltern wohnten die erste Zeit mit zahlreichen Bekannten aus Satuleşi in einem leerstehenden Fabrikgebäude im Einzugsgebiet von Rom – konsolidierte sich allmählich ihre Situation in Italien. Über ein Legalisierungsgesetz im Jahr 1998 konnten Ancas Eltern ihren Aufenthaltsstatus legalisieren. Nach zwei bzw. drei Jahren reisten Ancas Eltern erstmals gemeinsam nach Rumänien zurück. Mit ihren Ersparnissen aus der Migration kauften sie eine erste Eigentumswohnung in der Hauptstadt ihres Herkunftsbezirks. Einige Jahre später kauften sie dort eine zweite Eigentumswohnung. In den darauf folgenden Jahren, als Anca ein Gymnasium in der Bezirkshauptstadt absolvierte, organisierten ihre Eltern regelmäßig Besuche von Anca nach Rom. Ebenfalls in dieser Zeit kam Ancas Mutter für ein Jahr nach Rumänien zurück. Gemeinsam wohnten Anca und ihre Mutter in dieser Zeit in der erworbenen Eigentumswohnung in der Bezirkshauptstadt. Erfolglos versuchte Ancas Mutter dort, ein eigenes Geschäft als Näherin aufzumachen.

Nach dem Gymnasium bestand Anca eine Aufnahmeprüfung an der Sapienza. Sie zog zu ihren Eltern nach Rom und absolvierte ein Studium in Wirtschaftsrecht, mit dem sie sich sowohl für den Arbeitsmarkt in Italien als auch in Rumänien qualifizierte. Im Anschluss begann sie mit einem wirtschaftswissenschaftlichen Zweitstudium. Sie und ihre Eltern verfügten über eine unbefristete Aufenthaltsgenehmigung in Italien.

Vor dem Hintergrund der Entwertung ihrer beruflichen Qualifikationen und der Verschlechterung ihrer Einkommensbedingungen im Zuge des Regimesturzes bildete die Migration von Ancas Eltern den Versuch, die finanzielle und erwerbsbezogene Situation zu verbessern, um an ihren sozialen Status vor dem Systemwechsel anzuknüpfen. Dabei war die Migration zu Beginn mit Abstiegserfahrungen verbunden. Sie bedeutete eine berufliche Dequalifikation und zunächst die Verschlechterung der Lebensbedingungen. Obgleich es Ancas Eltern gelang, ihren Aufenthaltsstatus und ihre Lebenssituation im Ankunftskontext abzusichern und dadurch in ihrem Herkunftskontext entsprechende Investitionen zu tätigen, die zum einen Anca erleichterten, eine weiterführende Schule in ihrem Herkunftsbezirk zu absolvieren und ihnen zum anderen die Rückkehr prinzipiell ermöglichen, wurde ihnen aufgrund von negativen Entwicklungen im Herkunftsland verwehrt, ihre konkreten Rückkehrpläne umzusetzen. Die Hoffnung, über finanzielle Ressourcen aus der Migration binnen weniger Jahre einen erneuten sozialen Aufstieg zu erreichen, wurde enttäuscht.

Mit Ancas Nachzug und ihrer Aufnahme eines Studiums in Italien weitete sich der Migrationszusammenhang aus. Dadurch, dass den Eltern der erhoffte Statusgewinn versagt blieb, wurden Erwartungen, einen erneuten sozialen Aufstieg zu erreichen, auf Anca übertragen. Ebenso wie für ihre Eltern stand auch für Anca die Rückkehr in den weiteren Herkunftskontext zu keinem Zeitpunkt in Frage. Mit ihren enormen Bildungsanstrengungen sorgte sie für eine hohe berufliche Qualifikation, um sich vor einem sozialen Abstieg, wie ihn ihre Eltern erlebt hatten, abzusichern. Auf der Grundlage dieser Erwartungen erschien für Anca allerdings, ähnlich wie für ihre Eltern, die konkrete Rückkehr ungewiss. Aus dem Vergleich ihrer Lebenssituation und möglicher Erwerbsaussichten in

Italien mit den Lebens- und Erwerbsbedingungen im weiter gefassten Herkunftskontext bekam auch für Anca der Aufenthalt in Italien einen offenen zeitlichen Horizont. Zwar gelang es ihr, einen hohen Bildungsabschluss zu erwerben und damit die Voraussetzungen für einen sozialen Aufstieg zu erfüllen, doch schien es – ähnlich wie für ihre Eltern – zum gegenwärtigen Zeitpunkt ungewiss, ob sie diesen in ihrem Herkunftskontext auch einlösen konnte.

Porträt: Ioana Popa

In ähnlicher Weise stellt sich auch im Fall von Ioana Popa die Migration als ein Generationen übergreifendes Projekt dar. Aus der Migration ging für Ioanas Eltern die Möglichkeit hervor, den selbst versagt gebliebenen sozialen Aufstieg über Bildung an Ioana sowie ihren Bruder zu übertragen.[234] Verbunden damit weiteten sich die Migrationsdauer sowie der Migrationszusammenhang insgesamt deutlich aus.

Ioana Popa wurde 1991 geboren. Ihre Eltern betrieben zunächst eine eigene Landwirtschaft in Satuleşti. Zusätzlich arbeiteten sie als TagelöhnerIn im Dorf. Die Mutter von Ioana besuchte nach der achtjährigen Schulzeit in Satuleşti ein landwirtschaftlich ausgerichtetes Gymnasium im Nachbarort, zu dem sie täglich pendelte.[235] Ionas Mutter war eine sehr gute Schülerin. Aus finanziellen Gründen und da sie als Arbeitskraft in der Familie gebraucht wurde, konnte sie jedoch keine weitere Ausbildung absolvieren. Bereits in jungen Jahren musste sie sich um ihren bettlägerigen Vater kümmern, der früh verstarb. Ein Jahr vor Ende ihrer Schulausbildung heiratete sie Ioanas Vater. Dieser kam ebenfalls aus einer Familie mit Landwirtschaft. Als jüngster Sohn von insgesamt vier Kindern baute er ein Haus auf dem Hof seiner Eltern. Als ihm während seines Militärdienstes angeboten wurde, sich für das Militär zu verpflichten, kehrte er auf Intervention seiner Eltern auf den Hof zurück, um eine eigene Familie zu gründen.

Zu Beginn der 1990er Jahre erhielten die Eltern von Ioana die Möglichkeit, auf einer damals noch bestehenden staatlichen Farm in der Dobrudscha zu arbeiten, wo Ioana mit ihren Eltern gemeinsam wohnte. Nach einem Jahr wurde Ioanas Vater schwer krank und die Familie kehrte nach Satuleşti zurück. In die-

---

234 In Anlehnung an Juhasz/Mey (2003) ließe sich davon sprechen, dass aufgrund eines verwehrt gebliebenen Bildungsaufstiegs in der Elterngeneration eine Art mobilitätsspezifischer Habitus auf die nachkommende Generation übertragen wurde.
235 Dieses landwirtschaftlich ausgerichtete Gymnasium, das zum Zeitpunkt der Forschung nicht mehr existierte, bildete zu dieser Zeit die einzige Möglichkeit einer Zusatzausbildung im Umkreis des Dorfes. Weitere (berufsqualifizierende) Gymnasien befanden sich erst wieder in einer Kleinstadt auf halber Strecke zur Bezirkshauptstadt, circa 30 Kilometer vom Dorf entfernt, sowie in der Bezirkshauptstadt selbst.

ser Zeit führte die Mutter von Ioana den Hof alleine. Die Lebensverhältnisse der Familie verschlechterten sich deutlich. Nach seiner Genesung arbeitete Ioanas Vater Mitte der 1990er Jahre mehrfach saisonal als Erntehelfer in der Vojvodina. Diese Arbeitsaufenthalte konnten allerdings lediglich punktuell etwas an der prekären finanziellen Situation der Familie ändern. Zusätzlich erhöhten sich die Ausgaben der Familie durch die Geburt von Ioanas Bruder im Jahr 1998.

Um die permanent angespannte finanzielle Situation der Familie zu verbessern, organisierte der Vater von Ioana Popa gemeinsam mit Ioanas Onkel eine Arbeitsmigration nach Italien. Da die Migration einen sehr hohen finanziellen Aufwand für die Familie bedeutete, stand sie von Beginn an unter einem hohen Erfolgsdruck. Als die Migration aufgrund der prekären Situation am Ankunftsort zunächst zu scheitern drohte, entschied sich auch Ioanas Mutter für eine Arbeitsmigration. Mit diesem Schritt gaben Ioanas Eltern ihre gesamte landwirtschaftliche Existenz in Satuleşti auf, was den Erfolgsdruck der Migration weiter erhöhte. Dabei beschrieb Ioanas Mutter ihre Migration im Rückblick auch als Chance, ihren Herkunftskontext erstmals verlassen zu können.

Für Ioana Popa, die damals neun Jahre alt war, gingen mit der Trennung von ihren Eltern schwerwiegende Veränderungen einher. In ähnlicher Weise, wie Ionas Mutter in ihrer Kindheit von ihrer Mutter bestimmte Aufgaben übertragen bekommen hatte, gingen nun zentrale Aufgabenbereiche von Ionas Mutter an Ioana über. In starkem Maße wurde Ioana für ihren jüngeren Bruder verantwortlich. Damit war sie, wie aus der Darstellung ihrer Lebensgeschichte hervorging, vielfach überfordert. Sie habe unter der Trennung von ihren Eltern sehr gelitten. Ihre Großmutter, mit der sie während dieser Zeit in Satuleşti gemeinsam im Haus ihrer Eltern wohnte, habe sie wenig bei der Versorgung ihres Bruders unterstützen können. Ihre Eltern blieben für sie ihre wichtigsten Bezugspersonen. Permanent habe sie sich danach gesehnt, wieder mit ihren Eltern zusammenzuwohnen. Die starke Einbindung in die Betreuung ihres Bruders, aus der sich ein besonderes Geschwisterverhältnis entwickelte, habe sich auch auf ihr Verhältnis zu Gleichaltrigen ausgewirkt. Durch die Verantwortung für ihren Bruder reduzierten sich ihre Kontakte zu FreundInnen aus dem Dorf. Gleichwohl, so geht aus ihren Ausführungen im Rückblick auf ihre damalige Situation hervor, dachte sie aufgrund der prekären finanziellen Situation in der Familie positiv über die Migration ihrer Eltern.

Erst nach mehreren Jahren ergab sich für Ioana und ihren Bruder die Möglichkeit, ihren Eltern nach Italien zu folgen. Verbunden mit einem lange Zeit unsicheren Aufenthaltsstatus und einer unzureichenden Wohnsituation stimmten Ioans Eltern erst im Jahr 2004 einem Nachzug von Ioana und ihrem Bruder zu. Ioana wurde von ihren Eltern ein Schuljahr zurückgestuft, um die Möglichkeit, im Anschluss an die allgemeinbildende Schule ein Gymnasium zu besuchen, zu erleichtern. Ihr Bruder wurde in Italien eingeschult. Die starke Verantwortung für ihren jüngeren Bruder dehnte sich nach der Migration durch die starke berufliche Absorption von Ioanas Eltern auf den Ankunftskontext aus.[236]

Aus Ioanas Darstellung ihrer Lebensgeschichte wurde deutlich, dass sie die Migration ihrer Eltern, die in erster Linie einen Versuch darstellte, die Versorgung der Familie insgesamt zu verbessern, sehr stark verinnerlichte. Daraus, dass sie die prekäre finanzielle Situation in der Familie vor der Migration sehr stark mitbekommen hatte und über die Migration ihrer Eltern deutlich in die familiären Versorgungsleistungen eingebunden war, resultierte eine starke Identifikation mit dem Projekt der Migration (vgl. Apitzsch 1990a). Als zentrale Handlungsorientierung von Ioana, deren Darstellung ihrer Lebensgeschichte auf eine deutliche Selbstreflexivität hindeutete, ging eine besondere Leistungsbereitschaft hervor, die sich in ihrer starken Bildungsorientierung zeigte. Diese Bildungsorientierung sicherte ihr zum einen, dass sie weiterhin mit ihren Eltern in Italien zusammenwohnen konnte. Für Ioanas Eltern stellte der weitere Schulerfolg eine wesentliche Voraussetzung für Ioanas Aufenthalt in Italien dar. Zum anderen erfüllte sie darüber die implizit vor allem von ihrer Mutter geäußerten Bildungserwartungen, die daraus resultierten, dass Ioanas Mutter, ähnlich wie Ioanas Vater, eine weitere (Aus)Bildung verwehrt geblieben war. Damit verbunden erfuhr Ioana insbesondere durch ihre Mutter eine deutliche Unterstützung und einen besonderen Rückhalt. So etwa, als sie von Mitschülerinnen aufgrund ihres ausgeprägten Leistungswillens und relativ angepassten Verhaltens sowie aufgrund ihrer Herkunft ausgegrenzt und diskriminiert wurde.[237] Verbunden mit ähnlichen Erfahrungshintergründen von Ioana und ihrer Mutter infolge der frühen Übertragung von bestimmten Verantwortungsbereichen in der Familie verstärkte sich darüber hinaus Ioanas ohnehin ausgeprägte Identifikation mit ihrer Mutter zusätzlich.

---

236 Juhasz/Mey (2003) sprechen unter Verweis auf Crul (2000) von der Rolle eines Coachs älterer für ihre jüngeren Geschwister und erwähnen etwa die Unterstützung bei den Hausaufgaben. Die älteren Geschwister seien Vorbild und Orientierungshilfe.

237 Insbesondere zu der Zeit als sich gewaltsame Ausschreitungen gegenüber MigrantInnen aus Rumänien in Italien häuften, gaben Ioana und ihre Mutter an, dass Ioana vonseiten einiger MitschülerInnen die Erfahrung von Ausgrenzung aufgrund ihrer Herkunft gemacht hätte. In diesem Zusammenhang weisen Juhasz/Mey (2003) auf die Funktion der Eltern-Kind-Beziehungen im Zielland als „Puffer" und Ressource hin (ebd.: 325). Gerade wenn Jugendliche Stigmatisierungen ausgesetzt seien, fänden sie häufig einen wichtigen Rückhalt in der Familie, um ihr Selbstvertrauen und Selbstwertgefühl zu stärken. Generell könne die Familie eine „wichtige Ressource (...) gerade bei vielfachen Erfahrungen von Benachteiligung und sozialem Ausschluss" (ebd.: 326) bilden.

Vor diesem Hintergrund weitete sich der zeitliche Horizont der Migration deutlich aus. Dadurch, dass die Einkünfte aus der Migration das einzige Einkommen der Familie darstellten und sich für Ioanas Eltern außer einer erneuten Subsistenzwirtschaft im Herkunftsdorf keine weiteren Einkommensmöglichkeiten im Herkunftskontext abzeichneten, war davon auszugehen, dass sich die Migration mindestens bis zum Ende der Schullaufbahn von Ioana und ihrem Bruder in Italien ausdehnte. Aus Gesprächen mit Ioanas Eltern wurde in diesem Zusammenhang deutlich, dass Ioanas Mutter sich stärker für eine zeitliche Ausdehnung der Migration aussprach als Ioanas Vater.[238]

7.4 Typus II: Die Migration als Kontinuierung biographischer sowie Generationen übergreifender Orientierungen und Projekte

Dieser Typus zeichnet sich dadurch aus, dass die Migration in erster Linie eine Kontinuierung bestimmter biographischer sowie zum Teil Generationen übergreifender Orientierungen und Projekte darstellt. In den Lebensgeschichten werden die Erfahrungen im Zusammenhang mit der Migration stärker als Erfahrungen biographischer Kontinuität bzw. als Möglichkeit, an bestimmte, zum Teil Generationen übergreifende lebensgeschichtliche Projekte anzuknüpfen, thematisiert. Die Bedeutung der Migration konturiert sich dabei in einem Rahmen biographischer Kontinuität, der verschiedene (familien)biographische Bezüge beinhalten kann.

Ein besonderes Kontinuitätspotential ging von familien- und erwerbsbiographischen Konstruktionsprinzipien aus, wie sie eng mit dem Milieuzusammenhang des Herkunftskontextes verbunden waren. Die milieuspezifischen Mobilitätsformen erwiesen sich in besonderer Weise als kontinuitätsstiftend im biographischen Umgang mit den Migrationserfahrungen. Hierauf konnte im Ankunftskontext vielfach produktiv zurückgegriffen werden. Die besondere berufliche Flexibilität, wie sie vielfach im Ankunftskontext als Erwerbsstrategie weitergeführt wurde, konnte dabei in besonderer Form durch die spezifischen gesellschaftsgeschichtlichen Veränderungen konturiert sein. Ein in besonderer Weise milieuspezifisch geprägter Tradierungszuammenhang und die Teilnahme

---

238 Eine frühere Rückkehr nach Rumänien hätte sowohl für Ioana als auch für ihren Bruder vermutlich negative Auswirkungen auf den weiteren Bildungsweg zur Folge gehabt. Für Ioanas Bruder zeichneten sich Schwierigkeiten bei einer Integration in das rumänische Schulsystem vor allem dadurch ab, dass seine Sprachkenntnisse im Italienischen mittlerweile besser waren als im Rumänischen.

an unterschiedlichen darin eingelagerten Wanderungsbewegungen konnte bewirken, dass sich die Migration in Bezug auf das Erwerbs- und Familienleben eher als Erfahrung biographischer Kontinuität darstellte bzw. als Fortführung (erwerbs)biographischer Projekte und Orientierungen erlebt wurde. Neben diesen in besonderer Weise milieuspezifisch geprägten Orientierungs- und Handlungschemata mit ihren impliziten Sinngebungs- und Ordnungspotentialen konnten ebenso Anstrengungen der (Aus)Bildungs- sowie (erneuten) Statusverbesserung, die über die Migration zum Teil Generationen übergreifend verfolgt wurden, den Umgang mit der Migration im Sinne einer Erfahrung (familien)biographischer Kontinuität konstituieren.

In der Biographie von Mihail Cioban bildete die Arbeitsmigration nach Italien eine deutliche Kontinuierung familien- und erwerbsbezogener Handlungsmuster, wie sie in den milieuspezifischen Herkunftskontext eingelagert waren. Die Migration war in besonderer Weise in ihrer Motivation, in ihrer Umsetzung und in ihrem Verlauf in orientierungswirksame sowie handlungsleitende Bezüge des Herkunftskontextes eingebettet. Sie erschien als ein familienökonomisches Unternehmen im Sinne des eigenen familienbiographischen Tradierungszusammenhangs, wie er eng in den Milieukontext eingefasst war. Aus der darin angelegten berufsspezifischen Mobilitätsbereitschaft sowie der gesellschaftsgeschichtlich bedingten erwerbsbezogenen Flexiblität gingen dabei besondere Kontinuitätspotentiale im Umgang mit der Migration hervor.

Im Fall von Elena Radulescu erschien die Migration in der Adoleszenz vor dem Hintergrund einschneidender Mangelerfahrungen in der Familie als Strategie, sich zunächst aus dem Herkunftskontext zu lösen und ein materiell bzw. finanziell autonomes Leben aufzubauen. Diese Ablösung vom familiären und dörflichen Herkunftskontext verfolgte Elena, indem sie zunächst eine weiterführende schulische Ausbildung in der Bezirkshauptstadt begann. Diese Ablösungsstrategie über einen bildungsbegründeten sozialen Aufstieg erschien ihr jedoch aufgrund unsicherer Beschäftigungs- und Einkommensaussichten sowie aufgrund mangelnder beruflicher Zielvorstellungen als zu riskant. Sie brach nach einem Jahr ihre weiterführende schulische Ausbildung ab und migrierte nach einem kurzen Aufenthalt in ihrem Herkunftsdorf wie bereits ihr Vater und ihr Bruder nach Italien. Auch nach ihrer Schwangerschaft und der Gründung einer eigenen Familie in Italien hielt sie an ihrem ursprünglichen Ziel fest, mit der Migration als einer Möglichkeit, die materiellen Lebensbedingungen zu verbessern, einen sozialen Aufstieg zu vollziehen.

Im Fall von Anca Ionescu bildete die Migration ein Generationen übergreifendes Projekt mit dem Ziel, eine erneute Statusverbesserung vorzubereiten. Für Ancas Eltern leitete der Umsturz des kommunistischen Regimes sukzessive einen sozialen Abstieg ein. Verbunden mit einer Verschlechterung der Einkommensmöglichkeiten bzw. der Arbeitslosigkeit im Herkunftskontext ging eine Entwertung der beruflichen Qualifikationen von Ancas Eltern einher. Vor diesem Hintergrund entschieden sich Ancas Eltern für eine Arbeitsmigration nach Italien, die bis zur Konsolidierung der Situation im Ankunftskontext zunächst eine weitere Abstiegserfahrung bedeutete. Während die Migration für Ancas Eltern allerdings als eine Übergangsstrategie gedacht war, um mit dem Einkommen aus der Migration einen beruflichen Neuanfang zu starten, entwickelte sich die Migration nach einem erfolglosen Versuch von Ancas Mutter, sich in Rumänien selbständig zu machen, zur einzigen längerfristig gesicherten Erwerbsquelle. Die Hoffnung auf einen beruflichen und damit verbundenen sozialen Aufstieg wurde auf Anca übertragen. So hoffte Anca ebenso wie ihre Eltern auf eine baldige Rückkehr nach Rumänien und auf der Grundlage ihrer akademischen Qualifikation, die sie in Italien erworben hatte, auf eine adäquate berufliche Position, die sie vor Statusverlusten und beruflichen Abstiegserfahrungen absicherte. Während der verschiedenen Forschungsaufenthalte wurde deutlich, dass Anca zwar der Bildungsaufstieg in außergewöhnlicher Weise gelang, sie diesen beruflich vorerst allerdings nicht in ihrem weiteren Herkunftskontext einlösen konnte.

In ähnlicher Weise erwies sich die Migration auch im Fall von Ioana Popa als ein Generationen übergreifendes Projekt. Mit der Migration ihrer Eltern war für Ioana sehr früh eine deutliche Übertragung der Verantwortung für ihren Bruder verbunden. Eine ähnliche Einbindung in die Verantwortung für andere Familienmitglieder zeigte sich bereits bei Ioanas Mutter in deren Herkunftsfamilie. Daneben gab es in den Daten zu den Ausbildungswegen der Eltern von Ioana Hinweise auf (Aus)Bildungsbeschränkungen. Vor diesem Hintergrund zeigte sich in Ioanas Handlungsorientierung sowohl in der Zeit ihres Verbleibens im Herkunftskontext als auch über ihren Nachzug nach Italien hinweg eine deutliche Verantwortungsbereitschaft und Selbstreflexivität sowie eine besondere Bildungsorientierung, die mit einer starken Identifikation von Ioana mit ihrer Mutter einherging. In dieser Form war mit der Migration die Übertragung eines sozialen Aufstiegs über Bildung vor allem von Ioanas Mutter auf Ioana verbunden.

7.5 „Es wäre sehr viel besser gewesen, ich wäre nicht gegangen": Falldarstellung Constantin Mutu

7.5.1 Kontaktaufnahme und Kontexte der Interviews

Constantin Mutu und seine Familie habe ich zufällig während meines ersten Aufenthaltes in Satuleşti im Mai des Jahres 2005 kennen gelernt. Constantin, damals 29 Jahre alt, gehörte zu einem der ersten Migranten aus dem Dorf, die nach Italien ausgereist waren. Zum damaligen Zeitpunkt betrieb er einen Personen- und Pakettransport und verfügte daher über einen Zweitwohnsitz in Cittadina. Im Abstand von mehreren Wochen pendelte er mit einem Kleinbus zwischen Italien und Satuleşti. Zusätzlich besaß er eine Bar und Diskothek im Dorf, die an sein Wohnhaus auf dem Hof seiner Eltern angrenzte. Seine Ehefrau arbeitete als Grundschullehrerin in Satuleşti. Die gemeinsame Tochter von Constantin und seiner Ehefrau war damals vier Jahre alt.

Nachdem ich von Constantins aktueller Beschäftigung erfuhr und dass er über mehrere Jahre in Italien gearbeitet hatte, bat ich ihn um ein Leidfaden gestütztes Interview (vgl. Kap. 4.2). Er erklärte sich spontan dazu bereit. Hierzu lud er mich in seine Bar und Diskothek ein und zeigte mir zunächst die aufwendig gestalteten Räumlichkeiten mit Musik-, Lichtanlage und Diskokugel. Zu dem Interview, das über zwei Stunden dauerte, stießen gegen Ende auch seine Ehefrau und seine Tochter hinzu. Nach dem Gespräch, in dem er mir seine Telefonnummern in Satuleşti und Italien gab, lud er mich für den gleichen Abend in seine Diskothek ein.

Meinen zweiten Aufenthalt in Satuleşti im Jahr 2007 organisierte ich daraufhin über Constantin. Die ersten beiden Wochen wohnte ich bei ihm und seiner Familie. Zu diesem Zeitpunkt pendelte Constantin nicht mehr nach Italien. Er hatte seit meinem letzten Aufenthalt sein Abitur nachgeholt und sich für ein Studium in Tourismusmanagement in der Bezirkshauptstadt eingeschrieben. Weiterhin betrieb er seine Bar und Diskothek im Dorf. Während meines zweimonatigen Aufenthaltes bewarb sich Constantin zudem im Rahmen eines mehrstufigen Wettbewerbs für eine Stelle als Feuerwehrmann, allerdings ohne Erfolg. Er und andere Mitbewerber aus dem Dorf, die ich kennen gelernt hatte und deren Bewerbungen ebenfalls abgelehnt wurden, begründeten dies damit, dass andere Bewerber für eine solche Stelle mehrere tausend Euro bezahlt, sich also ihren Posten erkauft hätten.

Als ich im darauf folgenden Jahr erneut für zwei Monate nach Satuleşti kam, besuchte ich Constantin und seine Familie bereits an meinem ersten Abend. Ich erfuhr von Constantins Mutter, dass er bei der Kommunalwahl einige Wochen zuvor zum stellvertretenden Bürgermeister ernannt worden war. Ebenfalls stellte ich fest, dass die Bar und Diskothek zu einem Lebensmittelladen umgebaut worden war. In den darauf folgenden Wochen besuchte ich Constantin und seine Familie mehrfach. Dabei führte ich ein biographisch-narratives Interview mit Constantin in seinem Büro im Rathaus des Dorfes. Am Tag nach diesem Interview traf ich zufällig auf Constantin, als er einem alten Hochzeitsbrauch folgend mit einer Flasche Wein durch das Dorf ging und alle aus dem Dorf zur Hochzeit der Tochter des Bürgermeisters einlud. Als er auch mich zu der Hochzeit einlud, fragte ich ihn, ob er ein bestimmtes Lebensmotto hätte, woraufhin er verschmitzt lächelte und antwortete: „Was im Augenblick gut ist, das mache ich."

7.5.2 Biographische Kurzbeschreibung

Constantin Mutu wurde 1976, sieben Jahre nach seiner Schwester, geboren. Seine Eltern betrieben eine kleine Landwirtschaft im Dorf, zusätzlich arbeiteten sie saisonal in einer Kooperative in einem Nachbarbezirk, wo Constantins Vater zum Chef der Brigade aufgestiegen war. Nach dem Zusammenbruch des kommunistischen Regimes und der Schließung der Kooperative orientierten sich Constantins Eltern mit Hilfe seiner Schwester beruflich neu und bauten einen Kiosk und eine eigene Bar im Dorf auf.

Constantin wechselte nach seinem vierten Schuljahr von der Schule im Dorf auf ein Sportgymnasium in Bukarest mit dem Schwerpunkt Fußball. Dort verbrachte er insgesamt sieben Jahre, bis er aus gesundheitlichen Gründen seine geplante Karriere als Profifußballer vorzeitig abbrechen musste. Er kehrte in sein Herkunftsdorf zurück und entschied sich gegen einen höheren Schulabschluss. In Satuleşti arbeitete er im Kiosk und in der Bar seiner Eltern.

Als er volljährig wurde, entschloss sich Constantin ohne Einverständnis seiner Eltern dazu, mit einem Bekannten aus der Region illegal nach Deutschland auszureisen, wo zum damaligen Zeitpunkt sein Schwager beschäftigt war.[239] Als ihm sein Schwager jedoch keine Hilfe anbieten konnte, reiste Constantin weiter nach Rom zu einer Cousine, die ihm allerdings weder eine Unterkunft noch Hilfe bei der Arbeitssuche anbot. Als einer der Ersten aus dem Dorf reiste Constantin daraufhin weiter nach Cittadina, doch auch dort entspannte sich seine Aufenthaltssituation nur geringfügig. Noch im selben Jahr kehrte er zu seinen Eltern nach Satuleşti zurück, wo er weiterhin seine Eltern unterstützte. Zwei Jahre später heiratete er.

---

239 Auf der Grundlage bilateraler Abkommen zwischen Rumänien und Deutschland fand Constantins Schwager eine Beschäftigung als Koch in einer Autobahnraststätte.

Nach der Geburt der gemeinsamen Tochter migrierte Constantin erneut nach Italien. Durch einen Bekannten seines Schwagers organisierte er eine Einladung und reiste nach Cittadina, wo er zunächst illegal in einer Fabrik beschäftigt war. Über ein Legalisierungsgesetz konnte Constantin schließlich nach mehreren Jahren seinen Aufenthalt legalisieren. In dieser Zeit besuchten ihn seine Ehefrau und seine Tochter zweimal für mehrere Monate, bis er krankheitsbedingt in Cittadina zu arbeiten aufhörte. Constantin ging vorläufig nach Satuleşti zurück und investierte in die Bar und Diskothek im Dorf. Nach eineinhalb Jahren kehrte er zu seinem damaligen Arbeitgeber nach Cittadina zurück. In der folgenden Zeit wechselte er mehrfach seinen Wohnort zwischen Satuleşti und Cittadina, bevor er zu Beginn des Jahres 2005 anfing, als Chauffeur zwischen Satuleşti und Italien zu pendeln.

7.5.3 Thematische Feldanalyse der Eingangserzählung

Im Folgenden wird die gesamte Eingangserzählung von Constantin Mutu einschließlich der sequenziellen Analyse wiedergegeben. Dieses Vorgehen wurde gewählt, da in der Darstellung in prägnanter Form sowohl die biographische Perspektive auf die Migrationserfahrungen als auch weitere biographisch relevante Themensetzungen enthalten sind. Im Gegensatz zu den vorangegangenen Fallbeispielen fiel die Selbstpräsentation von Constantin im Anschluss an die Eingangsfrage relativ kurz aus.

> I: es gefällt mir hier in Satuleşti, und es gefällt mir vor allem mit den Leuten hier aus dem Dorf zu sprechen, und ich möchte gerne noch mehr über das Leben der Leute von hier erfahren, ich möchte gerne mehr über ihre Erfahrungen die sie in ihrem Leben gemacht haben wissen. das Thema meiner Doktorarbeit sind die Migrationserfahrungen die die Menschen hier aus dem Dorf gemacht haben und um genauer zu erfahren was diese Migrationserfahrungen für ihr Leben bedeuten möchte ich gerne so viel wie möglich über ihr Leben erfahren, aus diesem Grund möchte ich dich bitten dass du mir deine Lebensgeschichte erzählst, von Beginn an, von der Kindheit an bis heute alles was für dich wichtig ist und wichtig war, ich nehme das dann auf Band auf und höre dann bloß zu so lange bis du fertig bist zu erzählen, ich werde mir einige Notizen machen in der Zeit und Fragen werde ich erst, wenn du fertig bist stellen und du hast so viel Zeit dafür wie du möchtest, ja, ich möchte dich bitten, dass du mir deine Lebensgeschichte erzählst, ja also die Frage lautet, was war wichtig in deinem Leben von der Kindheit an, es ist eine andere Art von Interview dieses Mal also:
> IP: was, was mich, ä:h mich besonders geprägt hat, in meinem Leben, also willst du wissen
> I: ja
> IP: wo soll ich beginnen?
> I: wo du möchtest (XVII, 1: 1-17)

Nach der bewusst sehr offen und allgemein gehaltenen Erzählaufforderung beginnt das Interview zunächst mit einem Wortwechsel zwischen Constantin und dem Interviewer. Constantin scheint, die Eingangsfrage zunächst für sich in eigene Worte übersetzen zu müssen. Dadurch könnte er sicher gehen wollen, dass er die Fragestellung richtig verstanden hat. Denkbar wäre, dass er sich damit absichern möchte, den Erwartungen des Interviewers zu entsprechen. Eine andere Lesart könnte lauten, dass er versucht, durch die Wiederholung der Frage mit eigenen Worten Zeit zu gewinnen, um seine Gedanken ordnen zu können. Es könnte ihm Schwierigkeiten bereiten, seine Lebensgeschichte zu erzählen. Ebenso könnte es ihm trotz eines Vorgesprächs, in dem die Methode der Interviewführung erläutert wurde, Probleme bereiten, sich auf diese Form des Interviews einzulassen. Hierzu könnte beigetragen haben, dass es sich bei dem ersten ausführlichen Interview mit Constantin um ein Leitfaden gestütztes Interview handelte und auch die darauf folgenden Gespräche mit ihm meist von mehr oder weniger direkt gestellten Fragen geleitet waren. Schließlich könnten Constantins Schwierigkeiten, seine Lebensgeschichte beginnen zu lassen, aus dem problematischen Erzählstimulus resultieren. Nachdem die Erzählaufforderung zu Beginn sehr offen gehalten wurde, wird sie im zweiten Teil durch den Verweis auf die Relevanz der Erzählinhalte eingeschränkt, wodurch sie uneindeutig wirkt.

Die nachfolgende Frage danach, wo er beginnen solle, bestätigt, dass Constantin eine ähnlich konkrete Frage wie in anderen Interviews zuvor erwartete. Er scheint auf eine engere Eingrenzung der Fragestellung zu warten, was darauf hindeutet, dass für ihn aus dem Vorgespräch der genaue Ablauf des Interviews nicht ausreichend deutlich wurde.

> IP: in der fünften Klasse also, als ich nach Bukarest gegangen bin wegen des Fußballs, ich habe an einer Auswahl teilgenommen beim Club, beim Club Rapid in Bukarest und da habe ich an der Auswahl teilgenommen und dann habe ich angefangen da Fußball zu spielen, das war mein größt- das war was ich mir am meisten gewünscht hatte und was auch gleichzeitig mein größtes Vergnügen war
> I: aha (XVII, 1: 18-23)

Nach der Verzögerung durch die beiden Nachfragen zu Beginn lässt Constantin seine Lebensgeschichte sehr unmittelbar mit einem ganz konkreten Datum einsetzen. Möglicherweise ungeduldig geworden, scheint er nun keine weitere Zeit verlieren zu wollen und beginnt direkt im Anschluss an die vom Interviewer offen gehaltene Antwort auf seine Frage mit seinen Ausführungen. Durch den Ort, an dem das Interview auf Constantins Wunsch hin stattfindet, sein Büro im Rathaus des Dorfes, könnte er etwas nervös geworden sein, da er möglicherweise noch weitere Termine an diesem Tag wahrzunehmen hatte. Das unmittelbare Einsetzen könnte allerdings auch darauf hindeuten, dass er, bereits als er die Eingangsfrage mit eigenen Worten zu der Frage umformuliert, was ihn in seinem Leben „besonders geprägt hat", an ein konkretes Erlebnis dachte, sich aber mit der daran anschließenden Nachfrage absichern wollte, ob dieses Ereignis in die Zeitspanne fällt, um die es im Interview gehen soll.

Constantin setzt mit der Darstellung seiner Lebensgeschichte an dem Zeitpunkt ein, als er nach einem Auswahlverfahren im Alter von zehn oder elf Jahren als Nachwuchsfußballer in Bukarest ausgebildet wurde. In der Textsorte des Berichts nennt er den Zeitpunkt, kurz den Hintergrund und den Ort dieses Ereignisses. Möglich ist, dass er die weiteren Umstände nicht ausführt, da er bereits im ersten längeren Interview ausführlicher auf diese Ereignisse eingegangen war.

Dieser Beginn der Eingangserzählung wirkt zunächst verwunderlich. Während zu erwarten gewesen wäre, dass Constantin mit seiner Geburt, seiner Familie und möglicherweise ersten Erlebnissen in seiner frühen Kindheit bzw. im Kindergarten oder in der Schule im Dorf beginnt, nennt er als erstes Erlebnis ein Ereignis, das ihn aus diesem sozialen Umfeld seiner ersten Lebenszeit herausführt. In den sich anschließenden Ausführungen wird allerdings deutlich, weswegen Constantin seine Lebensgeschichte mit diesem Datum beginnen lässt. Die Möglichkeit, in einem der renommiertesten Clubs des Landes zum Fußballer ausgebildet zu werden, bedeutete für ihn, dass der größte Wunsch in seinem Leben in Erfüllung ging. Sein Stocken könnte darauf hindeuten, dass es ihm schwer fällt, die richtigen Worte zu finden, um seinem Zuhörer klarzumachen, welchen hohen Stellenwert dieses Ereignis für ihn hatte. Dass er sehr genau überlegt, welche Formulierung er wählt, unterstreicht noch einmal die Bedeutung dieses Ereignisses. Das Thema des Erzähleinstiegs könnte lauten 'als Kind ging mein größter Wunsch in Erfüllung, und ich wurde zu einem Nachwuchsfußballer ausgebildet'.

Aus der Perspektive eines Kindes wirkt diese Evaluation allerdings überhöht. Es stellt sich die Frage, ob Constantin tatsächlich seine damalige Sichtweise als Junge von zehn oder elf Jahren wiedergibt oder diese retrospektive Einschätzung möglicherweise erst im weiteren Verlauf seines Lebens entwickelte. Denkbar ist, dass aus Constantins aktueller Situation eine bestimmte Resignation darüber spricht, dass er diese Laufbahn nicht weiterverfolgen konnte. Eine solche Resignation könnte Constantin erneut am weiteren Erzählen hindern, wie auch im weiteren Verlauf des Interviews deutlich wird.

> IP: was soll ich noch sagen - du weißt ja sehr gut, wie es weiterging - dann konnte ich aus gesundheitlichen Gründen nicht mehr weitermachen (1) und ich musste das aufgeben und dann bin ich mit achtzehneinhalb nach Italien gegangen (3) ich bin durch Deutschland, durch Polen, durch Frankreich überall (2) **sag etwas, frag mich etwas** /((bittend und gleichzeitig schmunzelnd))/ (XVII, 1: 24-28)

Im Anschluss an den Erzähleinstieg kommt es erneut zu einem Wortwechsel zwischen Constantin und dem Interviewer. Bereits nach wenigen Zeilen unterbricht Constantin seine Eingangserzählung erneut. Mehrere Gründe könnten diese Unterbrechung ausgelöst haben.

Auf der manifesten Erzählebene scheint sich Constantin daran zu stören, dass er dem Interviewer schon einmal über die Ereignisse im Zusammenhang mit seinem langjährigen Aufenthalt in Bukarest erzählt hat. Er macht deutlich, dass dieser seiner Meinung nach bereits ausreichend über diese Zeit informiert ist. Erneut darüber zu erzählen, erscheint ihm redundant. Diese Reaktion lässt erahnen, welche Erwartungen Constantin seinerseits mit dem Interview verbinden könnte. Er könnte für sich davon ausgehen, dass im Wesentlichen der äußere Ereignisablauf seiner Lebensgeschichte, wie er in weiten Teilen aus dem ersten Interview drei Jahre zuvor hervorging, auch im Zentrum dieses Interviews steht. Somit könnte er durch das erste ausführliche Interview davon abgehalten werden, sich einem Erzählstrom zu überlassen.

Auf der latenten Erzählebene hingegen ist denkbar, dass Constantin nicht erneut über die Zeit in Bukarest sprechen möchte. Verbunden mit der unmittelbar zuvor sehr absolut gesetzten Evaluation dieser Zeit könnte es ihm Schwierigkeiten bereiten, von den sich daran anschließenden Ereignissen zu erzählen. Der Fortgang der Handlung könnte ihm schmerzlich vor Augen führen, wie er sich von dem Wunsch verabschieden musste, Profifußballer zu werden. Auch seine weiteren Ausführungen deuten darauf hin, dass er die Zeit danach als einen klaren Bruch und einen großen Eingriff in seine Handlungsmöglichkeiten bewertet. Aus Gründen, die er nicht beeinflussen konnte, wurde er dazu gezwungen, diese Laufbahn aufzugeben.

Unmittelbar daran anschließend fügt Constantin seine erste Ausreise nach Italien an. Er erwähnt sein Alter und führt die einzelnen Stationen seiner Reise an, bevor er ein weiteres Mal seine Eingangserzählung unterbricht. Das unfreiwillige Ende seiner Fußballerkarriere und seine Ausreise nach Italien scheinen für Constantin neben ihrer chronologischen Aufeinanderfolge vermutlich in einem bestimmten thematischen Zusammenhang zu stehen. Das Thema dieses Abschnittes könnte lauten: 'wenn ich schon nicht Fußballer werden konnte, so wollte ich wenigstens weg'.

Auch der deutliche Wechsel in einen neuartigen Erfahrungszusammenhang, wie er mit der Migration verbunden war, veranlasst Constantin nicht dazu, sich einem Erzählfluss hinzugeben. Nach einer kurzen Pause bricht die Eingangerzählung vielmehr erneut ab. Daraus scheint hervorzugehen, dass sich Constantin ein weiteres Mal nicht mit bestimmten Erlebnisinhalten in seiner Biographie beschäftigen möchte. Stattdessen wendet er sich direkt an den Interviewer und bittet um eine konkrete Frage. Es entsteht der Eindruck, als würde sich Constantin gleichsam vom Interviewer erhoffen, ihn aus diesem Erlebniszusammenhang, den er durch seine Ausreise angesprochen hat, herauszuholen.[240]

> I: ich, ich möchte dich aber nichts Konkretes fragen, ich will dass du selber entscheiden kannst was für dich wichtig war
>
> IP: gut, also so wahnsinnig wichtig war es jetzt auch nicht dass ich nach Italien gegangen bin, es war vor allem weil ich etwas erreichen wollte und das war's, ich habe gesehen, dass es nicht gut war und bin nach sechs Monaten wieder zurück, und dort war ich dann weiterhin zusammen mit meiner jetzigen Frau, also wir waren weiter zusammen, und in 1999 haben wir geheiratet. nach einem Jahr kam Raluca auf die Welt und dann bin ich wieder nach Italien wegen des Geldes, das war bis in 2004, und dann 2004 habe ich angefangen mit dem Personentransport und ich habe das gemacht bis letztes Jahr als ich mich entschieden habe in die Politik zu gehen. und jetzt habe ich dir mein ganzes Leben erzählt (XVII, 1: 29-2: 6)

Auf die Entgegnung, keine konkreteren Fragen stellen zu wollen, folgt unmittelbar eine Relativierung des zuvor Gesagten. Constantin fühlt sich dazu veranlasst, die Bedeutung seiner Ausreise nach Italien zu schmälern. In Form einer Argumentation, mit der er auf den Grund seiner Migration hinweist, scheint er sich dazu veranlasst zu sehen, seine Ausreise nach Italien zu rechtfertigen. Mit der Bemerkung „es war vor allem, weil ich etwas erreichen wollte, und das war's" scheint er den Grund für seine Ausreise herunterzuspielen. Er schränkt die Bedeutung seiner Migration ein. Gleichwohl bestätigt sich die Vermutung, dass für Constantin das Ende seiner Karriere und die Entscheidung zur Migration eng miteinander verbunden sind. Die Migration bildet für Constantin den Versuch, seine Wünsche, die er mit einer Karriere als Profifußballer verband, mit anderen Mitteln zu erreichen. Es folgt eine knappe und deutlich negative Gesamtevaluation dieser ersten Ausreise, die allerdings nicht weiter begründet wird. Eingefasst in das thematische Feld der Wünsche, die er sich zu erreichen in seinem bisherigen Leben erhofft hatte, scheint er damit zu verdeutlichen, dass er mit der Migration seine ursprünglichen Wünsche und Ziele nicht wie erhofft erreichen konnte.

Im Anschluss zählt Constantin zentrale Ereignisse und Lebensabschnitte auf. Erneut argumentiert Constantin, wie es zu seiner zweiten Migration kam und nennt als Motivation finanzielle Gründe. In der Chronologie fortfahrend erwähnt er die Zeitspanne, in der er einen Personentransport zwischen seiner

---

240 Diese Erzählhaltung ließe sich in Anlehnung an das Thema Fußball auch in Form einer Metapher interpretieren. Ähnlich einem Fußballspieler wartete Constantin darauf, einen Pass zugespielt zu bekommen, auf den er reagieren konnte. Ein derartiges Abwarten auf eine Vorlage lässt sich auch dem von Constantin geäußerten Lebensmotto (siehe oben) entnehmen.

Herkunftsregion und Italien betrieb. Mit seinem Wechsel in die Politik erreicht er schließlich die Gegenwart, womit er seine Eingangserzählung enden lässt.

Nach mehrfachen Unterbrechungen, aus denen deutlich hervorgeht, dass es Constantin sichtlich schwer fällt, seine Lebensgeschichte zu erzählen, gelangt er nach bereits einer halben Seite Transkript mit der Koda „und jetzt habe ich dir mein ganzes Leben erzählt" an das Ende der Eingangserzählung. Auch die Bemerkung des Interviewers im Anschluss an die Eingangserzählung, dass dies allerdings eine sehr kurze Version gewesen sei, bewegt Constantin nicht dazu, von sich aus eine detailliertere Erzählung seiner Lebensgeschichte vorzunehmen. Vielmehr wiederholt Constantin noch einmal die zentralen Etappen, wie er sie bereits in seiner Eingangserzählung angerissen hat. In den nachfolgenden acht Seiten Transkript ergibt sich daher durchgängig eine Frage-Antwort-Situation zu den Themenschwerpunkten Familie und Ausbildung sowie Migration, berufliche Neuorientierung und Rückkehr. Dabei kann sich Constantin an keiner Stelle einem Erzählfluss überlassen bzw. bestimmte Themen erzählerisch ausbauen.

Die nur vereinzelt an eigenen Relevanzen entwickelte Eingangserzählung macht es schwer, ein thematisches Feld zu formulieren. Gleichwohl gehen auch aus dieser knappen Eingangserzählung bestimmte Themensetzungen hervor. Dadurch, dass Constantin die Eingangserzählung damit beginnt, wie er nach Bukarest ging und schließlich seine Karriere als Profifußballer vorzeitig beenden musste, wird deutlich, dass diese Ereignisse einen zentralen Stellenwert für seine aktuelle Perspektive auf sein Leben hatten. Es deutet sich an, dass diese Ereignisse einen besonderen Referenzrahmen für seine erste Ausreise nach Italien darstellten, während sich für seine zweite Ausreise durch seine Heirat sowie die Familiengründung ein neuartiger Motivationshintergrund ergab. Zusätzlich zeigt sich, dass Constantin versucht, die Bedeutung der Migration für seinen Lebensverlauf herunterzuspielen. In der nachfolgenden Falldarstellung soll der Frage nachgegangen werden, welche Erfahrungen zu dieser Form der Selbstpräsentation führten. Im Folgenden werden hierzu Constantins Erlebnisperspektive sowie sein Umgang mit zentralen lebensgeschichtlichen sowie migrationsspezifischen Erfahrungskontexten herausgearbeitet.

7.5.4 Lebensgeschichtlich relevante Kontexte

7.5.4.1 Familiensituation und Ausbildung

Constantins Eltern kamen beide aus kinderreichen Bauernfamilien aus Satuleşti. Sein Vater wuchs mit drei Geschwistern auf und übernahm als jüngster Sohn den Hof seiner Eltern. Nach Abschluss der neunjährigen Schulzeit im Dorf arbeitete er in der Landwirtschaft. Zwanzig Jahre lang war er für jeweils acht Monate im Jahr in einer Kooperative im Nachbarbezirk beschäftigt, wo er bis zum Chef der Brigade aufstieg. Als nach dem Jahr 1989 das Land an die Privateigentümer zurückgegeben wurde, arbeitete er für eine privatwirtschaftlich geführte Genossenschaft, die auf diesen Staatsbetrieb folgte und Anfang der 1990er Jahre zerfiel (vgl. Kap. 5.2.3.1). Constantins Mutter besuchte als jüngstes von fünf Kindern für acht Jahre die Schule im Dorf und heiratete mit 22 Jahren Constantins Vater. Mit ihm arbeitete sie gemeinsam bis zum Jahr 1989 in der landwirtschaftlichen Produktionsgenossenschaft im Nachbarbezirk.

Im Jahr 1969 kam Constantins Schwester zur Welt. Sie verbrachte einen Großteil ihrer ersten Lebensjahre bei ihren Eltern in der Kooperative. Mit Schulbeginn wohnte sie vor allem bei ihren Großeltern in Satuleşti. In der Bezirkshauptstadt absolvierte sie ein landwirtschaftlich ausgerichtetes Gymnasium sowie im Anschluss eine kaufmännische Ausbildung. Mit dieser Qualifikation eröffnete sie gemeinsam mit Constantins Eltern auf deren Hof eine Bar sowie einen Kiosk im Zentrum von Satuleşti. Als sie nach ihrer Hochzeit in die Nähe der Bezirkshauptstadt umzog, wo sie seitdem in der Verwaltung arbeitete, absolvierten Constantins Eltern in Wochenendkursen ebenso eine kaufmännische Fortbildung, womit sie Kiosk und Bar als eigene Gewerbe übernehmen konnten. Mit dem Wegfall der Einkommensmöglichkeiten aus der kollektivierten Landwirtschaft bestritten Constantins Eltern ihren Lebensunterhalt vornehmlich hierüber. Zusätzlich betrieben sie eine einfache Subsistenzwirtschaft.[241]

Für Constantin verliefen die ersten Lebensjahre ähnlich wie für seine Schwester. Da seine Eltern von Frühjahr bis Herbst nur in unregelmäßigen Abständen zu Besuch nach Hause kamen, wurde er mit Schulbeginn vor allem von seinen Großeltern in Satuleşti versorgt. Über einzelne Erlebnisse aus der Kindheit ist nichts bekannt. Auch auf Nachfrage im Anschluss an die Eingangserzählung nach bestimmten Erinnerungen aus seiner Kindheit erwähnt Constantin keine einzelnen Ereignisse aus dieser Zeit. Stattdessen evaluiert er seine ersten Lebensjahre zusammenfassend mit den Worten:

> IP: hmm Erinnerungen, also da ist nichts Besonderes in meinem Leben passiert nichts Besonderes weil: weil du immer das Gleiche machst und dann kommt eine Monotonie da rein, da ist dann nur noch Monotonie, wenn du jeden Tag das Gleiche machst [(m:h)] und so war das auch bei mir, es ist nichts Besonderes passiert (XVII, 2: 4-8)

---

241 Constantins Eltern gaben an, für ihre Arbeit in der Kooperative keine Rente zu erhalten. Obgleich sie von ihrem Lohn in die Rentenkasse eingezahlt hätten, seien ihnen ihre Arbeitsjahre nach der Schließung der Kooperative nicht anerkannt worden. Constantins Mutter machte dafür die ehemalige Leitung des Staatsbetriebs verantwortlich. In der Regel bekamen Personen, die regulär in einer Kooperative beschäftigt gewesen waren, eine geringfügige Rente ausgezahlt.

Die ersten Lebensjahre stellen sich für Constantin aus seiner aktuellen Perspektive als gleichförmig und eintönig dar. Mehrere Gründe könnten ihn zu dieser Bewertung veranlassen. Zum einen könnte er weiterhin eine bestimmte Erwartungshaltung beim Interviewer vermuten, besonders einschneidende Erlebnisse zu präsentieren. In Bezug auf seine Kindheit könnte er derartige Ereignisse, dadurch dass sie bereits sehr weit zurückliegen, nicht mehr erinnern. Zum anderen ist denkbar, dass für Constantin seine ersten Lebensjahre in der Retrospektive im Vergleich zu der sich daran anschließenden Zeit in Bukarest, mit der er seine Eingangserzählung einsetzen ließ, deutlich weniger klar aus der Vergangenheit hervortreten. Dies würde die Bedeutung des nachfolgenden Lebensabschnittes in Bukarest zusätzlich unterstreichen. Ferner deutet diese Reaktion an, dass Constantin generell gegenüber gleichförmig verlaufenden Erlebnisinhalten eher eine negative oder gar abwertende Position einnimmt. Eine solche Haltung könnte sich auch in der Darstellung nachfolgender Lebensabschnitte zeigen. Lebensphasen, die er ähnlich evaluiert, könnte er sich weniger stark zuwenden oder komplett aussparen. Auffällig ist zudem die distanzierte Erzählhaltung. So spricht Constantin von dieser Zeit ausschließlich unpersönlich. Statt von konkreten Erlebnisinhalten zu sprechen, wechselt er in die zweite Person Singular und beschreibt in Form einer Eigentheorie sehr abstrakt, weswegen er nicht detaillierter über seine ersten Lebensjahre spricht. Auch als vom Interviewer neben konkreten Orten seiner Kindheit seine Familie angesprochen wird, animiert dies Constantin nicht zu einer Erzählung („also über mein Leben, das kannst du in zwei Seiten aufschreiben", XVII, 2: 67 f.). So fließen zur Familie keinerlei Äußerungen in das Interview ein, aus denen sich auf Constantins Beziehung zu seiner Herkunftsfamilie während dieser Zeit schließen lässt. Dabei kann auch diese Bewertung der ersten Lebenjahre dem Erzähleinstieg ähnlich als eine retrospektiv vorgenommene Bedeutungsverschiebung interpretiert werden. Es ist kaum vorstellbar, dass diese Einschätzung der damaligen Erlebnisperspektive nahe kommt. Dies wirft erneut die Frage auf, welche diesem Lebensabschnitt nachfolgenden Ereignisse und Erlebniszusammenhänge dazu führten, dass Constantins Evaluation der ersten Lebensjahre einen derart engen Gegenwartsbezug aufweist.

Constantin besuchte für vier Jahre die Schule in Satuleşti. Dann wechselte er auf ein Sportgymnasium nach Bukarest, um dort Fußball als Leistungssport zu betreiben. Die Schule sei die Kaderschmiede eines namhaften Fußballclubs gewesen. Constantin wurde zum Nachwuchsspieler ausgebildet. In dieser Zeit erhoffte er sich eine Karriere als Profifußballer. Vom Interviewer danach gefragt, wie dieser Wechsel an eine Sportschule nach Bukarest genau zustande kam, erläutert Constantin das konkrete Auswahlverfahren.

> IP: es war einfach eine Auswahl, das stand in der Zeitung, das es da eine Auswahl gab [(aha)] und ich bin hin und habe daran teilgenommen und von den 180 Kindern die da dort waren haben sie zwölf ausgewählt
> I: zwölf aus- /(Verständnisfrage)/
> IP: von den 180 die an der Auswahl teilgenommen haben.
> I: und das war ein Fußballspiel dann
> IP: sie haben uns spielen lassen sie haben geschaut wie wir mit dem Ball umgehen können, wie wir uns auf dem Feld bewegen, also einfach eine Auswahl (XVII, 2: 24-31)

Unklar blieb, wie genau dieser Schulwechsel zustande kam. Während Constantin den Wechsel nach Bukarest als ein Auswahlverfahren beschreibt, auf das er zufällig über eine Zeitungsmeldung aufmerksam geworden war, bemerkt Constantins Mutter in einem Gespräch, dass der Wechsel auf Betreiben des damaligen Schuldirektors erfolgt sei. Zum Forschungszeitpunkt war dieser der Bürgermeister von Satuleşti und damit Constantins Vorgesetzter. Denkbar erschien, dass parteipolitische Beziehungen zwischen Constantins Eltern und dem damaligen Schuldirektor den Schulwechsel beeinflusst hatten. Hierfür sprach sowohl die gemeinsame Mitgliedschaft von Constantins Eltern sowie des damaligen Schuldirektors in der kommunistischen Partei, die in mehreren Gesprächen mit Constantins Eltern angeschnitten wurde, als auch die damalige berufliche Position von Constantins Vater.

Während er die Bedingungen seiner Aufnahme eher herunterspielt, unterstreicht Constantin in der nachfolgenden Passage die Besonderheiten seiner Ausbildung.

> IP: es gab Trainings wo wir- es gab sehr anstrengende Trainingseinheiten, aber gleichzeitig auch sehr schöne- [(m:h)] weil wir (   ) waren oder im Winter sind wir auf die Berge im Schnee, abends haben wir etwas getrunken wir saßen auf der Terrasse, wir hatten sehr gute Trainings, wir hatten sehr gute Trainer, von einem berühmten Club und (1) es war schön, es war sehr anstrengend aber gleichzeitig auch sehr schön, die ganze Zeit (XVII, 2: 37-40)

Durch den Besuch der Sportschule in Bukarest erhielt Constantin eine besondere Ausbildung und Förderung, wie an mehreren Stellen deutlich wird. Zum einen beschreibt er die damaligen Trainings unter extremen, leistungssportlichen Bedingungen. Zum anderen hebt er hervor, dass die Trainer, dadurch dass sie von einem der bedeutendsten Fußballclubs stammten, zu den besten des Landes gehört hätten. In einem anderen Interview erwähnt Constantin außerdem, dass ein Teil der Trainingslager im Ausland stattgefunden habe, was die Exklusivität der Ausbildung unterstreicht („mit Trainings und Trainingslagern auch im Ausland, wir sind auch ins Ausland gegangen", I, 10: 18 f.). Damit entwirft er das Bild einer ganz besonderen, gar elitären Ausbildung. Zusätzlich betont Constantin die kollegiale Atmosphäre während dieser Zeit, indem er über diese Erfahrungen in der Wir-Form spricht. Hieran wird deutlich, dass er sich in eine feste Gruppe von Trainings- und Mannschaftskollegen integriert fühlte.

Vor dem Hintergrund von Constantins einsilbigen Ausführungen zu seiner Kindheit liegt die Vermutung nahe, dass der Wechsel nach Bukarest für sein bisheriges Leben eine einschneidende Zäsur bedeutete. Er zog nicht nur von einem abgelegenen Bergdorf in die Hauptstadt des Landes, was eine noch deutlichere Trennung von seinen Eltern und einen klaren Wechsel der Bezugsgruppen insgesamt bedeutete. Es 'ereignete' sich etwas in seinem jungen Leben, wodurch rückblickend die vorgelagerten Ereignisse als monoton empfunden worden sein könnten. Zusätzlich erfuhr Constantin durch die Aufnahme an dieser Schule sowohl für seine bisherigen als auch für seine späteren Leistungen während der Ausbildung eine enorme Anerkennung. In ähnlicher Weise wie bereits aus der sequenziellen Analyse des Erzählbeginns hervorging, bewertet Constantin diese Zeit deutlich positiv. Mehrfach hebt er die damaligen Trainingsbedingungen zwar als besonders anstrengend, gleichzeitig allerdings auch als „schön" (I, 10: 18) hervor. Die positive Beurteilung dieses Lebensabschnitts wird schließlich in besonderer Weise durch Constantins Globalevaluation im Anschluss daran unterstrichen. Darin konstatiert er: „die schönste Zeit in meinem Leben war die Zeit, in der ich Fußball spielen konnte" (I, 10: 19).

Als ihm Ärzte davon abrieten, weiter Leistungssport zu betreiben, musste Constantin das Sportgymnasium in Bukarest verlassen.[242] Dieses Erlebnis bedeutete, dass er sich seinen Berufswunsch, Profi-Fußballer zu werden, nicht erfüllen konnte. Fußball war bis zu diesem Zeitpunkt sein zentraler Lebensinhalt.[243] Im ersten Interview mit Constantin beschreibt er das Ereignis, als er davon erfuhr, Fußball nicht weiter als Leistungssport betreiben zu können, entsprechend folgendermaßen:

> im Leben gibt es immer auch unangenehme Sachen, im Leben passieren immer auch unvorhergesehene Dinge und bei mir war es das dass ich nicht mehr weiter Sport machen konnte, also Fußball spielen konnte (...) das war die größte Enttäuschung in meinem Leben die ich gehabt habe (I, 10: 10 ff.)

---

242 Auch in diesem Zusammenhang gab Constantins Mutter in einem Gespräch einen anderen Grund an, weswegen Constantin nicht weiter die Sportschule in Bukarest besuchte. Sie führte an, dass ihnen als Eltern die Situation unmittelbar nach 1989 zu gefährlich erschienen sei. Diese Äußerung weist in die Richtung, dass möglicherweise bestimmte Seilschaften Constantins Schulwechsel nach Bukarest begünstigt hatten. Gleichwohl erscheint diese Ursache für die Beendigung der Sportlaufbahn als unwahrscheinlich. So gibt Constantin an, bis 1993 die Sportschule besucht zu haben.

243 Auch weiterhin war Constantin sehr stark an Fußball interessiert. So schaute er sich in der Zeit, in der ich mit der Familie zusammenwohnte, in seiner Bar – in der permanent der Fernseher lief – täglich viele Stunden Fußball-Berichterstattungen und -Direktübertragungen an.

Entsprechend der zuvor geäußerten Bewertung, wonach die Zeit, in der er Fußball spielen konnte, die „schönste Zeit" (I, 10: 19) gewesen war, bedeutete das Ende dieses Lebensabschnittes für Constantin die „größte Enttäuschung" (I, 10: 20), die er bisher erlebt hatte. Dass er an beiden Stellen eine Gesamtevaluation vornimmt, die seinen Lebensverlauf bis zur Gegenwart einschließt, verstärkt noch einmal die Bedeutung, die diesem vergangenen Lebensabschnitt auch für seine gegenwärtige biographische Gesamtsicht zukommt. Dabei drückt sich darin, dass Constantin ähnlich der Darstellung seiner ersten Lebensjahre ein weiteres Mal eine Formulierung in Form einer Eigentheorie wählt, aus, wie er erneut aus einer allgemein-neutralen Perspektive versucht, Distanz zu dem damalige Ereignis herzustellen.

Die Enttäuschung über das Ende seiner Sportausbildung, die bis zum Zeitpunkt des Interviews reichte, mag dadurch verstärkt worden sein, dass aus Constantins gegenwärtiger Sicht die gesundheitlichen Beschwerden nicht per se das Aus seiner Karriere als Nachwuchsspieler hätten bedeuten müssen. Hierzu verweist er auf die Unterschiede in der Gesundheitsversorgung, wie sie damals zwischen Rumänien und anderen Ländern bestanden:

> und damals war es auch nicht so wie heute, die gesundheitlichen Probleme die ich damals hatte, mit denen ich nicht weitermachen konnte, heute wäre das etwas Banales, es wäre heute sehr leicht, das zu behandeln, aber damals hätte man das nur im Ausland behandeln lassen können und- und- wir hätten nicht genug Geld gehabt um mich dafür im Ausland behandeln lassen zu können (I, 10: 13-17)

Seine Krankengeschichte führte Constantin sehr deutlich vor Augen, welche Unterschiede im Lebensstandard zwischen Rumänien und anderen Ländern existierten. Dabei blieb bis zuletzt offen, woran er damals erkrankt war. Vor dem Hintergrund seiner Erzählung zu den Trainings im Ausland scheinen ihn seine gesundheitlichen Beschwerden auf eine stark eingeschränkte Lebenssituation zurückzuwerfen, nachdem er bereits bestimmte Privilegien genossen hatte und sich für die Zukunft ein unbeschwertes Leben erhofft haben könnte.

Mit Verlassen der Sportschule absolvierte Constantin keine weitere Schulausbildung. Da ihm die einzige berufliche Perspektive, die er angestrebt hatte, verwehrt blieb, erschien ihm eine weitere Ausbildung nicht weiter lohnenswert („[ich] habe aufgehört, weil ich damals dachte, dass ich das nicht bräuchte", XVII, 2: 51-3: 1). Auch bezogen auf die Zeit unmittelbar nach Verlassen des Sportgymnasiums wichen die Aussagen von Constantin und seiner Mutter voneinander ab. Aus einem Gespräch mit Constantins Mutter ging hervor, dass Constantin anschließend für ein Jahr ein Gymnasium in der Bezirkshauptstadt besucht hatte, allerdings keinen Abschluss erwarb. Constantin hingegen machte zu seinem Ausbildungsverlauf in den verschiedenen Interviews unterschiedliche

Angaben. So gab er im ersten Interview im Jahr 2005 an, direkt das Abitur erworben zu haben. In späteren Aufenthalten wurde jedoch deutlich, dass er den höheren Schulabschluss auf dem zweiten Bildungsweg nachgeholt hatte. Eine Erklärung hierfür könnte darin liegen, dass er sehr stark bereute, damals keine höhere Qualifikation erworben zu haben. So betonte er in späteren Gesprächen und Interviews die Bedeutung einer schulischen bzw. beruflichen Ausbildung.

Constantin kehrte ohne höheren Schulabschluss nach Satuleşti zurück und fing daraufhin an, gemeinsam mit seinen Eltern im Kiosk und in der Bar zu arbeiten.

> I: und, und was hast du gemacht, als du nach Satuleşti zurück bist, danach?
>
> IP: ich habe angefangen (2) mit Handel ich habe eine Bar aufgemacht und eine Diskothek und im Handel war ich (also) beschäftigt (1)
>
> I: für zwei Jahre, oder wie lange?
>
> IP: nein 1994 habe ich die Bar aufgemacht
>
> I: und 1995 bist du gegangen?
>
> IP: ja (XVII, 3: 4-10)

Auf die Frage, was er im Anschluss an die Zeit in Bukarest gemacht habe, gibt Constantin an, eine Bar und eine Diskothek „aufgemacht" (ebd.) zu haben. Diese Formulierung erscheint vor dem erwerbsbiographischen Hintergrund seiner Eltern, wie er weiter oben skizziert wurde, missverständlich. So spielte in Bezug auf deren berufliche Neuorientierung in erster Linie Constantins Schwester eine entscheidende Rolle. Nur über ihre Qualifikation konnten Constantins Eltern anfangs sowohl für den Kiosk als auch für die Bar eine staatliche Lizenz erhalten, bis sie schließlich selbst über eine Zusatzausbildung die erforderliche Qualifikation nachgeholt hatten. Da Constantin bei seiner Rückkehr aus Bukarest noch nicht volljährig und somit auch nicht geschäftstüchtig war, erscheint einzig denkbar, dass er sich dafür einsetzte, die Bar seiner Eltern auszubauen und auch für Jugendliche aus dem Dorf attraktiv zu gestalten. Daneben besaß Constantin zum damaligen Zeitpunkt keine berufliche Qualifikation, weswegen sein Engagement ausschließlich familiär-informell gewesen sein kann.

Diese missverständlichen Angaben könnten von Constantin unbeabsichtigt erfolgt sein. So könnte er zum einen davon ausgegangen sein, dass sie für den Interviewer nur von geringem Interesse waren. Zum anderen könnte er selbst diesem Lebensabschnitt aus seiner aktuellen Erzählperspektive heraus wenig Bedeutung beimessen. Als eine weitere Deutung erscheint schließlich denkbar, dass Constantin bewusst versuchte, seinen bisherigen Lebensverlauf in anderer Weise darzustellen. Hierauf könnte auch die längere Pause in seiner Antwort hindeuten. Sowohl Constantins Angabe, das Gymnasium absolviert zu haben als auch der Hinweis, in seinem Herkunftsdorf eine Bar und Diskothek eröffnet zu haben, evozieren das Bild eines erfolgreichen und ambitionierten Jungunternehmers. Es entsteht der Eindruck, als habe sich Constantin nicht von der Enttäuschung über das vorzeitige Aus seiner Fußballkarriere aus der Bahn werfen lassen, sondern sich vielmehr schnell beruflich umorientiert. In der Art, wie sich Constantin in den Interviews präsentiert, zeichnet sich ab, dass es ihm darum ging, sich als in ähnlicher Weise erfolgreich darzustellen, wie für ihn die Zeit in Bukarest einen Erfolg bedeutet hatte. Diese Art der Darstellung scheint auf die damalige Erlebnisperspektive und die daraus abgeleitete Handlungsorientierung zu verweisen. So zeigt sich im Zusammenhang mit der anschließenden Migration, wie Constantin versuchte, an den eigenen Erfolg und seine damaligen Wünsche anzuknüpfen.

7.5.5 Migrationsspezifische Kontexte

7.5.5.1 Erste Migrations- und Arbeitskontexte

„ich gehe, um was aus meinem Leben zu machen" (XVII, 7: 7)

In der Zeit bei seinen Eltern entschloss sich Constantin dazu, gegen einen gewissen Geldbetrag mit einem Bekannten aus seiner Herkunftsregion, der bereits häufiger illegal ausgereist war, nach Deutschland zu migrieren. Wie sich genau diese Bekanntschaft ergab und wie eng die Beziehung zwischen beiden war – teilweise spricht Constantin auch von diesem als einem Freund – blieb unklar. Da diese Person aus der Ortschaft kam, in die Constantins Schwester nach ihrer Hochzeit gezogen war, lässt sich vermuten, dass es sich um einen Bekannten von Constantins Schwester bzw. seines Schwagers handelte. Über die Ukraine, Russland und Polen reisten beide illegal nach Deutschland ein.

Costantins Migrationsentscheidung vollzog sich in einem weiter gefassten Kontext. Zunächst kann davon ausgegangen werden, dass Constantin noch längere Zeit unter der Enttäuschung, seine geplante Karriere als Profi-Fußballer nicht weiterverfolgen zu können, gelitten haben muss. Auch wenn sich Constantin hierzu nicht explizit äußert, deutet seine Formulierung im ersten Interview, dass dieses Erlebnis die „größte Enttäuschung" (I, 10: 11) in seinem Leben gewesen sei, darauf hin. Vor diesem Hintergrund lässt sich Constantins Ausreise nach Deutschland als einen Versuch deuten, seinem Leben mit anderen Mitteln eine ähnliche Richtung zu geben. So könnte er mit seiner Ausreise nach Deutschland versucht haben, einen Teil seiner ursprünglich ins Auge gefassten Ziele doch noch zu erreichen. Die Ausreise lässt sich als eine Strategie interpretieren, aus den ursprünglich gefassten Plänen modifizierte Ziele abzuleiten. Constantin könnte versucht haben, seinen Lebensentwurf den veränderten Realisierungsmöglichkeiten anzupassen (vgl. Kohli 1981b). Während die unfreiwillige Rückkehr in das Herkunftsdorf vermutlich verlaufskurvenartig erlebt wurde, könnte die Migrationsentscheidung für eine handlungsschematische Reaktion stehen (vgl. Kap. 2.2.1). Zusätzlich ist denkbar, dass Constantin mit seiner Ausreise auch auf die konkreten Umstände, unter denen seine Karriere als Nachwuchsspieler beendet wurde, reagierte. So könnte Constantins Hinweis, seine gesundheitlichen Probleme wären im Ausland durchaus behandelbar gewesen, darauf hindeuten, dass mit seiner Entscheidung zur Migration auch eine Distanzierung von seinem Herkunftskontext einherging, der ihm vor diesem Hintergrund als einschränkend und hinderlich erscheinen sein musste.

Daneben gehen aus Constantins Angaben weitere Gründe für seine Migration nach Deutschland hervor. So erscheint die Migration angesichts der Ausreisebedingungen auch als ein Abenteuer. Da er weder über eine berufliche Ausbildung noch über ein festes Einkommen verfügte, war die Ausreise sowohl über ein Kontingent als auch über eine Touristenexkursion nicht möglich (vgl. Kap. 6.2.1). So habe er weite Strecken zu Fuß zurückgelegt und gerade an den verschiedenen Grenzübertritten viele Hindernisse, wie Grenzpatrouillen, Gewässer und Schutzdämme überwinden müssen. Schließlich kann davon ausgegangen werden, dass der Aufenthalt von Constantins Schwager in Deutschland seine Entscheidung zur Ausreise begünstigte.[244]

Constantin überquerte die deutsch-polnische Grenze und reiste im Anschluss weiter nach Süddeutschland, wo sein Schwager damals im Restaurant einer Autobahnraststätte arbeitete. Von seinem Schwager erhoffte sich Constantin sowohl bei der Unterbringung als auch bei der Suche nach einer Beschäftigung Unterstützung.[245] Um seinen eigenen Aufenthaltsstatus jedoch nicht zu gefährden, konnte Constantins Schwager ihn weder für längere Zeit bei sich aufnehmen, noch sich nach einer Erwerbsmöglichkeit für ihn umsehen. Schließlich

---

244 Constantins Schwager war in Deutschland mehrfach für befristete Tätigkeiten in der Gastronomie beschäftigt. Im Rahmen der Expo arbeitete auch Constantins Schwester gemeinsam mit ihrem Ehemann für drei Monate in Deutschland. Die Kinder von Constantins Schwester waren in dieser Zeit in Satuleşti bei Constantins Eltern untergebracht. Nach seinen Arbeitsaufenthalten in Deutschland begann Constantins Schwager, so wie später auch Constantin selbst, mit einem Personen- und Pakettransport zwischen Rumänien und Italien.
245 In einem ähnlichen Zusammenhang weist Morokvasic (2003: 108) darauf hin, dass befristete Beschäftigungsprogramme verschiedener EU-Staaten zur Regulierung der Migration indirekt mitunter illegalen Migrationspraktiken [*disguised migration practices*] Vorschub leisteten.

bat Constantin seinen Schwager darum, sich für ihn in der Gemeindeverwaltung danach zu erkundigen, ob er politisches Asyl beantragen könnte, worauf die Behörde allerdings ablehnend reagierte.

Der Verlauf von Constantins Ankunft zeigt, dass er seinen Aufenthalt im Ausland nur ungenügend vorbereitete. Constantin schien schlecht informiert über die genauen Beschäftigungsmöglichkeiten als Immigrant in Deutschland. Hieraus lässt sich vermuten, dass er seine Ausreise nicht mit seinem Schwager, der über die genauen Arbeitsbedingungen sehr viel besser informiert war, abgesprochen hatte. Diese Umstände seiner Ausreise lassen die Vermutung berechtigt erscheinen, dass es sich bei Constantins Ausreise um eine übereilt und unüberlegt getroffene Entscheidung handelte. Dies geht insbesondere aus Ausführungen hervor, wonach er seine Ausreise gegen den Willen seiner Eltern durchsetzte.

> I: (...) deine Eltern [waren] gar nicht damit einverstanden dass du ausgereist bist (...)?
>
> IP: nein, waren sie nicht, überhaupt nicht und gerade deswegen bin ich auch gegangen ((lachen)) gerade deswegen bin ich gegangen
>
> I: wolltest du rebellieren?
>
> IP: nein, ich wollte nicht rebellieren ( ) nein ich wollte (etwas anfangen) 'auch ich gehe um was aus meinem Leben zu machen'[246] (XVII, 7: 1-7)

Constantin gibt an, seine Migration gerade deswegen unternommen zu haben, weil seine Eltern nicht damit einverstanden waren. Die Ausreise, die er wenige Zeit nach Erreichen der Volljährigkeit unternahm, erscheint als ein Akt der Selbstbehauptung. Mit der Rückkehr in seinen Herkunftskontext lebte Constantin erstmals seit Jahren wieder bei seinen Eltern. Die Beziehung zu den Eltern könnte in der zurückliegenden Zeit daher weniger eng gewesen sein. Daneben ist denkbar, dass sich Constantins Eltern für den Abschluss einer weiterführenden Schule aussprachen, wie sich in den Ausführungen von Constantins Mutter andeutet. Ein möglicher zweiter Schulabbruch, mit dem Constantin bestimmte Bildungserwartungen seiner Eltern zurückgewiesen hatte, könnte einen Konflikt zwischen Constantin und seinen Eltern ausgelöst haben. Er könnte das Festhalten an einem höheren Schulabschluss als mangelndes Verständnis seiner Eltern für seine Situation gewertet haben. Zusätzlich könnte die gesellschaftsgeschichtlich bedingte Entwertung der Erwerbstätigkeit seiner Eltern dazu geführt haben,

---

246 Die genaue Formulierung: „auch ich gehe" [*și eu ma duc*] ist zweideutig. Sie könnte einerseits ins Deutsche übersetzt werden mit dem unspezifischen: 'ich gehe hin'. Sie könnte aber auch explizit auf die Ausreise bezogen sein und übersetzt werden mit: 'auch ich gehe ins Ausland', worin zum Ausdruck käme, dass Constantin mit seiner damaligen Ausreise ein unmittelbares Erfolgsversprechen verband. Aus dem Kontext der Aussage erscheint die zweite Übersetzung plausibler.

dass Constantin die Vorstellungen seiner Eltern in Bezug auf seinen weiteren Ausbildungs- und Berufsweg generell in Zweifel zog. Bereits während seiner Zeit in Bukarest könnte sich Constantin ausgemalt haben, beruflich einmal mehr zu erreichen als seine Eltern. Er könnte sich bereits vor seiner Rückkehr in den Herkunftskontext von der Lebensweise und von bestimmten Ansichten seiner Eltern distanziert haben. Ferner ist zu vermuten, dass sich Constantin während seiner Zeit in Bukarest eine andere Bezugsgruppe aufgebaut hatte. Er könnte sich als ein Fremder in seinem eigenen Herkunftskontext gefühlt haben, was ebenso zu seiner Migrationsentscheidung beigetragen haben könnte.

Aus dem obigen Zitat geht hervor, dass es Constantin mit seiner Migrationsentscheidung darum ging, sich von seinen Eltern abzugrenzen und seine Autonomie zu bekräftigen. Die Migration erscheint als eine Form von Gegenreaktion und Protest. Diese Haltung könnte Ausdruck eines verzögerten bzw. bis dahin nicht direkt ausgetragenen jugendspezifischen Ablösungsprozesses sein. Ebenso drückt sich in der obigen Formulierung „ich gehe, um was aus meinem Leben zu machen" (XVII, 7: 7) erneut der Wunsch aus, das eigene Leben zu einem bestimmten Erfolg zu führen, was bereits weiter oben als Fortführung ähnlicher Ambitionen, wie sie Constantin als Nachwuchsspieler verfolgt hatte, gedeutet wurde. Dass Constantin mit seiner Migration ein bestimmtes Ziel verfolgte, wird auch in einem weiteren Interviewauszug deutlich. So bilanziert er im Anschluss an die Eingangserzählung sein Leben als Jugendlicher mit den Worten: „es ist ein Leben wie das eines jeden Jugendlichen, er lernt, er geht zur Schule, aus dem Wunsch mehr zu wollen, geht er ins Ausland, das ist es, mehr nicht" (XVII, 2: 20-22). Mit anderen Mitteln scheint Constantin die gleiche Strategie zu verfolgen. Mit seiner Ausreise möchte er sein Leben zu einem Erfolg führen, was ihm durch das vorzeitige Ende seiner Karriere als Profi-Fußballer verwehrt geblieben war.

Da Constantin weder in Deutschland noch später in Italien von seinen Verwandten ausreichend Unterstützung erhielt, blieb seine Situation im Ankunftskontext durchweg angespannt. So fand er in Rom nur gelegentlich eine Unterkunft und schlief die meiste Zeit im Freien. Ebenso fand er nur sporadisch eine Beschäftigung, wodurch er mitunter nicht genug Geld besaß, um sich mit dem Nötigsten zu versorgen. Wie prekär sich seine Lage darstellte – Constantin spricht auch von einem dreimonatigen „Alptraum" (I, 3: 22) – zeigt sich etwa darin, dass seine Reaktion auf die mangelnde Bereitschaft seiner Cousine ihm zu helfen, einem Verstoß aus der Verwandtschaft gleichkommt. So gibt er im ersten Interview an, sie nicht mehr als seine Verwandte zu betrachten. Auch eine Nachfrage zum Migrationsverlauf dieser Familie wendet er damit ab, dass ihn diese Familie nicht mehr interessiere. Seiner Familie gegenüber, zu der er während seiner Migration Kontakt hielt, verschwieg er die angespannte Situation im Ankunftskontext.

> am Anfang wenn ich unter freiem Himmel geschlafen habe dann habe ich gesagt dass es mir gut geht denn ich konnte sie nicht darunter leiden lassen dafür dass ich im Ausland ziemlich gelitten habe das hat schon gereicht darunter konnte ich sie nicht auch noch leiden lassen also nie konnte ich ihnen sagen was ich im Ausland erlitten hatte (I,)

Der Informationsfluss zwischen Constantin und seinen Eltern blieb selektiv. Um seine Eltern nicht zusätzlich zu beunruhigen und um ihnen gegenüber die Entscheidung zur Migration nicht als einen Fehler einzugestehen, gab er vor, dass es ihm gut ging.

Nach drei Monaten reiste Constantin als einer der ersten aus Satulești von Rom aus weiter nach Cittadina. Wie sich genau die Abreise nach Cittadina ergab, ließ sich nicht genau rekonstruieren. Lediglich Constantins Bemerkung, dass sich dort zum damaligen Zeitpunkt insgesamt „14 Rumänen" (I, 3: 28) aufgehalten hätten, deutet darauf hin, dass er damals den Kontakt zu anderen Rumänen suchte. Nach einer Beschäftigung auf einem Parkplatz, für die er allerdings nicht bezahlt worden sei, arbeitete er auf einer Nussplantage. Noch im selben Jahr kehrte Constantin nach Satulești zurück. Auf welchem Weg er seine Ausreise zurück nach Rumänien organisierte, ist leider nicht bekannt. Auf Nachfrage zu den Details seiner ersten Rückreise nach Rumänien äußert Constantin lediglich, keine Probleme an der Grenze gehabt zu haben („ein Verbot habe ich nicht bekommen (1) und Probleme im Schengen-Raum habe ich nie gehabt", XVII, 4: 28 f.). Auch bei späteren Reisen, bei denen er über keinen legalen Aufenthaltsstatus in Italien verfügte, habe er kein Ausreiseverbot erhalten.[247] In Satulești arbeitete Constantin wieder bei seinen Eltern. In dieser Zeit engagierte er sich auch politisch. Er trat, wie zuvor bereits seine Eltern, in die stärkste Partei im Dorf, die Nachfolgepartei der kommunistischen Partei, ein und leitete deren Jugendgruppe, was indirekt darauf hindeuten könnte, dass sich Constantins Verhältnis zu seinen Eltern entspannt hatte.

Constantins Ausführungen zur ersten Zeit im Zielkontext der Migration lassen auf eine verlaufskurvenartig erlebte Ankunft in Italien schließen. Seine sukzessive heruntergeschraubten Ziele erschienen komplett unerreichbar. Da-

---

247 Beim zweiten längeren Interview machte Constantin keine weiteren Angaben zur Organisation der Grenzübertritte, stattdessen wählte er sehr diplomatische Formulierungen. Dies wird darauf zurückgeführt, dass er aufgrund seiner Position als stellvertretender Bürgermeister zum Zeitpunkt des Interviews – was, wie noch zu zeigen sein wird, seine Gesamtperspektive insgesamt deutlich beeinflusste – nicht offen über illegale Aus- und Einreisen sprechen wollte. Angaben zu illegalen Grenzübertritten und Beschäftigungsverhältnissen stammen ausschließlich aus dem ersten Interview.

durch, dass er über seine Kontakte im Ausland keine Untersützung erhielt, war er weitgehend isoliert, was seine Ankunftssituation deutlich gefährdete. Constantin schien seine Handlungsautonomie nahezu vollständig zu verlieren. Auch nach mehreren Monaten entspannten sich die Bedingungen seines Aufenthaltes in Italien nicht. Als einer der Ersten aus dem Dorf und damit ohne tragfähige soziale Kontakte ausgestattet, machte er die Erfahrung, wie seine Migration nach wenigen Monaten scheiterte. Sein Ziel, in ähnlicher Weise erfolgreich aus der Migration hervorzugehen, wie er es sich über eine Karriere als Profi-Fußballer erhofft hatte, erreichte er nicht.

7.5.5.2 Die zweite Migration

Zwei Jahre nach seiner Rückkehr nach Satuleşti heiratete Constantin eine frühere Schulkameradin. Im darauf folgenden Jahr kam die gemeinsame Tochter zur Welt. Diese Daten deuten zunächst darauf hin, dass sich Constantin im Dorf niederließ und die enger gefassten Grenzen seines Handlungsspielraums akzeptierte. Seine Heirat und die Familiengründung drücken eine Konsolidierung seiner Situation im Herkunftskontext aus.

Als seine Tochter fünf Monate alt war, reiste Constantin Ende des Jahres 1999 erneut nach Italien aus. Der Wunsch, sich und seiner Familie ein höheres Einkommen zu verschaffen, veranlasste Constantin dazu. Explizit weist er darauf hin, dass damals keine unmittelbare finanzielle Notwendigkeit bestanden habe. Die Bar sei rund um die Uhr geöffnet gewesen, und er habe damals sogar zwei Jugendliche aus dem Dorf als Thekendienst eingestellt („früher hatten wir hier ein *non-stop* Programm, es gab zwei Jungs, die hier im Wechsel gearbeitet haben", I, 17: 43 f.). Eine finanzielle Versorgung, die die Ausgaben der Familie abdeckte, so deutet sich an, schien Constantin nicht auszureichen. Denkbar ist, dass er aufgrund seiner biographischen Vorerfahrungen erneut seine Ziele nach oben korrigierte. Der ursprünglich von Constantin ins Auge gefasste Lebensentwurf, wie er sich in der Eingangserzählung in Constantins Wünschen geäußert hatte, scheint weiterhin, wenn auch in abgeschwächter Form, bestanden haben. Daneben könnte der Anstieg an MigrantInnen aus dem Dorf zu dieser Zeit seine Entscheidung zu einer erneuten Migration begünstigt haben.

Die zweite Ausreise organisierte Constantin über die Einladung eines Freundes seines Schwagers aus Deutschland. Hierüber erhielt er wesentlich kostengünstiger als über eine Touristenexkursion ein Visum für den Schengen-Raum. Nachdem er in Österreich in den Schengen-Raum eingereist war, fuhr er mit anderen aus dem Dorf statt nach Deutschland auf dem direkten Weg weiter nach Italien (vgl. Kap. 6.2.1). Constantin reiste erneut nach Cittadina und begann auf Empfehlung eines Cousins, der dort bereits seit längerer Zeit tätig war, in einer Keramikfabrik als illegal Beschäftigter zu arbeiten. Abermals griff Constantin auf persönliche Kontakte zurück, die ihm dieses Mal bei der unmittelbaren Ankunft im Ausland und der Arbeitssuche behilflich waren. Zusätzlich profitierte Constantin vermutlich davon, dass zu dieser Zeit noch relativ wenige Polizeikontrollen in jenen Beschäftigungsfeldern vorgenommen wurden, in denen vornehmlich MigrantInnen beschäftigt waren. Die Zahl der illegal Arbeitenden, so deuteten zahlreiche DorfbewohnerInnen aus Satuleşti in ihren Ausführungen an, lag damals deutlich niedriger als wenige Jahre später. Über ein Legalisierungsgesetz im Jahr 2002 (vgl. Kap. 6.1) konnte Constantin schließlich seine Beschäftigung legalisieren.

Die Bedingungen, unter denen die beiden Migrationen unternommen wurden, weisen deutliche Unterschiede auf. Zum einen veränderte sich Constantins gesamtbiographischer Kontext im Vorfeld der zweiten Ausreise nach Italien deutlich, wodurch sich auch der Motivationshintergrund für die erneute Ausreise modifiziert hatte. Das vornehmliche Ziel der Migration bildete nun, die Versorgung der eigenen Familie zu verbessern. Zum anderen hatten sich für Constantin die Aufnahmebedingungen seiner Ankunft im Zielkontext der Migration deutlich gewandelt. Der einsetzende Migrationsstrom aus Satuleşti nach Cittadina gegen Ende der 1990er Jahre erleichterte Constantin die Aufnahme im Ankunftskontext. So erhielt er in Cittadina etwa wichtige Unterstützung bei der Suche nach einer Beschäftigung. Zudem konnte er seine Ausreise kostengünstig über einen Bekannten seines Schwagers organisieren.

Obgleich hieraus zunächst eine deutliche Verbesserung von Constantins Situation im Ankunftskontext hervorgeht, entwickelte sich Constantins Darstellung zufolge die Migration sukzessive zu einem Problemzusammenhang. So zeigte sich in Constantins Präsentation der nachfolgenden Jahre in Italien im Verlauf des gesamten Forschungsprozesses eine zunehmend negativ geprägte Wahrnehmung und Beurteilung der Migration. Aus dem Vergleich der beiden längeren Interviews aus den Jahren 2005 und 2008 ist in der retrospektiven Wahrnehmung der Migrationserfahrungen eine Verschiebung zu erkennen. Während Constantin im ersten Interview die Migration für sich selbst bzw. für sein Familienleben als negativ bewertet, die Arbeitsmigration insgesamt als Einkommensmöglichkeit allerdings für opportun hält, bezeichnet er im zweiten Interview die Ausreise sowohl für sich selbst als auch für seinen weiteren Herkunftskontext als einen Fehler („[mein Leben] hat sich zum Schlechteren entwickelt", XVII, 5: 41), „du bringst die italienische Wirtschaft zum Blühen, aber nicht die rumänische", ebd.: 48 f.). Auf wesentliche Aspekte des Familien- und Erwerbslebens, die zu dieser Verschiebung in der Bewertung der Migration beitrugen, wird im Folgenden eingegangen.

In der Keramikfabrik, in der auch sein Cousin beschäftigt war, arbeitete Constantin zunächst in der Produktion. Die Anfangszeit an seinem damaligen Arbeitsort beschreibt Constantin als sehr anstrengend.

> IP.: es gab eine Zeit zwischen uns [zwischen ihm und seinem damaligen Arbeitgeber], also genauer gesagt so etwa sechs oder sieben Monate, in der er mich für die härtesten Arbeiten eingesetzt hat, die schwerste Arbeit die es in der Fabrik gab habe ich gemacht, und mit der Zeit haben sie gemerkt dass ich nicht so einer bin wie sie (erst) dachten oder (anders gesagt) dass das Geld was ich verdiene die Arbeit die ich mache auch wert ist, und nicht für: nicht für- ich habe einfach gearbeitet (für mein Geld). in zwei Wörtern oder in einem Wort besser gesagt ausgedrückt, ich habe gearbeitet, und ich habe sehr hart gearbeitet und deswegen eben.
>
> I.: es war eine Zeit der Qualifizierung-
>
> IP.: ja, es war eine Art Probezeit, eine Probe. auch ich- jeder Monat war wie eine Probe, jeder Monat war wie eine Probe (für mich). (I, 12: 2-12)

Constantin machte zu Beginn seiner Arbeit in der Keramikfabrik die Erfahrung, anders behandelt zu werden als seine Arbeitskollegen. Während ihm zufolge seine Kollegen leichtere Tätigkeiten zugewiesen bekamen, seien ihm schwerere Arbeiten aufgetragen worden. Diese Ungleichbehandlung führte er auf bestimmte Vorurteile ihm gegenüber aufgrund seiner Herkunft zurück, die er durch sein Arbeitsverhalten versuchte zu entkräften. An einer Stelle erläutert er dazu, wie sich sein Verdacht klar erhärtet habe.

> und am Anfang hat er [sein damaliger Arbeitgeber] ganz einfach uns gehasst, er hasste die Extrakommunitären[248], er mochte keine Extrakommunitären, aber weil wir- weil wir nach und nach- ( ) wir haben auch sehr viel weniger verdient als Italiener, wir die wir in Italien gearbeitet haben, und sie haben uns Arbeit angeboten und mit der Zeit hat er damit begonnen mich besser kennen zu lernen und irgendwann hat er sich dafür entschuldigt und er meinte,'( ) ich habe dich für einen Extrakommunitären gehalten und ich habe ein sehr schlechtes Bild von Extrakommunitären aber ich habe gemerkt dass nicht alle gleich sind,' wie sollten auch alle gleich sein, denn es gibt manche die wissen genau warum sie ins Ausland gekommen sind und es gibt andere die ihre eigenen Vorstellungen davon haben weswegen sie gekommen sind ( ) Leute die zum Klauen kommen oder zum Betteln oder was weiß ich (I, 10: 4-14)

Im Rahmen seiner ersten länger anhaltenden Beschäftigung in Italien traf Constantin auf eine Arbeitssituation, die in Anlehnung an Elias/Scotson (1990) durch ein Verhältnis von 'Etablierten' und 'Außenseitern' gekennzeichnet war (vgl. Kap. 2.3.2). So befand sich Constantin an seinem Arbeitsort als Neuankömmling in einer Gruppe von Etablierten. Er machte die Erfahrung, wie ihm von seinem Arbeitsumfeld zunächst die unterste Position zugewiesen wurde, indem er an-

---

248 Diese Bezeichnung steht für Personen, die aus einem europäischen Land stammen, das kein EU-Mitgliedsland ist. Dabei weist diese Bezeichnung einen deutlich exkludierenden Charakter auf (vgl. Bade/Oltmer 2003).

fangs die schwersten Tätigkeiten übernehmen musste. Zusätzlich weist Constantin darauf hin, dass er im Vergleich zu seinen italienischen Arbeitskollegen schlechter bezahlt worden sei. Dieser Ausschluss von bestimmten Leistungen und Arbeitsbedingungen war in Constantins Fall mit einer Stigmatisierung verbunden. Constantin wurde aufgrund seiner Herkunft mit negativen Zuschreibungen konfrontiert. Als sogenannter 'Extrakommunitärer' wurde ihm zunächst der Zugang zu höheren Positionen verwehrt. Seine nationale Herkunft haftete ihm als ein Stigma an. Hierauf versuchte Constantin durch sein Arbeitsverhalten zu zeigen, dass er dem pejorativen Fremdbild, dem er sich ausgesetzt sah, nicht entsprach.

Im weiteren Verlauf des ersten längeren Interviews wird deutlich, wie Constantin auf diese Stigmatisierungserfahrungen reagierte.

> das große Problem ist nur dass nicht nur Leute- also nicht nur anständige Leute, wie man sagt, gehen, also dort zum Arbeiten hingehen, die dort den Leuten im Westen das Bild (von uns) zeigen dass wir gute Arbeiter sind, gut erzogen sind also es gehen nicht nur diese, das ist das einzige- das ist ein großes Problem, das ist ein großes Problem für uns, und gerade deswegen gibt es viele fremde Leute [im Westen] die hören dass wir Rumänen sind. und es gibt die die den Teil von Leuten kennen gelernt haben die arbeiten und die ihr Geld (verdienen und) ausgeben (und bezahlen), die sogar ihre Familie mit rüberbringen, also es gibt Leute die gute Absichten haben wenn sie gehen, und es gibt andere die den anderen Teil der Rumänen kennen gelernt haben, die hingehen und stehlen ( ) die betteln oder was weiß ich und- und- und es gibt viele, die den anderen Teil der Rumänen kennen gelernt haben und gerade deswegen, wenn viele von ihnen hören, dass du Rumäne bist, dann vergleichen sie dich mit Zigeunern und das tut mir weh (I, 10: 39-51)

In diesem Zitat deutet sich an, dass Constantin seinerseits versuchte, sich von einer anderen Gruppe abzugrenzen. Bezogen auf die Situation im Ankunftskontext unterscheidet er zwischen einerseits der Gruppe von MigrantInnen, die ihr Einkommen über eine Beschäftigung erzielten und andererseits einer Gruppe von MigrantInnen, die er als „Zigeuner" bezeichnet, und die seiner Meinung nach durch Betteln oder Stehlen an Geld kommen. Vor dem Hintergrund der eigenen Ungleichheitserfahrungen scheint sich Constantin somit nach unten von einer Gruppe von AußenseiterInnen, die für ihn sozial niedriger angesiedelt ist, abzugrenzen und diese seinerseits auszuschließen. Constantin reagierte somit auf den Ausschluss entlang ethnisierender Zuschreibungen, indem er seinerseits eine Schließung nach unten betrieb, um damit indirekt einen Anspruch auf bestimmte Leistungen, die ihm zunächst vorenthalten wurden, anzumelden und seine eigenen Absichten der Arbeitsmigration positiv hervorzuheben (vgl. Elias/ Scotson 1990). Constantins Hinweis auf kriminelle Roma im Ausland deutet darauf hin, dass er die Stigmatisierung zumindest teilweise für sich übernommen hat. Er scheint die negativen Zuschreibungen gegenüber Personen aus Rumänien in Italien, die er selbst empfunden hat, zu übernehmen und damit zu reproduzieren.

Nach dieser ersten Zeit stieg Constantin innerhalb des Betriebs auf. Er wurde für ein Geschäft und eine Ausstellungsfläche, die beide an die Fabrik angeschlossen waren, verantwortlich. Unter Bezug auf diese Tätigkeit spricht Constantin davon, wie er sich erneut vonseiten seiner Kollegen diskriminiert gefühlt habe.

> ja (2) am Ende wurde ich der Leiter des Geschäftes, für vier Jahre war ich der Chef des Geschäftes und es war sehr schwer für mich denn in dem Geschäft haben noch vier Italiener gearbeitet und für sie war es sehr schwer als sie gehört haben dass ein Rumäne die Anweisungen gibt ( ) aber ich habe ihnen das sehr gut erklärt, ich habe ihnen gesagt 'das was ich euch sage das würde auch ein Italiener euch bitten zu tun wenn er an meiner Stelle wäre' 'ja ja aber du bist Rumäne und kommandierst uns herum' und ich habe dann gesagt 'nein nein es geht nicht ums Herumkommandieren sondern darum dass das was getan werden muss gemacht wird' (I, 11: 24-31)

Über seinen Aufstieg in der Hierarchie des Betriebs konnte Constantin seinen Verantwortungsbereich deutlich ausweiten. Seine Position im Betrieb verbesserte sich. Dabei erscheint diese Veränderung nicht allein vor dem Hintergrund seiner bisherigen Tätigkeiten in Italien als eine deutliche Verbesserung seiner sozialen Position. Sie kann auch bezogen auf Constantins Beschäftigung in seinem Herkunftskontext als eine Aufwertung seiner erwerbsspezifischen Kompetenzen gedeutet werden. Über diesen Zutritt zu einer höheren sozialen Position geriet Constantin deutlich in Konflikt mit seinen Arbeitskollegen, die sich als sogenannte 'Etablierte' zunächst überlegen und nun deutlich unterlegen fühlten. Aus dieser Umkehrung der Positionen im Verhältnis zwischen Constantin und seinen Kollegen resultierte erneut eine positionsbezogene Differenzerfahrung.

Aus den Interviews gingen weitere Reaktionsweisen von Constantin auf seine Erfahrungen im Arbeitskontext hervor. So findet sich darin eine deutliche Abwertung seiner italienischen Kollegen. Ähnlich den negativen Einstellungen seines Chefs und seiner Kollegen in der Fabrik zu Beginn seiner Arbeit ihm gegenüber, äußert Constantin seinerseits im Verlauf der Interviews nahezu ausschließlich negative Zuschreibungen in Bezug auf sein damaliges Arbeitsumfeld.

> IP.: sie- in erster Linie, sie, sie, sie, es gibt eine italienische Redensart das man sich gegenseitig verarscht /[an dieser Stelle rumänisiert er das italienische Wort culo - Hintern, das nicht im Rumänischen vorkommt]/das heißt also wenn sie zur Arbeit gehen, und Italiener sind in erster Linie faul
>
> I.: was heißt das genau? /(Verständnisfrage)/
>
> IP.: ihnen gefällt es nicht zu arbeiten, also es gefällt- es gefällt ihnen einfach nicht zu arbeiten, sie gehen für sieben Stunden zur Arbeit und sie wissen dass sie nach sieben Stunden wieder gehen können und wenn sie ihren Chef irgendwie reinlegen können dann legen sie ihn rein und wenn es viel zu tun gibt dann ist es ihnen egal ob sie es gut machen oder nicht, und das war´s

(und so ist es bei allem), es interessiert sie nicht dass- (1) dass die Arbeit gut gemacht wird damit der Chef gut verdienen kann und er uns dann auch gut bezahlen kann, so denken sie nicht, 'ob man Gewinn macht oder nicht das interessiert mich herzlich wenig', so denken sie. 'er muss mich einfach nur bezahlen und-' selbst- (1) und sie arbeiten nicht sie arbeiten einfach nicht mehr (als unbedingt sein muss) (I, 11: 31-44)

Constantin scheint auf seine eigenen Erfahrungen von Diskriminierung seinerseits mit negativen Stereotypisierungen zu reagieren. Verbunden mit seinen Erfahrungen im Arbeitskontext entwickelte er ein negativ geprägtes Bild von seinen italienischen Kollegen. In ähnlicher Form, wie er selbst vor dem Hintergrund einer Dichotomie aus sogenannten 'Intra- und Extrakommunitären' mit negativen Zuschreibungen aufgrund seiner Herkunft konfrontiert wurde, reagierte er seinerseits in Form einer binären Gegenüberstellung mit Vorurteilen gegenüber seinen italienischen Arbeitskollegen.

Dieses negative Bild scheint zwar durch vereinzelte Kontakte zu Personen, die er über seine Arbeit kennen lernte, aufgebrochen worden zu sein. An mehreren Stellen äußert Constantin im ersten Interview, ein sehr gutes Verhältnis zu dem Chef der Keramikfabrik gehabt zu haben, für den er längere Zeit gearbeitet hatte („wir haben weiterhin eine sehr gute Freundschaft, ich hatte ein sehr gutes Verhältnis zu dem Chef, wann immer ich zurückkommen möchte könnte ich zurückkommen", I, 5: 37 ff.). Gleichwohl mischen sich diese Bemerkungen vor allem in Passagen des zweiten längeren Interviews erneut mit deutlich negativ gefärbten Arbeitserfahrungen aus dem Ankunftskontext („es geht dir nur gut, solange du arbeiten kannst, und sobald du krank wirst, dann will dich keiner mehr haben, dann stellt dich keiner mehr ein", XVII, 6: 1 ff.). Nachdem Constantin über zwei Jahre bei seinem damaligen Arbeitgeber beschäftigt gewesen war, bekam er gesundheitliche Probleme; er gibt an, besonders starke Rückenschmerzen gehabt zu haben. Constantin kehrte nach Satulești zurück. Ob er sich dazu in erster Linie aufgrund seiner Beschwerden veranlasst sah, blieb unklar.[249]

7.5.5.3 Die familiäre Situation

Die Arbeitsmigration erwies sich für Constantin und seine Familie zunehmend als Belastung. Mehrere Aspekte, auf die im Folgenden eingegangen werden soll, führten dazu, dass sich die Migration sukzessive als unvereinbar mit seinem Familienleben erwies.

Constantin und seine Ehefrau reagierten auf die migrationsbedingte Trennung der Familie damit, dass sie mehrmals täglich telefonierten.

---

249 In Constantins Ausführungen wird nicht ganz klar, zu welchem genauen Zeitpunkt das war. Denkbar ist, dass er im Jahr 2002 oder erst 2004 nach Satulești zurückkehrte.

> wir haben morgens gesprochen, als ich zur Arbeit bin war es sechs und hier war es sieben Uhr und meine Frau musste zur Schule und da habe ich sie angerufen, und zum Mittagessen, wenn ich gegessen habe, da war meine Frau (schon) zu Hause und da habe ich sie wieder angerufen und abends, wenn ich zu Hause war und sie auch, dann habe ich mich noch einmal gemeldet (I, 14: 43-47)

In einem festen Rhythmus telefonierten Constantin und seine Ehefrau dreimal täglich miteinander, um darüber die migrationsbedingte Trennung voneinander zu kompensieren. Diese mehrfachen täglichen Anrufe verteidigte Constantin auch gegenüber seinem sozialen Umfeld am Ankunftsort.

> und viele Familien haben mich dafür verurteilt und meinten ich würde so viel Geld fürs Telefonieren ausgeben, aber für mich war das wichtig dass ich sie sprechen hören konnte, das hat für mich mehr gezählt und mich mehr interessiert zu hören ob es ihnen gut geht (I, 15: 1-3)

Constantin war es sehr wichtig zu erfahren, wie es seiner Familie ging. Die Kommunikation in der Familie betont er im ersten Interview mehrfach. So stellte der Kontakt über Telefon für ihn eine besondere Nähe zu seiner Familie her.

Als Constantin das erste Mal seit seiner zweiten Ausreise nach knapp einem Jahr für einen Urlaubsaufenthalt zu seiner Familie zurückkehrte, machte er die Erfahrung, dass die regelmäßigen Telefonate die Trennung von seiner Familie nicht komplett kompensieren konnten. So erkannte ihn seine Tochter, die er zuletzt gesehen hatte, als sie fünf Monate alt war, zunächst nicht wieder („für mich war es sehr schwer bis sie mich akzeptiert hat, denn trotz allem hat sie gedacht, dass ich ein Fremder wäre und dass ihr Vater in Italien sei", I, 6: 19 f.). Erst nach einigen Wochen entwickelte sich langsam eine Vater-Kind-Beziehung. Die Trennung von seiner Familie wirkte deutlich auf die Beziehung zu seiner Tochter zurück.

Als Constantin verbunden mit gesundheitlichen Beschwerden nach etwa drei Jahren nach Satuleşti zurückkehrte, investierte er in die Bar auf dem Hof seiner Eltern. Allerdings gingen die Einnahmen, die er daraus für sich und seine Familie erwirtschaften konnte, allmählich zurück. Da die Migration gerade unter jungen DorfbewohnerInnen weiter zunahm, besuchten immer weniger die Bar. Nach eineinhalb Jahren kehrte Constantin daher aus finanziellen Gründen nach Italien zurück. Er mietete sich in Cittadina eine Wohnung und arbeitete erneut für seinen früheren Arbeitgeber.

Im weiteren Verlauf von Constantins Migration nahmen die Versuche zu, das Erwerbsleben im Ausland mit seinem Familienleben zu vereinbaren. Einerseits hielten sich Constantins Ehefrau und Tochter mehrmals in Italien auf. Andererseits bemühte sich Constantin, so viel Zeit wie möglich in Satuleşti zu verbringen. Mit Hilfe der erleichterten Ausreisebestimmungen begannen Constantin und seine Familie, zwischen Herkunfts- und Ankunftsort zu pendeln.

Nachdem Constantin drei Monate in Italien verbracht und sich für weitere drei Monate bei seiner Familie in Rumänien aufgehalten hatte, besuchte ihn seine Familie zweimal für die Dauer eines Touristenvisums in Cittadina. Constantins Ehefrau befand sich in dieser Zeit noch im Mutterschaftsurlaub. Weitere drei Monate später kehrte er für wenige Tage nach Rumänien zurück, bevor er erneut ein knappes Jahr in Italien verbrachte. Frühzeitig zeichnete sich jedoch ab, dass ein Familiennachzug nicht in Frage kam. Im ersten längeren Interview, im Jahr 2005, zu dem Constantins Ehefrau am Ende hinzukam, zeigte sich, dass sowohl von Constantin als auch von seiner Ehefrau ein längerer gemeinsamer Aufenthalt der Familie am Ankunftsort als einschränkend beurteilt wurde. Aus dem zweiten längeren Interview drei Jahre später geht darüber hinaus hervor, dass Constantins Ehefrau zu keinem Zeitpunkt mit seiner Migration nach Italien einverstanden war („sie war auch nie damit einverstanden, dass ich nach Italien gegangen bin", XVII, 9: 32 f.).

Zum einen weist Constantins Ehefrau im ersten Interview darauf hin, dass ein längerfristiger Aufenthalt in Italien für sie eine deutliche Verschlechterung ihrer sozialen Position bedeutet hätte („dort wurde man wie eine Dienerin behandelt und das hat mir nicht gefallen", I, 14: 21 f.). Constantins Ehefrau besaß als Grundschullehrerin in ihrem Herkunftsdorf eine relativ hohe berufliche Qualifikation, die sie in Italien vermutlich nicht hätte nutzen können. Für sie hätte eine längerfristige Migration nach Italien aller Voraussicht nach eine Entwertung ihres Bildungskapitals bedeutet. Unklar ist, ob Constantins Ehefrau in den Monaten, in denen sie sich bei Constantin in Italien aufhielt, selbst Arbeitserfahrungen gesammelt hatte, oder ihre Äußerungen die Erfahrungen anderer Personen aus ihrem Herkunftskontext wiedergaben. Zum anderen beurteilte Constantins Ehefrau einen Familiennachzug nach Italien als nachteilig für ein Kind. Diese Einschätzung resultierte daraus, wie sie die Chancen eines Kindes von MigrantInnen auf einen sozialen Aufstieg bewertete.

> es [das Kind] weiß vielleicht gar nicht was genau die Eltern machen. es kann sein dass sich auch die Eltern daran freuen dass sie ihren Kindern sehr viele Spielsachen kaufen können, und es hat vielleicht sehr viel mehr Möglichkeiten aber es wird sich vielleicht sehr viel schwerer einmal tatsächlich irgendwo durchbeißen können, ich weiß nicht aber mir erscheint es schwerer für so ein Kind auf eigenen Beinen zu stehen und etwas zu erreichen, denn ich glaube ein Kind von hier, ein rumänisches Kind von hier das nach Italien geht, sagen wir dass es dort ein Gymnasium beenden kann dann wird sie dennoch, ein Mädchen als Haushälterin arbeiten oder ein Junge wird doch in einer Fabrik enden, also etwas Besseres als das glaube ich können sie nicht werden außer es ist vielleicht ein Genie dass es auch etwas Besseres erreichen kann (I, 16: 36-44)

Nach Einschätzung von Constantins Ehefrau waren die beruflichen Chancen für Kinder von ArbeitsmigrantInnen in Italien deutlich eingeschränkt. Diese Bewertung begründete sie mit der Erfahrung von Bekannten aus dem Dorf, deren Kind in der Schule diskriminiert worden war.

> von Freunden von unserer Familie ist die Tochter dort auf die Schule gegangen und sie wurde als Rumänin behandelt, 'du hast nicht die Erlaubnis mit uns zu spielen' sie haben ihr das Frühstück weggenommen und es gegessen und die Lehrerin meinte sie könne nichts machen, aber mir erscheint das nicht normal dass mein Kind hungern muss und gesagt wird man könne da nichts machen, es ist vielleicht keine Form von Zwang aber was weiß ich (I, 16: 48-17: 2)

Des Weiteren differenziert Constantins Ehefrau den Nachzug von Kindern nach der Dauer der Arbeitsaufenthalte der Eltern im Ausland. Die Auswirkungen der Trennung zwischen Eltern und ihren Kindern seien von der Dauer der Migration abhängig. So spricht sie sich für einen Nachzug der Kinder aus, für den Fall, dass die Migration der Eltern länger andauere. Im Fall einer kürzeren Migration verweist Constantins Ehefrau darauf, dass es für die Kinder schwierig sei, eine eindeutige Zugehörigkeit zum Ankunfts- oder Herkunftskontext zu entwickeln.

> wenn jemand aus Rumänien vorhat, wirklich lange in einem anderen Land zu bleiben dann ist es vielleicht besser das Kind dort auf die Schule zu schicken aber wenn er nur für einige Jahre bleibt dann führt es kein normales Leben, was weiß ich, dann besteht es nur aus einzelnen Etappen, wenn man es von dort wieder wegreißt dann weiß es nicht wirklich genau wo es herkommt, es ist wie man bei uns sagt, es ist weder Fisch noch Fleisch (I, 16: 27-33)

Auch mit Blick auf die Situation im Herkunftskontext geht aus den Ausführungen von Constantins Ehefrau eine deutlich negative Bewertung der Migrationssituation für die Familie hervor. Dies betrifft etwa ihre eigene Situation während der Trennung von Constantin.

> es gab solche Momente, sogar ziemlich häufig, in denen ich wollte dass er bei uns ist vor allem wenn ich mich mit Freunden getroffen habe an den Wochenenden oder an den Feiertagen, dann war es sehr schwer für mich wenn ich da nur mit meiner Tochter war, und irgendwann habe ich auch gesagt, 'so fertig, ich möchte das nicht mehr, wir werden hier mit dem zurechtkommen was wir hier haben und wir können hier zusammen sein und wir können-' für mich persönlich ist das wichtiger eine Familie zu sein als was weiß ich für Lebensbedingungen zu haben (I, 14: 35-41)

Constantins Ehefrau gibt an, dass sie Constantin sehr vermisste, als dieser sich für längere Zeit in Italien aufhielt. Die unangenehmen Auswirkungen der Trennung führten für sie dazu, dass sie die Arbeitsmigration ihres Mannes nicht länger akzeptierte. Sie bekräftigt, dass sie ihrer Familie einen höheren Stellenwert beimesse als dem materiellen Gewinn aus der Migration. Aus der Formulierung, die Constantins Ehefrau wählt, wird deutlich, dass ihr bei der sukzessive eingeleiteten Rückkehr ebenso eine wesentliche Rolle zukam. Aber auch aus ihrer Perspektive als Grundschullehrerin beurteilt sie die Migration negativ. Ihrer Erfahrung nach zeigten Kinder, die mit keinem oder einem Elternteil im Dorf wohnten, mitunter bestimmte Verhaltensauffälligkeiten.

IIP.: es gibt psychologische Unterschiede, mir scheint, dass sie trauriger sind, egal ob sie Großeltern haben und durch ihre Eltern die im Ausland sind andere Möglichkeiten haben, ich glaube sie sind nicht dankbar dafür, sehr viel mehr würden lieber mit ihren Eltern gemeinsam [in Satulești] zu Hause sein wollen (...) eine Mitschülerin meiner Tochter etwa die auch schon mit meiner Tochter in den Kindergarten gegangen ist hat einen starken Drang danach die Hand zu nehmen und sie ist ein wenig egoistisch und versteht nicht dass- also sie hält mich wahrscheinlich für eine Art Mutter für sie und deswegen möchte sie immer dass ich sie an der Hand nehme, aber ich kann nicht sagen, dass ich einen Unterschied mache zwischen denen deren Eltern nicht da sind und den anderen, ich bin mit allen gleich eng, mit allen bin ich befreundet, aber- es gibt einige in der Klasse die gerne mehr spielen möchten aber, ja, man kann es an ihren Gesichtern ablesen, auf mich wirken die Kinder deren Eltern nicht da sind weniger glücklich als die anderen

I.: und sie sind für manche Kinder wie eine Mutter?

IIP.: ja das wünschen sie sich, ich weiß nicht wie sie mich betrachten aber sie würden es sich wünschen (I, 16: 15-18, 17: 24-35)

Auch die Erziehung der Kinder durch die Großeltern, so etwa in den Fällen, in denen beide Elternteile migrierten, wertete Constantins Ehefrau sehr kritisch. Sie wies darauf hin, dass die Großeltern zum einen häufig mit der Kindererziehung überfordert seien. Vielfach zeige sich dies daran, dass die Schulleistungen der Kinder rapide nachließen. Der Anteil der Kinder, die auf die Migration ihrer Eltern damit reagierten, dass sich ihre Schulleistungen verbesserten und sie auf der Grundlage der gestiegenen finanziellen Mitteln der Eltern einen sozialen Aufstieg anstrebten, sei eher gering. Zum anderen habe sie die Beobachtung gemacht, dass sich Kinder und ihre Eltern entfremdeten.[250]

Die Migration kollidierte mehrfach mit der familiären Situation. Aus diesem Grund wurde eine Entscheidung notwendig, die Constantin und seine Ehefrau zugunsten eines gemeinsamen Familienlebens trafen. Nicht nur Constantins Ehefrau hebt die Bedeutung der Familie hervor („für mich persönlich ist das wichtiger, eine Familie zu sein, als was weiß ich für Lebensbedingungen zu haben", I, 14: 40 f.). Auch Constantin betont, dass ihm die Familie wichtiger gewesen sei als das Geld aus der Arbeitsmigration („für mich ist die Familie wichtiger als Geld, und auch deswegen habe ich Italien sein gelassen", I, 6: 26 f.).

Constantin reagierte mit einer beruflichen Umorientierung darauf, dass sich sowohl eine Zusammenführung der Familie im Ankunftskontext als auch eine Fortführung der migrationsbedingten Trennung als problematisch herausstellten. Auch erneute gesundheitliche Gründe führten zu dieser Entscheidung. Von Januar 2005 an begann Constantin damit, als Chauffeur und Paketlieferant zwischen seinem Herkunftsort und Italien zu pendeln. Sein Schwager, der be-

---

250 Diese Ausführungen von Constantins Ehefrau beruhen auf Gedächtnisprotokollen von Gesprächen aus der ersten Zeit des zweiten Aufenthaltes im Dorf.

reits einige Jahre vor ihm damit begonnen hatte, unterstützte ihn dabei, sich ein geeignetes großräumiges Fahrzeug anzuschaffen. Damit entschied sich Constantin ein weiteres Mal für eine neue Einkommensstrategie. Der Moment schien günstig, da aufgrund der erleichterten Ausreisebedingungen zahlreiche Personen aus seiner Herkunftsregion nach Italien ausreisten bzw. auch nur für kürzere Aufenthalte von wenigen Monaten zwischen Italien und Rumänien pendelten. Darüber hinaus bekam Constantin über seinen Schwager leichteren Zugang zu den erforderlichen Kontakten an den Grenzen, um auch Personen zu befördern, die nicht alle Auflagen für eine legale Ausreise erfüllten (vgl. Kap. 7.2.2).[251]

7.5.5.4 Erfahrungen von Fremdheit im Migrationsprozess

In der Retrospektive war die Migration sowohl für Constantin als auch seine Ehefrau durch Fremdheitserlebnisse gekennzeichnet. Dies lag unter anderem an den anfangs geschilderten Differenzerlebnissen im Arbeitskontext. Hieraus entwickelte sich eine deutliche Distanzierung gegenüber der Migration, die mit einer positiven Neubewertung und einer klaren (Wieder)Annäherung an den Herkunftskontext einherging. Diese Dynamik in der Beurteilung der Migration zeigt sich in besonderer Weise im Vergleich der beiden längeren Interviews, die über einen Gesamtzeitraum von mehr als drei Jahren stattfanden.

In einer sehr direkten Form äußerte sich die Erfahrung von Fremdheit zunächst darin, dass Constantin, ähnlich wie seine Ehefrau, anmerkt, in Italien starkes Heimweh verspürt zu haben. Während seine Ehefrau angibt, sich auf keinen Fall vorstellen zu können, längere Zeit aus Rumänien auszureisen („egal was man mir anbieten würde, ich würde auf keinen Fall aus Rumänien weggehen wollen", I, 15: 45 f.) argumentiert Constantin im Rückblick damit, bereits während seines ersten Aufenthaltes in Italien deutliches Heimweh gehabt und seine Familie sehr stark vermisst zu haben. Hierbei appelliert er in einer Gegenfrage an die Empathie des Interviewers. Indem Constantin sich in den Interviewer hineinversetzt, der sich seiner Meinung nach in einer ähnlichen Situation befindet, versucht er, diesen gleichsam als einen Verbündeten von seinem Heimweh, das er damals empfand, zu überzeugen.

> IP.: Sie haben doch sicherlich Heimweh nach Deutschland, oder?, es fehlt Ihnen doch oder?
> I.: mhm

---

251 Aus zahlreichen Gesprächen mit BewohnerInnen aus dem Dorf ging hervor, dass die Personentransporte häufig über Schmiergeldzahlungen an den Grenzen abgewickelt wurden. Dies war erforderlich, da sich die Personen vielfach länger als die drei Monate eines Touristenvisums in Italien aufgehalten hatten.

Falldarstellungen und Typologie 319

> IP.: und mir hat Rumänien sehr gefehlt, und die Eltern und die Familie und die Orte an denen ich aufgewachsen bin, und als ich dann (schon) ein Jahr weg war, ich weiß nicht, ob ich mir etwas anderes lieber gewünscht hätte, als nach Hause zurück zu kommen (I, 10: 29-33)

Daneben betont Constantin im Rückblick auf die Migration und unter Zustimmung seiner Ehefrau die Erfahrung einer unaufhebbaren Distanz zwischen sich und seinem sozialen Umfeld im Ankunftskontext. Constantin und seine Ehefrau stimmen darin überein, dass sie sich im Ausland stets als Fremde gefühlt hätten. Dies verdeutlicht Constantin damit, dass er von einem Bekannten in Italien berichtet, der sich dort bereits seit mehreren Jahrzehnten aufhalte.

> IP.: als Extrakommunitärer kannst du dort dein ganzes Leben verbringen, du kannst dort fünfzig Jahre verbringen und dennoch wirst du von ihnen als Extrakommunitärer angesehen (...) in den Augen derjenigen im Ausland sind wir Fremde. /[seine Ehefrau fällt ihm ins Wort (unverständlich)]/ und das ist man auch nach fünfzig Jahren noch. Denn ich kenne Leute dort, ein Freund von dem Freund, für den ich in Italien gearbeitet habe und der auch mit mir zusammen gearbeitet hat und er ist Pole und er ist schon seit fünfzig Jahren in Italien verheiratet und dennoch ist er Fremder-
> IIP.: natürlich
> IP.: also unter Freunden- in einer Gruppe, in einem Kreis von Freunden wird er als Fremder betrachtet, und sie kennen sich schon seit fünfzig Jahren (I, 16: 45 f., 17: 3-10)

Die Erfahrung von Fremdheit, wie sie sich bereits weiter oben in Constantins Ausführungen zu seinem Arbeitskontext zeigte, dehnte sich für beide auch auf den privaten Bereich im Ankunftskontext aus. Die Migration erscheint als Erfahrung „struktureller Fremdheit" (Waldenfels 1997: 36) im Ankunftskontext im Sinne (gesamt)gesellschaftlich zugeschriebener Wissensordnungen. Auf diese Ausweitung von Fremdheitserfahrungen, wie sie im Verlauf des ersten Interviews an verschiedenen Stellen deutlich wird, reagiert Constantin mehrfach mit einer starken Argumentationsaktivität. So antwortet er etwa auf die Frage, ob seine Erfahrungen in der Migration die Erziehung seines Kindes beeinflussten, mit einer sehr klaren, absolut gehaltenen Verurteilung des Erziehungsstils, wie er ihn in Italien erlebt habe. Sehr deutlich kommt darin zum Ausdruck, dass auch für Constantin selbst – ebenso wie für seine Ehefrau –ein Nachzug der Familie nicht in Frage kam.

> I.: aber glauben Sie dass sie Ihr Kind nun anders erziehen werden durch ihre Erfahrungen?
> IP.: nie würde ich mir vorstellen wollen- nie habe ich irgendetwas Gutes von italienischen Kindern gesehen- ich kann nicht behaupten dass mir irgendetwas von dem was ich gesehen habe wie sich die italienischen Kinder verhalten haben für mein eigenes Kind gefallen hätte, etwa wenn man etwas [dem Kind] sagen möchte, in Italien kann man seinem Kind nichts mehr sagen weil in erster Linie in Italien gibt es ja gar keinen Respekt mehr zwischen Mutter und Kind etwa, vom Kind aus gegenüber den Eltern, dieser Respekt existiert dort gar nicht, sie respektierten die Eltern nicht auch nicht die Großeltern es ist nicht wie in Deutschland in Deutschland ist es anders es ist nicht wie bei einem Deutschen der weiß- ihr seid einzigartig in der Welt, ihr

seid einzig in der Welt, äh äh- nein in Italien, nein ich könnte nicht behaupten dass ich dort eine Anregung bekommen hätte wie ich mein eigenes Kind gerne aufziehen und die ich anwenden wollen würde, nein nichts existiert dort, es hat mir absolut gar nichts von dort gefallen von einem italienischen Kind, nichts was ich anwenden wollen würde. ich möchte dass mein Kind lernt was gut ist und was (   ) in Italien würde das gar nicht gehen, das geht nicht weil die Kinder in Italien einfach nicht wissen- sie wissen einfach nicht- das Wort Respekt existiert überhaupt nicht in einem italienischen Wörterbuch, jemanden zu respektieren, es gibt nur sehr wenige die wissen was Respekt ist (I, 9: 6-23)

Die vom Interviewer eher geschlossen gestellte Frage wird von Constantin genutzt, um seine Opposition zur Erziehungsweise, wie er sie in Italien kennen gelernt hatte, zum Ausdruck zu bringen. Hierbei greift er erneut auf deutlich stereotypisierende Kontrastanordnungen zurück. Ähnlich wie bereits weiter oben, bezieht er dabei den Interviewer in seine Argumentation mit ein. So fungiert der Hinweis auf das Herkunftsland des Interviewers in Constantins Argumentation als eine positive Kontrastfolie, um erneut den Interviewer von der eigenen Einschätzung zu überzeugen. In Constantins Ausführungen wird deutlich, dass er aufgrund seiner Erfahrungen in Italien sich nicht vorstellen kann, sein Kind am Ankunftskontext aufwachsen zu lassen. Ein längerer Aufenthalt mit seiner Familie in Italien scheint für ihn unvereinbar mit einer bestimmten Erziehung, wie er sie seinem Kind mitgeben möchte.

Aus diesen Fremdheitserfahrungen resultiert für Constantin eine zunehmende Distanzierung gegenüber der Migration. Diese äußert sich zum einen sehr stark im Zusammenhang mit der konkreten eigenen (Familien)Situation („ich möchte nicht mehr [für längere Zeit nach Italien] gehen, ich will hier bleiben (...) das Beste- am besten für die Familie ist es, hier zu bleiben", I, 15: 29 ff.). Constantin selbst kann sich einen länger andauernden Aufenthalt in Italien nicht mehr vorstellen, was darauf hindeutet, wie sehr sich ihm bestimmte negative Erfahrungen eingeprägt haben. Zum anderen distanziert sich Constantin sehr stark von der Annahme, die Migration könnte zu bestimmten Veränderungen in Bezug auf seine eigene Person geführt haben. So wehrt er etwa eine Frage nach den Auswirkungen der Migrationserfahrungen auf seine eigene Handlungsorientierung sehr stark ab.

I.: und glauben Sie dass sich durch Ihre Erfahrungen im Ausland Ihr Verhalten in irgendeiner Form verändert hat?

IP.: das Verhalten, das hat man von denjenigen die einen erzogen haben, das habe ich von meinen Eltern, mein Verhalten, die Denkweise hat sich verändert, die Eltern geben einem ein bestimmtes Verhalten mit, sie lehren einem wie man sich in der Gesellschaft zu verhalten hat, aber Ideen, ja also viele die ins Ausland gegangen sind und die verstanden haben wie es im Ausland ist [(wörtl.: was das Ausland ist)] sind mit anderen Ideen zurückgekommen, viele die sobald sie die Grenze überquert haben haben ihre Ideen zurückgelassen, einer arbeitet im Ausland und ein anderer arbeitet hier. die Idee der Arbeit: viele die aus dem Ausland wiederkommen denken wer bin denn ich [[wie toll bin ich doch]] ich komme aus dem Ausland ich habe Geld oder was weiß ich, es gibt viele die an Dummheit leiden wie man hier sagt (I, 8: 18-29)

Die Frage des Interviewers löst in Constantin eine starke Argumentation aus. Der leicht gereizte Tonfall lässt vermuten, dass sich Constantin durch diese Frage leicht provoziert fühlte. Tendenziell wird der Interviewer in dieser Passage zum Kontrahenten. Constantin verweist auf Auswirkungen der Migration, die in seinen Augen negativ hervorstechen, und konstruiert demgegenüber ein positives Bild von sich, indem er sich selbst in einem engen Tradierungszusammenhang zu zentralen Werten seiner Eltern und damit sich selbst als 'mit sich selbst identisch' entwirft.

Was sich hier bereits ankündigt, setzt sich auch im weiteren Verlauf des Interviews fort. Constantin distanziert sich in der Form von der Migration, dass er bezogen auf den Herkunftskontext strukturelle negative Auswirkungen der Migration problematisiert. Hierin zeigt sich auch eine deutliche Dynamik in der (Re)Interpretation seiner eigenen Migration. Zwar betont er im ersten Interview, dass für Rumänien die Migration durchaus Vorteile mit sich bringe („meine Perspektive [auf die Migration] ist auf jeden Fall positiv, denn sie nützt vor allem dem rumänischen Staat, in erster Linie bringen sie [die Migrierenden] sehr viel Geld nach Rumänien, es ist ein enormer [finanzieller] Gewinn für dieses Land", I, 10: 37 ff.). Gleichwohl verurteilt er andere BewohnerInnen aus seinem Herkunftsdorf, die sich seiner Meinung nach in der Migration eingerichtet hätten („sie haben sich einfach daran gewöhnt, sie haben eine Arbeit jeden Tag und sie können damit ihre Familie ernähren" (I, 1: 10 ff.) und: „sie bleiben dort und sie arbeiten, um davon zu leben, mehr nicht, aber das werde ich nie machen, nur dort zu bleiben, um davon zu leben, da kann ich auch hier leben und hier komme ich auch über die Runden", I, 7: 49 ff.). Insbesondere gegenüber Jugendlichen aus seinem Dorf vertritt er die Meinung, dass sich eine Migration nicht rentiere.

> I.: und Ihre Meinung, wenn Jugendliche mit 16 ihnen sagen dass sie gehen wollen was sagen Sie denen dann?
>
> IP.: ich sage ihnen dass sie nicht gehen sollen aber sie denken dann anders, sie denken dass man sich selbst bereichert hat als man selbst im Ausland war, das denken viele und dass man sie daran hindern wolle dass sie sich selbst bereichern, und hier setzt die Dummheit ein, verstehen sie, das kommt dann dazwischen, ich versuche sie auf den richtigen Weg zu führen aber-
>
> I.: das Beste ist vielleicht ein Gymnasium hier im Land zu machen eine Schule hier zu besuchen, eine Zukunft hier-
>
> IP.: genau, vielleicht besuchst du eine Fakultät oder- weil, ehrlich gesagt tut es mir sehr leid dass ich keine Universität besucht habe denn es sind ein paar schöne Jahre im Leben, es sind- und so habe ich nur das Gymnasium beendet und das war's, aber die Jahre im Gymnasium sind unvergessen, gut wie ich etwa Sport gemacht habe, ich hatte sportliche Jahre es waren einige sehr schöne Jahre, also [hm] so ist es und es gibt viele die nur ans Geld denken und sonst nichts, die nicht interessiert was morgen passieren könnte, Heilige Mutter Gottes wenn du im Ausland

> bist und es ereignet sich ein Arbeitsunfall was machst du dann dann musst du nach Rumänien zurückkehren oder nicht?, was bedeutet ein Arbeitsunfall wenn du nicht- wenn du nicht, äh was kannst du dann machen, bleibst du dann dort oder was? und wenn du nach Rumänien kommst was machst du dann wenn du noch nicht einmal ein Gymnasialabschluss hast, du hast keinen erlernten Beruf du hast nichts- und gerade deswegen und es kommt so wie es kommt ( ) oder sie klauen, diese Sachen passieren dann (2) (I, 18: 42-19: 15)

Vor dem Hintergrund sowohl seiner eigenen Erfahrungen als auch seiner Bemühungen, wieder dauerhaft in seinen Herkunftskontext zurückzukehren, problematisiert Constantin die längerfristigen und seiner Meinung nach negativen Folgen der Migration. Von diesem Thema, das für Constantin zum damaligen Zeitpunkt sehr wichtig war, rückt er auch dann nicht ab, als er danach gefragt wird, inwiefern sich seine Erfahrungen im Ausland auf die eigene Weitergabe bestimmter Werte ausgewirkt habe. So beschreibt Constantin an dieser Stelle vielmehr, wie sich seiner Meinung nach das Leben für Jugendliche aus seinem Herkunftskontext aufgrund der Migration verändert hat.

> und die Kinder- wenn sie im Westen gelebt haben und dann zurückkommen nehmen ja nicht mehr auf was gut ist sondern nur noch das was sie wollen, sie wollen ja gar nicht mehr das Gute aufnehmen, wenn es in meiner Macht stehen würde, dann würde ich die Jugend auf den richtigen Weg bringen. die gesamte Jugend glaubt dass der Okzident das Paradies ist aber das ist nicht so, auch dort musst du vor allem wissen wie man arbeitet und auch dort muss man wissen wie man sich (anständig) in der Gesellschaft verhält (I, 8: 40-46)

Constantin kontrastiert 'den Westen' sehr stark mit seinem Herkunftskontext. Im Rahmen dieser Kontrastanordnung zeichnet er das Bild vom 'Westen' als eine Bedrohung für seinen Herkunftskontext. Anders als in den Passagen, in denen Constantin den Interviewer über positive Zuschreibungen in Bezug auf dessen Herkunftsland adressiert (siehe weiter oben), stehen an dieser Stelle Einflüsse aus 'dem Westen' für einen Werteverfall, der bei Jugendlichen aus seinem Herkunftsdorf bereits beobachtet werden könne.

> ich werde meinem Kind die gleiche Erziehung mitgeben, wie ich sie von meinen Eltern selbst erhalten habe, oder nicht? wenn meine Eltern Leute waren, die ihren Kopf an der richtigen Stelle hatten, die mich gelehrt haben, was gut und was nicht gut ist, dann gebe ich doch das Gleiche auch an mein Kind genauso weiter, weil man auch nicht wissen kann, wie sich das eigene Kind morgen (oder in Zukunft) verhalten wird auch weil das Leben heute sehr schwierig ist, auch für die Jugendlichen hier bei uns, vielleicht auch durch die Einflüsse aus dem Westen (I, 8: 32-38)

Constantin weist darauf hin, dass er genauso wie er von seinen Eltern erzogen wurde auch gerne seine eigene Tochter erziehen möchte. Die Vermutung liegt nahe, dass aus den Fremdheitserlebnissen im Verlauf der Migration deutliche Kontrastanordnungen resultierten, auf deren Grundlage sich eine Verklärung und Konservierung des eigenen Tradierungszusammenhangs entwickelte. Die

Erfahrungen im Ankunftskontext, so wird an dieser Stelle deutlich, fungieren als Kontrastfolie.

Diese Distanzierung von wesentlichen Erfahrungen aus der Migration geht mit einer Neubewertung des 'Eigenen' einher. Diese Neubewertung äußert sich zum einen darin, wie er sowohl sein Herkunftsland als Ganzes als auch sein eigenes konkretes soziales Umfeld evaluiert („vielleicht hat auch mein Weggehen dazu geführt, dass ich nun mehr das Land hier liebe, dass ich mehr meine Eltern liebe und auch mehr meine Verwandten liebe", I, 10: 24 ff.). Zum anderen geht die positive Neubewertung des eigenen Herkunftskontextes aus Constantins dauerhaften Rückkehrplänen hervor, wie er sie im ersten Interview äußert. Dabei zeichnet sich der Versuch ab, einerseits von den eigenen Kontakten in Italien zu profitieren und andererseits dauerhaft in Rumänien verbleiben zu können.

> ich würde gerne einen Agrotourismus betreiben, das möchte ich gerne machen, ich würde das gerne in erster Linie für ausländische Touristen betreiben wollen dass sie hierher kommen können und wir ihnen bieten können dass sie keinerlei Unterschied spüren zwischen ihren Orten, Italien Deutschland oder Österreich und Rumänien, dass sie spüren, ich jetzt bin Rumäne, der schon lange anderswo gelebt hat, ich habe italienische (Freunde) die sind Italiener, also ich möchte etwas Westliches, etwas Schönes machen, im Moment sind nur wenige hier übrig geblieben (mit etwas Glück wie ich gehabt habe) obgleich 90 Prozent der Leute davon überzeugt sind dass sie wiederkommen werden um hier zu investieren, die Gegend hier ist sehr schön, es ist keine Investition die sofort einen großen Profit abwirft, das was ich machen möchte, es ist eine Investition die auf längere Sicht sich auszahlt aber ich möchte hier für die Gegend etwas machen, dass sie schön wird (1) (I, 8: 4-15)

Constantin äußert Pläne, in seinem Herkunftsdorf Urlaubs- und Freizeitaktivitäten für Touristen anbieten zu wollen. Sein Ziel ist es, ausländische Touristen nach westlichem Standard zu beherbergen. Er möchte, dass „keinerlei Unterschied" zwischen westeuropäischen Ländern und Rumänien zu spüren ist. Diese Formulierung könnte darauf hindeuten, dass er zu diesem Zeitpunkt versucht, erlittene Diskriminierungen im Kontext der Migration produktiv umzuwandeln. Über gemeinsame Investitionen mit italienischen Freunden möchte er Vorurteile gegenüber Rumänien abbauen. Gleichzeitig ist Constantins allgemeine Haltung gegenüber seinem Herkunftskontext deutlich positiv. Das von Constantin sehr negativ gezeichnete Gesamtbild von Italien korrespondiert somit mit einem sich aufhellenden Bild seines Herkunftskontextes. Während seine erste Ausreise aufgrund biographischer Entwicklungen noch einen Versuch darstellte, sich deutlich vom eigenen Herkunftskontext zu distanzieren, kehrte sich diese Einstellung im Verlauf weiterer Migrationen deutlich um. Mit dem Gesamtmigrationsprozess war eine deutliche (Wieder)Annäherung an seinen Herkunftskontext verbunden.

7.5.5.5 Die Rückkehr

Die Distanzierung von der Migration und die positive Neubewertung des eigenen Herkunftskontextes andererseits verstärkten Constantins Pläne einer dauerhaften Rückkehr, die bereits mit Betreiben des Transportdienstes eingeleitet worden war. Bis zum Frühjahr des Jahres 2007 pendelte Constantin monatlich zwischen Satuleşti und Italien. Diese Beschäftigung erwies sich allerdings aufgrund der hohen Konkurrenz in diesem Bereich, die dazu beitrug, dass die Fahrpreise stetig sanken, bereits nach kurzer Zeit als wenig lukrativ. Mit steigender Abhängigkeit von der Migration verschlechterte sich somit die finanzielle Lage von Constantin und seiner Familie.

Vor diesem Hintergrund verstärkte Constantin seine Anstrengungen, in seinem unmittelbaren Heimatkontext eine tragfähige Strategie für eine berufliche Reintegration vorzubereiten. Mit seiner Ernennung zum Vizebürgermeister von Satuleşti nutzt er erneut persönliche Kontakte, um seine berufliche Situation zu verbessern. Er greift, wie bereits zuvor, auf verwandtschaftliche Beziehungen zurück, um sich über die Aktivierung bisher ruhender Ressourcen Zugang zu einem neuartigen Tätigkeitsfeld zu verschaffen. Dabei kann er das Bildungskapital, das er im Zuge der Vorbereitung seiner Rückkehr erworben hat, bereits verwenden. Daneben ist dieses neuartige Tätigkeitsfeld durchaus mit Constantins Zielen, wie sie von ihm im ersten Interview geäußert wurden, vereinbar („ich möchte hier für die Gegend etwas machen, dass sie schön wird", I, 8: 15). Zum Zeitpunkt des zweiten längeren Interviews scheint Constantin mit seiner neuen beruflichen Position ein wesentliches Ziel für sich erreicht zu haben. Dies kommt auch in seiner Antwort auf die Frage nach seinen weiteren Plänen zum Ausdruck.

> alle Pläne die ich habe die sind hier im Rathaus. die Gemeinde Satuleşti, das wir das Dorf hier zum Blühen bringen, die Arbeiten die noch ausstehen, dass später einmal andere daran denken was wir gemacht haben, dass sie denken wie schön wir das Dorf gemacht haben, dass wir neue Projekte starten, dass wir auch dort noch asphaltieren wo es noch notwendig ist, es ist noch viel zu machen (XVII, 7: 10-14)

Verbunden mit der Reinterpretation seiner Bezüge zum Herkunftskontext während des Migrationsprozesses entwickelt Constantin ein bestimmtes Sendungsbewusstsein. Das negative Italienbild, das aus Constantins Erfahrungen von Diskriminierung und Ausgrenzung resultiert und das er auf den gesamten Westen ausweitet, korrespondiert mit einer erneuten Annäherung an seinen Herkunftskontext. Vor dem Hintergrund seiner eigenen Anstrengungen, eine tragfähige berufliche Reintegration in seinen Herkunftskontext zu erreichen, bekräftigt er daneben etwa die Bedeutung schulischer Bildung und einer höheren beruflichen

Falldarstellungen und Typologie

Qualifikation. Constantin möchte „die Jugend auf den richtigen Weg" (I, 18: 47) bringen.

Noch stärker als im ersten Interview thematisiert Constantin die negativen Seiten der Migration für seinen eigenen Lebensverlauf sowie für seinen Herkunftskontext allgemein im zweiten längeren Interview – drei Jahre später. Dabei kommen seine Ausführungen einer Verurteilung der Migration insgesamt gleich. Er gibt an, dass sich sein Leben aufgrund der Migration zum Schlechteren entwickelt habe.

> I: und was denkst du nun wie hat sich dein Leben aufgrund der Migration verändert?
>
> IP: es hat sich zum Schlechteren entwickelt, also es hat sich nicht zum Besseren verändert sondern zum Schlechteren weil meine besten Jahre, die Jahre in denen ich jung war die habe ich dort verbracht und das hat mir nicht gut getan, es sind wenige die das begreifen weil alle nur Geld wollen [(mhm)] aber Geld ist nicht alles im Leben, es lohnt sich nicht und selbst wenn man mir jetzt 5000 Euro pro Monat geben würde würde ich nicht noch einmal da hingehen
>
> I: weil:?
>
> IP: ich würde einfach nicht mehr hingehen. du kannst 30 Jahre in einem anderen Land leben und dennoch bist du ein Sklave, es ist am besten in deinem eigenen Land (2)
>
> I: und was meinst du mit Sklave, in welcher Hinsicht?
>
> IP: weil sie mich so behandelt haben (es geht dir nur gut) solange du arbeiten kannst und sobald du krank wirst dann will dich keiner mehr haben dann stellt dich keiner mehr ein (II, 5: 40-6: 3)

Constantin bereut es im Rückblick, nach Italien gegangen zu sein. In einem relativ kleinflächigen Frage-Antwort-Wechsel gegen Ende des zweiten Interviews bilanziert er im Nachhinein, dass es besser gewesen wäre, nicht nach Italien gegangen zu sein.

> I: und aus deiner heutigen Sicht denkst du dass es besser gewesen wäre, nicht nach Italien gegangen zu sein?
>
> IP: ja, ja es wäre sehr viel besser gewesen es wäre besser gewesen
>
> I: auch wenn du die Schule damals weitergemacht hättest-
>
> IP: ja, ja es wäre sehr viel besser gewesen wenn ich nicht gegangen wäre, weil: (1) ich andere Möglichkeiten gehabt hätte und ich denke auch nicht über Migration als einen guten Weg.
>
> I: und denkst du nicht dass du durch die Migration auch etwas erreicht hast?
>
> IP: auch hier hätte ich etwas erreichen können, denn wer arbeitet der kann auch etwas erreichen, wer nichts arbeitet der kann auch nichts erreichen (II, 7: 34-45)

Für Constantin stellt sich seine Migration nach Italien rückblickend als Fehler dar. Nachdem er eine gut bezahlte Erwerbsmöglichkeit in seinem Herkunftskontext gefunden hat, stellt er den Nutzen aus der Migration insgesamt komplett in Abrede. Während Constantin noch im ersten Interview auf die finanziellen Gewinne der MigrantInnen hinweist und den Nutzen von Kontakten in Italien für eine neuartige Einkommensstrategie im Herkunftskontext andeutet, stellt er zum Zeitpunkt des zweiten Interviews die Migration komplett in Frage. Auch für seinen Herkunftskontext bezeichnet er die Auswirkungen der Migration ausschließlich als negativ.

> du bringst die italienische Wirtschaft zum Blühen aber nicht die rumänische [(mhm, mhm)] du verdienst mehr aber du gibt auch sehr viel mehr aus, was davon bleibt das kannst du in Rumänien ausgeben und viele in Italien wissen nicht mehr für was sie eigentlich in Italien bleiben, sie arbeiten nur und dann schlafen sie, aber Geld machen sie keins mehr (und sie glauben sie wären frei und könnten machen was sie wollen) (II, 7: 48-8: 2)

Durch beide Interviews zieht sich durch, dass Constantin der Migration sowohl im Rückblick auf sein eigenes Leben als auch bezogen auf seinen weiter gefassten Herkunftskontext ablehnend gegenübersteht. Diese durchweg schlechte Bewertung der Migration resultiert vermutlich mit Blick auf die Anstrengungen, die es für ihn erforderte, seine Rückkehr für sich und seine Familie über eine finanziell tragfähige Einkommensstrategie abzusichern.

Zusammenfassend wird deutlich, dass im Fall von Constantin Mutu die Ausgangsbedingungen, aus denen die Migrationen unternommen wurden sowie die Bedeutungsbildung der Migrationserfahrungen sehr stark mit den verschiedenen Lebensphasen verbunden sind. Im Verlauf des gesamten Migrationsprozesses zeichnet sich eine retrospektive Verschiebung der Bedeutung der Migration entlang der biographischen Gesamtentwicklung ab. Dabei werden die Bezüge zum Herkunftskontext entlang des Gesamtmigrationsprozesses kontinuierlich stärker.

7.5.6 Zusammenfassung

Im Fall von Constantin Mutu verschiebt sich die Bedeutung der Migrationserfahrungen entlang der biographischen Genese. Der Umgang mit der Migration ist mit bestimmten Entwicklungsphasen im Lebensverlauf verknüpft, die zu einer deutlichen Dynamik in der (Re)Interpretation der Migrationserfahrungen beitragen. Daraus gingen verschiedene Phasen der Bedeutungsbildung hervor, die zum Teil mit der Struktur und der Gesamtgestalt des Migrationsprozesses in Zusammenhang stehen.

Die Motivation zur ersten Ausreise schien deutlich in die Lebensphase der Adoleszenz sowie in bestimmte biographische Vorerfahrungen eingebettet. Die Migration bildete zunächst als Reaktion auf eine herbe berufs- bzw. lebensprojektbezogene Enttäuschung eine Strategie, zuvor anvisierte Ziele in zurückgeschraubter Form doch noch zu erreichen. In einer jugendspezifisch heftigen und durch die vorherige mehrjährige Trennung von den Eltern übersteigerten Form wurde die Migration ohne Einverständnis der Eltern, ähnlich einer Protestreaktion, umgesetzt und verbunden mit den widrigen Ausreisebedingungen zu einem „Abenteuer" (I, 2: 14) und einem Akt der Selbstbehauptung. Die Ausreise wurde Teil eines Ablösungsprozesses von den Eltern. Da sich die Kontakte zu Verwandten im Ausland als nur wenig hilfreich erwiesen, musste sie schließlich bald abgebrochen werden.

Die zweite Ausreise mehrere Jahre später war ebenfalls mit zentralen biographischen Ereignissen verbunden. Constantin unternahm keine weiteren Bildungsanstrengungen; die vermutlich auch jugendspezifischen Konflikte im Verhältnis zu seinen Eltern waren abgeklungen. Constantin heiratete und migrierte, nachdem er in seinem Herkunftsdorf eine Familie gegründet hatte, erneut nach Italien. Dieser neue gesamtbiographische Kontext hatte einen wesentlichen Einfluss auf die Funktion und die weitere Dynamik des Gesamtmigrationsprozesses. Obgleich die Ausgaben, die durch die Familiengründung gestiegen waren, zunächst durch die beiden Einkommen von Constantin und seiner Ehefrau abgedeckt werden konnten, bildete der Wunsch, die eigene Familie finanziell noch besser versorgen zu können, den Hauptbeweggrund für die Entscheidung zur erneuten Migration.

Die erneute Ausreise war deutlich besser organisiert. Neben bestehenden Kontakten zu Personen im Ausland, die die Ausreise zu diesem Zeitpunkt deutlich vereinfachten, wurde die Situation am Ankunftsort durch die allmählich einsetzende Kettenmigration aus dem Herkunftsdorf begünstigt. Zusätzlich erwies sich die vorläufige Duldung der MigrantInnen, die sich meist illegal am Zielort aufhielten, als vorteilhaft. So gelang Constantin eine erste berufliche Konsolidierung. Daraus gingen zwar enge Kontakte zu Personen aus dem Ankunftskontext hervor, die die nachfolgenden Migrationsetappen wesentlich strukturierten. Gleichwohl war das Arbeitsumfeld insbesondere zu Beginn von Diskriminierungserfahrungen geprägt. Auch im weiteren Verlauf blieben Erfahrungen von Diskriminierung unter Arbeitskollegen latent spürbar. Diese negativen Erfahrungen schienen in der Retrospektive einen wesentlichen Bestandteil im Prozess der Bedeutungsbildung des gesamten Migrationszusammenhangs auszumachen. Sie trugen dazu bei, dass Constantin insgesamt ein negativ dominiertes Bild des Ankunftskontextes ausbildete und seinerseits mit pejorativen Stereotypisierungen gegenüber der italienischen Ankunftsgesellschaft reagierte. Die Aufnahmesituation wurde als heteronomer Erfahrungszusammenhang bewertet. Gleichzeitig wurden Constantins Wir-Bezüge zu seinem unmittelbaren Herkunftskontext zunehmend stärker. Vor diesem Hintergrund und einer voraussichtlichen Entwertung des Bildungskapitals von Constantins Ehefrau im

Fall eines Nachzugs sprachen sich Constantin und seine Ehefrau gegen eine Zusammenführung der Familie am Ankunftsort aus. Daraus entwickelte sich die Arbeitsmigration in der Folgezeit für die Familie zunehmend zu einem Problemzusammenhang.

In den nachfolgenden Etappen des Migrationsprozesses wurde versucht, die Migration, die mittlerweile die zentrale Erwerbsquelle für die Familie darstellte, mit dem Familienleben selbst in Einklang zu bringen. Die Migration entwickelte sich zu einem Pendeln zwischen Herkunfts- und Ankunftskontext. Infolge der erleichterten Einreisebestimmungen konnten die sozialen Kosten für die Familie infolge der migrationsbedingten Trennung durch Phasen des Zusammenwohnens am Ankunftsort vorübergehend reduziert werden. Im weiteren Verlauf zeichnete sich jedoch ab, dass ein dauerhaftes gemeinsames Familienleben lediglich im Herkunftskontext möglich war. Hieraus entwickelte sich eine zunehmend stärker werdende Rückkehrorientierung.

In der dritten Phase des Gesamtmigrationsprozesses, die sich über mehrere Jahre hinzog, versuchte Constantin, in seinem Herkunftskontext für sich eine tragfähige Einkommensmöglichkeit zu erschließen. Verbunden mit den Bedingungen, unter denen der gesamte Migrationsprozess eingesetzt hatte, erwiesen sich die Optionen für eine baldige dauerhafte Rückkehr zunächst als eingeschränkt. Ohne berufliche Ausbildung bzw. ohne höheren Schulabschluss – gegen beides hatte sich Constantin mit der Durchführung der ersten Migration explizit ausgesprochen – profitierte er zunächst erneut von persönlichen Kontakten sowie von den erleichterten Ausreisebedingungen. Diese erhöhten die Zahl der MigrantInnen nach Italien und ließen den Personen- und Pakettransfer zwischen Herkunfts- und Ankunftsregion, wie ihn zum damaligen Zeitpunkt bereits sein Schwager betrieb, lukrativ erschein. Hinzu kamen gesundheitliche Beschwerden, die es vermutlich erforderlich machten, dass Constantin seine damalige Arbeitsstelle in Italien aufgab. Dieses erwerbsbedingte Pendeln zwischen Herkunfts- und Ankunftskontext verlängerte die Phasen eines gemeinsamen Familienlebens im Herkunftsdorf und erlaubte es Constantin, sein Abitur nachzuholen. Die einsetzende Vergünstigung der Transportkosten und die Anhebung des Lebensstandards, die sukzessive dazu führte, dass Familien mit ihren eigenen Autos zwischen Italien und Rumänien unterwegs waren, verringerten jedoch die Einkommensmöglichkeiten. Entsprechend setzte Constantin seine Bildungsanstrengungen und seine Bemühungen um eine gesicherte berufliche Position in seiner unmittelbaren Herkunftsregion fort. Erschwert wurde seine Erwerbssuche jedoch dadurch, dass die Rücküberweisungen und Ansparungen aus der Migration die Korruption bei der Stellenvergabe begünstigten. Erst über verwandtschaftliche Beziehungen gelang Constantin schließlich die endgültige und finanziell abgesicherte Rückkehr in sein Herkunftsdorf.

Zusammenfassend wirkten entlang des biographischen Entwicklungsverlaufs somit verschiedene Dynamiken in strukturbildender Weise auf den Umgang mit der Migration. Zum einen verändert sich das Verhältnis von Problemlösungs- und Problemgenerierungspotentialen der Migration im biographischen Verlauf. Nachdem die Migration zu Beginn einen erfolglos gebliebenen Versuch darstellte, ursprünglich ins Auge gefasst Ziele in modifizierter Form weiterzuverfolgen, erwies sich die Migration im Anschluss an die Gründung einer eigenen Familie als ein Problemzusammenhang für das gemeinsame Familienleben und im Zuge der entsprechenden erwerbsspezifischen Veränderungen durch das Pendeln zwischen Herkunfts- und Ankunftskontext zunehmend als eine Einkommensstrategie, die für die Versorgung der Familie nicht mehr ausreiche.

Zum anderen kam es im Verlauf der Migration zu Prozessen der (Re)Konstruktion von Wir-Bezügen zum Herkunftskontext. Diese standen mit unterschiedlichen Formen sozialer Positionierungen sowohl im Ankunfts- als auch im Herkunftskontext im Zusammenhang. Mit Constantins unfreiwilliger Rückkehr aus Bukarest schien zunächst eine deutliche Abwehr gegenüber dem eigenen unmittelbaren Herkunftskontext verbunden. Dies zeigte sich beispielhaft in der deutlichen Distanzierung Constantins gegenüber bestimmten Vorstellungen seiner Eltern, die auch mit einer Abwehr gegenüber bestimmten familiengeschichtlich begründeten politischen Bezügen aus der Zeit vor dem Regimesturz verbunden gewesen sein könnte. Mit der ersten Migration schien zunächst der Versuch verbunden, an orientierungswirksame Bezüge von Zugehörigkeit, die deutlich außerhalb des Herkunftskontextes – möglicherweise zum Teil im Ausland – lagen, anzuknüpfen. Durch die starken Kränkungs- und Degradierungserfahrungen im Verlauf der ersten Migration schien eine Neujustierung in der Ausbildung von Zugehörigkeit zum eigenen Herkunftskontext angestoßen worden zu sein.

Im weiteren Verlauf des Gesamtmigrationsprozesses wurden Constantins Bezüge zu seinem Herkunftsdorf deutlich stärker. Diskriminierungs- und Fremdheitserfahrungen im Ankunftskontext leiteten eine Neuorientierung in der Bewertung des eigenen Herkunfts- sowie des Ankunftskontextes bzw. des Auslands allgemein ein. So traf Constantin am Ankunftsort auf eine starke Dichotomie zwischen sogenannten Extra- und Intrakommunitären. Auf Stigmatisierungen und Fremdtypisierungen, die damit verbunden waren, reagierte Constantin seinerseits mit der Reproduktion pejorativer Typisierungen – zum einen als eine Form der Abgrenzung 'nach oben' gegenüber der Ankunftsgesellschaft, zum anderen als eine Art der Schließung 'nach unten', um eine differente Position zu anderen Gruppen von ZuwanderInnen zu markieren. Die Fremdheitserfahrungen steigerten sich dabei zu der Wahrnehmung einer Positionierung im Migrationskontext als ein 'permanent Fremder' („in den Augen derjenigen aus dem Ausland sind wir Fremde (...) und das ist man auch noch nach fünfzig Jahren", I, 16: 45 f.).

Diese und weitere Erfahrungen aus dem Ankunftskontext wurden in Form von Zuschreibungen und Stereotypen in deutlichem Maße (gesamt)kulturell gewertet und beeinflussten die eigenen biographischen Handlungspläne und Orientierungen in der Art, dass eine (Wieder)Annäherung an das als eigenkulturell Interpretierte stattfand. In Form einer deutlich bipolaren Anordnung wurde das Eigenkulturelle bestimmten Erfahrungen aus dem Ankunftskontext als konträr gegenübergestellt. Im Rückblick auf die Erfahrungen am Ankunftsort wurde auf der einen Seite der Migrationskontext als deutlich negativ und das eigene, von den Eltern tradierte biographisch orientierende Wissen auf der anderen Seite als sehr stark positiv bewertet. Die Wiederannäherung an den Herkunftskontext ging somit mit starken Kontrastanordnungen einher. Dabei kam eine deutlich binär geprägte Wahrnehmungsweise auch in Bewertungen sozialer Beziehungen sowohl aus dem Ankunfts- als auch aus dem Herkunftskontext zum Ausdruck. Mit Constantins neuer beruflicher Position als stellvertretender Bürgermeister, die eine klare Konsolidierung seiner Situation im Herkunftskontext bedeutete, schien eine weitere Zuspitzung der Kontrastanordnungen einherzugehen. 'Der Westen' wurde von Constantin als unmoralisch bewertet und als eine Bedrohung empfunden, die bereits auf seinen unmittelbaren Herkunftskontext übergriff.

Daneben trugen die Anstrengungen, die mit der Vorbereitung einer dauerhaften Rückkehr verbunden waren, zu der (Re)Konstruktion von Wir-Bezügen bei. Sowohl bezogen auf die Nutzung des sozialen bzw. politischen Kapitals aus der Familie seiner Ehefrau als auch bezogen auf bereits zuvor erkennbare Veränderungen in der Einkommensstrategie schien Constantin hierbei ein bestimmtes Handlungsmuster fortzuführen, das sich an mehreren Stellen in seinem Lebensverlauf zeigte: der ständige Rückgriff auf persönliche Kontakte in krisenhaft erlebten Situationen, die eine bestimmte Umorientierung notwendig werden ließen. Hierin zeigt sich im Sinne einer dominanten biographischen Linie eine kontinuierliche Art der Reaktion, wie sie auch in Constantins geäußertem Lebensmotto („was im Augenblick gut ist, das mache ich") durchscheint. In eine Metapher übersetzt erinnert dieses Verhalten an einen Fußballspieler in einer Mannschaft, der flexibel darauf reagiert, wie ihm der Ball zugespielt wird und der seinerseits versucht, den Ball durch einen geschickten Pass an einen Mannschaftskameraden abzugeben.

7.5.7 Varianzen im Feld

Porträt: Viorica Rossi

Auch im Fall von Viorica Rossi ergaben sich aufgrund von bestimmten lebensgeschichtlichen Ereignissen im Verlauf des Gesamtmigrationsprozesses Veränderungen im biographischen Umgang mit den Migrationserfahrungen.

Viorica Rossi wurde als erstes Kind ihrer Eltern im Jahr 1958 geboren. Ihr folgten zwei Schwestern und ein Bruder. Die Eltern betrieben eine eigene Landwirtschaft im Dorf. Auf die Kinder wurde sehr früh als Arbeitskraft zurückgegriffen. So wie ihre Geschwister besuchte auch Viorica für zehn Jahre die Schule im Dorf. Da sie die Aufnahmeprüfung für eine weiterführende Ausbildung auf einem Gymnasium nicht bestand, arbeitete sie weiterhin auf dem Hof ihrer Eltern mit und bereitete ihre Aussteuer vor. Ihre Geschwister absolvierten alle eine weiterführende gymnasiale Ausbildung. Ihr Bruder absolvierte darüber hinaus ein Studium und wanderte wenig später über Heirat nach Kanada aus.

Kurz nach ihrer Schulzeit kam Viorica mit ihrem späteren Ehemann zusammen. Sie heiratete ein auf einen großen Hof im Dorf mit Ländereien und einem großen Tierbestand. Während ihr Ehemann jedes Jahr gemeinsam mit den eigenen Schafen nach Transsilvanien loszog und dort in einer Kooperative arbeitete, kümmerte sich Viorica um den Hof in Satulești. Ein Jahr nach der Heirat kam die erste Tochter, fünf Jahre später die zweite Tochter zur Welt.

Mit dem Umsturz des sozialistischen Regimes und dem Zusammenbruch der kollektivierten Landwirtschaft veränderte sich die wirtschaftliche Lage von Vioricas Familie deutlich. Die Kooperative, in der Vioricas Ehemann beschäftigt war und die eigenen Schafe für die Hälfte des Jahres halten konnte, wurde aufgelöst. Weitere zehn Jahre hielt ihr Ehemann seine Schafe in Transsilvanien, doch musste er Pacht für das Weideland zahlen, weswegen sich die ökonomische Situation der Familie deutlich verschlechterte.

Ende des Jahres 1999 wurde Vioricas Ehemann herzkrank, weswegen er nicht mehr in gleicher Weise wie zuvor arbeiten konnte und der Tierbestand verkleinert werden musste. Um neben der Landwirtschaft eine weitere Einkommensquelle für die Familie zu erschließen, entschied sich Viorica für eine Arbeitsmigration nach Italien. Neben Migrationen anderer Personen aus ihrem unmittelbaren Herkunftskontext nach Italien, so deutete sich in Vioricas Darstellung an, wurde diese Entscheidung auch durch die Migration ihres Bruders als Teil ihres biographischen Horizontes beeinflusst. Für 1.500 US-Dollar erhielt Viorica ein Visum und ein Ticket für eine zehntägige Busreise, über die sie sich in Italien absetzte. In Cittadina erhielt sie über eine Freundin aus ihrem Herkunftskontext binnen weniger Tage eine Arbeit und eine Unterkunft als illegal beschäftigte Pflegekraft für eine alleinstehende ältere Frau.

Zehn Monate nach Vioricas Ankunft in Italien verstarb ihr Ehemann an einem Herzinfarkt, weswegen Viorica nach Rumänien zurückreiste. Sie organisierte die Beerdigung ihres Ehemannes und verkaufte den kompletten Tierbestand. Nach vier erfolglosen Versuchen, erneut ein Ausreisevisum zu bekommen, wofür Viorica jeweils einen neuen Pass beantragte, gelang es ihr schließlich, erneut über eine Touristenexkursion nach Cittadina zurückzukehren, um sich fortan alleine um die Versorgung und die Ausbildungsfinanzierung ihrer beiden Töchter zu kümmern. Sie fand eine Stelle als Kinderbetreuerin und Haushaltskraft in einer Familie, über die sie auf Grundlage eines Legalisierungsgesetzes ihren Aufenthaltsstatus legalisieren und erstmals nach zwei Jahren nach Rumänien zurückreisen konnte. Obwohl sie in dieser Familie wohnte, mietete sie sich bereits nach kurzer Zeit eine kleine Wohnung im Zentrum von Cittadina. Einige Zeit später lernte sie ihren späteren zweiten Ehemann, einen Italiener, kennen. Nach ihrer Hochzeit im Jahr 2008 trafen Viorica und ihr Ehemann gemeinsam in Satuleşti die nötigen Vorbereitungen, um nach der Pensionierung von Vioricas Ehemann ihren Ruhestand gemeinsam im Dorf zu verbringen. Im Zuge ihrer Heirat erhielt Viorica die italienische Staatsbürgerschaft.

Sowohl in seiner äußeren Form als auch in seinen biographischen Verweisungen veränderte sich der Migrationzusammenhang im Fall von Viorica Rossi entscheidend. Während sich die Aufenthalte im Ankunftskontext in ihrer äußeren Gestalt im Verlauf des Gesamtmigrationsprozesses von der Arbeitsmigration als Pflege- und Haushaltskraft hin zu optionalen Reiseaufenthalten mit ihrem Ehemann als italienische Staatsbürgerin wandelten, modifizierte sich für Viorica im Zuge zentraler lebensgeschichtlicher Ereignisse auch die biographische Bedeutung der Migration. Stellte die Migration zunächst ein zweckrationales Mittel zur Sicherung des Familieneinkommens und zur Finanzierung einer höheren Ausbildung für ihre beiden Töchter dar, wie sie ihr selbst nicht erreichbar erschienen war, war die Motivation zur zweiten Ausreise, für die sie enorme Anstrengungen aufbrachte, deutlich vielschichtiger angelegt.[252] Zum einen

---

252 Vor dem Hintergrund ihrer eigenen Ausbildungserfahrungen stellte für Viorica die Ausbildungsfinanzierung ihrer beiden Töchter ein wesentliches Ziel ihrer Migration nach Italien dar. Dabei führte sie auf die Migration selbst zurück, dass ihr dies bei ihrer jüngeren Tochter nicht gelang. Während Vioricas ältere Tochter mit Vioricas Unterstützung im Anschluss an ein Jurastudium ein weiteres Studium in Bukarest absolvierte, nahm Vioricas jüngere Tochter nach Abschluss des Gymnasiums kein Studium auf. Sie wurde am Ende ihrer Schulzeit schwanger, was sie Viorica allerdings verheimlichte. Erst als Viorica nach der Legalisierung ihres Aufenthaltsstatus erstmals aus Anlass der Hochzeit ihrer jüngeren Tochter, mit der sie zunächst nicht ein-

ermöglichte die Migration ihr, leichter über den Tod ihres ersten Ehemannes hinwegzukommen und weiter für sich und ihre beiden Töchter zu sorgen. Zum anderen, und damit zum Teil verbunden, erwies sich die erneute Ausreise als ein Möglichkeitsraum, um sowohl ein neues eigenes Sozialleben außerhalb ihres Herkunftskontextes aufzubauen als auch eine erneute Beziehung einzugehen, was ihr an ihrem Herkunftsort in dieser Form vermutlich nicht möglich gewesen wäre.

Eingebettet in diese strukturbildende Dynamik innerhalb des Gesamtmigrationsverlaufs erschien der Erfahrungszusammenhang der Migration auch hinsichtlich weiterer lebensgeschichtlicher Bezüge von Relevanz. So erwiesen sich für Viorica im Rahmen ihres Migrationszusammenhangs sowohl die Einbindung in Sozialbeziehungen aus dem Ankunftskontext als auch die Verfügung über arbeitsfreie Zeit als bedeutungsrelevant. Ihre soziale Position am Ankunftsort empfand Viorica im Vergleich zu ihrer Situation im Herkunftskontext als deutlich aufgewertet. Zum einen erhielt sie im Rahmen ihrer Anstellung als Kinderbetreuerin die Gelegenheit, die Familie, für die sie arbeitete, sowohl bei Freizeitaktivitäten als auch bei Urlauben zu begleiten. Zum anderen vergrößerten sich über die Anbindung an diese Familie hinaus ihre Kontakt- und Interaktionsmöglichkeiten. Verbunden mit ihrer eigenen Wohnung in der Innenstadt von Cittadina hatte sie die Gelegenheit, sich ein eigenes Privatleben aufzubauen und selbstbestimmt ihre Freizeit zu gestalten. Diese Möglichkeit, so gab Viorica in ihrer Selbstpräsentation an, habe sie vor ihrer Migration nach Italien nicht gehabt.

Vioricas zentrale biographische Bezüge von Zugehörigkeit schienen gleichwohl in erster Linie an ihren unmittelbaren Herkunftskontext gebunden. Die Rückkehr in ihren unmittelbaren Herkunftskontext, auch um in der Nähe ihrer Töchter zu sein, stellte sie zu keinem Zeitpunkt in Frage. Darüber hinaus erwiesen sich Vioricas übergeordnete biographische Relevanzlinien durch die Erfahrungen der Migration als kaum berührt. Obgleich ihre Ehe und Partnerschaft einen zentralen neuartigen Erfahrungszusammenhang darstellten, schienen sie sich nicht auf den übergeordneten Aufbau ihrer Relevanzstrukturen auszuwirken. So bemerkte sie in ihrer Erzählung, gleichsam als verdichtete Darstellung ihrer biographischen Gesamtperspektive: „ich habe mich sehr verändert, ich führe nun ein anderes Leben. anderseits, ich habe mich nicht sonderlich verändert, aber trotzdem" (I, 5: 41 f.).

---

verstanden war, nach Rumänien zurückkreiste, erfuhr sie, dass diese bereits ein Kind hatte und nach ihrer Hochzeit kein Studium aufnehmen wollte. In den Interviews mit Viorica, mehrere Jahre nach der Hochzeit ihrer jüngeren Tochter, stellte dies für sie noch immer eine besondere Enttäuschung dar.

7.6 Typus III: Die Migration als Resonanz-Horizont lebensgeschichtlich relevanter Entwicklungen und Ereignisse

Der vorliegende Typus zeichnet sich durch eine besondere Dynamik im biographischen Umgang mit den Migrationserfahrungen aus. Der Migrationszusammenhang erscheint gleichsam als ein Resonanz-Horizont, in dem sich Prozesse der biographischen Bearbeitung lebensgeschichtlich relevanter Entwicklungen und Ereignisse entfalten. Die spezifischen Dynamiken in den Prozessen der Bedeutungsbildung lassen sind dabei nicht unidirektional auf bestimmte Lebensphasen und Erfahrungsbezüge sowie biographische Ereignisse zurückführen.

Im Fall von Constantin Mutu bildete die Migration in der Adoleszenz zunächst den erfolglosen Versuch, nach einem ersten zentralen Wendepunkt an vorherige Lebenspläne anzuknüpfen. Nach wenigen Monaten musste diese erste Migration jedoch abgebrochen werden. Mit der Familiengründung, als zentraler Veränderung des gesamtbiographischen Kontextes hingegen wurden neuartige Prozesse der Bedeutungsbildung in Gang gesetzt. Auf der einen Seite stellte sich die zweite Migration vor diesem Hintergrund sukzessive als eine notwendige Ergänzung des Familieneinkommens heraus. Nachdem sich die Migration mit zunehmendem Rückgang der Einnahmen aus dem Herkunftskontext zunächst als eine lukrative Einkommensstrategie erwies, ließen die Einnahmen mit dem Pendeln zwischen Herkunfts- und Ankunftskontext bald nach, was zu einer wachsenden finanziellen Abhängigkeit von der Migration führte. Auf der anderen Seite wurde die Migration aufgrund der Trennung der Familie zu einem Problem für das Familienleben. Nach großen Anstrengungen, im Herkunftskontext eine Existenz aufzubauen, kam es schließlich zur vermutlich definitiven Rückkehr. Eingelagert in diese Gesamtdynamik zeigten sich migrationsspezifische Konturierungen, die sich auf die Bedeutungsbildung auswirkten. So bedingten die Erfahrungen von Fremdheit im Ankunftskontext in besonderer Weise, dass Constantin im Rückblick seine Migration als einen Fehler bewertete.

Im Fall von Viorica Rossi stellte die Arbeitsmigration zunächst eine Reaktion auf die gesundheitlichen Einschränkungen ihres Ehemannes und die damit verbundene weitere Verschlechterung der Einkommensbedingungen dar. Die Migration diente zunächst ausschließlich als zweckrationales Mittel dazu, das Familieneinkommen zu verbessern und die Ausbildung der beiden Töchter zu finanzieren. Nach dem Tod ihres Mannes, als ein zentrales lebensgeschichtliches Ereignis, verschob sich für Viorica die Bedeutung ihrer Migration. Die Migration verhalf ihr in entscheidender Weise über den Tod ihres Ehemannes hinweg und bildete dadurch, dass sie die Gelegenheit bot, sich in Italien ein eigenes soziales Umfeld aufzubauen, einen besonderen Möglichkeitsraum für die Ausgestaltung eines neuen Lebensabschnittes, der in besonderer Weise durch ihre erneute Partnerschaft und die daraus hervorgegangene zweite Ehe gekennzeichnet war.

7.7 Anmerkungen zu einem weiteren Falltypus im vorliegenden Migrationsfeld

Durch die abschließende Eingrenzung des Samples auf Fälle von Personen mit eigenen Migrationserfahrungen wurden jene Biographien des vorliegenden Migrationsfeldes in der Typologie nicht berücksichtigt, die vermittelt an Prozessen von Migration beteiligt waren. Einen solchen Fall repräsentiert die Biographie von Daniela Sateanu.[253] An ihm wurde anschaulich, dass sich auch die vermittelte Beteiligung an Erfahrungen von Migration, die fallspezifisch sehr unterschiedlich ausfallen kann, zu einem bedeutsamen und die Biographie strukturierenden Erfahrungshintergrund entwickeln konnte.

Daniela Sateanu kam 1978 als älteste Tochter ihrer Eltern zur Welt. Ihr Vater wurde als drittes Kind einer mittellosen Familie aus dem Dorf von einem kinderlosen und materiell besser gestellten Ehepaar aus Satuleşti adoptiert. Danielas Mutter wuchs allein bei ihrem Vater auf, nachdem ihre Mutter gestorben war als sie vier Jahre alt war. Danielas Eltern arbeiteten als Schäfer in Transsilvanien. Während sie zunächst in Kooperativen beschäftigt waren, betrieben sie Anfang der 1990er Jahre in einem Dorf in Transsilvanien, das einen hohen Anteil an Rumäniendeutschen hatte, eine eigene Landwirtschaft. Von einer siebenbürgischen Familie, die bis auf wenige ältere Familienmitglieder nach Deutschland ausgereist war und zu der sie enge Beziehungen aufgebaut hatten, konnten sie unentgeltlich den Hof weiterbewirtschaften. Daniela und ihre zwei Jahre jüngere Schwester wuchsen von frühem Kindesalter an bei den Adoptiveltern ihres Vaters auf. Daneben verbrachten sie abwechselnd allein die Schulferien bei ihren Eltern in Transsilvanien. Sechs Jahre nach der Geburt ihrer Schwester kam eine weitere Schwester zur Welt, die bei den Eltern in Transsilvanien aufwuchs.

Im Jahr 1999 entschied sich Danielas Vater für eine Migration nach Italien. Daniela und ihre zwei Jahre jüngere Schwester besuchten in dieser Zeit beide ein Gymnasium in der Bezirkshauptstadt. Danielas Mutter betrieb in dieser Zeit die Landwirtschaft in Transsilvanien alleine. Später, im Jahr 2005, migrierte Danielas Mutter ebenfalls nach Italien. Daniela kehrte nach ihrem höheren Schulab-

---

253 Die Materialgrundlage zu diesem Fall bestand neben einem narrativ-biographischen Interview, das während des zweiten Aufenthaltes im Herkunftsdorf aus Zeitgründen unterbrochen werden musste und erst ein Jahr später fortgesetzt werden konnte, aus zahlreichen weiteren Interviews sowie Gesprächen mit Daniela.

schluss als Erzieherin nach Satuleşti zurück. Obgleich sie durch ihren sehr guten Abschluss die Möglichkeit hatte, in einer Stadt eine Stelle als Erzieherin anzunehmen, wurde sie von ihren Eltern zu einer Rückkehr in ihr Herkunftsdorf gedrängt, um sich dort während der Abwesenheit ihrer Eltern um ihre Großeltern kümmern zu können. Parallel zu ihrer Arbeit als Erzieherin in Satuleşti schloss sie ein Fernstudium in Wirtschaftswissenschaften ab. Anschließend absolvierte sie weitere Fortbildungen. Durch ihr besonderes Engagement als Erzieherin und in der Gemeinde geriet sie zunehmend in Opposition zur politischen Führung im Dorf. Sie bewarb sich nach Ende des Studiums um eine Stelle in der Gemeindeverwaltung, wurde jedoch abgelehnt.

Auf der Bedeutungsebene illustriert dieser Fall anschaulich, wie sich die vermittelte Einbindung in feldspezifische Formen von Migration für unterschiedliche biographische Bezüge als relevant erweisen konnte. So zeigte sich im narrativ-biographischen sowie in weiteren narrativen Interviews, dass die Um- und Neuverteilung von Aufgaben innerhalb des mehrgenerationalen Versorgungssystems zwischen Daniela, ihren Eltern und ihren Großeltern einen starken Einfluss auf die Ausgestaltung der Familienbeziehungen hatte. Verbunden mit den lebensgeschichtlichen Entwicklungsverläufen im Fall von Danielas Großeltern väterlicherseits sowie im Fall von Danielas Mutter wurde die Betreuung durch die eigenen Großeltern von Daniela ausschließlich positiv evaluiert. Das Verhältnis zu den Adoptiveltern des Vaters ging aus den Erzählungen von Daniela retrospektiv im Vergleich zum Verhältnis zu ihren eigenen Eltern als deutlich enger und intensiver hervor. So beschrieb Daniele das Verhältnis zu ihrer Mutter als distanziert, was sie darauf zurückführte, dass ihre Mutter selbst ohne Mutter aufgewachsen war. Daneben ergaben sich für Daniela sowie für ihre beiden Schwestern aufgrund der internen und später externen Migration der Eltern verbesserte Ausbildungsmöglichkeiten. Alle drei absolvierten ein Studium. Anders als ihre Schwestern finanzierte sich Daniela ihr Fernstudium allerdings selbst. Darüber hinaus, so betonte Daniela im Rückblick auf die Ferienaufenthalte in Transsilvanien, trugen ihre Beziehungen zu Angehörigen der rumäniendeutschen Minderheit zur Ausbildung bestimmter orientierungswirksamer Wissensbestände bei, die für sie seit ihrer Kindheit zu einer gewissen Distanzierung von milieuspezifischen Bezügen ihres Herkunftskontextes geführt hatten.[254]

---

[254] Bei dieser Evaluation der Erfahrungen aus der Zeit der Ferienaufenthalte in Transsilvanien gilt es, Danielas schwierige Position innerhalb der Dorfgemeinschaft zum Zeitpunkt der Forschung zu berücksichtigen. Ihr Engagement als Leiterin des Kindergartens, das mehrfach zu Zerwürfnissen mit der Schuldirektorin und Ehefrau des Bürgermeisters führte, sowie die schwierigen politischen Verhältnisse im Dorf drängten

Im weiteren biographischen Verlauf, so zeigte sich, ging von der vermittelten Einbindung in die Migration der Eltern zunehmend ein Problempotential aus. Zum einen drehte sich das Versorgungsverhältnis zwischen Daniela und ihren Großeltern um. Da Danielas Eltern aufgrund ihrer Migration nicht die Versorgung von Danielas Großeltern leisten konnten, wurden diese Aufgaben Daniela übertragen. Denkbar ist in diesem Zusammenhang auch der Wunsch von Danielas Eltern nach einer Stellvertreterschaft im Dorf. Dies hinderte Daniela daran, sich von ihrem Herkunftsdorf zu lösen und die erworbene Qualifikation ihren eigenen Vorstellungen entsprechend einzulösen. Gleichzeitig verweist die Intervention ihrer Eltern auf mögliche Widersprüche in der Weitergabe einer bestimmten Aufstiegsorientierung. Einerseits ermöglichten Danielas Eltern durch ihre Migration sowohl Daniela als auch ihren Schwestern eine höhere Ausbildung. Vor dem Hintergrund der deutlichen Einkommensverbesserung aus der Migration richteten Danielas Eltern zum Teil explizit, so ging aus Danielas Ausführungen hervor, entsprechende Bildungserwartungen an Daniela und ihre Schwestern. Andererseits behinderten Danielas Eltern die adäquate Einlösung der erworbenen Bildung. Dies resultierte sowohl daraus, dass ihre eigene Abwesenheit ein Verbleiben von Daniela in Satuleşti erforderlich machte. Zudem konnte das Verhalten von Danielas Eltern den Versuch bedeuten, ihre eigene Versorgung im Alter sicherzustellen. Sie konnten die adäquate Einlösung des Bildungsaufstiegs unterbinden, da sie eine größere Entfernung zum Herkunftsdorf bedeutet hätte.

Diese Konsequenzen aus der Migration wirkten sich auf die innerfamiliären Beziehungen aus. Die als einschränkend erlebten Auswirkungen führten zu einem ambivalent erscheinenden Verhältnis von Daniela zu ihren Eltern. Auf der einen Seite orientierte sich Daniela (weiterhin) an den Bildungserwartungen ihrer Eltern. Nach dem erfolgreichen Abschluss ihres wirtschaftswissenschaftlichen Fernstudiums, das sie in Anbindung an eine Universität in Transsilvanien absolviert und sich selbst finanziert hatte, nahm sie weitere Fernkurse auf. Auf der anderen Seite richtete sie in ihrer Eingangserzählung schwere Vorwürfe an ihre Eltern. Verbunden mit Danielas Außenseiterposition innerhalb der Dorfgemeinschaft beschuldigte sie ihre Eltern dafür, sie daran gehindert zu haben, das Versprechen eines sozialen Aufstiegs einzulösen und sich von ihrem Herkunftsdorf zu entfernen. Neben ihrer Bewerbung für einen Posten als Buchhalterin in der Gemeindeverwaltung hatte Daniela bereits mehrfach versucht, sich mit ihrer wirtschaftswissenschaftlichen Qualifikation außerhalb ihres Herkunfts-

---

sie in eine oppositionelle Stellung zur politischen Mehrheit im Dorf. Dies äußerte sich etwa in Danielas Erzähleinstieg, in dem sie sich vergewisserte, dass die vorliegende Arbeit auf Deutsch erschien und ihre Angaben anonym blieben.

dorfes zu bewerben. Bisher blieben ihre Bemühungen erfolglos. Diese Erfolglosigkeit beeinflusste in besonderer Weise die Beurteilung ihrer biographischen Gesamtsituation zum Zeitpunkt des Interviews sowie während des gesamten Forschungszeitraums. Damit verbunden ließ sich die Eingangserzählung von Daniela in der Form interpretieren, dass sie sich in deutlicher Weise in Bezug auf ihre Position innerhalb der Dorfgemeinschaft als eine Außenseiterin betrachtete bzw. sich selbst als gleichsam Außenstehende positionierte. So ließ sie etwa ihre Eingangserzählung mit der Adoption ihres Vaters beginnen. Hierüber, so schien es, versuchte sie, einen bestimmten Sonderstatus für sich zu proklamieren und sich von Personen aus ihrem unmittelbaren Herkunftskontext abzugrenzen.

Daneben wirkte sich die Intervention ihrer Eltern negativ auf Danielas Verhältnis zu ihrer jüngeren Schwester aus. Obgleich Daniela bessere Schulleistungen erbracht hatte als ihre Schwester, kehrte sie auf Druck ihrer Eltern in das Herkunftsdorf zurück. Ihre Schwester, die aufgrund ihrer Entscheidung für ein theoretisch ausgerichtetes Gymnasium für eine berufliche Qualifikation einen Studienabschluss benötigte, zog hingegen mit Einverständnis von Danielas Eltern für ein Studium in die Nähe von Danielas Mutter nach Transsilvanien.

Ferner zeigte sich im Fall von Daniela Sateanu eine bildungsbedingte und von Daniela selbst auf bestimmte Erfahrungen in anderen Landesteilen zurückgeführte innere Distanz zu ihrem unmittelbaren Herkunftskontext. So ließ sich in Danielas Ausführungen eine deutliche Orientierung an Bezügen feststellen, die sie auf mittelbar sowie in eingeschränkter Form unmittelbar miterlebte interne Wanderungsbewegungen ihrer Eltern in Transsilvanien zurückführte. Schließlich zeigte sich im Fall von Daniela Sateanu in einem weiteren biographisch bedeutsamen Bereich eine vermittelte Einbindung in Verläufe von Migration. So war Daniela längere Zeit mit einem Mann aus dem Dorf verlobt, der nach seinem Schulabschluss nach Italien migriert war. Aufgrund von Spannungen im Zuge der Hochzeitsvorbereitungen, die auch daraus resultierten, dass sich Daniela nicht vorstellen konnte, ebenfalls nach Italien zu migrieren und in einem niedrigqualifizierten Tätigkeitsfeld zu arbeiten, wurde die Verlobung schließlich aufgehoben.

Zusammenfassend zeigt sich an der mittelbaren Einbindung von Daniela in feldspezifische Verläufe von Migration, wie sich eine klare Unterscheidung zwischen MigrantInnen und Nicht-MigrantInnen aufgrund unterschiedlicher innerfamiliärer sowie weiterer Verweisungszusammenhänge auf der biographischen Strukturierungs- und Bedeutungsebene deutlich verflüssigen kann. Während die Wanderungsbewegungen für Danielas Eltern in erster Linie dazu dienten bisherige Erwerbstrategien fortzusetzen, die zur Bildungsfinanzierung von Daniela und ihren Schwestern beitrugen, strukturierten die unterschiedlichen Migrationserfahrungen, an denen Daniela vor allem vermittelt beteiligt war, ihre Biographie deutlich hinsichtlich unterschiedlicher lebensgeschichtlich relevanter Bezüge.[255]

7.8 Die konstruierten Typen im Vergleich

An dieser Stelle wird in einem Vergleich der konstruierten Typen zusammengefasst, in welcher Form die Migration jeweils als ein die Biographie strukturierender Erfahrungszusammenhang wirkte. Hierzu wird die Gesamtgestalt des Migrationszusammenhangs in ihrem jeweils typusspezifischen Verhältnis zum biographischen Verlauf miteinander verglichen. Im Zentrum stehen dabei die ausführlich dargestellten Fallanalysen.

In ihrer bedeutungsbildenden Struktur des Migrationszusammenhangs für die Biographie weisen die Typen eins und drei Ähnlichkeiten auf. Beide Typen zeichnen sich durch spezifische Dynamiken im Verhältnis der Migrationserfahrungen zum gesamtbiographischen Verlauf aus. Für beide Typen stehen die Migration und der biographische Gesamtprozess in einem bestimmten Wechselverhältnis zueinander. In Bezug auf die Gestalt dieses Wechselverhältnisses und die darin eingeschlossenen Dynamiken weisen beide Typen allerdings Unterschiede auf, wie im Folgenden erläutert wird.

Der Fall von Ana Moșeanu repräsentiert einen Typus, der dadurch gekennzeichnet ist, dass sich die strukturbildende Dynamik im Verhältnis von Migration und Biographie in erster Linie aus den spezifischen Erfahrungen innerhalb des Migrationszusammenhangs herausbildet. Aus den spezifischen Erfahrungen im Rahmen der Migration (selbst) entwickelt sich die Migration zu einem Erfahrungszusammenhang, der in entscheidender Weise den Auslöser für einen biographischen Wendepunkt bildet. Verbunden mit einer deutlichen sozialen Aufwertung und einer starken Einbindung in ein unterstützendes Beziehungsnetz

---

255 Aus einem der letzten Interviews mit Daniela ging hervor, dass ihre Eltern ein Haus in Transsilvanien, in der Nähe von Danielas zwei Jahre jüngerer Schwester, die einen Mann aus Transsilvanien geheiratet hatte und dort mit einer eigenen Familie lebte, gekauft hatten. In diesem Zusammenhang deutete sich an, dass Danielas Eltern verschiedene Rückkehr-Kontexte vorbereiteten. Aufgrund der besseren landwirtschaftlichen Anbaumöglichkeiten in Transsilvanien im Vergleich zu Satulești sowie vor dem Hintergrund der eigenen Versorgung im Alter könnte sich für sie die Bedeutung ihres engeren Herkunftskontextes für die Konstruktion von Wir-Zusammenhängen relativiert haben. Inwiefern sich möglicherweise auch in Bezug auf andere Relevanzbereiche bestimmte Neustrukturierungen ergaben, ließ sich nicht ermitteln, da keine Interviews oder Gespräche mit Danielas Eltern geführt werden konnten.

am Ankunftsort setzt die Migration die Klärung eines spezifischen Problemzusammenhangs in Gang und sorgt damit für die Herauslösung aus bestimmten Tradierungsbezügen. Die Migration entwickelt sich zu einer Gelegenheit zur systematischen Reflexion, aus der schließlich mit dem Entschluss zur Scheidung ein biographischer Wendepunkt erwächst. Von den Erfahrungen der Migration (selbst) geht somit ein besonderes Strukturierungspotential für die Biographie aus. Der spezifische Erfahrungszusammenhang der Migration bildet für den weiteren Lebensentwurf einen besonderen Bezugspunkt.

Der Fall von Constantin Mutu repräsentiert dagegen einen Typus, bei dem die besondere Dynamik im Verhältnis zwischen Migration und gesamtbiographischem Prozess aus der biographischen Genese resultiert. Aus der engen Verknüpfung der Migration mit dem lebensgeschichtlichen Verlauf geht die bedeutungsbildende Struktur der Migrationserfahrungen für die Biographie hervor. Im Fall von Constantin Mutu ergibt sich daraus eine besondere Vielschichtigkeit im biographischen Umgang mit der Migration. Nachdem die Migration in der Adoleszenz zunächst als Teil eines jugendspezifischen Ablösungsprozesses von den Eltern erscheint, der durch die Zerschlagung seines damaligen Lebensplans in besonderer Weise verstärkt wird, erfolgt die Evaluation des Gesamtmigrationsprozesses in entscheidender Weise vor dem Hintergrund, dass sich der Migrationszusammenhang für das Familienleben zu einem Problem entwickelt. Während sich in einer vergleichenden Perspektive somit die bedeutungsstrukturierende Relevanz der Migrationserfahrungen für die Biographie im ersten Typus aus dem Migrationszusammenhang ergibt, bildet sich die typusspezifische biographische Bedeutung im dritten Typus aus dem gesamtbiographischen Verlauf heraus. Wenngleich auch im Fall von Constantin Mutu in Form von Fremdheitserlebnissen im Verlauf der Migration migrationsspezifische Erfahrungen auf den Prozess der Bedeutungsbildung einwirken, entwickeln die Migrationserfahrungen ihre spezifische biographische Relevanz in erster Linie aufgrund von besonderen migrationsunabhängigen lebensgeschichtlichen Ereigniszusammenhängen.

Der zweite Typus verhält sich zu den beiden anderen hingegen deutlich konträr. Während sich die beiden anderen Typen durch bestimmte migrations- bzw. lebensgeschichtlich konturierte Dynamiken im biographischen Umgang mit den Migrationserfahrungen charakterisieren lassen, zeichnet sich dieser Typus durch eine besondere Form der Kontinuität aus. Der Umgang mit der Migration erscheint in besonderere Weise in den milieuspezifischen Herkunftskontext eingebettet. Hieraus gehen besondere familien- und erwerbsbiographische Konstruktionsmuster hervor, die in der biographischen Bearbeitung der Migrationserfahrungen kontinuitätsstiftend wirken. Die Migration erweist sich als ein Mittel zur Kontinuierung familien-erwerbsbezogener Orientierungen, wie sie in den Tradierungszusammenhang eingelagert bereits mit internen Wanderungsbewegungen in der Familie verbunden waren. Vor dem Hintergrund der milieuspezifischen und familienbiographisch tradierten Mobilitätsbereitschaft sowie gesellschaftsgeschichtlich bedingter erwerbsbezogener Umorientierungen erscheinen die Migrationserfahrungen in ihrer Ausgestaltung als Kontinuum einer spezifischen familien-erwerbsbezogenen Ausrichtung im Sinne der Familienökonomie. Neben milieubestimmten Konstruktionsmustern zur Zusammenhangsordnung familien- und erwerbsspezifischer Bezüge sowie familienbiographisch tradierten Formen im Umgang mit Wanderungsbewegungen, erschienen weitere lebensgeschichtliche Bezüge in ähnlicher Weise strukturbildend für die Prozesse der biographischen Bedeutungsbildung. So zeigte sich in den Varianzen dieses Typus, dass aus den Migrationserfahrungen ein besonderes Potential zur Fortführung eigenbiographischer sowie Generationen übergreifender Versuche der Statusverbesserung – sowohl über Bildung als auch über Besitz – hervorgehen konnte.

Teil V Zusammenfassende Darstellung der Ergebnisse

Auf der Grundlage der Fallrekonstruktionen und extensiven qualitativen Erhebungen wird in diesem abschließenden Teil der Arbeit das Verhältnis von Migration und Biographie sowohl in Bezug auf das unmittelbar untersuchte als auch das weiter gefasste soziale Feld der europäischen Ost-West-Migration aus dem ländlichen Raum reflektiert.

8 Zum Verhältnis von Migration und Biographie im Feld europäischer Ost-West-Migration aus dem ländlichen Raum

Zur abschließenden Betrachtung des Verhältnisses von Migration und Biographie wird die Trennung zwischen der Struktur der Migrationsverläufe einerseits und den Prozessen ihrer biographischen Bedeutungsbildung andererseits, wie sie ein zentrales Element der Analyse darstellte, noch einmal aufgenommen.[256] Nacheinander werden zunächst zentrale Strukturmerkmale der Migrationsverläufe aufgeführt (Kap. 8.1), bevor auf wesentliche feldspezifische Aspekte, die den Umgang mit Migration konturierten, eingegangen wird (Kap. 8.2). Im Anschluss an eine Reflexion der transnationalen Forschungsperspektive in einem biographieanalytischen Kontext (Kap. 8.3) werden als Ausblick weiterführende forschungsleitende Fragestellungen angedeutet (Kap. 8.4).

8.1 Zur Struktur der Migrationsverläufe

Zentrales Strukturmerkmal der Migrationsverläufe stellte ihre zeitliche Befristung dar. Obgleich sich die Migrationsdauer vielfach ausweitete, bedeutete dies – anders als vorab angenommen – in der Regel nicht, dass sich die Migration derart entlang der verschiedenen Generationen fortsetzte, dass die Rückkehr generell zur Disposition stand. Daneben waren die Migrationsverläufe in besonderer Weise durch die wechselnden Bedingungen der Grenzziehung zwischen Herkunfts- und Ankunftskontext strukturiert. Mit zunehmender Durchlässigkeit der Grenze, die zu einer Sättigung des niedrig qualifizierten Arbeitsmarktes im Zielland beitrug, verkürzten sich die Migrationsverläufe sukzessive – insbesondere seit dem Beitritt Rumäniens in die EU.[257] Diese Tendenz wurde zusätzlich

---

256 An dieser Stelle sei noch einmal hervorgehoben, dass diese Form der analytischen Trennung auf die Arbeit von Roswitha Breckner (2005) zu Migrationsverläufen von Rumänien nach Deutschland vor 1989 zurückgeht. Durch die Beschäftigung mit Migrationprozessen, die zum Zeitpunkt der Forschung vielfach noch andauerten, wurde dieses Analyseverfahren in der vorliegenden Arbeit um einen ethnographischen Zugang ergänzt.

257 Die Sättigung des Arbeitsmarktes betraf neben Tätigkeiten in der Industrie und im Baugewerbe auch die Beschäftigung in Privathaushalten und somit ebenso Tätigkeitsfelder, in denen vornehmlich Migrantinnen beschäftigt waren (vgl. Kap. 6).

durch die anhaltende Angleichung der Lebensverhältnisse zwischen Herkunfts- und Ankunftskontext verstärkt. Verglichen mit der Situation zu Beginn der Migrationsbewegungen, Anfang der 1990er Jahre, zeigte sich somit zum Zeitpunkt der Forschung eine gegenläufige Entwicklung: Während sich der zeitliche Horizont der Migration zu Beginn der Migrationsbewegungen, verbunden mit dem damaligen enormen Lohngefälle sowie den deutlich restriktiver gefassten politischen und rechtlichen Rahmenbedingungen, im Verlauf des Aufenthaltes vielfach ausweitete, wiederholten sich gegen Ende des Untersuchungszeitraums Fälle, in denen MigrantInnen ihren Arbeitsaufenthalt frühzeitig abbrachen, da sie keine oder, verbunden mit den hohen Lebenshaltungskosten im Ankunftskontext, keine einträgliche Beschäftigung im Ankunftskontext finden konnten.[258]

Des Weiteren vollzogen sich die Migrationsprozesse häufig in mehreren Etappen, die in unterschiedlicher Weise miteinander verbunden sein konnten. Während sich in manchen Fällen der Gesamtmigrationsprozess aus einzelnen deutlich abgrenzbaren Migrationsverläufen zusammensetzte, die zum Teil durch mehrere Jahre im Herkunftskontext voneinander getrennt waren, ließ sich in anderen Fällen beobachten, wie unterschiedliche Etappen mehr oder weniger fließend ineinander übergingen und lediglich von kurzen (Urlaubs)Aufenthalten im Herkunftskontext unterteilt waren. Länger andauernde Arbeitsaufenthalte im Ankunftskontext der Migration konnten in ein Pendeln zwischen Herkunfts- und Ankunftskontext übergehen. Von der zeitlichen Ausdehnung der Migration insgesamt ließ sich nicht auf eine bestimmte Unterteilung der Gesamtstruktur des Migrationsprozesses in einzelne Etappen schließen.

Daneben ließen sich die einzelnen Verläufe der Migration in unterschiedliche Phasen unterteilen. Dabei zeigte sich in den Falldarstellungen anschaulich, wie diese deutlich von gängigen Vorstellungen chronologisch aufeinander folgender und klar voneinander abgrenzbarer Phasen der Ankunft, des Eingewöhnens und der Etablierung im Ankunftskontext abwichen: die Ausreisen wurden mitunter mehrfach und auf unterschiedlichem Wege organisiert, die Ankunft im Zielkontext bedeutete bisweilen (zunächst) eine deutliche Verschlechterung der Lebensbedingungen, auf die vereinzelt bereits nach kurzer Zeit die Rückkehr in den Herkunftskontext folgte, und in der Phase der Konsolidierung konnte durch die Ausweitung des Migrationszusammenhangs in Folge eines Familiennach-

---

258 Im Zusammenhang mit den politisch-rechtlichen Rahmenbedingungen der Migration strebten manche der MigrantInnen, die sich bereits seit mehreren Jahren legal im Ankunftskontext aufhielten, zum Zeitpunkt der Forschung allerdings mitunter (weiterhin) eine Verlängerung der Migration an, um bestimmte Rentenansprüche aus der Beschäftigung im Ankunftskontext geltend machen zu können oder eine unbefristete Aufenthaltsgenehmigung zu erhalten.

zugs mitunter der weitere Aufenthalt im Ankunftskontext (erneut) komplett in Frage stehen.

Für den ländlichen Herkunftsraum charakteristisch wurden die Migrationsverläufe schließlich in besonderer Weise dadurch strukturiert, dass sie in eine übergeordnete Dynamik der Migrationsbewegungen aus dem unmittelbaren Herkunftskontext sowie daraus hervorgegangene Muster eingebettet waren. Dazu zählte, dass zunächst vor allem Bewohner des Dorfes nach Italien migrierten. Im Zuge der Legalisierungskampagnen sowie der Erleichterung der Ausreisebestimmungen setzte der Nachzug von EhepartnerInnen und Familien ein. Bezogen auf das erhobene Gesamtmaterial zeigte sich eine Feminisierung der Migration aus dem Dorf – auch getragen von der Nachfrage in deutlich feminisierten Arbeitsbereichen. Im weiteren Verlauf der Migrationsbewegungen aus dem Dorf setzten mit dieser Diversifikation der Personengruppe von MigrantInnen und den geäußerten Beweggründen für eine Migration vermehrt pendelartige und saisonale Verläufe von Migration ein. Die Struktur des einzelnen Migrationsprozesses konnte dadurch konturiert sein, in welcher Phase der Migrationsbewegungen aus dem Dorf die Ausreise stattfand. Aufgrund der vereinfachten gesetzlichen Reise- und Aufenthaltsbestimmungen sowie der für die Migration aus dem ländlichen Raum spezifischen kettenförmigen Netzwerkstrukturen unterschieden sich die Migrationsverläufe der MigrantInnen, die zu einem späteren Zeitpunkt aufbrachen, deutlich von den Migrationsprozessen derjenigen, die in den ersten Jahren nach Italien migrierten. Dies galt vor allem für die Organisation der Ausreise und die erste Zeit im Ankunftskontext. Gleichwohl ließ sich daraus kein kausales Verhältnis ableiten. So war aufgrund von strukturellen Veränderungen des Migrationsfeldes, etwa infolge der wirtschaftlichen Stagnation im Ankunftskontext, mit einer späteren Migration aus dem Herkunftskontext und entsprechend enger gefassten Netzwerkstrukturen nicht per se eine Konsolidierung der Aufenthaltssituation im Ankunftskontext verbunden.

8.2 Zu feldspezifischen Dimensionen im biographischen Umgang mit Migration

Die Biographien der MigrantInnen wurden in unterschiedlicher Weise durch den Erfahrungszusammenhang der Migration strukturiert. Als Zusammenfassung der Analyseergebnisse werden im Folgenden drei Aspekte hervorgehoben, die das Verhältnis von Biographie und Migration in besonderer Weise konturierten. Zum einen erwiesen sich spezifische (familien)biographische Vorerfahrungen für die Bestimmung des Verhältnisses von Biographie und Migration als besonders relevant. In diesem Zusammenhang wird auf (familien)biographische Ressourcen im Feld eingegangen (Kap. 8.2.1). Zum anderen werden unterschiedliche Erfahrungen von Differenz behandelt, aus denen spezifische Formen der Anbindung und Zugehörigkeit zum Herkunftskontext resultierten (Kap. 8.2.2). Drittens wird auf unterschiedliche Dynamiken im Verhältnis von Biographie und Migration eingegangen, an denen entlang die vorliegende Typologie gebildet wurde. Dazu zählen sowohl gesamtbiographische als auch migrationsspezifische Dynamiken im Umgang mit den Migrationserfahrungen, die sich für das Verhältnis von Biographie und Migration als strukturbildend erwiesen (Kap. 8.2.3). Die Strukturierungspotentiale innerhalb der Prozesse der biographischen Bedeutungsbildung reichten dabei von Erfahrungen von Migration als Auslöser für einen biographischen Reflexions- und Wendepunkt bis hin zur Migration als Teil eines milieuspezifischen bzw. auf bestimmte erwerbs- sowie Generationen übergreifende (familien)biographische Orientierungen bezogenen Kontinuums.

8.2.1 Zu (familien)biographischen Ressourcen

Im Feld der Ost-West-Migration aus dem ländlichen Raum zeigten sich spezifische Formen von Mobilität im Vorfeld der externen Migration, die sich im Migrationsprozess als besondere Ressourcen erwiesen. Hierzu zählten die besondere Mobilitätsbereitschaft, die über Generationen hinweg mit dem bäuerlich-ländlichen Milieukontext verbunden war, sowie Formen sozialer Mobilität, die in besonderer Weise durch die Ausbildungs- und Beschäftigungsbedingungen unter dem sozialistischen Regime geprägt waren. Zum Teil waren soziale Mobilitätsprozesse mit geographisch-räumlichen Wanderungsformen verbunden. Neben weiteren allgemeinen Ressourcen, die sich aus dem ländlichen Herkunftskontext ergaben, gingen beide Formen von Mobilität graduell unterschiedlich in den Migrationsverläufen als zusätzliche Ressourcen hervor. Während sich die milieuspezifische Mobilität aus dem Herkunftskontext im konkreten Verlauf der Ankunft und Arbeitssuche im Zielkontext als besondere Unterstützung erwies, stellten soziale Mobilitätsprozesse aus dem Herkunftskontext eine besondere Ressource bei der Transmission sozialer Mobilität in den Familien von MigrantInnen dar.

In Bezug auf zwei Aspekte wiesen diese unterschiedlichen Formen von Mobilität Gemeinsamkeiten auf. Zum einen zeichneten sich beide Formen von Mobilität dadurch aus, dass sie durch gesellschaftsgeschichtliche Entwicklungen im Herkunftskontext beeinflusst waren. Hier wirkten sich in besonderer Weise sowohl die sozialistische Umbildung als auch die gesamtgesellschaftlichen

Transformationsprozesse im Zuge des Regimesturzes auf die unterschiedlichen Formen von Mobilität aus: Im Fall der milieuspezifischen Wanderungsbewegungen setzte die saisonale Binnenwanderung in andere Landesteile ein, die mit dem Zusammenbruch der kollektivierten Landwirtschaft zumeist jäh beendet wurde. Im Fall sozialer Mobilitätsprozesse sorgte die forcierte Industrialisierung für eine Ausbildung und Beschäftigung in staatlichen Betrieben, die mit dem Sturz des sozialistischen Regimes ebenfalls vielfach abrupt zu Ende ging.

Zum anderen waren beide Formen der Mobilität häufig in spezifischer, gleichwohl graduell unterschiedlicher Weise mit dem dörflichen Herkunftskontext verknüpft. So bildete die unmittelbare Nähe der verschiedenen Generationen im Herkunftskontext – aufgrund der besonderen Form der Hofnachfolge nicht selten sogar im gleichen Haushalt (vgl. Kap. 5.2.1) – eine wichtige Grundlage der milieubedingten Mobilitätsbereitschaft. Bezogen auf die unterschiedlichen familiären Versorgungsleistungen gingen hieraus sehr stark wechselseitige Austauschbeziehungen zwischen den Generationen hervor. Das Herkunftsdorf, das meist den Herkunftsort beider EhepartnerInnen darstellte, bot im Fall der erwerbsbedingten Mobilität ein engmaschiges Versorgungsnetz aus Familien- und Verwandtschaftsbeziehungen. Der eigene Hof ließ sich im Fall der milieubedingten (saisonalen) Binnenwanderungen weiter bewirtschaften, da produktive und reproduktive Aufgaben an weitere Familienangehörige und Verwandte übertragen werden konnten. In ähnlicher Weise wurde auf dieses Versorgungsnetz im Herkunftskontext zum Teil in Fällen sozialer Mobilität zurückgegriffen. Waren Personen etwa in Kombinaten im Umkreis des Herkunftsortes beschäftigt oder pendelten sie zwischen Stadt und Land, wurden auch in diesen Fällen die Versorgungsleistungen zeitweilig an weitere Familienangehörige übertragen.

Vor diesem Hintergrund gingen aus den verschiedenen Formen von Mobilität im Herkunftskontext sowohl in Bezug auf die Organisation der familiären Versorgungsleistungen als auch hinsichtlich weiterer erwerbs- und familienbiographischer Bezüge bestimmte präskriptive Muster biographischer Konstruktion hervor, in denen Erfahrungen von Mobilität bereits eingeschrieben waren. Dies gilt vor allem für Formen geographisch-räumlicher Mobilität, wie sie eng mit dem agrarisch-ländlichen Milieukontext verbunden waren. In diesem Sinne bildeten die unterschiedlichen Wanderungsbewegungen im Vorfeld der externen Migration im Sinne der geäußerten Vorannahme zu Beginn der Untersuchung einen entscheidenden Bezugsrahmen für den Umgang mit den Migrationserfahrungen. Die erwerbsbedingten Abwesenheits- bzw. Trennungserfahrungen, die mit spezifischen Aufteilungen der Versorgungsleistungen zwischen den Generationen verbunden waren, stellten einen festen Bestandteil des Tradierungszusammenhangs dar.

Neben diesen graduell unterschiedlich ausgestalteten Gemeinsamkeiten zeichneten sich beide Formen von Mobilität durch deutliche Unterschiede aus. So gingen Formen geographisch-räumlicher und sozialer Mobilität im Herkunftskontext im Sinne eines (familien)biographischen Horizontes in unterschiedlicher Weise in die Prozesse biographischer Konstruktion ein. Familienbiographisch bedingt entwickelten sich unterschiedlich angelegte Entwürfe biographischer Konstruktion zur Zusammenhangsordnung erwerbs- und familienbiographischer Bezüge. Aus den milieuspezifischen Erfahrungen von Mobilität im Rahmen von internen Wanderungsbewegungen resultierte ein bestimmtes Erfahrungswissen, in dem der Umgang mit geographisch-räumlichen Formen von Mobilität systematisch angelegt war. Dagegen zeichneten sich (Familien)Biographien, in denen über Bildung ein sozialer Aufstieg vollzogen worden war, durch die Transmission sozialer Mobilität aus. Dabei war der familienbiographisch jeweils unterschiedlich gestaltete Umgang mit Formen von Mobilität wiederum durch milieuspezifische sowie gesamtgesellschaftlich geprägte präskriptive Muster der Zusammenhangsordnung von Erfahrungen strukturiert: agrarisch-ländlich geprägte Tradierungslinien standen proletarisch-sozialistisch geformten Orientierungsrahmen gegenüber.

Für die Verläufe der externen Migration gingen nun mit den verschiedenen Formen von Mobilität, wie sie im Herkunftskontext angelegt waren, graduell unterschiedliche Ressourcenausstattungen einher. Gleichzeitig resultierten daraus für die externen Migrationsverläufe unterschiedliche Potentiale lebensgeschichtlicher Kontinuität sowie Diskontinuität – sowohl bezogen auf die (erwerbs)biographische Situation vor, während und nach der Migration, als auch hinsichtlich der Prozesse sozialer Mobilität. Obgleich die externe Migration vor dem eigenen Erfahrungshintergrund als eine Erfahrung der Kontinuität erschien, konnte der Erfahrungszusammenhang der Migration im Einzelnen ein deutliches Problempotential aufweisen. Prozesse der Bedeutungsbildung, die sich durch eine positive Bewertung des Erfahrungszusammenhangs der Migration auszeichneten, und bestimmte Kontinuitätspotentiale in der Erfahrungsverarbeitung von Migrationsprozessen erwiesen sich nicht als eindeutig aufeinander rückführbar.

Die Einbindung in den ländlichen Herkunftskontext bedeutete für den Verlauf der externen Migration in erster Linie besondere soziale Ressourcen. So ging die Einbettung in Beziehungsnetzwerke aus dem unmittelbaren Herkunftskontext, im Sinne von sozialem Kapital, mit vielfältigen Unterstützungsleistungen im Verlauf der Migration einher, aus denen sich ökonomisches Kapital akquirieren ließ. Hierbei hing der konkrete Wert dieses sozialen Kapitals auch mit der gesellschaftlichen Anerkennung der gesamten Gruppe von MigrantInnen aus dem weiter gefassten Herkunftskontext und somit mit dem übergeordneten

Migrationsdiskurs im Zielland zusammen. Zusätzlich gingen aus den Netzwerkstrukturen des Herkunftskontextes auch bei Bemühungen, bestimmte einreise- sowie aufenthaltsrechtliche Bestimmungen zu umgehen, besondere Unterstützungsleistungen hervor. Je nach Grad der Restriktionen konnte den Sozialkontakten dabei ein besonderer Wert zukommen. Schließlich sicherte die weitere Loyalität zum Herkunftskontext, die über die besondere Einbindung in Sozialbeziehungen aus dem Herkunftsdorf markiert wurde, in entscheidender Weise symbolisches Kapital zu. Die konstante Einbindung in soziale Beziehungen aus dem Herkunftsraum sicherte Anerkennung und Status im Herkunftskontext.

Durch die milieuspezifischen Vorerfahrungen interner Wanderungsbewegungen sowie zusätzliche saisonale Ost-Ost-Migrationen, gemeinsam mit Personen aus dem Herkunftsdorf im Vorfeld der Migration nach Westeuropa, konnten sich neben familiären und verwandtschaftlichen Bindungen enge Beziehungsnetzwerke zu weiteren Personen aus dem Herkunftskontext herausbilden. Sie erwiesen sich im Zielkontext der externen Migration nach Westeuropa vor allem bei der Suche nach Arbeit und Unterkunft als hilfreich. Daneben ging mit der milieuspezifischen Mobilitätsbereitschaft eine bestimmte Vertrautheit mit Fremdheitspositionen einher (vgl. Kap. 2.3.2, 8.2.2). Die längeren internen Arbeitsaufenthalte in häufig unterschiedlichen Landesteilen sorgten für Wissensbestände, die die Orientierung an neuen Kontexten erleichterten. Schließlich ließen die gesellschaftsgeschichtlich unterschiedlich konturierten Formen von Generationen übergreifenden Abwesenheitserfahrungen, wie sie mit dem millieuspezifischen ländlichen Erwerbskontext im Herkunftsraum verbunden waren, sowohl die Trennungen als auch die Aufteilung der Versorgungsleistungen zwischen den Generationen, wie sie sich auch aus der *externen* Migration ergaben, als ein Erziehungskontinuum erscheinen. Obwohl deutlich wurde, wie unterschiedlich im Einzelnen die migrationsbedingten alternativen Familienarrangements ausfallen konnten, lassen sich in diesem Zusammenhang Befunde aus anderen Migrationsstudien bestätigen, wonach die Versorgungsleistungen zumeist an andere weibliche Familienangehörige übertragen werden (vgl. u. a. Parreñas 2005 sowie ausführlicher dazu in Kap. 8.3).

Daneben ging sowohl mit den geographisch-räumlichen als auch mit den sozialen Mobilitätsprozessen eine besondere erwerbsspezifische Flexibilität einher, die für die Verläufe der externen Migration eine besondere Ressource darstellte. Stärker als in Fällen milieuspezifischer Mobilität im Herkunftskontext – hier konnte im Verlauf der externen Migration häufig auf agrarisch-ländliche Erwerbskompetenzen zurückgegriffen werden – zeichneten sich vor allem externe Migrationsverläufe von Personen mit einer qualifizierten Berufsausbildung aus dem Herkunftskontext durch eine besondere berufliche Flexibilitätsbereitschaft aus. So bildeten die gesamtgesellschaftlichen Umstrukturierungen im Zuge der Transformationsprozesse für die Einkommenssicherung zahlreicher Personen, die trotz ihrer qualfizierten Erwerbsarbeit an den ländlichen Raum angebunden blieben oder aber nach 1989 aufgrund von Arbeitslosigkeit dahin zurückkehrten, eine besondere Zäsur. Gleichwohl zeigte sich auch in Fällen milieuspezifischer Mobilitätserfahrungen im Vorfeld der externen Migration eine besondere berufliche Flexibilität, mit der auf Umbildungsprozesse, wie etwa dem Zusammenbruch der kollektivierten Landwirtschaft, reagiert wurde.

Vor diesem Hintergrund lässt sich in Anlehnung an Morokvasic (1994, 2003) schlussfolgern, dass die erwerbsspezifische Mobilität und Flexibilität der MigrantInnen nicht ausschließlich als Indiz für eine „Ungeschütztheit" (1994: 24) der MigrantInnen bzw. als Schwierigkeit des Zugangs zu einer längerfristigen Beschäftigung und somit als Einschränkung zu werten ist. Vielmehr *kann* sie mitunter eine bewusste Fortführung bestimmter erwerbsspezifischer Orientierungen aus dem Herkunftskontext darstellen. Gleichzeitig konnten die auch im Ankunftskontext aufrecht erhaltene Mobilität und die Beschäftigung in landwirtschaftlichen Erwerbszweigen als Ressourcen genutzt werden, um Beschränkungen, wie sie mit den wechselnden politischen und rechtlichen Rahmenbedingungen verbunden waren, zu überwinden (vgl. ebd.). Vor dem Hintergrund des ländlichen Herkunftskontextes sowie entsprechender beruflicher und milieuspezifischer (Vor)Erfahrungen konnte auf die Mobilität als eine bewusst eingesetzte biographische Ressource und gezielt angewendete Strategie zurückgegriffen werden, um Einschränkungen im Migrationsprozess zu umgehen.

Daneben wirkten die verschiedenen Formen von Mobilität, wie sie in den Herkunftskontext eingelagert waren, im Zuge der externen Migration in unterschiedlicher Weise auf die Transmission sozialer Mobilität. Obgleich sich ingesamt diesbezüglich eine Angleichung feststellen ließ, zeigten sich je nach familienbiographischen Erfahrungen im Umgang mit den unterschiedlichen Formen von Mobilität im Herkunftskontext graduelle Unterschiede. Es gingen Wechselbeziehungen zwischen dem familiären Tradierungs- und dem spezifischen Migrationszusammenhang hervor, die die Prozesse der sozialen Mobilität zwischen den Generationen beeinflussten. In Fällen, in denen unter den Bedingungen des sozialistischen Regimes ein sozialer Aufstieg über Bildung vollzogen worden war, übertrug sich diese Aufstiegsorientierung auf die nachkommende Generation. Hier zeigte sich, dass mit dem Verlust eines bestimmten sozialen Status aufgrund der gesamtgesellschaftlichen Umbildungsprozesse im Zuge des Regimesturzes der Versuch, einen erneuten Aufstieg zu vollziehen, mitunter in spezifischer Weise auf die nachkommende Generation übertragen wurde.

In Fällen, die sich durch eine besondere Einbettung in den milieuspezifischen bäuerlich-ländlichen Erwerbskontext auszeichneten, gingen unterschiedliche Prozesse der Transmission sozialer Mobilität hervor. Hierbei zeigten sich tendenziell geschlechtsspezifische Unterschiede. In zahlreichen Familien bildeten die Möglichkeit der Einkommensverbesserung und die Vorbereitung eines sozialen Aufstiegs über Bildung in der nachkommenden Generation wesentliche Gründe für die Migration. Hieraus resultierten vonseiten der Eltern unterschiedliche Bildungserwartungen an die Kinder, die zum Teil mit deren eigenen Erfahrungen von Bildungsbeschränkungen aufgrund des peripheren agrarischländlichen Herkunftskontextes sowie bestimmter familienökonomischer Verpflichtungen korrelierten. In der nachkommenden Generation wurde auf diese sowohl implizit als auch explizit geäußerten Bildungserwartungen unterschiedlich Bezug genommen.

Unter weiblichen Jugendlichen zeigte sich mehrfach eine klare Aufstiegsorientierung über Bildung, die zum Teil im Herkunfts-, zum Teil im Ankunftskontext umgesetzt wurde. Diese Bildungsorientierung war vielfach mit einer besonderen Selbstreflexivität verbunden. Dabei existierte aus dem unmittelbaren sozialen Umfeld nur in seltenen Fällen ein bestimmter biographischer Entwurf im Sinne eines vorgeprägten Ablaufmusters. Verbunden mit eigenerlebten Armutsverhältnissen, die sich zum Teil infolge der gesamtgesellschaftlichen Umbildungsprozesse nach 1989 verschärften, konnte es in der nachkommenden Generation zur Verinnerlichung einer deutlichen Aufstiegsorientierung kommen. Diese Verinnerlichung konnte mit einem ausgeprägten Einfühlungsvermögen der Kinder in die Situation ihrer Eltern und mit einer starken Identifikation der Kinder mit ihren Eltern verknüpft sein. Auch aus der gemeinsamen Bewältigung bestimmter migrationsspezifischer Probleme konnte ein besonders enges Eltern-Kind-Verhältnis resultieren, von dem wiederum eine besondere Unterstützung ausgehen konnte.[259] In der starken Empathie in die Kindheitssituation und Adoleszenz der eigenen Eltern konnte eine hohe Motivation für einen eigenen Auf-

---

259 Aufgrund der Kettenmigration und der hohen räumlichen Konzentration von Familien aus dem unmittelbaren Herkunftskontext an einigen Orten im Ankunftskontext konnten Kinder und Jugendliche Rückhalt und Unterstützung auch über Gleichaltrige aus dem unmittelbaren Herkunftskontext erfahren, die sich ebenfalls mit ihren Eltern im Zielort aufhielten. Vereinzelt wählten MigrantInnen aus dem Dorf Verwandtschaftsbezeichnungen, wenn sie über andere Personen aus demselben Herkunftsdorf sprachen: „Suntem frați – nu?" [Wir sind Brüder – nicht [wahr]?, Übersetzung A.K.]. Dies erinnert an Formen von *fictive kin*, wie sie auch in anderen Migrationsstudien vorgefunden wurden (vgl. Crul 2000, White 2004). Siehe ebenso zum Begriff des „Weggefährten" als „solidarische" InteraktionspartnerInnen in vermeintlich oder faktisch vergleichbarer Lage, Schütze (1981: 118).

stieg begründet liegen. Die Migration wurde in diesen Fällen von den Kindern als Anstrengung der Eltern aufgefasst, ihre Ausgangsbedingungen zu verbessern. Hieraus konnte eine deutliche Verpflichtung für einen sozialen Aufstieg sowie eine besondere Dankbarkeit dafür, dass über die Migration eine verbesserte Bildungsbeteiligung möglich wurde, erwachsen (vgl. Apitzsch u. a. 1990a, 1990b). Diese Mobilitätsaspirationen ließen sich allerdings auch in Familienarrangements wiederfinden, in denen die Kinder (zum Teil) in Rumänien verblieben. Verbunden mit einer Umkehrung des Versorgungsverhältnisses zwischen EnkelInnen und Großeltern mussten die Kinder diese Mobilitätsaspirationen mitunter gleichzeitig mit der Übernahme bestimmter Versorgungsleistungen in Einklang bringen, die ihre Eltern aufgrund der Migration nicht übernehmen konnten.[260]

Unter männlichen Jugendlichen zeigte sich hingegen oftmals, dass Prozesse des sozialen Aufstiegs über Bildung aufgrund der Migration abgebrochen wurden. Entweder nach einem ersten Bildungsabschluss oder nach Abbruch einer weiterführenden Schule folgten sie häufig ihren Eltern in die Migration, um zur Gründung einer eigenen Familie als Jungarbeiter ihr eigenes Geld zu verdienen. Nur selten erlangten männliche Jugendliche im Rahmen einer kontinuierlichen Bildungskarriere einen höheren Bildungsabschluss. Besuchten sie allerdings eine weiterführende Schule im Herkunftskontext, so arbeiteten auch sie, ähnlich wie einige weibliche Jugendliche, vereinzelt für die Schul- oder Semesterferien im Ankunftskontext der Migration. In einigen Fällen nahmen männliche Jugendliche, die zunächst ihre Bildungslaufbahn mit einem Nachzug in die Migration abgebrochen hatten, nach einiger Zeit ihre Ausbildung im Herkunftskontext wieder auf.

Für das Feld der europäischen Ost-West-Migration aus dem ländlichen Raum zeigte sich somit, wie aus den milieubedingten Wanderungsformen sowie den sozialen Mobilitätsprozessen im Herkunftskontext bestimmte Ressourcen resultierten, die im Migrationsprozess eine Verknüpfungkette von weiteren Res-

---

260 Exemplarisch lässt sich eine Familie mit zwei Kindern anführen. Während der jüngere Sohn einige Jahre zuvor nach Italien nachgeholt wurde, dort die allgemeinbildende Schule beendet hatte und seitdem auf seinen 18. Geburtstag wartete, um damit eine Arbeitserlaubnis zu erhalten und als Jungarbeiter eine Beschäftigung in einer Fabrik aufzunehmen, fing die ältere Tochter in Rumänien mit einem Studium an. Sie hatte sich bisher lediglich für einige kürzere Ferienaufenthalte in Italien aufgehalten, in denen sie über ihre Mutter vermittelt als *live-in*-Pflegekraft gearbeitet hatte. In Rumänien hatte sie bis zu diesem Zeitpunkt zunächst eine Ausbildung absolviert, da sie über mehrere Jahre ihre Großmutter in ihrem Herkunftsdorf gepflegt hatte und sich aus diesem Grund nicht für ein Studium weiter entfernt von ihrem Herkunftsort einschreiben konnte.

sourcen ergaben. Aus den verschiedenen Formen von Mobilitätsprozessen im Herkunftskontext gingen unterschiedliche Erfahrungsbestände und biographische Entwürfe hervor, in denen Formen geographisch-räumlicher sowie sozialer Mobilität unterschiedlich angelegt waren. Es ließ sich feststellen, dass für das vorliegende Feld die lebensgeschichtliche Einbettung der Migrationserfahrungen in besonderer Weise mit familienbiographischen Prozessen der Erfahrungs- und Wissensbildung zum Umgang mit unterschiedlichen milieuspezifischen und sozialen Formen von Mobilität in Zusammenhang stand.

8.2.2 Zu Erfahrungen von Differenz und Fragen von Zugehörigkeit im Verlauf der Migration

Einen weiteren zentralen Aspekt zum Verhältnis von Biographie und Migration bildeten Erfahrungen von Differenz im Verlauf der Migration sowie dadurch aufgeworfene Fragen von Zugehörigkeit. Verbunden mit der Einbettung in vorwiegend erwerbsspezifische Kontexte spielten hierbei beruflich eingerahmte soziale Positionswechsel eine besondere Rolle. Diese waren zum einen durch die gesetzlichen Regelungen und Diskurse zur Teilhabe der MigrantInnen am Arbeitsmarkt des Ziellandes, zum anderen durch die spezifische Vermischung von sowohl bäuerlich-ländlichen als auch (vormals) sozialistisch geprägten (Ausbildungs- und) Erwerbsstrukturen im Herkunftskontext bestimmt.

Im Fall der qualifizierten Erwerbsarbeit im Herkunftskontext, deren Anteil für den peripheren ländlichen Herkunftsraum in der mittleren Generation – der Generation der Mitte der 1950er bis Mitte der 1980er Jahre Geborenen –, trotz des sozialistischen Bildungssystems relativ gering ausfiel, ging mit der Beschäftigung am Ankunftsort in der Regel ein Statusverlust einher. Auch wenn seit Beginn der Migrationsbewegungen der Zugang zum Arbeitsmarkt im Zielkontext sukzessive erleichtert wurde, war mit der Migration zumeist die Aufahme einer Beschäftigung im niedrig qualifizierten Arbeitssektor verbunden. Vom Herkunftskontext aus betrachtet, bedeutete dies eine paradoxe Situation: Während mit der Migration erwerbsbezogen ein Statusverlust einherging, bedeutete die Beschäftigung in einem zunächst illegalen Arbeitsverhältnis, das im Verlauf des Migrationsprozesses zumeist legalisiert werden konnte, wirtschaftlich einen Statusgewinn. Allerdings erschien dieser materiell begründete Statusgewinn, dem innerhalb der Statushierarchie im ländlichen Herkunftsraum eine bedeutende Rolle zukam, rückläufig. So sanken die Einkommensüberschüsse aus der Migration durch die sukzessive Angleichung der Lebenshaltungskosten zwischen Herkunfts- und Ankunftskontext.

Anders gestaltete sich die Situation im Fall der weniger qualifizierten Erwerbsarbeit im Herkunftskontext. Verbunden damit, dass Arbeiten in diesem Bereich im Zielkontext seit Generationen an (Binnen)MigrantInnen übertragen wurden, so etwa in der Landwirtschaft, bildeten spezifische Kenntnisse, wie sie mit dem bäuerlich-ländlichen Herkunftsraum zusammenhingen, im Ankunftskontext eine besondere Ressource.

Für den Herkunftskontext stellte in diesem Zusammenhang das Erwerbsmodell der Hauswirtschaft den zentralen Bezugsrahmen dar (vgl. Kap. 5.2.1), das sowohl durch die sozialistische Umbildung als auch durch die Transformationsprozesse im Zuge des Regimesturzes in besonderer Weise gesellschaftsgeschichtlich konturiert war. Charakteristisch für dieses Modell war die Erwerbsbeteiligung beider Geschlechter, die sich sowohl im Falle einer reinen Subsistenzwirtschaft als auch im Falle einer Mischökonomie, in der Nebeneinkünfte durch Formen von (saisonaler) Lohnarbeit in der kollektivierten Landwirtschaft erzielt wurden, durch eine geschlechtsspezifische Arbeitsteilung auszeichnete. Vor diesem Hintergrund stellte für Frauen die Aufnahme einer Erwerbsarbeit im Ankunftskontext der Migration, wie sie zumeist über Nachzug erfolgte, zwar eine stärkere Beteiligung an einer entlohnten Beschäftigung, gleichwohl allerdings vielfach nicht den Eintritt in das Erwerbsleben dar.

Die Erwerbsarbeit im Ankunftskontext ging in diesen Fällen in der Regel nicht mit einer Dequalifikation und einem Statusverlust einher. Vielmehr wurde die Migration, wenn sie mit dem Erwerb neuer beruflicher Kompetenzen verbunden war, die sich bei einer Rückkehr in den Herkunftskontext gewinnbringend einsetzen ließen, als eine Form der Weiterqualifikation betrachtet. Zusätzlich wurde die erwerbsspezifische Position im unteren Segment des Arbeitsmarktes – in geschlechtlich segregierten und zum Teil deutlich marginalisierten Beschäftigungsfeldern – durch die schwierige Erwerbslage im unmittelbaren Herkunftskontext, sowohl für Frauen als auch für Männer, relativiert.

Aus der erwerbsbezogenen Einbindung ergaben sich Interaktionsbeziehungen zu Personen des Ankunftskontextes, die mit unterschiedlichen Erfahrungen von Differenz verbunden sein konnten. Indem diese Differenzerfahrungen spezifische Fragen der Anbindung und Zugehörigkeit zum Herkunftskontext aufwarfen, wirkten sie auf die Relationen und sozialen Bezüge im unmittelbaren Herkunftskontext zurück.

Einerseits zeigten sich in den Interaktionsbeziehungen zu Personen des Ankunftskontextes externe Positionszuweisungen in Form von pejorativen Zuschreibungen, die in bestimmte Migrationsdiskurse der Ankunftsgesellschaft eingebettet waren. Auf derartige Differenzsetzungen, im Sinne einer 'Figuration von Außenseitern und Etablierten' (vgl. Elias/Scotson 1990), wurde zum

Teil mit klaren Kontrastanordnungen, die ihrerseits bestimmte Stereotype aufwiesen, sowie einer Schließung nach unten reagiert. Der Migrationszusammenhang, der vor dem Hintergrund derartiger Differenzerfahrungen in besonderer Weise als konflikthaft und heteronom bestimmt erlebt wurde, konnte sich zu einer Erfahrung 'struktureller Fremdheit' (vgl. Waldenfels 1997) zuspitzen. Parallel dazu konnten sich Erfahrungen von Fremdheit, im Sinne des Fremd-Werdens, auch bezogen auf den Herkunftskontext herausbilden. So etwa hinsichtlich des eigenen Familienzusammenhangs, wenn sich Familienmitglieder aufgrund der migrationsbedingten Trennung voneinander entfremdeten. Darüber hinaus zeigten sich vereinzelt auch in anderen Erfahrungszusammenhängen als dem Erwerbskontext Erfahrungen von Diskriminierung, die ebenso von diskursiv geprägten Konstruktionen von Differenz eingerahmt waren.

Andererseits gingen aus dem erhobenen Gesamtmaterial gewisse Beziehungen zu Personen der Ankunftsgesellschaft hervor, in denen erwerbsspezifisch eingerahmte Erfahrungen von Differenz deutlich positiv konnotiert waren. Vor dem Hintergrund der eigenen Situation im Herkunftskontext konnten Erfahrungen im Rahmen der alltäglichen Interaktion mit Personen der Ankunftsgesellschaft im Erwerbszusammenhang dazu führen, dass die eigene soziale Position als aufgewertet erlebt wurde. Diese Erfahrung konnte einen deutlichen Kontrast zur erwerbsbedingten Dequalifikation aufgrund der Migration bilden.

Diese gegenläufigen Erfahrungen von Differenz konnten im Verlauf der Migration zu unterschiedlichen Relationierungen von Zugehörigkeit zum Herkunftskontext führen und darüber auf die Beziehungen zu Personen aus dem eigenen Herkunftszusammenhang zurückwirken. Hierbei gingen aus dem erhobenen Material geschlechtsspezifische Unterschiede hervor, die teilweise mit strukturell bedingten unterschiedlichen Formen der erwerbsspezifischen Einbindung sowohl im Herkunftskontext (vor der Migration) als auch im Ankunftskontext in Verbindung standen.

Vor dem Hintergrund von Beziehungen im Ankunftskontext, die vornehmlich als konflikthaft erlebt wurden, konnten Wir-Bezüge zum Herkunftskontext in deutlicher Form gestärkt aus der Migration hervorgehen. Nachdem mit der Entscheidung zur Migration mitunter ursprünglich der Wunsch verbunden war, sich vom Herkunftskontext zu lösen (vgl. Kap. 7.5), kam es zum Teil zu einer Wiederannäherung an eben diesen. Dabei zeichnete sich allerdings ab, dass bei einer Rückkehr aus der Migration – je nach Alter und Geschlecht noch einmal unterschiedlich – aufgrund der schwierigen Erwerbslage im ländlichen Raum eine dauerhafte Anbindung an den unmittelbaren Herkunftskontext vielfach nur eingeschränkt oder unter enormen Anstrengungen möglich war (vgl. ebd.).[261] Mit der Rückkehr aus dem Ankunftskontext deutete sich daher teilweise eine Fortführung der Arbeitsmigration über Binnenwanderung in andere, eher städtische Regionen des Herkunftskontextes an.

Anders in Fällen, in denen Erfahrungen von Differenz im erwerbsspezifischen Beziehungskontext als positiv gewertet wurden: Insbesondere in deutlich feminisierten Beschäftigungsfeldern, die sich durch alltägliche Interaktionen in häufig familiären Kontexten am Ankunftsort auszeichneten, konnten Erfahrungen mit anderen Modellen von Ehe und Partnerschaft, Familie und Verwandtschaft am Arbeitsort dazu beitragen, dass bislang orientierungswirksame Wissensbestände aus dem Herkunftskontext hinterfragt wurden. Für unterschiedliche soziale Bezugsfelder konnte daraus eine Herauslösung aus bestimmten Relevanzstrukturen, wie sie für den Herkunftskontext charakteristisch waren, resultieren. Die Einbindung in Beziehungsformen im Ankunftskontext, die sich in ihrer konkreten Ausgestaltung deutlich von Beziehungsvorstellungen des Herkunftskontextes unterschieden, konnte als eine Aufwertung der eigenen sozialen Position gedeutet werden und als neue Erfahrungsbasis nicht nur den Aufbau neuartigen orientierenden Wissens anstoßen, sondern auch eine Neubewertung von Wir-Bezügen zum Herkunftskontext einleiten.

Diese Prozesse der Neustrukturierung ließen sich graduell nach den unterschiedlichen Formen erwerbsbezogener Beteiligung im Herkunftskontext – vor und nach der Migration – differenzieren. Während im Fall der qualifizierten erwerbsökonomischen Integration im Herkunftskontext durch die Erfahrung anderer Ausgestaltungsformen von Partnerschaft am Ankunftsort ein Emanzipationsschub ausgelöst wurde, der zu einer Restrukturierung des Familienzusammenhangs beitrug (vgl. Kap. 7.1), vollzog sich für Frauen, deren erwerbsspezifische Beteiligung vor der Migration durch das Modell der Hauswirtschaft gekennzeichnet war, ein solcher Emanzipationsschub stärker über ein Verhandeln des Geschlechterverhältnisses. War dieses, verbunden mit einer geschlechtsspezifischen Aufgabenteilung und Hierarchiestruktur innerhalb der agrarwirtschaftlichen Erwerbsformen, deutlich männlich dominiert, führte die stärkere Beteiligung der Frauen an der Lohnarbeit im Zuge der Migration zu einem Gewinn an Autonomie und Status.

Im Migrationsprozess konnten sich Bedingungen ergeben, die eine Dynamik in den Geschlechterbeziehungen, je nach Generationszugehörigkeit noch

---

261 Zusätzlich klagten einige MigrantInnen über Nepotismus und Korruption sowohl im unmittelbaren dörflichen als auch im weiter gefassten Herkunftskontext.

einmal unterschiedlich, begünstigten.[262] So konnte im Fall des Familiennachzugs etwa die starke berufliche Absorption beider EhepartnerInnen eine stärkere Verteilung der reproduktiven Aufgaben, zum Teil auf sämtliche Familienmitglieder, bewirken und die Stellung der Ehefrauen tendenziell stärken (vgl. Apitzsch 1990, 2003).[263] Eine besondere berufliche Belastung zeigte sich etwa bei Ehefrauen, die in quasi *live-in* Arbeitsverhältnissen pflegerische Tätigkeiten übernahmen und sich zusätzlich, indem sie täglich für wenige Stunden freigestellt waren, um ihre Familien kümmerten. In einzelnen Fällen wurde von Ehefrauen allerdings auch ein besonderer Wert auf die Markierung von Genderunterschieden im innerhäuslichen, reproduktiven Arbeitsbereich gelegt.

Fraglich blieb, inwiefern diese Aufweichung der Geschlechterhierarchie über einen erwerbsbegründeten Autonomiegewinn der Ehefrauen auch über die Rückkehr in den Herkunftskontext hinaus aufrechterhalten bleiben konnte. Dies äußerte sich indirekt etwa darin, dass die Rückkehrorientierung geschlechtsspezifisch zumeist unterschiedlich ausgeprägt war.[264] Während für die Ehemänner in Bezug auf die Erwerbsarbeit mit der Migration häufig ein Verlust an Selbständigkeit einherging und von ihnen die Rückkehr daher zumeist stärker vorbereitet wurde, bedeutete für die Ehefrauen vielfach umgekehrt die Rückkehr in den Herkunftskontext einen Autonomieverlust. Die Stärkung ihrer Position in der Familie, wie sie sich zumeist aus der Erwerbsarbeit am Ankunftsort ergab, konnte durch den Mangel an Erwerbsmöglichkeiten für Frauen im unmittelbaren Herkunftskontext durch die Rückkehr erneut zur Disposition stehen. Damit

---

262 Diesbezüglich gilt es, im Einzelnen noch einmal zwischen der Situation vor der Migration, während der Migration und nach der Migration erneut im Herkunftskontext zu unterscheiden. Für eine differenzierte Annäherung an diese Fragestellung über Fallrekonstruktionen ist ein längerer Forschungszeitraum unerlässlich.

263 Im Unterschied zu Apitzsch (2003) zeigte sich im vorliegenden Migrationsfeld allerdings, dass die strukturelle Verbesserung der Position der Ehefrauen in den Familien im Ankunftskontext in der Regel nicht mit einer Verschlechterung der Position der Ehemänner einherging. Ein zentraler Grund hierfür lag darin, dass vor dem Hintergrund des erwerbsspezifischen Kontextes im Herkunftsraum die Ehemänner für gewöhnlich nicht von einer Dequalifikation betroffen waren. Verbunden mit der besonderen Flexibilität im Erwerbszusammenhang (vgl. Kap. 8.2.1) vor allem jüngerer Migranten, gingen sie bezogen auf weitere erwerbsbezogene Planungen zum Teil gestärkt aus der Migration hervor.

264 Zusätzlich ließ sich die Rückkehrorientierung nach Alter bzw. Generationszugehörigkeit unterscheiden. In ihrer konkreten Ausprägung konnte sie mit Gründen der eigenen Versorgung im Alter oder Versuchen, bestimmte Rentenansprüche aus der Beschäftigung im Ankunftskontext geltend zu machen, verbunden sein. Ältere MigrantInnen planten zumeist, im Herkunftskontext (erneut) eine Subsistenzwirtschaft zu betreiben.

schien sich mit der Rückkehr zu wiederholen, was sich im Herkunftskontext bereits während der (alleinigen) Migration der Ehepartner und somit vor dem Nachzug der Ehefrauen in den Ankunftskontext beobachten ließ: Die Frauen fielen aus der Erwerbstätigkeit heraus. Das Erwerbsmodell der Hauswirtschaft wurde tendenziell durch das Hausfrauenmodell ersetzt. So vollzog sich vor dem Nachzug der Ehepartnerinnen zumeist eine klare Trennung zwischen der produktiven Arbeit, die dem migrierten Ehemann als Alleinverdiener zufiel, und der reproduktiven Familienarbeit, die nahezu ausschließlich der Ehefrau im Herkunftskontext übertragen wurde. Für die Geschlechterbeziehungen bedeutete dies – insbesondere wenn Ehefrauen am Herkunftsort mit der Heirat in das Haus bzw. auf den Hof des Ehemannes gezogen waren – eine sehr starke bzw. nahezu vollständige ökonomische Abhängigkeit der Frauen von ihren Ehemännern.

8.2.3 Zu bedeutungsrelevanten Dynamiken im Verhältnis von Migration und Biographie

Das Verhältnis der Migrationserfahrungen zur biographischen Genese wies unterschiedliche Dynamiken auf. So ließ sich zwischen stärker biographisch und deutlich migrationsspezifisch konturierten Dynamiken unterscheiden. Es zeigten sich zum einen biographisch dominierte Faktoren (z. B. Lebensphase, Generationszugehörigkeit und biographische Ereignisse wie Familiengründung oder Tod), die bestimmte Dynamiken im Verhältnis der Migrationserfahrungen zum gesamtbiographischen Prozess hervorriefen und darüber in besonderer Weise beeinflussten, wie die Migration erlebt wurde. Zum anderen ließen sich Dynamisierungsfaktoren herausarbeiten, die unmittelbar mit der Migration in Zusammenhang standen und strukturbildend auf den biographischen Umgang mit den Migrationserfahrungen wirkten.

Wesentliche biographisch konturierte Dynamisierungsfaktoren in der biographischen Bearbeitung des Migrationszusammenhangs bildeten lebensgeschichtlich relevante Ereignisse, Phasen und Entwicklungsprozesse. In diese waren neben individuell-biographischen sowohl familien- als auch ausbildungs- und erwerbsbiographische Erfahrungshintergründe und Bezüge eingelagert. Die Einbettung der Migration in bestimmte Lebensphasen und Entwicklungen sowie singuläre lebensgeschichtlich relevante Ereignisse konnten in strukturbildender Weise beeinflussen, wie die Migration erlebt wurde. Diese konnten sich auf die nachfolgenden Lebensphasen sowie auf die innerliegende Dynamik des Migrationszusammenhangs auswirken und hierüber den biographischen Umgang mit den Migrationserfahrungen überlagern. Als einen weiteren wesentlichen biographischen Erfahrungsstrang, der einzelfallspezifisch mit der Migration verwoben sein und von dem eine deutliche Dynamisierung in den Prozessen der biographischen Bedeutungsbildung ausgehen konnte, erwies sich die familiäre Lebenssituation der MigrantInnen. Dies zeigte sich sowohl in der Ausweitung des Migrationsprozesses im Fall eines Ehepartner- bzw. Familiennachzugs als auch im Fall anhaltender migrationsbedingter Trennungen in den Familien. Verbunden mit verschiedenen familiären Konstellationen zwischen Ankunfts- und Herkunftskontext der Migration gingen für den Migrationszusammenhang unterschiedliche Bedeutungspotentiale aus.

Die verschiedenen lebensgeschichtlichen Veränderungen, Entwicklungen oder Statuspassagen implizierten allerdings nicht automatisch ein bestimmtes Dynamisierungspotential in der biographischen Bearbeitung der Migrationserfahrungen. Dynamisierungsprozesse wie die angesprochene Ausweitung des Migrationszusammenhangs und damit einhergehende Bedeutungsverschiebungen stellten sich in keiner Weise auf bestimmte Lebensalter oder Lebensphasen bzw. eine bestimmte Generationszugehörigkeit eindeutig rückführbar im Sinne eines Kausalitätsverhältnisses heraus. So ließ sich vom Lebensalter der MigrantInnen nicht eindeutig auf bestimmte Dynamisierungspotentiale in der Bearbeitung der Migrationserfahrungen schließen. Obgleich etwa für MigrantInnen mit älteren Kindern die Migration im Wesentlichen eine Strategie der Einkommenssicherung bzw. der Ausbildungsfinanzierung ihrer Kinder darstellte, ließen sich unter einer Mehrgenerationenperspektive in diesen Fällen wiederum (nicht intendierte) Dynamisierungsprozesse, etwa durch Handlungsfolgen der nachkommenden Generation, feststellen, die sich auf die Bedeutungsbildung der Migrationsprozesse auswirken konnten (vgl. Kap. 7.5.7).

Die Dynamik innerhalb des Verhältnisses der Migrationserfahrungen zum gesamtbiographischen Prozess konnte wesentlich auch von migrationsspezifischen Faktoren gekennzeichnet sein. Durch die Erlebnisse und Erfahrungen der Migration selbst ausgelöste Dynamiken konnten für die Prozesse der biographischen Bedeutungsbildung als strukturbildend hervorgehen. So erwies sich die Einbindung in bestimmte soziale Beziehungsformen am Ankunftsort im Rückbezug auf Erfahrungshintergründe aus der eigenen Situation im Herkunftskontext als in besonderer Weise bedeutungsrelevant (vgl. Kap. 7.1). Neben einer in deutlicher Form positiv bewerteten Einbeziehung in Kontakte aus dem Ankunftskontext ließen sich ebenso deutlich als negativ evaluierte Beziehungen zu Personen aus dem Ankunftskontext aufzeigen (vgl. Kap. 7.5). Sowohl Erfahrungen sozialer Aufwertung im Ankunftskontext als auch Erfahrungen von Fremdheit, die zum Teil mit Diskriminierungen und deutlichen Ungleichbehandlungen einhergingen, konnten dabei mit spezifischen (Neu)Bewertungen des eigenen Herkunftskontextes in Verbindung stehen (vgl. Kap. 8.2.2).

Den politisch-rechtlichen Rahmenbedingungen der Ausreise kam hingegen für die Prozesse der biographischen Bedeutungsbildung keine strukturbildende Relevanz zu. Zwar konnten die politisch-rechtlichen Bestimmungen zu spezifischen für das vorliegende Migrationsfeld typischen Mustern von Migrationsverläufen führen und somit die Erfahrungen der Migration in bestimmter Weise prägen: zum einen bezogen auf das vorliegende Migrationsfeld insgesamt (vgl. Kap. 6.2.1-6.2.3), zum anderen bezogen auf die einzelnen Migrationsverläufe und deren Unterteilung in verschiedene Abschnitte (vgl. Kap. 8.1). Phasen der Konsolidierung oder Krisenverläufe konnten mit den unterschiedlichen ausreise- und aufenthaltsrechtlichen Bestimmungen in Zusammenhang stehen.[265] Gleichwohl erwies sich das Grenzregime für die strukturbildenden Prozesse im Umgang mit den Migrationserfahrungen insgesamt als nachrangig. In ähnlicher Form gingen diskursiv hergestellte Wahrnehmungsprozesse der Migration, sowohl bezogen auf den Herkunfts- als auch auf den Ankunftskontext (vgl. Kap. 2.3.2 sowie 6.2.2), als weniger bedeutungsrelevant hervor.

8.3 Reflexion der transnationalen Forschungsperspektive

An dieser Stelle werden die Ergebnisse zum Verhältnis von Migration und Biographie im Kontext der Forschung zu transnationaler Migration reflektiert. Dies erfolgt aus einer biographieanalytischen Perspektive.

Vor dem Hintergrund der angeführten Konzepte einer transnationalen Forschungsrichtung und der Befunde der vorliegenden Arbeit scheint der Hinweis notwendig, stärker als bisher neben der Handlungsebene und -perspektive der

---

[265] Insbesondere zu Beginn der Migrationsbewegungen aus dem Dorf konnten mit den restriktiv gefassten Aufenthaltsbestimmungen verlaufskurvenartige Migrationserfahrungen verbunden sein. So ging etwa aus den Erzählungen der Eltern von Anca Ionescu (vgl. Kap 7.3.6) sowie zahlreicher weiterer MigrantInnen aus dem Dorf hervor, dass viele Familien aus dem Dorf, die sich im Umkreis von Rom aufhielten, unter äußerst prekären Bedingungen teilweise über mehrere Jahre in einem leerstehenden Fabrikgebäude wohnten. Gleichwohl gilt unter Bezug auf die Darstellungen dieser Erlebnisse, dass derartige 'Krisis-Erfahrung' (Schütz 1972) prinzipiell neben einer destruktiven auch eine produktive Entwicklung einleiten konnten und Teil eines anhaltenden problemlösenden wie problemgenerierenden Prozesses sein konnten (vgl. Apitzsch 2000, Gültekin/Inowlocki/Lutz 2003, Breckner 2005). So können Krisis-Erfahrungen in der alltäglichen Lebenspraxis sowohl als belastende Einschränkung als auch als Erweiterung von Handlungsmöglichkeiten erlebt werden.

MigrantInnen (vgl. etwa Smith/Guarnizo 1999² mit ihrem Ansatz eines 'Transnationalismus von Unten', Übersetzung A.K.) auch die Bedeutungs- bzw. biographische Strukturierungsebene zu berücksichtigen.²⁶⁶ Bei der Analyse ist es dabei notwendig, sowohl die Differenz als auch die Interdependenz von Handlungs- und Bedeutungsebene sowie ihre Wechselbeziehung zu strukturellen Bedingungen der Migrationsverläufe einzubeziehen. Aus einer biographieanalytischen Perspektive gilt es, neben einem Blick auf die „Handlungsgrammatik der Wandernden" (Lutz 2004: 210), bezogen auf das übergeordnete Feld der Migration, danach zu fragen, welche allgemeinen Aussagen zum biographischen Umgang der MigrantInnen mit Erfahrungen der gleichzeitigen Einbettung in unterschiedliche gesellschaftliche Bezugsrahmen möglich sind. Über einen derartigen biographieanalytischen Zugang, so die Annahme, lassen sich in der Beschäftigung mit transnationaler Migration weitere Spezifika derartiger Migrationsverläufe in ihrer Tiefe herausarbeiten und für einzelne Migrationsfelder und -kontexte übergreifende Vergleiche von Migrationsverläufen nutzen.

Die Analyse der Migrationsverläufe hat Verweisungsbezüge zwischen Herkunfts- und Ankunftskontext aufgezeigt, die aktuell im Forschungszusammenhang zu transnationaler Migration viel diskutiert sind. In besonderer Weise lässt sich an Konzepte zu 'transnationalen Netzwerken' anknüpfen (vgl. Faist 2000a, b). Transnationale Netzwerke, die sich auch in diesem Feld durch eine äußerst enge Einbindung in den unmittelbaren Herkunftskontext und durch eine kettenförmige Struktur auszeichnen, bildeten die zentrale Voraussetzung für Planung und Umsetzung der Migration, Ankunft und Orientierung im Ankunftskontext und schließlich die gleichzeitige Einbettung in Herkunfts- und Ankunftskontext. Durch sie ließen sich ferner gerade zu Beginn die äußerst restriktiv gefassten aus- und einreiserechtlichen Bestimmungen erfüllen sowie häufig auch umgehen. Indem die Netzwerkstrukturen aus dem Herkunftskontext diese Funktionen übertragen bekamen, sorgten sie (wie in Kapitel sechs gezeigt wurde) zum einen dafür, dass sich spezifische typische Migrationsverläufe herausbildeten und sich die Mobilität in der Migration auf eine begrenzte Anzahl an Zielregionen im Ankunftsland konzentrierte. In diesem Sinne erscheint die Mobilität in der Migration vielfach weniger ausgeprägt als mitunter angeführt wird (vgl. Lutz 2008²). Zum anderen ging damit einher, dass auch über die transnationale Einbindung hinaus der Herkunftskontext zumeist den zentralen Bezugsrahmen der sozialen Positionierung darstellte.

---

266 In diesem Zusammenhang lässt sich an die methodologische Diskussion zur Verschränkung ethnographischer und biographieanalytischer Verfahren anknüpfen (vgl. Dausien/Kelle 2009² sowie Kap. 4.3.2).

In ihrer Gestalt wurden die Netzwerkstrukturen durch die staatliche Regulierung der Migration, die sich im Verlauf des betrachteten Zeitraums mehrfach veränderte und zu unterschiedlichen diskursiv hergestellten Verweisungs- und Zuschreibungsformen führte, beeinflusst. Zum einen führte das erhöhte Risiko bei den Grenzübertritten zu Beginn der Migrationsbewegungen – neben milieuspezifischen Gründen – zunächst zur Ausbildung geschlechtsspezifischer Migrationsmuster. Zum anderen bewirkte das staatliche System der *a posteriori* Anerkennung im Ankunftsland, dass die Netzwerkstrukturen über den Nachzug von Ehepartnerinnen und Kindern zunehmend enger gefasst waren. Auch wenn die staatlichen Praktiken zur Steuerung der Migration bezogen auf das konkrete Migrationsfeld und den untersuchten Gesamtzeitraum der Wanderungsbewegungen zunehmend weniger restriktiv ausfielen, kann für das Feld der europäischen Ost-West-Migration daher nicht von einer Bedeutungsminderung staatlicher Kontroll- und Regulierungsmechanismen insgesamt gesprochen werden.

Mit Blick auf weitere Funktionen der Netzwerke, wie sie für das vorliegende Migrationsfeld kennzeichnend waren, lässt sich zudem an den Diskussionsstrang zu transnationalen Versorgungsarrangements in Familien von MigrantInnen anknüpfen. Unter Einbezug der unterschiedlichen Mobilitätsformen im Vorfeld der externen Migration zeichneten sich Familienarrangements, in denen Familienmitglieder voneinander getrennt waren und die Versorgungsaufgaben an Personen des weiteren Familienverbandes weitergeben wurden, durch eine besondere Form von Kontinuität aus (vgl. Kap. 8.1). Die Übertragung von Versorgungsleistungen, vor allem an andere weibliche Familienmitglieder des Herkunftskontextes, wie sie bereits wiederholt aus Studien zu anderen Migrationsfeldern hervorging (vgl. Shinozaki 2003, Parreñas 2005, Dreby 2006), war darin, so zeigte sich, bereits angelegt. Die Versorgung wurde meist an die Großeltern bzw. die Großmutter der Kinder mütterlicherseits übertragen. Auf diese milieuspezifisch verankerte Übertragung von Versorgungsleistungen im Herkunftskontext wird zurückgeführt, dass sich trotz ungleicher Geschlechtervorstellungen, die auch im transnationalen Kontext tendenziell fortbestanden (vgl. Kap. 8.2.2), in den Netzwerkstrukturen generell keine besondere Geschlechtsspezifik zeigte, die sich etwa auf den Modus der Mobilität ausgewirkt hätte.[267] Stattdessen trugen hegemoniale normative Geschlechtervorstellungen, die die

---

267 So fanden sich beispielsweise Rotationsverfahren, wie es in anderen Arbeiten zu ostwesteuropäischer Migration beschrieben und mit der gleichzeitigen Erfüllung familialer Versorgungsleistungen im Herkunftskontext begründet werden (vgl. Morokvasic 2003, Karakayali 2010) nur vereinzelt. Dass Vertretungen über Kontakte aus dem Herkunftsdorf organisiert wurden, zeigte sich vor allem für die Urlaubszeit der MigrantInnen.

Vermittlung emotionaler Sicherheit und Geborgenheit an die Kinder eher den Müttern zuschrieb, dazu bei, dass – je nach konkreter Familienkonstellation und Alter der Kinder unterschiedlich – neuartige Kommunikationsstrategien und -routinen stärker von den Müttern ausgehandelt wurden. Hierbei profitierten diese von zusätzlichen informationstechnologischen Möglichkeiten. In diesem Zusammenhang wurde den Müttern durch den spezifischen Mutterschaftsdiskurs im ländlichen Herkunftskontext, der wesentlich dadurch gekennzeichnet war, dass die Mütter auf einen Mehrgenerationenzusammenhang bei der Versorgung der Kinder zurückgreifen konnten, die Migration tendenziell eher erleichtert. Gleichwohl sahen sich Mütter einzelfallspezifisch sehr wohl einem moralischen Druck ausgesetzt (vgl. Kap. 7.1). Für den weiteren Herkunftskontext, so ging aus den Medien hervor, überwog hingegen deutlich ein Diskurs im Sinne eines '*mother-blaming*', wie er für (ost-)europäische Länder als charakteristisch gilt (vgl. Lutz 2008[2]).

Vor diesem Hintergrund geht es aus biographieanalytischer Perspektive nun um die Frage, inwiefern sich bestimmte Muster zum biographischen Umgang mit der Einbettung in unterschiedliche gesellschaftliche Bezugsrahmen herausarbeiten lassen. Hierbei gilt es, den spezifischen Zusammenhang zwischen individuellen lebensgeschichtlichen und feldbezogenen kollektiven Prozessen zu berücksichtigen. Eingedenk permanenter Prozesse der (Re)Strukturierung und (Re)Organisation von Erfahrungsbeständen – also potentieller (retrospektiver) Veränderungslogiken in der Gewichtung der transnationalen Erfahrungen – gingen auf der Grundlage des Materials folgende Muster hervor:

- Die transnationale Einbindung in unterschiedliche gesellschaftliche Bezugsrahmen kann zu einer Aneignung neuartiger Wissensbestände führen und mit einer Bearbeitung bis hin zur Revision bestehender orientierungswirksamer Wissensbestände und Tradierungszusammenhänge aus dem unmittelbaren Herkunftskontext einhergehen. Eine derartige, in zentraler Weise durch die Migration ausgelöste Herauslösung aus bestimmten Relevanzstrukturen des Herkunftskontextes schließt gleichwohl eine Rückkehr in den Herkunftskontext keinesfalls aus. Vielmehr kann diese spezifische Form der Herauslösung aus dem Herkunftskontext im Anschluss an die Rückkehr eine erneute Bearbeitung erfahren. Eine besondere Relevanz für die biographische Strukturbildung entfaltet die transnationale Einbettung unter Umständen erst im Zuge der Rückkehr in den Herkunftskontext. Wie Erfahrungen, die durch unterschiedliche gesellschaftliche Orientierungsrahmen konturiert sind, erlebt werden, gilt es daher auch über den konkreten Vollzug der Migration hinweg zu untersuchen. Im Anschluss an eine Rückkehr können Wissensbestände, wie sie über die Migration angeeignet wurden, erneut mehr oder weniger deutlich modifiziert werden. Der Zeithorizont, in dem die transnationale Einbettung ihre biographische Relevanz entfaltet, erscheint somit offen. In Bezug auf den Erfahrungszusammenhang einer Migration, die aufgrund einer vollzogenen Rückkehr in ihrer Handlungsgrammatik einem 'Gehen, um zu bleiben' (vgl. Morokvasic 2003) entspricht, kann unter Berücksichtigung der Bedeutungsebene 'Bleiben im' und 'Sich-Entfernen vom' Herkunftskontext durchaus sehr nah zusammenliegen.

- Die transnationale Einbindung in unterschiedliche gesellschaftliche Bezugsrahmen kann in ihrer Orientierungswirksamkeit ebenso in den Hintergrund treten. Auf der Grundlage des Materials wurde dies in Fällen deutlich, in denen die Migration lebensgeschichtlich in ein Feld biographischer Kontinuität eingebettet war. Zentrale orientierungswirksame Bezüge wurden über die Migration hinweg weiterverfolgt. Ein besonderes Potential für einen derartigen Umgang mit der transnationalen Einbindung zeigte sich in Fällen, die sich durch milieuspezifisch verankerte erwerbsbiographische Mobilitätsformen im Vorfeld der externen Migration auszeichneten. Eine Konturierung orientierungswirksamer Wissensbestände durch die transnationale Einbettung in unterschiedliche Bezugsrahmen erschien hier weniger ausgeprägt. Der transnationalen Einbettung konnte damit für die biographische Strukturbildung weniger Relevanz zukommen.
- In anderen Fällen ging von der Einbettung in unterschiedliche gesellschaftliche Bezugsrahmen auf der Bedeutungsebene eine Rejustierung orientierungswirksamer Referenzrahmungen aus dem Herkunftskontext aus. Die Einbindung in den Ankunftskontext löste unter Umständen, scheinbar paradox, eine Restrukturierung von Bezügen zum Herkunftskontext aus. So konnte eine Migration, die sich gegen Ende auf der Handlungsebene durch ihr Oszillieren zwischen Herkunfts- und Ankunftskontext auszeichnete, auf der Bedeutungsebene in besonderer Weise gerade durch ein (Wieder) Erstarken von Bezügen zum Herkunftskontext gekennzeichnet sein (vgl. Kap. 7.5). Die transnationale Einbindung in unterschiedliche Bezugsrahmen kann, in gleichsam widersprüchlicher Weise, zu einer Restrukturierung der Wir-Bezüge zum Herkunftskontext führen, indem der Migrationszusammenhang quasi als eine Art Negativfolie zu starken Kontrastanordnungen herausfordert. Diese Rejustierung von Zugehörigkeit konnte für die biographische Strukturbildung eine besondere Relevanz entfalten.

Während somit auf der Handlungsebene für nahezu sämtliche der präsentierten Fälle eine Einbindung in transnationale Netzwerke und Strukturen nachgewiesen werden konnte, schienen die Biographien auf der Bedeutungsebene durchaus sehr unterschiedlich durch die transnationale Qualität der Migration strukturiert. Einem zentralen analytischen Verfahren folgend, wie es in der Biographieforschung und in einer biographieanalytischen Migrationsforschung (vgl. Breckner 2005) zur Anwendung kommt, wird daher für eine analytische Trennung zwischen der Handlungsgrammatik des Migrationszusammenhangs, die in vielerlei Hinsicht transnational ausgeprägt sein kann, und einer transnationalen Qualität des Erfahrungszusammenhangs der Migration in Bezug auf sein biographisches Strukturierungspotential plädiert. Obgleich Handlungs- und biographische Strukturierungsebene – in permanenter Korrelation mit spezifischen Ausprägungen des Erfahrungszusammenhangs der Migration einerseits sowie feldbestimmten Charakteristika andererseits – wechselseitig aufeinander bezogen sind, ist es in Anlehnung an Roswitha Breckner dabei erforderlich, eine solche Wechselwirkung als eine zu konzipieren, „die sich immer wieder verändert und in ihrer Bedeutungsgebung prinzipiell offen bleibt" (ebd.: 401).

Es gilt, systematisch die Auswirkungen der transnationalen Einbindung in unterschiedliche Bezugsrahmen und -systeme auf die biographische Strukturbildung herauszuarbeiten und diese auf ihre Einbettung in ein jeweils spezifisches Migrationsfeld rückzubeziehen. Damit lässt sich über die biographieanalytische Beschäftigung mit Migrationsverläufen, die als transnational gelten, eine zusätzliche Differenzkategorie in die Diskussion um Konzepte, wie sie bereits im Kontext einer transnationalen Forschungsrichtung vorhanden sind, einführen. In einer frühen Konzeption zu 'transnationalen sozialen Räumen' wird bereits auf den Einfluss einer solchen an mehreren sozialen/geographischen Kontexten ausgerichteten Migration auf die „alltägliche Lebenspraxis" sowie die „(erwerbs) biographischen Projekte" (Pries 1996: 467) hingewiesen. Es gilt, in systematischer biographieanalytischer Rekonstruktionsarbeit zu explizieren, was dies, rückbezogen auf den jeweiligen feldspezifischen sozialen Kontext, eigentlich bedeutet. Hierin liegt eine besondere Herausforderung und ein besonderes Potential einer biographischen Analyse transnationaler Migrationsverläufe.

8.4 Ausblick

Im Zentrum der vorliegenden Arbeit standen Prozesse im biographischen Umgang mit Migrationserfahrungen bezogen auf ein konkretes Migrationsfeld. Im Rahmen einer explizit bi-kontextuellen Forschungspraxis, im Sinne einer *multi-sited ethnography*, wurden über einen Forschungszeitraum von mehreren Jahren die Prozesse der Bedeutungsbildung von Migrationserfahrungen unter einer biographieanalytischen Perspektive untersucht. Hierbei wurden sie in ihrem spezifischen Verhältnis zwischen individuell-biographischen Verläufen und strukturellen feldbezogenen Bedingungen analysiert. Damit wurde für eine biographieanalytische Ausweitung einer kontextualisierten transnationalen Forschungsperspektive in der Untersuchung aktueller Migrationsverläufe argumentiert. Über die biographieanalytische Herangehensweise ließ sich die konkrete Relevanz der Migrationserfahrungen herausarbeiten und die Bedeutungsbildung in ihren typischen Prozessverläufen und -dimensionen auf das weiter gefasste soziale Feld der europäischen Ost-West-Migration aus dem ländlichen Raum rückbeziehen.

Die spezifische Konzeption der Arbeit in Form von mehrfachen längeren Forschungsaufenthalten sowohl im Herkunfts- als auch im Ankunftskontext veranschaulichte, wie der Umgang mit den Migrationserfahrungen – jeweils entsprechend der gegenwärtigen biographischen Gesamtperspektive – permanent in Prozesse der (Re)Interpretation eingefasst war. Wie die Migration erlebt wurde, so ging aus den Fallrekonstruktionen hervor, war von unterschiedlich ausgeprägten, teilweise deutlich vielschichtig angelegten (Re)Interpretationsprozessen begleitet. Analog ließ sich über ein derartiges Vorgehen die konkrete Dynamik der Wanderungsbewegungen, die in einer Vielzahl von Forschungsarbeiten – auch bezogen auf die externe Migration aus Rumänien – weiterhin eine „große Unbekannte" (Morokvasic 1994: 186) darstellt, herausarbeiten. Aus den Lebensgeschichten gingen die mitunter kettenförmigen, pendelartig-oszillierenden und unsteten Migrationsverläufe mit ihren (vorläufigen) (Ab)Brüchen und Ausweitungen sehr präzise hervor. Dafür erschien es unerlässlich, bis zu den einzelnen Prozessen auf der konkreten Erfahrungs- und Handlungsebene und bis zur Relevanz der Migrationserfahrungen für die Biographien der Personen, die an den Migrationsprozessen beteiligt waren, vorzustoßen. Erst hieraus wurde sichtbar, welche Auswirkungen und Bedeutungen eine plurilokal verankerte Lebensweise umfassen konnte. Um zu erkunden, wie diese Verläufe erfahren wurden, bedurfte es einer Annäherung an die Prozesse der biographischen Bedeutungsbildung dieser Migrationserfahrungen in ihrem sozialen Kontext. Erst eine Annäherung an die lebenspraktischen Prozesse der an den Migrationsprozessen Beteiligten in ihrer biographischen Einbettung und innerhalb ihrer verschiedenen Verweisungszusammenhänge und Bezugsrahmen ergab ein umfassendes Bild und erlaubte Aussagen darüber, was eine transnationale Einbindung in unterschiedliche Kontexte für diejenigen, die an den Migrationsprozessen beteiligt waren, bedeutete.

Mit der Eingrenzung der Fragestellung ging eine notwendige Fokussierung der Forschungsperspektive einher. Im Verlauf des Forschungsprozesses zeichneten sich allerdings weitere mögliche Themenstellungen ab. Zum Teil wurden sie in der vorliegenden Arbeit bereits angerissen. Auf zwei Fragestellungen für weitere Forschungsarbeiten wird als Ausblick an dieser Stelle eingegangen.

Die vorliegende Arbeit konnte nur eingeschränkt auf Prozesse innerhalb der Familien der MigrantInnen eingehen. Fruchtbar erschiene ein Vorgehen im Sinne einer rekonstruktiven Familienforschung über ethnographische Milieuanalysen von Familien (vgl. Hildenbrand 1983, 1999, ders. et al. 1984). Hierbei ließe sich an die Erfassung der Interaktionsrahmen und Handlungsroutinen von Familien aus dem Dorf, wie sie durch die Unterkunft in einigen Familien möglich war, ebenso anknüpfen wie an weitere teilnehmende Beobachtungen zum milieu- und gesellschaftsgeschichtlichen Hintergrund des Forschungsfeldes. Über die Rekonstruktion von Relevanzen innerhalb bestimmter Familienstrukturen zum einen und die zusätzliche Rekonstruktion familiärer Wissensbestände und Deutungen im Zusammenhang mit bestimmten migrationsspezifischen Ereignissen zum anderen, ließen sich die Lebenssituation von MigrantInnenfamilien und der Umgang der Familien mit der Migration untersuchen. Methodisch eigneten sich hierzu narrativ-biographische Interviews mit den Familienmitgliedern sowie Familiengespräche zur Erfassung des innerfamiliären Dialogs. Bei einem solchen Vorgehen ließe sich ferner nicht nur forschungspraktisch über die Erhebung von 'Familiengeschichten' sondern auch forschungstheoretisch Bezug nehmen auf den Ansatz von Bertaux/Bertaux-Wiame (1991) zu sogenannten sozialen Familien-Lebensläufen [*trajectoires sociales familiales*]. So deutete sich bereits im erhobenen Material etwa der soziale Status in einigen Familien als ein Generationen übergreifendes Attribut der familialen Gruppe an, dass mit der Migration in besonderer Weise verbunden war.

Daneben erschiene die Fokussierung der Forschungsperspektive auf diejenige Generation interessant, die über Handlungsfolgen der Elterngeneration an der Migration beteiligt ist. Aus dem Material, wie es für die vorliegende Arbeit erhoben wurde, gingen für diese Personengruppe geschlechtsspezifische Unterschiede im Umgang mit Erfahrungen von Migration hervor. Während der Forschungsaufenthalte im Feld entstand etwa der Eindruck, dass sich Erfahrungen von Migration in Italien, gleichsam eingebettet in eine bestimmte 'Kultur der Migration' (vgl. Horváth 2008), gerade unter der jungen männlichen Dorfbevölkerung zu einem wichtigen Lebensabschnitt im Sinne eines Normallebenslaufs herausbildeten. In besonderer Weise ließe sich die Forschungsperspektive hierbei auf die Tradierungsprozesse zwischen den Generationen unter den Bedingungen der Migration richten.

Schließlich würde sich eine Verlängerung des Untersuchungszeitraums lohnen. Obgleich die Datenerhebung über einen Gesamtzeitraum von mehreren Jahren verlief, was für eine Arbeit dieser Form ungewöhnlich ist, konnte lediglich ein relativ kurzer Zeitausschnitt betrachtet werden. Ebenso fruchtbar erschiene es, die Lebensverläufe der MigrantInnen sowie der weiteren Personen, die an den Migrationsprozessen beteiligt waren, über einen längeren Zeitraum zu untersuchen. Es ermöglichte, die bereits offen gelegten Prozesse im Umgang mit den Migrationserfahrungen weiterzuverfolgen. Gleichwohl sollte aus den Forschungsergebnissen der vorliegenden Arbeit bereits ein Beitrag hervorgegangen sein, der zu weiteren Diskussionen und Feldstudien anregt.

Literaturverzeichnis

Alheit, Peter (1989) Erzählform und „soziales Gedächtnis": Beispiel beginnender Traditionsbildung im autobiographischen Erinnerungsprozeß, in: Alheit, Peter/Hoerning, Erika M. (Hg.) Biographisches Wissen. Beiträge zu einer Theorie lebens-geschichtlicher Erfahrung. Frankfurt/Main: Campus, 123-147.

Alheit, Peter (1992) Biographizität und Struktur, in: ders. et al. (Hg.) Biographische Konstruktionen, Beiträge zur Biographieforschung. Bremen: Univ.-Buchhandlung, 10-36.

Alheit, Peter (1995) „Biographizität" als Lernpotential in der Erwachsenenbildung, in: Krüger, Heinz-Hermann/Marotzki, Winfried (Hg.) Erziehungswissenschaftliche Biographieforschung. Opladen: Leske & Budrich, 276-308.

Alheit, Peter (1998) Biographien in der späten Moderne: Verlust oder Wiedergewinn des Sozialen? Abschiedsvorlesung an der Universität Bremen, 05.02.1998, http://ibl.uni-bremen.de/publik/vortraege/98-01-pa.htm. Zugriff am: 02.05.2010.

Alheit, Peter/Hoerning, Erika M. (Hg.) (1989) Biographisches Wissen. Beiträge zu einer Theorie lebensgeschichtlicher Erfahrung. Frankfurt/Main u. a.: Campus.

Aluaş, Ion/Marica, George E. (1972) Fenomenul migraţional şi efectele lui în satul românesc contemporan. Viitorul Social, 1, 146-153.

Andall, Jacqueline M. (1998) Catholic and State Constructions of Domestic Workers: The Case of Cape Verdean Women in Rome in the 1970s, in: Koser, Khalid/Lutz, Helma (Hg.) New Migration in Europe. Social Constructions and Social Realitites. Basingstoke: MacMillan, 124-142,

Andall, Jacqueline M. (2003) Hierarchy and Interdependence: The Emergence of a Service Caste in Europe, in: dies. (Hg.) Gender and Ethnicity in Contemporary Europe. Oxford, New York: Berg, 39-60.

Anderson, Nels (1923) The Hobo. The sociology of the Homeless Man. Chicago: University Press of Chicago.

Anderson, Bridget (1999) Overseas Domestic Workers in the European Union, in: Momsen, Janet H. (Hg.) Gender, Migration and Domestic Service. London and New York: Routledge, 117-133.

Anderson, Bridget (2000) Doing the dirty work? The global politics of domestic labour, London: Zed Books.
Anderson, Bridget (2001) Multiple Transnationalism: Space, the state and human relations. Beitrag an der Konferenz: Transnational Migration: Comparative Perspectives, 30 Juni-01.Juli, Working Paper Series WPTC-01-15, Princeton University.
Anghel, Remus G. (2008) Changing Statuses: Freedom of Movemvent, Locality and Transnationality of Irregular Romanian Migrants in Milan. Journal of Ethnic and Migration Studies, 34, 5, 787-802.
Anghel, Remus G. (2009) Better legal or illegal? Transnationalism and status paradoxes at migrants from Romania in Nuremberg and Milan. Dissertationsschrift. Universität Bielefeld.
Apitzsch, Ursula (1990a) Migration und Biographie. Zur Konstitution des Interkulturellen in den Bildungsgängen junger Erwachsener der 2. Migrantengeneration. Habilitationsschrift. Universität Bremen.
Apitzsch (1990b) Besser integriert und doch nicht gleich. Bildungsbiographien jugendlicher Migrantinnen als Dokumente widersprüchlicher Modernisierungsprozesse, in: Rabe-Kleberg, Ursula (Hg.) Besser gebildet und doch nicht gleich! Frauen und Bildung in der Arbeitsgesellschaft. Bielefeld: Kleine Verlag, 197- 218.
Apitzsch, Ursula (1993) Bildungsgänge in der Migration, in: Meulemann, Heiner/Elting-Camus, Agnes (Hg.) Lebensverhältnisse und soziale Konflikte im neuen Europa. Verhandlungen des 26. Soziologentages in Düsseldorf 1992. Frankfurt/Main: Campus-Verlag, 40-43.
Apitzsch, Ursula (1999) Traditionsbildung im Zusammenhang gesellschaftlicher Migrations- und Umbruchprozesse, in: dies. (Hg.) Migration und Traditionsbildung. Wiesbaden, Opladen: Westdeutscher Verlag, 7-20.
Apitzsch, Ursula/Inowlocki, Lena (2000) Biographical analysis: A 'German' school? In: Chamberlayne, Prue/Bornat, Joanna/Wegraf, Tom (Hg.) The Turn to Biographical Methods in Social Science. Comparative issues and examples. London: Routledge, 53-70.
Apitzsch, Ursula (2000) Biographische „Unordnung" und „Caring Work". Die Entdeckung der strukturellen „Unangemessenheit" weiblicher Migrationsbiographien, in: Feministische Studien Extra. 18, 102-115.
Apitzsch, Ursula (2003) Biographieforschung, in: Orth, Barbara/Schwietring, Thomas/Weiß, Johannes (Hg.) Soziologische Forschung: Stand und Perspektiven. Ein Handbuch. Opladen: Leske + Budrich, 95-110.
Apitzsch, Ursula (2006) Kulturelle Einbettung und gegenhegemoniale Netzwerke. Migrantinnen Grenzen überschreitend. Das Argument, 266, 365-380.

Apitzsch, Ursula/Siouti, Irini (2008) Transnationale Biographien, in: Homfeldt, Hans-Günther/Schröer, Wolfgang/Schweppe, Cornelia (Hg.) Transnationalität und Soziale Arbeit. Juventa Verlag, 99-111.
Apitzsch, Ursula/Jansen Mechtild (Hg.) (2003) Migration, Biographie und Geschlechterverhältnisse. Münster: Westfälisches Dampfboot.
Apitzsch, Ursula/Schmidbaur, Marianne (Hg.) (2010) Care and Migration. Die Ent-Sorgung menschlicher Reproduktionsarbeit in der globalen Peripherie, Leverkusen: Barbara Budrich.
Appadurai, Arjun (1990) Disjuncture and Difference in the Global Cultural Economy. Public Culture, 2(2), 1-24.
Appadurai, Arjun (1998) "Globale ethnische Räume. Bemerkungen und Fragen zur Entwicklung einer transnationalen Anthropologie", in: Beck, Ulrich (Hg.) Perspektiven der Weltgesellschaft. Frankfurt/Main: Suhrkamp, 11-40.
Appadurai, Arjun (20036) Modernity at Large. Cultural Dimensions of Globalization. Minneapolis: University of Minnesota Press.
Appadurai, Arjun/Breckenridge, Carol (1989) On Moving Targets. Public Culture, 1(2), i-iv.
Arbeitsgruppe Bielefelder Soziologen (Hg.) (19815) Alltagswissen, Interaktion und gesellschaftliche Wirklichkeit. Opladen: Westdeutscher Verlag.

Bade, Klaus J. (2001) Einwanderungskontinent Europa. Osnabrück: Universitätsverlag Rasch.
Bade, Klaus J. (2002) Europa in Bewegung. Migration vom späten 18. Jahrhundert bis zur Gegenwart. München: Beck.
Bade, Klaus J./Oltmer, Jochen (2003) Einführung: Aussiedlerzwang und Aussiedlerintegration. Historische Entwicklungen und aktuelle Probleme, in: dies (Hg.) Aussiedler: Deutsche Einwanderer aus Osteuropa. Osnabrück: Universitätsverlag Rasch, 9-54.
Bade, Klaus J./Emmer, Pieter C./Lucassen, Leo/Oltmer Jochen (Hg.) (2007) Enzyklopädie Migration in Europa. vom 17. Jh. bis zur Gegenwart. Paderborn u. a.: Schoeningh Ferdinand GmbH.
Baldisserri, Margherita (2005) Relanzioni famigliari nell'immigrazione delle peruviane a Firenze, in: Caponio, Tiziana/Colombo, Asher (Hg.) Stranieri in Italia. Migrazioni globali, integrazioni locali. Bologna: Il Mulino, 89-116.
Ban, Cornel (2005) Mapping Out Spaces and Relations of Transnationalism. The Case of Romanian Immigration in Italy, in: Chiodi, Luisa (Hg.) The Borders of the Polity. Migration and Security across the EU and the Balkans. Ravenna: Longo Editore Ravenna, 209-234.
Barbič, Ana/Miklavčič-Brezigar, Inga (1999) Domestic work abroad. A necessity and an opportunity for rural women from Goriška borderland region

of Slovenia, in: Momsen, Janet (Hg.) Gender, Migration and Domestic Service. London: Routledge, 164-177.

Barsotti, Odo/Lecchini (2000) Italien – Gateway nach Europa, in: Fassmann, Heinz/Münz, Rainer (Hg.) Ost-West-Wanderung in Europa. Wien: Böhlau, 119-130.

Baumann, Zygmunt (19922) Moderne und Ambivalenz, in: Bielefeldt, Uli (Hg.) Das Eigene und das Fremde. Neuer Rassismus in der Alten Welt? Hamburg: Junius, 23-49.

Beck, Sam (1976) The Emergence of the Peasant Worker in a Transylvanian Mountain Community. Dialectical Anthropology, 1(4), 365-375.

Beck, Sam (1987) „Privat"-Bauern in Rumänien. Die sozialistische Umgestaltung in den 1970er Jahren. Osteuropa, 11, 851-861.

Beck, Sam (1992) Erbschaft, Familie und Moral in einem rumänischen Bergdorf: Poiana Mărului in der Periode des Sozialismus, in: Roth, Klaus (Hg.) Die Volkskultur Südosteuropas in der Moderne. München: Südosteuropa-Gesellschaft, 135-161.

Becker, Howard S./Geer, Blanchet (1957) Participant observation and interviewing: a comparison. Human Organization, 16(3), 28-32.

Beer, Bettina (2003) Einleitung: Feldforschungsmethoden, in: dies. (Hg.) Methoden und Techniken der Feldforschung, Berlin: Reimer, 9-31.

Behrmann, Meike/Abate, Carmine (1984) Die Germanesi: Geschichte und Leben in einem süditalienischen Dorf. Frankfurt/Main: Campus.

Berger, Peter L. (1965) Die Ehe und die Konstruktion der Wirklichkeit. Soziale Welt, 16, 220-235.

Berger, Peter L./Luckmann, Thomas (1990) Die gesellschaftliche Konstruktion der Wirklichkeit. Frankfurt/Main: Suhrkamp.

Bertagna, Federica/Maccari-Clayton, Marina (2007) Südeuropa. Italien, in: Bade, Klaus J./Emmer, Pieter C./Lucassen, Leo/Oltmer Jochen (Hg.) Enzyklopädie Migration in Europa. Vom 17. Jh. bis zur Gegenwart. Paderborn u. a.: Schoeningh Ferdinand GmbH, 205–219.

Bertaux, Daniel (1981) „From the Life-History Approach to the Transformation of Sociological Practice", in: ders. (Hg.) Biography and Society. London: Sage, 29-45.

Bertaux, Daniel/Bertaux-Wiame, Isabelle (1991) "Was du ererbt von deinen Vätern..." Transmissionen und soziale Mobilität über fünf Generationen". BIOS. 4, 1, 13.-40.

Beyerle, Hubert (2004) Der lange Geld-Treck nach Süden. DIE ZEIT, 59, 30, 21.

Blue, Sarah (2004) State Policy, Economic Crisis, Gender and Family Ties: Determinants of Family Remittances to Cuba. Economic Geography, 80, 1, 63-82.

Blumer, Herbert (1969) Symbolic Interactionism. Englewood Cliffs: Prentice-Hall.
Blumer, Herbert (19815) Der methodologische Standort des Symbolischen Interaktionismus, in: Arbeitsgruppe Bielefelder Soziologen (Hg.) Alltagswissen, Interaktion und gesellschaftliche Wirklichkeit. Reinbek bei Hamburg, 80-146.
Bohnsack, Ralf (20087) Rekonstruktive Sozialforschung. Einführung in Methodologie und Praxis qualitativer Forschung. Opladen: Verlag Barbara Budrich.
Bourdieu, Pierre (1978) Klassenschicksal, individuelles Handeln und das Gesetz der Wahrscheinlichkeit, in: ders./Boltanski, Luc/de Saint Martin, Monique/Maldidier, Pascale (Hg.) Titel und Stelle. Über die Reproduktion sozialer Macht. Frankfurt/Main: Europäische Verlagsgesellschaft, 169-226.
Bourdieu, Pierre (1979) Entwurf einer Theorie der Praxis. Frankfurt/Main: Suhrkamp. [Esquisse d'une théorie de la pratique.]
Bourdieu, Pierre (1987) Die feinen Unterschiede. Frankfurt/Main: Suhrkamp.
Bourdieu, Pierre (1989) Social Space and Symbolic Power. Sociological Theory, vol. 7, 14-25.
Bourdieu, Pierre (1990) Die biographische Illusion. BIOS, 1, 75-81.
Bourdieu, Pierre (1992) Die feinen Unterschiede, in: Steinrücke, Margareta (Hg.) Die verborgenen Mechanismen der Macht. Hamburg: VSA-Verlag, 31-72.
Boyd, M. (1989) Family and Personal Networks in International Migration: Recent Developments and New Agendas. International Migration Review, 23, 67-69.
Braşoveanu, N. (1987) Coordonate social-economice ale ruralului montan. Viitorul Social, 5, 423-431.
Breckner, Roswitha (1994) „Im Grunde genommen war ich immer ein Entwurzelter." Aspekte biographischer Migrationsforschung in Ost-West-Perspektive, in: Balla, Bálint/Geier, W. (Hg.) Zu einer Soziologie des Postkommunismus. Kritik, Theorie, Methodologie, Hamburg: LIT, 37-50.
Breckner, Roswitha (1999) „....da stand ich immer zwischen den Stühlen..." . Zur Relevanz und Funktion des Eisernen Vorhangs in Ost-West-Migrationsbiographien – rekonstruiert an einer 'Fluchtmigration' aus Rumänien in die Bundesrepublik, in: Apitzsch, Ursula (Hg.) Migration und Traditionsbildung. Wiesbaden, Opladen: Westdeutscher Verlag, 130-156.
Breckner, Roswitha (2000) The Meaning of the 'Iron Curtain' in East-West Migration Biographies, in: dies./Kalekin-Fishman, Devorah/Miethe, Ingrid (Hg.) Biographies and the Division of Europe. Experience, Action and Change on the 'Eastern Side'. Opladen: Leske + Budrich, 367-387.

Breckner, Roswitha (2003) Migration – ein biographisches Risiko?, in: Allmendinger Jutta (Hg.) Entstaatlichung und soziale Sicherheit, Opladen: Leske + Budrich, 236-253.

Breckner, Roswitha (2005) Migrationserfahrung – Fremdheit – Biographie. Zum Umgang mit polarisierten Welten in Ost-West-Europa. Wiesbaden: VS Verlag.

Brezinski, Horst/Petersen, Paul (1987) Die Parallelwirtschaft in Rumänien – ein dynamischer Sektor. Südosteuropa, 36, 5, 227-244.

Brüggmann, Mathias (2010) Băsescu will keine Heimkehrer. Handelsblatt vom 07.08.2010. http://www.handelsblatt.com/politik/international/rumaenien-praesident-basescu-will-keine-heimkehrer;2631579, Zugriff am 18.08.2010.

Bude, Heinz (1985) Der Sozialforscher als Narrationsanimateur. Kritische Anmerkungen zu einer erzähltheoretischen Fundierung der interpretativen Sozialforschung. Kölner Zeitschrift für Soziologie und Sozialpsychologie, 37(2), 327-336.

Călin, Romelia (2006) Efectele migraţiei asupra tinerilor, in. dies. /Umbreş, Radu Gabriel (2006) Efectele migraţiei. Studiul la nivelul comunitaţii Vulturu. Vrancea. Iaşi: Lumen.

Can, Halil (2006) Familien in Bewegung, Ethnographie unterwegs. Migration in transnationalen Räumen zwischen Diaspora und Herkunftsland, in: Bukow, Wolf-Dietrich/Ottersbach, Markus/Tuider, Elisabeth/Yildiz, Erol (Hg.) Biographische Konstruktion im multikulturellen Bildungsprozess. Individuelle Standortsicherung im globalisierten Alltag. Wiesbaden: VS Verlag, 115-135.

Caponio, Tiziana (2010) Italy – Migration Research Coming of Age, in: Thränhardt, Dietrich/Bommes, Michael (Hg.) National Paradigms of Migration Research, Göttingen: V & R unipress, 207-231.

Caselli, Marco (2009) Vite transnazionali? Peruviani e peruviane a Milano. Milan: Franco Angeli.

Cercetarea complexă a zonei montane Vrancea (1972). Viitorul Social, 3, 825-946.

Cernea, Mihail (1974) Sociologia cooperativei agricole. Bucureşti: Editura Academiei.

Cernea, Mihail (1981) Rural community studies in Romania, in: Durand-Drouhin, Jean-Louis/Szwengrub, Lili-Maria et al. (Hg.) Rural community studies in Europe. Bd. 1, Oxford: Pergamon Press, 191-254.

Cernescu, Traila/Gânju, Marilena/Turcu, Dorina(1987) Aspecte sociologice ale locuiri în satul românesc. Viitoriul Social, 2, 108-116.

Ceschi, Sebastiano (2005) Flessibilità e istanze di vita. Operai senegalesi nelle fabbriche della provincia di Bergano, in: Caponio, Tiziana/Colombo, Asher (Hg.) Stranieri in Italia, Bologna: Il Mulino, 175-204.
Chelcea, Liviu (2002) The Culture of Shortage during State Socialism: consumption Practices in a Romanian Village in the 1980s. Cultural Studies, 16(1), 16-43.
Chell, V. (1997): Gender selective migrations. Somalian and Filipina Women in Rome, in: King, Russell/Black Richard (Hg.) Southern Europe and the New Immigrations. Brighton: Sussex Academic Press, 75–92.
Cingolani, Pietro (2009) Romeni d'Italia. Migrazioni, vita quotidiana e legami transnazionali. Bologna: Il Mulino.
Ciobanu, Ruxandra O. (2004) Migraţie internaţională şi schimbarea comunitară ca strategie de viaţă. Sociologie Românească, vol. 2, 124-140.
Clifford, James (1986) Introduction: Partial Truths, in: ders./Marcus, George (Hg.) Writing Culture. The Poetics of Ethnography. Berkeley: University of California Press, 1-26.
Clifford, James (1992) Traveling Cultures, in: Grossberg, Lawrence/Treichler, Paula A. (Hg.) Cultural Studies. New York: Routledge, 96-116.
Clifford, James (1997) Spatial Pracitces: Fieldwork, Travel and the Disciplining of Anthropology, in: Gupta, A./Ferguson, J. (Hg.) Anthropological Locations and Grounds of a Field Science, Berkeley: University of California Press, 185-222.
Colombo, Asher/Sciortino, Giuseppe (2004) Gli immigranti in Italia. Bologna: Il Mulino.
Constantinescu, Miron (1972) Probleme economice şi sociologice ale unei comune de munte. Viitorul Social , 2, 500-516.
Crul, Maurice (2000) Breaking the Circle of Disadvantage. Social Mobility of Second-Generation Moroccans and Turks in the Netherlands, in: Vermeulen, Hans/Perlmann, Joel (Hg.) Immigrants, Schooling and Social Mobility. Does Culture Make a Difference? London: Macmillan Press, 225-244.
Currle, Edda (2004) Italien, in: dies. Migration in Europa: Daten und Hintergründe, Stuttgart: Lucius & Lucius, 281-315.
Cyrus, Norbert (2001) Wie vor Hundert Jahren? Zirkuläre Arbeitsmigration aus Polen in die Bundesrepublik Deutschland, in: Pallaske, Christoph (Hg.) Die Migration aus Polen nach Deutschland. Zur Geschichte und Gegenwart eines europäischen Migrationssystems. Baden-Baden: Noimos, 185-203.
Cyrus, Norbert (2003) „...als alleinstehende Mutter habe ich viel geschafft." Lebensführung und Selbstverortung einer illegalen polnischen Arbeitsmigrantin, in: Roth, Klaus (Hg.) Vom Wandergesellen zum Greencard-Spezialisten. Interkulturelle Aspekte der Arbeitsmigration im östlichen Mitteleu-

ropa. Münchner Beiträge zur Interkulturellen Kommunikation 14. Münster: Waxmann Verlag, 227-263.
Cyrus, Norbert (2010) Mobilität im Verborgenen. Plurilokale Mobilitätspraxen illegal beschäftigter polnischer Haushaltsarbeiterinnen in Berlin, in: Hentges, Gudrun (Hg.) Migrations- und Integrationsforschung in der Diskussion. Biografie, Sprache und Bildung als zentrale Bezugspunkte. Wiesbaden: VS Verlag, 173-203.

Danese, Gaia (1998) Transnational collective action in Europe. The case of migrants in Italy and Spain. Journal of Ethnic and Migration Studies, 24, 715-733.
Dausien, Bettina (1994) Biographieforschung als Königinnenweg? Überlegungen zur Relevanz biographischer Ansätze in der Frauenforschung, in: Diezinger, Angelika/Kitzer, Hedwig/Anker, Ingrid/Bingel, Irma/Haas, Erika/Odierna, Simone (Hg.) Erfahrung mit Methode. Wege sozialwissenschaftlicher Frauenforschung. Freiburg: Kore, 129-153.
Dausien, Bettina (1996) Biographie und Geschlecht. Zur biographischen Konstruktion sozialer Wirklichkeit in Frauenlebensgeschichten. Bremen: Donat Verlag.
Dausien, Bettina (2000) „Biographie" als rekonstruktiver Zugang zu „Geschlecht" – Perspektiven der Biographieforschung, in: Lemmermöhle, Doris/Fischer, Dietlind/Klika, Dorle/Schlüter, Anne (Hg.) Lesarten des Geschlechts, Opladen: Leske + Budrich, 97-115.
Dausien, Bettina/Mecherli, Paul (2006) Normalität und Biographie. Anmerkungen aus migrationswissenschaftlicher Perspektive, in: Bukow, Wolf-Dietrich/Ottersbach, Markus/Tuider, Elisabeth/Yildiz, Erol (Hg.) Biographische Konstruktionen im multikulturellen Bildungsprozess. Individuelle Standortsicherung im globalisierten Alltag. Wiesbaden: VS Verlag, 155-179.
Dausien, Bettina/Kelle, Helga (20092) Biographie und kulturelle Praxis. Methodologische Überlegungen zur Verknüpfung von Ethnographie und Biographieforschung, in: Völter, Bettina/Dausien, Bettina/Lutz, Helma/Rosenthal, Gabriele (Hg.) Biographieforschung im Diskurs. Wiesbaden: VS Verlag, 189-212.
Delhey, Jan (2001) Osteuropa zwischen Markt und Marx. Soziale Ungleichheit und soziales Bewusstsein nach dem Kommunismus. Hamburg: Krämer Verlag.
Dell'Orto, Frederica/Taccani, Patrizia (1992) Family carers and dependent elderly people in Italy, in: Twigg, Julia (Hg.) Informal Care in Europe. York: Social Policy Research Unit, 109-128.
Dewey, John (1920) Reconstruction in Philosophy. New York: Holt.

Dietzel-Papakyriakou, Maria (1993) Altern in der Migration. Die Arbeitsmigranten vor dem Dilemma: zurückkehren oder bleiben? Stuttgart: Enke.
Diminescu, Dana/Lagrave, Rose-Marie (1999) Faire une saison. Pour une anthropologie des migrations roumaines en France. Le cas du pays d'Oas. Paris: La Documentation française.
Diminescu, Dana (Hg.) (2003) Visibles mais peu nombreux: les circulations migratoires roumaines. Paris : Editions de la Maison des Sciences de l'Homme.
Dreby, Joanna (2006) Honor and Virtue. Mexican Parenting in the Transnational Context. Gender & Society, 20(1), 32-59.

Ehrenreich, Barbara/Hochschild, Arlie Russell (Hg.) (2003) Global Woman. Nannies, maids, and sex workers in the new economy. New York: Holt & Co.
Elias, Norbert (19786) Über den Prozeß der Zivilisation. Wandlungen des Verhaltens in den westlichen Oberschichten des Abendlandes, Band I. Frankfurt/Main: Suhrkamp.
Elias, Norbert (19796) Über den Prozeß der Zivilisation. Wandlungen der Gesellschaft: Entwurf zu einer Theorie der Zivilisation, Band II. Frankfurt/Main: Suhrkamp.
Elias, Norbert/Scotson, John L. (1990) Etablierte und Außenseiter. Frankfurt/Main: Suhrkamp.
Erel, Umut/Morokvasic, Mirjana/Shinozaki, Kyoko (2003) Introduction. Bringing gender into migration, in: dies. (Hg.) Crossing Borders and Shifting Boundaries I, Opladen: Leske+Budrich, 9-22.
Esser, Hartmut (1980) Aspekte der Wanderungssoziologie. Assimilation und Integration von Wanderern, ethnischen Gruppen und Minderheiten. Eine handlungstheoretische Analyse. Darmstadt, Neuwied: Luchterhand.
Esser, Hartmut/Friedrichs, Jürgen (Hg.) (1990) Generation und Identität. Theoretische und empirische Beiträge zur Migrationssoziologie. Opladen: Westdeutscher Verlag.

Faist, Thomas (1999) Developing Transnational Social Spaces: The Turkish-German Example, in: Pries, Ludger (Hg.) Migration and transnational social spaces. Aldershot: Ashgate.
Faist, Thomas (2000a) Grenzen überschreiten. Das Konzept Transstaatliche Räume und seine Anwendung, in: ders. (Hg.) Transstaatliche Räume. Politik, Wirtschaft und Kultur in und zwischen Deutschland und der Türkei. Bielefeld: Transcript, 9-56.
Faist, Thomas (2000b) The Volume and Dynamics of International Migration and Transnational Social Spaces. Oxford: Clarendon Press.

Fassman Heinz/Münz Rainer (1994) European east-west migration, 1945-1992. International Migration Review, 28, 3, 520-538.

Fassmann, Heinz/Münz, Rainer (Hg.) (1996): Migration in Europa. Historische Entwicklung, aktuelle Trends und politische Reaktionen. Frankfurt/Main, New York: Campus.

Fassmann, Heinz/Münz, Rainer (2000) Vergangenheit und Zukunft der europäischen Ost-West-Wanderung, in: dies. (Hg.) Ost-West-Wanderung in Europa, Wien: Böhlau, 11-47.

Favell, Adrian (2008) The New Face of East-West Migration in Europe. Journal of Ethnic and Migration Studies, 34, 5, 701-716.

Fawcett, James T. (1989) Networks, Linkages, and Migration Systems. In: International Migration Review, 22, 671-680.

Fischer, Wolfram (1978) Struktur und Funktion erzählter Lebensgeschichten, in: Kohli, Martin (Hg.) Soziologie des Lebenslaufs. Darmstadt u. a.: Luchterhand, 311-336.

Fischer, Wolfram (1989) Perspektiven der Lebenslaufforschung, in: Herlth, Alois/Strohmeier, Klaus Peter (Hg.) Lebenslauf und Familienentwicklung. Mikroanalysen des Wandels familialer Lebensformen. Opladen: Leske + Budrich, 279-294.

Fischer-Rosenthal, Wolfram (1991) William I. Thomas & Florian Znaniecki: "The Polish Peasant in Europe and America", in: Flick, Uwe et al. (Hg.) Handbuch Qualitative Sozialforschung. Grundlagen, Konzepte, Methoden und Anwendungen. München: Psychologie Verlag-Union, 115-118.

Fischer-Rosenthal, Wolfram (1999) Biographie und Leiblichkeit. Zur biographischen Arbeit und Artikulation des Körpers, in: Alheit, Peter/Dausien, Bettina/Fischer-Rosenthal, Wolfram/Hanses, Andreas/Keil, Annelie (Hg.) Biographie und Leib. Gießen: Psychosozial Verlag, 15-43.

Fischer, Wolfram/Kohli, Martin (1987) Biographieforschung, in: Voges, Wolfgang (Hg.) Methoden der Biographie- und Lebenslaufforschung. Opladen: Leske + Budrich, 25-49.

Fog Olwig, Karen (1999a) Narratives of the Children Left Behind: Home and Identity in Globalised Caribbean Families. Journal of Ethnic and Migration Studies, 25(2), 267-284.

Foner, Nancy (1997) What's new about Transnationalism? New York Immigrants Today and at the Turn of the Century. Diaspora, 6, 355-376.

Foner, Nancy (1999) The Immigrant Family: Cultural Legacies and Cultural Changes, in: Hirschman, Charles/Kasinitz, Philip/DeWind, Josh (Hg.) The Handbook of International Migration. The American Experience. New York: Russell Sage Foundation, 257-264.

Fuchs-Heinritz, Werner (2005^3) Biographische Forschung. Eine Einführung in Methoden und Praxis, Wiesbaden: VS Verlag.

Fürstenberg, Friedrich (2006) Soziale Aspekte der transnationalen Pendelwanderung, in: Sterbling, Anton (Hg.) Migrationsprozesse. Probleme von Abwanderungsregionen, Identitätsfragen. Hamburg: Krämer, 19-31.

Gabanyi, Annelie Ute (1989) Ceauşescus ‚Systematisierung' – Territorialplanung in Rumänien. Südosteuropa, 5, 235-257.

Gal, Susan/Kligman, Gail (2000) The Politics of Gender After Socialism. Princeton: Princeton University Press.

Garfinkel, Harold/Sacks, Harvey (1976) Über formale Strukturen praktischer Handlungen, in: Sack, Fritz/Weingarten, Elmar (Hg) Ethnomethodologie. Beiträge zu einer Soziologie des Alltagshandelns. Frankfurt/Main: Suhrkamp Verlag, 130-178.

Garfinkel, Harold (19815) Das Alltagswissen über soziale und innerhalb sozialer Strukturen, in: Arbeitsgruppe Bielefelder Soziologen (Hg.) Alltagswissen, Interaktion und gesellschaftliche Wirklichkeit. Opladen: Westdeutscher Verlag, 189-260.

Gazeta Românească (2008) 350.00 de copii, abandonaţi de părinţii plecaţi în străinătate [350.000 Kinder von ihren Eltern, die ins Ausland gegangen sind, im Stich gelassen"], 17, 31.

Gazeta Românească (2008) Românii din străinătate şi-au lăsat copiii la voia întâmplării [„Die Rumänen im Ausland überlassen ihre Kinder ihrem Schicksal"], 18, 33.

Gazeta Românească (2008) Bursă de locuri de muncă la Torino [Arbeitsplatzbörse in Turin], 24, 3.

Geertz, Clifford (1983) Dichte Beschreibung. Beiträge zum Verstehen kultureller Systeme. Frankfurt/Main: Suhrkamp.

Gheţău, Vasile (2006) "Declinul demografic al României: ce perspective?" Sociologie Românească, vol. 2, 5-41.

Glaser, Barney G./Strauss, Anselm L. (1967) The Discovery of Grounded Theory. Strategies for Qualitative Research. New York: Aldine.

Glaser, Barney G./Strauss, Anselm L. ([1965] 1974) Interaktion mit Sterbenden - Beobachtungen für Ärzte , Schwestern, Seelsorger und Angehörige. Göttingen: Vandenhoeck & Ruprecht. [Orig. Awareness of Dying]

Glazer, Nathan/Moynihan, Daniel P. (19702) Beyond the Melting Pot. The Negroes, Puerto Ricans, Jews, Italians, and Irish of New York City. Cambridge, Mass. u. a.: MIT Press.

Glick Schiller, Nina/Basch, Linda/Blanc-Szanton(sic!), Cristina (1992) Transnationalism: A New Analytical Framework for Understanding Migration. Annales of the New York Academy of Sciences, (645), 1-24.

Glick Schiller, Nina/Basch, Linda/Szanton-Blanc Cristina (1997a) From Immigrant to Transmigrant. Theorizing Transnational Migration, in: Pries, Ludger (Hg.) Transnationale Migration. Sonderband 12 der Zeitschrift Soziale Welt, Baden-Baden: Noimos, 121-142.

Glick Schiller, Nina/Basch Linda/Szanton-Blanc Cristina (1997b) Nations Unbound: Transnational Projects and Deterritorialized Nation-States. Amsterdam: Gordon and Breach.

Glorius, Birgit (2007) Transnationale Perspektiven. Eine Studie zur Migration zwischen Polen und Deutschland. Bielefeld: Transcript.

Goeke, Pascal (2007) Transnationale Migration. Post-jugoslawische Biographien in der Weltgesellschaft. Bielefeld: Transcript.

Goldring Luin (1997) Power and Status in Transnational Social Spaces. Soziale Welt. Sonderband, Baden-Baden, Noimos, 12, 179-195.

Granovetter, M. (1973) The strength of weak ties. American Journal of Sociology, 78(6), 1360-1380.

Guarnizo, Luis Eduardo (2003) The economics of transnational living. International Migration Review, 37(3), 666-683.

Gültekin, Nevâl (2003) Bildung, Autonomie, Tradition und Migration. Opladen: Leske & Budrich.

Gültekin, Nevâl/Inowlocki, Lena/Lutz, Helma (2003) Quest and Query. Interpreting a Biographical Interview with a Turkish Woman Laborer in Germany. Forum Qualitative Sozialforschung, 4, 3, http://www.qualitative-research.net/index.php/fqs/article/view/668 Zugriff am 15.08.2009.

Gurwitsch, Aron (1975) Das Bewusstseinsfeld. Berlin: De Gruyter.

Gurwitsch, Aron (1976) Die mitmenschlichen Begegnungen in der Milieuwelt. Berlin: de Gruyter.

Habermas, Jürgen (19925) Moralbewusstsein und kommunikatives Handeln. Frankfurt/Main: Suhrkamp.

Han, Petrus (2003) Frauen und Migration. Strukturelle Bedingungen, Fakten und soziale Folgen der Frauenmigration. Stuttgart: Lucius & Lucius.

Han, Petrus (20052) Soziologie der Migration. Erklärungsmodelle, Fakten, politische Konsequenzen, Perspektiven, Stuttgart: Lucius & Lucius.

Han, Petrus (2006) Theorien zur internationalen Migration. Ausgewählte interdisziplinäre Migrationstheorien und deren zentrale Aussagen. Stuttgart: Lucius & Lucius.

Hann, Christopher M. (2002) Postsozialismus: Transformationsprozesse in Europa und Asien aus ethnologischer Perspektive, Frankfurt/Main: Campus Verlag.

Hannerz, Ulf (1995) „Kultur" in einer vernetzten Welt. Zur Revision eines ethnologischen Begriffes, in: Kaschuba, Wolfgang (Hg.) Kulturen – Identitäten – Diskurse. Perspektiven Europäischer Ethnologie. Berlin: Akademie Verlag, 64-84.

Hauser-Schäublin, Brigitta (2003) Teilnehmende Beobachtung, in: Beer, Bettina (Hg.) Methoden und Techniken der Feldforschung. Berlin: Reimer, 33-54.

Heller, Wilfried (Hg.) (1997) Migration und sozioökonomische Transformation in Südosteuropa. München: Südosteuropa-Gesellschaft.

Heller, Wilfried (1999) Innenansichten aus dem postsozialistischen Rumänien. Sozioökonomische Transformation, Migration und Entwicklungsperspektiven im ländlichen Raum. Berlin: Berlin Verlag.

Heller, Wilfried (2001) Rumänien vor den Toren der EU. Migration, Landwirtschaft und ländlicher Raum. Geographische Rundschau, 53, 11, 10-16.

Heller, Wilfried (2006) Demographie, Migration und räumliche Entwicklung, in: Kahl, Thede (Hg.) Rumänien: Raum und Bevölkerung, Geschichte und Geschichtsbilder, Kultur, Gesellschaft und Politik heute, Wirtschaft, Recht und Verfassung. Wien: LIT Verlag, 39-62.

Hermanns, Harry (20075) Interviewen als Tätigkeit, in: Flick, Uwe (Hg.) Qualitative Forschung. Ein Handbuch. Reinbek bei Hamburg: Rowohlt Verlag, 360-368.

Hess, Sabine (2005) Globalisierte Hausarbeit. Wiesbaden: VS Verlag.

Hildenbrand, Bruno (1983) Alltag und Krankheit. Ethnographie einer Familie. Stuttgart: Klett-Cotta.

Hildenbrand, Bruno (1999) Fallrekonstruktive Familienforschung: Anleitungen für die Praxis. Opladen: Leske + Budrich.

Hildenbrand, Bruno/Müller, Hermann/Beyer, Barbara/Klein, Daniela (1984) Biographiestudien im Rahmen von Milieustudien, in: Kohli, Martin/ Robert, Günther (Hg.) Biographie und soziale Wirklichkeit. Stuttgart: Metzler, 29-52.

Hildenbrand, Bruno/Bohler, Karl F./Walther, Jahn/Schmitt, Reinhold (1992) Bauernfamilien im Modernisierungsprozeß. Frankfurt/Main: Campus.

Hochschild, Arlie Russell (2001) Global Care Chains and Emotional Surplus Value, in: Giddens, Anthony/Hutton, Will (Hg.) On the Edge. Living with Global Capitalism. London: Jonathan Cape, 130-146.

Hoerning, Erika, M (1989) Erfahrungen als biographische Ressourcen, in: Alheit, Peter/Hoerning, Erika M. (Hg.) Biographisches Wissen. Beiträge zu einer Theorie lebens-geschichtlicher Erfahrung, Frankfurt/Main: Campus, 148-163.

Hoffmann-Nowotny, Hans-Joachim (1970) Migration. Ein Beitrag zu einer soziologischen Erklärung. Stuttgart: Enke.

Hondagneu-Sotelo, Pierrette (1994) Gendered transitions. Mexican experiences of Immigration. Berkeley: University of California Press.

Hondagneu-Sotelo, Pierrette/Avila, Ernestine (1997) "I'm here, but I'm there". The Meaning of Latina Transnational Motherhood, Gender & Society, 11: 548-571.

Hopf, Christel (2007b) Qualitative Interviews – ein Überblick, in: Flick, Uwe/ von Kardorff, Ernst/Steinke, Ines (Hg.) Qualitative Forschung. Ein Handbuch. Reinbek bei Hamburg: Rowohlt, 349-360.

Horváth, István (2007) Länderprofil: Rumänien. Focus Migration, 7. http://www.focus_migration.de/Einzelansichten.1316.0.html?&tx_wilpubdb_pi1[title]=42&tx_wilpubdb_pi1[submit]=Suchen&tx_wilpubdb_pi1[article]=865&cHash=9b46886601 Zugriff am 04.03.2008.

Horváth, István (2008) The Culture of Migration of Rural Romanian Youth. Journal of Ethnic and Migration Studies, 34(5), 771-786.

Humnici, Adelina (2003) The situation of highly qualified women in economic and public life in Romania, in: Domsch, Michel E./Ladwig, Desirée H./Tenten, Eliane (Hg) Gender Equality in Central and Eastern European Countries, Frankfurt/Main u. a.: Lang, 231-249.

Hunya, Gabor (1990) Privatwirtschaft und Privatisierung in Rumänien. Südosteuropa. Zeitschrift für Gegenwartsforschung, 39, 643-657.

Husserl, Edmund (1976) Ideen zu einer reinen Phänomenologie und Phänomenologischen Philosophie. Erstes Buch (Gesammelte Werke III, 1), hrsg. von Schuhmann, Karl, Den Haag: Nijhoff.

Iglicka, Krystyna (1998) The economics of petty trade on the Eastern Polish border, in: dies./Sword, K. (Hg.) The challenge of East-West migration for Poland. Basingstoke: Macmillan.

Ilien, Albert/Jeggle, Utz (1978) Leben auf dem Dorf. Zur Sozialgeschichte des Dorfes und der Sozialpsychologie seiner Bewohner. Opladen: Westdeutscher Verlag.

Ingham, Mike/Ingham, Hilary (2001) Gender and labour market restructuring in Central and Eastern Europe, in: Rainnie, Al/Smith, Adiran/Swain, Adam (Hg.) Work, Employment and Transition. Restructuring Livelihoods in Post-Communism. London: Routledge, 170-191.

International Organization for Migration (IOM) (2001) Circulatory Migration of Romanians from rural areas and small towns. Bukarest.

International Organization for Migration (IOM) (2004) Migration Trends in Selected Applicant Countries. Volume IV – Romania. More 'Out' than 'In' at the Crossroads between Europe and the Balkans. Bukarest.

Iordache, Michaela (2006a) Roumanie: quand les parents travaillent à l´ètranger, les enfants restens seuls". Le Courrier des Balkans, 18. April.

Iordache, Michaela (2006b) La Roumanie devient un pays d´immigration (traduit par Pascal Pichon). Le Courrier des Balkans, 28. April.

Irek, Malgorzata (1998) Der Schmugglerzug. Berlin: Das arabische Buch.

Istituto nazionale di statistica (ISTAT) (2007) Statistiche in breve. La popolazione straniera residente in Italia. http://www.istat.it/salastampa/comunicati / non_calendario/20071002_00/, Zugriff am: 03.05.2008.

Istituto nazionale di statistica (ISTAT) (2009) La popolazione straniera residente in Italia. http://www.istat.it/salastampa/comunicati/non_calendario/20091008_00/, Zugriff am: 20.08.2010.

Jackson, Marvin/Happel, Stephen K. (1977) Population Structure, in: Grothusen, Klaus-Detlev (Hg.) Südosteuropa-Handbuch. Rumänien, Band II. Göttingen: Vandenhoeck & Ruprecht, 426–457.

Jeffries, Ian (1990) A guide to the socialist economies. London: Routledge.

Juhasz, Anne/Mey, Eva (2003) Die zweite Generation: Etablierte oder Außenseiter? Biographien von Jugendlichen ausländischer Herkunft, Wiesbaden: Westdeutscher Verlag.

Kahl, Thede/Metzeltin, Michael/Ungureanu, Mihai-Razvan (Hg.) (2006) Rumänien. Raum und Bevölkerung. Geschichte und Geschichtsbilder. Kultur. Gesellschaft und Politik heute. Wirtschaft. Recht und Verfassung. Historische Regionen Österreichische Osthefte – Zeitschrift für Mittel-, Ost- und Südosteuropaforschung, Wien: LIT Verlag.

Kallmeyer, Werner/Schütze, Fritz (1977) Zur Konstitution von Kommunikationsschemata der Sachverhaltsdarstellung, in: Wegner, Dirk (Hg.) Gesprächsanalysen. Vorträge, gehalten anläßlich des 5. Kolloquiums des Instituts für Kommunikationsforschung und Phonetik, Bonn, 14.-16. Oktober 1976, Hamburg: Buske, 159-274.

Karakayali, Juliane (2010) Transnational Haushalten. Biografische Interviews mit care workers aus Osteuropa. Wiesbaden: VS Verlag.

Karakayali, Serhat/Tsianos, Vassilis (2002) Migrationsregimes in der Bundesrepublik Deutschland. Zum Verhältnis von Staatlichkeit und Rassismus, in: Demirovic, Alex/Bojadzijev, Manuela (Hg.) Konjunkturen des Rassismus, Münster: Westfälisches Dampfboot, 246-267.

Karner, Tracey X. (1998) Professional Caring. Homecare workers as fictive kin. Journal of Aging Studies, 12, 1, 69-82.

Kaschuba, Wolfgang (20063) Einführung in die Europäische Ethnologie. Verlag C.H.Beck: München.

Kearney, Michael (1995) The Local and the Global. The Anthropology of Globalization and Transnationalism. Annual Review of Anthropology, 24, 547-565.

Kelle, Udo/Kluge Susann (1999) Vom Einzelfall zum Typus: Fallvergleich und Fallkontrastierung in der qualitativen Sozialforschung. Opladen: Leske + Budrich.

Kempf, Andreas (2004) Wechselbeziehungen zwischen Familie und Migration, Bachelor-Arbeit. Fakultät für Kulturwissenschaften. Europa-Universität Viadrina Frankfurt/Oder.

Kempf, Andreas (2006a) Experiences of migration in Romanian families. Sociologie Româneasca, IV, 1, 56-76.

Kempf, Andreas (2006b) "Mehr als ein Lächeln." Erfahrungen von Migration in Familien aus Rumänien. Eine Typologie von Familien im Migrationsprozess, Master-Arbeit. Fakultät für Kulturwissenschaften, Europa-Universität Viadrina Frankfurt/Oder.

Kempf, Andreas (2009) Approaching Biographical Meanings of Work Migration Experiences from the East to the West of Europe. Multilevel social processes within plurilocal migrant families, in: European Sociological Association (Hg.) Tagungsband zur Konferenz "European Society or European Societies?" der European Sociological Association (ESA), Lissabon, CD-ROM.

Kideckel, David (1993) The Solitude of Collectivism. Romanian Villagers to the Revolution and Beyond. Ithaca: Cornell University Press.

King, Russell/Black Richard (Hg.) (1997) Southern Europe and the New Immigrations. Eastbourne: Sussex Academic Press.

King, Russell (2000) Generalizations from the History of Return Migration, in: Ghosh, Bimal (Hg.) Return Migration: Journey of Hope or Despair?. Geneva: The International Organization for Migration and the United Nations, 7-55.

Kligman, Gail (1998) The Politics of Duplicity. Controlling Reproduction in Ceausescu's Romania. Los Angeles: University of California Press.

Kivisto, Peter (2001) Theorizing Transnational Immigration: a critical review of current efforts. Ethnic and Racial Studies, 24(4), 549-577.

Kofman, Eleonore/Phizacklea, Annie/Raghuram, Parvati/Sales, Rosemary (2000) Gender and international migration in Europe. London, New York: Routledge.

Kohli, Martin (1981a) Wie es zur "biographischen Methode" kam und was daraus geworden ist. Ein Kapitel aus der Geschichte der Sozialforschung. Zeitschrift für Soziologie, 10, 273-293.

Kohli, Martin (1981b) Biographische Organisation als Handlungs- und Strukturproblem, in: Matthes, Joachim/Pfeifenberger, A./Stosberg, M. (Hg.) Biographie in handlungswissenschaftlicher Perspektive. Nürnberg: Nürnberger Forschungsvereinigung, 157-168.

Kohli, Martin (1985) Die Institutionalisierung des Lebenslaufs. Historische Befunde und theoretische Argumente. Kölner Zeitschrift für Soziologie und Sozialpsychologie, 37(1), 1-28.

Kokemohr, Rainer/Koller, Christoph (1995) Die rhetorische Artikulation von Bildungsprozessen. Zur Methodologie erziehungswissenschaftlicher Biographieforschung, in: Krüger, Heinz-Hermann/Marotzki, Winfried. (Hg.) Erziehungswissenschaftliche Biographieforschung. Opladen: Leske + Budrich, 90-102.

Kontos, Maria (1999) Migration – Zwischen Autonomie und Tradition, in: Apitzsch, Ursula (Hg.) Migration und Traditionsbildung. Opladen: Westdeutscher Verlag, 232-241.

Kontos, Maria (2000) Migration als Emanzipationsprojekt? Vergleiche im Generationen- und Geschlechterverhältnis, in: Dausien, Bettina/Calloni, Marina/ Friese, Marianne (Hg.) Migrationsgeschichten von Frauen. Bremen: Universität Bremen, 169-199.

Koser, Khalid/Lutz, Helma (1998) The New Migration in Europe: Contexts, Constructions and Realities, in: dies. (Hg.) The New Migration in Europe. Social Constructions and Social Realities. London/Basingstoke: Macmillan u. a., 1-20.

Kruse, Jan (2009) Reader „Einführung in die Qualitative Interviewforschung" Freiburg (http://www.soziologie.uni-freiburg.de/kruse).

Kuhn, Thomas S. (1976²) Die Struktur wissenschaftlicher Revolutionen. Frankfurt/Main: Suhrkamp.

Lăzăroiu, Sebastian (2002) Circular Migration of labor supply from Romanian. Consequences regarding the integration in the EU. Bukarest.

Lăzăroiu, Sebastian (2003) The Risks of irregular migration to the European Union. Percesptions and Trends. Bukarest: IOM.

Levitt, Peggy (1998) Social Remittances. Migration driven local-level forms of cultural diffusion. International Migration Review, 32(4), 926-948.

Levitt, Peggy (2001) The Transnational Villagers. Berkeley: University of California Press.

Levitt, Peggy/DeWind, Josh/Vertovec, Steven (2003) International Perspectives on Transnational Migration. An Introduction. International Migration Review, 37, 3, 565-575.

Lewin, Kurt ([1927] 1967) Gesetz und Experiment in der Psychologie. Darmstadt: Wissenschaftliche Buchgesellschaft.

Lindner, Rolf ([1990] 2007) Die Entdeckung der Stadtkultur. Soziologie aus der Erfahrung der Reportage. Frankfurt/Main: Campus.

Losi, Natale (1996) Italien – vom Auswanderungsland zum Einwanderungsland, in: Fassmann, Heinz/Münz, Rainer (Hg.) Migration in Europa. Historische Entwicklung, aktuelle Trends und politische Reaktionen. Frankfurt/Main, New York: Campus, 119-138.

Lucassen, Jan/Lucassen, Leo (1997) Migration, Migration History, History: Old Paradigms and New Perspectives, in: dies. (Hg.) Migration, migration history, history: old paradigms and new perspectives. Bern: Peter Lang, 9-40.

Luckmann, Thomas (1978) Kommunikation und die Reflexivität der Sozialwissenschaften, in: Zimmermann, Jörg (Hg.) Sprache und Welterfahrung. München: Wilhelm Fink, 177-191.

Luckmann, Thomas (1986) Zeit und Identität. Innere soziale und historische Zeit, in: Fürstenberg, Friedrich/Mörth, Ingo (Hg.) Zeit als Strukturelement von Lebenswelt und Gesellschaft. Linz: Trauner, 135-174.

Lutz, Helma (2002) Transnationalität im Haushalt. In: Gather, Claudia/Geissler, Birgit/Rerrich, Maria S. (Hg.) Weltmarkt Privathaushalt. Bezahlte Haushaltsarbeit im globalen Wandel. Münster: Westfälisches Dampfboot, 86-103.

Lutz, Helma (2003) Leben in der Twilightzone. Migration, Transnationalität und Geschlecht im Privathaushalt, in: Allmendinger Jutta (Hg.) Entstaatlichung und soziale Sicherheit. Opladen: Leske + Budrich, 256-266.

Lutz, Helma (2004) Transnationale Biographien in globalisierten Gesellschaften, in: Ottersbach, Markus/Yildiz, Erol (Hg.) Migration in der metropolitanen Gesellschaft. Zwischen Ethnisierung und globaler Neuorientierung. Münster: LIT Verlag, 207-216.

Lutz, Helma/Schwalgin, Susanne (2004) Irregular Migration and the Globalization of Domestic Work. Migrant Domestic Workers in Germany, in: Fauve-Chamoux, Antoinette (Hg.) Domestic service and the formation of European Identity. Bern: Lang, 277-297.

Lutz, Helma (20082) Vom Weltmarkt in den Privathaushalt. Die neuen Dienstmädchen im Zeitalter der Globalisierung. Opladen: Verlag Barbara Budrich.

Mahler, Sarah (1999) Theoretical and Empirical Contributions. Toward a Research Agenda for Transnationalism, in: Smith, Michael Peter/Guarnizo, Luis Eduardo (Hg.) Transnationalism from below. New Brunswick: Transaction Publishers, 64-100.

Malačič, Janez (1996) Arbeitsmigration aus Ex-Jugoslawien, in: Fassmann, Heinz/Münz, Rainer (Hg.) (1996): Migration in Europa. Historische Entwicklung, aktuelle Trends und politische Reaktionen. Frankfurt am Main, New York: Campus, 231-244.

Malinowski, Bronislaw (1973) Magie, Wissenschaft und Religion und andere Schriften. Frankfurt/Main: Suhrkamp.

Mannheim, Karl ([1928] 1964) Das Problem der Generation, in: ders. Wissenssoziologie. Neuwied, 509-565.

Mannheim, Karl (1980) Strukturen des Denkens. Frankfurt/Main: Suhrkamp.

Măntescu, Liviu (2006) Obștea vrânceană actuală. Definiția unei structuri. Sociologie Românească, 4(3), 130-143.
Marcus, George E. (1995) Ethnography in/of the world system. The Emergence of Multi-Sited Ethnography. Annual Review of Anthropology, 24, 95-117.
Marotzki, Wilfried (1990) Entwurf einer strukturalen Bildungstheorie. Biographietheoretische Auslegung von Bildungsprozessen in hochkomplexen Gesellschaften. Weinheim: Deutscher Studienverlag.
Marotzki, Winfried (20075) Qualitative Biographieforschung, in: Flick, Uwe/ von Kardorff, Ernst/Steinke, Ines (Hg.) Qualitative Forschung. Ein Handbuch. Reinbek bei Hamburg: Rowohlt Taschenbuch Verlag.
Massey, Douglas S. (1990) Social structure, household strategies and the cumulative causation of migrations. Population Index, 56, 3-26.
Massey, Douglas S./Arango, Joaquin/Hugo, Graeme/Kouaouci, Ali/Pellergrino, A./Taylor, Edward J. (Hg.) (1998) Worlds in Motion. Understanding International Migration at the End of the Millennium, Oxford: Clarendon Press Oxford.
Mattes, Monika (2005) «Gastarbeiterinnen» in der Bundesrepublik. Anwerbepolitik, Migration und Geschlecht in den 50er bis 70er Jahren. Frankfurt/ Main: Campus-Verlag.
Matthes, Joachim (1983) Religion als Thema komparativer Sozialforschung. Soziale Welt, 34, 1, 3-21.
Matthes, Joachim (1985) Zur transkulturellen Relativität erzählanalytischer Verfahren in der empirischen Sozialforschung. Kölner Zeitschrift für Soziologie und Sozialpsychologie, 37, 310-326.
Mayer, Philip (1961) Townsmen or Tribesmen. Cape Town: Oxford University Press.
Medick, Hans (1976) The Proto-Industrial Family Economy: The Structural Function of the Household during the Transition from Peasant Society to Industrial Capitalism. Social History, 3, 291-315.
Medick, Hans/Sabean, David (1984) Emotionen und materielle Interessen in Familie und Verwandtschaft, in: dies. (Hg.) Emotionen und materielle Interessen. Sozialanthropologische und historische Beiträge zur Familienforschung, Göttingen: Vandenhoeck & Ruprecht, 27-54.
Merkens, Hans (2003) Auswahlverfahren, Sampling, Fallkonstruktion, in: Flick, Uwe/von Kardorff, Ernst/Steinke, Ines (Hg.) Qualitative Forschung. Ein Handbuch. Reeinbek bei Hamburg: Rowohlt, 286-299.
Mey, Günter (1999) Adoleszenz, Identität, Erzählung. Theoretische, methodologische und empirische Erkundungen. Berlin: Köster.
Mey, Günter (2000) Erzählungen in qualitativen Interviews: Konzepte, Probleme, soziale Konstruktionen. Sozialer Sinn, 1, 135-151.

Miethe, Ingrid (1999) Frauen in der DDR-Opposition. Lebens- und kollektivgeschichtliche Verläufe in einer Frauenfriedensgruppe. Opladen: Leske + Budrich.

Migration News Sheet (1997) nach Anderson, Bridget (2000) siehe oben. Keine weiteren Angaben.

Momsen, Janet Henshall (1999) Maids on the Move, in: dies (Hg.) Gender, Migration and Domestic Service, London, New York: Routledge, 1-12.

Morokvasic, Mirjana (1993) 'In and out' of the labour market : Immigrant and minority women in Europe. New Community, 19(3), 459-483.

Morokvasic, Mirjana/de Tinguy, Anne (1993) Between East and West: A new migratory space, in: Rudolph, Hedwig/Morokvasic, Mirjana (Hg.) Bridging State and Markets. International Migration in the Early 1990s. Berlin: edition sigma, 245-263.

Morokvasic, Mirjana (1994) Pendeln statt auswandern. Das Beispiel der Polen, in: Morokvasic, Mirjana/Rudolph, Hedwig (Hg.) Wanderungsraum Europa: Menschen und Grenzen in Bewegung. Berlin: Ed. Sigma, 166-187.

Morokvasic, Mirjana (2003) Transnational Mobility and Gender: A View from Post-Wall Europe, in: dies./Erel, Umut/Shinozaki, Kyoko (Hg.) Crossing Borders and Shifting Boundaries, Band I, Gender on the Move. Opladen: Leske + Budrich, 101-133.

Morokvasic, Mirjana/Rudolph, Hedwig (Hg.) (1994) Wanderungsraum Europa. Menschen und Grenzen in Bewegung. Berlin: Ed. Sigma.

Münst, Agnes S. (2007) Persönliche und ethnische Netzwerke im Migrationsprozess polnischer Hausarbeiterinnen, in: Nowicka, Magdalena (Hg.) Von Polen nach Deutschland und zurück. Die Arbeitsmigration und ihre Herausforderung für Europa. Bielefeld: Transcript, 161-179.

Muntele, Ionel (2003) Migrations internationales dans la Roumanie modern et contemporaine, in: Diminescu, Dana (Hg.) Visibles mais peu nombreux. Les circulations migratoires roumaines. Paris: Editions de la Maison des Sciences de l'Homme, 33-48.

Nassehi, Armin (1994) Die Form der Biographie. Theoretische Überlegungen zur Biographieforschung in methodologischer Absicht. BIOS, 7, 46-73.

Nassehi, Armin (1995) Der Fremde als Vertrauter. Soziologische Beobachtungen zur Konstruktion von Identitäten und Differenzen. Kölner Zeitschrift für Soziologie und Sozialpsychologie, 47, 443-463.

Nauck, Bernhard (1985) Arbeitsmigration und Familienstruktur: eine Analyse der mikrosoziologischen Folgen von Migrationsprozessen, Frankfurt/Main: Campus.

Neagu, Costică (2005) Negrileştii Vrancei. Focşani: Editura Terra.

Nedelcu, Mihaela (2003) "E-communautarisme ou l'impact de l'internet sur la quotidien des migrants", in: Diminescu, Dana (Hg.) "Visibles, mais peu nombreux..." Les circulations migratoires roumaines. Paris: Èditions de la Maison des sciences de l'homme, 325-338.

Nicolae, Catarina (2005) Legalisation des sans-papiers en Espagne: les Roumains sont prets. Adevarul/Internet 7. bzw. 23.02.2005.

Nugent, Walter T.K. (1992) Crossings. The great transatlantic migrations, 1870-1912. Bloomington: Indiana University Press.

OECD (2010) Romania, in: dies. (Hg.) International Migration Outlook: SOPEMI 2010, 236 f. http://www.oecd.org/dataoecd/6/13/45629644.pdf, Zugriff: am 18.08.2010.

Ohliger, Rainer (1996) Vom Vielvölkerstaat zum Nationalstaat – Migration aus und nach Rumänien im 20. Jahrhundert, in: Fassmann, Heinz/Münz, Rainer (Hg.) Migration in Europa. Historische Entwicklung, aktuelle Trends und politische Reaktionen. Frankfurt/Main, New York: Campus, 285–302.

Ohliger, Rainer (2000): Von der ethnischen zur «illegalen» Migration: Die Transition des rumänischen Migrationsregimes, in: Fassmann, Heinz/Münz, Rainer (Hg.) Ost-West-Wanderung in Europa. Wien: Böhlau, 195–205.

Okolski, Marek (1994) Alte und neue Muster: Aktuelle Wanderungsbewegungen in Mittel- und Osteuropa, in: Morokvasic, Mirjana/Rudolph, Hedwig (Hg.) Wanderungsraum Europa: Menschen und Grenzen in Bewegung. Berlin: Ed. Sigma, 133–147.

Okolski, Marek (2001) Incomplete migration : a new form of mobility in Central and Eastern Europe. The case of Polish and Ukrainian migrants, in: Wallace, C./Stola, D. (Hg.) Patterns of migration in Central Europe. Hampshire: Palgrave.

Palenga-Möllenbeck, Ewa (2005) „Von Zuhause nach Zuhause" – Transnationale Sozialräume zwischen Oberschlesien und dem Ruhrgebiet, in: Pries, Ludger (Hg.) Zwischen den Welten und amtlichen Zuschreibungen. Neue Formen und Herausforderungen der Arbeitsmigration im 21. Jahrhundert. Essen: Klartext-Verlag.

Park, Robert Ezra (1925) The City. Suggestions for the Investigation of Human Behavior in the Urban Environment, in: ders./Burgess, Ernest W. (Hg.) The City, Chicago: The University of Chicago Press, 1-46.

Parreñas, Rhacel Salazar (2001) Mothering from a distance. Emotions, Gender and Intergenerational Relations in Filipino Transnational Families. Feminist Studies, 27, 2, 361-390.

Parreñas, Rhacel Salazar (2005) Children of Global Migration: Transnational Families and Gendererd Woes, Stanford: Stanford University Press.

Peirce, Charles (1980) Schriften zum Pragmatismus und Pragmatizismus. Frankfurt/Main: Suhrkamp.
Pessar, Patricia R. (1999) The Role of Gender, Household, and Social Networks in the Migration Process: A Review and Appraisal, in: Hirschman, Charles/ Kasinitz, Philip/DeWind, Josh (Hg.) The Handbook of International Migration. The American Experience. New York: Russell Sage Foundation, 53-70.
Pessar, Patricia R./Mahler, Sarah J. (2003) Transnational Migration. Bringing Gender in. International Migration Review, 37, 3, 812-846.
Philipper, Ingeborg (1997) Biographische Dimensionen der Migration. Zur Lebensgeschichte von Italienerinnen der ersten Generation. Weinheim: Studienverlag.
Phizacklea, Annie (1998) Migration and Globalization: A Feminist Perspective, in: Koser, Khalid/Lutz, Helma (Hg.) The New Migration in Europe. Social Constructions and Social Realities. London, Basingstoke: Macmillan, 21-33.
Phizacklea, Annie (2003) Transnationalism, Gender and Global Workers, in: Morokvasic, Mirjana/Erel, Umut/Shinozaki, Kyoko (Hg.) Crossing Borders and Shifting Boundaries/Vol. I. Gender on the Move. Opladen: Leske + Budrich, 79-100.
Pojmann, Wendy A. (2006) Immigrant women and feminism in Italy. Aldershot: Ashgate.
Polanyi, Michael (1973) Personal Knowledge. London: Routledge and Kegan Paul.
Portes, Alejandro (1996) Global Villagers. The Rise of Transnational Communities. The American Prospect, 7, 25. http://www.prospect.org/cs/ artcles?article =global_villagers. Zugriff am: 27.11.2007.
Portes, Alejandro (1998) Social Capital: its Origins and Applications in Modern Sociology. Annual Review of Sociology, 24, 1-24.
Portes, Alejandro (2001) Introduction: the debates and significance of immigrant transnationalism. Global Networks, 1, 3, 181-193.
Portes, Alejandro/Guarnizo, Luis E./Landolt, Patricia (1999) The study of transnationalism: pitfalls and promise of an emergent research field. Ethnic and Racial Studies, 22, 217-237.
Portes Alejandro/Guarnizo, Luis E./Haller, William (2001) From Assimilation to Transnationalism: Determinants of Transnational Political Action among Contemporary Migrants, Working Paper Series, Princeton University, www.cmd.princeton.edu.
Potot, Swanie (2000) Mobilités en Europe. Études de deux réseux migratiores Roumains. Sociologie Românească, 2, 101-119.

Potot, Swanie (2002) Les migrants transnationaux. Une nouvelle figure sociale en Roumanie. Revue d'Etudes Comparatives Est-Ouest, 33, 1, 149-177.

Potot, Swanie (2003) Circulations et réseaux de migrants roumains. Une contribution à l'étude des nouvelles mobilités en Europe, Dissertationsschrift.

Pries, Ludger (1996) Transnationale Soziale Räume. Theoretisch-empirische Skizze am Beispiel der Arbeitswanderungen Mexico-USA. Zeitschrift für Soziologie, 25(6), 455-467.

Pries, Ludger (1997) Neue Migration im transnationalen Raum, in: Ders. (Hg.) Transnationale Migration. Sonderband 12 der Zeitschrift Soziale Welt. Baden-Baden: Nomos, 15-44.

Pries, Ludger (2001) Internationale Migration, Bielefeld: Transcript Verlag.

Pries, Ludger (2008) Die Transnationalisierung der sozialen Welt. Frankfurt/Main: Suhrkamp.

Quasthoff, Uta (1979) Eine intakte Funktion von Erzählungen, in: Soeffner, Hans-Georg (Hg.) Interpretative Verfahren in den Sozial- und Textwissenschaften. Stuttgart: Metzler, 104-126.

Radu, Cosmin (2001) De la Crângeni – Teleorman spre Spania: Antreprenoriat, adventism și migrație circolatorie. Sociologie Românească, 1-4, 215-231.

Radu, Cosmin (2003) Spre o cultura a migratiei? Cazul Adventistilor din Crangeni, in: Chelcea, Liviu/Latea, Puiu (Hg.) Economia informala in Romania: practici, piete si transformarea statului, Bucuresti: Paideia.

Randall, Steven G. (1976) The Family Estate in an Upland Carpathian Village. Dialectical Anthropology, I (2) 277-285.

Rey, Violette (2003) Les Roumains sur les chemins de l'Europe, in: Diminescu, Dana (Hg.) Visibles mais peu nombreux: Les circulations migratoires roumaines, Paris: Editions de la Maison des Sciences de l'Homme, 27-31.

Riccio, Bruno (2002) Etnografia dei migranti transnazionali. L'esperienza senegalese tra inclusione ed esclusione, in: Colombo, Asher/Sciortino, Giuseppe (Hg.) Stranieri in Italia. Assimilati ed esclusi, Bologna: Il Mulino, 169-194.

Riemann, Gerhard (2010) Die Analyse narrativer Interviews – ein Forschungsansatz, in: Bock, Karin/Miethe, Ingrid (Hg.) Handbuch qualitative Methoden in der Sozialen Arbeit. Opladen u. a.: Verlag Barbara Budrich, 223-231.

Ronnas, Per (1988) Städtewachstum und Raumentwicklung in Rumänien. Osteuropa, 11, 1008-1021.

Ronnas, Per (1989) Turning the Romanian Peasant into a New Socialist Man: An Assessment of Rural Development Policy in Romania. Soviet Studies, 41(4), 543-559.

Rosenthal, Gabriele (1995) Erlebte und erzählte Lebensgeschichte. Gestalt und Struktur biographischer Selbstbeschreibungen, Frankfurt/Main, New York: Campus.

Rosenthal, Gabriele (2002) Biographische Forschung, in: Schaeffer, Doris/Müller-Mundt, Gabriele (Hg.) Qualitative Gesundheits- und Pflegeforschung, Bern u. a.: Hans Huber Verlag, 133-148.

Rosenthal, Gabriele (2005) Interpretative Sozialforschung. Eine Einführung. Weinheim u. a.: Juventa Verlag.

Rosenthal, Gabriele (20092) Die Biographie im Kontext der Familien- und Gesellschaftsgeschichte, in: Völter, Bettina/Dausien, Bettina/Lutz, Helma/ Rosenthal, Gabriele (Hg.) Biographieforschung im Diskurs. Wiesbaden: VS Verlag, 46-64.

Roßbach, Henrike (2007) Kaufrausch und Baufieber. FAZ vom 17. Dezember, 12.

Roth, Andrei (2006) Abwanderung aus Rumänien, in: Sterbling, Anton (Hg.): Migrationsprozesse: Probleme von Abwanderungsregionen, Identitätsfragen. Hamburg: Krämer, 61–73.

Roth, Andrei/Weber Goerg (1994) Rumänische Soziologie unter Ceauşescu und Trends in der Gegenwart. Soziologie. Mitteilungsblatt der Deutschen Gesellschaft für Soziologie,1 , 24-43.

Rumbaut, Rubén G. (1997) Ties That Bind. Immigration and Immigrant Families in the United States, in Booth, Alan/Crouter, Ann C./Landale, Nancy (Hg.) Immigration and the Family. Mahwah: Lawrence Erlbaum Associates, 3-45.

Rustin, M. (2000) Reflections on the biographical turn in social science, in: Chamberlayne, Prue/Bornat, Joanna/Wengraf, Tom (Hg.) The turn to biographical methods in social science. London: Routledge, 13-52.

Salih, Ruba (2003) Gender in Transnationalism. Home, Longing and Belonging Among Moroccan Migrant Women. London: Routledge.

Salt, John/Clarke, James (1996) European migration report. International migration in Central and Eastern Europe. New Community, 22, 3, 513-529.

Sandu, Dumitru (1984) Fluxurile de migraţie în România. Bukarest: Editura Academiei Republicii Socialiste României.

Sandu Dumitru (2000a) Migraţia circulatorie că strategie de viaţa. Sociologie Românească, 2, 5-30.

Sandu, Dumitru (2000b) Migratia transnationala a romanilor din perspective unui recensamant comunitar. Sociologie Românească, 3-4, 5-52.

Sandu, Dumitru (2004) Cultură şi experienţă de migraţie în satele României. Sociologie Românească, 2, 3, 179-198.

Sandu, Dumitru (2005) Emerging Transnational Migration from Romanian Villages. Current Sociology, 53, 4, Monograph 2, 555-582.
Sassen, Saskia (1998) Überlegungen zu einer feministischen Analyse der globalen Wirtschaft. PROKLA: Zeitschrift für kritische Sozialwissenschaft, 111, 199-216.
Sauer, Andreas (2003) Modernisierung und Tradition. Das rumänische Dorf 1918-1989. St. Augustin: Gardez!-Verlag.
S.C. Dom (2003) Plan urbanistic general. Comuna Satulești[268], vol. 1, proiect nr. XXX/2003. Focșani.
Schebesch, Kurt (Hg.) (1969) Doina, Doina.... Eine Anthologie rumänischer Literatur aus Vergangenheit und Gegenwart. Verlag Gerhard Rautenberg: Leer. 32-35.
Schiffauer, Werner (1987) Die Bauern von Subay. Das Leben in einem türkischen Dorf. Stuttgart: Klett-Cotta.
Schiffauer, Werner (1991) Die Migranten aus Subay. Türken in Deutschland: Eine Ethnographie, Stuttgart: Klett-Cotta.
Schiffauer, Werner (2004) Der cultural turn in der Ethnologie und in der Kulturanthropologie, in: Jaeger, Friedrich/Rüsen, Jörn (Hg.) Handbuch der Kulturwissenschaften, Band II. Stuttgart, Weimar: Metzler, 502-517.
Schlehe, Judith (2003) Formen qualitativer ethnographischer Interviews, in: Beer, Bettina (Hg.) Methoden und Techniken der Feldforschung. Berlin: Reimer, 71-93.
Schlögel, Karl (2006) Im Raume lesen wir die Zeit. Rowohlt: Reinbek bei Hamburg.
Schmutzler, Georg E. (1977) Land- und Forstwirtschaft, in: Grothusen, Klaus-Detlev (Hg.) Südosteuropa-Handbuch, Band II. Göttingen: Vandenhoeck & Ruprecht, 323-348.
Schütz, Alfred (1971) Das Problem der Relevanz. Frankfurt/Main: Suhrkamp.
Schütz, Alfred (1972) Der Fremde, in: ders. Gesammelte Aufsätze, Band II. Studien zur soziologischen Theorie, hrsg. von Brodersen, A. Den Haag: Niejhoff, 53-69.
Schütz, Alfred (1972) Die Konstitution der Sprache in der Welt des Alltags, in: Badura, Bernhard/Gloy, Klaus (Hg.) Soziologie der Kommunikation. Stuttgart, Bad Cannstatt: Fromann-Holzboog, 218-237.
Schütz, Alfred ([1953] 1974) Der sinnhafte Aufbau der sozialen Welt, Frankfurt/Main: Suhrkamp.
Schütz, Alfred (1981) Theorie der Lebensformen. Frankfurt/Main: Suhrkamp.

---

268 Diese Literaturangabe wurde verschlüsselt, um den Namen des Dorfes anonym zu halten.

Schütz, Alfred/Parsons, Talcott (1977) Zur Theorie sozialen Handelns. Ein Briefwechsel. Frankfurt/Main: Suhrkamp.

Schütz, Alfred/Luckmann, Thomas (1979, 1984) Strukturen der Lebenswelt, Bd. I., II. Frankfurt/Main: Suhrkamp.

Schütze, Fritz (1975) Sprache soziologisch gesehen, 2 Bd. München: Fink.

Schütze, Fritz (1976) Zur Hervorlockung und Analyse von Erzählungen thematisch relevanter Geschichten im Rahmen soziologischer Feldforschung, in: Arbeitsgruppe Bielefelder Soziologen (Hg.) Kommunikative Sozialforschung. München: Fink, 159-260.

Schütze, Fritz (1977) Die Technik des narrativen Interviews in Interaktionsfeldstudien in einem Projekt zur Erforschung von kommunalen Machtstrukturen, Arbeitsberichte und Forschungsmaterialien Nr.1 der Universität Bielefeld.

Schütze, Fritz (1981) Prozeßstrukturen des Lebenslaufs, in: Matthes, Joachim/ Pfeifenberger, A./Stosberg, M. (Hg.) Biographie in handlungswissenschaftlicher Perspektive. Nürnberg: Nürnberger Forschungsvereinigung, 67-156.

Schütze, Fritz (1982) Narrative Repräsentation kollektiver Schicksalsbetroffenheit, in: Lämmert, Eberhard (Hg.) Erzählforschung. Ein Symposium. Stuttgart: Metzler, 568-590.

Schütze, Fritz (1983) Biographieforschung und narratives Interview. Neue Praxis, 3, 283-293.

Schütze, Fritz (1984) Kognitive Figuren des autobiographischen Stegreiferzählens, in: Kohli, Martin/Robert, Günther (Hg.) Biographie und soziale Wirklichkeit. Neue Beiträge und Forschungsperspektiven. Stuttgart: Metzler, 78-117.

Schütze, Fritz (1987a) Symbolischer Interaktionismus, in: Ammon, U./Dittmar, N./Mattheier, J. (Hg.) Sociolinguistics/Soziolinguistik. Ein internationales Handbuch zur Wissenschaft von Sprache und Gesellschaft. New York, Berlin: de Gruyter, 520-553.

Schütze, Fritz (1987b) Das narrative Interview in Interaktionsfeldstudien. Lehrbrief der Fernuniversität Hagen, Kurseinheit 1. Hagen: Fernuniversität Hagen.

Schütze, Fritz (1989) Kollektive Verlaufskurve oder kollektiver Wandlungsprozeß. Dimensionen des Vergleichs von Kriegserfahrungen amerikanischer und deutscher Soldaten im Zweiten Weltkrieg. BIOS, 2(1), 31-109.

Schütze, Fritz (1993) Die Fallanalyse. Zur wissenschaftlichen Fundierung einer klassischen Methode der Sozialen Arbeit, in: Rauschenbach, Thomas/Ortmann, Friedrich/Karsten, Maria E. (Hg.) Der sozialpädagogische Blick. Lebensweltorientierte Methoden der Sozialen Arbeit. Weinheim u. a. Juventa-Verlag, 191-221.

Schütze, Fritz (1995) Verlaufskurven des Erleidens als Forschungsgegenstand der interpretativen Soziologie, in: Krüger H. H./Marotzki, W. (Hg.) Erziehungswissenschaftliche Biographieforschung. Opladen: Leske + Budrich, 116-157.

Schütze, Fritz (2001): Ein biographieanalytischer Beitrag zum Verständnis von kreativen Veränderungsprozessen. Die Kategorie der Wandlung, in: Burkholz, Roland/Gärtner, Christel/Zehentreiter, Ferdinand (Hg.) Materialität des Geistes, Zur Sache Kultur? im Diskurs mit Ulrich Oevermann. Weilerswist, 137-163.

Schütze, Fritz/Riemann, Gerhard (1991) Trajectory as a basic theoretical concept for analyzing suffering and disorderly social processes, in: Maines, D. R.: Social organization and social process. Essays in Honor of Anselm Strauss. New York: 333-357.

Schwelling, Birgit (2001) Wege in die Demokratie. Eine Studie zum Wandel und zur Kontinuität von Mentalitäten nach dem Übergang vom Nationalsozialismus zur Bundesrepublik. Opladen: Leske + Budrich.

Sciortino, Giuseppe/Colombo, Asher (2004) The Flows and the Flood. The Public Discourse on Immigration in Italy 1969-2001. Journal of Modern Italian Studies, 9(1), 94-113.

Senft, Gunter (2003) Zur Bedeutung der Sprache für die Feldforschung, in: Beer, Bettina (Hg.) Methoden und Techniken der Feldforschung. Berlin: Reimer, 55-70.

Şerban, Monica/Grigoraş, Vlad (2000) Dogenii din Teleormani in tara si in strainatate. Un studiu asupra migraţiei circulatorii în Spania. Sociologie Românească, 2, 31-55.

Şerban, Monica (2003) Les "Dogènes" de Dobrotesti à l'étranger. Ètude sur la circulation migratoire en Espagne, in: Diminescu, Dana "Visibles, mais peu nombreux...". Les circulations migratoires roumaines. Paris: Éditions de la Maison des sciences de l'homme, 173-211.

Shinozaki, Kyoko (2003) Geschlechterverhältnisse in der transnationalen Elternschaft. Das Beispiel philippinischer HausarbeiterInnen in Deutschland. Beiträge zur feministischen Theorie und Praxis, 3, 67-85.

Siebers, Ruth (1996) Zwischen Normalbiographie und Individualisierungssuche. Empirische Grundlagen für eine Theorie der Biographisierung. Münster: Waxmann.

Simeunovic, Dragan (1997) Migration und sozioökonomische Transformation in Jugoslawien/Serbien, in: Heller, Wilfried (Hg.) Migration und sozioökonomische Transformation in Südosteuropa. München: Südosteuropa-Gesellschaft, 283-293.

Siouti, Irini (2003) Migration, Bildung und Biographie. Eine biographieanalytische Untersuchung von transnationalen Bildungswegen bei griechischen

MigrantInnen der zweiten Generation. Diplomarbeit. Fachbereich Gesellschaftswissenschaften, Universität Frankfurt/Main.

Şişeştean, Monica (2005) Aspecte şi evoluţii ale obştii contemporane, in: Sociologie Românească, 3, 25-37.

Smith, Michael P./Guarnizo, Luis E. (19992) (Hg.) Transnationalism from Below. New Brunswick: Transaction Books.

Soeffner, Hans-Georg (1991) „Trajectory" – das geplante Fragment. Die Kritik der empirischen Vernunft bei Anselm Strauss. BIOS, 4(1), 1-12.

Sørensen, Ninna Nyberg/Olwig, Karen Fog (2002) Mobile livelihoods: Making a living in the world, in: dies (Hg.) Work and Migration. Life and livelihoods in a globalizing world. London, New York: Routledge, 1-19.

Spittler, Gerd (1998) Hirtenarbeit. Die Welt der Kamelhirten und Ziegenhirtinnen von Timia. Köln: Köppe.

Spittler, Gerd (2001) Teilnehmende Beobachtung als Dichte Teilnahme. Zeitschrift für Ethnologie, 126, 1-25.

Stanculescu, Manuela/Berevoescu, Ionica (1999) Moşna, un sat care se reinventeaza. Sociologie Romaneasca, 1.

Statistisches Bundesamt (Hg.) (1985) Statistik des Auslandes. Länderbericht RGW-Staaten. Stuttgart, Mainz.

Sterbling, Anton (1993) Traditionale Strukturen und agrarwirtschaftliche Probleme in den Gesellschaften Südosteuropas. Beiträge aus dem Fachbereich Pädagogik der Universität der Bundeswehr, Hamburg.

Sterbling, Anton (1997) Kontinuität und Wandel in Rumänien und Südosteuropa. Historisch-soziologische Analysen. München: Südostdeutsches. Kulturwerk.

Sterbling, Anton (2006a) Einführende Gedanken in die Problematik der Ost-West-Wanderungen, in: Ders. (Hg.) Migrationsprozesse: Probleme von Abwanderungsregionen, Identitätsfragen. Hamburg: Krämer, 11-15.

Sterbling, Anton (2006b) Migration aus Südosteuropa, in: Ders. (Hg.) Migrationsprozesse: Probleme von Abwanderungsregionen, Identitätsfragen. Hamburg: Krämer, 113-128.

Stola, Dariusz (2001) Two kinds of quasi-migration in the middle-zone: Central Europe as a space for transit migration and mobility for profit, in: Wallace, Claire/ders. (Hg.) Patterns of migration in Central Europe. Houndmills: Paslgrave Publishers, 84-104.

Strauss, Anselm L. (1968) Spiegel und Masken. Die Suche nach Identität. Frankfurt/Main: Suhrkamp Verlag.

Strauss, Anselm L. (2004) Methodologische Grundlagen der Grounded Theory, in: Strübing, Jörg/Schnettler, Bernt (Hg.) Methodologie interpretativer Sozialforschung. Klassische Grundlagentexte. Konstanz: UVK, 429-451.

Strauss, Anselm L./Corbin, Juliet M. (1996) Grounded Theory. Grundlagen qualitativer Sozialforschung. Weinheim: Beltz.

Tarrius, Alain (1994) Zirkulationsterritorien von Migranten und städtische Räume, in: Morokvasic, Mirjana/Rudolph, Hedwig (Hg.) Wanderungsraum Europa: Menschen und Grenzen in Bewegung. Berlin: Ed. Sigma, 113-132.

Tacoli, Cecelia (1999) International Migration and the Restructuring of Gender Asymmetries. Continuity and Change Among Filipino Labor Migrants in Rome. International Migration Review, 33(3), 658-671.

Thomas, William I./Znaniecki, Florian ([1918-1922] 1958) The Polish Peasant in Europe and America. New York: Dover.

Thompson, Edward P. (1987) Die Entstehung der englischen Arbeiterklasse. Frankfurt/Main: Suhrkamp. [Original: The Making of the English Working Class].

Todorova, Marija N. (1997) Imagining the Balkans. New York: Oxford University Press.

Todorova, Marija N. (2002)Der Balkan als Analysekategorie. Grenzen, Raum, Zeit, in: Geschichte und Gesellschaft, 28, 470-492.

Treibel, Annette (1990) Migration in Modernen Gesellschaften. Soziale Folgen von Einwanderung und Gastarbeit. Weinheim: Juventa.

Treibel, Annette (2000) Migration als Form der Emanzipation? Motive und Formen der Wanderung von Frauen, in: Butterwegge, Christophe/Hentges, Gudrun (Hg.) Zuwanderung im Zeichen der Globalisierung. Migrations-, Integrations- und Minderheitenpolitik. Opladen: Leske + Budrich, 75-89.

Turco, Livia (2005) I nuovi italiani. L'emigrazione, i pregiudizi, la convivenza. Milan: Arnoldo Mondadori Editore S.p.A.

Uchatius, Wolfgang (2004): Das globalisierte Dienstmädchen. DIE ZEIT, 59(35), 17 f.

Umbreş, Radu Gabriel (2006) Antreprenoriat şi migraţie. Schimbare socială în Vrancea rurală, in: ders./Călin, Romelia: Efectele migraţiei. Studiul la nivelul comunitaţii Vulturu. Vrancea. Iaşi: Lumen.

Vasile, Monica (2006) Obştea Today in the Vrancea Mountains, Romania. Self-governing Institutions of Forest Commons. Sociologie Românească, 4(3), 111-129.

Verdery, Katherine (1983) Transylvanian Villagers, Three centuries of political, economical and ethnic change. Berkeley: California University Press.

Verseck, Keno (2008) Die Kinder der Erdbeerpflücker. In Rumänien wächst eine Generation von Migrationswaisen heran. Le Monde diplomatique, 86-91.

Vertovec, Steven (2004) Cheap Calls. The social glue of migrant transnationalism. Global Networks, 4, 2, 219-224.

Voicu, Bogdan (2004) Resurse, valori, strategii de viață. Spații sociale de alegere în tranziție. (Dissertationsschrift) Universität Bukarest.

Wädekin, Karl-Eugen/Sporea, Constantin (1977) Land-Stadt-Wanderung und Pläne zur Dorferneuerung in Rumänien. Osteuropa, 2, 125-130.

Wädekin, Karl-Eugen/Sporea, Constantin (1977) Arbeitseinkommen und Lohnsystem in der rumänischen Landwirtschaft. Osteuropa, 4, 331-339.

Waldenfels, Bernhard (1997) Topographie des Fremden. Studien zur Phänomenologie des Fremden 1, Frankfurt/Main: Suhrkamp.

Wallace, Claire/Chmouliar, Oxana/Sidorenko, Elena (1996) The Eastern Frontier of Western Europe. Mobility in the buffer zone. New Community, 22(2), 259-286.

Wallace, Claire/Stola, Dariusz (2001) Introduction: Patterns of Migration in Central Europe, in: Dies. (Hg.) Patterns of Migration in Central Europa. New York: Palgrave, 3-44.

Wallace, Claire (2001) Conceptual Challenges from the New Migration Space, in: Wallace, Claire/Stola, Dariusz (Hg.) Patterns of Migration in Central Europe. New York: Palgrave.

Weber, Serge (2003) Entre circulation et stabilisation: Migrants est-européens dans une métropole méditerranéenne. Polonais, Roumains et Ukrainiens dans le Latium romain, in : Diminescu, Dana (Hg.) Visibles mais peux nombreux : Les circulations migratoires roumaines. Paris: Editions de la Maison des Sciences de l'Homme, 235-261.

Weber, Max (19805) Wirtschaft und Gesellschaft, Grundrisse der Verstehenden Soziologie. Tübingen: Mohr.

Weber, Max ([1921] 19887) Soziologische Grundbegriffe, in: ders. Gesammelte Aufsätze zur Wissenschaftslehre, hrsg. von Winckelmann, Johannes. Tübingen: Mohr/Siebeck, 541-58.

Welz, Gisela (1991) Street Life. Alltag in einem New Yorker Slum. Frankfurt/Main: Institut für Kulturanthropologie und Europäische Ethnologie.

Welz, Gisela (1998) Moving Targets. Feldforschung unter Mobilitätsdruck. Zeitschrift für Volkskunde, 94(2), 177-194.

White, Jenny B. (2004) Money Makes Us Relatives. Women's Labor in Urban Turkey. New York: Routledge.

Whyte, William F. ([1943] 1996) Die Street Corner Society. Die Sozialstruktur eines Italienerviertels. Berlin: de Gruyter.

Wikan, Unni (1992) Beyond the Words: the power of resonance. American Ethnologist, 19, 460-482.

Wilson, Thomas P. (1970) Normative and Interpretive Paradigms in Sociology, in: Douglas, Jack D. (Hg.) Understanding Everyday Life. Toward the Reconstruction of Sociological Knowledge. London: Routledge & Kegan, 57-79.

Wilson, Thomas P. (19815) Theorien der Interaktion und Modelle soziologischer Erklärung, in: Arbeitsgruppe Bielefelder Soziologen (Hg.) Alltagswissen, Interaktion und gesellschaftliche Wirklichkeit, Bd. 1: Symbolischer Interaktionismus und Ethnomethodologie. Opladen: Westdeutscher Verlag, 54-79.

Wimmer, Andreas/Glick Schiller, Nina (2002) Methodological Nationalism and Beyond: Nation-State Building, Migration, and the Social Sciences. Global Networks 2, 4, 301-334.

Wohlrab-Sahr, Monika (1992) Institutionalisierung oder Individualisierung des Lebenslaufs? BIOS, 5, 1, 1-19.

Wohlrab-Sahr, Monika (2002) Prozessstrukturen, Lebenskonstruktionen, biographische Diskurse. Positionen im Feld soziologischer Biographieforschung und mögliche Anschlüsse nach außen. BIOS, 15, 1, 3-23.

Wundrak, Rixta (2010) Die chinesische Community in Bukarest. Eine Fallrekonstruktion transnationaler Migration im Kontext diskursiver Zuschreibungen und historischer Umbrüche seit 1989. Wiesbaden: VS Verlag.

Wyman, Mark (1993) Round-trip to America. The immigrants return to Europe, 1880-1930. Ithaka: Cornell University Press.

Zach, Krista (1988) Agrarsozialer Wandel in Rumänien und Jugoslawien als Beispiel einer Modernisierung in Südosteuropa (1918-1980). Jahrbuch für Geschichte Osteuropas, 36, 504–529.

Zamfir, Cătălin (2004) O analiză critică a tranziției. Ce va fi "după". Iași: Polirom.

Zaretsky, Eli (Hg.) (1996) The Polish Peasant in Europe and America. A Classic Work in Immigration History/William I. Thomas and Florian Znaniecki. Urbana: University of Illinois Press.

Zlotnik, Hania (2000) Migration and The Family: The Female Perspective, in: Willis, Katie/Yeoh, Brenda (Hg.) Gender and Migration. Cheltenham: Edward Elgar Publishing, 253-271.

Anhang

Biographische Daten von Ana Moşeanu

Familiendaten

Ana Moşeanus Urgroßvater väterlicherseits hatte ein eigenes Lebensmittelgeschäft in Satuleşti. Er war zeitweise im Gemeinderat, als das Dorf noch eine eigene Gemeinde war.[269]

Die Urgroßmutter väterlicherseits war die Tochter eines Restaurantbesitzers im Dorf. Ihr Vater war ebenso im Gemeinderat aktiv gewesen.

Der Großvater väterlicherseits war Alleinerbe. Er verfügte über zahlreichen Grundbesitz und eine große Schafzucht.

Anas Vater kam als zweites Kind zur Welt. Er hat einen älteren und einen jüngeren Bruder sowie zwei jüngere Schwestern. Zwei weitere Geschwister starben bereits im frühen Kindesalter. Der ältere Bruder von Anas Vater war Landwirt und ausgebildeter Waldarbeiter, der jüngere übernahm wie für den Herkunftskontext üblich den elterlichen Hof. Die ältere der beiden Schwestern erhielt eine Ausbildung zur Erzieherin. Sie arbeitete in einem Nachbarbezirk. Die zweite Schwester war geistig behindert. Sie wurde abwechselnd von ihren Geschwistern versorgt und erhielt eine geringfügige staatliche Unterstützung.

Anas Vater besuchte zunächst für vier Jahre die Schule im Dorf und arbeitete mit seinem Bruder als Schäfer auf dem Hof des Vaters. Er absolvierte den Militärdienst, holte anschließend den allgemeinbildenden Schulabschluss nach und ließ sich zum LKW-Fahrer ausbilden. Er wurde Mitglied der kommunistischen Partei und arbeitete in einem Kombinat für Wasserdämmung in der Bezirkshauptstadt. Er pendelte wöchentlich in das Dorf und baute dort mit Hilfe seiner Eltern ein eigenes Haus im Dorf.

Ana Moşeanus Großvater mütterlicherseits arbeitete als Schmied im Dorf. Beide Großeltern arbeiteten zusätzlich saisonal für Waldarbeiter aus dem Dorf, die in weiter vom Dorf entfernt gelegenen Forsthütten untergebracht waren. Der Großvater arbeitete dort als Schmied, die Großmutter kümmerte sich um die

---

269 Unter dem sozialistischen Regime wurde Satuleşti mit einer Nachbargemeinde zusammengelegt. Im Zuge einer Gebietsreform im Jahr 2004 wurde diese Gemeindezusammenlegung wieder aufgehoben.

Verpflegung der Arbeiter. Die Großeltern traten ihr Land an die Kooperative im Dorf ab (vgl. Exkurs im Anschluss an Kap. 5.2.2.1).

Anas Mutter war die älteste Tochter. Ihr folgten eine Schwester und zwei Brüder. Anas Mutter und ihre Schwester erhielten eine Ausbildung zur Erzieherin. Die Mutter arbeitete als Erzieherin im Dorf. Sie wurde Mitglied der kommunistischen Partei. Ihre Schwester arbeitet in der Bezirkshauptstadt als Erzieherin. Der eine Bruder absolvierte eine Ausbildung zum Mechaniker in einem staatlichen Kombinat, der andere Bruder wurde Unteroffizier. Beide lebten in anderen Bezirken.

1969	heiraten Anas Eltern. Sie ziehen in das Haus, das ihr Vater zuvor gebaut hat.
1970	wird Ana als erstes Kind der Eltern sowie als erstes Enkelkind in der gesamten Verwandtschaft geboren.
1973	wird das Haus im Dorf erweitert.
1974	kommt Anas Bruder zur Welt.
1976	wird Ana eingeschult. Für drei Jahre besuchte sie zuvor den Kindergarten im Dorf. Während der Berufstätigkeit ihrer Mutter kümmerte sich in den ersten Lebensjahren ihre Großmutter um sie. Im Verlauf der Schulzeit im Dorf nimmt sie erfolgreich an Gedicht- und Tanzwettbewerben sowie Ferienlagern in der Region und in anderen Landesteilen teil. Mehrfach ist Ana Klassenbeste. Ana wird Mitglied in der Jugendorganisation der kommunistischen Partei.
1983	besucht Anas Mutter als Fernkurs für mehrere Monate eine Parteischule. Mit dieser Ausbildung wird sie Vorsteherin der Gemeindeschiedsstelle.
1984/85	besucht Ana ein Internat mit einem lebensmitteltechnischen Schwerpunkt in der Bezirkshauptstadt.
1986	wechselt Ana in ein Internat in einem Nachbarbezirk, da für die weitere Ausbildung am ersten Schulort keine freien Plätze mehr vorhanden sind.
1987	nimmt der Vater an einem zwischenstaatlich organisierten und für mehrere Jahre geplanten Arbeitsaufenthalt im Irak teil.

Biographische Daten von Ana Moşeanu

1988	beendet Ana ihre Ausbildung erfolgreich und beginnt in der Bezirkshauptstadt in einem staatlichen Betrieb für Obst und Gemüse zu arbeiten. Sie wohnt in der Bezirkshauptstadt bei einer früheren Schulkollegin zur Untermiete. Der Bruder besucht ein theoretisch ausgerichtetes Gymnasium in der Bezirkshauptstadt. Der Vater kehrt aufgrund des Irak-Kriegs vorzeitig aus dem Irak zurück und arbeitet wieder an seinem früheren Arbeitsplatz.
1989/90	wird der staatliche Betrieb, in dem der Vater arbeitete, unmittelbar nach den politischen Ereignissen im Dezember 1989 geschlossen. Der Vater arbeitet anschließend in einer Großbäckerei im Dorf. Der staatliche Betrieb für Obst und Gemüse, in dem Ana arbeitete, wird ebenfalls unmittelbar gegen Ende des Jahres 1989 geschlossen. Wenige Monate später beginnt Ana, für eine Molkerei in der Qualitätskontrolle zu arbeiten. Aufgrund von Arbeitsaufenthalten im Umkreis von Satuleşti ist sie häufiger bei ihren Eltern.
1992	heiratet Ana einen Forstingenieur, der aus der Nähe einer Großstadt in Transsilvanien kommt und der sich für kurze Zeit beruflich im Dorf aufhält. Die Hochzeit findet in Transsilvanien statt. Ana beendet ihre Berufstätigkeit und wohnt mit ihrem Ehemann im Haus ihrer Schwiegereltern. Neun Monate nach der Hochzeit bringt Ana einen Sohn zur Welt. Anas Vater wird zum Vizebürgermeister ernannt. (Er führt dieses Amt insgesamt für drei Legislaturperioden aus.) Der Bruder beginnt nach dem Schulabschluss eine Ausbildung zum Feuerwehrmann.
1993	kündigt Anas Ehemann seine Stelle und wird arbeitslos. Kurze Zeit später kehrt Ana mit ihrer Familie zu ihren Eltern nach Satuleşti zurück. Sie arbeitet als Hilfserzieherin im Kindergarten. Ihr Ehemann gibt aushilfsweise Unterricht an der Schule im Dorf.
1994	kündigt Anas Ehemann seine Aushilfstätigkeit als Lehrer im Dorf. Ana kehrt mit ihrer Familie nach Transsilvanien zurück und wohnt in der Großstadt, in der Nähe des Herkunftsortes ihres Ehemanns, zur Miete. Ana arbeitet zeitweise als Näherin. Ihr Ehemann findet keine Arbeit. Die Familie kehrt in den Haushalt von Anas Schwiegereltern zurück. Ana bringt die Tochter zur Welt.

Anfang 1995 kehrt Ana mit ihrer Familie nach Satuleşti zurück. Ana arbeitet erneut als Hilfserzieherin im Kindergarten. Anas Ehemann erhält auf Initiative ihres Vaters eine Stelle als Forstingenieur im Umkreis des Dorfes.

1999 beginnt Ana mit einer zweijährigen berufsbegleitenden Ausbildung zur Erzieherin, die sie erfolgreich abschließt.

Ende 2002 nimmt Ana unbezahlten Urlaub, um für ein Jahr in Italien zu arbeiten. Sie arbeitet als Pflegekraft in einem Privathaushalt.

2003 wird ihr Ehemann arbeitslos. Ana bleibt länger als geplant in Italien.

2004 kommt Anas Ehemann zu ihr nach Italien, um dort nach Arbeit zu suchen. Einige Monate später kehrt er erfolglos nach Rumänien zurück.
Anas Ehemann zieht mit den Kindern zurück nach Transsilvanien. Die Kinder wohnen bei Anas Schwiegereltern.

2005/06 reicht Ana während ihres Urlaubs in Rumänien die Scheidung ein. Die Tochter kehrt zu Anas Eltern nach Satuleşti zurück.
Ana wechselt zu einem neuen Arbeitgeber und arbeitet auch dort als Pflegekraft.

2007 erfährt Ana davon, dass ihre Mutter an einer schweren Krankheit leidet. Sie kehrt nach Rumänien zurück.
Ana gelingt die berufliche Wiedereingliederung als Erzieherin. Sie erhält in einem Nachbarort eine Stelle als Kindergärtnerin.
[Neben Gesprächen mit ihren Kindern und ihrem Vater findet das narrativ-biographische Interview mit Ana statt.]
Ende des Jahres stirbt Anas Mutter.

2008 baut Ana eine Beziehung zu einem Mann auf, der nicht aus dem Dorf kommt und den sie über Internet kennen gelernt hat. [Während des erneuten Forschungsaufenthaltes in Satuleşti finden zusätzlich zum Nachfrageteil des narrativ-biographischen Interviews weitere Gespräche mit Ana und ihren Kindern statt.]

Familienstammbaum Ana Moşeanu[270]

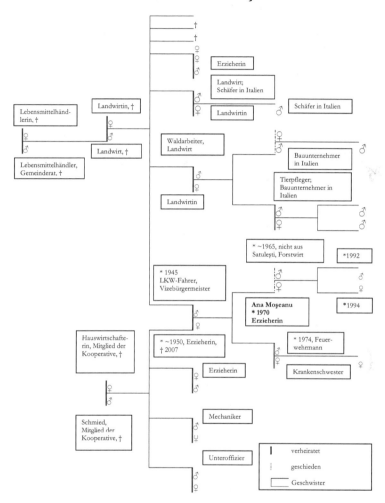

---

270 Die Daten zu diesem Genogramm stammen aus den Interviews mit Ana Moşeanu. Sie dienen dazu, die Konstellationen von Anas Herkunfts- und eigener Kernfamilie zu veranschaulichen. Insbesondere in der Großelterngeneration wird von agrarwirtschaftlich ergänzten Mischökonomien ausgegangen. Die Bezeichnung LandwirtIn schließt Personen, die eine Subsistenz- bzw. Hauswirtschaft betreiben, mit ein. Personen, bei denen das Geschlechtersymbol vergrößert dargestellt wurde, verfügen über Migrationserfahrungen in Italien.

Sequenzierung des narrativen Interviews mit Ana Moşeanu

Sq. Nr.	Stelle (Skript)	Übergeordnete Ezählform der Sequenz	Erzählform der untergeordneten Erzählsegmente	Inhalt
1	1/1	Bericht/ Beschr.		„ich bin ..." (protokollarische Aufzählung wichtiger biographischer Daten: Name, Alter, Geburtsjahr, Eltern, Familiensituation)
	1/4		Eval./Arg. (im Konjunktiv)	„ich war ein verwöhntes Kind"
2	1/7	Eval./Arg.		„am Anfang war es schwer für meine Eltern"
	1/7		Belegerz.	Heirat der Eltern ohne Erlaubnis der Eltern von Anas Vater, Statusunterschiede [Sprung in die Gegenwart], Alleinsein der Mutter, Seitensprünge des Vaters
	1/17		Eval./Arg.	„diese Sache hat mich später (geprägt)"
3	1/23	Beschr.		positive Stimmungsbilder aus der Kindheit
	1/30		Eval.	„nicht (...) besonders Mangel an irgendetwas gelitten"
	1/33		Arg.	Vergleich mit den anderen Kindern – Anschluss an 1/17
	1/35		Eval./Arg.	„nein, ich hatte keine traurige oder unglückliche Kindheit...aber"
	1/38		Eval./Arg.	„das hat mich später geprägt"
	2/5		Beschr.	Geburt des Bruders, die Probleme werden größer
4	2/10	Beschr./Erz.		die Zeit in der allgemeinbildenden Schule und (Freizeit)Aktivitäten (außerhalb des Elternhauses und des Dorfes)
	2/12		Eval.	„wir waren frei, obgleich auch etwas ängstlich"
	2/28		Erz.	das erste Mal in einem Ferienlager
5	3/20	Beschr./Arg.		die Zeit auf den Gymnasien
	3/23		Arg.	„man dachte damals..." Lebensmittelknappheit während des kommunistischen Regimes und die Initiative der Mutter
	3/29		Beschr./Erz.	die Mutter möchte sie nicht loslassen
	4/1		Eval.	„diese Zeit in A-Stadt war die schönste Zeit meiner Schulzeit"

Anhang 409

Sq. Nr.	Stelle (Skript)	Übergeordnete Ezählform der Sequenz	Erzählform der untergeordneten Erzählsegmente	Inhalt
			4/5 Belegerz.	Ana verkleidet sich als Schulleiterin
6	4/13	Ber./Beschr.		der Einstieg in das Berufsleben und der Wechsel der Arbeitsstelle
		4/13	Arg.	„ich musste eine Arbeit finden, denn so hatte es Ceaușescu angeordnet"
		4/14	Bericht/Beschr.	die Arbeit in der Sektion für Obst und Gemüse und in der Molkerei
7	4/25	Beschr.		der Kontakt zu Jungen, der erste Freund
		4/34	Eval.	„ich hatte nicht das Gefühl dass ich jemanden für mich finden könnte was die Gefühle anging"
8	4/38	Beschr.		Kennenlernen des Ehemannes, Ehe und Familiengründung
		5/1	Hintergrundbeschr./Arg.	die Heirat als Rache an ihrem damaligen Freund
		5/7	Gesamteval. (und Gegenwartsschwelle)	„der größte Fehler den ich begangen habe (...) denn es ist nicht leicht alleine zu sein"
		5/29	Erz.	die Geburt des ersten Kindes – mit einem Hämatom
9	6/28	Beschr.		die Probleme nehmen zu (Streitereien, Arbeitslosigkeit), die Umzüge zwischen B-Stadt und Satulești, Berufseinstieg als Erzieherin
		6/28	Eval./Arg.	„nicht alles war rosarot"
		6/36	Eval.	„[es war] sehr schwer damals"
		7/6	Eval./Arg.	„es hat mir gefallen" (im Kindergarten)
		7/30	Arg.	der erneute Auszug aus dem Haus der Schwiegereltern und die erneute Rückkehr nach Satulești
10	8/4	Beschr.		Die Arbeit als Erzieherin und die nachträgliche Qualifikation
		8/4	Eval.	„wir haben hier [in Satulești] eine Zeit lang ganz gut gelebt"
		8/7	Eval./Belegerz.	„es war sehr schwer damals" (Weiterbildung)
		8/23	Eval.	„hier mit meinen Eltern (...) es ging uns relativ gut"
11	8/29	Arg.		Konfliktfelder, Probleme und ihr Leiden in der Ehe

Sq. Nr.	Stelle (Skript)	Übergeordnete Ezählform der Sequenz	Erzählform der untergeordneten Erzählsegmente	Inhalt
		8/33	Eval./Arg.	„die Beziehung zwischen uns war bereits (gekippt)"
		9/1	Globaleval.	„das war der größte Fehler (...) das Leben (...) war ungerecht zu mir"
		9/11	Beschr.	die beiden Kinder und ihre Schulleistungen
		9/18	Eval./Belegerz.	„ich glaube es hat sie [die Tochter] sehr geprägt"
		9/31	Eval./Arg.	„denn es war eine Ehe in der ich nicht glücklich war"
		9/33	Eval./Arg.	„das war ein Fehler"
		10/5	Eval./Arg.	„(...) das ist etwas Tragisches für mich"
		10/16	Eval./Beschr.	„in meinem Inneren bin ich traurig"
		10/29	Eval.	„ich habe mich ausgenutzt gefühlt"
		10/33	Eval.	„ich dachte ich gehe darüber hinweg es ist nichts"
12	11/1	Beschr./Arg.		Beweggründe zur Migrationsentscheidung
		11/7	Belegerz.	finanzielle Unterschiede zu anderen Familien mit MigrantInnen aus dem Dorf
		11/17	Eval./Arg.	„es lief nicht so wie ich mir das vorgestellt hatte"
13	11/21	Beschr.		die erste Zeit in der (ersten) Familie in Italien
		11/21	Eval./Arg.	„nach und nach hat es mir die Augen geöffnet"
		11/35	Eval./Arg.	„ich hatte Glück dass ich eine ganz besondere Familie gefunden habe"
		12/1	Belegerz.	das erste Weihnachtsfest in der Familie in Italien
14	12/28	Beschr./Erzählung		Aufmerksamkeiten und die Beziehung zu dem Enkel des Arbeitgebers
		13/2	Beschr.	der Weihnachtsbaum und der Baumschmuck
		13/6	Erz.	die Einladung zum Abendessen
		13/14	Einschuberz.	die Zeit während der Weihnachtsfeiertage in der Familie
		13/24	Fort. Erz./Eval.	das Abendessen „es war etwas Besonderes"
		13/37	Eval.	„ich habe gemerkt dass da etwas zwischen uns ist"
		14/2	Beschr./Arg.	die Beziehung zum Enkel des Arbeitgebers
		14/17	Erz.	ihr Geschenk zu seinem Geburtstag

Sq. Nr.	Stelle (Skript)	Übergeordnete Ezählform der Sequenz	Erzählform der untergeordneten Erzählsegmente	Inhalt
15	15/7	Arg.		die (verletzten) Gefühle für den Enkel
	15/21		Belegbeschr./-erz.	der Enkel reagiert (vermutlich) eifersüchtig
	15/35		Belegerz.	sie wird von anderen wegen seines (eifersüchtigen) Verhaltens angesprochen
	16/3		Eval.	„es war angenehm (...) zu spüren dass da (...) jemand interessiert war"
	16/5		Belegbericht	sie erfährt später, dass die Eltern des Enkels sie gerne als dessen Freundin gesehen hätten
	16/9		Belegerz.	der Sohn des Enkels fragt wie sie den Vater findet
	16/14		Endeval.	„es war etwas sehr Schönes"
16	16/15	Arg.		der Kontakt zwischen ihr und ihrem Ehemann (während sie in Italien ist) und sein Besuch in Italien
	16/15		Arg.	die italienische Familie bekommt Streitereien am Telefon mit und redet Ana zu
	16/20		Beschr./Arg.	Besuch des Ehemanns und die Intervention der italienischen Familie
	16/23		Erz./Arg.	die Familie entschuldigt sich bei Ana dafür, dass sie ihr nicht von Anfang an geglaubt hatten
	16/35		Eval./Arg.	„ich habe mich gefreut als ich das gehört habe"
17	17/6	Eval./Arg.		der Entschluss zur Scheidung und die Evaluation der gegenwärtigen Situation
	17/6		Bericht	die zweite Hälfte in Italien und die Veränderungen in der eigenen Familie, der Sohn geht auf ein Gymnasium in der Nähe des Vaters
	17/12		Eval./Arg.	„ich habe die Dinge mit anderen Augen gesehen" und die Rechtfertigung, nicht „egoistisch" gehandelt zu haben
	17/22		Arg./Beschr.	die familiäre Situation seit der Scheidung und der Rückkehr aus Italien
	17/33		Globaleval.	„ich als Person obwohl ich mich verändert habe: äh bin ich eine traurige Person, unerfüllt was die Gefühle angeht, vielleicht etwas was meinen Beruf angeht, äh ich denke an meine Kinder, das ist der einzige Stolz den ich habe und ich hoffe dass ich eine würdige Mutter bin"

Sq. Nr.	Stelle (Skript)	Übergeordnete Ezählform der Sequenz	Erzählform der untergeordneten Erzählsegmente	Inhalt
			Beschr./Eval.	die Bedeutung von Freundschaften
	17/38		Eval./Arg.	die Beziehung zu ihren Kindern (mit Blick in die Zukunft) und die Hintergründe aus der eigenen Beziehung zu (den Eltern und) dem Vater
	18/12			
	18/19		Hintergrundbeschr.	damalige Verhaltensnormen
	18/29		Erz.	die Aussprache mit dem Vater in der Adoleszenz
	18/38		Eval./Arg.	die „Lehren" aus dem Verhalten der Eltern/des Vaters
	19/16		Globaleval./Arg	„wie auch immer ich habe mich verändert (...) ich habe von zwei Dingen das weniger Schlimme ausgewählt"

Transkriptionsregeln[271]

also: es ist: was was mich	gleichzeitiges Sprechen ab „ist"
,	kurzes Absetzen
.	längeres Absetzen
(2)	Pause, Dauer in Sekunden
ja=ja	schneller Anschluss
viell-	Abbruch
ja:	Dehnung
sag etwas, frag mich	betont
NEIN	laut
'nein'	leise
(sagte er)	unsichere Transkription
( )	Inhalt der Äußerung ist unverständlich, Länge der Klammer entspricht der Dauer der Äußerung
((lachend))	Kommentar des Transkribierenden
/	Einsetzen des kommentierten Phänomens
[ ]	Kontextualisierungs- und Verständnishilfen zur Übersetzung
[(mhm)]	Äußerung des Interviewenden zur Unterstützung des Redeflusses im Sinne des 'aktiven Zuhörens'

---

271 Vgl. Rosenthal (1995) sowie Miethe (1999). Für Zitate aus den Interviews, die in den Fließtext eingearbeitet wurden, gelten die Regeln der Zeichensetzung.

Übersicht über die interviewten DorfbewohnerInnen in Mehrgenerationenperspektive

DorfbewohnerInnen der jungen und mittleren Generation, die (vorübergehend) gemeinsam mit ihren Eltern bzw. Kindern in Italien wohnen[273]

Name (Alter) Zeitpunkt des/ der Interviews	Ältere Generation	Mittlere Generation	Junge Generation
Interviewschwerpunkt: Junge Generation			
Apostu, Valeriu[1] (17) Juli 2007	♂/♀: Hauptschule, Schäfer/Landwirtschaft	♂: Hauptschule; Binnenmigration als Straßenbauer; seit 2002 als Waldarbeiter in Perugia; (Bruder von Apostu, Traian, siehe weiter unten) • Umbauten am Haus in Satuleşti • eine Schwester mit Familie in Perugia ♀: Hauptschule; seit 2003 in Perugia, Putzen • Schwester mit Familie in Viterbo	♂ (-): Hauptschule; seit 2002 in Italien ♂ (-): Hauptschule; seit 2003 in Italien ♂ (17): *teilsweise bei den Großeltern mütterlicherseits aufgewachsen; Hauptschule; seit 2006 Arbeit als Wald- und Bauarbeiter bei den Eltern in Perugia*
	♂/♀: -		
Ionescu, Anca (24) August/ September 2007, August 2008	♂/♀: Hauptschule; Schäfer/Landwirtschaft	♂: Abitur, Berufsschule; Arbeit als Elektriker einer Straßenbahnmeisterei; Arbeitslosigkeit; seit 1997 zunächst in Norditalien; Arbeit in einer Druckerei; später in Rom; Arbeit auf dem Bau • Kauf einer Wohnung in Focşani • Bruder und Schwester wohnen mit ihren Familien in Rom	♀ (24): größtenteils bei den Großeltern mütterlicherseits aufgewachsen; Abitur in Focşani; seit 2001 Erst- und Zweitstudium in Rom

---

272 Lesebeispiel: Das Interview wurde mit Valeriu Apostu geführt. Auch mit dem Vater von Valeriu Apostu wurde ein Gespräch geführt – daher kursiv gesetzt. Valeriu ist aufgrund der Migration seiner Eltern bis zum Abschluss der Hauptschule in Satuleşti zum Teil bei den Großeltern mütterlicherseits aufgewachsen. Im Jahr 2006 ist er seiner Familie nach Perugia gefolgt, wo er als Wald- und Bauarbeiter beschäftigt ist. Zwei von Valerius Geschwistern, deren Alter nicht bekannt ist, halten sich auch in Italien auf. Über ihre Erwerbstätigkeit ist nichts bekannt. Sowohl Valerius Vater, er ist der Bruder von Traian Apostu, der weiter unten ebenfalls in der tabellarischen Übersicht aufgeführt ist, als auch seine Mutter besuchten die Grund- und Hauptschule im Dorf. Später arbeitete Valerius Vater als Straßenbauer, weswegen die Familie vorübergehend aus Satuleşti wegzog. Im Jahr 2002 migrierte Valerius Vater gemeinsam mit dem ältesten Bruder von Valeriu nach Perugia. Ob beide ihren Aufenthaltsstatus mittlerweile legalisierten – ansonsten Jahresangabe in runden Klammern –, ist nicht bekannt. Das Geld aus der Migration wurde bisher vor allem in Umbauten am Haus in Satuleşti investiert. Valerius Mutter, die aktuell ihr Geld mit Putzen verdient, folgte gemeinsam mit dem zweitältesten Bruder von Valeriu ein Jahr später. Sowohl eine Tante väter- als auch die Tante mütterlicherseits halten sich mit ihren Familien in Italien auf. (In der mittleren Generation sind in der Regel lediglich diejenigen Geschwister aufgeführt, die ebenfalls Migrationserfahrungen aufweisen.)

Die Eltern von Valerius Vater besuchten beide die Grund- und Hauptschule in Satuleşti. Über die Eltern von Valerius Mutter ist nichts bekannt.

Name (Alter) Zeitpunkt des/ der Interviews	Ältere Generation	Mittlere Generation	Junge Generation
Lazăr, Ciprian (24) Mai 2005, August/ September 2007	♂: Hauptschule; Landwirtschaft, Arbeit als Maurer ♀: Hauptschule; Landwirtschaft	♀: Abitur; Verwaltungs- und Parteilehrgang; Verwaltungsangestellte, Näherin; seit 1999 in Rom; Kinderbetreuung	♂ (24): teilweise bei den Großeltern aufgewachsen; Gymnasium abgebrochen; seit 1999 bei den Eltern in Cittadina; Angestellter einer Keramikfabrik • Investition in eine Wohnung in Focșani ♂ (28): Hauptschule; seit 1997 in Italien – mittlerweile mit der eigenen Familie; zunächst Arbeit in einer Fabrik in Cittadina, später Arbeit bei der Stadtreinigung in Turin
	♂: Hauptschule, Schäfer/Landwirtschaft ♀/♂: -	♂: Hauptschule; Semitranshumanz; 1993-1994 Arbeitsaufenthalte im ehem. Jugoslawien und in der Türkei; seit 1995 in Cittadina; zunächst Arbeit in der Landwirtschaft, später im Straßenbau • ein Bruder bereits seit 1994 in Cittadina ♀: Hauptschule; Landwirtschaft, seit 1997 in Cittadina; Arbeit als Haushalts- und Pflegehilfe (quasi live-in) • zwei Brüder ebenfalls mit ihren Familien in Cittadina	
Mocanu, Angelica (18) Juli 2007	♂/♀: -; Schäfer/Landwirtschaft ♂/♀: -; Schäfer/Landwirtschaft	♂: Hauptschule; Binnenwanderungen als Schäfer; seit 1995 in Rom; Arbeit auf dem Bau • Investition in Immobilien in Satulești • Bruder und Schwester ebenfalls mit eigener Familie in Italien ♀: Hauptschule; Binnenwanderungen; seit 1998 in Rom; Putzen • Bruder (geschieden) in Rom	♀ (18): z. T. bei den Großeltern aufgewachsen; seit 2002 bei den Eltern in Rom; Besuch eines Gymnasiums ♂ (15): z. T. bei den Großeltern aufgewachsen; seit 2002 bei den Eltern in Rom; Besuch einer weiterführenden Schule
Popa, Ioana (16) Juli/August/ September 2007, August 2008	♂: Hauptschule; Landwirtschaft, Schreiner ♀: Hauptschule; Landwirtschaft ♂/♀: Hauptschule; Landwirtschaft	♂: Hauptschule; Binnenwanderungen als Schäfer; Arbeitsaufenthalte im ehem. Jugoslawien; seit 1999 in Rom; zunächst Arbeit als Schäfer, später auf dem Bau, aktuell Arbeit als Hausmeister • Investition in Immobilien in Satulești • ein Bruder mit Familie in Rom ♀: Abschluss des landwirtschaftlich ausgerichteten Gymnasiums; Binnenwanderungen; seit 1999 in Rom; Kinderbetreuung, Putzen • Bruder mit Familie in Rom	♀ (16): z. T. bei der Großmutter mütterlicherseits aufgewachsen; seit 2004 bei den Eltern in Rom; Besuch eines Gymnasiums ♂ (9): z. T. bei der Großmutter mütterlicherseits aufgewachsen; seit 2004 bei den Eltern in Rom; Besuch von Grund- und Sekundarschule

Übersicht über die interviewten DorfbewohnerInnen 417

Name (Alter)/ Zeitpunkt des/ der Interviews	Ältere Generation	Mittlere Generation	Junge Generation
Racoș, Felix (19) Juli/September 2007	♂: -: Schäfer/Landwirtschaft; saisonale Arbeitsaufenthalte in Italien; Arbeit als Schäfer ♀: -: *Landwirtschaft*	♂ (36, ledig): Hauptschule; -; seit 2004 in der Nähe von Cittadina; Arbeit als Schäfer ♂ (32): Hauptschule; -; Arbeit in einem Restaurant in Cittadina ♂ (23): Hauptschule; -; seit einem Jahr in Cittadina ♀ (26): Hauptschule; -; mit eigener Familie seit einigen Jahren in Cittadina ♂ (19): *Hauptschule; Ende 2006 Besuch der Geschwister und mehrmonatiger Arbeitsaufenthalt in Cittadina; Arbeit in der Küche eines Restaurants*	♂/♀: -
Tăgârță, Cosmin (16) Juli/August/ Oktober 2007	♂: Hauptschule; Schäfer/ Landwirtschaft; Transhumanz ♀: *Hauptschule; Schäfer/ Landwirtschaft; Transhumanz*	♂ (geschieden): Berufsschule abgebrochen; Binnenwanderungen als Schäfer; Arbeitsaufenthalte im ehemaligen Jugoslawien; seit 2003 Arbeit als Schäfer und in der Landwirtschaft in Italien • zwei Brüder (siehe *Tăgârță, Stelica*, weiter unten) ebenfalls in Italien	♂ (23): z. T. bei den Großeltern aufgewachsen; seit 2003 in Cittadina; *Arbeit auf dem Bau* ♂ (18): z. T. bei den Großeltern aufgewachsen; seit Beginn 2007 in Cittadina; Arbeit auf dem Bau ♂ (16): z. T. bei den Großeltern aufgewachsen; Hauptschule in Satuleşti; seit 2007 bei den Brüdern in Cittadina
	♂/♀: Hauptschule; Schäfer/ Landwirtschaft	♀ (geschieden): Abbruch des Gymnasiums; Binnenwanderungen; Arbeitsaufenthalte im ehemaligen Jugoslawien; seit 1998 als Pflegehilfe (*live-in*) in Cittadina Hausbau in Satuleşti • der Bruder mit Ehefrau ebenfalls in Cittadina; beide Kinder bei den Großeltern in Satuleşti	
Interviewschwerpunkt: Mittlere Generation			
Bădeanu, Mioara (~50) August/September 2007	♂/♀: Hauptschule; Schäfer; Landwirtschaft; Transhumanz	♂/♀: Hauptschule; Schäfer/Schäfer; Transhumanz; zu Beginn der 2000er Jahre Arbeitsaufenthalte in Italien; Arbeit als Schäfer	♂ (verheiratet): Hauptschule (größtenteils in anderen Bezirken); Arbeit als Schäfer; seit 2000 in Rom; Arbeit auf dem Bau ♂ (verheiratet): Hauptschule (größtenteils in anderen Bezirken); Arbeit als Schäfer; seit 2001 in Rom; Arbeit als Maler
	♂/♀: Hauptschule; Schäfer/ Landwirtschaft	♀: *Hauptschule; Landwirtschaft, Transhumanz; 2001-2006 Arbeitsaufenthalt in Italien; Arbeit als Pflegehilfe* Hausneubau in Satuleşti für zwei der drei Kinder • Bruder (siehe *Necoară, Traian*, weiter unten) gemeinsam mit Ehefrau in Rom	♀ (verheiratet): Abitur, Berufsausbildung zur Buchhalterin; seit 2000 in Italien, zunächst in Rom, später in Norditalien; Putzen

Name (Alter) Zeitpunkt des/ der Interviews	Ältere Generation	Mittlere Generation	Junge Generation
Costing, Mafteiu (~35) Mai 2005, August 2007	♂/♀: *Hauptschule; Schäfer/ Landwirtschaft; Binnenwanderung nach Transsilvanien*	♂ (~35): Grundschule in Satuleşti, Abitur in Transsilvanien; zehn Jahre bei der Armee; seit 2001 in Cittadina; anfangs Arbeit auf dem Bau, später selbständiger Bauunternehmer Hausneubau in Satuleşti • Bruder nach einem Unfall mit Familie aus Cittadina wieder zurück in Satuleşti	♀ (13): z. T. bei den Großeltern väterlicherseits aufgewachsen; Grundschule in Satuleşti, seit 2006 Schulbesuch in Cittadina ♂ (10): z. T. bei den Großeltern väterlicherseits aufgewachsen; erste Schulklasse in Satuleşti, 2006 Schulwechsel nach Cittadina
		♀: Abitur; -; kurz nach dem Ehemann nach Cittadina; Putzen • Schwester wohnt mit eigener Familie in demselben Haus	
Crăciun, Nicu (~40) August 2007	♂/♀: Schäfer/Landwirtschaft; Semitranshumanz; Binnenwanderung nach Transsilvanien	♂ (~40): teilweise bei den Großeltern aufgewachsen; Nachzug nach Braşov; Abbruch des Gymnasiums; Ausbildung zum Koch; Koch beim Militär; Kauf einer Wohnung in Braşov; seit 1998 in Cittadina; zunächst Arbeit auf dem Bau, später LKW-Fahrer • die Schwester mit ihrer Familie seit 16 Jahren in Deutschland	♀ (10): z. T. bei den Großeltern aufgewachsen, seit 2002 bei den Eltern in Cittadina
	♂/♀: Schäfer/Landwirtschaft; Binnenwanderungen nach Transsilvanien	♀: Grundschule in Satuleşti, Abitur in Braşov; Buchhalterin; seit 1999 in Cittadina; Putzen • Bruder seit Beginn 2007 in Cittadina	
Felice, Mioara (38) August/September 2007	♂/♀: -	♂ (-, aus dem Nachbarort, geschieden): Hauptschule; Tagelöhner	♀ (15): Grundschule in Satuleşti; z. T. bei den Großeltern mütterlicherseits aufgewachsen; seit 2004 Besuch der Grund- und Sekundarschule in Italien
	♂/♀: Hauptschule, Schäfer/Landwirtschaft	♀ (38, geschieden): Hauptschule; -; seit 2002 in Cittadina; Arbeit als Pflegekraft; 2004 Nachzug der Kinder; 2006 standesamtliche Hochzeit Hausneubau in Satuleşti	♂ (12): Grundschule in Satuleşti; z. T. bei den Großeltern mütterlicherseits aufgewachsen; seit 2004 Besuch der Grundschule in Italien
Iacob, Dorin (39) Oktober 2007	♂ (adoptiert)/♀: Hauptschule; Lebensmittelladen in Focşani; Wegzug aus Satuleşti	♂ (39): Abitur mit agrarindustriellem Schwerpunkt; Arbeit in einer Fabrik in Focşani; Arbeitsaufenthalt in der Türkei; seit 1994 Arbeit in einer Fabrik in Cittadina Kauf einer Wohnung in Cittadina, gemeinsam mit den Brüdern Eröffnung einer Fabrik in Rumänien • beide Brüder ab 1992 bzw. 1993 in Cittadina – gemeinsam mit ihren Familien – mittlerweile wieder zurück in Rumänien	♀ (22): z. T. bei den Großeltern aufgewachsen; Besuch der Grundschule in Rumänien; seit 1997 in Cittadina; Abschluss der Sekudarstufe; Arbeit in einer Fabrik ♂ (21): z. T. bei den Großeltern aufgewachsen; Besuch der Grundschule in Rumänien; seit 1997 in Cittadina; Abschluss der Sekundarstufe; Arbeit in einer Fabrik
	♂/♀: -	♀: Hauptschule; Ehefrau seit 1995 in Cittadina; anfangs Putzen, später Arbeit in einer Fabrik • ein Bruder aus Cittadina wieder zurück in Satuleşti	

Übersicht über die interviewten DorfbewohnerInnen

Name (Alter) Zeitpunkt des/ der Interviews	Ältere Generation	Mittlere Generation	Junge Generation
Ignat, Dumitru (31) Mai 2005, August/ September 2007	♂: Abitur, technische Berufsschule; qualifizierter Waldarbeiter in Satuleşti ♀: Hauptschule ♂/♀: -	♂ (31): Abitur, technische Berufsschule; qualifizierter Waldarbeiter; seit 2000 (2002) zunächst Arbeit auf dem Bau, später in einer Fabrik • Kauf einer Wohnung in Focşani und in Cittadina • Schwester studiert Marketing in Bukarest ♀ (aus Focşani): Abitur; erste Ehe, Scheidung; seit 2001 in Italien; Arbeit als Haushaltshilfe	♂ (sechs Monate): in Cittadina geboren
Lascu, Cosmin (~40) August/ September 2007	♂/♀: Hauptschule; Schäfer; Landwirtschaft; Binnenwanderungen nach Transsilvanien	♂ (~40): Hauptschule; Binnenwanderungen als Schäfer; Arbeitsaufenthalte im ehem. Jugoslawien; seit 1999 (2003) in Cittadina; Arbeit auf dem Bau Hausbau in Satuleşti geplant ♀: Hauptschule; Arbeitsaufenthalte im ehem. Jugoslawien; seit 2000 (2007) in Cittadina; Arbeit als Pflegehilfe (quasi live-in)	♂ (11): größtenteils bei den Großeltern mütterlicherseits aufgewachsen; mehrfacher Schulwechsel (2004/2006) zwischen Satuleşti und Cittadina; eine Klasse wiederholt ♂ (10): größtenteils bei den Großeltern väterlicherseits aufgewachsen; mehrfacher Schulwechsel (2004/2006) zwischen Satuleşti und Cittadina
Lechea, Daciana (~40) August/ September 2007	♂/♀: Hauptschule; Schäfer/ Landwirtschaft	♂: Hauptschule; Schäfer/Landwirtschaft; seit 1999 in Rom; Arbeit auf dem Bau Umbauten am Haus in Satuleşti ♀ (~40): Hauptschule; Landwirtschaft; seit 2002 in Rom; Arbeit als Haushaltshilfe, Kinderbetreuung Schwester mit Ehemann in derselben Wohnung	♀ (8): größtenteils bei den Großeltern mütterlicherseits aufgewachsen; seit Schulbeginn 2006 bei den Eltern in Rom
Luca, Martin (~35) Mai 2005, August/ September 2007	♂/♀: Hauptschule; Schäfer/ Landwirtschaft; Binnenwanderungen	♂ (~35): Hauptschule; Binnenwanderungen als Schäfer; seit 1999 in Italien; zunächst Landwirtschaft, später Fabrikarbeit in Cittadina Investitionen am Haus in Satuleşti • zwei Brüder und eine Schwester (siehe Ehefrau von Luca, Viorel, weiter unten) in Cittadina ♀: Hauptschule; Binnenwanderungen; seit 2004 in Cittadina; Putzen in einem Hotel	♂ (4): in Cittadina geboren
Pricop, Mitică (36) Oktober 2007	♂/♀: Hauptschule; Schäfer/ Landwirtschaft; Semitranshumanz	♂ (36): Hauptschule; Binnenwanderungen als Schäfer; Gelegenheitsarbeiten in Satuleşti; seit 1995 (1995) in Cittadina; Arbeit in einer Fabrik Hausneubau in Satuleşti • Bruder (siehe Ehemann von Pricop, Liana, weiter unten) seit 1998 in Cittadina – später mit eigener Familie	♂ (12): die ersten knapp drei Jahre bei den Großeltern mütterlicherseits aufgewachsen; seit 1998 in Cittadina; Besuch der Sekundarschule ♂ (4): in Cittadina geboren, Besuch von Vorkindergarten und Kindergarten

Name (Alter)/ Zeitpunkt des/ der Interviews	Ältere Generation	Mittlere Generation	Junge Generation
	♂/♀: Hauptschule; Schäfer; Binnenwanderungen	♀ (33): Binnenwanderungen; Hauptschule; seit 1996 in Italien; zunächst Arbeit als Pflegehilfe, später Arbeit in einer Pizzeria • Schwester (22) seit 2003 in derselben Wohnung; Kinderbetreuung	
Pricop, Liana (39) August 2007	♂/♀: Hauptschule; Schäfer/ Landwirtschaft; Semitranshumanz	♂: Hauptschule mit berufsqualifizierendem Abschluss in der holzverarbeitenden Industrie; Binnenwanderungen als Schäfer; Arbeitsaufenthalte im ehem. Jugoslawien; seit 1997 in Cittadina; Arbeit in einer Fabrik Kauf eines Reihenhauses in Cittadina • Bruder (siehe Pricop, Mitică, weiter oben) seit 1995 in Italien – mittlerweile mit der eigenen Familie	♂ (16): z. T. bei den Großeltern aufgewachsen; seit 2000 in Cittadina; Besuch eines Gymnasiums ♂ (12): z. T. bei den Großeltern aufgewachsen; seit 2000 in Cittadina; Besuch einer Grundschule
	♂/♀: Hauptschule; Schäfer/ Landwirtschaft	♀ (39): Hauptschule mit einem berufsqualifizierenden Abschluss; Binnenwanderungen; seit 1998 in Cittadina; Putzen	
Radulescu, Elena (21) August/ September 2007	♂: Schäfer/Landwirtschaft; Binnenwanderungen; Scheidung; Binnenmigration ♀: Hauptschule; Landwirtschaft; 2005 mehrmonatiger Besuch in Italien	♂ (33): Hauptschule; Waldarbeiter; Arbeitsaufenthalt in der Türkei; seit 2000 (2002) in Cittadina; Arbeit an einer Tankstelle, später in einer Fabrik Hausbau in Satuleşti geplant Schwester absolviert die Hauptschule in Satuleşti (Interview Mai 2005)	♀ (2): in Cittadina geboren, z. T. bei den Großeltern mütterlicherseits aufgewachsen
	♂: Hauptschule; Schäfer/Landwirtschaft; Binnenwanderungen; seit 2002 in Italien; Arbeit als Schäfer ♀: Hauptschule; Landwirtschaft; zur Betreuung der Enkelin vorübergehend in Cittadina	♀ (21): Abbruch des Gymnasiums; seit 2003 in Cittadina; vorübergehende Trennung; Arbeit im Einzelhandel, in der Fabrik, Landwirtschaft, Kinderbetreuung und Putzen • Bruder seit 2003 zunächst mit dem Vater in Italien; Arbeit als Schäfer; seit 2007 in Cittadina; Arbeit auf dem Bau	
Roman, Costel (~40) Juli 2007	♂/♀: Hauptschule; Schäfer/Landwirtschaft	♂ (~40): Hauptschule; Schäfer/Landwirtschaft; seit 2000 in Italien in der Landwirtschaft (200 Km von Ehefrau und Sohn entfernt) Investition in Häuser in Satuleşti für die Söhne • eine Schwester (alleinstehend) mit Familie in Italien • ein Bruder mit Familie in Italien	♂ (17): Hauptschule in Satuleşti; seit 2006 bei der Mutter in Cantoni ♂ (15): alleine in Satuleşti, die Großeltern mütterlicherseits schauen täglich nach ihm; Besuch einer weiterführenden Schule in der nächstgelegenen Kleinstadt von Satuleşti
	♂/♀: Hauptschule; Schäfer/Landwirtschaft	♀: Hauptschule; Landwirtschaft; Arbeit als Pflegehilfe in Italien • ein Bruder mit seiner Ehefrau in Italien	

Übersicht über die interviewten DorfbewohnerInnen 421

Name (Alter)/ Zeitpunkt des/ der Interviews	Ältere Generation	Mittlere Generation	Junge Generation
Roman, Nelu (52) Oktober 2007	♂: Hauptschule; Schäfer/ Landwirtschaft; Semitranshumanz ♀: Hauptschule; Landwirtschaft (Schwester von *Rusu, Liliana*, siehe weiter unten)	♂ (52): Hauptschule; Binnenwanderungen als Schäfer; Arbeitsaufenthalte im ehem. Jugoslawien, in der Türkei und in Ungarn; seit 2000 (2002) in Cittadina; Arbeit auf dem Bau Investition in Häuser in Satuleşti für die Söhne • ein Bruder seit 1999 in Cittadina – später gemeinsam mit der eigenen Familie	♂ (23): Hauptschule (teilweise in anderem Bezirk); Arbeitsaufenthalt in der Türkei, seit 2002 in Cittadina; Arbeit auf dem Bau ♂ (20): Hauptschule; seit 2003 in Cittadina; Arbeit auf dem Bau
	♂/♀: Hauptschule; Schäfer/ Landwirtschaft	♀: Hauptschule; Binnenwanderungen; seit 2002 in Cittadina; schwere Krankheit; seit längerem arbeitslos • ein Bruder seit einigen Wochen in Cittadina auf Arbeitssuche	
Satu, Gică (~35) August/ September 2007	♂: Hauptschule; Landwirtschaft; seit dem Militärdienst LKW-Fahrer ♀: Hauptschule; Landwirtschaft	♂ (~35): Hauptschule; Arbeitsaufenthalte im ehem. Jugoslawien und in der Türkei; seit 2000 in Cittadina; Arbeit auf dem Bau Renovierungen am Haus in Satuleşti	♂ (2): in Italien geboren
	♂: Schäfer; Semitranshumanz; zu Beginn der 2000er Jahre saisonale Arbeitsaufenthalte als Schäfer in Italien, krankheitsbedingt endgültige Rückkehr nach Satuleşti ♀: Hauptschule; Landwirtschaft; seit 2005 in Italien; vorübergehende Betreuung des Enkels in Italien	♀: Hauptschule; seit 2004 in Italien; Putzen • ein Bruder seit 2002 in Cittadina; Arbeit in einer Fabrik • ein Bruder (16) zu Besuch in Cittadina	
Stănică, Ion (45) August/ September 2007	♂/♀: Hauptschule; Schäfer/ Landwirtschaft	♂ (45): Abitur; Ausbildung zum Tierarzt und -pfleger; Umzug nach Focşani; Arbeit in einem Staatsbetrieb als Tierarzt; 1989 Rückkehr nach Satuleşti; Arbeitsaufenthalte in der Türkei; seit 1999 (2002) in Italien; zunächst Arbeit als Schäfer, später als Altenpfleger in einem Pflegeheim sowie als Gärtner	♀ (19): z. T. bei den Großeltern aufgewachsen; Abbruch des Gymnasiums; seit 2004 bei den Eltern in Rom; Arbeit als Pflegehilfe ♀ (15): z. T. bei den Großeltern aufgewachsen; Grundschule in Satuleşti; seit 2006 bei den Eltern in Rom; Besuch eines Gymnasiums
	♂: Hauptschule; Landwirtschaft; LKW-Fahrer ♀: Hauptschule, Landwirtschaft	♀ (45): Haupt- und Berufsschule; Arbeit in einer Fabrik; seit 2001 (2002) in Rom; Arbeit als Altenpflegerin in einem Pflegeheim	

Name (Alter) Zeitpunkt des/ der Interviews	Ältere Generation	Mittlere Generation	Junge Generation
Stelea, Nelu (45) September 2007	♂: Schäfer/Landwirtschaft; Semitranshumanz; Binnenwanderungen ♀: Hauptschule; Landwirtschaft; Binnenwanderungen	♂ (45): Grundschule in Satuleşti; Abitur in Transsilvanien; Ausbildung als Tierarzt; Arbeit in der kollektivierten Schafzucht in Satuleşti; 1995 Binnenmigration nach Transsilvanien; seit 1998 (2002) zunächst in Siena; Arbeit im Agrotourismus; später nach Cittadina; Arbeit als Maurer; seit einigen Jahren selbständiger Maurer; Arbeit als Maurer und Selbständigkeit in Transsilvanien Investition in Häuser für die Söhne in Transsilvanien	♂ (23): Abitur in Transsilvanien; seit 2002 in Cittadina; Arbeit in einer Fleischerei ♂ (21): Abitur in Transsilvanien; seit 2004 in Cittadina; Arbeit als Graveur
	♂: Hauptschule; Landwirtschaft, Schreiner ♀: Hauptschule; Landwirtschaft	♀: Hauptschule; Landwirtschaft; Binnenmigration; seit 2000 zunächst in Siena; Arbeit im Agrotourismus; später in Cittadina; Putzen	
Tănase, Ioan (~55) August/ September 2007	♂/♀ (nicht aus Satuleşti): Hauptschule; Landwirtschaft, Arbeiter in einer Kooperative	♂ (~55, nicht aus Satuleşti): Hauptschule; Berufsausbildung; Schraubenfabrik in Braşov; Arbeitslosigkeit; Umzug nach Satuleşti; 2000 nach Italien; Schäfer; Rückkehr wegen schwerer Krankheit; aktuell seit 2002 in Cittadina; Arbeit in einer Holzfabrik	♀ (20): Hauptschule in Satuleşti; Abbruch des Gymnasiums in Cittadina; Arbeit in einer Fabrik ♂ (15): Grundschule in Satuleşti; seit 2003 in Cittadina; mehrfach Klassen wiederholt; Schulausbildung abgebrochen; Gelegenheitsarbeiten
	♂/♀: Hauptschule; Schäfer/Landwirtschaft; Binnenwanderungen	♂: Hauptschule; Arbeit in einer Fabrik in Braşov; seit 2001 zunächst alleine in Cittadina, Putzen; Arbeit als Pflegehilfe; aktuell arbeitslos	
Teslaru, Lacrimioara (31) August/ September 2007	♂/♀: Hauptschule; Schäfer/Landwirtschaft, Binnenwanderungen	♂: Hauptschule, Berufsausbildung zum Metzger; seit Beginn 1998 in Rom; Arbeit in einer Fabrik Umbau des Hauses in Satuleşti Kauf von zwei Wohnungen in Focşani • ein Bruder in der Nähe von Rom	♂ (6): in Italien geboren; Grundschule in Rom
	♂/♀: Hauptschule; Schäfer/Landwirtschaft; Binnenwanderungen	♀ (31): Ausbildung; Binnenwanderung; seit Mitte 1998 in Italien; Kinderbetreuung • Bruder seit 2003 in Italien	
Ţigărţă, Stelica (~35) Juli/August/ September 2007	♂: Hauptschule; Schäfer/Landwirtschaft; Transhumanz ♀: Hauptschule; Schäfer/Landwirtschaft; Transhumanz	♂ (~35): Hauptschule; Arbeitsaufenthalte im ehem. Jugoslawien; seit 2000 in Italien; Arbeit in einer Fabrik • ein Bruder (siehe Vater von Ţigărţă, Cosmin, weiter oben) in Italien	♂ (5): geboren in Italien ♂ (1): geboren in Rumänien
	♂/♀: -	♀: Hauptschule; Arbeitsaufenthalt im ehem. Jugoslawien; seit 2002 in Italien	

Übersicht über die interviewten DorfbewohnerInnen 423

Name (Alter) / Zeitpunkt des Interviews	Ältere Generation	Mittlere Generation	Junge Generation
Văscan, Valeriu (39) August/ September 2007	♂: Hauptschule; Schäfer/Landwirtschaft; Binnenwanderungen (zwei Kinder aus erster, drei Kinder aus zweiter Ehe) ♂/♀: Hauptschule; Schäfer, Landwirtschaft	♂ (39): Abitur im Banat; Berufsausbildung; Binnenwanderungen; vielzählige Arbeitsaufenthalte im ehem. Jugoslawien und in der Türkei; seit 2000 in Cittadina; Arbeit im Straßenbau Hausbau in Satulești ♀: seit 2000 in Cittadina; Arbeit als Pflegekraft	♂ (10): z. T. bei den Großeltern aufgewachsen; seit 2000 in Cittadina
Interviewschwerpunkt: Ältere Generation			
Dochioiu, Toma (56) August/ September 2007	♂ (56): Hauptschule; LKW-Fahrer; mehrfache Arbeitsaufenthalte im ehem. Jugoslawien; seit 2002 (2007) in Cittadina Hausneubau in Satulești ♀ (50, nicht aus Satulești): Hauptschule; mehrfache Arbeitsaufenthalte im ehem. Jugoslawien; seit 2004 in Cittadina; Arbeit als Pflegehilfe (live-in) • eine Schwester in Cittadina	♀ (28): Hauptschule; Arbeitsaufenthalte gemeinsam mit den Eltern im ehem. Jugoslawien und dortige Heirat; Arbeitsmigration mit Ehemann nach Österreich; Arbeit in einer Fabrik ♂ (25): Hauptschule; seit 2003 mit Familie in der Nähe von Rom ♂ (16): Hauptschule in Satulești ♀ (15): Hauptschule in Satulești; Aufenthalt bei Bruder (25) in der Nähe von Rom	♀ (9): Grundschule in Österreich ♂ (4): Kindergarten in Österreich ♀ (7): Grundschule in Rom
Ene, Varujan (~60) Mai 2005, Juli 2007	♂ (~60): Hauptschule; LKW-Fahrer ♀: Hauptschule; 2006 Besuch der Kinder in Italien	♂: Abitur, Ausbildung als LKW-Fahrer; seit 2000 in der Nähe von Rom; Arbeit auf dem Bau; Nachzug von Ehefrau und Kindern Bau eines Hauses in Satulești, Kauf einer Wohnung in Focșani ♀: Abitur, Lehramtsstudium; 2001-2006 mit Ehemann in Italien; aktuell bei Schwiegereltern in Focșani	♂ (11): Grundschule in der Nähe von Rom ♂ (-)
Iordache, Nicu (65) Mai 2005	♂ (65)/♀ (63): Hauptschule; Landwirtschaft, Arbeit im Kindergarten von Satulești	♂ (40, geschieden): Abitur; LKW-Führerschein; seit 2000 in Portugal; Arbeit in der Landwirtschaft ♀ (38, verheiratet): Abitur und berufliche Qualifikation in der Landwirtschaft; Arbeit als Technikerin in einer Kooperative; seit 1999 in Italien; Arbeit als Haushaltshilfe	♂ (16): z. T. bei den Großeltern väterlicherseits aufgewachsen; Abbruch des Gymnasiums; seit 2004 beim Vater in Portugal; Arbeit in der Landwirtschaft

Name (Alter) Zeitpunkt des/ der Interviews	Ältere Generation	Mittlere Generation	Junge Generation
Roman, Gabriel (~50) September/ Oktober 2007	♂ (~50): Hauptschule; Schäfer/ Landwirtschaft; Binnenwanderungen; seit 1994 (1998) in Rom; Arbeit auf dem Bau Renovierungsarbeiten auf dem eigenen Hof, Hausbau für den Sohn in Satuleşti ▪ Bruder seit 1992 in Italien - gemeinsam mit Familie – gleicher Arbeitgeber ▪ eine Schwester mit der eigenen Familie in Rom ♀: Hauptschule; Landwirtschaft; Binnenwanderungen; seit 2006 in Italien	♀ (26): Abbruch der Schulausbildung; seit 2000 in Italien – mittlerweile mit eigener Familie Kauf einer Wohnung in Focşani ♂ (19): Abbruch des Gymnasiums; Arbeit auf dem Bau	♀ (-)
Roman, Ion (65) August 2007	♂ (65): Hauptschule; Schäfer/Landwirtschaft; Transhumanz; Arbeit in einer Kooperative; Rentenbezieher ♀ (68): Hauptschule; Landwirtschaft; Transhumanz; Arbeit in einer Kooperative	♂: z. T. bei den Großeltern aufgewachsen; Abitur; Binnenmigration; Rückkehr nach Satuleşti. ♀ (45): z. T. bei den Großeltern aufgewachsen; Wegzug aus Satuleşti, seit einigen Jahren mit Familie in Italien ♂ (41, alleinstehend): z. T. bei den Großeltern aufgewachsen; seit 2002 in Siena, Arbeit als Schäfer	♀ (22, verheiratet): -; in Italien ♂ (21): -; bei den Eltern in Italien ♂ (6): wächst bei den Großeltern in Satuleşti auf
Rusu, Liliana (72) August/September 2007, Juli/August/ September 2008	♂ (75): Hauptschule; Landwirtschaft; Arbeit in einer Kooperative, Schneider ♀ (72): Hauptschule; Landwirtschaft; Arbeit in einer Kooperative ♂/♀: -	♂ (~45, geschieden): Hauptschule; seit mehreren Jahren in Italien; - ♀ (geschieden): seit Jahren in Italien	♂ (11): wächst bei der Mutter in Italien auf
Satu, Cosmin (64) Mai 2005	♂ (64): Grundschule; Schäfer/Landwirtschaft; Transhumanz ♀ (63): Grundschule; Landwirtschaft	♂ (44): Grundschule; Schäfer/Landwirtschaft; seit 1996 in Rom; Arbeit auf dem Bau ▪ zwei Brüder mit Familie in Rom ♂ (45): Hauptschule; seit 1997 in Rom; Arbeit als Haushaltshilfe, Putzen	♂ (23): größtenteils bei den Großeltern mütterlicherseits aufgewachsen; Ausreise nach Italien; Arbeit auf dem Bau ♀ (17): größtenteils bei den Großeltern mütterlicherseits aufgewachsen; Ausreise nach Italien; Besuch eines Gymnasiums

Eine Generation (zumeist) alleine in Italien

Übersicht über die interviewten DorfbewohnerInnen

Name (Alter) Zeitpunkt des/ der Interviews	Ältere Generation	Mittlere Generation	Junge Generation
Interviewschwerpunkt: Junge Generation			
Babișci, Liana (16) Mai 2005, Juli/August/ September 2007	♂/♀: Hauptschule; Schäfer/ Landwirtschaft	♂ (39): Hauptschule; Ausbildung zum Zimmermann; Landwirtschaft; seit 2002 mit Unterbrechungen in Cittadina; Arbeit auf dem Bau; Renovierungsarbeiten am Haus	♀ (16): größtenteils bei den Großeltern aufgewachsen; Besuch eines Gymnasiums in Focșani
	♂/♀: Hauptschule; Schäfer/ Landwirtschaft	♀ (37): Hauptschule; Ausbildung und Arbeit in der Möbelindustrie; seit 2003 immer wieder länger in Cittadina; Arbeit als Pflegehilfe	♀ (11): größtenteils bei den Großeltern aufgewachsen; Besuch der Grundschule in Satulești
Dascălu, Razvan (16) Juli 2007	♂/♀: -	♂: Hauptschule; Binnenmigration; Ausbildung zum Zimmermann • eine Schwester mit ihrer Familie in Italien	♂ (16): Grundschule und Gymnasium in Brașov
	♂/♀: -	♀: Hauptschule; Binnenmigration; seit 2003 alleine in Rom; Arbeit als Haushaltshilfe	
Popa, Dorin (35) Juli/August/ September 2007	♂: Hauptschule; Schäfer/Landwirtschaft; Transhumanz; seit 2002 in Italien; Arbeit als Schäfer (Onkel väterlicherseits von Popa, Nicu, siehe weiter unten)	♂ (35): Abitur; berufliche Qualifikation als Waldarbeiter; Binnenwanderungen; Waldarbeiter; Arbeitsaufenthalte im ehem. Jugoslawien; 2000–2002 (Ausweisung) sowie 2004 bis Beginn 2007 in Italien; Arbeit in einem Restaurant	♂ (7): z. T. bei Großeltern aufgewachsen; Grundschule in Satulești
	♀: Hauptschule; Landwirtschaft; seit 2003 in Italien; Arbeit als Pflegehilfe	♀: -; 2001, 2004 und 2007 jeweils für einige Monate in Rom; Arbeit als Pflegehilfe • Bruder für vier Jahre mit eigener Familie in Italien; nach der Rückkehr nach Satulești erneute Investition in Schafe Hausumbau in Satulești	♂ (3): Kindergarten in Satulești
			♀ (3): Kindergarten in Satulești
Pricop, Toader (22) August 2007	♂/♀: Hauptschule; Schäfer/Landwirtschaft	♂: Hauptschule; definitive Binnenmigration; seit 1996 in Italien Renovierung des Elternhauses in Satulești	♂ (22): Abitur, Studium in Bukarest; mehrfach für Ferienjobs bei den Eltern in Italien
	♂/♀: -	♀ (aus Nachbarort): -; seit 1997 in Italien	♀ (20): Abitur, Studium in Cluj
Purcel, Ionuț (18) Juli/August 2007	♂/♀: -	♂: -; seit 1999 in Italien • ein Bruder seit Beginn der 2000er Jahre in Rom	♂ (18): Grundschule in Satulești; größtenteils bei den Großeltern und einer Tante mütterlicherseits aufgewachsen; Abitur in Constanța
	♂/♀: -	♀: -; seit 1999 in Italien	

Name (Alter) Zeitpunkt des/ der Interviews	Ältere Generation	Mittlere Generation	Junge Generation
Sateanu, Daniela (28) Juli/August/ September 2007, Juli/August/ September 2008	♂/♀: Hauptschule; Schäfer/Landwirtschaft ♂/♀: Hauptschule; Schäfer/Landwirtschaft	♂ (adoptiert): Hauptschule; Ausbildung zum LKW-Fahrer; Schäfer; Binnenwanderungen; seit 2000 (2002) zunächst in der Toscana; Arbeit als Schäfer; später in Rom; Arbeit auf dem Bau ♀: Hauptschule; Binnenwanderungen; seit 2004 in Rom; Putzen	♀ (28): größtenteils bei den Großeltern väterlicherseits aufgewachsen; Abitur und Ausbildung zur Erzieherin; Abschluss eines wirtschaftswissenschaftlichen Fernstudiums in Sibiu ♀ (27, verheiratet): größtenteils bei den Großeltern väterlicherseits aufgewachsen; Abitur; Lehramtsstudium; Wegzug in den Bezirk Sibiu ♀ (23): Abitur; Studium in Sibiu
Interviewschwerpunkt: Mittlere Generation			
Avram, Dorin (49) Oktober 2007	♂: Hauptschule; Schäfer/Landwirtschaft; Binnenwanderungen ♀: Hauptschule; Landwirtschaft	♂ (49): Abitur; technische Berufsschule; Arbeit in einer Fabrik in Focşani; Arbeitslosigkeit, seit 2003 in Cittadina; Arbeit auf dem Bau	♀ (24): Abitur, Abschluss eines Studiums in Cluj; Arbeit in Bukarest
	♂/♀: -	♀: Abitur, kaufmännische Ausbildung; Arbeit als Buchhalterin in Italien; Pläne, nach Italien auszureisen	
Babeş, Chiriac (~40) August/September 2007	♂/♀: Hauptschule; Schäfer/Landwirtschaft; Binnenwanderungen	♂ (~40): Hauptschule; Arbeitsaufenthalte im ehem. Jugoslawien, der Türkei und in Griechenland; seit 1999 in Italien; zunächst Arbeit als Schäfer; später in Rom; Arbeit auf dem Bau *Renovierungsarbeiten am Haus* • Schwester (geschieden) in Italien	
	♂/♀: Hauptschule; Schäfer/Landwirtschaft; Binnenwanderungen	♀: Hauptschule; seit 2003 regelmäßig in Rom; Arbeit als Haushaltshilfe • Schwester mit Ehemann (siehe Necoară, Traian, weiter unten) in Rom	
Bădeanu, Liana (34) Mai 2005	♂/♀: -	♂ (38): Hauptschule; Schäfer/Landwirtschaft; Transhumanz; seit 2000 in Italien; Arbeit in der Landwirtschaft; 2004/05 wg. eines schweren Verkehrsunfalls der Ehefrau in Satuleşti • Bruder mit Ehefrau und Kindern in Tivoli; Arbeit auf dem Bau bzw. als Haushaltshilfe, Putzen	♀ (12): Besuch der Grund- und Hauptschule in Satuleşti ♂ (8): Besuch der Grund- und Hauptschule in Satuleşti
	♂/♀: -	♀ (34): Hauptschule; Landwirtschaft; 2004 zu Besuch in Italien; 2004/05 schwerer Verkehrsunfall; 2005 erneut zu Besuch in Italien • Bruder seit 1996 in Italien; Arbeit als Schäfer • Schwester mit Ehemann in Italien	

Übersicht über die interviewten DorfbewohnerInnen

Name (Alter) Zeitpunkt des/der Interviews	Ältere Generation	Mittlere Generation	Junge Generation
Luca, Viorel (~52) August/September 2007	♂/♀: Hauptschule; Schäfer/Landwirtschaft, Transhumanz	♂ (~52): *Hauptschule; z. T. bei den Großeltern aufgewachsen; Berufsschule in Brașov; Binnenwanderungen als Schäfer; Arbeitsaufenthalt im ehem. Jugoslawien; seit 2000 (2002) Kauf einer Wohnung in Focșani*	♀ (21): *Abitur, Studium in Bukarest* ♀ (17): *Grundschule in Satulești; z. T. bei den Großeltern mütterlicherseits aufgewachsen; Gymnasium in Focșani*
	♂/♀: Hauptschule; Schäfer/Landwirtschaft, Transhumanz	♀: *Hauptschule; z. T. bei den Großeltern aufgewachsen; seit 2001 (2002) in Cittadina, tägliches Pendeln nach Rom; Arbeit als Pflege- und Haushaltshilfe* • zwei Brüder (siehe Luca, Martin, weiter oben) in Cittadina	
Moșeanu, Cosmin (~40) August 2007	♂/♀: Hauptschule; Schäfer/Landwirtschaft, Waldarbeiter	♂ (~40): *Abitur, Ausbildung zum Tierarzt und -pfleger; Arbeitsaufenthalte im ehem. Jugoslawien; seit 1997 (1998) in Italien; zunächst Arbeit auf dem Bau, später selbständiger Bauunternehmer; pendelt von Cittadina nach Rom (Cousin von Moșeanu, Ana, siehe weiter unten) Hausneubau in Satulești* • Bruder (geschieden) in Italien	♂ (14): *fast ausschließlich bei den Großeltern mütterlicherseits aufgewachsen; Haupt- und Grundschule in Satulești* ♂ (5): *fast ausschließlich bei den Großeltern väterlicherseits aufgewachsen; Kindergarten in Satulești*
	♂/♀: Hauptschule; Schäfer/Landwirtschaft; Binnenwanderungen	♀: *Hauptschule; Landwirtschaft; seit 1997 (2000) in Cittadina; Putzen* • Bruder selbständiger Bauunternehmer in Rom	
Necoară, Traian (55) August/September 2007	♂/♀: Hauptschule; Schäfer/Landwirtschaft	♂ (55): *Hauptschule; Berufsausbildung; Umzug nach Focșani; Arbeit in einer Fabrik, Weiterbildung; nach 1989 Rückkehr nach Satulești; Binnenwanderung als Schäfer; seit 1999 in Rom; Arbeit auf dem Bau Umbauten am Haus in Satulești* • Schwester (siehe Bădeanu, Mioara, weiter oben) seit 2001-2006 in Rom	♀ (25): *Grundschule in Satulești; Abitur in Focșani; z. T. alleine um die Schwestern gekümmert; Lehramtstudium* ♀ (22): *Grundschule in Satulești; Abitur in Focșani; Studium; z. T. bei den Großeltern sowie mit den Schwestern aufgewachsen* ♀ (16): *Grundschule in Satulești; z. T. bei den Großeltern sowie nur mit den Schwestern aufgewachsen*
	♂/♀: Hauptschule; Schäfer/Landwirtschaft; Binnenwanderungen	♀ (42): *Hauptschule; Berufsausbildung; Umzug nach Focșani; Arbeit in einer Fabrik, Weiterbildung; nach 1989 Rückkehr nach Satulești; Binnenwanderung; seit 2000 in Rom; Arbeit als Haushaltshilfe* • Schwester mit Ehemann (siehe Babeș, Chiriac, weiter oben) regelmäßig für Arbeitsaufenthalte in Rom	

Name (Alter) / Zeitpunkt des Interviews	Ältere Generation	Mittlere Generation	Junge Generation
Macovei, Nicolae (38) Mai 2005	♂: Grundschule; Schäfer/Landwirtschaft; Transhumanz; seit 2004 wiederholt saisonal in Italien; Arbeit auf dem Bau ♀: Hauptschule; Landwirtschaft	♂ (38): Abitur; Verwaltungsangestellter im Rathaus von Satuleşti ■ Bruder seit 2003 in Italien; Arbeit zunächst auf dem Bau, später als Schäfer ♀: -	♀ (8): Besuch der Grundschule in Satuleşti
Oancea, Sorana (55) Mai 2005	♂♀: -	♂ († 1988): Tod bei einem Autounfall ♀ (55): Abitur, Ausbildung zur Grundschullehrerin; Grundschullehrerin in Satuleşti	♂ (27): Abitur, Ausbildung zum Klempner; seit 2002 in Rom; Arbeit auf dem Bau ♂ (23): Abitur, Studium in Focşani; saisonale Arbeitsaufenthalte in den Semesterferien; Arbeit als Kellner ♀ (22, verheiratet): Abitur; seit 2002 in Italien; Arbeit als Haushaltshilfe
	♂♀: Hauptschule; Schäfer/Landwirtschaft		
Păun, Marina (~45) August 2007	♂♀: -	♂ (nicht aus Satuleşti, geschieden): seit mehreren Jahren in Spanien	♂ (27): Hauptschule; zunächst auf Malta; Arbeit als Koch; seit 2003 (2007) in Italien; Arbeit als Koch ♂ (24): Hauptschule; gemeinsam mit älterem Bruder in Italien; Arbeit als Koch ♀ (23): Hauptschule; Arbeitsaufenthalte in Dänemark, Saint Tropez, USA, Karibik; Arbeit als Tänzerin
	♂♀: Hauptschule; Schäfer/Landwirtschaft	♀ (~45, geschieden): Hauptschule; Binnenmigration nach Transsilvanien; Scheidung; mehrjährige Arbeitsaufenthalte in Constanţa; Rückkehr nach Satuleşti ■ eine Schwester mit Ehemann in Italien ■ Bruder aus Cittadina zurückgekehrt	
Popa, Nicu (~35) August/September 2007	♂: Hauptschule; Schäfer/Landwirtschaft; Transhumanz (Onkel väterlicherseits von Popa, Dorin, siehe weiter oben) ♀: Hauptschule; Landwirtschaft	♂ (~35): Hauptschule; Binnenmigration nach Constanţa; Arbeit auf dem Bau; seit 2001 in Rom; Arbeit auf dem Bau ■ Bruder seit 2002 in Rom – wohnhaft in derselben Wohnung und Arbeit bei demselben Arbeitgeber	♀ (6): wächst bei einer Tante mütterlicherseits außerhalb von Satuleşti auf ♂ (3): wächst bei einer Tante mütterlicherseits außerhalb von Satuleşti auf
	♂: Hauptschule; -; (Bruder von Apostu, Traian, siehe weiter unten) ♀: -	♀: Hauptschule; seit 2005 in Rom; Arbeit in einem Restaurant	
Rusul, Veronica (~45) Mai 2005, August/September 2007	♂: Hauptschule; Landwirtschaft, Schmied, Forstarbeiter ♀: keine Schule besucht; Landwirtschaft	♂: Hauptschule, Berufsausbildung in Braşov; Binnenmigration nach Braşov; Arbeiter in einer Waffenfabrik, seit 2005 zunächst in Bologna, dann in Cittadina; Arbeit in der Landwirtschaft	♀ (19): Hauptschule in Satuleşti, wohnt bei den Großeltern mütterlicherseits (Interview Mai 2005)

Übersicht über die interviewten DorfbewohnerInnen   429

Name (Alter) Zeitpunkt des/ der Interviews	Ältere Generation	Mittlere Generation	Junge Generation
	♂: Hauptschule; Schäfer/Landwirtschaft; Transhumanz ♀: Hauptschule; Landwirtschaft	♀ (~45): Hauptschule, Berufsausbildung als Verkäuferin; Binnenmigration nach Brașov; seit 2004 zunächst in Bologna, später in Cittadina; Arbeit als Haushalts- und Pflegehilfe (live-in) ▪ eine Schwester bereits zuvor in Italien	
Interviewschwerpunkt: Ältere Generation			
Dantiș, Estera (52) Mai 2005, September 2007	♂: Hauptschule; berufsbegleitende Ausbildung; seit 1999 in Cittadina; Arbeit auf dem Bau ♀ (~52): Abitur, später berufsbegleitendes Lehramtsstudium; Lehrerin in Satulești; 2002 einjähriger Arbeitsaufenthalt in Cittadina; Putzen	♂ (~30): Abitur; seit 2001 in Italien, später mit eigener Familie ♂ (28): Abitur; seit 1999 in Cittadina; ♂ (18): Abitur; seit 2007 in Cittadina; -	♀ (11): z. T. bei den Großeltern mütter- und väterlicherseits aufgewachsen
Rădulescu, Doru (63) Mai 2005, August 2007	♂ (63): Hauptschule; LKW-Fahrer (pensioniert) ♀ (54): Hauptschule; -	♂ (38, verheiratet): Abitur, Ausbildung als Polizist, Wegzug nach Focșani ♀ (31): wohnt mit eigener Familie in einem Nachbarbezirk ♂ (29): Abitur; seit 2000 in Italien, zunächst in Cittadina, später in der Toscana; Arbeit als Schäfer	♂ (11): - ♂ (5): -
Rossi, Viorica (49) August 2007	♂ († 2000): Hauptschule; Schäfer/Landwirtschaft; Transhumanz ♀ (~55): Hauptschule; Landwirtschaft; Transhumanz; 2000 mehrmonatiger Arbeitsaufenthalt in Cittadina; seit 2001 (2003) erneut in Cittadina; bis 2007 Kinderbetreuung; 2008 erneute Hochzeit ▪ Hausumbau in Satulești ▪ Bruder mit Familie in Kanada	♀ (29): Abitur, Studium der Betriebswirtschaft in Bukarest ♀ (24): Abitur	♂ (6): - ♂ (4): - ♀ (2): -

Name (Alter) Zeitpunkt des/ der Interviews	Ältere Generation	Mittlere Generation	Junge Generation
Rusu, Ciprian (~55) September 2007	♂ (~55): *Hauptschule; Binnenmigration; Arbeit in einer Fabrik in Transsilvanien; Rückkehr nach Sătulești; Arbeitsmigration nach Cittadina; Arbeit in einem Agrotourismus, seit kurzem arbeitslos* ♀: Hauptschule; Binnenmigration nach Transsilvanien; Rückkehr nach Sătulești; nach mehrmonatigem Arbeitsaufenthalt 2005 seit 2006 dauerhafter Arbeitsaufenthalt in Cittadina; Arbeit als Pflegehilfe	♀ (25): Hauptschule, mit eigener Familie in Siena; - ♂ (13): Hauptschule in Sătulești; wächst z. T. bei den Großeltern auf	♂ (5): -

Übersicht über die interviewten DorfbewohnerInnen 431

Alleinstehende MigrantInnen der jungen und mittleren Generation

Name (Alter) Zeitpunkt des/ der Interviews	Ältere Generation	Mittlere Generation	Junge Generation
Filip, Andrea (~45) Oktober 2007, September 2008	♂ (nicht aus Satuleşti): Hauptschule; Landwirtschaft, Waldarbeiter in einer größeren Nachbargemeinde von Satuleşti ♀ (nicht aus Satuleşti): Hauptschule; Landwirtschaft, Arbeit in einer Kooperative	♂ (58): Abitur; mehrjähriger Arbeitsaufenthalt in Cittadina; krankheitsbedingte Rückkehr; zur medizinischen Versorgung gelegentlich in Italien ♀ (-): Abitur; Barbetreiberin im Umkreis von Satuleşti ♀ (~45): Abitur; seit 1996 in Cittadina; Betreiberin einer Bar in Cittadina Eigentumswohnung in der Nähe von Cittadina	♂♀: sämtliche Kinder der Geschwister in Italien
Bodea, Mihaiu (33) Juli 2007	♂♀: -	♂ (33): Hauptschule; seit 2001 in Florenz; Arbeit in einer Fabrik	
Borchina, Valeriu (28) Juli/August 2007	♂♀: „Schäfer/Landwirtschaft; Transhumanz	♂ (28): Hauptschule; bereits 1993! (im Alter von 14 Jahren) Arbeitsaufenthalt in der Türkei, seit 1997 in Italien ♂ (45): Hauptschule; mit Familie in Focşani 2001 für ein Jahr in Italien	♂♀: -
Cărnoiu, Nicu (~25) September 2007	♂ († 1992) ♀: -	♂ (~25): Hauptschule; seit 2003 in Italien; Arbeit auf dem Bau ♀ (32): Hauptschule; wohnt mit eigener Familie in der Nähe von Satuleşti	♂♀: -
Florinescu, Toma (~35) September 2007	♂ (†) ♀: Hauptschule; Landwirtschaft	♂ (~35): Hauptschule, seit mehreren Jahren in Rom, Arbeit auf dem Bau ■ Bruder lebt mit eigener Familie in Italien	♂♀: z. T. bei den Großeltern aufgewachsen
Iacob, Breda (~35) Mai 2005, August 2007	♂ (64): Abitur; Ausbildung in der Verwaltung; Arbeit in Focşani (pensioniert) ♀ (60, nicht aus Satuleşti): Abitur; Arbeit als medizinische Assistentin in Satuleşti (pensioniert)	♂ (~35): Abitur, Berufsausbildung; seit 1999 (2002) in Italien; Arbeit auf dem Bau Investion in ein Haus in Satuleşti ■ ein Bruder mit Familie in Italien	♂♀: -
Luca, Dorin (19) Juli 2007	♂♀: - ♂♀: -	♂: Hauptschule; Arbeit als Maurer und Elektriker in Satuleşti ♀ (nicht aus Satuleşti): -; betreibt einen Kiosk in Satuleşti	♂ (22): Hauptschule; mehrfach dreimonatige Arbeitsaufenthalte in Italien; Arbeit in der Landwirtschaft ♂ (19): Hauptschule; seit 2005 mehrfach dreimonatige Arbeitsaufenthalte in Italien; Arbeit in der Landwirtschaft und auf dem Bau

Name (Alter) / Zeitpunkt des Interviews	Ältere Generation	Mittlere Generation	Junge Generation
Lungu, Iacob (19) Juli 2007	♂/♀: -	♂/♀: -	♂ (19): Hauptschule; Arbeit auf dem Bau in Satuleşti; seit 2004 mehrfach dreimonatige Arbeitsaufenthalte in Italien: Arbeit in der Landwirtschaft
Pricop, Radu (29) Mai 2005, Juli/August 2007	♂/♀: -; Schäfer/Landwirtschaft	♂ (56): Hauptschule; Schäfer/Landwirtschaft; Transhumanz; LKW-Fahrer; mehrfach saisonale Arbeitsaufenthalte in Italien	♂ (29, litera): Abitur; Binnenwanderungen; Landwirtschaft; 2003/04 mehrfach saisonale Arbeitsaufenthalte in Italien; Landwirtschaft; seit 2006/07 bei der Stadtreinigung in Rom
	♂/♀: -	♀ (46): Hauptschule; Landwirtschaft; Transhumanz; mehrmonatige Arbeitsaufenthalte in Italien; Arbeit als Pflegehilfe	
Tăgârţă, Cristi (~30) August/September/ Oktober 2007	♂/♀: -;Schäfer/Landwirtschaft	♂ (~30): Hauptschule; seit Beginn der 2000er Jahre in Italien; mittlerweile selbstständiger Handwerker auf dem Bau Hausum- und -neubau in Satuleşti • Bruder mit Familie in Rom	♂ (13): Besuch einer Sekundarschule in Rom
	♂/♀ (nicht aus Satuleşti): -; seit Beginn der 2000er Jahre in Rom	♀: Abitur; seit 2001 in Italien; Putzen; Ausbildung zur Krankenschwester in Rom • Schwester wohnt mit Familie in demselben Haus in Rom	♂: -
Tănase, Varujan (30) Juli 2007	♂/♀: -; Schäfer/Landwirtschaft	♂ (30): Hauptschule; seit 2003 in Italien Hausbau in Satuleşti • ein Bruder ohne Familie in Italien • eine Schwester mit Familie in Italien	♂♀: - ♂♀: -
Tăranu, Nica (~35) September 2007	♂/♀ (aus Focşani): -	♂ (~35): Abitur; seit Beginn der 2000er Jahre in Rom; Arbeit auf dem Bau ♀ (34): Abitur; Arbeit in einer Textilfabrik ♀ (29): Abitur; Arbeit in einem Konfektionsbüro in Rumänien ♀ (28): Abitur	♂♀: - ♂♀: - ♂♀: -

Dorfbewohner:Innen zurück in Rumänien

Übersicht über die interviewten DorfbewohnerInnen

Name (Alter) Zeitpunkt des/ der Interviews	Ältere Generation	Mittlere Generation	Junge Generation
Interviewschwerpunkt: Junge Generation			
Babeș, Constantin (27) August 2007	♂/♀: -	♂: Hauptschule; Schäfer; Binnenmigration nach Transsilvanien	♂ (27): Hauptschule; Schäfer; Binnenmigration nach Transsilvanien; Abitur; 2000-2007 in Italien; zunächst Arbeit auf dem Bau, später selbständiger Bauunternehmer Pläne, sich als Bauunternehmer in Rumänien selbständig zu machen
	♂/♀: -	♀: Hauptschule; Landwirtschaft; Binnenmigration nach Transsilvanien	
Interviewschwerpunkt: Mittlere Generation			
Berdei, Marius (~42) August/September 2007	♂/♀: Hauptschule; Landwirtschaft, Arbeit in einer Kooperative im Nachbarbezirk	♂ (~42): Hauptschule; Arbeiter in einer Kooperative im Nachbarbezirk; ab 1998 in Venedig; Arbeit in einer Fabrik; 2007 Rückkehr nach Satulești Pläne, sich als LKW-Fahrer selbständig zu machen Hausumbau, Kauf eines LKW • eine Schwester mit Ehemann in Italien	♀ (13): Grundschule in Satulești; 2005-2007 Besuch einer Sekundarschule in Venedig; Wiedereinschulung in Satulești ♂ (3): in Venedig geboren
	♂: Hauptschule; Arbeit im Holzgewerbe ♀: -	♀ (nicht aus Satulești): seit 2000 in Venedig; Arbeit in einer Fabrik; seit der Rückkehr Putzen in der Grund- und Hauptschule von Satulești • Bruder seit Mitte der 1990er Jahre in Italien	
Bărcanu, Liviu (26) Mai 2005, Juli/August/ September/Oktober 2007, August 2008	♂: Hauptschule; Schäfer/Landwirtschaft; Binnenwanderungen in die Dobrudscha bis 1997; seit 2001 immer wieder für längere Arbeitsaufenthalte in Italien; Arbeit in der Landwirtschaft und Schafzucht	♂ (32): Hauptschule, Berufsausbildung, seit Beginn der 2000er Jahre mit Familie in Cittadina; Arbeit im Straßenbau	♂ (8): Besuch der Grundschule in Cittadina ♂ (2): in Cittadina geboren
		♂ (26): Hauptschule, Binnenwanderungen; Berufsausbildung; saisonale Arbeitsaufenthalte im ehem. Jugoslawien und in der Türkei; zwischen 1999 und 2007 in Italien; Arbeit auf dem Bau; 2007 Rückkehr nach Satulești	
	♀: Hauptschule; Schafzucht/Landwirtschaft, Binnenwanderungen		
Cioban, Mihail (41) August/September/ Oktober 2007, August/September 2008	♂: Hauptschule; Schäfer/Landwirtschaft; Transhumanz ♀: Hauptschule; Landwirtschaft	♂ (41): Hauptschule; Binnenwanderungen als Schäfer; Zimmermann; seit 2000 (2002) in Italien; zunächst Arbeit als Schäfer, später Arbeit als Fliesenleger und in der Fabrik; 2008 (vorläufige) Rückkehr nach Satulești Investition in den eigenen Hof • Bruder von 2000-2007 mit Ehefrau in Italien	♂ (16): z. T. bei den Großeltern mütterlicherseits aufgewachsen; Hauptschule; 2006-2008 bei den Eltern in Cittadina; Gelegenheitsarbeiten ♀ (11): z. T. bei den Großeltern mütterlicherseits aufgewachsen; Grundschule in Satulești; 2006-2008 Grund- und Sekundarschule in Cittadina

Name (Alter) Zeitpunkt des/ der Interviews	Ältere Generation	Mittlere Generation	Junge Generation
	♂: Hauptschule; Landwirtschaft, Zimmermann ♀: Hauptschule; Landwirtschaft	♀: *Hauptschule; Binnenwanderungen; seit 2003 in Cittadina; Putzen* ■ Bruder mit Ehefrau in Cittadina	
Moşeanu, Ana (37) Juli/August/ September 2007, Juli/August/ September 2008	♂ (62): *Hauptschule; Schäfer/ Landwirtschaft; LKW-Fahrer und Berufspendler zwischen Satuleşti und Focşani; 1987/88 Arbeitsaufenthalt im Irak; Arbeitslosigkeit; Bäcker und Arbeit in der Landwirtschaft; politisch im Dorf engagiert* ♀ (†2007): *Abitur und Ausbildung zur Erzieherin, Landwirtschaft*	♀ (37, geschieden): *Abitur und berufliche Ausbildung zur qualifizierten Arbeit in der Lebensmittelindustrie; Hilfserzieherin, berufsbegleitende Ausbildung zur Erzieherin, Erzieherin in Satuleşti; 2004-2007 Arbeitsaufenthalt in Cittadina; Arbeit als Haushalts- und Pflegehilfe (live-in); seit 2007 Erzieherin in Nachbarort von Satuleşti* Investition in Renovierungsarbeiten am Elternhaus	♂ (15): *Grundschule in Satuleşti, Gymnasium in Braşov; wächst z. T. bei den Großeltern väterlicherseits auf* ♀ (13): *Grundschule in Satuleşti; wächst z. T. bei den Großeltern mütterlicherseits auf; Gymnasium in Braşov, wächst hier bei den Großeltern väterlicherseits auf*
	♂ -: Arbeit in einer Fabrik in Braşov ♀: -	♂ (geschieden): *Abitur, Studium der Forstwirtschaft; unterschiedliche Anstellungen als Förster, mehrfach arbeitslos, 2004/05 mehrmonatiger Arbeitsaufenthalt in Italien*	
Muţu, Constantin (31) Mai 2005, Juli/August/ September 2007, Juli/August/ September 2008	♂: *Hauptschule; Arbeit in einer Kooperative, später Chef der Brigade; Betreiber eines Kiosks in Satuleşti* ♀: *Hauptschule; Landwirtschaft; Arbeit in einer Kooperative; Betreiberin eines Kiosks in Satuleşti*	♂ (31): *Grundschule in Satuleşti; Sportgymnasium in Bukarest; Abbruch wg. Krankheit; 1995 mehrmonatiger Arbeitsaufenthalt in Rom und Cittadina, später bis 2005 Arbeit in einer Fabrik (Verkauf) in Cittadina; Personentransport zwischen Satuleşti, Rom und Cittadina; Aufbaustudium; seit 2008 Vizebürgermeister von Satuleşti* ■ Schwester und Ehemann waren mehrfach saisonal in Deutschland	♀ (7): *Grundschule in Satuleşti*
	♂: Abitur, berufliche Qualifikation als Forstwirt; Arbeit als Forstwirt in Satuleşti ♀: Abitur; Ausbildung in der Verwaltung; Verwaltungsangestellte in Satuleşti	♀ (31): *Abitur; Ausbildung zur Grundschullehrerin; Grundschullehrerin in Satuleşti; mehrmonatiger Besuch in Cittadina*	
Tiriac, Florin (41) August/September 2007, Oktober 2008	♂/♀: Hauptschule; Schäfer/Landwirtschaft; Binnenwanderungen	♂ (41): *Hauptschule; Wegzug aus Satuleşti, Arbeit in einer Metallfabrik in Focşani, 1991 (1995)-1996 in Italien; Arbeit auf dem Bau; später Aufbau eines Personentransports zwischen Focşani und Rom bzw. Cittadina sowie Aufbau eines Baumarkts* ■ Schwester seit 1998 mit Familie in Italien	♀ (17): *für zwei Jahre bei den Großeltern väterlicherseits aufgewachsen; Grundschule und Gymnasium in Focşani* ♂ (10): *Grundschule in Focşani*
	♂/♀: -	♀: *Hauptschule; Arbeit ein einer Fabrik, 1994-1996 in Italien* ■ eine Schwester mit Familie in Italien	

Übersicht über die interviewten DorfbewohnerInnen

Name (Alter) Zeitpunkt des/ der Interviews	Ältere Generation	Mittlere Generation	Junge Generation
Popa, Nelu (37) August/September 2007	♂: Hauptschule; Landwirtschaft, Tischler ♀: Hauptschule; Landwirtschaft	♂ (37): Hauptschule; Arbeit als Tischler (beim Vater); 1999 (2003)-2007 mit Familie in Cittadina; zunächst Arbeit in der Landwirtschaft, später auf dem Bau; seit der Rückkehr selbständiger Bauunternehmer in Satuleşti • eine Schwester mit Familie zunächst in Cittadina später in Rom; Arbeit als Pflegehilfe ♀: Hauptschule; -; 2005-2007 in Cittadina; -	♂ (7): von 2005-2007 in Italien; erstes Schuljahr in Cittadina; Einschulung in Satuleşti
	♂: Hauptschule; Arbeit in einer Kooperative, später Akquisitor ♀: Hauptschule; Arbeit in einer Kooperative		
Răcaru, Nicolae (~35) August 2007	♂/♀: Hauptschule; Schäfer/Landwirtschaft; Transhumanz	♂ (~35): Hauptschule; saisonale Arbeitsaufenthalte im ehem. Jugoslawien, Griechenland, Mazedonien und Österreich; 2002-2005 Arbeit als Sicherheitsmann in Braşov; Scheidung; Abitur in Braşov; 2004 zweite Ehe; Arbeit in der Verwaltung in Satuleşti • Schwester bereits mehrfach saisonal in Italien, Ehemann in Siena ♀: Hauptschule; -	♂ (5, aus erster Ehe): wächst bei der Mutter auf ♂ (1); -
	♂/♀: -		

Familien und Einzelpersonen ohne direkte Migrationserfahrungen

Name (Alter) Zeitpunkt des/ der Interviews	Ältere Generation	Mittlere Generation	Junge Generation
Interviewschwerpunkt: Junge Generation			
Roman, Ion (14) Juli/August 2007	♂/♀: -	♂ († 2007): Hauptschule; Brigadeleiter der Kooperative; Waldarbeiter, Tod während des Forschungsaufenthaltes	♂ (-): Arbeitsmigration in die USA ♂ (14): Besuch der Hauptschule in Satulești
	♂/♀: -	♀: Hauptschule; Putzen im Kindergarten von Satulești	♂ (-) ♀ (-)
Interviewschwerpunkt: Mittlere Generation			
Apostu, Traian (~45) Juli/August 2007	♂/♀: Hauptschule; Schäfer/Landwirtschaft	♂ (~45, ledig): Folklorekünstler, Kunstlehrer (Aushilfe) sowie Tierpfleger ▪ ein Bruder mit Familie in Italien (siehe Apostu, Valeriu, weiter oben) ▪ zwei Schwestern mit Familie in Spanien. ▪ eine Schwester im Libanon	
Iordache, Cosmin (50) Juli/August 2007	♂/♀: -	♂ (50, nicht aus Satulești): Hauptschule; Abitur, Theologiestudium; Preot in Satulești	♂ (-): Abitur, Theologiestudium ♂ (-): Abitur, Theologiestudium; mehrwöchiger Ferienjob in Italien
	♂/♀: -	♀ (nicht aus Satulești): Abitur, Arbeit in Focșani	♀ (-): Grundschule in Satulești, weiterführende Schule in Focșani
Lascu, Nicu (~35) August/September 2007	♂/♀: -; Schäfer/Landwirtschaft; Semitranshumanz (Bruder von Lascu, Ștefan, siehe weiter unten) ♀: -; Landwirtschaft	♂ (~35): Hauptschule; Schäfer; Semitranshumanz	♂ (3): -
		♀: Hauptschule; Landwirtschaft	
Lascu, Ștefan (80) August 2007	♂/♀: -; Schäfer/Landwirtschaft; Semitranshumanz	♂ (80): Hauptschule; Schäfer; Semitranshumanz; Landwirtschaft, Imker und Kantor im Dorf (Onkel von Lascu, Nicu, siehe weiter oben)	
	♂/♀: -	♀ (†)	
Luca, Sorina (~70) August 2007	♂/♀: -	♂: Hauptschule, Schäfer/Landwirtschaft	♀: Abitur, Studium der Ingenieurwissenschaften; wohnt und arbeitet in Bukarest
	♂/♀: -; Schäfer/Landwirtschaft	♀ (~70): Hauptschule, Landwirtschaft; Arbeit für eine Kooperative	♂: Abitur, Studium der Wirtschaftswissenschaften; Unternehmer in Focșani

Übersicht über die interviewten DorfbewohnerInnen

Name (Alter) Zeitpunkt des/ der Interviews	Ältere Generation	Mittlere Generation	Junge Generation
Văscan, Ioan (65) Mai 2005, August 2007	♂/♀: -	♂ (65): *Abitur, Lehramtsstudium; Grundschullehrer in Satuleşti, später Schuldirektor sowie Bürgermeister von Satuleşti* ♀: *Abitur, Lehramtsstudium; Grundschullehrerin in Satuleşti, später Schuldirektorin*	♀: Abitur, Studium ♀: Abitur, Lehramtsstudium; Lehrerin in Satuleşti
Zoiţi, Adrian (58) August 2007	♂/♀: - ♂/♀: -	♂ (58): *Abitur, Ausbildung: Arbeit in der Verwaltung in Satuleşti* ♀: -	♂: Abitur, wirtschaftswissenschaftliches Studium in Bukarest; Angestellter einer Bank in Bukarest ♀: Abitur, Studium der Verwaltungswissenschaften in Bukarest